俄罗斯社会与文化译丛 王加兴 主编

Русские в XX веке

二十世纪的俄罗斯族人

Вдовин А. И.

〔俄〕亚·伊·弗多文 著 郑振东 译

南京大学出版社

目 录

中文版作者序　后苏联历史中的俄国和俄罗斯民族　　　　　　　　　1

绪论　　　　　　　　　　　　　　　　　　　　　　　　　　　　　1

第一章　**1917 年至 30 年代初期民族政策和意识形态中的俄罗斯民族**　7

　　追求诸民族亲近与进一步融合——对谁有利？利在何处？　　　　9

　　国际主义与世界主义之别　　　　　　　　　　　　　　　　　　12

　　俄罗斯族人有义务对其他民族受到的不平等待遇作出补偿吗？　　17

　　社会主义条件下民族文化的复兴——民族主义的最危险形式？　　22

　　1920—1922 年间为地球诸民族选择世界社会主义共和国模式　　24

　　期盼世界革命时期的布尔什维克曾是哪个祖国的爱国主义者？　　28

　　人们曾如何试图令革命前的俄国历史寿终正寝和被人忘却　　　　32

　　将旧俄罗斯之恶和"奥勃洛摩夫习性"作为俄罗斯人的天性来鞭笞　41

　　革命主义与憎俄情结　　　　　　　　　　　　　　　　　　　　45

　　历史学家是"兽性的民族主义者"？　　　　　　　　　　　　　　52

　　向祖国和爱国主义传统观念转变的最初征兆　　　　　　　　　　56

　　斯大林，1931 年 2 月："我们现在有祖国了。"　　　　　　　　　66

　　对俄罗斯在国际无产阶级运动中的统领地位的诉求　　　　　　　66

　　希特勒执掌德国政权；苏联坚定地向爱国主义转向　　　　　　　68

　　与"俄罗斯民族主义"的后卫战："斯拉夫学学者案"　　　　　　　70

　　对语言学建设中的革命主义—乌托邦思想的羞辱　　　　　　　　82

第二章　**俄罗斯民族与苏联历史共同体形成问题**　　　　　　　　95

　　培养爱国主义作为反击外部威胁的手段　　　　　　　　　　　　97

历史与爱国主义被推向国家政治的风口浪尖　　　　　99

诋毁恩格斯　　　　　104

布哈林对苏联人民共同体的阐释为何不曾为当局所接受?　　　　　106

民族的未来与 1936 年宪法　　　　　116

历史应成为捍卫国家利益斗争中的重器　　　　　122

杰米扬·别德内的《勇士们》何恶之有?　　　　　123

托洛茨基—布哈林分子如何成了民族—沙文主义者?　　　　　127

对抗同化就是反革命?　　　　　132

斯大林民族—布尔什维克主义政策的标志性特点　　　　　134

"长兄"名号于俄罗斯民族何用之有?　　　　　137

国家观念应当为中小学低年级学生所理解　　　　　144

首次诉求俄国文化在世界文化中的领先地位　　　　　145

苏联时代最初拜倒在西方面前的"卑躬屈节者"　　　　　148

托洛茨基—布哈林反对派由"大国主义者"变成"崇外者"　　　　　151

首次申明与世界主义进行斗争的必要性　　　　　152

卫国战争临近之前"俄罗斯主题"的发掘成果　　　　　154

以文学和艺术为手段、用英雄—爱国主义精神教育民众　　　　　157

爱国主义如何被区别于"库济马·克留奇科夫之风"　　　　　162

成为爱国者不仅凭善良意愿。对"第五纵队"潜在能量的预防性打击　　166

俄语作为战时交际的手段　　　　　175

新民族政策的信息保障　　　　　180

民族比例失调。战争前夕对其修正的尝试　　　　　181

国际主义应当以健康的民族主义为支撑　　　　　184

斯大林民族政策的根本意向:放弃民族虚无主义,走向国家爱国主义　　186

卫国战争——向俄罗斯民族自觉做出决定性妥协的时期　　　　　187

俄罗斯东正教会的合法化——民族主义变革之一?　　　　　201

"民族主义新经济政策"精神下的退却的界限　　　　　207

衡量胜利的民族尺度 212

斯大林时代新历史共同体特征的表现 219

族际关系体系中的苏联犹太族人 223

斯大林周围那些人的权力之争及其民族视角 233

斯大林亡故与权力的再分配 254

战后与"崇外情结"及"世界主义"的斗争 257

马尔院士荣誉的丧失和俄语扮演"社会主义世界语"角色的确立 280

第三章 解冻和"发达社会主义"年间巩固新历史共同体政策 283

民族政策的去斯大林化与贝利亚的桂冠 285

赫鲁晓夫为何将克里米亚赠予乌克兰 289

赫鲁晓夫为被镇压民族恢复名誉引发的最初后果 292

诸加盟共和国内的民族运动 300

俄罗斯民族运动的形成 311

民族政策理论基础的修正:"新历史共同体"的新发现 320

"新共同体"何以成为"发达社会主义"的标志性特征 323

新宪法和"新历史共同体"的无从解决的矛盾 328

"发达社会主义"民族领域内的骚动与冲突 331

对政权体制不满的组织化表述方式的成熟。持不同政见者运动及
　　其变种 346

持不同政见者运动中的自由派民族—爱国主义者、民族—共产主
　　义者和"异教徒们" 370

民族—爱国主义协会"记忆"的诞生 383

20 世纪 60—80 年代社会生活中的"俄罗斯俱乐部"和"俄罗斯党" 385

改革前夕的民族冲突 401

新共同体形成过程的未完结——苏联灭亡的原因之一 402

第四章 苏联各民族共同体的崩溃与俄罗斯民族 407

后苏联历史始于统一俄罗斯民族的宣传 409

　　　　源自历史的思想　　　　　　　　　　　　　　　410

　　　　最新的革命者们重复着民族问题中的旧错误　　　425

　　　　俄罗斯民族—国家体制中的主要矛盾　　　　　　441

　　　　俄罗斯问题——当代俄国的根本问题　　　　　　443

　　　　今日的憎俄情结　　　　　　　　　　　　　　　451

　　　　民族主义、帝国乃是仇俄者用来吓人之物　　　　464

　　　　除俄罗斯之外，所有共和国都是好的？　　　　　469

　　　　俄国国家重建方案中的俄罗斯共和国　　　　　　480

第五章　苏联的覆灭与俄罗斯对新整合思想的探寻　　　493

　　　　覆灭之地——维斯库利　　　　　　　　　　　　495

　　　　在苏联的废墟之上　　　　　　　　　　　　　　496

　　　　苏联解体的原因　　　　　　　　　　　　　　　508

　　　　俄罗斯民族问题将在把民族作为具有共同国籍者的理解中得到解决　515

　　　　并非每种思想原则都是可靠的　　　　　　　　　520

　　　　巩固国家体制——真正领袖人物的首要准则　　　522

　　　　为何革命前的国家法专家不喜欢联邦制？　　　　525

　　　　俄国可以有多少个独立的共和国？　　　　　　　527

　　　　邦联制苏联的单一制与集中制　　　　　　　　　528

　　　　建立在民族联邦制原则之上的国家的不可靠性　　534

　　　　关于共同国家思想的益处和界定这一思想的尝试　541

　　　　没有爱国主义和爱国者的国家不会日久天长　　　549

　　　　当代俄罗斯爱国主义的面貌　　　　　　　　　　560

结语　　　　　　　　　　　　　　　　　　　　　　　565

人名索引　　　　　　　　　　　　　　　　　　　　　573

中文版作者序 | 后苏联历史中的俄国和俄罗斯民族

八月革命。1991 年 8 月 19—22 日间发生的事件,已经作为国家紧急状态委员会发动的一场动乱而被载入史册。它们与接下来发生的种种事变——苏联的解体、向市场经济的过渡、炮轰俄罗斯议会大厦、取缔苏联政府、1993 年 12 月 12 日通过《俄罗斯联邦宪法》——一道,被申辩者称之为"革命",而声讨者则称其为"反革命"。这些事变,就其演进的深度与特征而论,毫无疑问,是具有革命的性质,故用八月革命或变容节①革命作为这些事变的象征性符号,是可以被视作能为世人所接受的。②

克里姆林宫技术服务处工人 B. 库兹明和 B. 阿尔希普金的举动,成为我国现代历史中一个时代的更迭的象征性标志:12 月 25 日 19 点 38 分,他们降下了总统官邸楼顶旗杆上那面苏维埃社会主义共和国联盟国旗,并于 19 点 43 分在克里姆林宫上空升起白、蓝、红三色条的俄罗斯国旗。③ 亦在那一天,俄罗斯苏维埃联邦社会主义共和国正式更名为俄罗斯联邦。1991 年的这场革命,需要历史根据,于是启动了对俄国人民先前经验的重新审视和对新的历史观念的锻造。

---

① 变容节,全称为主显圣容节(Преображение Господне),基督教主要节日,典自《圣经·新约·马太福音》第 17 章第 2、3 节。耶稣与弟子彼得、雅各、约翰上山祷告时,忽形象大变:脸若太阳发光,衣衫洁白如雪,还有先圣摩西、以利亚侍立两旁与之交谈。后人遂立是日(公历 8 月 19 日)为节,以作纪念。1991 年事变恰始于此日,故有此说。——译者注

② 1991 年革命中最为重要的事件是,国家紧急状态委员会成员们的行动(8 月 19—22 日)及他们的被捕(22—29 日)。依据莫斯科委员会的决定,8 月 28 日 Ф. Э. 捷尔仁斯基的纪念像被拆除(这成为苏联共产主义制度终结的象征),苏共中央委员会被驱逐和下达关于中止俄联邦共产党活动的指令(8 月 23 日),乌克兰和白俄罗斯宣布独立(8 月 24 日),米·谢·戈尔巴乔夫卸任苏共中央总书记的全权职务(8 月 25 日)。

③ 那面三色旗早在 8 月 22 日中午便已在俄国政府大厦上空升起(是日如今被作为"俄联邦国旗日"来庆祝)。

对待俄国现代史所采取的社会形态方法论。在先前处于主导地位的社会形态方法论框架内,苏联时期的历史,通常被描绘成由资本主义向社会主义过渡,且后者会随后循着由不发达形态向较为发达形态的成熟阶梯而升华的一个阶段。已经抵达的诸阶段中的最后一个阶段,曾被官方称之为"发达的社会主义"。随着社会主义的意外破产,对这一阶段的诠释,令许多社会形态方法论的追随者们觉得并不准确。他们认为,将这一阶段作为"初期社会主义"的阶段之一来谈论,当更为正确些。① 这个"初期社会主义"在达到发达形态之前,尚需在许多方面做好准备。而社会主义的信徒们认为,否定这一方法论是一种历史错误,或是一种犯罪。

依据阶级观点,1991—1993 年间的苏联,曾实施了一场"反苏的国家政变"——这是由"新俄罗斯人"阶级及他们的盟友(即影子资本②,已蜕变的党、政、经济官僚们,知识界的自由主义—资产阶级派别,工人阶级中的边缘化阶层,贵族、富农们的后代,等等)所成就的。一大批昔日的党、政官员们,转入新的执政阶级。"在改革时期已经动摇了的、掩盖在'苏联政权'幌子下的干部任命制专政体系,又在一个新的'民主主义的'幌子下,惶恐不安地为自己寻找维系其社会特权的救星。并且,这样的救星他们找到了,那便是一马当先'与特权斗争的斗士'、先前(即在改革初期)曾一度极受人们欢迎的鲍里斯·叶利钦总统"。在苏联时期已经变了形的"无产阶级专政",被转交至新人手中用来置换财产。一些知名的俄国历史学家们判定,1991—1993 年间,"是官吏与官僚集团实施了反革

---

① 全俄社会组织"社会主义取向的俄国学者"在《庆祝伟大十月革命 80 周年》的纲要中断言:"从深远的经济和社会先决条件视角来看,苏联尽管取得了一些成绩,但直至 1991 年崩溃之前,也未能超越初期社会主义的历史范畴,没有完成过渡时期的种种任务。"尤·弗·安德罗波夫有一次称:"鬼知道那是个什么发达社会主义。在普通社会主义到来之前,我们还得耕耘再耕耘。"

② 影子资本,系八月革命的重要先决条件之一。据一些经济学家评价,20 世纪 70 年代中期时,劳动者收入约七分之一,被影子经济商人攫为己有;20 世纪 80 年代时为 18%;至 1985 年时为 21%;1989 年时为 25%。尤·弗·安德罗波夫在展望苏联未来时注意到这一状况,曾预言道,如果我们无所作为,那么,"这些积蓄起来的巨大商业资本,便将会图谋合法化并炸毁苏联政权"。

命政变。他们获取了全部政权。并且现如今，他们就像这个星球上最富有的人们一样生活着"①。

私有制，作为后苏联时代国家经济体系的基础，获得了联邦宪法(1993)的确认。该宪法宣告："在俄罗斯联邦境内，私人的、国家的、自治市镇的及其他一些类型的所有制，均受到同样的承认和保护。"新的所有制阶级的形成，是在对全民所有制和集体农庄所有制进行私有化的过程中和遏制对这一过程的阻抗中实现的。据阿·鲍·丘拜斯②所见，"在俄国推行私有化所要完成的一个主要使命，便是阻止共产主义"。且这项使命，已于1996年7月总统大选之前基本完成。是时，来自亲共势力方面的总统大位主要竞争者根·安·久加诺夫③，"放弃了私有财产国有化的口号"。接下来，新的俄罗斯政府，成功反击了欲对私有化结果予以重新审视的图谋。④ "我反对再度改变所有制，"弗·弗·普京在2001年4月3日致议会的咨文中称，"再度改变所有制，可能对经济和社会环境是有害的和危险的。""我是重审私有化结果的坚决反对者，哪怕重审的根据是这些结果不理想；因为我深信，这会给经济带来严重的负面后果……任何的去私有化和对私有化结果的重新审视，都不会发生，但所有的人，都应当学会依法生活。"他在2003年11月4日接受意大利大众传媒访谈时，曾如是坚称道。

社会主义建设的不成功的尝试，似乎证实了那个有关"历史的终结"的论点是正确的。此论所指的是：处在现代资本主义发展阶段的那部分人类，今后，将

---

① 据1995年数据资料显示，苏联官员在后苏联的俄罗斯商业精英中占61%。在后苏联高级别政治和经济精英(即高级领导人、各政党领袖、区域精英、政府领导、商业精英)中，苏联官员出身者，共计为69.9%(О. 克雷什塔诺夫斯卡娅)。

② 即阿那托里·鲍里索维奇·丘拜斯(Чубайс, Анатолий Борисович, 1955—   )，政治活动家、经济学家，私有化的积极推动者，曾任俄罗斯国有财产国家管理委员会第二副主席(1991—1994)、俄联邦副总理(1992—1994)、总统行政事务管理局局长(1996—1997)、财政部长(1997)、第一副总理(1997—1998)等职。——译者注

③ 即根纳季·安德列耶维奇·久加诺夫(Зюганов, Геннадий Андреевич, 1944—   )，俄政要，哲学博士，曾任苏共中央意识形态部副部长(1989—1990)、俄共中央政治局成员(1990年起)、中央委员会主席(1995年起)、俄共联盟委员会主席(2001年起)等。——译者注

④ 据官方数据显示，俄罗斯的国家所有制计为11%，而与此同时，在全世界却出现了国有经济成分提高和加强的态势：瑞士的国有经济成分为60%；英国和意大利已达到40%。

会在资本主义条件下卓有成效地发展起来。美国教授弗·福山①在《历史之终结》一书(1989)中断言:"西方、西方思想的凯旋,是明确无疑的。这首先是因为,在自由主义那里,没有任何其他有生命力的选择。"

据此观点看来,原来的所谓的"社会主义"是历史绝路之一;它已经在迫使走上这条绝路的人民回归到历史主干道上来,与人类的那个"先进的"部分汇合。此种境况之下的汇合,意味着一种文明同意被另一种文明所吸纳。关于这一吸纳所引发的后果,著名的俄国思想家尼·雅·丹尼列夫斯基②早在1869年便曾写道:"一种文明对另一文明的政治上的、进而文化上的吸纳,将导致被吸纳文明的停滞,随后是退化和衰落。"当今之世,有关历史的终结和社会进步单维度性的思想,常令越来越多的权威性的世界科学界代表人物们觉得不可接受和根据不足。例如,国际社会学联合会会长彼·施托姆普卡③认为,所有国家和人民均应依照欧洲中心论模式做直线性的、不折返的和递进式的发展,这一理论正在被历史进程所推翻,且它明显地低估了人类其他文明和发展模式的潜能。(施托姆普卡 П.《社会变迁社会学》,莫斯科,1996)

社会主义思想在苏联及世界其他一系列国家的溃败,无论如何都已是极大地动摇了人们对人类社会历史所持有的社会形态观念的信仰。这种观念的基础,是由历史各阶段的物质财富的不同生产方式所决定的。卡尔·马克思发现的资本主义生产的社会化特点与私有制占有形式之间的矛盾,曾被视为资本主

---

① 即弗朗西斯·福山(Фукуяма,Фрэнсис Ёсихиро,1952—),日裔美国哲学家、政治经济学家。文中所引书名全称为《历史之终结与最后一人》。另有《苏联与第三世界:过去三十年》等著述。——译者注

② 即尼古拉·雅科夫列维奇·丹尼列夫斯基(Данилевский,Николай Яковлевич,1822—1885),政论作家、思想家、社会学家、泛斯拉夫主义代表人物。在代表作《俄国与欧洲》中提出"独特文化—历史类型"说,论证斯拉夫种族将发展成一个全面的独特文化—历史类型。其思想为沙俄大国沙文主义张目。——译者注

③ 即彼得·施托姆普卡(Штомпка,Пётр,1944—),具有国际声望的波兰社会学家,有《理论社会学与社会学设想》、《后共产主义社会的社会学使命》等著述。——译者注

义发展的主要推动力。① 尽管这一观念,毫无疑问,在对逝去的那些时代予以描述时,尚未穷尽自己的潜能,但其预见性能力,正在引起越来越多的怀疑。

自 1943 年起——是时,第三国际这个将各国共产党联合起来的著名国际组织被解散——在我国及世界上,那首号召"工人们,起来! /列队出征! /前进、前进、前进!"的共产国际之歌,便演奏得日益稀少;正在衰弱的还有那个信仰——"列宁主义的光芒照耀着我们的道路,/全世界起来向资本发动进攻! /两个阶级在最后的战斗中拼争";"我们的口号——全世界苏维埃联盟",亦早已失去现实意义,实质上已成为被弃于历史档案馆的过时之物;笃信在不久的未来"所有国家都会燃起起义篝火"的共产主义思想的信徒们,已是所剩无几。与此同时,那些认为"红色阵线的我们是一支战斗的队伍/我们不会退出我们的道路"的俄罗斯联邦共产党人们,以及其他一些政党的党员们,现在依然存在。世界共产主义运动,因在自己的行列中有强大的中国共产党的存在,和与世界反全球化运动的密切结合,亦对许多国家的现实生活继续构成积极的影响。②

文明方法论。在某些方面与社会形态方法论十分相近的,是所谓的对待人民与国家历史所持的文明方法论。这一方法论认为,人类社会的发展,始于蒙昧,进而野蛮,继之走向现代文明的历史形态。于是,社会主义曾被描述为最高类型的文明。尼·伊·布哈林③曾于 1928 年言道:"我们正在创造,且我们**能够创造出**这样一种文明,面对这种文明,资本主义的文明将会看上去如同在贝多芬

---

① 卡尔·马克思认为,资本主义生产的社会化性质与私有制占有形式之间的主要矛盾,可以通过矛盾一方的获胜而得到解决,即生产的社会化应当战胜私有制占有形式。这一推测是错误的。"辩证矛盾是不能通过其一方的获胜而得到解决的——它的解决通常是通过综合方法,即将这些矛盾的斗争与统一过渡到一种新的、更高的水平。正因如此,资本主义的主要矛盾亦确保着资本主义生产方式已长达 250 年的不断完善与发展。"(见 http://www.apn.ru/publications/article21867.htm)

② 据一些评估所示,如今在俄罗斯,有 5% 的平民和 20% 的知识分子信奉自由主义思想。这一思想与"俄罗斯民众于最近的'黑色 20 年'间自发形成的社会的、爱国主义的和民主主义的价值观整合思想"完全相悖。(《昨天》,2009 年,第 49 期,第 3 页)

③ 即尼古拉·伊万诺维奇·布哈林(Бухарин, Николай Иванович, 1888—1938),苏联政要,马克思主义理论和经济学家,共产国际重要领导人,1938 年被以反革命罪处死。重要著述有《过渡时期的经济》《共产主义 ABC》《历史唯物主义理论》等。——译者注

英雄交响曲面前的'狗跳华尔兹'。"现如今所见到的发展中的领先者,却是另样的:"数十个西方国家走在前列,而其余的国家正在追赶。"(Л. И. 谢梅尼科娃语,1998)人们认为,现代化的主要使命便是"将社会转换成一种新质,消除滞后于经济发达国家的现状"。最为经常地被拿来作为文明样板的,是美国;落后国家通常是以它为定位来"进行现代化"的。

　　然而,在做最近距离仔细观察时,人们时常会发现,诸落后文明所采用的这种发展战略,是不能实施的。因为,由于地球资源的限制,按照美国样式对整个人类进行现代化,是不可能的;地球资源中最大最好的那一份,正是由美国来享用的。世界生产总值中约20%是由美国产出的,而被它消费掉的却占约40%。共计占地球居民人口约5%的美国人(2006年10月美国人口跨越3亿界限),正在消耗全球能源的23%,吃掉15%的肉类;全球汽车总量的37%行驶在美国的公路上。现今,一个美国人与地球上一个中等水平的居民相比,所消费的能源要高出3倍以上,所消费的水高出2倍,所产出的垃圾高出一倍,所排放的二氧化碳高出4倍。美国在消耗世界已开采原料的一半和四分之一以上的石油的同时,地球大气中有三分之一的有害废物是由它排放出去的。一位美国公民的薪金(每年3.97万美元)差不多是中等水平国家居民收入(8.54千美元)的4倍。在美国,官方设定的贫困线标准为每日50美元,而在地球上的其他35亿居民那里,每天花去两个美元的可能都没有。据国际标准,每天人均收入2~4美元被视为贫困,低于2美元被视为赤贫。

　　如今已形成了一个"黄金十亿"地球居民的概念,即70亿地球居民[1]中,有10亿人居住在科技发展已达到高水平的国家——美国、加拿大、西欧一些国家、日本、澳大利亚、新西兰、以色列。[2] 这些国家的公民,享有全球已产出能源的70%、金属制成品的75%和全球木材的85%。2001年时,"黄金十亿"享用了全球食品的差不多85%(1960年时为70%),占有全球贸易的84%和金融积蓄的

---

　　① 据研究组织人口咨询局预测,这个数量会在2010年达到。(详见 http://www.no-vopol. ru/text73303. html)

　　② 韩国、新加坡、中国台湾地区(所谓亚洲之龙)未被纳入"黄金十亿",它们几近达到(而新加坡已超过)欧洲一些国家的人均收入水平。

85％。1960 年时,世界 20％最富有之人与最贫穷之人的收入之比为 30∶1;1970 年时为 32∶1;1990 年时为 60∶1;2000 年时为 100∶1。① 这类比值继续朝着有利于"发达国家"的走向在 "提升";而那种希图依靠牺牲门外汉利益而使"黄金十亿"的规模有所扩大的期望,实际上是在剥夺这个星球五分之四居民的前途,是在使他们成为地球生活节日中的多余者。

看来英国著名历史学家、社会学家阿·汤因比的判断是正确的,他曾警告说:"关于将西方经济体系作为人类历史共同和不间断发展过程的必然结果并要在此基础之上统一世界的论点,将会导致对事实的极其粗暴的曲解和大大缩小历史的视野。"

文明论与任何其他理论一样,享有存在的权力,可它并非人类的万应灵丹。尽管它有一系列的长处,但一些会引起严重后果的谬误,亦是其本质上所固有的。"文明的范式"自诩为解读历史的唯一正确的方法论,曾一度完全控制了一些人的思想,被作为政治战略的基本依据,并"有将世界倒转至十字军远征和堂·吉诃德那个时代的危险;但却有一点不同——人们不再是用刀箭与盾牌去征战,而是动用携带原子弹的导弹、电子和信息武器"②。不久之前,发生在南斯拉夫和伊拉克的种种事件,便是当今世界在人权和主张新文明秩序旗号下发动的第一批"十字军远征"。

引起世人关注的还有这样一个事实,即文明方法论框架内的诸文明,时常被依据完全随意的方法加以类分。时至今日,仍未能揭示出可以作为区分诸文明依据的客观标准。③ 因此,文明数量的多寡,在不同的作者那里大相径庭,直至

---

① 见 http://www.glazev.ru/associate/500/ 。

② 沙赫纳扎罗夫 Г. X. :《文明论的启示与迷茫》,莫斯科,2000 年,第 5 页。

③ 在科学文献中,"文明"这一术语被用于不同的语义:1. 系文化的同义语(A. 汤因比、B. O. 克留切夫斯基);2. 系地方文化发展的终结期,即它们的递减或衰落期(O. 施本格勒);3. 系人类社会发展中取代野蛮的一个历史阶段(Л. 摩根、Ф. 恩格斯);4. 系社会的一种历史—文化史类型(H. Я. 丹尼列夫斯基);5. 系社会的社会化组织;6. 系某一地区或某一民族的发展水平或程度(如古希腊罗马文明、欧洲文明、印加文明,等等);7. 系与某种宗教影响有关联的社会精神生活程度(如基督教文明、佛教文明、伊斯兰教文明)。(见瑟乔夫 H. B. :《多成分经济学》,莫斯科,1999 年,第 146 页。)

将任何一个民族都划为一个单独的文明。在文明的康庄大道上走在他国之前的那些国家,它们的历史,时常被用得到肯定性评述的历史事实、现象、过程和人物粉饰起来;而有关"不文明"国家历史的著述,却是充斥着负面信息和反派人物。所有这些,在许多于近数十年间出版的俄罗斯历史教材中,亦有所见。它们在许多方面会使人们联想起 1920—1930 年间问世的、出自著名的米·尼·波克罗夫斯基①学派史学家们笔下的那些历史著述。仅以否定观点来展示革命前的祖国历史,曾是这些史学家们的主要使命。

在 20 世纪 90 年代自由派史学家和新闻工作者所进行的历史研究中,苏联的过去,是祖国历史中突然而至的一个最黑暗时期——一连串企图实现社会乌托邦的冒险尝试、极权主义、具有非人性化面孔的行政命令体制、毫无理性的镇压、领导人物的性格偏执和体弱多病、对各族人民的横暴行径、国家在停滞不前的历史泥淖中沉沦。在中小学和大学里,借助这种"文明"方法所能培养出来的,只会是民族虚无主义者、反爱国主义者、内在的和外在的侨民。

协同方法论。对待历史所持有的社会形态方法论和文明方法论,将各民族的发展道路形容成按照某种"先进样式"由低级向高级发展的线性提升,或是由传统社会向现代社会的现代化方式的过渡;这两种方法论的局限性,被所谓的对待历史的协同方法论所克服。这一科学方法的出现,与比利时的俄裔学者伊·罗·普利戈任②和德国物理学家日·哈肯③的创作相关。前者于 1977 年因非平衡系统热力学研究而获得诺贝尔奖,后者则于 1973 年为他所研究的激光辐射中

---

① 即米哈伊尔·尼古拉耶维奇·波克罗夫斯基(Покровский, Михаил Николаевич, 1868—1932),苏联政要、著名马克思主义历史学家、苏联"马克思主义历史学派"领军人物、科学院院士,历任俄联邦教育副人民委员(1918—1932)、苏共中央执委会委员等。主要著述有《俄国史(远古至混乱时期)》《简明俄国史》《俄国文化史概要》《十月革命史》等。——译者注

② 即伊里亚·罗曼诺维奇·普利戈任(Пригожин, Илья Романович, 1917—2003),亦为化学家,在莫斯科出生,1921 年移民国外,先后至立陶宛、德国,1929 年移居比利时,1960 年起在美主持一个复合量子系统研究中心直至去世;1984 年曾为苏联外籍科学家。——译者注

③ 即日耳曼·哈肯(Хакен, Герман, 1927—　　　),理论物理学家、协同论创立者。——译者注

的自组织效应命名为"协同作用"（源自希腊语的 syncrgeia，意为共同的、协调一致的作用）。如今已经探明，这种辩证的认知方法，具有通用性，可用于理解社会发展诸规律。协同论越来越多地扮演着跨学科的贯通型理论的角色，正积极地成为历史科学的一种方法论。

协同方法论，是建立在这样一些概念之上的，即发展的非线性、非稳定性、无法预料性和多选择性。它令史学家们感兴趣的是对历史过程中不稳定状态发展的新颖观点，这需要顾及那些无法预知、无法预测的各种意外，一些微小的相互作用对发展的影响。发生于分流点，即进程的分支点上的发展，对理解历史具有特别的意义；那个点，通常是新的演化路线的起始点。标志着社会系统发生重大变革的社会革命，便是一个鲜明的历史实例。与分流概念有着密切关联的，是有关所谓引力体的概念。尼·尼·莫伊谢耶夫①院士以下述方式对这一关联作出解释：任何一个自然界的动态系统的发展，均发生在某一引力体内，即一个系统的稳定或亚稳定状态中的一个有限的"引力区域"内。复杂的非线性系统可能拥有大量的引力体。由于一系列的原因——过大的外部负荷或振动的蓄积（即社会矛盾的蓄积）——状态终有一天会发生质变，于是系统亦将会相应地快速转入一个新的引力体，或汇入一个新的演进渠道。系统的这种重建，被称之为分流。

这一新的方法论与那些古典方法论的主要不同之处在于，在古典科学范围内，占据统治地位的是决定论，而偶然性则被视为次要的、在诸事件的总径流中不会留下痕迹的因子。不平衡性、不稳定性，通常被理解为某种否定性的、具有破坏作用的、正在脱离"正确"轨道的发展，这种发展被想象为没有选择余地的发展。在协同论中，进化论思想与历史进程的多方案性和历史的多维性相结合。从协同论的立场来看，人类历史中的 20 世纪，乃是一个真正的分流的世纪。关

---

① 即尼基塔·尼古拉耶维奇·莫伊谢耶夫（Моисеев，Никита Николаевич，1917—2000），普通力学与应用数学学者。——译者注

于这一点,著名科学哲学家欧·拉兹洛①的著作亦给予了证实。② 诚如《协同论与未来预测》(2001)的作者们所论及的那样:"非线性数学、协同论的发展,以及与其一道发展着的对世界、对世界中的生活状态的新观点,不是一种时髦,而是科学和文化发展的一个自然阶段。"

协同方法论揭示了自然界和社会中那些被研究过程的复杂性,但是,很难指望这种方法会于最近时间内在创作有关祖国历史的总结性著述中得以运用。应当注意到由社会学家们所破解的那些课题的特殊性。于 20 世纪在自己的领域内取得了卓越成就的物理学者们,认为他们的学科所研究的是"自然界现象中最简单,同时亦是最一般的规律,物质的特性和结构及其运动的法则"(亚·米·普罗霍罗夫③语)。史学家们正面对着类似的任务,面对着必须查明国家和俄罗斯社会发展中最一般的规律的任务。不过,完成这样的任务,时常令他们感到比较困难,因为,作为一个认知客体,社会要比自然科学和"精密"科学所研究的客体,更为复杂。众所周知,"使原子核发生裂变,要比打破人们意识中的成见容易许多"(阿·爱因斯坦语)。

历史是由数十亿有着理性与情感的生物们所创造的。他们在生命的不同时段扮演着不同的角色、解决着自身的和并非依自身愿意而被纳入其间的诸群体的种种问题。每一国家的历史,均是一定人群的命运史,是他们的相互关系、在集体和社会性联合体中的地位的历史,是他们对家庭、组织、国家事务的参与。一个人,自降生之日起,便已置身于社会生活各层面(经济、政治、法律、道德、宗教,等等)相互作用的交会点上,且在所有这些领域内,都会留下或大或小的可见印记,留下创造与成就的果实。

客观性。完整地理解个人、社会和全人类在社会—历史发展中的相互关系,

---

①　即欧文·拉兹洛(Ласло, Эрвин, 1932——　　),匈牙利哲学家,主攻整体论、系统论、未来学、宇宙学等。——译者注

②　拉兹洛 Э.:《分流的世纪·对变化着的世界的理解》,载《路:国际哲学杂志》,1995 年第 7 期。

③　即亚历山大·米哈伊洛维奇·普罗霍罗夫(Прохоров, Александр Михайлович, 1916—2002),苏俄著名物理学家,量子电子学奠基人,1964 年物理学诺贝尔奖得主,激光技术发明者之一。——译者注。

是极其困难的。社会生活中发生的种种重大变革，又使这一问题成倍地复杂化。亚·彼·洛古诺夫①的文章《祖国历史编撰学文化》(2001)，对历史编撰学中过渡时期的这种情势，有很好的实例说明。他曾对一些候补博士和博士完成于20世纪90年代的有关祖国历史的学位论文进行了分析。这些论文的作者们声称与苏联历史编撰学如下品质决裂：过度政治化（占71%）、意识形态化（占58%）、缺乏提出并破解选定课题的能力（占42%）、研究人员公然作伪的取向（占13%）、一小撮史学家的垄断（占14%）。

这些学位论文的作者，大多声称他们的研究属于"新传统"。其研究的新颖之处，依作者们自己界定，是对解读历史过程的社会形态方法论的摒弃（61%），是依托于文明的和文化学的方法论（73%），是社会形态方法、文明方法和文化学方法的合成（28%），是对研究课题进行的全面的研究（14%）。

方法的多元化，一般说来是已经出现了，但是，这并不会令历史学家们不必去描绘真实的历史画面。有关自己国家及其现状的准确可信的知识，对每位当代人均是必不可少的，因为"一个人，只有当其清晰地认知了自己的祖国，才有可能成为有益于祖国之人"（彼·雅·恰达耶夫②语）。历史教科书，便是用于促成这种认知的养成；换言之，是促成良好的历史观的养成；是在学生心中促成不唯是必不可少的知识的积累，亦有优秀的公民品质和爱国主义情怀的形成。

亦有必要提醒，历史学家本身也应当具备这些素养。只有这样，他才能与自己所负使命的崇高相符。我国历史编撰学的鼻祖尼·米·卡拉姆津③曾这样写道："史学家应当与自己的人民同喜同忧。他不应受制于嗜好的指使去曲解事

---

① 即亚历山大·彼得罗维奇·洛古诺夫(Логунов, Александр Петрович, 1954—　)，历史学家、政治学家，俄罗斯国立人文大学历史系主任。——译者注

② 即彼得·雅科夫列维奇·恰达耶夫(Чаадаев, Пётр Яковлевич, 1794—1856)，俄国宗教哲学家，因在其《哲学信札》中抨击俄国专制制度、农奴制而受到政府迫害，另有《狂人的辩护》等著述。——译者注

③ 即尼古拉·米哈伊洛维奇·卡拉姆津(Карамзин, Николай Михайлович, 1766—1826)，作家、史学家、贵族和开明专制主义思想家。俄国感伤主义奠基人，代表作《俄国旅行者信札》《贫穷的丽扎》等。曾主编《莫斯科杂志》、《欧洲通讯》。《俄罗斯国家史》是其主要的史学著述。——译者注

实、夸大幸福或在自己的叙述中缩小不幸;他应当首先是诚实的;但也许,甚至亦应当怀着忧伤的心情将本民族历史中那些令人不快的、可耻的东西表述出来,而在会带来荣耀的地方,在谈到种种胜利、谈到繁荣昌盛的景象时,则应怀着喜悦和热情来表述。只有这样,他才能够成为一位史学家首先应当成为的民族史实记述者。"

伟大的亚·谢·普希金曾说过这样的话:"我早就不再为我在周围所见的一切而感到激动了……但我用人格来起誓:我不会打算因为世间任何东西而变更祖国;或是除了我们先祖的历史、上帝所给予我们的这种历史之外,还有另样的历史。"这番话语中所包含的,不仅是崇高的爱国主义情感,亦有对显而易见之事的判定。一个民族不可能有另样的历史,即便非常希望如此。往昔对历史学家和对所有人一样,是独立于他们的意志之外的;它可以被认知,但不可以被更改。这里亦适于回想起著名史学家瓦·奥·克留切夫斯基①的那个见解——真实的历史、历史教育、历史意识的形成,是一个民族之存在的不容置疑的条件:"若是没有历史知识,我们便应承认自己是随机的;承认自己不知道如何与为何来到这个世界,如何与为何生活在这个世间,如何与为何应当努力向前。"这位学者针对自己的同胞进一步发挥这一思想,认为:"为了成为一位自觉和自愿发挥作用的公民,我们当中的每一个人,都应当或多或少的是个历史学家。"

无偏见的历史——这是诚实的研究者和爱国者的产物。列·尼·托尔斯泰曾描写过福音书中的戒律"莫作伪证"对历史学家所具有的特别意义。在他的日记中有这样的话:"对待历史的座右铭,我应写上:'毫无隐瞒。'完全不说假话,这还不够;还应当力求不消极对待不说假话,即故意避而不谈。"现代历史学家瓦·德·索洛韦伊②的论断是公正的:"只有热爱自己的国家和人民、承认他们的绝对价值的人,才可能对自己的国家与民族的历史作出客观的描写。爱国主义,这

---

① 即瓦西里·奥西波维奇·克留切夫斯基(Ключевский, Василий Оспович, 1841—1911),俄国资产阶级自由派史学最重要的代表人物,俄国彼得堡科学院院士,主要著述有《俄国史教程》《古罗斯贵族杜马》等。——译者注

② 即瓦列里·德米特里耶维奇·索洛韦伊(Соловей, Валерий Дмитриевич, 1960—　),历史学家,戈尔巴乔夫基金会评审人。——译者注

不是客观性的反悖，而是它的最为重要的前提。关于这一点，那些盎格鲁撒克逊人极其明了，他们的口号是：my country—right or wrong!（这是我的祖国，无论它正确与否!）超自由主义的美国人，表现得更为激进：请你热爱美国，或者快点离开！而关于美国的（英国的、法国的，等等，也是一样）书写本国历史的风格，实在不必谈及。英国一位现代著名历史学家曾将其称作富于侵略性的自吹自擂。"自吹自擂，这不是俄罗斯风格的特征。

历史科学的社会功能。历史科学履行着极为主要的社会功能——促进人民的历史记忆的保存与丰富；首先是对遥远的和不久之前的过去所发生的那些伟大事件的记忆，对先辈们的英名与伟业的记忆。"当我们热爱祖国并为她而自豪时，那便意味着，我们是在为祖国的伟大人物们，即那些使祖国在历史的舞台上变得强大和可敬的人们而感到自豪。"俄国著名院士伊·彼·巴甫洛夫①曾如是说道。历史记忆本身亦履行着社会聚合功能，巩固着一代代人的团结统一，营造出共同历史命运和历史责任的观念，维系着社会的道德健康，滋养着民族自豪感。依此视角而论，让史书由一些代表性人物既要从捍卫国家利益的立场出发，亦要从建国之民族的价值观出发来书写，看来是重要的；因为，"书写历史之人，乃是考查现实之人"（英国电影导演肯·洛克斯语）。

蔑视历史，有害于它的缔造者，因为，诚如 20 世纪的伟大思想家和诗人托马斯·艾略特所言："真实的未来，只会建立在真实的过去之上。"对待历史的虚无主义，对历史的贬损，将过去描写成"黑暗的"、"可恶的"、"阴森的"、"不堪忍受的"，并据此俄国政府于 1917 年革命后批准中断中小学和大学的历史教学——所有这些，并没有持续很久，这很能说明问题。20 世纪 30 年代初，俄国历史重获用武之地——当局为了论证自己在历史中拥有一席之地的权利，曾不得不证明：自己肩负着引领国家朝着造福公民方向发展的使命，且能比先前的统治者更出色、更有效地应对这一使命。只是当这个政权作为俄国千年历史合法继承人

---

① 即伊万·彼得罗维奇·巴甫洛夫（Павлов，Иван Петрович，1849—1936），著名生理学家，高级神经活动理论创立者，1907 年起为圣彼得堡科学院院士，曾获 1904 年度诺贝尔生理学医学奖。——译者注

而获得承认时,领导者们方才得以与人民聚合一处;亦只有在这时,政府方能够先期获得人民的爱国主义情怀的支持——这种情怀能在严峻考验关头捍卫祖国,能使国家卓有成效地发展,能确保国家的福祉。

我国历史在八月革命后的某一时段,亦曾一度不受敬重。一段时间过后,鲍·尼·叶利钦曾言道:"1991年时,我曾经把使整个现实生活急速转弯并倒转作为一项最为重要的任务而给自己确定下来。因此,我选择了一个完全不推崇过去并应当只是去建设未来的团队。"叶利钦—盖达尔①政府外交部长安·弗·科济列夫②写道:"我们的'超级使命',简直就是揪着自己的头发将自己拖入……最发达的民主国家的俱乐部。"俄国革命改造的不可逆性,曾经要求甚至是以丧失国家主权为代价来作为保障的。

叶利钦的国际关系重要专家加·瓦·斯塔罗沃伊托娃③,赞同美国的"文明国家俱乐部"主张。依照这一主张,几个"文明"国家要构建一个统一的民主政府,它拥有自己的新闻出版、法院,并承担起道义的权利和在任何国家内确立"新秩序"的义务。B. 科列帕诺夫教授曾建议应同意由一些发达国家对昔日苏联实行一定时期的殖民地化。他认为,对西方来说,"我们作为一个富有原料和人力资源的市场,是有意义的……自然,应当向西方请求将个别共和国和地区指定给一些发达国家来负责。譬如,将俄罗斯指定给美国和日本来负责,将乌克兰指定给英国来负责,将白俄罗斯指定给法国来负责。应当成立一个综合性的殖民地行政管理机构"。

---

① 即叶戈尔·季米罗维奇·盖达尔(Гайдар, Егор Тимирович, 1956—2009),俄政要,经济学家,叶利钦经济变革初期的主要思想家与领导者之一,曾于6个月的总理任职期间启动私有化、市场经济、自由价格和自由外贸制;别洛韦日协议筹备参与者。——译者注

② 即安德列·弗拉基米罗维奇·科济列夫(Козырев, Андрей Владимирович, 1951—　　),苏俄外交家,任此职时间为1990—1996。此前任苏联外交部国际组织管理局局长(1989—1990)等。——译者注

③ 即加林娜·瓦西里耶芙娜·斯塔罗沃伊托娃(Старовойтова, Галина Васильевна, 1946—1998),俄国政要,曾为苏联科学院国际关系研究中心主任研究员。后任俄联邦总统国际关系问题顾问(1991—1992),1998年起任民主俄罗斯党主席,1998年11月死于政治暗杀。——译者注

晚些时候,即 2004 年,米·鲍·霍多尔科夫斯基①新闻中心网站的一个论坛,曾经严肃地讨论过一个"拯救俄罗斯方案"。该方案的结论便是将俄罗斯与美国合并:"幸好在阿拉斯加有共同边界的存在。"这样一来,"残留在那里的俄联邦居民们,便可以迁徙到一些温暖的地区,各自的国防工业亦可得以缩减,——并且可将整个俄、美一并称作美、欧、亚合众国"。阿·伊·沃尔斯基②断言:"当霍多尔科夫斯基走出监狱时,将会获得采用的,正是这种方案,并且,我们将同他一道,着手这一方案的实施。这亦正是霍多尔科夫斯基的历史使命所在。"在向世界宣告这种主张的告白中曾提到,一个类似的"外交部计划",亦广为众人所知。③

实际上,叶利钦领导集体所取得的第一批成果,便是捣毁了整个苏联共产主义体系和苏联经济。"也许,实在是不可以按照另一种方式来行事,"叶利钦曾

---

① 即米哈伊尔·鲍里索维奇·霍多尔科夫斯基(Ходорковский, Михаиль Борисович, 1963—),企业家、社会活动家。苏联解体前为莫斯科一区级共青团干部,改革年间创办"青年技术创新中心",从事各类商贸活动,1993 年任联邦燃料与能源部副部长等一系列政府高级职务,1997 年创立"尤科斯"石油公司并任总裁,1999 年、2003 年大选中曾出资支持"亚博卢"集团和俄共,2003 年以偷税漏税罪名被捕(时为俄首富,《福布斯》富人榜单上排名第 16 位),2005 年被判犯有"欺诈罪"等,获刑 9 年。——译者注

② 即阿尔卡基·伊万诺维奇·沃尔斯基(Вольский, Аркадий Иванович, 1932—2006),苏俄政要、社会活动家。曾任尤·安德罗波夫的经济顾问(1983—1884)、苏联国民经济主产管理委员会副主席(1991)等职;1990 年创办俄罗斯工贸企业家联合会(1992 年前名为"科技—工业联合会"),并任会长(1990—2005)。——译者注

③ 见 http://www.annews.ru/news/detail.php?ID=103959。与 А.И. 沃尔斯基的名字联系在一起的,还有更早些时候(即 1983 年)制定的,亦是有着不容置疑的历史重要性的一个方案。据尤里·安德罗波夫的经济问题助理证实,总书记曾经有过一个"挥之不去的念头——废除依据民族原则建立起来的苏联结构"。沃尔斯基在 2006 年去世前不久称:"有一次,总书记把我叫去吩咐道:'让我们结束我国的民族区域划分吧。请您设想一下依据居民人口、生产适宜性,在苏联组建一些州,以使正在形成的民族失效。请您绘制一幅苏联新地图来。'我做了 15 个方案!但没有一个合安德罗波夫的意。最后,我打电话请来了维利霍夫。我们绘出 3 个草图,弄出 41 个州来,我们完了,可尤里·安德罗波夫却病倒了,若是不出这样的事,他是会同意这个'草案'的。我完全有信心地说,那些日后成了各独立国家首脑的中央书记们,一定会热烈鼓掌赞同党的这个英明决定,而国家也许就不会完全陷入数年后的那种境地。"(见沃尔斯基 А.О.:《勃列日涅夫、安德罗波夫、契尔年科和戈尔巴乔夫》,《生意人报》,2006 年 9 月 12 日)

肯定地说,"除了现今之前已经过改造的斯大林式的工业、斯大林式的经济之外,实际上是不存在任何其他样式的。而这一样式,命里注定正是会使这样的断裂,即经由转折处的断裂发生。它怎样被建立起来,也怎样被捣毁了。"①

晚些时候方才明了:如此思考问题的,不仅是叶利钦,米·谢·戈尔巴乔夫亦曾于1999年坦白道:"废除共产主义,曾是我人生的目标","正是为了这一目标,我利用了我在党内和国内的地位","我有幸找到了实现这一目标的战友。在他们之中,亚·尼·雅科夫列夫②和爱·谢瓦尔德那泽③居有特殊的位置。他们在我们的共同事业中所成就的功绩,是不可估量的"。④ 亦是在那一年,亚·尼·雅科夫列夫在回忆揭露对"斯大林个人崇拜"时写道:"很久很久,40多年之前,我就明白了,马克思列宁主义——不是科学,而是一种政论,是一种人吃人的、自己吃自己的政论","二十大之后,我们经常在我们最亲密的友人和志同道合者的极小圈内,讨论国家和社会的民主化问题。我们选择了极其简单的方法去宣传晚年列宁的'思想'。当时,需要明了、精确、清晰地切除布尔什维克主义这个怪物,将其从上个世纪的马克思主义那里剥离下来。而后来,我们又不知疲倦地谈论起晚年列宁的天才,谈论向列宁的社会主义建设方案——'经由合作化、经由国家资本主义而建设社会主义——的回归,等等'。几位真正的、而非虚

---

① 叶利钦 Б. Н.:《总统札记》,莫斯科,1994年,第264页。

② 即亚历山大·尼古拉耶维奇·雅科夫列夫(Яковлев, Александр. Николаевич, 1923—2005),社会政治活动家、政论家、院士,曾任世界经济与国际关系研究所所长(1983—1985)、苏共中央宣传部部长(1985—1986)、苏共中央书记(1986—1990)、政治局委员(1987—1990)、俄罗斯社会民主党主席(1995—2000)等职。——译者注

③ 即爱德华·阿姆夫罗西耶维奇·谢瓦尔德那泽(Шеварднадзе, Эдуард Амвросиевич, 1928—),苏联、格鲁吉亚政要,其该职任期为1972—1985年,后历任苏联外交部长(1985—1990)、苏联对外关系部部长(1991)、格鲁吉亚国家苏维埃主席(1992)、格鲁吉亚议会主席(1992—1995)、格鲁吉亚总统(1995—2003)等。——译者注

④ 见《苏维埃俄罗斯》,2000年8月19日。分析家们常将尤·弗·安德罗波夫称作戈尔巴乔夫的直接先驱。此说的依据是,苏共中央的这位总书记曾承认社会主义在与资本主义的经济竞赛中失败。他称:"不得不指出,我们已经输掉了与资本主义生产方式的经济竞赛。"(见《沃尔斯基 А. И. 访谈》,载《俄罗斯特别使命报》,2006年第9期,第4—5页。)他使人注意到,不是"可能输掉",亦不是"正在输掉",而是"已经输掉"。这便意味着,尤·弗·安德罗波夫是时正在思考的,应当不是如何"修整"通往普通社会主义之路,而是如何组织撤退或投降。

假的改革者们，曾制订出（自然是口头上的）如下计划：用列宁的威望来打击斯大林、打击斯大林主义。而接下来，若能成功，再用普列汉诺夫①和社会—民主制来打击列宁；用自由主义和'道义社会主义'来打击一般性的革命化主义。"1996年时，卢日科夫②曾向民众表述了自己的宿愿——"将苏联领袖们的所有铜质或石质塑像集中起来"，放在莫斯科河岸边，以便让孩子们了解这些祖国历史的反派人物们，并不要忘记那个"使千百万得不到安宁的灵魂仍在呻吟的政治暴力"的时代。由于此类意向的广为流传，1991年的那场革命便导致了自由主义的胜利，不仅终结了社会主义，亦灭亡了苏联。

爱国主义与历史。后苏联的最初十年，与1917年之后那十年完全一样，是在拒绝提出爱国主义教育问题的旗帜下度过的。不过，近来出现了一些转变，若是说，20世纪90年代时，大众传媒曾积极号召俄国人去谴责帝国的往昔和大国主义倾向，不要抓住那些"古老的民族理想"不放，要去实现"俄国人的世界主义美妙愿望"并最终成为欧洲之一部③，那么，自不久前起，官方的说辞便在发生着变化，"由抽象的民主主义转向爱国主义；绝大多数自由主义政党现在只谈大俄罗斯"，"'民族'、'帝国'这些禁语，在社会意识中拥有了合法的身份"。④ 2009年11月12日，俄联邦总统致俄联邦大会的咨文中表示："深信俄罗斯必须和有能力依据全新原则获取世界大国的身份"；必须建设"现今的而不是昔日的俄罗斯，即现代的、志在未来的年轻国家。这个国家将在世界劳动分工中占据应有的位置"。德·阿·梅德韦杰夫总统亦将缔造新型的、名副其实的俄国视为一项任务。他在2010年5月20日曾言道："这种同一，应当是将我们所有各族人民均含纳其中"，

---

① 即格奥尔吉·瓦连京诺维奇·普列汉诺夫（Плеханов, Георгий Валентинович, 1856—1918），社会民主运动活动家、哲学家，"土地与革命"社的领导人之一、俄国劳动解放社的创立者；俄国社会民主工人党、《星火报》的创立者之一；俄社民党二次代表大会后成为孟什维克派的领导者，著有《社会主义与斗争》《我们的分歧》等。——译者注

② 即尤里·米哈伊洛维奇·卢日科夫（Лужков, Юрий Михайлович, 1936—   ），俄罗斯政要，曾任莫斯科市长（1992—2010）。——译者注

③ 见 http://www.apn.ru/publications/print1395.htm 。

④ 见《20世纪初俄罗斯思维中的民族与帝国》，莫斯科，2004年，第5页。

"如果我们现在不能将其缔造出来，那么，我们国家的命运便会十分可悲"。①

"民族主义"（另称"民族爱国主义"）这个先前曾被禁用的词语，如今亦已获得合法的身份。伟大卫国战争前夕，约·维·斯大林方才开始领悟"健康、正确理解下的民族主义"②的益处。不过，他还没有勇气公开申明这一点，若是这样做，那便是过于明显地意味着要与弗·伊·列宁分道扬镳——列宁曾经断言："马克思主义同民族主义是不能调和的，即使它是最'公正的'、'纯洁的'、精致的和文明的民族主义。马克思主义提出以国际主义代替一切民族主义，这就是各民族通过高度统一而达到融合。"③对弗·弗·普京来说，这方面的问题不存在。2008年3月8日，在同德国总理 A.默克尔共同举行的新闻发布会上，他曾说服记者们相信，俄罗斯新任总统"像我一样，也是美好意义上的俄罗斯民族主义者。他是一位真正的爱国者，并将成为积极活跃于国际舞台之上、捍卫俄罗斯利益的典型人物"④。

这样的政治立场，是与从民族—国家利益角度分析历史事实的方法完全吻合的。在此种情形下，不使俄国政治民族（即国家民族）内的俄罗斯民族与俄国其他民族对立起来，相应地，亦不使俄罗斯族人的民族主义与俄国人的民族主义对立起来，看来是十分重要的。与此同时，依我们所见，这样的对立是会出现的。例如，号召"忘却民族"、"为民族唱挽歌"的始作俑者⑤，同时亦建议，"采取所有可行办法——坚定地树立俄国民族主义，即指了悟并捍卫国家民族主权和国家利益、巩固俄国人民的国家民族认同、确立俄国人民观念本身的无条件的优先地位。以一个立国民族的名义，或者是以'诸民族友谊'的名义建立在族类共同体

---

① 见 http://www.kavkaz-uzel.ru/articles/169077/。

② 见玛丽娜 B.：《格奥尔吉·季米特罗夫——苏联公民：1934—1945年》（据格·季米特罗夫的笔记），载《21世纪的俄罗斯》，2007年第4期，第101页。约·维·斯大林引用了格·季米特罗夫1941年5月12日的笔记。

③ 《弗·伊·列宁全集》，第24卷，莫斯科，政治文献出版社，1969年，第5版，第131页（以下出版项从略）。

④ 《共青团真理报》，2008年5月8日。

⑤ 季什科夫 B. A.：《忘却民族：民族主义的后民族主义理解》，载《哲学问题》，1998年第9期；《为民族唱挽歌：社会——文化人类学研究》，莫斯科，2003年。

种种极端之上的任何其他的民族主义方案,均是站不住脚的,故应被摒弃"①。俄罗斯民族的志向不是征服,也不是统治周邻民族,而是要学会共同生活,这曾是他们在自己的历史中所表现出的标志性特征。今日的俄罗斯文明,亦"能够向人类举荐一种古老的文化;这一文化的理想是——不是要推动世界走向何方,而是要与其共存;不是在时光的飞逝中共存,而是在永恒的思想中共存"②。

根除革命派主义。随着 1991—1993 年间所发生的诸事件的历史的远去,八月革命中那些不久之前曾叱咤风云的人物,也变得越来越清醒,正在逐渐地铲除自由主义的革命派主义(即对革命的自由主义思想的无正当理由的、过度的忠诚),并由此给自己提出了有关祖国历史这一主题的十分清醒的问题(类似的情形,曾常见于所有革命过后,其中亦包括 1917 年那场俄国革命)。

例如,昔日著名的叶利钦派人物维·瓦·科斯吉科夫③写道:"为什么在自己的历史中,其中亦包括在苏联的历史中,我们常常搜寻出来的仅仅是弊端,仅

① 季什科夫 В. А.:《有这样一个民族》,载《民族的现实性》,圣彼得堡,2006 年,第 24 页。一段时间过后,在俄联邦存在着国家民族和族类共同体的激进否定,让位于经过更为慎重考虑的评述。2008 年 10 月 16 日,俄联邦科学院民族学和人类学研究所曾召开科学—实践学术会议,依据其组织者的倡议所作的一项研究成果,就俄国国家民族形成问题进行了讨论,此次讨论得出一个结论:"公民性民族与族类共同体式民族的存在,并不相互抵触。"(见巴拉图塔 Г. В.:《〈作为俄国民族形成要素的区域民族文化潜能〉科学—实践学术会议》,载 http://www.ifpc.ru/index.php?cat=26&doc=567)亦可见《俄国民族:形成与民族文化的多样性》,季什科夫 В. А.主编,莫斯科,2008 年。就这样,2008 年时,又在一定程度上重复着苏联时期有关苏联人民是人类新型共同体的辩论结果。在党的二十二大(1961)上获得通过前仍在修改之中的苏共新党纲草案,依据赫鲁晓夫的倡议,曾加入了这样一个论点,即"在苏联,正发生着诸民族及其语言的融合;有着一种语言、有着统一文化的一个国家民族正在形成"。在赫鲁晓夫退休后召开的苏共二十三大(1966 年)上,中央向大会提交的报告中含有一个"多民族苏联人民"的论点。这一论点排除了将"新共同体"与似乎是由传统的各族类共同体中锻造出来并取而代之的"新国家民族"混同的可能。(见巴尔先科夫 А. С.,弗多文 А. И.:《俄国史(1917—2009 年)》,2010 年,第 505、507 页)

② 沙法列维奇 И. Р.:《俄罗斯的未来》,载《金狮》,2009 年 1 月 15 日,第 181—182 期。(见 www.zlev.ru)

③ 即维亚切斯拉夫·瓦西里耶维奇·科斯吉科夫(Костиков, Вячеслав Васильевич,1940—),外交家、记者、作家,曾任联合国教科文组织秘书处信息部编辑、俄联邦总统新闻秘书、俄驻梵蒂冈代表等职,有小说《继承人》、《左岸之桥》等。——译者注

仅是罪行？不应忘记没收富农生产资料与土地的那段历史，不应忘记对农村的掠夺、对东正教会的摧毁、对红军指挥员的清洗，不应忘记书报检查机关的控制、对异议者的压制和‘个人崇拜’的那些恶习。但是，在 20 世纪的俄国历史中，亦曾有过巨大的经济提升，工业、科学的腾飞和所有阶层居民均可享受到的文化与教育，有过现今如此缺乏的集体主义精神和民众的热情。而诸民族的友谊呢？要知道，它不仅是曾以全苏国民经济成就展览会馆内那座著名喷泉的形式存在过，亦在现实生活中存在过。"①

莫斯科市长尤·米·卢日科夫曾认为，重建 1991 年之前"曾系卢比扬卡广场主要构成之一部分"的那个极其美妙的纪念碑②，是必要的。他的这一思想倾向，十分具有代表性。2002 年 9 月，费·埃·捷尔仁斯基③的形象在这位市长那里，已经不是与政治镇压联系在一起，不是与同犯罪现象进行斗争，甚至不是与国家安全机关的创立联系在一起，而是与"解决游民问题、铁路的重建及国民经济的提升"联系在一起。④

2009 年 12 月 4 日，"斯大林"宪法通过日前夕，在莫斯科全俄会展中心入口处隆重举行了修葺一新的薇拉·穆希娜⑤的雕塑——《工人与集体农庄女庄员》的揭幕仪式。⑥ 在苏联大百科全书中，这尊雕塑曾被称作是"社会主义现实主义的样板"。2009 年 4 月 10 日，庆祝意义重大的 11 月 7 日，被作为 1941 年在莫斯

---

① 《论据与事实》，2004 年，第 45 期。

② 即指原来矗立在苏联克格勃主楼对面的费·埃·捷尔仁斯基雕像。1991 年事变中被拆除。——译者注

③ 即费利克斯·埃德蒙多维奇·捷尔仁斯基（Дзержинский，Феликс Эдмундович，1877—1926），苏联早期国家安全机关主要领导人之一。曾任全俄肃反委员会主席（1917—1921）、俄联邦内务部人民委员（1919—1923）等。——译者注

④ 见 http://old. strana. ru/stories/02/09/30/3164/224420. html 。

⑤ 即薇拉·伊格纳季耶芙娜·穆希娜（Мухина，Вера Игнатьевна，1889—1953），苏俄著名雕塑家。文中所述雕塑，系为 1937 年巴黎世界博览会苏联参展大楼所创作的大型不锈钢作品，曾获得盛誉，展后移回莫斯科；另有代表作《粮食》等。——译者注

⑥ 《文学报》为这则消息配发了出色的按语："历史是不可以更改的。从那里只能，且需要汲取教训。憎恶自己的历史性，是一种无知和犯罪。"载《文学报》，2009 年 12 月 1—8 日，第 49 号（6253），第 1 页。

科为庆祝伟大社会主义十月革命 24 周年而举行的那场红场阅兵式的纪念日而被法律化。①

在对待约·维·斯大林纪念物的态度方面发生的变化,亦显现出来。2004 年 7 月,在苏联伟大卫国战争 60 周年前夕,俄联邦总统指令将莫斯科亚历山大花园内无名士兵墓旁纪念石壁铭文中的"伏尔加格勒"替换为"斯大林格勒"。2009 年,在经过修葺的莫斯科地铁环路支线的库尔斯克车站(8 月 25 日开通)内,"依市里决定",恢复了苏联国歌第一版本中的那段歌词——"斯大林培养了我们对人民的忠诚,激励我们去劳动、去建功"。② 2010 年 2 月 17 日,市政当局作出在胜利日前夕使用印有最高统帅约·维·斯大林像的宣传画装点首都的决定,这已是众所周知的。在莫斯科市政府研究有关筹备庆祝这一节日问题的会议上,首都市长称:"从历史中删除某些人,其中也包括斯大林,这是没有意义的","我不是维·斯大林的崇拜者,但我是阐明历史事件的客观态度的崇拜者"。

2009 年 12 月 3 日,弗·弗·普京在电视和无线电台直播节目的谈话中,亦对约·维·斯大林的活动给予了不偏不倚的评价。其中他强调指出,斯大林的活动与我国 1924—1953 年间发生的种种值得肯定的变化,是分不开的。在这段时间里,我国由一个农业国转变为工业国,赢得了伟大卫国战争的胜利。"他绝对是值得肯定的。"而为此所付出的代价——千百万公民所遭受的迫害、镇压,大规模的针对本国人民的犯罪与对这位国家领导人的个人崇拜一道,被称作是令人不能接受的。"如此管理国家、取得成果的方式,是不能被认可的。"③

在我们这个时代,那亦是不被认可的,这一点毫无疑问。为现代化(苏联时

---

① 见 http://www.consultant.ru/online/base/? req=doc;base=LAW;n=72113 。

② 《真理报》,2009 年 8 月 26 日;另见 http://www.izvestia.ru/archive/26-08-09/? 4。

③ 见 http://www.moskva-putinu.ru/ 。对右倾自由主义者而言,斯大林是苏联政权年代所有灾难的化身,其中包括国内战争、余粮征集、红色恐怖、劳改集中营管理制度、饥荒、没收富农生产资料与土地、大恐怖、卫国战争之前对红军指挥人员的清除。依他们之见,斯大林应当为与德国签订互不侵犯条约而没有与英国和法国订立盟约而负责;应当为 1941—1945 年成为最高统帅而负责;应当为他的指挥而负责;应当为绝大部分苏联人没有在战争初期准备好保卫政治制度而负责;为 380 万(70% 为军人)投降者和其中 60% 丧命于希特勒集中营的人们及那些"幸免于难并返还的战俘,却被长期囚禁于苏联集中营"的人们而负责。(见丘拜斯 И.:《不要再讲那些关于斯大林的童话了》,载《莫斯科共青团员报》,2010 年 3 月 28 日。)

是为工业化和集体化)、为伟大的卫国战争,付出代价,那是另一回事。不认可为所有这些而付出的代价,这是在判定:不付出这些代价也是可行的。然而,显然,若是没有工业化,苏联可能早在 1941 年便不复存在了。工业化的代价,曾是极其巨大的,但不得不付出。其他国家和人民,也没有停留在现代化的计划上;现今的幸福生活,亦面临着较高的耗费。为英国和美国的资本主义关系的确立和工业化血流成河的,不仅有殖民地的人民,亦有英美本国的人民。若是作一番客观的科学分析,英国农民的悲惨命运,看上去似乎并不比俄国农民更好些,曾有 6 千万印度人的生命,被作为牺牲献祭于工业化的圣坛,他们因为殖民本土的英国人的残暴盘剥而丧命。美国的富庶,亦是以盘剥和牺牲千百万美洲奴隶和土著印第安人为代价而得到的。

在这样的背景之下,西方的一些"民主国家",将斯大林制度谴责为人权范畴内的犯罪,便有着明显的伪善味道,即诬蔑或捏造的味道,就像是在谈论久远时代的罗斯一样;而在我们这个政治适度的时代,那种谴责,则是有着用假装出来的心地纯洁和品德高尚作遮掩的虚伪的味道。娜·阿·纳罗齐尼茨卡娅[①]在 2010 年时曾敏锐地指出:"以为在某些西方国家,斯大林因施行政治镇压而继续受到人们的憎恶,这是可笑的。实际上,他不能被宽恕的原因,是使苏联变成了与整个西方总和同样大小的雅尔塔会议和波茨坦会议。"

由此一来,一些不能回避的问题,便出现在历史学家面前:"为何资本主义罪恶过去的所有罪孽,均获得了宽恕,而那个在更为复杂条件下培养起来的和在短暂的历史时间内能够向世界提供一些新的价值观和确凿无疑的优越性的初期社会主义,其罪孽却得不到谅解?"为什么"尽管它有着伴随其历史的种种危机、失败和犯罪,依然被赋予了自我修正、自我完善、向人类社会生活'最高形态'前进的权利、理由和道义上的祝福,而社会主义在这方面却遭到拒绝"(叶·伊·苏伊

---

① 即娜塔丽娅·阿列克谢耶芙娜·纳罗齐尼茨卡娅(Нарочницкая,Наталия Алексеевна,1948—),历史学家、政论作家、政治活动家,俄科学院世界经济与国际关系研究所研究员,美、德问题专家,第四届国家杜马代表。主要著述有《世界历史中的俄罗斯与俄罗斯人》、《现今世界中的俄罗斯与俄罗斯人》等。——译者注

缅科①语,2007 年)？为什么对斯大林主义,除了过分的赞颂和恶意的中伤之外,也不可从历史的角度去研究？要知道,对斯大林的恶魔化,正合乎逻辑地过渡到对整个国家的恶魔化。②

时至今日,一切都变得越来越明显——用否定过去的态度来教育社会、试图通过诋毁前政权来提升现政权威望的惯常作法,不仅于事无补,亦每每适得其反。譬如,电视节目《俄罗斯之名》(2008 年 10 月 5 日—12 月 28 日播出)便曾向公众演示了大众传媒的一个完全站不住脚的图谋——欲将斯大林的名字从俄罗斯最受尊重的人的名单中剔除。③

俄国"民主派"的反斯大林运动,亦没有取得预期的成果。他们同样曾试图说服"不够明智的"同胞们相信,他们赢得战争胜利似乎不是因为斯大林,而正是相反。据社会学研究数据所示,在苏联伟大卫国战争胜利 65 周年那一年,81％的俄国公民认为,斯大林为这场胜利的取得做出了巨大的,或者说是决定性的贡献,甚至在当世人口诛笔伐,纷纷欲将《莫洛托夫—里宾特洛甫条约》说成是斯大林与希特勒的联手施暴时,2009 年,即在该条约签订 70 周年之际,仍有近 60％未丧失健全理性的俄国公民,将此条约视为一项迫不得已,但却必需的举措。④

对苏联昔日诸加盟共和国的社会舆论所进行的研究,得出一些具有典型意义的成果。例如,在 2009 年的一次问卷调查中查明:在乌兹别克斯坦,民众中18—30 年龄段的青年人已经完全不知道(或没听说过)尼古拉二世的占 49％;不知道费·埃·捷尔仁斯基的占 67％;不知道格·康·朱可夫⑤的占 53％;不知道尼·谢·赫鲁晓夫的占 55％。但是,在这种情形之下,对斯大林的作用做出

---

① 即叶甫盖尼·伊万诺维奇·苏伊缅科(Суименко, Евгений Иванович),哲学博士、教授,乌克兰科学院经济社会学部主任研究员。——译者注

② 见 http://www.eifg.narod.ru/gevorkyan19-10.htm 。

③ 见 http://ru.wikipedia.org/wiki/Имя_Россия 。

④ 见 http://www.apn.ru/publications/article22865.htm 。

⑤ 即格奥尔吉·康斯坦丁诺维奇·朱可夫(Жуков, Георгий Константинович, 1896—1974),苏联元帅,二战时历任总参谋长、西线司令、副国防人民委员、最高副统帅,参与制定并实施过几乎所有重大的对德军事运动,1945 指挥攻克柏林并以苏方代表的身份接受德国投降。——译者注

否定性评价的占 53％；认为在斯大林时代推行的工业化不是"犯罪式的冒险"（同意这种答案的，占被询访者的 7％），而是一个极其巨大的成就的占 52％；认为集体化不是"血腥的犯罪"（持这种意见的，占被询访者的 10％），而是一种严酷的必要措施的占 42％。

2009 年 7 月，欧洲安全与合作组织议会全体会议决议，将斯大林主义与纳粹主义等量齐观，视其为"两个能量强大的极权体制——它们带来了种族大屠杀、人权与自由的破坏、战争犯罪及种种反人类的罪恶"。这一决议，标志着俄国境内反共产主义和反斯大林主义的增压限度的提升。俄联邦委员会和俄联邦国家杜马委员会发表联合声明，评价这种将纳粹德国与苏联相提并论的尝试是"对在第二次世界大战中为将欧洲从法西斯主义的桎梏中解放出来而献出自己生命的千百万我国同胞的纪念的公然侮辱"。这份决议，生动地令人联想起 1938 年 9 月签订的那个可怕的《慕尼黑协定》。在当时欧洲地区热心人权与自由的人士眼中，《慕尼黑协定》是将纳粹德国与民主捷克斯洛伐克等同视之了。

新的执政当局，在创造后苏联时期俄国正常生活条件方面所做出的史无前例的种种努力，成效暂且较为微不足道。"1.4 亿俄联邦居民中，有 1200 余万残疾人、不少于 900 万的失业者、450 余万被官方登记的酗酒者、280 余万吸毒者、不少于 230 万的艾滋病感染者、近百万的精神病患者；有 40％的中小学生不会存活到领退休金的年龄。"①欲将 20 世纪 30 -80 年代俄国政府的错误和罪过（古拉格制度②、斯大林习气、勃列日涅夫习气）说成是造成所有这一切的种种尝试，并不会在今日的俄罗斯获得认同。

国家主义的价值。国家主义所具有的不可磨灭的种种价值。关心自己的国家，将其作为每位公民一生获得成功与顺遂的主要条件，并加以保护和完善，以及由此而决定着的民族—国家爱国主义——所有这些，现如今在俄国，随着俄国历史的后叶利钦时代新篇章的开启，正在获得其先前曾经有过的那种意义。

---

① 《今日俄罗斯》，2010 年第 6 期。

② 古拉格，俄语缩略语 ГУЛАГ 的汉语音译，俄语全称为 Главное управление исправительно-трудовых лагерей（劳动改造营管理总局），隶属内务部。此喻指劳改制度。——译者注

1999年年底在莫斯科战略研究中心启动仪式上,弗·弗·普京发表演讲,声称:"说到国家战略,我们这里所有的志同道合者,都有一个希望,那便是使俄罗斯成为一个伟大强国。"这一新的"大国主义论",与一种起统一作用的思想意识有着密不可分的联系,这一思想意识便是爱国主义。"如果谈到某种起统一作用的思想意识,"弗·弗·普京说道,"那么,对俄罗斯这样如此复杂的、联邦制建构的、多民族的和多宗教信仰的国家来说,最为重要的、具有统一作用的因素之一,便应当是全俄性的爱国主义。并且,我们的历史当然亦是这一爱国主义的基础之一。"①

对待历史、对待历史科研和教学文献的态度的新转变,出现在2003年11月27日。弗·弗·普京在俄罗斯国家图书馆会见历史学者们时,对教科书提出明确的要求。"现今的中小学和高校的教科书,不应成为新的政治斗争和意识形态斗争的平台。这些教科书,应当叙述历史事实;它们应当培养学生为自己的历史、为自己的国家感到自豪的情感,"总统如此强调道,"而历史学家一度对负面的东西特别关注,这是因为曾有捣毁先前体系的任务;现在我们则有另样的、建设性的任务。"稍晚些时候,阻止俄国社会中种种民族虚无主义情绪扩大的屏障,曾得到加强。与这些情结相对立的,是笃信"未来不存在于诸伟大民族的消失之中,而存在于它们的合作之中"②的人们所持有的正确立场。

在2007年俄罗斯总统致联邦会议的咨文中,国家爱国主义主张表述得特别有力。③ 1991年12月之后历史的逻辑、俄罗斯内外政治发展的逻辑,至此已是使我们的祖先们在历史不同阶段的危急关头不止一次重申的那个信念,再度清晰突显出来,并几近使其成为全体人民的信念,那便是"我们要么将成为强大的和有影响力的,要么将完全消亡"④。2008年8月26日,俄罗斯承认南奥塞梯和

---

① 见 http://www. kremlin. ru/appears/2003/07/17/1800 _ type63378type82634 _ 49025. shtml 。

② 苏尔科夫 B. :《主权——这是竞争力的政治同义语》,2006年2月7日,见 http://www. rosnation. ru/printVer. php? print=1&D=66 。

③ 见《俄罗斯联邦总统弗拉基米尔·普京致联邦会议咨文》,载《俄罗斯报》,2007年4月27日(第353号)。

④ 见 http://www. vk-smi. ru/2009/2009_01/vk_09_01_27_01. htm/ 。

阿布哈兹国家的独立地位。这一举措有时会令人觉得，是"俄国联盟，即在其存续的不同阶段曾一度被称作莫斯科大公国、莫斯科王国、俄罗斯帝国和苏联的那个国家文明的实际重建之始"①。

自 2001 年起，一项目的明确的爱国主义教育工程在俄罗斯启动了。这项工程是依照《2001—2005 年俄联邦公民爱国主义教育》国家纲领来进行的。在一个为随后 6 年所制定的类似纲领中，苏联之前的和苏联的往昔历史篇章，均被称作进行此项教育的素材。施教者不得不重新认真审视国家的过去，并且是以"我们国家的千年经验——其中亦包括 74 年的共产主义统治经验——所给出的所有正面事物"②作为凭依来施教。因此，总统行政事务管理局副局长强调指出："苏联不应受到任何程度的不加区别的谴责：这都是我们的至亲啊，这实际上就是我们自己——我们不要忘记，我们是依靠从苏联承继下来的遗产而生存着的；我们自己所能成就的，时下尚且很少。"③

亦如 20 世纪 30 年代那样，俄国再次出现了将社会学和祖国历史提升至新的教育体系首要地位的需求。这完全不足为奇，因为自亚·谢·普希金那个时代起，人们便已认定：正是对俄罗斯的研究，应当主要是吸引那些有才华的年轻人的关注。这些年轻人"准备以忠信与真情效力于祖国，把在改善国家现状的伟业中与政府同心同德、结为一体作为目标，而不是去阻碍这一伟业，不理智地固执于从事暗地里的恶行"。2007 年 6 月，俄罗斯总统与出席全俄社会科学界教师代表会议的与会者们，举行了一次会晤。会晤期间，谈到了应能确保学生获得有重大价值的历史知识和根据充分的评价的"教育标准"问题。同时亦谈到，在历史学教材中，应当提供可供选择的观点，提供防止思维标准化的方法。不过，这当中不应出现伤害历史记忆和民族情感的过激言论。历史中的那些悲剧篇章

① 特列季亚科夫 B.：《联盟的必然性》，载《剖面》，2008 年 9 月 15 日，第 34 期。

② 莫伊谢耶夫 H. H.：《怀着对俄罗斯未来的思考》，莫斯科，1997 年，第 87 页。

③ 苏尔科夫 B.：《主权——这是竞争力的政治同义语》。关于这一点，俄联邦总统在萨彦—舒申斯克水电站事故后亦曾谈及："近年来，我们在许多方面都是靠从苏联得到的遗产在生活。"我们面临着"制订出我国工艺更新计划"的任务。(见 http://top. rbc. ru/politics/30/08/2009/325658. shtml)

（它们不仅出现在我们这里，更为骇人听闻的悲剧亦出现在其他国家的历史中，譬如，殖民掠夺、纳粹主义、对和平居民动用核武器和化学武器），不应被忘却；但亦不应被用于强加负罪感。① 已经出版的一些教科书和教学参考资料，在编撰时已顾及这次会晤的文献资料。② 一个国际化的写作集体以《共产主义黑皮书》精神对俄罗斯历史所作的最新的阐述③，依报章上的反响来判断，是不为俄国人所接受的。

历史诠释中的科学现实主义。历史主义原则要求对现象与事件应当在其形成和发展中、在其与具体的历史条件的密切关联中去仔细观察。被作如此理解的历史主义，与科学的客观态度相吻合，除了对现今的拟古化和对过去的现代化之外。俄罗斯历史学派（它在 20 世纪的卓越代表人物是谢·费·普拉托诺夫④、叶·维·塔尔列⑤、鲍·德·格列科夫⑥）的最高标准，与历史主义原则完全一致。这一学派的特点是：与科学现实主义一样，首先表现在具体、直接地对待史料和事实，而不受制于历史编撰学传统。后苏联历史编撰学中经常表现出

① 见 http://news. mail. ru/politics/1363208/ 。

② 见菲利波夫 А. В.：《俄罗斯现代史（1945—2006 年）》，教师用书，莫斯科，2007 年；菲利波夫 А. В. 编著：《俄国史（1945—2008 年）》，教师用书，莫斯科，2009 年；丹尼洛夫 А. А.，乌特金 А. И.，菲利波夫 А. В. 编著：《俄国史（1945—2008 年）》，供 11 年级用，义务教育学校学生用书，第 2 版，莫斯科，2008 年；波利亚科夫 Л. В. 编著：《社会知识：21 世纪的全球和平》，供 11 年级使用，教师用书，莫斯科，2008 年；夏金 Э. М. 编著：《20 世纪祖国现代史》，2 册，高校学生用书，莫斯科，2008 年；米洛夫 Л. В.：《20 世纪至 21 世纪初俄国史》，高校学生用书，莫斯科，2006—2009 年，等等。

③ 即指祖博夫 А. Б. 主编：《20 世纪俄罗斯史》，2 卷，莫斯科，2009 年；卷 1：1894—1939 年，卷 2：1930—2007 年。《共产主义黑皮书》，莫斯科，1999 年。

④ 即谢尔盖·费奥多罗维奇·普拉托诺夫（Платонов, Сергей. Фёдорович, 1860—1933），院士，考古委员会主席（1918—1929），有《16—17 世纪莫斯科国家混乱时期史》等著述。——译者注

⑤ 即叶夫盖尼·维克多罗维奇·塔尔列（Тарле, Евгений Викторович, 1875—1955），院士，主要著述有《革命时期的法国工人阶级》《大陆围困》《拿破仑》《拿破仑入侵俄罗斯》、《克里米亚战争》，曾获 1942、1943、1946 年度国家奖。——译者注

⑥ 即鲍里斯·德米特里耶维奇·格列科夫（Греков, Борис Дмитриевич, 1882—1953），历史学家、科学院院士，有俄国史，西、南斯拉夫人史，俄国农民史等方面的著述。代表作为《基辅罗斯》《远古至 18 世纪的罗斯农民》等。——译者注

来的对苏联社会史研究成果的不满,与历史主义原则和科学现实主义没有任何关系。

被本国共同命运和国界联为一体的俄国各族人民,在过去一个世纪中,走过了一条成就之巨大、艰辛之深重,无法与史学家所知晓的任何一个世纪相比拟的道路。20 世纪的前半叶,两次世界大战、三度生活基础的革命性震荡、一次国内战争、两度社会意识形态和经济体制的根本性变革,悉数汇集其间。成就了 1917 年伟大十月革命的人们,曾竭力欲使社会发生根本性的更新;他们生活在无法抑止的对创造的渴望之中,对农村和城市的社会主义改造,投入了令人难以置信的努力。结果是:一种巨大的经济、科技和军事潜力被激发出来,它使国家得以提升到世界最为发达大国的水平,并在抗击法西斯主义的斗争中捍卫住自己的独立。近 50 年代中期时,苏联在国内生产总值(即在国内生产的、可计价的最终商品与劳务的总价值)方面大大缩小了落后于美国的差距。自 60 年代起,这个差距再度加大。1955 年,苏联的国内生产总值为美国国内生产总值的 35%;1965 年为 28%;1975 年为 27%;1985 年为 22%;1990 年为 17%;1995 年为 9%;现在为 5.8%。据 2006 年的数据显示,俄联邦国内生产总值大约为 7 000 亿美元,而美国则约为 12 万亿美元。① 还有惊人的一例:1980 年,苏联,就其国民生产总值的规模而论,相当于中国的 6 倍;而现在,俄联邦是中国的 1/5。也就是说,与中国相比,我们缩减到原来的 1/30。②

希望构建一个自由、公正社会的人民政治文化,这对解决伟大十月革命所提出的那些任务来说,是不够的。国家领导人们没能使人民的期望在相关的行动纲领中得到相应的体现。在我国,社会紧张状态和危机局面经常发生,并伴随着出现在权力顶峰的极其尖锐的冲突、对公民肆无忌惮地采取粗暴的强制手段和暴力作为建设"苏联生活"的方法。苏联社会没能调整好自治系统和"下层"对"上层"的有效监督。因为这些缺失,面对领袖们的专政和党政精英们的无限权力,他们便陷入了无力自卫的境地。

---

① 见加拉贾 H. B. 编:《主权》(文集),莫斯科,2006 年,第 139 页。
② 《金狮》,2009 年 7 月 15 日,第 205—206 期。(见 www.zlev.ru)

1917 年，在革命完成之后的俄苏历史中，有几个时段显得很突出：国内战争时期、新经济政治时期、社会主义建设加速时期。这里值得特别关注的是：苏联在因昔日沙俄解体而形成的一些国家的原址上的建立；"在一国建设社会主义"观念取代徒然引发世界革命而于 1924—1927 年间的确立；工业化和集体化的推行、1936 年宪法的通过、1937—1938 年间所谓"大恐怖"的实施（依我们所见，它实际上是将苏联历史的后一些时段与前一些时段分离开来）；与德国互不侵犯条约的签订。伟大的卫国战争，曾是伴随着社会力量的极度紧张和苏联人民为自己祖国的自由与独立而付出的难以计数的牺牲；人们对这段历史表现出挥之不去的兴趣，这是必然的。而战后的历史，亦同样是充满戏剧性。实质说来，苏联并没有从与"资本主义包围"的战争中走出来并着手从事和平事业。正如德国战败之后不久所表明的那样，1945 年，对苏联而言，战争并没有结束，只是战争的战线和性质发生了变化，已是以令人不可思议的方式转变成与美国及其盟友的"冷战"——他们将苏联的存在视为对自己国家的一种威胁。在这场令人精疲力竭的战争中，我们国家战败了。

在这场战争初期，苏联曾认为有可能选定一条制胜的捷径。格·瓦·普列汉诺夫，科学社会主义最著名的理论家之一，在其 1918 年口授的那份政治遗嘱中认为，社会主义在俄罗斯的统治，可以确保施行 100—160 年的和平改造。他以为，在社会主义的第一阶段，即初期阶段（25—30 年），应当予以没收的，只是那些最大的银行、轻重工业工厂、运输企业、地主和教会的土地、大型商贸企业。当国营经济成分的劳动生产力与最佳的私营工厂的劳动生产力持平，而俄国人的生活水平达到西方国家生活水平时，这一阶段便可视为结束。在第二阶段，即在成熟的社会主义条件下（25—30 年），依普列汉诺夫的观念，应当对中等的银行、轻重工业企业、商贸批发企业，予以没收，且同样是依据公平的原则。当国有企业的劳动生产力超过西方国家最佳私营工厂的劳动生产力，而俄国人的生活水平超过资本主义国家公民的生活水平时，这一阶段便告结束。这一阶段的目标是：使社会主义对各国所有人民均具有吸引力。在这一阶段，和平的社会主义革命，能够在一些最发达的国家内取得胜利。在第三阶段（50—100 年），依普列汉诺夫所见，应当对私有制的残余部分予以没收，社会主义的生产方式逐渐成为占统治地位的生产方式,剥削现象会完全不存在,体力劳动与脑力劳动之间、城乡之间的差别会逐渐消失,阶级会逐渐消亡。这一阶段的目标是:拉平所有国家公民的生活水平、构建足以宣告共产主义到来的生产力。这当然不会是社会发展的最后形态。那些在共产主义条件下出现的、已失去阶级和物质基础的种种矛盾,将会是个人与社会之间在伦理、道德和世界观方面形成的矛盾的结果。①

诚如历史所表明的那样,布尔什维克党人动用专政手段,竭力要在极短期限内借助加速的办法完成所有这些任务;但是,成功只是在格·瓦·普列汉诺夫所标定的那些时段的第一阶段,曾伴随过布尔什维克党人。后来,布尔什维克党人有幸以不可思议的速度实施了必要的社会—经济改造,在伟大卫国战争中击退了帝国主义势力的进攻,并于1945年胜利后相当持久地保持住了与主要资本主义国家竞争的潜力。然而,20世纪80年代末期,在历史性的国家对立中被击败了的执政者们,可以说,是向战胜者无条件投降了,并且是在没有特别尊重人民意见的情况下,便承认战胜者的国家和社会体系更为优越、值得效法。

苏联的解体,如今常常是被视为"一场最为重大的地缘政治世纪性灾难"②,并且被俄国人的民众意识理解为"20世纪最重大的失望"。广而言之,它亦是一次有目的地使苏联时代的俄罗斯民族意识涣散的结果。民族意识式微的因素,早已为亚·谢·普希金所注意到。他曾指出,凡是与我们国家、政府和民族相关的事物,"我们一概无动于衷和不感兴趣"。苏联时期,随着数十年来的国际主义宣传,这些特点表现得越发明显。大众传媒时常夸大俄罗斯国家民族的不均质性、它的构成的"混杂性"(但对诸如英国人、法国人、德国人、意大利人、西班牙人、中国人等的国家民族的不均质性和混杂性,只字不提)。其结果,便是俄罗斯民族的民族自觉和民族统一的销蚀。20世纪80年代末,在俄罗斯民族那里,民族主义情感被削弱到最低点(实质说来,是健康的民族主义被等同于沙文主义,并被官方所禁止);而这则意味着,自觉地捍卫民族利益和民族国家利益的意愿,

---

① 《政治遗嘱(格·瓦·普列汉诺夫最后的见解)》,载《永世保存:〈独立报〉特号》,1999年11月30日,第8期,第10页。

② 普京 B.B.:《2005年4月25日俄罗斯联邦总统致俄联邦会议咨文》,载《俄罗斯报》,2005年4月25日。

亦被削弱到最低点。这种病态,实是使俄罗斯族苏联官员任命体制中的统治阶级,蒙受特别沉重的打击。仅在这里,便能发现国家头等重要人物们轻举妄动的原因所在。他们曾以这种轻率态度,在几乎是所有任命制官员、数以千万计的苏共党员、共青团员及非党民众的默然观望之下斗胆出卖民族—国家利益并捣毁国家。

经济上的种种困难,是苏联垮台的一个直接原因。这些困难表现为:自20世纪70年代开始,国内生产总值自然增长速度的特别显著的下降;科技进步成果推广滞后;国家领导人没有能力进行变革和保障与生产力发展水平相适应的人民生活水平。在世界许多尚处在较低技术和经济发展水平的国家中,其居民人均生活必需品指数高过苏联,这一事实,绝非是在推动去一体化过程中发挥过最后的作用。20世纪80年代末时,关于计划经济没有效率、必须用市场来取而代之的思想,无论在苏联平民还是经济学家中,几近成为一种共识。许多人都将这一思想理解为必然进行到底的柯西金经济改革。

西方一些专家们曾时常说服道:向市场经济的过渡,会立即使病态的苏联经济痊愈。美国学者、诺贝尔奖得主弥·弗里德曼①曾在1988年时断言,如果市场经济体制在苏联获得许可,那么,"一个月后,每个人实际上便都可以生活得更好,除了机关里的那些权贵们"。苏联经济学家列·伊·阿巴尔金②院士在自己的承诺中,表现得较为谨慎些,但他亦认为,苏联向市场经济的过渡,"在大致经过一年半至两年后,将会到来一个经济初时稳定而后繁荣、人民福利显著增长的时期"。经济学泰斗们的这类学术推测,不可能不使苏联境内的亲西方情结升温。

结果是,1991年,全联盟中央没能在自己强大的政治领域内遏制住一些经

---

① 即弥尔顿·弗里德曼(Фридмен, Милтон, 1912—2006),经济学家,因在消费分析、货币供应理论等范畴的贡献而获诺贝尔经济学奖;代表作有《资本主义与自由》等。——译者注

② 即列昂尼德·伊万诺维奇·阿巴尔金(Абалкин, Леонид Иванович, 1930—2011),曾任苏联部长会议副主席、苏共中央社会科学研究院政治经济学教研室主任、教授(1976—1985)、苏俄科学院经济研究所所长(1990—2005)等;有《经济思维新样式》等著述。——译者注

济上较为顺遂的加盟共和国的具有亲西方情结的精英们。这些加盟共和国的居民们,实际上已成为西方消费社会广告式宣传的最为神往者。较为贫穷的共和国,则简直是被抛弃,任由命运的摆布。不管怎样,2004 年俄罗斯的领导人们不得不判定:"如今,我们生活在一个广阔的、巨大的国家解体之后所形成的环境之中。遗憾的是,在快速变化着的世界的环境中,那竟然是个没有生存能力的国家。"①苏联的解体,是 1991 年"革命"犯下的无法纠正的错误。著名学者、苏联人民代表、1989 年时为跨区代表团成员的亚·尼·克赖科 Александр Николаевич②,若干年后说出了独联体许多公民所赞同的那个意见:"是的,应当在中央与加盟共和国的相互关系中有更多的民主,但是继续前进,继续发展,便应当只是共同的",不允许"任何的单干"。尤其是还有"近在眼前的善于维护住国家完整的中国人的榜样。且一般说来,我们过去的苦难经历亦证明:重大变革,应当只是在十分严厉的中央集权条件之下进行。在这一时期,动摇政治体制是不容许的。正相反,我应当说,是需要一个强化的专政——我们那时甚至没有明白,我们是生活在极其自然的环境之中。就因为这个原因,我们也不能像西方那样生活;更何况是生活在西方历来对俄罗斯所持有的敌视心态的压力之下……"

迄今为止,在俄罗斯改革的过程中,几乎所有的生产要素,均已实现了自由化。在俄罗斯,与在世界大多数国家一样,占主导地位的是货币自由化的,或新自由主义式的经济发展模式。然而,在十年的改革中,即从 1989 年至 1998 年间,俄罗斯的国内生产总值却缩减至原来的 55.2%(即缩减了 44.8%)③,工业产值缩减至原来的 45.8%,固定资本投资缩减至原来的 20.9%,居民收入缩减至原来的 52.3%。④

---

① 普京 B. B.:《俄罗斯总统呼吁书》,别斯兰,2004 年 9 月 4 日,载《俄国报》,2004 年 9 月 6 日。

② 即亚历山大·尼古拉耶维奇·克赖科(Крайко, Александр Николаевич,1934—),航空发动机制造专家,社会活动家,曾任苏联人民代表大会常任主席团成员,1993 年起为民族拯救战线政治委员会成员。——译者注

③ 作为比较,第二次世界大战期间,苏联的国内生产总值缩减了 24%;在大萧条时期,美国的国内生产总值缩减了 30.5%。(见《自由思想》,2006 年第 7—8 期,第 15 页)

④ 见阿巴尔金 Л. И.:《俄罗斯:寻求自治》,莫斯科,2005 年,第 98 页。

　　始于 1999 年后的经济增长,迄今尚不稳定,且主要是建立在原料出口之上。联邦总统在 2004 年 5 月致联邦会议的咨文中指出:"在长期的经济危机时期,俄罗斯丧失了近一半的经济潜力。在最近 4 年间,我们得以弥补了约 40% 的落差。"2004 年,俄国人的实际收入达到了 1991 年时公民收入的 88%。2005 年,俄罗斯无论在国内生产总值方面(为 1990 年的 87.3%)还是在大多数其他数量类型或质量类型的经济参数方面,均暂时尚未超过改革前的水平。俄国工人一美元国内生产总值小时工资的人均工作量,不得不高于美国工人,即是美国工人的 2.7 倍,是英国工人的 2.8 倍,是德国工人的 3.8 倍。而俄罗斯的劳动生产率是美国的 1/5 至 1/6,平均工资则是美国的 1/10。

　　现今俄罗斯的劳动生产率,仍低于苏联时期——"这主要是因为,后改革时期,出现了一系列寄生组织,它们使国有经济范畴内的指标下降"①。在改革年间,俄罗斯实际工资下降了近 60%,人均收入下降了 50%。数字证明:"类如俄罗斯这样的对雇佣劳动的高度剥削率,世界任何一个发达经济体都没有经历过。"②据俄罗斯国家统计委员会统计科学研究院的数据资料显示,2002 年,俄罗斯的劳动生产率为美国的 22.2%;而工资是美国的 1/13。近年来,单位工资(即以生产率的单位来计算)继续在下降。"结果,我国与美国相比,曾高出的两倍以上劳动剥削率,已变成了近三倍。"不过,如尼·彼·什梅廖夫③院士所指出的那样,"1917 年之后直至今日这段时间里,我国的个人劳动,一直是按最低值来定价的。俄罗斯国内生产总值中工资所占比重,从未高过三分之一,而在一些发达国家,它们从来没有低于三分之二"④。同时还有—— 如奥·季·博戈莫

---

　　① 博戈莫洛夫 O. T.:《领退休金者该长大成人了?》,载《文学报》,2010 年 5 月 12—18 日,第 9 期,第 2 页。

　　② 利沃夫 Д. C.:《还利于民》,莫斯科,2004 年,第 61—64 页。

　　③ 即尼古拉·彼得罗维奇·什梅廖夫(Шмелёв, Николай Петрович, 1936—   ),1999 年起任科学院欧洲研究所所长,有《东西方经济联系:问题与前景》等著述。——译者注

　　④ 《自由思想》,2010 年,第 2 期,第 23 页。

洛夫①院士所认为的那样——"我们不对预算范围内的劳动者、医生、教师、学者们予以大幅度的补发工薪"。退休后,俄国公民可以领取自己原工资的24%,而在欧洲一些国家,则可领取60%。②

自2005年11月4日起每年都庆祝"民族统一日"的俄国民族,在社会关系方面,远非是统一的。在将俄国富人与穷人进行比较时,很适宜援引德·谢·利沃夫③院士的话:"现在并存着两个俄罗斯。一个是在生活水平方面接近发达国家的富人俄罗斯;另一个是领了这月工资后要计算着花到领下月工资时、领了这月退休金后要计算着花到领下月退休金时的穷人俄罗斯。第一类俄罗斯的人口数量(3 000万)少于波兰人口;第二个俄罗斯则有1.15亿人,或约占俄国总人口的80%,是欧洲最大的国家。"④2000年,俄国人中最有保障的10%和最贫穷的10%,其收入之差为12.9倍。2006年,俄国统计局数据显示,这一差距提高到了14.3倍。而据俄联邦科学院中央经济数学研究所专家评估,这一差距要大得多,约为29倍。其中,莫斯科统计局的官方数据显示,2006年时,这一指标在莫斯科曾为40倍。⑤

2004年,俄国的最低工资,为最低生活标准的四分之一。而在改革期间,全国平均工资只达到1990年时原有工资的70%。依据联合国的标准,俄国有三分之二的居民生活在贫困线(即人均日收入低于4美元)以下⑥。当然,就拥有亿万美元的富人数量而论,至2006年,俄罗斯继美国之后占第二位(即有33位)。莫斯科在拥有亿万富翁的人数(25人)方面,仅次于纽约(有40人),而超

---

① 即奥列格·季莫费耶维奇·博戈莫洛夫(Богомолов, Олег Тимофеевич, 1927—　),现任教于新经济研究院,亦为政治活动家,曾任苏联人民代表大会代表、俄国家杜马成员;有《全球化时代的世界经济》等著述。——译者注

② 米罗诺夫 C.《不要把我们从选定的道路上引开》,载《文学报》,2010年5月12—18日,第19期,第12页。

③ 即德米特里·谢苗诺维奇·利沃夫(Львов, Дмитрий Семёнович, 1930—2007),经济学家,曾任《现代俄罗斯经济科学》杂志主编、科学院经济部书记,有《俄罗斯自由经济:21世纪一瞥》等著述。——译者注

④ 《经济战略》,2005年,第3期,第58—67页。

⑤ 《俄罗斯有太多的亿万富翁》,载《俄罗斯通讯》,2008年,第10页。

⑥ 《真理报》,2006年8月1—2日。

过了伦敦(有 23 人)。

据 2009 年的报告,美国《福布斯》杂志专家统计出俄国共有 62 位亿万美元富翁(2008 年为 32 位),其中,50 位最富有者定居于莫斯科,那是位列于居住着世间最多亿万富翁的纽约之后的第二座城市。位列俄国最富有者名单第一行的是,新利佩茨克冶金联合企业董事理事会主席弗·利辛。①

最上层与最下层居民之间财产分化的拉大,在缺乏某种程度上具有重大意义的中产阶级的情况下(而在这之后,便将是不可避免的社会矛盾的尖锐化),又受累于许多“新俄罗斯人”的挑衅性的反爱国主义。他们已习惯于不把俄罗斯当作自己的家园,而只视之为他们挣钱的市场,而花掉那些钱、置办不动产和其他的私产,他们则更乐于去境外。② 在这种情况下,俄国便制定了一个“统一税率”:最低收入的工人与亿万富翁一样,均要将收入的 13% 交税。③ 这里起主导作用的是,“最不公平的、实为剥削阶级的、有利于富人的收入分配原则”(奥·博戈莫洛夫语)。变容节革命的这一“成果”,引起大众的不满。用作家尤·邦达列夫④的话来说,“人民已经感受到:我们所有那些可爱的、承诺过的改革,均无进展”,“农村已经贫困,经济正在空转,文化已下滑了几个等级,大众传媒完全不去贴近真正的问题和人民的苦难”。

尽管存在着种种明显的矛盾和生活困难,整体说来,俄国人还是有理由保持

---

① 即弗拉基米尔·谢尔盖耶维奇·利辛(Лисин, Владимир Сиргеевич, 1956—)。——译者注。另见 http://www.rbcdaily.ru/index3.shtml 。

② 见《没有利沃夫院士的一年》,载《昨天》,2008 年,第 28 期,第 6 页。兹比格涅夫·布热津斯基注意到俄国精英们有 5000 亿美元存放在美国银行里,于是向俄国人提出一个问题:“你们再仔细研究一下,这是你们的精英还是我们的精英?”(转引自马里涅茨基 Г. Г.《革新——俄罗斯最后的希望》,载《金狮》,2009 年 7 月 15 日,第 205—206 期。见 www.zlev.ru。)

③ 什梅廖夫 Н. П.:《经济现代化》,载《自由思想》,2010 年,第 2 期,第 23 页。在西方一些主要国家中,特别高的收入,通常被课以约 50% 或更高的税,有时甚至达到 90%。

④ 即尤里·瓦西里耶维奇·邦达列夫(Бондарев, Юрий Васильевич, 1924—),作家,曾任苏联作协书记和俄罗斯联邦作协书记,作品多为战争题材,代表作有小说《营请求炮火支援》、《岸》(获得 1975 年度苏联国家奖金),电影剧本《解放》(获 1972 年度列宁奖金)、《热的雪》(由同名小说改编的电影剧本获 1975 年度俄罗斯国家奖金)等。——译者注

乐观心态的。到 2006 年年底时,俄罗斯居民人均国内生产总值已恢复到 1989 年的水平,经济的增长出现了创纪录的水平。俄联邦总统在 2007 年 4 月 26 日致联邦会议的咨文中指出,俄罗斯"完全抑止住了生产的长期下跌"。在 2008 年 2 月 8 日召开的国务委员会工作会议上,曾报告称:8 年间,公民的实际收入增长了 1.5 倍,退休金亦有近似程度的提高。在这种情形之下,失业率和贫困水平下降了 50%。我国死亡率高过出生率的现象,也得到抑止。我国真正复兴的时期,似乎已经开始了。遗憾的是,就在 2008 年 11 月,俄罗斯又遭遇了一次新的灾难——由美国次贷危机引发的全球性金融危机。

结果,到 2009 年 1 月时,俄国因这次危机所蒙受的损失,便已超过万亿美元。收入低于最低生活标准的俄国人,其人数在 2009 年第一季度提高了 32%,即达到 2 450 万人。[①] 至 2009 年 12 月止,用于抑止危机(工作岗位的财政拨款、救助银行、维持问题企业)的国家储备消耗为 2.7 万亿卢布。尽管如此,据年度报告显示,2009 年俄联邦工业生产减产 10.8%[②],国内生产总值的生产下降了 7.9%[③]。显然,在这样的事变之下,俄国国内生产总值原定于 2010 年年初时翻倍的目标(2008 年 9 月时,这一目标便显得是可以达到的)[④],便被推延到不确定的未来了。据世界银行预测,俄罗斯切实的国内生产总值,可能会于 2012 年第三季度末回升至危机前的水平。[⑤]

俄国人持有乐观心态的主要理由,与其说是与世界先进国家在居民生活水平方面的落后差距在 21 世纪有所缩小(据联合国 2006 年 11 月份的数据显示,俄罗斯在世界 177 个国家中排名第 65 位[⑥]),不如说是国家拥有丰富的自然资

---

① 见《俄罗斯的金融危机,2009 年 1 月 23 日》,载 http://gko. su/ 。

② 见 http://top. rbc. ru/finances/22/01/2010/364566. shtml 。

③ 见 http://top. rbc. ru/economics/01/02/2010/366822. shtml 。

④ 见《В. В. 普京接受法国费加罗报访谈,2008 年 9 月 13》,载 http://www. government. ru/content/governmentactivity/mainnews/archive/2008/09/13/155451. htm 。

⑤ 见 http://top. rbc. ru/economics/11/08/2009/321215. shtml 。2009 年 8 月,出现了俄国政府(以第一副总理 И. И. 苏瓦洛夫为代表)对结束国内经济下降和恢复经济增长的最初解释。同年 7 月,俄国国内生产总值较之上一年度同期增加 0.5%。

⑥ 见 http://www. gazeta. ru/2006/11/10/oa_223404. shtml。

源。俄罗斯拥有世界最大的天然气、饮用水、森林和可耕种土地的资源储备。俄罗斯占地球总人口的 2.6%，占世界陆地面积的 14%，占世界自然资源总量的 35%。[1] 俄罗斯的有用矿产储量是美国的 2.5 倍（其中，石油为美国的 3.1 倍、森林资源为 4.7 倍）；实际上亦大大多于欧洲（其中，石油为欧洲的 33.9 倍，天然气为 16.9 倍，煤为 14.8 倍，森林资源为 25.6 倍）。[2]

据俄罗斯联邦自然资源部于 2005 年 11 月举办的"俄罗斯国家财富"展览提供的数据，迄今为止，俄罗斯已发现和探明 2 万个种类不同的有用矿床，其中约 40% 已投入工业化开采。已于第三个千年之初俄国探明的有用矿产储量的潜在总价值，评估为 30 万亿美元，而预计的潜在价值为 150 万亿美元。在这些数据方面，俄联邦大大超越美国——美国有用矿产原料的地质储量，估计为 8 万亿美元。[3] 在总体评估中，俄罗斯享有的世界能源的 35%，战略原料的 50%，如此一来，每位俄国公民便较之美国人富有 2—4 倍，较之欧洲任何一国的人富有 9—14 倍。[4] 不过，只有当俄国经济的原料型结构向创新型结构发生质的转变，克服现今的经济危机和迎来新一轮稳定的经济增长，才是可能的。"危机已将我们置身于这样一种境地，即我们必当采取果断措施转变经济结构，否则，我们的经济将是没有前途的。"[5]

若是将各种研究方法和对事件、现象、人物的不同评价标准综合起来考察，便可以做到客观、准确地认知过去。这使得我们可以将 20 世纪的祖国历史既作为丰富多彩的苏联编年史，亦作为俄罗斯文明编年史来研究和叙述。对个人在历史中的作用的评价，通常亦不会是单义性的。例如，从国家的视角来看，斯大林是位大英雄；从人权的视角来看，他却是个杀人凶手和恶棍。

可将形形色色的对斯大林的历史作用的评述，归纳成四个主要类别（右倾

---

① 见加拉贾 H. B. 编：《主权》（文集），莫斯科，2006 年，第 120—123 页。

② 见西姆切拉 B.、纳戈尔内 A.：《现代化的资源何在?》，载《昨天》，2010 年 1 月 20 日，第 3 期。

③ 见《文学报》，2001 年 9 月 5—11 日。

④ 见 http://www.eifg.narod.ru/kashin1-e-09.htm 。

⑤ 梅德韦杰夫 Д.：《2009 年 8 月 10 日与国家杜马中有代表席位的政党领袖们的会晤语录》，载 http://www.kremlin.ru/text/appears/2009/08/220700.shtml 。

的、反共产主义的和左倾的、亲共产主义的)——两个为肯定性的评价,两个为否定性的评价。从最高执政者们所特有的**右倾斯大林主义**立场来看问题,斯大林被形容成伟大的国务活动家;他在 1917 年沙皇俄国解体后,曾使俄罗斯帝国以新的面貌复兴,曾使能确保国家沿着进步之路顺利前进的国内"正常秩序"得到恢复。从社会主义思想的拥护者们所特有的**左倾斯大林主义**立场来看问题,斯大林是位天才,是马克思、列宁的忠实学生,是战胜法西斯主义和为整个人类铺平通往光明的未来之路的强大社会主义国家的缔造者。

从托派和"二十大之子"所特有的**左倾反共产主义**立场来看,斯大林是个暴君,是列宁事业之敌,是残害革命和真正革命者的叛徒。从自由主义者和"白色思想"的追随者们所特有的**右倾反共产主义**立场来看问题,斯大林则被谴责为用闻所未闻的恐怖手段并大肆屠戮无辜巩固起来的极权制国家的缔造者。他们称,若是说斯大林在发展工业、军队、艺术和体育方面取得了点什么成果的话,那也仅仅是靠流血取得的,仅仅是靠恐怖取得的,但这是一条发展的死胡同。①

我们提醒大家注意,依据文献资料,历史学家们已作出统计:苏联政权时代,主要是在斯大林统治时期,有 80 万人因政治原因而被枪杀;有 60 万人死于被囚禁地;有 120 万人死于流放地或在解运去流放地的途中。1930—1953 年间,进过劳改集中营、所的有 1 830 万人,其中有 370 万人(占 20.2%)是因反革命罪而获刑。② 据 1953 年年初的数据资料所示,苏联居民共计为 1.88 亿。故与这一数字的比例关系便是:80 万被枪杀者占总人口的 0.43%;260 万各类死亡者占 1.38%;370 万因反革命罪被流放者占 1.97%;1 830 万劳改犯占 9.76%。③

在谴责苏联时期的权力滥用时,左倾斯大林主义者们常采用修正的办法来弱化这种谴责:没有任何证据证明,在数千万于斯大林时期进监狱的人中和数百

---

① 见舒宾 A.:《1937 年。斯大林的反恐怖》,莫斯科,2010 年,第 313—314 页。

② 泽姆斯科夫 B. H.:《论苏联政治镇压规模》,载《世界与政治》,2009 年,第 6 期,第 103 页。

③ 这里须注意到,1917—1953 年间生存于苏联的人口总数,大大高于 1.88 亿。在这个数值上还应加上所有于这一期间死亡的人数,因此,被镇压者人数的比例,当是相应地减少。

万被枪决者中,大多数系无辜者。① 就反斯大林主义者来说,加倍夸大苏联时期无辜丧生者的人数,是他们的典型特征。反共产主义者亚·尼·雅科夫列夫院士,置历史文献资料于不顾,在由他编辑出版的文集中断言:"因布尔什维克政权的犯罪行径而遇害的人,超过6 000万;俄罗斯遭到了摧毁。"②

毫无根据的大规模镇压——这正是尼·米·卡拉姆津当时所谈及的民族和国家历史中那种令人厌恶和可耻的东西。然而,这并不是不加区别地谴责过去和"波克罗夫斯基学派"传统中与过去进行斗争的理由。这种谴责,既是无意义的,亦是有危险的。在这里,亚·谢·普希金是现实的,他曾言道:"尊重过去——这是区别于有教养与野蛮的界线。"对这位经典作家的这番话作出直接回应的,是德·阿·梅德韦杰夫总统在其2009年11月12日致联邦会议咨文中提出的那个号召——"应当记住和尊重我们的过去,并且为了我们的未来而认真地工作。"有鉴于此,应当回忆起温·丘吉尔,他曾告诫道:"如果我们要与过去开战,我们将会失去未来。"

据美国政治家、《文明的冲突与世界秩序的重建》(1993)一书的作者塞缪尔·亨廷顿所见,现今世界,在捣毁苏联之后,相应地,亦在"冷战"的两极体系崩溃之后,一个新的世界体系正在形成。这一体系的主体,是诸文明;它们的差异首先是由宗教决定着的。诸文明间的冲突,不可避免。③ 俄国的学者们,其中包括院士尼·尼·莫伊谢耶夫、列·瓦·米洛夫④、叶·马·普里马科夫⑤,认定

---

① 见久加诺夫 Г. А. :《数字与事实中的斯大林时代》,莫斯科,2009年,第35页;朱可夫 Ю. Н. :《斯大林主义者的一本案头必备书》,莫斯科,2010年。

② 雅科夫列夫 А. Н. :《布尔什维克主义——20世纪的社会病》,载《共产主义黑皮书》,莫斯科,1999年;等等。

③ 见亨廷顿 С. :《文明的冲突与世界秩序的重建》,莫斯科,2003年。

④ 即列昂尼德·瓦西里耶维奇·米洛夫(Милов, Леонид Васильевич, 1929—2007),史学家、院士、莫斯科大学教授,有《俄国史(3卷)》等著述。——译者注

⑤ 即叶甫盖尼·马克西莫维奇·普里马科夫(Примаков, Евгений Максимович, 1929—),苏俄政要,历任苏最高苏维埃联盟院主席(1989—1990)、俄联邦涉外情报局局长(1991—1996)、外交部长(1996—1998)、总理(1998—1999),亦为学者,曾任苏科学院世界经济与国际关系研究所所长(1985—1989)、俄联邦科学院主席团成员等。——译者注

这样的分类是根据不足的。① 他们以为，文明的特点首先是由生活环境、地域特征、自然—气候因素所制约着的。组建国家之各民族的宗教，会对文明的发展产生巨大的影响。不过，宗教，作为被称之为"民族思想"的观念体系，通常较之文明要年轻得多。"文明会选择一种宗教并使其适应自己的已经历史经验证明了的传统。"（莫伊谢耶夫语）这一见解，无论对西方思想还是任何一种民族思想，均是公正的。文明的冲突不是由它们的差异所预定的。当最为强大的那个文明不再奢望制定"各国在世界舞台上的行为准则"，并奉行"顺应多秩序世界的切实前景"的方针时，冲突便不会发生。（普里马科夫语）有鉴于此，亚·亚·季诺维耶夫②的那些号召，便特别具有现实意义——必须对欧美中心论（即西方主义）给予果断的反击。这一主张口头上将自己假充作基于"全人类价值观"之上的"全球化"，实际上是将西方文明等同于全人类的文明，而将进步等同于全球西化。③

---

① 见莫伊谢耶夫 Н. Н.：《怀着对俄罗斯未来的思考》，莫斯科，1997 年；米洛夫 Л. В.：《俄罗斯历史过程特征》，载《俄罗斯科学院通讯》，2003 年第 73 卷第 9 期；《大俄罗斯种田人与俄国历史过程特征》，莫斯科，2006 年；普里马科夫 Е. М.：《9 月 11 日后的世界》，莫斯科，2002 年；等等。

② 即亚历山大·亚历山德罗维奇·季诺维耶夫（Зиновьев, Александр Александрович, 1922—2006），逻辑学家、社会哲学家、讽刺作家、持不同政见者，1955 年起为苏科学院哲学所研究员，1960 年任莫斯科大学逻辑学教研室主任，后因拒绝辞退两位教师而被免职，并失去教授职称，1976 年因境外出版其"反苏"书稿而被剥夺所有学术职称并被解雇。当局迫令他在入狱与离境两者中做一选择，他选择了后者，1978 年移居德国，1999 年始回。改革年间为西方自由主义价值观念的批判者。——译者注

③ 见季诺维耶夫 А. А.：《西方：西方主义奇观》，莫斯科，1993—2008 年。有关俄国人加入新世界文明（在这个文明中，"全球主义将不断地克服民族—国家式的社会形态和民族—地区式的社会形态"）的具体建议，在关涉加速向后工业化过渡和克服金融危机的《加夫利尔·波波夫计划》中得到表述。该计划预设了联合国的变革，世界议会、世界政府、世界武装力量、世界政治和世界货币的创立。建议在国际监督之下，交出所有核武器、核能源、宇宙火箭技术、地球上所有的财富和矿产。否则，未来因北冰洋、南极、月球、火星、宇宙所引发的不可避免的冲突危机，便会加剧，人类便会灭亡。（见《莫斯科共青团报》，2009 年 3 月 25 日。）类似的创立世界政府的方案，曾于第二次世界大战之后在美国和西欧被积极鼓吹。苏联境内对这类方案的回应，是于 1947 年 4 月 18 日出现的《居民苏联爱国主义宣传措施方案》（见《斯大林与世界主义》(1945—1953 年)，莫斯科，2005 年，第 110—116 页），以及众所周知的那场反世界主义的运动。该次运动的高潮期，出现于 1949 年 1 月底至 3 月间。

各国人民的使命所在,不是要按照"十几个西方国家"的样式或模式实行"现代化",而是应理性地利用本国文明、本国的自然和人的潜能特点,尽可能更完美、更公正地安排好自己的生活和与邻国的相互关系。俄罗斯就是一个有自我标价的世界,一个(不逊色于德国、中国、日本等国的)独立文明。应当不仅是赶上——且显然不是在所有方面都要赶上——还要注意到世界发展的趋势,确定自己的路径,超前而行。"踏着前人足迹走的人,永远不会超越。"列奥纳尔多·达·芬奇曾经如是说。俄国著名的航空器设计师,除航空学外还研究天体演化学、哲学的罗·柳·巴尔梯尼①,曾提出过落后体系是否可能在自己的发展中超过先进体系的问题。他的回答是:可能的。此时完全不必循着领先者拟定的那条路线去追赶。这位设计师在自己的超前数十年的研究中遵循着一条原则:"若是无法超越,那就走截线,这样更快。"

民族因素的意义。民族因素、国家的多民族性,在俄国历史中扮演着极其重要的角色。许多研究者的著述表明,"苏联的帝国主义"较之这一主义的那些西方经典样式,更为人道。从某些角度来看,与西方模式相比,它曾向那些"小"伙伴们提供了相对较大的机会。很难想象,例如,一个印度人能成为联合王国的总理,一个越南人能成为法兰西共和国的总统。而在苏联,其 70 年历史中的相当大的一部分时光,是由非俄罗斯族人任国家领导人来统治的。

布尔什维克党人的民族政策史,自苏维埃政权建立的最初起,便是首先借重全体俄罗斯民族之力去不断克服产生于这个多民族国家中的种种困难。这实质

---

① 即罗伯特·柳德维戈维奇·巴尔梯尼(Бартини, Роберт Людвигович, 1897—1974),意大利贵族出身,1922 年奉意共派遣赴苏工作,长期从事飞机研制工作,参与过 60 余种机型的设计。——译者注

上是遏制了俄罗斯苏维埃联邦社会主义共和国对已生产出来的产品的消费①，阻滞了其生活水平的提高。结果，早在 1959 年战后第一次人口普查之前，俄罗斯民族便已失去了在这个"帝国"人口构成中的数量优势，且是时的国家领导者

---

① 让我们列举一些苏联诸加盟共和国预算构成历史中和国内生产总值产出与消费比例关系中的典型事例。例如，据 1975 年的数据，俄罗斯联邦可以将对境内流通课征的税收计入预算的，为 42.3%，乌克兰为 43.3%，拉脱维亚为 45.6%，摩尔达维亚为 50%，爱沙尼亚为 59.7%，白俄罗斯为 68.2%，阿塞拜疆为 69.1%，格鲁吉亚为 88.5%，亚美尼亚为 89.9%，塔吉克斯坦为 99.1%，吉尔吉斯斯坦为 99.2%，立陶宛为 99.7%，乌兹别克斯坦为 99.8%，哈萨克斯坦和土库曼斯坦为 100%。诸加盟共和国注入经济的基本投资速度，比俄联邦同类指数高出 23 倍。（见巴尔先科夫 A. C.、弗多文 A. И.：《俄罗斯历史（1917—2009 年）》，莫斯科，2010 年，第 526 页。）1990 年时，俄联邦人均国内生产总值的消费占产出的 67%，白俄罗斯为 77%。这两个共和国的收入之一部，被没收用于补贴其他共和国。结果是，乌克兰的国内生产总值的消费比产出高出 1.07 倍，摩尔达维亚高出 1.34 倍，吉尔吉斯斯坦高出 1.58 倍，拉脱维亚高出 1.63 倍，哈萨克斯坦高出 1.75 倍，立陶宛高出 1.79 倍，土库曼斯坦高出 1.88 倍，阿塞拜疆高出 2.01 倍，差额最大的是爱沙尼亚（2.27 倍）、乌兹别克斯坦（2.64 倍）、塔吉克斯坦（2.84 倍）、亚美尼亚（3.10 倍）和格鲁吉亚（3.95 倍）。据专家统计，在苏联末期已推行区域经济核算时，由国家预算向诸民族共和国提供的补贴，约为每年 500 亿美元。（见《苏维埃俄罗斯》，1992 年，第 98—100 期；《独立报》，2002 年 10 月 21 日。）
革命前的俄罗斯所采取的政策，与此类似。"政府借助税收体系有意支撑这样一种局面，即居住在民族边疆区的非俄罗斯族人的物质生活水平高于俄罗斯本族人，非俄罗斯族人总是纳税少些并且享有种种优惠。"（米罗诺夫 Б. Н.：《俄国社会史：个性，民主家庭、公民社会及法治国家的形成（帝俄时期：十八世纪至二十世纪的）》，圣彼得堡，1999 年，第 1 卷，第 33 页。）纳税，甚至是少于俄罗斯族人纳税额度的纳税，无疑会被少数民族视为过于沉重和不能接受的，但是，这并没有改变一个事实，即这类税收对帝国基本居民来说，是较为宽容的。
无论多么怪异，类似的状况在苏联解体后依然存续下来。2009 年 5 月 12 日，政府首脑 В. В. 普京于访日前夕接受日本大众传媒采访时指出："在很长一段时间内——15 年间——俄罗斯一直都在迁就自己的伙伴——昔日苏联那些共和国们，按着低于世界价格数倍的价钱向他们出售能源原料。在这段时间里，我们以数百万亿的美元补贴着这些国家的经济。我们认为，这个时期已经结束了，应当转入市场关系中去。"（载 http://www. rus-obr. ru/days/2873。）一种历史的戏弄已经显现出来：那些昔日诸共和国当局和支持它们的各国人民们，一边指责沙俄时代和苏联时期的俄国民族政策，一边又在对待被纳入这些新国家中的"异族"方面，时而扮演着"各民族监狱"的最恶劣的典型。

们不得不对这个事实加以隐瞒。① 依据现今俄罗斯人口状况来判断,俄罗斯新政权在这方面较之苏联政权,更为不可靠。

但是,在苏联的历史进程中,有关民族的观念,有关俄罗斯民族在祖国历史中的作用的观念,有关民族爱国主义和国家爱国主义的观念,其一定程度的进化,亦是有迹可循的。有迹可循的,还有民族政策中的相应的变化。这类变化总的走向是,那个已使民族衰竭的"真正的国际主义",让位于以民族保全和发展为前提的民族爱国主义。

这类后撤之路上的最重要的里程碑是:1925 年——推出在社会主义条件下繁荣民族文化的口号,以取代布尔什维克党人在革命前时期对民族文化的断然否定;1930 年——将似乎会取代社会主义民族的"区域性"历史共同体出现的时日,延至社会主义在一国取得胜利之后;1934 年——将爱国主义、对祖国的热爱提升至苏联人的最高美德之列,恢复祖国历史作为学校教学和教育科目的权利;1935 年——谴责共产党在先前活动中的民族虚无主义;1936 年——将俄罗斯民族提升至伟大的先进民族的地位,以取代 20 世纪 20 年代间将其作为"昔日的压迫民族"和落后性化身的诬蔑;最后是 1937 年——为俄罗斯民族发明了一个无

---

① 此次人口普查表明,苏联境内的俄罗斯族人口低于 50%,而政治局要求要使他们过半。普查领导人之一 — A. Я. 博亚尔斯基建议将所有父母中有一方系俄罗斯族的人,均划归俄罗斯族。统计数字达到了希望的结果,博亚尔斯基荣获一枚列宁勋章。更为危机的比例出现在知识界中,特别是高层次知识界中,其 60%—70% 为非俄罗斯族人。官方数据显示,1959年时,俄罗斯族人口为总人口的 54.6%,1970 年时为 53.4%,1979 年时为 52.4%,1989 年时为 50.6%。(见波波夫 Г. Х.:《论未来俄罗斯模式》,载《经济问题》,2000 年,第 12 期。)

偿援助(在历史发展中落后的)民族小兄弟的可爱角色——兄长。[①] 就在这一年,对历史的一种新的诠释建立起来,在那里,苏联是以革命前俄罗斯所有最为美好和健康事物的继承人身份而出现的。[②]

民族—国家爱国主义,实是伟大卫国战争得以取胜的最为强大的要素之一。变这次战争为卫国的、民族的战争,而不是阶级之战,不是以共产主义基本学说观点看待这场战争——这曾是对革命思想和无产阶级国际主义的一种迫不得已的和暂时的背离,是一种"意识形态领域内的新经济政策",诚如当时人们所谈论的那样。不过,押在爱国主义或"民族主义"的这一赌注,实是绝对必要的和唯一正确的。对俄罗斯民族精神、民族—爱国主义的无限制的发掘,在许多方面决定了战争进程发生的根本性转折,并最终决定了胜利本身。诚如晚些时候伊·卢·索洛涅维奇[③]所描写的那样:"歼灭希特勒,当然是已凝聚为几近化学纯度形态的民族情感的结果。"

战后最初年间苏联对世界主义的毫不妥协的谴责,具有有益的意义(尽管存在着一定的消耗)。这一世界主义,是一种主张拒绝民族传统、民族成就感和民

---

① 必须特别指出,1937年不仅是悲剧性的一年,诚如 B. B. 科日诺夫在《20世纪的俄罗斯(1901—1939年)》一书中令人信服地表明的那样,亦是苏联历史中一个新的、更为光明的篇章的开始。这一年是俄罗斯民族意识复兴中的转折之年——1917年革命后,亚·谢·普希金逝世百年纪念日,首次被作为具有全国意义的事件来庆祝。国家摒弃了对本国历史的憎俄式的解读。自这时起,约·维·斯大林"在许多方面竭力仰仗那些先前或被漠视或受到攻击和直接镇压的'俄罗斯'因素,因为,决定因素曾是被定位于世界革命的国际主义"。这一年变得以悲惨著称,"是因为,1937年之前,作为红色恐怖牺牲品而丧生的,常常要么是无辜之人,要么是极为坦荡正直之人。丧生的还有献身于东正教的人,而1937年时,与那些好人一道成为牺牲者的,首次出现了首长们,首次出现了契卡工作者自己,即过去数十年间的杀人者们。但不应忘记,当人们向我们谈起镇压的起因时,这正是那些被镇压者肉体或精神上的后代和多半是被镇压的杀人者的后代"(马赫纳奇 B. Л. ,2007年)。

② 舍斯塔科夫 A. B. 主编:《苏联历史简明教程》(供3—4年级使用),莫斯科,1937年。

③ 即伊万·卢基扬诺维奇·索洛涅维奇(Солоневич, Иван Лукьянович, 1891—1953),持有专制君主主义立场的政论作家、思想家、社会活动家,1934年非法越境至芬兰,后去保加利亚,在那里出版《俄罗斯之声报》(1936—1938),颇具影响力。后移居德国,继续从事政论写作,二战时因拒绝与希特勒政府合作而被捕入狱,战后移居阿根廷,创办《我们的祖国》报并组织"人民君主制运动"。主要著述有《专制、宪制与君主制》、《集中营中的俄罗斯》等。——译者注

族自豪感的思想体系,是一个人对自己的民族性,即对自己的过去、现在和将来所持有的虚无主义态度。世界主义作为一种政治运动,是将解散民族国家和在美国庇护下创建世界政府作为自己的终极目标。今天,这一运动被称之为"全球化主义"或"全球政府主义",其最高目标是用超国家的公司取代主权国家及其机构。这类公司将对世界实施直接的管理;这个世界则被划分为一个个生产"区"和市场"区",而不再是一个个国家。与这种无爱国情怀的世界主义的斗争,乃是为防范这一危险所进行的一次独特的防疫。

遗憾的是,这一防疫不是永久性的。党的二十大对"个人崇拜"和斯大林时代的极权政治进行了谴责。此后,崇西媚外情结再度复活,并且随着时间的推移,感染了包括最高层干部在内的相当大一部分苏联精英们的思想意识。① 费·米·布尔拉茨基②,这位尤·弗·安德罗波夫时代顾问团队(按布尔拉茨基本人的自我评价,这是一些"精神贵族们")的领导者,他所著述的那些书籍,便是对此种现象的有力证明。在其中的一本书中,他写道:"我对余生的意识的真正的迸发——那是怎样的迸发啊!——是发生在访问西欧的时候。1956 年时,我们乘坐'胜利'号列车访问了 11 个国家——德国、意大利、法国、荷兰、瑞士、芬兰,等等。这是一次绝对的震撼。雅典、罗马、巴黎,简直就是童话!那建筑艺术、那博物馆、那高楼大厦、那公路,最重要的是——自由!自由!我那时明白了:我们是生活在落后的、半封建的国家里,与整个世界隔绝——不仅是因为没有出国和接触世界的机会而被隔绝,也是被整个意识形态、被专横的政治制度隔绝。正是在这时,我的西方主义情结生发出来,那不是机械地照搬欧洲生活方式的信念,而

---

① 1949 年斯大林对这次反世界主义和民族主义进行的"防疫",在尼·谢·赫鲁晓夫时期已失去效力。他统治的那个时期,据那时的著名政治活动家们判定,是斯大林的"亲俄—亲斯拉夫—亲东正教政策"(铁托语)同步转向时期,和滑向修正主义、世界主义、官僚主义和分立主义(毛泽东语)的时期。毛泽东认为:"1953 年之后,在苏联各地上台执政的,是受克里姆林宫庇护的民族主义者、野心家、贪污受贿分子。于是到了他们所有人撕去伪装、抛弃党证、像封建主和农奴主一样公开统治自己领地的时候了……"(载《俄罗斯通讯》,2009 年第 19 期,第 5 页)。

② 即费奥多尔·米哈伊洛维奇·布尔拉茨基(Бурлацкий, Фёдор Михайлович, 1927—),政治学家、教授、院士,曾任职于苏共中央社会主义国家社会和工人党联络处、苏联科学院社会学研究所(1969—1972)等。——译者注

是意识到我们的政府与社会的落后,意识到必须探寻克服这种巨大差距的切实可行的路径。这种深入我意识中的感受,早在我关于尼·亚·多布罗留勃夫的第一本书(1954)中便曾流露出来,而我完全被它所俘虏,则是在第一次与西欧作直接接触之时。"① 21 世纪第一个十年的中期之前,俄国变容节革命的风云人物们,其崇西媚外的情结,独霸着"新俄罗斯人们"的思想。此次"人文方面的崇西媚外情结的恍惚状态"应当结束的第一个信号,出现在弗·弗·普京总统 2006年 5 月 10 的咨文中。依著名政论作家谢·格·卡拉—穆尔扎②的表述,这份咨文意味着,"'向文明怀抱回归'的思想意识,在俄罗斯已被终结;'追赶上并贴附上'的目标,已被撤除"。

　　自 20 世纪 90 年代初以来,为我国不太久远的历史绘制出越来越真实画面的可能性,大大地扩大了。国家对内、对外政策演进的思想依据,正在从秘而不宣、缄口规避的遮护之下,从教条主义层层沉积的掩盖之下解脱出来。各种各样的档案文献系统,被引入科研工作中来。历史事件参与者撰写的回忆或思考类出版物,其数量激增。一些不久之前尚是国家秘密的事件、人物和活动,正在被昭示于天下。对历史事实和过程作出不同诠释的新颖思想或观念,亦多有表述。苏联的解体,引起大量的对揭示这一事变真正原因的尝试,促使人们对那些伴随苏联由诞生至灭亡发展进程的种种矛盾予以更为仔细的剖析。③ 例如,可以将

---

① 　布尔拉茨基 Ф. М.:《尤里·安德罗波夫的精神贵族们》,莫斯科,2009 年,第 61—62 页。

② 　即谢尔盖·格奥尔吉季维奇·卡拉—穆尔扎(Кара-Мурза, Сергей Георгиевич, 1939—　　),原为苏联科学院有机化学研究所学者,后转而研究人文社会科学,任科学院自然知识与技术史研究所所长,1986—1991 年为苏共中央科学组织工作专业组成员,1990—2000 年为国家科技与工业政策分析中心主任研究员、俄联邦科学院社会经济与科技发展问题分析中心研究员,现任科学院社会政治研究所主任研究员,有《科学组织问题》《科学学基础》等著述,亦为著名的政论作家。——译者注

③ 　如《没有举行的周年纪念:为何苏联没能庆祝自己诞生七十周年纪念日?》,莫斯科,1992 年;科尔图诺夫 А. В.:《苏联的分裂与美国的政策》,莫斯科,1993 年;斯洛博德金 Ю. М.:《谁捣毁了苏联和将俄罗斯钉在了十字架上》,圣彼得堡,1995 年;季诺维耶夫 А. А.:《俄罗斯的悲剧。乌托邦之死》,莫斯科,2002 年;梅特洛克 Д. Ф.:《帝国之死:一位美国大使对苏联解体的看法》,译自英文,莫斯科,2003 年;基兰 Р.、肯尼 Т.:《出卖社会主义的人们:苏联的影子经济》,莫斯科,2009 年;帕那林 И. Н.:《第一次世界信息大战·苏联的崩溃》,圣彼得堡,2010 年;施魏策尔 П.:《瓦解苏联的秘密战略》,译自波兰文,莫斯科,2010 年;等等。

俄国历史中苏联时期意义极其重大的负面后果所产生的原因确定为："在推行现代化时的极端残酷行为；过高的地缘政治诉求；民主化决策机制的缺失；权力交接机制的缺失；执政阶层文化水平的欠缺。"①

已经适应了在苏联废墟之上生存和忍受的人民，开始越来越清晰地意识到，"帝国"的分裂，不仅是执政当局不理智政策造成的后果，还有一个最重要的原因是：俄罗斯民族，作为一支立国之民，蒙受了道义—心理上的挫伤；这支立国之民，拒绝扮演捍卫联盟国家体制、捍卫本民族大多数人民（自 1991 年起，这个民族便被独联体诸国家的边界所隔离）、捍卫本民族历史的角色。

对当代这一民族生存危机作出自然而然回应的，是俄罗斯族人意识的民族化②，是健康的民族主义的复兴，是对一些简单真理的领悟。在俄罗斯，只有俄罗斯族人（占国家人口 80％以上③）有能力在其现今的边界范围内守护住后苏联时代的生存空间；多民族的俄罗斯，今后应当首先是俄罗斯民族的国家；她不能作为任何其他样式的国家而生存与发展；只有立国的俄罗斯民族，可以成为生活在俄罗斯的所有各族人民在公民平等、社会和民族正义基础上的文化—民族发展自由的真正保障；只有作为俄罗斯民族的民族国家，俄罗斯才能有机会使1991 年时丧失的俄罗斯土地再度一体化，使历史意义上的俄罗斯各族人民的新联盟得以确立。"俄国认同"论，作为一种联结手段，对后苏联空间的俄罗斯而言，不论它是多么必要，都是极不可靠的，就如同"苏联认同"论作为昔日苏联的

①　雷巴斯 C. IO.：《百年内战·20 世纪俄罗斯历史简明教程》，莫斯科，2010 年，第 315 页。

②　社会学家们的数据资料显示，1986 年时，有 78％的俄罗斯族人，自认是苏联人，而认为自己是俄罗斯族人的，只有 15％；如今有 42％的俄罗斯族人自认是俄罗斯族人，其余人认为自己是俄国人或苏联人。（见萨莫瓦罗夫 A.：《为什么要激怒俄罗斯》，载《文学报》，2009 年 8 月 5—11 日，第 32 期。《俄罗斯问题》，第 2 页。）

③　作为比较，在英国，英格兰人只占 65％，苏格兰人为 9.6％，爱尔兰人为 5％，威尔士人为 4.6％，印度和巴基斯坦人为 3.5％，西印度人为 3.3％，阿拉伯人和犹太人各为 1％，等等。在法国，法兰西人只占 40％，布罗温斯人为 20％，布列塔尼亚人为 10％，阿尔萨斯人为 3.6％，全部穆斯林族人为 10％，犹太人为 3.1％，意大利人为 2.2％，保加利亚人为 1.5％，波兰人为 1.7％，巴斯科人为 1.3％。（见谢曼诺夫 C.：《俄罗斯民族自我意识和俄罗斯国家》，载《俄罗斯通讯》，2008 年，第 20 期；等。）

联结手段一样。诚如一些社会学问卷调查所显示的那样：在"让俄罗斯成为俄罗斯族人的俄罗斯"的口号中，有 60％的俄国人没有发现任何应受到指摘的东西；他们中 85％以上为俄罗斯族人。① 这一数字意味着，俄国人是从正当含义的立场出发去理解这一口号的，即"让俄罗斯成为对俄罗斯族人和所有俄国人都一样的俄罗斯"，而完全不是理解成"俄罗斯只是俄罗斯族人的"，或"俄罗斯只是少数民族的或外来移民的"。

　　对待健康的俄罗斯民族主义的态度，在许多方面决定着自由主义在俄罗斯的命运。20 世纪 90 年代，北高加索冲突期间，当实际上在车臣地区"我们时常观察到大规模的针对俄罗斯人民、针对讲俄语居民的种族大屠杀"②时，许多俄国的自由主义者，却更倾向于不去关注在车臣的俄罗斯居民所经历的悲剧。俄罗斯族人，无论在俄国其他地区还是在独联体境内，均受到压制。与此同时，俄国自由主义知识分子和白诩的护法者们，却继续准备去捍卫少数民族的利益，而不是俄罗斯族人的利益。显然，因为没有从这种倒置的排他情结中摆脱出来，自由主义者便不可能指望会扩大自己的社会影响力。诚如谢·别利亚科夫③和安·鲁达廖夫④所描写的那样："不能奢望你所不了解、不热爱和不时刻准备护卫的人民会支持你。"有充分的理由表明，向俄罗斯民族主义的转向，决定着的不只是自由主义的命运，"在这种'民族转向'中，亦包含着民族生存的秘方"⑤。

---

①　见阿布杜拉吉波夫 Р. Г.：《俄国民族：现今环境下俄国人的民族国家认同与公民认同》，莫斯科，2005 年，第 50 页。

②　见《弗·弗·普京 2000 年 7 月 6 日接受法国〈赛事博彩〉周刊访谈》，载 http://ar-chive. kremlin. ru/appears/2000/07/06/0000_type63379_125007. shtml 。

③　即谢尔盖·斯坦尼斯拉沃维奇·别利亚科夫（Беляков, Сергей Станиславович，1976—　），文学批评家、历史学家、政论作家，有政论作品 200 部，现为《乌拉尔》杂志副主编。——译者注

④　即安德列·根纳季耶维奇·鲁达廖夫（Рудалёв, Андрей Геннадьевич，1975—　），文学评论家、政论作家。——译者注

⑤　别利亚科夫 С.、鲁达廖夫 А.：《我们的未来——文明的民族主义》，载《政治新闻通讯社》，2010 年 5 月 25 日，见 http://www. apn. ru/publications/article22796. htm 。

×　　　×　　　※

自俄罗斯进入自己发展的新阶段以来,第一个二十年已近尾声。这一新阶段的标志,是与共产主义意识形态的决裂和苏联的解体。这一阶段所取得的具有一定确定性的结果,使得我们可以说,在否定了自己不久之前的"国际主义的"往昔之后,我国并没有走上回归到前苏联体制之路,没有接受曾推荐于她的君主制或神权制取向的种种方案。同时,她也没有采纳自由主义—世界主义的和全球化主义的意识形态体系。俄罗斯的对外和对内政策,越来越鲜明地取决于对捍卫民族—国家主权的执着精神,和对世界多极化的支持。苏联时期,关于用"从民族—国家利益观点出发去评价⋯⋯历史事实的方法取代阶级分析方法"的种种建议,曾被作为科学工作中不能容许的客观主义而受到谴责。① 时至今日,这个先前遭到排斥的观点,正逐渐变得具有决定意义。

2009 年 5 月 12 日,《2020 年之前俄罗斯联邦国家安全战略》获得通过。在这份官方承认的国家内外政策领域内的战略优先次序、目标与方法体系中,"国家利益"范畴被赋予了首要意义。该文献断定:"俄罗斯已经克服了 20 世纪末系统性的政治和社会—经济危机影响,即抑止了俄国公民生活水平与质量的下降;经受住了民族主义、分立主义和国际恐怖主义的压力;防范了宪法制度威信受到损害;捍卫了主权与领土完整;重建了在提升本国作为正在形成的多级国际关系中的关键主体的竞争力和捍卫国家利益方面的潜能。"这份国家安全战略文献还指出,在我国,"俄国理想、精神、对历史记忆的应有态度,正在恢复;建立在共同价值观——俄罗斯国家的自由与独立、人道主义、俄罗斯联邦多民族人民的族际和平和文化统一、对家庭传统的尊重、爱国主义——之上的社会和睦,正在得到巩固"②。

民族—国家利益和爱国主义,应当在历史研究和历史教育的评价和定位系统中,据有恰如其分的一席之地。

---

① 见《反对历史科学中的客观主义》,载《历史问题》,1948 年,第 2 期,第 11 页。
② 见《2020 年之前俄罗斯联邦国家安全战略》,载 http://www. scrf. gov. ru/documents/99. html 。

推荐给中华人民共和国读者的这本图书，系于 2004 年以《20 世纪的俄罗斯族人》之名首次在俄罗斯出版。撰写该书所依据的立场，是俄罗斯民族—国家爱国主义。这一爱国主义，如我所以为的那样，对每位撰述自己国家和人民的作者而言，均系自然而然且可以接受的。

写于 2010 年 7 月 4 日

绪　论

　　若对俄罗斯民族走过的悲剧式的 20 世纪之路作一番全面的认知,就会确信,导致俄罗斯帝国于 1917 年崩溃和苏联于 1991 年覆灭的一个根本原因,便是这个国家与俄罗斯民族间的疏离,是这个人口最为众多的民族对待正在丧失表述和捍卫本民族利益与价值能力的"帝国"之命运的冷漠。"无论是苏联的民族政策,还是沙皇专制政府的民族政策,均未曾真正形成,因为俄罗斯民族既没有成为这个政策的客体,也不是它的主体。"《民族生活》杂志(1998 年第 1—2 期)曾经如是公正地指出。俄罗斯族人大多不曾将苏联视为自己的民族国家。

　　苏联国歌那令人难忘的歌词——"自由的共和国,牢不可破的联盟,伟大的罗斯,将你永世结成"——或许是正确的,若是在苏联的架构中确曾存在着一个有此称谓的共和国,或者俄罗斯苏维埃联邦社会主义共和国被正式认定为俄罗斯族人的国家。投票赞同采用此国歌的那些国之栋梁们,是时曾是忠实于时代精神的:他们在这首歌曲中向俄罗斯民族情感作出让步,但没有在国家体制中,也没有在宪法中作出让步。在新的国歌里,这种把戏不复存在,但这一情形并无实质性的改观。大罗斯共和国——无论于名于实,昔日均不曾存在,现在亦是乌有。俄罗斯民族时常被建议默认一种联邦制模式,这种联邦制的"俄罗斯民族性"仅限于全国通用俄语,仅限于俄罗斯民族、它的经济与文化实际拥有的"权重"和俄罗斯联邦国家民族政策构想中关于俄罗斯民族是"俄国国家之柱石"的那个条款。

　　已过世的亚·伊·列别德①提出的那个论点,似乎令人觉得过于乐观了,他称,现如今,"俄罗斯不是作为一个世界主义(即国际主义)的帝国,而是作为一个民族国家而开始认识自我"(《今日报》,1996 年 4 月 26 日)。而另一些判定更符合真情,这类判定称,我们"不曾有过民族国家,我们只是面临着建立这样的国家的任务,如果我们打算成就此事";"苏联的破产成为俄罗斯民族主义在俄罗斯开创自己新生的一个起点";俄罗斯民族国家的创立刚刚提到日程中来(《独立报》,

---

　　①　即亚历山大·伊万诺维奇·列别德(Лебедь, Александр Иванович, 1950—2002),苏俄政要,中将军衔,曾任苏空降兵部队副司令、俄联邦国家安全委员会秘书、克拉斯诺亚尔斯克边疆区区长等职。——译者注

2000 年 6 月 14 日）。

　　俄罗斯民族与国家之间的矛盾，在现今的俄罗斯联邦中依然存续下来。因此，若是不能明了俄国的民族政策必当首先致力于俄罗斯民族的文化与传统、民族自觉意识、爱国主义的复兴，那便不要指望能成功解决俄罗斯民族问题。当然，这并不意味着此类问题的解决可以依靠牺牲非俄罗斯民族的利益来达成。这仅仅是在强调迫切需要寻求更为完善的，使得可以有机地将民族的和超民族的、独特的和共通的，在一个统一的多民族国家中结合起来的国家形态。因此，对强化客观存在的俄国人民共同体（即昔日"苏联人民"共同体正在变形的那一部分）问题避而不谈，看来似乎是徒然无益的。且依我们所见，构建形式多样却对俄罗斯民族问题漠然处之的俄罗斯联邦模式，也同样是没有前途的。俄罗斯民族和俄国所有民族的整个国家利益与单个民族的利益，在一个无论是基于联邦制原则还是自治制原则而建立起来的国家中，都可能会得到较之现今更为可靠的保护。问题的关键在于，需要在数个精心研制的模式中进行选择。

　　不过，首先还是应对"俄罗斯的"（русский）和"俄国的"（российский）这两个民族与国家的限定语所含概念的相互关系给予关注，以便使俄罗斯民族所扮演的角色能在这个国家的称谓中被恰当地反映出来。虽然在现今的语汇运用中，"俄国人"（российийкий человек）的概念不同于"俄罗斯人"（русский человек）。前者可以含括"非俄罗斯族的俄国人"，但不可将"俄国的"解读为"非俄罗斯的"，或用"俄国的"一词替代"俄罗斯的"。在俄语中，"俄国的"一词，在语义和功能上与"俄罗斯的"一词相等。1704 年斯拉夫—希腊—拉丁学院毕业生费奥多尔·波利卡尔波夫编撰的《三语词典》就曾这样注解道："俄罗斯的，即俄国的。"一些现代俄语字典亦均判定——"俄国人，即为俄罗斯人"。据此观点看来，我们国家的正式称谓——俄罗斯联邦（Российская Федерация），其语义不仅等同于"俄国"（Россия）之称谓，亦等同于"大罗斯国"（Великая Русь）、"俄罗斯国家"（Русское Государство）的称谓，这在国家基本法律文献中应是有所反映的。除此之外，这亦完全与俄罗斯民族在国家形成过程中曾经发挥过的历史作用及其作为现代俄国国家根本柱石的地位相符。

　　现今的俄国可以被构建成一个俄罗斯民族国家，并为其他民族在原住民人口比例超过 50％的地区设立区域性民族自治区和为居于该地区的其他民族集团设立民族文化自治区。亦可以在大经济区、区域经济互助合作组织基础之上划分出几个联邦部分的情况下，或者在按俄联邦 2000 年 5 月 13 日的总统令组建的七大联邦区，并为这些联邦区内及全俄范围内的所有民族设立民族文化自治区的情况下，将俄国设计为俄国（或俄罗斯）共和国。到目前为止，俄国已成立了 14 个联邦级的民族文化自治区，百余个区域性的和两百余个地方性的民族文化自治区。总的说来，1966 年的《民族文化自治法》在 2000 年年初已为 30 余个民族所运用。设立此类民族文化自治区数量最多的是日耳曼族（68 个）、鞑靼族（63 个）、犹太族（29 个）、亚美尼亚族（18 个）、乌克兰族和其他一些大多居住在本民族国家境外或一般说来没有这类国家建制的民族集团。

　　随着时间的推移，这种民族—文化自治体制可能会成为俄国所有大小民族的一种包罗万象的自组织形式，成为判明和实现其民族利益的最重要的机制，在所有层面上（联邦的、区域的和地方的）发挥功效和成为民族区域建制分级体系切实可行的替代物。某一民族的俄国公民，不论生活在哪一地区，其纯粹民族的、文化的、教育的、区域族类共同体的诸问题的解决，可由相应自治的、民主选举的民族委员会来负责。每个人均应依据自己的民族属性向民族委员会缴纳一定的税金，此后便可有望使自己的孩子们在接受教育，去戏院、电影院、出版社、书店、俱乐部，阅读报纸和收看电视节目时都能使用母语。另一些需求，则可以完全借助统一立法，其中亦包括在统一的自治体系框架内加以调整。民族文化自治区支出中的相当大一部分，应由国家按相应的民族或民族集团人口成正比地拨出必不可少的资金来冲抵。

　　依我们所见，在使俄联邦体制如此现代化的情况下，"俄罗斯问题"才能找到自己的解决办法，俄罗斯（或俄国）思想才会得以实现——这便是近来被人们所热衷于讨论的那些问题。俄罗斯思想——这不仅仅是俄罗斯族人对自己的身份和共同道路的意识，也是建设一个人道与公正社会的责任。类似的思想，在俄国的每一个民族那里，均有存在（且应当存在）。众所周知，与民族利益（即每一民族期望为自己获取之物）不同，民族思想乃是更为包罗万象的价值体系。这是一种不仅对本民族，亦对所有民族来说都被认为是本质性的、极重要的东西。俄罗斯思想若能为俄国所有民族所接受,便会成为一种一体化的思想。这一思想的意义在于,俄国诸民族意识到必须寻求俄国国家体制的新公式,寻求携手克服危机、渡过难关、共同致富、公正地共处于一个统一的国家共同体之中的办法。

1

1917 年至 30 年代初期民族政策和意识形态中的俄罗斯民族

追求诸民族亲近与进一步融合——对谁有利？利在何处？ 1917 年布尔什维克党人在俄国的执政，意味着他们获得了依照自己的政治纲领在国内与世界范围内主导民族亲近与融合进程的机遇。推行世界革命的方针，标志着与爱国主义思想的决裂和建设统一的社会主义共和国，相应地亦要建设一个新型的世界性社会主义人民共同体的开始。这个共同体，随着时间的推移，注定要消除这个星球上往昔存在着的国家和民族的差异。关于人类无民族未来的观念，不只为布尔什维克党人所素来独有——他们向来怀有相互间差别不彰的世界主义和国际主义思想；这些思想亦为相当大一部分俄国知识分子所固有，他们是革命前政治制度的反对者。

　　这类思想的最初追随者之一、年轻的费·奥·陀思妥耶夫斯基①曾断言，"社会主义者源于彼得拉舍夫分子"②，即源自生活在 1844 年至 1849 年间的俄罗斯知识分子圈子。继米·瓦·布塔舍维奇·彼得拉舍夫斯基之后，他们当中的许多人都认为，"社会主义是超越民族的世界主义学说。在社会主义者看来，民族的差异正在消失，存在的只有人"。一本名为《彼得拉舍夫分子的哲学和社会—政治著作》(1953)的书中有这样的解释，称"世界主义"这一术语，其语义为"国际主义和人道主义"。然而，并非全然如此。彼得拉舍夫分子的领袖人物确信，在历史的未来之中，世间将消失的不仅是敌视，还将有诸民族间的差异；民族随着自身的发展会渐渐消除自己的特征，且只有当消除了这些具有标志性的、与生俱来的特征时，他们才能登上"人类的、世界主义发展的高度"。

　　与俄国社会—民主主义者和布尔什维克党人因缘最近的那些先行者们，例

---

　　①　即费奥多尔·米哈伊洛维奇·陀思妥耶夫斯基(Достоевский，Фёдор Михайлович，1821—1881)，俄国著名作家，主要作品有小说《穷人》《被侮辱与被损害的人们》《罪与罚》《白痴》《卡拉马佐夫兄弟》等，对俄国及世界文学的发展具有广泛影响。——译者注
　　②　指 1844—1849 年间彼得堡的一个具有乌托邦社会主义和民主主义倾向的青年社团成员，因组织者为米哈伊尔·瓦西里耶维奇·布塔舍维奇·彼得拉舍夫斯基(Буташевич-Петрашевский，Михаил Васильевич，1821—1866)而得名。1849 年该社团被指控从事秘密革命活动，123 人受到审查，21 人被判处枪决，后改为流放。彼得拉舍夫斯基被判处终身流放。——译者注

如,民粹派思想家彼·拉·拉夫罗夫①和彼·尼·特卡乔夫②,也使关于民族主义和世界主义的类似观念得到发展。后一位人物,按照尼·亚·别尔嘉耶夫③的界定,是位"比任何人都更应当被认定为系列宁之先驱"的人物。

据拉夫罗夫称,19世纪40年代,以卡尔·马克思及其追随者们为代表的国际主义者们,复苏了18世纪百科全书派的世界主义传统,赋予它另一种性质,并为自己找到了另一种社会基础。与世界主义者类同,这些新生的国际主义者们不认为民族具有任何独立的历史价值。相反,他们认为,民族仅仅是"人类史前时期的残余,或是人类历史的无意识的产物"。拉夫罗夫称,民族本身,"作为一个现代国家,并不是社会主义的敌人;它不过是社会主义事业的一个偶然的帮衬,或一个偶然的障碍"。与此同时,社会主义的支持者们被迫在民族环境中行动,并且为了取得这一事业的成功,依拉夫罗夫看来,实质上,社会主义者们必须表现得如同"最为勤勉的民族主义者"一般。然而,这样的民族主义者,其所作所为却是完全别具一格的。它的目标是将本民族的人民尽可能更好地引领到社会主义思想运动中来,以便最终使人们之间的民族差异被克服和被忘却。

"社会问题对我们来说是首要问题,"拉夫罗夫在一份纲领性文献(1873)中曾这样认为,"而民族问题应当在社会斗争的重大任务面前完全消失;对这一斗争来说,国界、语言、传统均不存存,有的仅是人们和他们全体所共有的目标。"这些原则不可避免地要求对民族分离作最坚决的斗争,"每一个民族均应各尽其责,在对全人类目标的共同追求中携手同行"。人们曾一度认为,在这些目标达到之际,诸民族"将以平等成员的身份加入到未来的联邦化欧洲社会体制中"。

---

① 即彼得·拉夫罗维奇·拉夫罗夫(Лавров, Пётр Лаврович, 1823—1900),俄国哲学家、社会学家、政论作家,革命民粹派理论家之一,代表作《历史信札》是其民粹思想的集中阐释。——译者注

② 即彼得·尼基季奇·特卡乔夫(Ткачёв, Пётр Никитич, 1844—1885/1886),政论作家、文学批评家,民粹主义中的雅各宾派思想家之一。——译者注

③ 即尼古拉·亚历山德罗维奇·别尔嘉耶夫(Бердяев, Николай Александрович, 1874—1948),俄国哲学家、宗教思想家,1920年起任莫斯科大学教授,1922年流亡国外,基督教存在主义的主要代表人物,主要著述有《自由与精神》、《论人的命运》、《俄国共产主义之起源》等。——译者注

这个联邦制的欧洲,其内部疆界从一开始便只有极小的意义;而随着进一步发展,诸民族之差异本身也将变成仅是"历史上的平淡无味的传说,失去了实际意义"。

彼·尼·特卡乔夫在反对那些企图将对社会主义的忠信与对民族主义的忠信结合在一起的人时,常常对民族问题发表过更为明确和更为激烈的意见。特卡乔夫就此问题在《革命与民族原则》(1878)那篇宽泛的评论性文章中所阐述的思想最具意义。简约归纳如下:在有教养的人们之间,在心理发育健全的人们之间,不存在也不可能存在什么希腊人或犹太人,有的仅是人。理性的进步在努力消除民族的特征,而这类特征正是由无意识的情感、习惯、传统思想和世代传承的成见所形成。资产阶级进步的全部最重要的要素,便是国家、科学、贸易和工业。它们有着同一种倾向:它们均在或大或小的程度上致力于消灭那些有时会在人民之间造成强烈分化的民族特征;致力于将人民融合于一个均质的、同型的共同体中,并将其塑造成一个全民性的、全人类的类型。站出来反对这一进步所具有的消灭差别和推行世界主义化作用的人,只能是那些"误解的社会主义者"。民族原则与社会革命原则并不相容,且前者应被作为牺牲献给后者,这是一位真正的社会主义者的基本要求之一。在结束论述时,特卡乔夫重申道:既做社会主义者,同时又依旧是民族主义者,这是不可能的;社会主义原则与民族主义原则之间存在着不可调和的对立。

持有此类观点的人确实没有注意到,他们这种世界主义可能会被以民族主义的精神来诠释和被旁人理解为是人口数量与文化上占支配地位的民族的大国沙文主义;相反,他们却总是在宣传尊重每一民族的必要性。一个社会主义者,正如特卡乔夫所强调指出的,其所言所行应当"不伤害任何人的民族情感;相反,要在所有可能有益于革命的地方利用它。然而,他不应当以任何虚假的方法来给它鼓气;一方面,他应支持所有有益于消除隔离诸民族的那些藩篱、所有有益于消除和弱化民族特征的事物;另一方面,他应当用最积极的方式对抗所有会使这些特征得到加强和发展的事物,并且他只能采取这样的行动"。依我们所见,彼·拉·拉夫罗夫的这番演讲和彼·尼·特卡乔夫给《一位南俄社会主义者的笔记》作者上的那一课,均被列宁和斯大林在日后的实践中特别出色地加以掌握与运用了。

对俄国布尔什维克党人的领袖们来说,马克思主义奠基者们的那些指示曾是具有决定意义的:"随着资产阶级的发展、贸易自由的实现、全球市场的建立,各国人民之间的民族隔绝和对立的日益消失"①,随着局部特征的消失,各民族的民族特征"必然融合在一起,从而也就将自行消亡"②。

列宁和布尔什维克党人们,步自己导师的后尘,亦曾自认为不是世界主义者,而是国际主义者;认为不否认民族本身,甚至还承认最小的民族亦有自由、独立生存的权利。但是,列宁认为,自己的这个无产阶级政党的任务是要"竭力使诸民族彼此亲近和进一步融合"③;认为宣传民族分离、自由和宣传民族融合之间"没有,也不会有"④任何矛盾。1919 年 3 月,列宁曾表示赞同格·列·皮达可夫⑤的看法:没有民族的世界——"这是一个美妙的事物,并且将会实现"。但令他感到遗憾的是它不会很快到来。⑥

国际主义与世界主义之别。在社会—民主主义者的意识中,做一位国际主义者,那便意味着不仅要从民族的好恶中解脱出来,亦要从民族本身中解脱出来。在一些著名的布尔什维克党人中,有许多人都曾公开夸耀自己的非民族化。

---

① 《马克思恩格斯全集》(第 2 版),第 4 卷,莫斯科,政治文献出版社,1967 年,第 444—445 页(以下出版项从略)。

② 同上,第 42 卷,第 359—360 页。

③ 《弗·伊·列宁全集》,第 31 卷,第 167 页。

④ 同上,第 121 页。

⑤ 即格奥尔吉(尤里)·列昂尼多维奇·皮达可夫［Пятаков（Юрий），Георгий Леонидович，1890—1937］,苏联政要,曾任乌克兰共产党中央第一书记、乌克兰工农临时政府主席、苏联国家计划委员会副主任等;15 大时被作为托派分子而开除出党,后恢复党籍复出,任苏联最高国民经济委员会主任、重工业部人民委员等职。1937 被苏联最高法院军事法庭以反苏罪判处枪决。1988 年获得平反。——译者注

⑥ 《弗·伊·列宁全集》,第 38 卷,第 181 页。

弗·伊·列宁在填写护照卡时示威般地写道:"无民族。"列·托洛茨基①在解释自己在民族问题上的立场时,曾于其自传《我的一生》(1930)中写道:"民族因素,尽管在俄国现实生活中很重要,但在我个人生活中,几乎不起任何作用。早在少年时期,民族的偏爱或成见便时常在我心里引起一种纯理性主义的困惑不解。这一困惑在某些情况下常会转变为一种嫌弃,甚至是一种精神上的厌恶。马克思主义的教育加深了这些情绪并将它们转化为积极的国际主义。"在回答"他认为自己是什么人——是犹太人还是俄罗斯人"这个问题时,托洛茨基说道:"都不是。我是一位社会—民主主义者,是位国际主义者。"列·鲍·加米涅夫②也不把自己视为犹太人。拉·莫·卡岗诺维奇③也时常强调说,他只是就出身而言是个犹太人,但是"从未在自己的工作中遵循过民族主义动机,我是位国际主义者"。列·扎·梅赫利斯④曾坚称:"我是犹太人,我是共产党人。"据同行们证实,著名史学家、莫斯科大学教授阿·亚·阿弗列赫⑤曾为自己"既不是犹太人,也不是俄罗斯人,而仅是马克思主义—国际主义者而感到自豪"。

---

① 即列夫·达维多维奇·托洛茨基(Троцкий, Лев Давидович, 1879—1940),苏联政要,犹太族,历任彼得堡工兵代表苏维埃主席(1917—1918)、俄罗斯联邦外交事务人民委员(1917—1918)、俄罗斯联邦(苏联)军事革命委员会人民委员(1918—1925)、俄罗斯联邦(苏联)陆海军事务人民委员(1918—1925)等职。——译者注

② 即列夫·鲍里索维奇·加米涅夫(Каменев Лев Борисович, 1883—1936),苏联政要,犹太族。历任全俄中央执委会主席(1917)、苏联劳动与国防委员会主席(1924—1926)、苏联内外贸易人民委员(1926)等职,1936 年因"托洛茨基—季诺维也夫反苏中心案"而被判处枪决。——译者注

③ 即拉扎尔·莫伊谢耶维奇·卡岗诺维奇(Каганович Лазарь Моисеевич, 1893—1991),苏联政要,犹太族,历任乌克兰共产党总书记(1925—1958)、莫斯科州委第一书记(1931—1934)、苏共中央主席团成员(1952—1957)、建材工业部部长(1956—1957)等职。——译者注

④ 即列夫·扎哈罗维奇·梅赫利斯(Мехлис, Лев Захарович, 1889—1953),苏联党政活动家,历任《真理报》主编、工农红军总政治部主任(1937—1940)、中央委员(1939 年起)、国防副人民委员(1941—1942)、国家监察部部长(1946—1950)、苏联最高苏维埃代表(1937—1950)等职。——译者注

⑤ 即阿伦·雅科夫列维奇·阿弗列赫(Аврех, Арон Яковлевич, 1915—1988),历史学博士、苏联科学院历史所研究员,主攻沙俄专制制度史。——译者注

在这方面,可以注意一下那个有趣的对卡尔·拉迪克①的评价。这份评价出现在对这位历史人物抱有好感的一位现代作者的书中。"卡尔·拉迪克,"B.A.弗拉德金写道,"是位不同寻常、引人注目的人;好奇心强、有能力,是当时苏联最著名和有影响力的记者之一。另一方面,卡尔·拉迪克是位典型的国际冒险派活动家,是位常被理解为国际主义的世界主义的信徒。在阅读了关于拉迪克的所有可能得到的材料和回忆录之后,便会形成一种印象,即他既不信上帝,也不信鬼神;既不相信马克思,也不相信世界革命。"如我们所见,"世界主义"在这里是一个类的概念,而国际主义则是世界主义的一种。"在布尔什维克党人中,没有犹太人,只有国际主义者。"这样的词句及其各种各样的变体,被数十位犹太民族出身的俄国布尔什维克党人多次重申。人们认为,布尔什维克党人的领袖人物们和超国际主义者们在后革命年代所展示出的对待俄国、对待俄罗斯民族的态度,不是他们的民族出身造成的结果,而是因其"国际主义—世界主义世界观"使然(德·安·沃尔科戈诺夫②语)。

在这里,对"国际主义"与"世界主义"两概念之间存在的联系特点作一澄清,是适当的。依我们所见,这一特点表现在如下方面。在一定意义上,这两种概念间的差异是实质性的和原则性的,因为它们是建立在各自不同的阶级基础之上的。可以说,世界主义,这是资本的国际主义,是资产阶级的国际主义;而国际主义,则是工人阶级的世界主义,是"红色世界主义"。另一方面,对我们分析的这个问题尤为重要的是,国际主义与世界主义之间的差异是不存在的;它们追求的是同一目标——民族融合。也许,这可以用来解释"斯大林最后之恶"的见证人之一的立场。Я. Л. 拉波波尔戈许多年来一直在思考"医生事件"和此前发生的那场与世界主义的斗争,并在自己那本名为《两个时代之交》(1988)的书中指出:"同世界主义的斗争与世界主义和国际主义这两个

---

① 即卡尔·伯恩加尔多维奇·拉迪克(Радек, Карл Бернгардович, 1885—1939),苏联政要,犹太族,历任俄共(布)中央委员(1919—1924)、共产国际书记(1920)等职。——译者注

② 即德米特里·安东诺维奇·沃尔科戈诺夫(Волкогонов Дмитрий Антонович, 1928—　　),哲学教授,1970 年前在列宁政治学院任教,1970 年起任苏陆海军总政治部副主任、国防部军史研究所所长,所著《斯大林传》颇有影响。——译者注

概念在理论上的原则性的异化没有任何关系。在马克思主义理论家的著作中，它们曾一度相安无事，受到科学的分析，并未曾像所述的40年代那般处在如此尖锐的势不两立的敌对之中。"

支撑这一论断的某些依据是存在着的。例如，1926年出版的、由 П. И. 斯卢奇卡主编的那本《常备百科便查字典》的编撰者们便认为，"法西斯主义的思想基础，是与社会主义的世界主义针锋相对的民族主义的爱国主义"。这一观点未加任何更改地纳入该书第二版中。在该字典的第三版（1929）中，在关于法西斯主义的同一个词条中，"民族主义的爱国主义"已经被与"社会主义的国际主义"对立起来。字典中对这样修订的必要性没有做任何解释。应当认为，这类出版物所预设的极其广泛的读者群，是可能会以这个极具权威的"百科全书式的"出版物为依据，把社会主义的国际主义与社会主义的世界主义视为同一的。

叶·德·莫德尔仁斯卡娅[①]的专著《世界主义——帝国主义奴役诸民族的理论》（1958）一书，恐怕是苏联文献中世界主义问题研究中的唯一一种情状。在这本书中，世界主义者和国际主义者似乎所持有的"完全对立的立场"是这样被表述的："否定民族主权、践踏民族自由与独立权利的世界主义，以强制方式鼓噪民族融合，以便实际上要求征服和奴役被帝国主义瓜分的世界上的所有土地。"但在这里我们也读到这样的话："民族融合是共产主义者的目标，然而是在完全另样的基础之上的融合。马克思列宁主义的理论，是从社会发展的客观进程的角度去审视民族融合前景的。只有经过长期的历史发展，只有当民族获得解放、民族文化达到繁荣时，民族融合才可能到来。"不过，论及世界主义者偏激与伪善的那些观点（这些观点被用来掩饰那个不适宜的目标——消灭民族和民族文化），以及那种似乎诸民族会完全相信并自愿赞同跟随无产阶级国际主义者走上民族融合的和平之路的田园诗，在今天，也许只会成为不久之前的哲人们可以用期望冒充现实的一个事例而已。

---

① 即叶列娜·德米特里耶夫娜·莫德尔仁斯卡娅（Модржинская，Елена Дмитриевна，1910—1982），苏著名哲学家，战前为克格勃少校情报分析家，战后在苏联科学院哲学研究所任职，主攻共产主义研究。——译者注

　　世界主义者和国际主义者,就其学说的基本原理与目标而论,是与民族思想和民族本身相敌对的。例如,1920 年 4 月,当犹太民族的一些代表们为争取为本民族的"复兴与繁荣"创立条件而向列宁寻求支持(马·高尔基也曾作为说情者参与其中)时,他们感到完全困惑不解了——列宁竟然断言,他对犹太复国主义持极其否定的态度。他言道:第一,民族运动是反动的。因为人类的历史是阶级斗争的历史。同时,民族——这是资产阶级臆造出来的东西;故而,现代的首恶,便是国家与其军队。国家是少数人借以统治多数人和操纵整个社会的工具。消灭所有国家并就地组织公社联盟——这是一个根本目标。犹太复国主义者却梦想着如何在现存的国家中再添加一个民族国家。

　　世界主义者和国际主义者对民族思想的敌视,在漠视、"灭除"民族的企图中,在对待民族所采取的虚无主义态度中,均有其极端的表现,这可以被称之为极端的国际主义、庸俗的国际主义。世界主义和国际主义的共性通常表现在企图加速多民族共同体中的一体化的、联合的过程,表现在要加快民族间的接近与融合(这是所谓"正常的"、"正确的"国际主义)。当革命激情和阶级沙文主义销声匿迹之际,国际主义又开始被诠释为不计阶级结构的各民族的"友谊"、"手足情谊"和诸民族之间的亲近性。据列宁所见,这样的国际主义,与真正的、无产阶级的国际主义毫无共同之处。故他仅将其称之为"小资产阶级的民族主义"。

　　列宁在阐述共产国际第二次代表大会(1920 年 6 月)的提纲时,曾号召与"最顽固的小资产阶级民族主义偏见"作斗争。"把无产阶级专政由一国的(即存在于一个国家之中的、没有能力决定全世界政治的)专政转变为国际性的(即至少是数个先进国家的、有能力对全世界政治形成决定性影响的无产阶级专政)任务越是迫切",这一斗争便"越是会被提到首要地位"。[1] 相应地,无产阶级国际主义也得到界定——这一主义要求:其一,一国之无产阶级斗争的利益应服从于这一斗争在整个世界范围内的利益;其二,正在战胜资产阶级的民族要有能力、有信心为推翻国际资本作出最大的民族牺牲。[2] 以诸民族平等和友好的精神实

---

[1]　《弗·伊·列宁全集》,第 41 卷,第 165 页。
[2]　同上,第 41 卷,第 166 页。

质对国际主义所作出的那种诠释,正如当时列宁所指出的那样,是与小资产阶级对这一现象的观念相符合的。他曾写道:"小资产阶级的民族主义宣称:只要承认民族平等,便是国际主义,同时却把民族利己主义当作不可侵犯的东西保留下来……"①据列宁所见,真正的国际主义者,视所有捍卫民族文化口号的人为民族主义的市侩②;而他自己则信奉一种绝对命令:"写在我们旗帜上的不是'民族文化',而是**各民族共同的**(即国际主义的)文化,这种文化能使所有民族融汇于高度的社会主义团结之中。"③

根据这一观点,那个著名的关于社会主义条件下民族形式和社会主义内容的文化繁荣公式,应当理解为形式是民族的、内容是去民族化的。经由这一过程,民族应当消逝。随着对社会主义的否定,由苏联时代遗留下来的那些"民族形式",正在由现实的、非社会主义的内容所充实。社会主义的去民族化内容,实际上正受到复活着的氏族—部落的、封建主义的和资产阶级的(民族的和世界主义的)内容的排斥。我们这个时代的重大抉择,便是在最后的定位中,即资产阶级的或世界主义的定位中做出定夺。

俄罗斯族人有义务对其他民族受到的不平等待遇作出补偿吗? 在列宁看来,社会主义社会就是一个"大力加速各民族亲近和融合"的社会。④ 为了最快地达到这个目标,要求俄罗斯民族就"现实生活中事实上形成的不平等"向其他民族作出补偿。⑤ 国际主义者尼·伊·布哈林在党的第十二次代表大会(1923)上曾讲道,必须将俄罗斯民族人为地置于较之其他民族低下的地位,并以这一代价从先前受压迫民族那里为自己赎回真正的信任。米·伊·加里宁⑥曾号召将

---

① 《弗·伊·列宁全集》,第 41 卷,第 165—166 页。
② 同上,第 24 卷,第 122 页。
③ 同上,第 24 卷,第 237 页。
④ 同上,第 30 卷,第 21 页。
⑤ 同上,第 45 卷,第 359 页。
⑥ 即米哈伊尔·伊万诺维奇·加里宁(Калинин, Михаил. Иванович, 1875—1946),苏联政要,曾任苏联最高苏维埃主席团主席(1938 年起)、苏共中央政治局委员(1926 年起)。——译者注

小民族置于较之大民族"明显更为优越的地位"。这些指示在苏联存续时期,不同程度地一直被贯彻执行着。依我们所见,正是它们在一定程度上决定了苏联的解体。

在后苏联时期人们渐渐确信,应当将国际主义理解为"一种向其他民族的运动,一种要与他们和平、和谐地生活、相互交流有价值的文化财富的努力";而"一个多民族国家的历史使命,便是应将本国诸民族导入一个国际性的友好联盟之中"(谢·尼·阿尔塔诺夫斯基语①)。这已是更像某种被阉割的、"小资产阶级的"国际主义,它与自己真正的始祖和使命已是相去甚远。此外,正如我们所见,它已与自己的同行和敌手——世界主义十分和睦地联合在一起了。在评述现代社会运动和社会意识时,国际主义有时已是完全没有位置。例如,俄罗斯民族如今显然已分作势不两立的两个阵营:"一个阵营中聚集着大国主义者、斯拉夫主义派和欧亚主义派;另一阵营中聚集着西方派、中央集权派或世界主义"(格·霍·沙赫那扎罗夫语②)。

不过,现如今,任何拒绝共产主义这个社会发展目标的人(相应地,任何摒弃为这一目标的达到而提供依据的思想体系的人),其所能做的只是既要忘却国际主义原则,亦要忘却这一概念本身。能替代"国际主义"的最相近的概念,便是"世界主义"。例如,亚·谢·兹普科③认为,那些"红色经理们"对俄罗斯资本主义化新方针的信徒们所具有的优势是,这些经理"依旧是苏联人,没有民族好恶

---

① 即谢尔盖·尼古拉耶维奇·阿尔塔诺夫斯基(Артановский, Сергей Николаевич, 1932—　),圣彼得堡国立文化与艺术大学教授,哲学博士,主攻文化学等。——译者注

② 即格奥尔吉·霍斯罗耶维奇·沙赫那扎罗夫(Шахназаров, Георгий Хосроевич, 1924—2001),政治学家、法学博士、苏联科学院通讯院士、政治活动家、作家。曾任苏共中央总书记助理、苏联总统顾问、最高苏维埃宪法立法分会主席等职。——译者注

③ 即亚历山大·谢尔盖耶维奇·兹普科(Ципко, Александр Сергеевич, 1941—　),俄罗斯科学院国际经济与政治研究院主任研究员、社会哲学专家、政治学家,曾任苏共中央社会主义国家部顾问、中央书记 А. Н. 雅科夫列夫的助手。著有《斯大林主义源流》《马克思主义的矛盾》《与共产主义告别》等。——译者注

感和喜好查清某人有多少'俄罗斯血统'的习惯。他们比别洛韦日党①那些领袖人物们更像国际主义者和世界主义者"。

　　不过,世界主义思想的一贯追随者们并不抱怨国际主义者们。他们的逻辑在著名的赫尔勃特·威尔斯②所作的报告《名为历史的毒药》中被很好地表述出来。他在 20 世纪 30 年代下半期曾经多次作过这个报告。这位报告作者的出发点是:世界文明的危险正是寓于民族的存在之中和由爱国主义者们且主要是历史学家们在每一个国家内对民族所进行的人为培植之中。威尔斯称,这后一类人,以自己对往昔所具有的专业趣味,时常对诸民族的社会和经济特点作出特别的强调,将有关民族差别的思想强加给青年人,教导他们成为公民和爱国者。而为了普遍的福祉,按照报告作者的信念,正是应当反其道而行之。他论证说,我们若是期望使世界达成统一,那么"我们就不应从民族、国家这类概念出发去看问题"。一个文化导师是完全不应说出"**我们的民族、我们的人民、我们的种族**"这样的话来,因为,"所有这类陈腐的胡说八道,均是愚蠢和荒诞的"。与历史相悖逆的现实实际,其所有事实均作出有利于统一的世界性国家,即世界同一,且是自然的同一的实证;而在现今条件下,则是作出有利于简直就是必不可少的全世界人们手足情谊式联盟的实证。历史教学也应当有助于这个联盟的创建。作为迈向这个所需方向的第一步,人们曾建议组织一次焚毁全部历史教科书和解除一些教育家教学工作的活动。在此类教育家们看来,"原初概念——民族……是个习惯用词——是国际主义的,而不是世界主义的"。诚如所见,"国际主义的"这个词本身受到排斥,因为依照其拉丁文词源(inter 即"在……之间";nation,nations,即为民族),其意为现实存在着的诸民族间的联系。根据威尔斯及其与之类同的人类关怀者们的意见,无论在现实中,还是在思想中,均不应有民

---

　　①　别洛韦日党(Беловежская партия),喻指参与 1991 年 12 月 8 日在距明斯克 420 公里的别洛韦日森林维斯库利村签署俄、乌、白脱离苏联协议的那伙人,即叶利钦、克拉夫丘克和舒什克维奇等。——译者注

　　②　即赫尔勃特·乔治·威尔斯(Уэллс,Герберта Джордж,1866—1946),英国作家、政论作家,曾三度访问苏俄并会见过列宁、斯大林。代表作有科幻小说《时间机器》、《隐形人》、《星球大战》等。——译者注

族的位置。

现今的世界主义者们与自己的经典作家一样，亦是把国际主义者说成是卓越的民族主义者，只是带着一个前缀"国际的"。我国近代史中的一位世界主义者曾断言，"科学共产主义"的缔造者曾是世界主义者，且他们对此并不掩饰。他写道，卡尔·马克思的追随者们只是实施了一次将民族敌对替换为阶级敌对的转换，并宣称阶级敌对较之民族敌对更为进步、更为文明。"可是谁将去估量，"他高喊道，"哪一种民族主义造成了更多的苦难，流了更多的血与泪；是带'国际'前缀的那个，还是不带的那个。肯定或否定这两个主义中的任何一个，都更加令人疑惑：使诸阶级融合会比使诸民族融合更加不现实。"世界主义、摒弃爱国主义和民族自豪感、从自身的民族感受中解脱出来，这些被认定为克服民族主义的方法。因为，诚如人们所确信的那样，正是民族主义——从最不令人生厌的民族利己主义的种种形态到沙文主义的病态——才是"我"之民族主义自觉的真实状态。任何一位本民族的爱国主义者，都已是认定本民族好于其他任何民族的利己主义的民族主义者；"故乡平安的消息令我们感到亲切，祖国的炊烟令我们感到甜美而愉悦！"——所有认同加·罗·杰尔查文①这番话的人，均是完完全全的民族利己主义者；这种民族自豪感不是别的，正是通向民族自傲、口头爱国主义和排外情结的可疑之路。建议为昔勒尼学派们②和他们那个说法——"哪里好，哪里就是祖国"永久性地恢复名誉。作者认为，"几乎不可能存在民族精神的中性表现"，显然已学会了这一技能的他，断言**"世界主义不否定民族自觉、民族文化"**；"民族利他主义，即将对自己祖国的爱与对全世界的爱结合起来的**世界主义**"（《星》，1993 年第 8 期），应当被置于与任何民族主义相对立的位置上。

在这类令人神往的号召中，一切或许都是美妙的，若是这位作者能告知使用

---

①　即加夫里尔·罗曼诺维奇·杰尔查文（Державин, Гаврила Романович，1743—1816），俄国启蒙时代诗人，古典主义代表人物。"祖国的炊烟令我们感到甜美而愉悦"（И дым отечества нам сладок и приятен）一语出自杰尔查文的诗歌《阿尔法》，现用作成语。——译者注

②　昔勒尼学派（киренаики），古希腊哲学流派之一，由苏格拉底的学生、来自昔勒尼的阿里斯提普斯于公元前 4 世纪时创立，故有此名。——译者注

何种切实可行的方法才能将各类国家和各种民族国家建构中的人民引进那天堂般的国度,在那里所有人都崇拜使徒保罗和他的遗训:"没有希腊人,没有犹太人。"例如,尤·马·纳希宾①就曾认为,实现这位使徒的遗训很简单:"让我们将俄罗斯人当作希腊人,而把生活在地球上的其他所有民族当成犹太人。"——他曾这样遗嘱道——这样问题便解决了。是的,不知为什么他曾坚信,只有一个民族不希望这样。"俄罗斯人当然会惊恐万状:民族色彩的丰富多样将会丧失的。什么也不会失去的。"他信心十足地判定,似乎公决的结果就捏在他的手中,并且其他所有民族均已表示"同意"。然而,事实令人对这样的自信深为疑惑。能将爱国主义者从对祖国的热爱中、从对民族的好恶中医治过来并将他们悉数转变为民族利他主义者,这样的药方,无论昔日的世界主义者还是最近的世界主义者均没能发明出来。诉诸世界主义信仰的那些孤家寡人们,只能去建立那最务实的功业——尽快出发去早在公元前 5 世纪之前便由昔勒尼人发现的那个地方,那里永远比家乡好,在那里故国炊烟不会令人激动。

　　确实,世界主义的鼓吹者们在主张自己的观点时,有时表现得并不比沙文主义者们缺少好斗性。在莫斯科和圣彼得堡作家支持俄罗斯联邦总统的政论演说集之一(《接下来是什么?》,莫斯科,1993 年,第 3 册)中,鲍·尼·叶利钦因纵容"议会大多数"(用纳希宾的话来说,那即是"哈斯布拉托夫②喽啰们的乌合之众")而受到十分独特的指责。他写道:"您把莱蒙托夫的那个预言当作了耳旁风:'恶毒的车臣人将爬上岸来,磨尖自己的利刃。'并且这个恶毒的车臣人,他真的爬到莫斯科河岸上来了;他那些尚武好勇的族人们,如洪水一般充斥着这座城市。他们欺行霸市,打死出租车司机,在酒店里开枪射击并将无数的宝物运出莫斯科。而那位有着残忍的倔强性格的主要角色,正急于成为小斯大林式的人物。也许,俄罗斯族人受虐狂似地也想要继诺曼人、鞑靼人、波兰人、法国人、波罗的

---

　　①　即尤里·马尔科维奇·纳希宾(Нагибин,Юрий Маркович,1920—1994),作家、记者。——译者注

　　②　即鲁斯兰·伊姆兰诺维奇·哈斯布拉托夫(Хасбулатов Руслан Имранович,1942—　),俄联邦政要,经济学博士,俄科学院通讯院士,曾任俄罗斯最高苏维埃主席(1991—1993)等职。——译者注

海东岸的德国人、犹太人、格鲁吉亚人和乌克兰的喀查普人①之后,去尝一尝车臣人鞭子的滋味吗？不知为什么,我不愿相信此事……"读着这样的文字,我也不愿相信自己的眼睛。显然,第欧根尼(西诺帕的)②的一些追随者们准备步其后尘,不仅要以自豪的世界主义者而扬名,还要摆脱多余的文化。如众所周知,那位第一"世界公民"曾宣称:所有文化均是对人类本质的强暴;而他则是个极端玩世不恭的人……

同时代的托派们,也没有看出国际主义与世界主义之间有什么区别。他们声称:"实质上,马克思主义始终完全是**世界主义**的运动。"(《斯巴达克者公报》,1992年第3期)但是,与"纯正"的世界主义者——纯正得没有任何阶级性的味道和不对这一现象作任何阶级性的理解——不同,托派们将世界主义理解为似乎是因受到他们的保护而免于受到民族—布尔什维克主义曲解的那种国际主义。

因此,可以对著名历史学家和政治学家列·阿·高尔东③于1995年对国际主义与民族主义相互关系所阐述的那个奇特诠释予以注意。在论证"国家社会主义垮台的逻辑"时,他将处于转型前夕的苏联描绘成"有着专横体制、社会家长式作风、单一制国家、民族主义和与西方对立"的国家。能使这样一个国家文明化的,只能是"政治和社会的民主制度、联邦体制、国际主义和与西方的亲近"。依据这一逻辑,国际主义当是资本主义西方的亲缘标志,而与苏联似乎没有关系。

社会主义条件下民族文化的复兴——民族主义的最危险形式？将国际主义作如此极左表述的革命家的鲜明例证,显然是列·托洛茨基。赞同他的观点的"那群教条主义者,同时亦是浪漫主义者、世界主义革命者(托氏本人至死始终是

---

①　喀查普人(кацап),乌克兰语,字面意为"像山羊一样的人",革命前乌克兰沙文主义者对俄罗斯人的蔑称。俄罗斯族人蓄胡须,形若山羊,故有此喻。亦说源自突厥语,意为"强盗"。——译者注

②　第欧根尼(西诺帕的)(Диоген Синопского,？—约公元前320),犬儒学派的原型人物。——译者注

③　即列昂尼德·阿布拉莫维奇·高尔东(Гордон,Леонид Абрамович,1930—2001),主要研究领域为工人阶级社会—经济问题。——译者注

这样的人物)"(Д. 什图尔曼语)的一小帮人,其人数并不那么少。作为一种社会思想流派和作为一种社会运动,托洛茨基主义今日仍然存在。在托氏的诠释中,民族文化就是资产阶级文化的同义语。在向社会主义过渡时期,它当是与这个阶级同呼吸共命运的。社会主义条件下的民族的复兴,特别是斯大林谋划的那种民族文化的"繁荣",均被他们理解为民族主义的最危险形式。

瓦·阿·瓦加尼扬[①],20 世纪 20 年代广为人知的文化哲学问题方面一些著作的作者,战斗的唯物主义协会组织者及其主席团成员之一。他曾在其所著的《论民族文化》(1927)一书中,将正在苏联发展起来的文化革命说成是一种"与民族文化反其道而行之的、对立的"现象,是一个过程;在这一过程中,"我们不仅不会用自己当前的文化革命去创建和丰富所谓的'民族文化',而是正相反,我们将捣毁、消灭、埋葬资产阶级文化这个残骸和最危险的余孽,并将一根杨木棍插入埋葬它的坟墓中"[②]。

在这种情况之下,社会主义人民共同体及其文化的形成(即民族融合),被想象为如同一个对民族文化诸元素(这些元素似乎只能是资产阶级的、农奴制的、民族主义的,甚至是汉尼拔[③]式的)加以排斥和对国际主义文化诸元素(即对十二月党人的、别林斯基的、车尔尼雪夫斯基的、普列汉诺夫的、列宁的)予以培植的过程。在大俄罗斯诸省以外,党的任务被认为是"要查明自家中的国际主义文化元素,并要在本民族日常生活条件的土壤上创建、培植更为高度发展的诸民族的国际主义文化"。据托洛茨基《关于党的思考》(1923)一文所论,在世界范围内解决民族问题是可能的,只是要确保所有民族"可以不受任何限制地接受世界文

---

① 即瓦加尔沙克·阿鲁秋诺维奇·特尔·瓦加尼扬(Тер-Ваганян, Вагаршак Арутюнович,1893—1936),苏联政要,文艺理论家,曾任《在马克思主义的旗帜下》《红色处女地》等杂志主编。因托洛茨基案而三度被捕,1936 年被判处枪决。——译者注

② "将一根杨木棍捣入……的坟墓"(вбить осиновый кол в могилу),成语,意为"使其不再为害",罗斯古人笃信杨木可镇妖辟邪,故在巫士坟头钉入杨木棍以令其不再为害,遂有此说。——译者注

③ 汉尼拔(Каннибал,前 247—前 183/182),古迦太基国大军事家,第二次布匿战争中用兵诡诈,一度大败罗马,兵临罗马城下,令罗马人猝不及防,惊恐万状。后世西方语言中"汉尼拔"一词,已成为"残暴不仁"的代名词。——译者注

化——即使用该民族认定的自己的母语去接受"。

语言的多样化,自然是延缓接受世界文化的一个因素。瓦·阿·瓦加尼扬曾就此问题写道:"民族语言的大量存在,现在已是诸民族经济交流的巨大障碍。"不过,这个障碍并不是那么难以克服的。民族语言独立存在的价值并没有被看到。人们认为,它们仅是文化的"形式特征"。此外,没有一种民族语言是"纯的";每一种语言都是一系列语言复杂的相互作用和多次历史沉积的产物;每一种语言都不只一次地"与许多语言杂交,一边使一些语言同化,一边从另一些语言那里吸取大量的词根和概念"。考虑到所有这些情况,他曾建议首先要千方百计地发展民族语言,"作为在人群中推广无产阶级国际主义文化的最便捷的路径",并由此实现"使用诸民族语言的国际主义文化"的创立。

不过,这不是唯一的路径,也不是主要的路径。据瓦加尼扬所见,当今这个时代的法则是:它们不仅不会有助于民族语言的封闭或发展,且会以更为迅捷得多的速度推进消除族际界限的事业,推进用最强大和最有力的语言吸收弱势的、不发达的、不丰富的语言或方言的事业。换句话说,瓦加尼扬断言:"在社会主义条件下,将发生一个以辩证的、矛盾的方法导致——且不可能不导致——一些民族语言被逐渐消灭、被融入一个或数个强有力的国际性语言的过程。"显然,1923年前,在列·托洛茨基领导下的红军中,学习世界语曾一度是国际主义的一个特别标志,这不是偶然的。这种人造的国际语言被想象为能在未来取代世界所有民族的民族语言。在 20 世纪下半叶,在苏联范围内,托派开始将此类角色分配给了俄语。在瓦加尼扬看来,俄语便是"我们大家正在共同创造的全苏共产主义文化的语言。但归根结底,俄语就是**我们联盟的国际语言**,进而言之,这亦是我们的统一联盟经济的语言"。

1920—1922 年间为地球诸民族选择世界社会主义共和国模式。在 1922 年组建苏联时,曾发生过实质说来是关于世界各民族未来统一的初级形式的争论,这一形式应有可能成为诸民族亲近和融合于世界社会主义人民共同体之中的第一个过渡形式。列宁要求建立苏维埃社会主义共和国联盟,以取代斯大林建议的俄罗斯共和国,这与其说是由于担心中央集权制和俄罗斯化的加强,不如说是列宁预见到,随着革命在东西方的成功,将存在着其他国家加入苏联的可能性。在关涉诸社会主义民族国家统一的初级形式的观点中,列宁于 1922 年 9 月至 12 月间转向近似于斯大林曾在 1920 年 6 月所持有的那种立场。

当时,在共产国际第二次代表大会之前,列宁将《民族和殖民地问题提纲初稿》寄发给自己的一批战友,其中亦包括当时在哈尔科夫西南战线指挥部的斯大林,并要求他们就这个"草稿"提出意见。① 斯大林在对此提纲提出的意见中,建议将关于邦联是各民族劳动人民亲近的过渡形式之一的论点纳入这个提纲。在论证这个建议时,他写道:"对已加入旧俄罗斯的诸民族来说,我们的(苏维埃)联邦类型可以且应当被视为是通向国际主义统一的适宜之路,其理由是众所周知的:这些民族,或者过去没有自己的国家,或者早已丧失了它;因此,苏维埃(中央集权的)联邦类型会没有特别阻力地适应于他们。"② 不过,斯大林接下来认为,这里所说的不应当是没有成为旧俄罗斯组成部分的那些民族。那些民族长期以来一直作为独立的国家形态而存在,发展着自己的国家体制;若是他们将来成为苏维埃式的国家,他们理应将会不得不与苏维埃俄国发生某种国家关系,例如未来的苏维埃德国、波兰、匈牙利、芬兰。

约·维·斯大林怀疑,这些国家的人民在成为苏维埃人民后,是否会同意马上与苏维埃俄国建立"巴什基尔或乌克兰类型的"联邦关系。据斯大林所见,对境外的东方其他诸民族来说,苏维埃类型的联邦制或一般的联邦制,恐怕是更为不可接受的。出于这些考虑,他曾建议在列宁关于各民族劳动人民亲近的初级形式的提纲中,"加入(在实行联邦制的同时)亦实行**邦联制**。这样的提法会使提纲具有更多的弹性,会令提纲又多了一种使各民族劳动人民亲近的过渡形式,会使那些先前不是俄罗斯组成部分的民族易于与苏维埃俄国建立国家亲近"③。

1923 年 4 月 25 日,斯大林回忆起自己曾提出为邦联制辩护的这个建议,对党的十二大民族问题分会与会者说道,列宁当时的那个建议简单地说就是:"我

---

① 《弗·伊·列宁全集》,第 41 卷,第 513 页。
② 《弗·伊·列宁文集》(第 2 版),第 25 卷,莫斯科、列宁格勒,1928 年,第 624 页。
③ 《弗·伊·列宁文集》,第 25 卷,第 624 页。

们,共产国际,将要争取诸民族或国家的联邦化。我当时就曾说道:这是行不通的。若是您以为,德国会在将来某时以乌克兰式的身份加入到我们的联邦中,那您就错了;若是您以为,已建立起具有全部属性的资产阶级国家的波兰甚至也会以乌克兰式的身份加入苏联,那您就错了;我当时就是这样说的。而列宁同志亦发来一封措词严厉的信,称这是沙文主义、民族主义;我们需要由一个机关操控的集中化的世界经济。"①

　　至于说到国家的或民族的社会主义统一的最终形式,它在革命的最初年代没有在布尔什维克党人中引起任何异议。随着时间的推移,当全世界性的联邦联盟"变得不足以构建一个共同的世界经济"时,当绝大多数人依据经验意识到这种不足时,一个统一的世界社会主义共和国便将会建立,这被视为一个(据布哈林、普列奥布拉任斯基②写作于 1919 年 10 月的《共产主义 ABC》一书所论)极其浅显的真理。

　　列夫·托洛茨基有关在地球上建立社会主义的种种路径的观念,在极大程度上是与苏维埃政权 20 世纪最初年代和整个 20 年代的超革命精神相吻合的。列夫·托洛茨基在这个问题上与弗·伊·列宁没有相互抵触之处。列宁理论遗产中的一个中心思想可以用这样一个论点来表述,那便是:"全世界无产阶级的革命事业,便是缔造世界性苏维埃共和国的事业。"③托洛茨基的观念亦与 1924 年苏联宪法没有任何抵触之处。那部宪法宣布,1922 年年底建立的这个国际主义国家向"所有现存的和将来出现的社会主义苏维埃共和国开放"。

---

　　①　《俄共(布)十二大民族问题代表会议分会座谈速记(1923 年 4 月 25 日)》,《苏共中央通讯》,1991 年第 4 期,第 171 页。

　　②　即叶甫盖尼·阿列克谢耶维奇·普列奥布拉任斯基(Преображенский, Евгений Алексеевич,1886—1937),苏联政要,历任俄共(布)中央书记(1920—1921)、苏联财政人民委员会成员(1924—1927)、轻工业人民委员会成员(1932—1938)等职。1937 年被判处枪决。——译者注

　　③　《弗·伊·列宁全集》,第 41 卷,第 215 页。

列·德·托洛茨基关于民族问题的观念,本质上是接近卢森堡派①的。在布尔什维克党内,这一派别不乏追随者,诸如尼·伊·布哈林、格·列·皮达可夫这样的著名活动家,亦在其中。且无论看起来多么怪诞,民族人民委员这个集体,仅有主席一人除外,其余成员悉数投身其中。托洛茨基曾于1930年写道:"他们公然地或是半自觉地站在已为众所周知的罗莎·卢森堡的观点上——在资本主义条件下,民族自决是不可能的;而在社会主义条件下,它又是多余的。"据他观察,尽管他们是已经俄罗斯化的异族人,却仍时常将自己那抽象的国际主义与被压迫民族的发展的现实需求对立起来。列·德·托洛茨基认为,他们由此一来客观上使俄罗斯化主义和大国主义的旧传统得以复活,这是难以令人苟同的事。抽象的国际主义无论如何也不可能与俄罗斯民族的现实需求相符。可以说,首先是与俄罗斯民族的需求不相符。人们并非偶然地没有注意到民族人民委员会中有无俄罗斯族委员存在的任何必要性,而与此同时,在那里其他民族却有此类委员的存在。

企望在没有俄罗斯民族代表的参与且不顾及他们利益的情况下,借助民族委员会来解决国内民族问题,这样的意向,不仅表现在没有设立专门的民族事务部门,亦表现在俄罗斯族人参与委员会工作这件事本身曾被认为是完全不必要的,如果不说是有害的。因此,斯·斯·彼斯特科夫斯基②的思想历程是很典型的。托洛茨基称他是波兰籍老革命家,苏联体制最初20个月间斯大林最亲近的助手。1923年,彼斯特科夫斯基在谈到他要在为社会主义而斗争的战士行列中选择自己的位置时曾写道:"在对自己严格考验之后,我确信,在不做外交工作后,最适合我的部门便是民族事务委员会。我认为,我本人是外族人,因此,我将不会有有害于这个委员会工作的那种大俄罗斯主义。"决心下定后,他便去见斯

---

① 卢森堡派(люксембургианство),国际工人运动中以著名政治家罗莎·卢森堡(Люксембург,Роза,1871—1919)为首的社会民主党派别。——译者注

② 即斯坦尼斯拉夫·斯坦尼斯拉沃维奇·彼斯特科夫斯基(Пестковский,Станислав Станиславович,1882—1937),苏联政要,生于波兰,历任国际银行行长(1917—1920)、苏驻墨西哥全权代表(1924—1926)等职。曾参与俄共(布)吉尔吉斯边疆区委的组建工作(1919—1920)。——译者注

大林,并毫不犹豫地声称:"我能给您'弄好'这个委员会。"对此,斯大林似乎也表示同意。这个极为意味深长的历史场景正好说明,如果其他一些"异族卢森堡分子"也如此思考问题,那就未必应当怪罪他们是"客观上的大俄罗斯"民族主义者。

期盼世界革命时期的布尔什维克曾是哪个祖国的爱国主义者? 我国历史几乎在整个 20 世纪 20 年代,都是在俄国的世界革命信徒们对这场革命的企盼并时刻准备为之做街垒之战中度过的。众所周知,《布列斯特条约》的订立并不是因为布尔什维克党人对和平的热爱极其强烈。这项"无耻"和约的反对者们,曾在一些挑衅性的口号之下起而反对签署这项和约:"既不要和约,也不要战争"(托洛茨基的口号);"毫不迟延的革命的战争"(以布哈林为首的左翼共产党人的口号)。例如,是时置身于布哈林派阵营的米·尼·波克罗夫斯基,就曾言道:"无产阶级革命既然开始了,它便应在整个欧洲范围内发展开来;或是将在俄国衰败下散去。"[1]列宁之所以成为这一和约的缔造者,只是因为他与自己那些战友们不同,已意识到不可能将足够数量的战士召集于全世界革命的大旗之下。"我们现今,即从 1917 年 11 月 25 日起,便已是护国派了;从那一天起,我们便主张保卫祖国。"[2]他当时提出一个新的信条,并顺势解释说,在没有军队的情况下,与极其强大的敌人去进行军事拼争,从保卫祖国的观点来看,那便意味着犯罪。不过,无论是祖国还是爱国主义,在列宁的诠释中,均是与众不同的。这是"社会主义的爱国主义"和抽象的世界无产者的"祖国",不唯"资本家们"显然不能被视为这个祖国的爱国者,所有其他非无产阶级的、小资产阶级的,即俄罗斯境内和世界其他国家的绝大多数居民均是如此。此类人们的爱国主义,在布尔什维克党人的观念中只能是民族主义或沙文主义。

苏维埃国家的第一代苏维埃人,不是被培养教育来保卫祖国的,而是为了全

---

① 《M. H. 波克罗夫斯基文选》(4 卷),第 1 卷,莫斯科,1966 年,第 62 页。转引自索科洛夫 O. Д.:《M. H. 波克罗夫斯基历史观点的发展》。

② 《弗·伊·列宁全集》,第 35 卷,第 395 页。

世界的理想；实现这些理想的方法，在最初的革命年代没有采取任何迷彩伪装。列宁在第九次党代表会议（1920）上曾谈到对西方进行红色武装干涉的必要性。指示米·尼·图哈切夫斯基①进军华沙的命令正是在这种精神之下制定出来的。托洛茨基曾策划过要挥戈印度。米·瓦·伏龙芝②也曾写道："我们是一个正在走向征服世界的阶级之党。"只需注意到此类思想倾向和行为，便可以解释为什么教育人民委员阿·瓦·卢那察尔斯基③ 1918 年 9 月为教师做《关于共产主义学校的历史课教学》演讲时，会那般革命式地武断："致力于确立民族自豪感、国家情感等的历史教学，应当被抛弃；企图在往昔的事例中寻找用于效法的好样板的历史教学，应当被抛弃。"④

这位人民委员提出的论据很多，最主要的是，仅仅因为"可恶的德国人的国民学校——在那里德国人比任何人都更为巧妙地进行着'爱国主义教育'，世界大战便可能发生"。培养学生"对祖国的合理的爱"（在不久前召开的全俄教师代表大会上对此提出了号召）、对祖国语言的合理的爱——这也许是因为这类"合理的"情感已经不是教育的结果，而是语言环境、周边环境的状况的后果。一句话，那是一种习惯。专门去培养它，"这是愚蠢行为。这无异于教导金发碧眼者

① 即米哈伊尔·尼古拉耶维奇·图哈切夫斯基（Тухачевский, Михаил Николаевич, 1893—1937），苏联元帅（1935 年起），俄国贵族出身，1914 年毕业于亚历山大军事学校，一战时在沙皇军队中服役，1918 年成为红军军官并加入俄共，国内战争时期曾任伏尔加河中下游地区、南部地区、乌拉尔地区、西伯利亚地区的诸军司令，歼灭邓尼金部队的高加索前线司令，苏波战争时的西部战线司令，1925—1928 年任红军参谋长，1931 年起任苏革命军事委员会副主席，1934 年起任国防副人民委员，1936 年起任国防第一副人民委员，在红军技术现代化方面贡献巨大，1934—1937 年为联共（布）中央候补委员，1937 年与另外 7 位高级将领被指控阴谋勾结德国而遭镇压。——译者注

② 即米哈伊尔·瓦西里耶维奇·伏龙芝（Фрунзе, Михаил Васильевич, 1885—1925），苏联政要、军事家、国内战争的主要指挥者，历任苏联军事革命委员会副主席、陆海军人民委员（1925）、军事科学院院长、政治局候补委员（1924 年起）等。——译者注

③ 即阿纳托利·瓦西里耶维奇·卢那察尔斯基（Луначарский, Анатолий Васильевич, 1875—1933），苏联政要、作家、文学批评家、院士，曾为《前进报》和《无产阶级报》编辑，1917 年起任教育人民委员，1929 年起任苏联中央执委会学术委员会主席，苏联教育体系的组织者之一。有革命史、哲学思想史、文化问题、文艺批评方面的著述。——译者注

④ 卢那察尔斯基 A. B.：《教育与革命（文集）》，莫斯科，1926 年，第 95 页。

成为金发碧眼者"。依卢那察尔斯基所见,似乎称俄语是最优秀的语言,这就等同于断定:法语或德语毫无用处。此外,这可能意味着不理解那个"人类的诅咒——我们不可能汇聚成一个统一的人类大家庭,因为语言、生活习惯的多样性构成了创建这种手足情谊式联合的障碍"。

在第一届全苏教师代表大会上作关于教育在苏联建设体系中的任务的报告时(1925 年 1 月),卢那察尔斯基坚持认为,社会主义者"应将国际主义原则、国际原则、人类共性原则作为教育的基石"。因此,"培养国际主义性的、全人类性的东西",被认为是唯一正确的。这位人民委员抹去了国际主义与世界主义之间的界线,号召道:"需要培养对人类的任何事物都不排斥的人;对这样的人来说,每个人,无论其属于哪个民族,都是兄弟;这样的人会绝无二致地热爱我们共同地球上的每一寸土地;且当他对俄罗人的面孔、对俄罗斯语言、对俄罗斯自然有了偏爱时,他会明白,这就是一种非理性的偏爱。"

自然,在这样的诠释中,国际主义不可能不与国家爱国主义或民族爱国主义的概念产生矛盾。"当然,爱国主义思想是一种彻头彻尾的虚伪的思想。"卢那察尔斯基继续给参加全苏教师代表大会的那些教师们进行"启蒙",他断言道,热衷于宣扬爱国主义的,只是那些剥削者们。对他们来说,"爱国主义的宗旨便是向青年农民或青年工人灌输对'祖国'的爱,迫使他们热爱掠夺他们的那些人"。说到底,"资本主义制度下的祖国实际上是什么? 每一个单独的国家或大国是什么?"他发问道,并不失时机地强调指出了世间存在的"祖国"或"大国"的昙花一现性与历史偶然性:"您很少能找到这样的国家,在那里,它的国界恰巧与那里的民族居住的范围相吻合。在绝大多数情况下,您会发现这样的一些大国,即其属民就是在民主国家中被用虚假的术语'公民'所遮掩着的民族各异的人们。"因此,中小学的教师被号召必须把自己的学生培养成公民——不是"虚假的",而是"真正的"公民。而关于爱国主义,这位人民委员安慰性地证明道:"自然,这种爱国主义现在正在瓦解。"

为促进这一瓦解尽了不少力的国际主义者格·叶·季诺维也夫①在共产国际第 5 次代表大会(1924 年 6 月 17 日)的开幕词中,曾遗憾地指出,在对世界革命"速度的估计"方面发生了错误:"在应当以数年来计时的地方,我们有时曾是以数月来计算的。"这一时限计算之误,说明了"我们面临着还要征服地球的六分之五,才能在全世界建立起苏维埃社会主义共和国联盟"的原因所在。因革命迟到而气馁,在季诺维也夫看来,那便是最大的机会主义。不过,3 年后,对季诺维也夫"计算"的那个速度,人们也不得不承认是不准确的。在 1927 年十月革命 10 周年庆祝的口号中,其中第 13 条是这样的:"将全世界变为苏维埃社会主义共和国国际联盟的世界十月革命万岁!"而关于这一时日来临的期限,可以从下面的文字中得知:"国际无产阶级革命的最初 10 年已将资本主义世界引入坟墓。第 2 个 10 年将要把它埋葬。"

当然,这并不是 13 这个数字的罪过(尽管它的恶名这次得到了充分的证实);但是 10 年后,这一新的预测也得到精确的,但相反的证实。不过,信徒们没有放弃自己的理想。为了庆祝十月革命 20 周年,根据马·高尔基的倡议,曾酝酿出版一部 5 卷本的著作,用以展示社会主义建设的成就。尾卷计划定名为"展望未来",其中亦计划包括"有科学依据的想象"。1936 年,创作集体成员曾数度开会。其间,一些极为知名的文化、艺术、经济界学者和活动家曾试图描述欧洲和整个世界于最近的将来所面临的状况。在这种情形之下,作家弗·米·基尔顺②发起了一场主题为"15 至 20 年后整个世界、还是仅仅欧洲将会是社会主义的?"的争论。即将到来的共产主义的胜利,依旧被想象为是全世界性的苏维埃社会主义共和国联盟的建立。关于这一点,人们到处在传唱:"两个阶级在殊死的战斗中相遇,我们的口号是——全球性的苏维埃联盟,我们的口号是——全球

---

① 即格里戈里·叶夫谢耶维奇·季诺维也夫(Зиновьев, Григорий Евсеевич, 1883—1936),苏联政要,犹太族,历任共产国际执委会第一任主席(1919—1926)、彼得堡工兵苏维埃主席(1917—1926),政治局成员。1936 年因"托洛茨基—季诺维也夫反苏联合中心案"而被判处枪决。——译者注

② 即弗拉基米尔·米哈伊洛维奇·基尔顺(Киршон, Владимир Михайлович, 1902—1938),剧作家,"拉普"、"伏阿普"文学团体领导人之一,苏联戏剧创始人之一,主要作品有剧本《铁道隆隆响》《伟大的一天》等。——译者注

性的苏维埃联盟。"至于说到官方对这个问题的诠释,临近 30 年代中期时,开始变得异常谨慎起来。

似乎苏联特工部门为了迷惑潜在的军事对手而制造出来的那些虚假的联共(布)中央决议,相当精准地反映出在斯大林的大本营中被确立起来的对待世界革命的态度。其中,大概是 1934 年 5 月 24 日发布的那项决议曾称,"联共(布)应当暂时地对自身的思想本质予以否定,以便维持和巩固自己对国家的政治权力"。其中还称,党和政府应当"顾及到推迟共产主义在全世界的胜利和及时在国内采取并不轻松的后撤举措的迫不得已的必要性,以便加强自身对抗外部攻击的能力"。考虑到国家和世界的局势,则世界革命,就像在另一份"决议"(1934 年 8 月 15 日)中"坚决地"宣称的那样,"只有当存在着强大的共产主义国家、强大的布尔什维克主义堡垒、取之不尽的共产主义热情和革命干部储备的条件下,才有可能达到"(鲍·伊·尼古拉耶夫斯基语)[1]。于是,决定集中全力于巩固这座堡垒,而绝对不要煽燃出世界火灾,不要去刺痛所有资本家。因此,这类"决议"的制定者们也指望着这一堡垒在世界资本主义环境中亦能平安无事。

布尔什维克党人的领袖们对世界革命进展速度做出重新评价的这段故实,使我们的叙述有些超前。现在我们还是应当回到 20 世纪 20 年代,关注一下官方马克思主义史学家在阐述本国民族史中的作用。

人们曾如何试图令革命前的俄国历史寿终正寝和被人忘却。米·尼·波克罗夫斯基院士的学派,是 20 世纪 20 年代最具影响力的。该学派的史学家们完全遵循共产国际的方针及那些年间总的思想倾向行事,甚至曾对列宁关于在俄国历史中存在着两种爱国主义的指示(即对应于列宁的"每一个现代民族中都有两个民

---

① 即鲍里斯·伊万诺维奇·尼古拉耶夫斯基(Николаевский, Борис Иванович, 1887—1966),历史学家、政治活动家、孟什维克中央委员,1922 年流亡国外,1932 年因批评集体化和镇压政策而被剥夺国籍。著有《一个叛徒的历史》、《历史秘章》等。——译者注

族"①的指示)进行曲解,认为爱国主义不过是官家的爱国主义和克瓦斯爱国主义②,亦正是民族主义和沙文主义。

波克罗夫斯基于革命后长达15年间一直统帅着布尔什维克党人的历史战线,生前便已为自己赢得了较之那个下令"封锁美国"的文学人物更大的知名度。在1922至1923年间,大半由于他的努力,国立普及教育学校的俄国历史教学被封杀。这位革命历史学者曾通过自己那些揭露性的学术著作对采取这一措施的必要性进行了预先"论证",称那是因为祖国的历史走过的那条道路不是它应走之路,将非俄罗斯民族纳入统一国家轨道,是绝对之恶。还有其他一些与其说是革命的,不如说是荒诞不经的理由。在中、小学校中,"俄罗斯"、"爱国主义"、"俄国历史"这些概念,均受到质疑和否定。

中、小学校对于革命前的多民族俄罗斯,除了"各民族的监狱"之外,没有任何其他概念。"俄罗斯"这一称谓,按波克罗夫斯基的说法,书写时应当加上引号,"因为'俄罗斯帝国'绝非俄罗斯族人的民族国家。它仅仅是被地主上层人物的共同压迫而合并在一起的,并且是在最野蛮的武力之下被合并在一起的数十个民族的聚合"③。自然,对这样的监狱式的祖国,任何全民性的爱国主义情感,依历史的逻辑而论,都是不可能存在的。他断言,爱国主义,这是只有小资产阶级、小市民才会有的一种毛病。资本家,尤其是无产者,都不易染上这种病。在为庆祝十月革命10周年所写的一篇文章中,波克罗夫斯基曾断言,在苏联,患这种病的人数,"不是曾如西欧那样数以百万计,也不如我国1917年年初时那样以数十万计,而仅以个位数计"④。1918年在签署《布列斯特和约》时,依波克罗夫斯基所论,俄国的无产阶级似乎表明完全没有爱国主义,对俄罗斯似乎会丧失18个俄国省份无论如何没有做出反应。他写道:"无产阶级没有去为保卫地理

---

① 《弗·伊·列宁全集》,第24卷,第129页。

② 克瓦斯爱国主义(квасный патриотизм),喻盲目排外、夜郎自大式的民族情结。"克瓦斯"(квас),一种俄式传统清凉饮料,用面包干、水果干、桦树汁等制作的乳酸发酵饮料。——译者注

③ 《М. Н. 波克罗夫斯基文选》,第4卷,第129—130页。

④ 同上,第102页。

学意义上的祖国流淌自己的鲜血。那个祖国,实际上乃是被古人奉为神圣的封建掠夺的产物。无产阶级大声且清晰地向所有人宣告:保卫无产阶级的阶级利益、保卫革命的成果,对无产者来说,比任何民族主义的地理学都更为重要。"①由此一来,无产阶级似乎已经永远地消灭了爱国主义——"这个小资产阶级世界观的柱石之一"。波克罗夫斯基在承认布尔什维克党人所面临的最大危险可能只会来自爱国主义者阵营的同时,常常又在安抚最高当局,称再度重建"民族主义祖国"的那些幻觉,"这是一个实际上不可能实现的目标"②;这种小资产阶级的情结,只能纠集起完全微不足道的一小撮人;他们对革命已不构成严峻的危险。执政者与这样的"一小撮人",正如我们接下来将看到的那样,进行了一场名副其实的你死我活的斗争。

　　亦是在这样的精神之下,苏联小百科全书在 30 年代初时曾对波克罗夫斯基的左倾作出一些纠正,并顾及苏联人民十分广泛的关注而对爱国主义有所表述,在载于这部小百科全书第 6 卷的爱国主义词条中,批驳了封建的和资产阶级的史学家们将这一现象理解为"几乎所有生物都具有的天生情感"(显然,现今对爱国主义的贬低,即由此出:"爱国主义是一种生物情感,甚至连小猫都会有"),因为动物对某一地方的依恋只持续到那里不再向其提供生存资料为止。在人类社会,爱国主义仅见于统治阶级,劳动群众没有这样的情感:"在资产阶级国家中,无产阶级从未有过自己的祖国,就如同在古代和中世纪的国家形态中奴隶和农奴不曾有过祖国一样。"在向社会主义过渡的时期,无产阶级会获得自己的祖国,而昔日的剥削阶级会失去它。然而,在这种情况下,祖国的疆界似乎毫无意义:"无产阶级不知有国界之分……它只知有社会界线之分。因此,任何正在实施社会主义革命的国家,都会加入苏联。"这会持续下去,直到整个世界都成为劳动人民的祖国。

　　苏联爱国主义的历史传统,自不早于 1917 年起,在绝大多数情况下,均是存在于这样的阐释中。诸民族历史的继承性就这样被割断了。俄国的历史好像是

---

① 《М. Н. 波克罗夫斯基文选》,第 4 卷,第 102—103 页。
② 同上,第 4 卷,第 103 页。

暴动、起义、罢工、革命的轮回。沙皇被描绘成嗜血成性者；贵族被说成是狂暴之徒和劫掠者；商人和工厂主被视为寄生虫和劳动人民的剥削者；所有宗教人士则都成了蒙昧愚钝或酒色之徒。在对爱国主义持有此种概念的情形之下，祖国的历史中是不会有任何英雄人物存在的。人们曾认为，对历史作英雄主义理解的时代，一去不复返了。在所有英雄人物（从英雄史诗中的武士们算起）和往昔文化的创造者们那里，人们总是会发现同样的缺陷：他们要么是代表着剥削阶级，要么是为他们效力。旧俄罗斯与其许多世纪以来的全部历史一道，被革命判处死亡或忘却。1925 年 8 月，《真理报》甚至刊载了瓦·亚历山德罗夫斯基①为假想中的俄罗斯灭亡而作的一篇侮辱、嘲讽性的诗体"悼文"："罗斯啊！你腐烂了？你死去了？你完蛋了？那又怎样！给你念永生经吧。你不是活着，而只是在半阴暗的、拥挤的木屋中呻吟。"

后来，事情竟发展到这样的程度，1929 年 1 月召开的马克思主义历史学家代表大会"判定"："俄罗斯历史"这一术语是完全不可接受的，因为这个陈旧的、从沙皇俄国承继下来的术语，似乎充满着大国沙文主义，掩盖和庇护着对非俄罗斯民族的殖民压迫与暴力政策。据波克罗夫斯基所见，"'俄罗斯历史'这一术语，是一种带三色旗的版本的反革命术语"②；他断言，俄罗斯大国沙文主义历史学家们白白为所谓鞑靼人的桎梏而流泪。"桎梏"从"民族主义语言向唯物主义历史观语言"的移译，使其成为封建时代的平常事件。接下来他还认定，自 16 世纪起，沙皇俄国便"渐渐变成各民族的监狱"③，而诸民族脱离这一监狱获得解放，则是在 1917 年实现的。"大俄罗斯民族"这一术语，波克罗夫斯基院士在自己的著述中常常是用括号括起来的，借此强调：这样的民族早已不存在。④ 在这

---

①　即瓦西里·德米特里耶维奇·亚历山德罗夫斯基（Александровский, Василий Дмитриевич, 1897—1934），诗人，文学团体"锻冶场"的创立者之一，"瓦普"领导者之一，主要作品有《阳光大道》、《风》、《步伐》、诗集《我们的歌》等。——译者注

②　《全苏第一届马克思主义历史学家代表大会文集》，第 1 卷，莫斯科，1930 年，第 9 页。

③　涅齐京娜 М. В.：《苏联民族史》条，《苏联小百科全书》，第 8 卷，莫斯科，1930 年，第 393、395、398 列。

④　波克罗夫斯基 М. Н.：《莫斯科国和"大俄罗斯民族"的形成》，载《马克思主义历史学家》，1930 年，第 18—19 期，第 28 页。

样的情形之下,这显然是一个欲将民族主义的术语移译为无民族未来的语言的企图。

波克罗夫斯基学派的历史学家们,将"卫国"这个定语从 1812 年战争的称谓中剔除。20 世纪 30 年代初时,米·瓦·涅齐京娜①曾写道,所谓"卫国"战争,是"这场战争的俄罗斯民族主义的称谓"②。如此一来,废去这个"民族主义"定语便表明,不存在拿破仑对俄罗斯的任何入侵——"战争是俄国地主们挑起的"。法国军队失败的原因被解释为一种偶然,且对"拿破仑构想的计划之宏大超越了那个时代的可能"而表现出遗憾。自然也不存在任何俄罗斯爱国主义精神的高涨,那不过是一些"顺手操起什么东西充作武器的农民们"反击法国人以护卫自己的财产而已。依涅齐京娜所见,那次战争的胜利"是最为残酷的全欧洲反动的开端"③。"进步的"资产阶级作者康·阿·沃因斯基④的观点,也许亦可以为此作一补充:"这场战争似乎将俄罗斯纳入统一的欧洲生活之流中。战胜拿破仑带来的仅仅是阻滞了俄罗斯各界进步人士为之奋斗的农奴制自然瓦解进程。"在对俄国历史作如是描述的情况下,"1812 年大难"中的那些英雄们(米·伊·库图

---

①　即米丽察·瓦西里耶夫娜·涅齐京娜(Нечкина, Милица Васильевна, 1901—1985),历史学家,院士,1935 年起在苏联科学院历史研究所工作,十月党人及"贵族革命者"史研究专家,系作为官定高校教材而沿用 30 余年的《苏联历史》(1940 年版)第 2 卷的编撰者,亦是《苏联无产阶级史》、《苏联无产阶级史纲》的作者之一。——译者注

②　涅齐京娜 М. В.:《"卫国"战争》条,《苏联小百科全书》,莫斯科,1931 年,第 6 卷,第 186 列。

③　同上,第 186—187 列。另见其《俄罗斯帝国》条,《苏联小百科全书》,第 7 卷,莫斯科,1932 年,第 397 列。

④　即康斯坦丁·阿达莫维奇·沃因斯基(Военский, Константин Адамович, 1860—1928),历史学家、外交家,有著述《俄国宗教界与 1812 年卫国战争》、《尼古拉皇帝与 1830 年时的波兰》等。——译者注

佐夫①、彼·伊·巴格拉季翁②、哥萨克首领马·伊·普拉托夫③），以及那些真
正的爱国者们——其他一些战争的参加者（米·德·斯科别列夫将军④，海军上
将帕·斯·纳希莫夫⑤），便均不配得到"真正的苏联爱国主义者们"的美好的纪
念，更谈不上因为与他们一道同属于一个民族而感到骄傲了。这些"来自一个民
族的两类民族"的英雄们，正好又同属于一个应当被消除和忘却的国家民族。

　　很遗憾，为达到这一目的，人们在 20 世纪 20 年代和 30 年代初时做了不少

---

　　① 即米哈伊尔·伊拉里翁诺维奇·库图佐夫（Кутузов, Михаил Илларионович, 1745—
1813），俄国著名军事家，参加过 1764—1769 年的对波战争和俄土多次战争，战功卓著，1784
年晋升为少将。1805 年俄奥法战争中，在奥斯特利茨一役战败，被免去统帅一职。1812 年拿
破仑入侵俄国前任陆军元帅，是年 8 月沙皇亚历山大一世为挽败局而起用他出任俄军总司
令，并封予公爵之位。他采用灵活的战略战术，迫使法军不战而撤出莫斯科，随后又挥师追击
撤退之敌，使其溃不成军，俄军追抵普鲁士时，他因病死于军中。库图佐夫被俄国人视为民族
英雄和伟大的军事家，红场上有一尊他一身戎装、跃马疆场的雕像。——译者注
　　② 即彼得·伊万诺维奇·巴格拉季翁（Багратион, Пётр Иванович, 1765—1812），俄国
公爵，将军，参加过苏沃洛夫指挥的意大利、瑞士远征，和对法、意和土耳其的战争（1809—
1810），1812 年卫国战争中，曾任第二军团司令，在博罗金诺战役中指挥俄军左翼击溃法军 8
次进攻后，战死。——译者注
　　③ 即马特维·伊万诺维奇·普拉托夫（Платов, Матвий Иванович, 1753—1818），沙俄
骑兵将军、伯爵，1801 年起为顿河哥萨克军统领，参加过 18 世纪末至 19 世纪初俄国的所有
战争。——译者注
　　④ 即米哈伊尔·德米特里耶维奇·斯科别列夫（Скобелев, Михаил Дмитриевич,
1843—1882），俄国步兵上将，曾参加过征服中亚的远征（1873、1880—1881），镇压过浩罕起义
（1873—1876），在俄土战争（1877—1878）的普列夫纳战役中立有战功。——译者注
　　⑤ 即帕维尔·斯杰潘诺维奇·纳希莫夫（Нахимов, Павел Степанович, 1802—1855），
沙俄海军统帅，海军上将，克里米亚战争中曾指挥一个分舰队在锡诺普海战中取得胜利，塞瓦
斯托波尔保卫战（1854—1855）中阵亡。——译者注

事情。库里科沃战役①的英雄亚历山大·彼列斯维特②和罗基奥恩·奥斯利亚比亚③的陵墓，被毁成压缩机的基座。俄罗斯人民民族解放斗争的组织者和英雄库济马·米宁④的遗体与下诺夫哥罗德的教堂一道被炸毁，而在原地建起了州党委大楼。另一位人民英雄——葬于苏兹达尔拯救者叶菲米叶夫修道院的德米特里·波扎尔斯基⑤公爵，其大理石墓碑从安葬地被移去做了一家别墅的喷泉。而这家修道院也与许多其他修道院一样，先是被变为监狱，后来又成为少年犯劳改营。诗人伊万·莫尔恰诺夫⑥曾愉快地告知读者："你的支柱//已经动摇，//神圣的莫斯科啊//数不清的教堂！//克里姆林宫的那个伊万//我们已把它打碎//要将这大炮做成拖拉机！"而这不仅是说说而已。1932 年 4 月 25 日，

---

① 　库利科沃战役（Куликовская битва），即 1380 年 9 月 8 日发生在涅普里亚德瓦和顿河间的库利科沃原野（即今之图拉州的库利科沃平原）的俄罗斯人与鞑靼—蒙古人的战役。俄军统帅为弗拉基米尔—莫斯科大公德米特里·顿斯科依（Дмитрий Донской, 1350—1389，莫斯科第 6 代王公，伊万二世之子），蒙古统帅为金帐实际统治者马麦（Мамай）。蒙军战败，此役通常被史家视为罗斯摆脱蒙古统治之始。——译者注

② 　亚历山大·彼列斯维特（Пересвет, Александр, ?—1380），谢尔吉圣三一修道院修士，与同院修士罗基奥恩·奥斯利亚比亚参加了库利科沃战役，阵亡。俄国东正教会为表彰其忠勇爱国，特封两人为圣者。——译者注

③ 　罗基奥恩·奥斯利亚比亚（Ослябя, Родион, ?—1398），谢尔吉圣三一修道院修士，参见上注。——译者注

④ 　即库济马·米宁（Минин Кузьма, ?—1616）。俄国混乱年代，权贵倾轧，政治腐败，波兰人乘隙侵入。七贵族政府（1610—1612）卖国求荣，投靠波兰，竟承认 15 岁的波兰王子弗拉基斯拉夫（Владислав）为俄国沙皇，波兰军队开进皇城，烧杀劫掠，无恶不作，遂激起民变。1611 年下诺夫哥罗德工商业首领米宁和波扎尔斯基公爵组织并领导当地民间义勇奋起反抗，1612 年攻陷莫斯科，波兰人被逐。1613 年新沙皇罗曼诺夫赐封他为杜马贵族，以示表彰。1818 年政府下令在红场上修建米宁和波扎尔斯基铜像，以纪念其救国义举。——译者注

⑤ 　即德米特里·米哈伊洛维奇·波扎尔斯基（Пожарский, Дмитрий Михайлович, 1578—1642），1611 年间他因与波兰人作战受伤而在下诺夫哥罗德修养时，正值米宁组建民团，遂被推举为民团军事首领，与负责后勤事务的米宁一道，率领民团攻陷莫斯科，逐出波兰人。后受封为公爵，两人均被后人视为民族英雄。参见上注。——译者注

⑥ 　伊万·尼卡诺罗维奇·莫尔恰诺夫（Молчанов, Иван Никанорович, 1903—1984），诗人，主要作品有诗集《来自白海的风》《金色正午》《北方森林》等。——译者注

教育人民委员会决定,鉴于位于博罗金诺古战场①上的尼·尼·拉耶夫斯基②
纪念碑"没有历史—艺术价值",故令将其移交给"梅塔洛姆"钢铁厂。在列宁格
勒,为纪念俄—土战争中的普列夫纳胜利③而用缴获的 140 根炮管构建的光荣
柱,被重新回炉熔成金属;修建在 1812 年卫国战争博罗金诺古战场英雄亚·
阿·图齐科夫④少将阵亡之地的那个修道院,其一面墙壁上被一行硕大的题字
"装饰着"(实是一种亵渎)——"莫再保留奴性往昔的残余"。

　　造成建筑类纪念物蒙受巨大损害的原因,是反宗教斗争和这样的反宗教号
召——"让我们将宗教病原体从苏联的土地上清除干净"。为纪念 1877—1878
年俄—土战争中牺牲的军人而于 1883 年在莫斯科城中心建造的亚历山大·涅
夫斯基⑤钟楼,是第一批遭到破坏的文化建筑类纪念物之一。在这个无产阶级
国家与俄罗斯东正教会所进行的公开斗争接近末期时,原有的 8 万座东正教寺
院,仅有 1 万 9 千座存留下来;其中有 1 万 3 千座被工业企业占据,当作仓库使
用;其余寺院均被用于安置各类机关单位,大多用作俱乐部。其中只有 3 000 座
寺院内的文化设施保存下来,且仅有 700 座寺院内仍进行宗教活动;莫斯科克里

---

　　① 博罗金诺古战场(Бородинское поле),位于莫斯科以西 120 公里的博罗金诺村
(Бородино)。俄历 1812 年 8 月 26 日,俄军在库图佐夫将军指挥下,以 13 万 2 千人、624 门大
炮在这里与拥有 13 万 5 千人、587 门大炮的拿破仑军队决战,俄军获胜。——译者注
　　② 即尼古拉·尼古拉耶维奇·拉耶夫斯基(Раевский Николай Николаевич,1771—
1829),沙俄骑兵将军,曾参加过与法、瑞的战争;卫国战争中曾为军团司令,成功指挥过斯摩
棱斯克、鲍罗亭、小雅罗斯拉夫战役;与十二月党人亲近。——译者注
　　③ 普列夫纳(Плевна),现名普列文(Плевен),保加利亚城市。1877—1878 年土俄战争
时,奥斯曼土耳其曾与俄军为争夺该市而激战。1877 年 7 月 8 日至 8 月 31 日之间,俄军发动
3 次进攻,未果,遂围城。11 月 28 日,土军在奥斯曼帕夏的指挥下突围未果后投降。——译
者注
　　④ 即亚历山大·阿列克谢耶维奇·图齐科夫(Тучков,Александр Алексеевич,1778—
1812),沙俄少将,博罗金诺战役中阵亡。——译者注
　　⑤ 即亚历山大·雅罗斯拉维奇·涅夫斯基(Александр Ярославич Невский,1220—
1263),诺夫哥罗德王公(1236—1251)、弗拉基米尔大公(1252 起),因 1240 年在涅瓦河畔击
败瑞典军队而获"涅瓦王"绰号,1242 年在楚德湖击败德意志骑士团,使俄罗斯西部边界获得安
宁。二战时苏联曾设立亚历山大·涅夫斯基军功章,以表彰战功卓著的苏军军官。——译者
注

姆林宫内的那尊男性神像丘陀夫（Чудов）和并排而立的那座沃兹涅辛斯基女修道院，均被捣毁。建于 1837—1883 年间的、作为纪念 1812 年卫国战争的纪念性寺院——救世主基督教堂，亦被炸毁。一些非宗教性的建筑也没有得到幸免。诸如苏哈列夫纪念塔①、"伊万大帝之妹"②、红门③、卫城的城墙和城楼④等这些俄罗斯建筑杰作，均被拆除。1936 年，莫斯科特维尔关卡广场上那座为纪念 1812 年卫国战争胜利而营建的凯旋门也被拆除。

此类建筑杰作的保护者们，常常被称作阶级敌人。院士阿·维·修谢夫⑤曾向莫斯科领导递交过一封信函，谈到拆除纪念性建筑物的不当性问题。他得到了这样的公开回复："莫斯科不是古董博物馆，不是旅游者的城市，不是威尼斯，也不是庞培。莫斯科不是昔日文化的墓地，而是一个建立于劳动与知识之上的、正在成长着的无产阶级新文化的摇篮。"

同过去所做的斗争和在改造国家与社会方面付出的巨大努力，均被一种"美好的"目标所神圣化，那便是——在历史的发展中"超越那个污秽、恶臭、苍发老

---

① 苏哈列夫纪念塔楼（Сухарева башня），为纪念俄军统帅苏哈列夫于 17 世纪末保卫通往大雅罗斯拉夫大道的大门一役（1692—1693）而建。——译者注

② 伊万大帝之妹（Сестра Ивана Великого），这里的"伊万大帝"是指位于莫斯科克里姆林宫内的钟楼教堂，高 81 米，而"伊万大帝之妹"，则指建于 1707 年的天使长—加百列教堂（Церковь Архангела Гавриила），高亦为 81 米，因系为亚历山大·缅什科夫（Александр Меншиков）公爵定做，故又称"缅什科夫塔楼"，为著名的巴洛克建筑。民间将苏哈列夫塔楼称为"伊万大帝的未婚妻"，而将缅什科夫塔楼称作"伊万大帝之妹"，赞誉两建筑的华美。——译者注

③ 红门（Красные ворота），俄国第一个巴洛克风格的凯旋门，彼得大帝下令为纪念北方战争战胜瑞典人而于 1709 年建造。最初为木制，曾两度因火灾被焚。1753 年用石料依原样修复。因主色调为血红色，故名。——译者注

④ 卫城（Китай-город），1535—1538 年间为防御鞑靼人而环绕皇城克里姆林宫修建的城墙，全长 2567 米，有塔楼 12 个。此名中的 китай 与中国无关，据考可能为意大利语 citta-delle（卫城）的俄语转音。——译者注

⑤ 即阿列克谢·维克托罗维奇·修谢夫（Щусев，Алексей Викторович，1873—1949），俄苏著名建筑学家，院士。建筑作品代表作有库利科沃纪念堂、莫斯科喀山火车站、列宁墓、"莫斯科"宾馆等。——译者注

太太,那个革命前的俄罗斯"。著名记者米·叶·科尔措夫①曾如是写道。在那一时期的出版物上,关于俄罗斯或俄罗斯人,可以读到这样的文字:"俄罗斯过去始终是个典型的白痴国家";对中亚的征服是以"真正的俄罗斯式的卑鄙行径"实施的;塞瓦斯托波尔——那是"俄罗斯在黑海上的匪巢";成立克里米亚共和国,则是"对沙皇制度长期强暴性的和殖民主义的政策所造成的所有欺侮的理所应当的补偿"。

费·米·陀思妥耶夫斯基早在其小说《卡拉马佐夫兄弟》(1879)中就曾在自己的文学人物的一些言语中预见到波克罗夫斯基学派历史学家们及其他一些依1920年标准堪称进步学者或政论家所取得的上述某些"成就"。这些言语使人可以领略到各种各样的、其中也包括那些"学者们的"斯梅尔加科夫习性②的变种:"我憎恨整个俄罗斯,玛利娅·康德拉吉耶夫娜!""在(18)12年时,曾发生过法兰西拿破仑一世,即今皇帝之父对俄罗斯的大举入侵。要是这些法国人当时将我们降服就好了:聪明的民族应当降服愚蠢的民族并将其归并。那甚至可能就是完全另样的社会制度了。""俄罗斯人得用鞭子抽才行……"③

将旧俄罗斯之恶和"奥勃洛摩夫习性④"作为俄罗斯人的天性来鞭笞。尼·伊·布哈林,终其一生都是旧俄罗斯的狂热揭露者。依他之见,应当将长皮鞭和短马鞭而不是那个官方的双头鹰,视为帝国俄罗斯的象征。在他的描述中,主宰俄罗斯的,无外乎野蛮的地主、"高雅的"贵族、农奴制法律的思想家、无能的将军、显贵的官僚、不诚实的银行家和经纪人、无孔不入的工厂主、狡诈且懒散的商

---

① 即米哈伊尔·叶菲莫维奇·科尔措夫(Кольцов, Михаил Ефимович, 1898—1940),亦为作家、政论作家、通讯院士,曾先后任职于《红军报》《真理报》,是《火星》《鳄鱼》《怪人》杂志创办人,一生写作2000余篇政论文章。1940年被罗织间谍罪而遭镇压。——译者注

② 斯梅尔加科夫习性(смердяковщина),喻指盲目崇拜西方、蔑视本国人民能力与历史传统和经验的处世观念,甚至背叛祖国利益的行径。典自陀思妥耶夫斯基的小说《卡拉马佐夫兄弟》中的文学人物斯梅尔加科夫。——译者注

③ 陀思妥耶夫斯基 Ф. М.:《卡拉马佐夫兄弟》,列宁格勒,1970年,第262、263页。

④ 奥勃洛摩夫习性(обломовщина),典自奥斯特洛夫斯基的小说《奥勃洛摩夫》,奥勃洛摩夫是意志软弱、无行动能力的典型文学人物形象。——译者注

人、黑白教会的"统治者"、黑帮僧侣的牧首与大主教们。"罗曼诺夫王朝，以它那贫乏的头脑、与它那些大公们——窃国大盗们，与它那些混迹于宫廷内的骗子、术士、占卜者、拉斯普京①之流们，同它那些圣像、十字架、枢密院、主教公会、地方长官、警察和刽子手们"，一道统治着俄罗斯。(《消息报》，1935 年 1 月 28 日)在布哈林看来，劳动人民，即便是有出人头地者，那也"只是作为供一些人侮辱的对象，或是作为供另一部分人怜悯或行善的对象。他们几乎从未成为打造自己个人命运的积极的创造者"；"做工的人、无产者和农民劳动者，均已是饱受折磨、精疲力竭"②。归并到俄罗斯的诸民族被布哈林分作两类——一类如格鲁吉亚那样的、"有着古老但却无力摧毁沙皇制度的文化传统"的民族；一类如中亚那样的、"被沙皇制度向后击退了数百年的"民族。③ 布哈林断言，这样的俄罗斯的爱国主义，过去是，且现在仍只会是"蒙昧主义者，是官府暗探局、地主暴行、落后的亚洲式的野蛮、沙皇的直辖区制、宪兵制度、对数以千万计的农奴的压迫的保护者"。唯一与民主人士相称的传统，只能是仇恨沙皇"祖国"、仇恨"克瓦斯式的爱国主义"、仇恨充满爱国主义精神者和"见利忘义的叛变者"的传统，以及失败主义思想。④

奥勃洛摩夫或奥勃洛摩夫性格是被布哈林最经常地拿来与 1917 年之前的俄罗斯或俄罗斯人联想在一起的形象。这还不能说布哈林就是此种联想的始作俑者，他在任何时候都可以援引列宁说过的话。例如，在 1922 年 3 月 6 日召开的冶金工作者代表大会的发言中，列宁就曾断言："在俄国生活中曾经有过这样的典型，这就是奥勃洛摩夫……但奥勃洛摩夫不仅是地主，而且是农民；不仅是农民，而且是知识分子；不仅是知识分子，而且是工人或共产党员。只要看一看——我们是如何工作的——，便可以说：**昔日的那位奥勃洛摩夫依然存在，对**

---

　　① 即格里戈里·叶菲莫维奇·拉斯普京(Распутин，Григорий Ефимович，1872—1916)，原为托博尔斯克省一农夫，因谎称有预知未来和治病救人之术而骗得沙皇尼古拉二世及其妻子的宠信，进而肆意干预朝政，终因引起众怒而被杀死。——译者注

　　② 布哈林 Н. И.：《男英雄们与女英雄们》，载《消息报》，1935 年 11 月 11 日。

　　③ 布哈林 Н. И.：《社会主义国家宪法》，载《消息报》，1936 年 7 月 15 日。

　　④ 布哈林 Н. И.：《社会主义祖国的诞生与发展》，载《消息报》，1934 年 7 月 6 日。

这种人应当长时间地搓洗敲打，揪他的头发，拧他的耳朵，才会有所裨益。"[①]
1928 年 5 月，卢那察尔斯基作了一次题为"新人的教育"的演讲。这位教育人民
委员援引列宁和其他一些权威的言论，声称："奥勃洛摩夫性格，是我们的民族特
点。"于是听众和读者受到这样的灌输：我们之所以有这种毛病，"是因为我们不
是完全的'欧洲人'，也与'美国人'很少相像，但在很大程度上是亚洲人，这便是
所谓的我们的欧亚人禀性"。用卢那察尔斯基的话来说，俄国人还将需要经过一
个相当长的时期才能达到西方类型的那种能以"4～5 倍率更快、更好、更巧地"
工作的人。这位人民委员再次宣告道，"我们不需要任何爱国主义"，因为真正的
未来只能是在凭借无产阶级的特殊品质而创立的即将出现的世界组织中取得。
无产阶级"不会觉得自己是某一国家的公民……，它是国际主义者"。[②]

　　20 世纪 30 年代时，尼·伊·布哈林曾试图使对奥勃洛摩夫性格和亚洲人
恶习的针砭具有更为广泛的社会意义。他在党的第 12 次代表大会上的发言中
曾说道："尚在不久之前，我们国家还曾被视为是奥勃洛摩夫之流的国家、亚洲奴
隶式劳动速度的国家。"[③]斯大林格勒拖拉机制造厂建厂周年纪念和布哈林为纪
念这种使"农村生活的愚昧"死亡的机器而创作的那首颂歌，同时成为再一次描
述革命前俄国农村贫苦的机会。那个农村"与纯粹亚洲式的"、在作者看来显然
是某种落后性样板的农村，"没有多大差别"。他写道，与野蛮的、停滞不前的经
济，生活上的贫困，半农奴制度相适应的，是奴隶式的劳动速度、缓慢的生活节
奏、低下的劳动生产率、文盲与贫穷、文化的贫乏；整个"生活进程，萎靡不振、迟
缓无力、毫无生气；一边是棍棒之下的犁耕劳作，另一边又是懒惰的、没有主动精
神的、没有意志的奥勃洛摩夫习性的寄生虫（这还是在最好的情况下）"[④]。他写
道，要想"在那样一个国家里——在那里奥勃洛摩夫习性曾是其最概括的性格特

---

　　①　《弗·伊·列宁全集》，第 45 卷，第 13 页。

　　②　卢那察尔斯基 A. B.：《新人的教育（1928 年 5 月 23 日在列宁格勒的演讲速记修订
稿）》，列宁格勒，1928 年，第 17、19、20、29 页。

　　③　布哈林 H. И.：《我们是体现历史进步力量的唯一国家》，载《真理报》，1934 年 1 月 31
日。

　　④　布哈林 H. И.：《关于拖拉机的思考——为斯大林拖拉机厂纪念日而作》，载《消息
报》，1935 年 6 月 17 日。

征,在那里占据统治地位的是奥勃洛摩夫之流的民族——使毫无组织、觉悟低下的民众成为'世界无产阶级的突击队'"①,需要的正是布尔什维克党人。布哈林强调指出,俄罗斯民众目光短浅,他将其形容成如同一个"从前连村寨大门外边一点的事都没有见识过的大屁股村妇"②,并辱骂历史上的俄罗斯是个"傻瓜国家"③。布哈林的追随者们晚些时候亦经常以某种超人的观点撰文论及革命前的或20世纪20年代的俄罗斯;他们认为,那时,这个"农民式的旧俄罗斯尚在聊度余生",居住在那里的完全不是人,不过是些"胚胎",只是由于那场众所周知的"伟大转折",这些人的胚胎才渐渐变成了人形。④

20世纪30年代中期,苏联和法西斯德国之间的矛盾显现出来之后,尼·伊·布哈林并不怀疑"红星"会因战胜法西斯而"光耀全球";而往昔,作为一个"文明的野蛮"时代,将会永远沉没在时光的黑河之中。⑤ 1937年6月12日,这个思想被他以 种类似诗歌的形式表述出来:"野兽般恶毒的法西斯战争//定要用霰弹与之抗衡。//等待他们的是灭亡和可耻的结局,//胜利的花环将戴在工人们的前胸。//在最后的历史大战中//黑金之神们的隐没//标志着联合成一个大家庭的//人类的诞生。"⑥直到此时,布哈林显然仍在乐此不疲地将自己祖国的过去描绘得尽可能更丑陋,期望借此可以更易于将民众吸引到为建设世界共产主义社会而进行的斗争中来。在那个社会中,如他所言,社会财富和富足将能抵偿大大增长了的和已发生了惊人变化的需求,将会出现一种语言,"数十亿人最终将在共同的集体生活的巨大海洋中联合在一起;在那里,得到了提升的个

---

① 布哈林 Н. И.:《我们的领袖、我们的导师、我们的父亲》,载《消息报》,1936年1月21日。

② 转引自马克西莫夫 A.:《资产阶级思想的俘虏:社会主义改造与科学(1931—1935年)》,载《真理报》,1937年2月8日。

③ 转引自彼亚舍夫 Н. Ф.:《是卢那察尔斯基?——不是,他是安东诺夫!——卢那察尔斯基生平事迹纪述》,第2册,莫斯科,1998年,第461页。

④ 见科日诺夫 В.:《论"俄罗斯人"之争》,载《文学报》,1990年9月12日。

⑤ 布哈林 Н. И.:《世界将如是》,载《消息报》,1934年11月7日。

⑥ 布哈林 Н. И.:《人类的诞生》,载《狱中手记》(2册),第2册,莫斯科,1996年,第367页。

体,将不再是号码或一个计量单位;被宏大人类的全部生活所丰富起来的个体,将有能力开发蕴藏其中的潜能"①。的确,若是从如此描绘的或是期盼的未来的角度来看,无论是俄罗斯的过去,还是旧式的爱国主义,应当得到的只有诅咒、立即改造和被忘却。

对俄国历史及其英雄人物所形成的这种幻象,被杰克·阿尔陶津②发表在杂志《30 日》上的《诗歌绪论》(1930 年第 8 期)极其坦诚地体现出来。在抱怨奥尔格梅塔尔冶金厂未向尼·阿·涅克拉索夫③纪念碑提供青铜材料的同时,这位一生都在贯彻使苏联诗歌"杰米扬化"④口号的同行,随随便便地提出了解决问题的办法:"我建议//将米宁、波扎尔斯基熔成铁水。//那基座与他们何干?//我们不要再去//赞美那两个小店老板——//是十月革命//使他们站到了柜台里面。//实是事出偶然//我们才没将他们的脖子拧断。//我知道,这或许是理当如此这般。//他们可是拯救过俄罗斯!//也许,最好还是不曾有过这段机缘?"

革命主义与憎俄情结。未必值得将杰克·阿尔陶津的那些"杰作"及其与之类似的作品视为特别的图谋,只是应注意到那种恶毒的憎俄情结和想再一次向祖国历史大泼脏水的意图。它们多半正是那种焦急等待、期盼世界革命到来的气氛的产物,是 1929 年之后在苏联社会某些阶层中存续了很久很久的、伴生的超国际主义的产物。因此,这位 1942 年在前线牺牲的共青团员诗人被援引的诗

---

①　布哈林 Н. И.:《世界将如是》,载《消息报》,1934 年 11 月 7 日,第 3 页。

②　即杰克(雅科夫)·莫伊斯·阿尔陶津[Алтаузен, Джек(Яков) Моис, 1907—1942],诗人,主要作品有《没有胡子的热心人》、《第一代人》等。——译者注

③　即尼古拉·阿列克谢耶维奇·涅克拉索夫(Некрасов, Николай Алексеевич, 1812—1877),著名诗人、政论作家,19 世纪俄国重要文学杂志《现代人》、《祖国纪事》的主办者,主要作品有诗歌《严寒,通红的鼻子》、《谁在罗斯能过好日子》等。——译者注

④　诗歌创作杰米扬化(одемьянивание),1930 年苏联"拉普派"领导人尤·李别进斯基在评价杰米扬·别德内的诗歌《请你从热炉上爬下来》时,首次提出并被阿 Л. Л. 维尔巴赫等倡导为拉普派文学创作原则,即以杰米扬为榜样,将辩证唯物主义作为诗歌创作的方法。——译者注

句,令我们感到是那样真诚,就像是从同一年在战争中牺牲的诗人帕维尔·科
干①的笔下涌出的诗句一样;在某些方面亦完全可以被视为刚刚援引的那些诗
句的继续:"但我们还是要抵达恒河,//但我们还是要在战斗中死去,//为了从日
本到英国//我的祖国光芒闪耀。"

显然,彼得·沙霍夫——这位由费·马·艾尔姆列尔②创作的、曾引起轰动
的战前电影史诗《伟大公民》(1938 年上映)的主角,他那一声感慨,是发自那根
深蒂固的革命主义。这一主角的原型便是谢·米·基洛夫③。影片中有一段突
击队员开会的情节,沙霍夫在会上发言道:"嗨,再过 20 年,经过一场大战之后,
再来看苏联,那将是由 30—40 个共和国组成的联盟。天知道,那该是多么
美妙!"

战前政治戏剧中许多真实的、极具影响力的主角,不仅保持着,且公开表露
出对世界革命即将胜利的深信不疑。例如,第二独立红旗军军事委员 Н. И. 比
留可夫就曾在第十八次党代会的演讲台上说道:"在与腐朽的资本主义进行决战
的时刻,如果我们的力量、我们无产阶级革命的力量、苏联的武装力量,到处都将
被视为把人类从资本主义的奴役和法西斯主义的黑暗中解放出来的力量,请东、
西方那些帝国主义的强盗们莫要吃惊。资本主义大军的后方将要起火。千百万
劳动人民将奋起反抗自己的奴役者。资本主义世界孕育着社会主义革命。"列·
扎·梅赫利斯也曾在那次会议上阐述说,应当这样理解斯大林提出的备战任务:
"将军事行动移入敌方领土,执行我们的国际主义义务,增加苏维埃共和国的数

---

① 即帕维尔·达维多维奇·科干(Коган, Павел Давидович, 1918—1942),毕业于高尔
基文学院,其诗作具有典型的时代特征——歌颂世界革命。上引文出自诗歌《大雷雨》。他创
作的流行歌曲《双桅帆船》,至今尚在传唱。——译者注

② 即费里德里希·马尔科尼奇·艾尔姆列尔(Эрмлер, Фридрих Марконич, 1898—
1967),电影导演,主要作品有《帝国的废墟》《伟大转折》《历史的审判》等,曾两度获得苏联
国家奖。——译者注

③ 即谢尔盖·米罗诺维奇·基洛夫(科斯特利科夫)〔Киров (Костриков), Сергей
Миронович, 1886—1934〕,苏联政要,曾领导北高加索苏维埃政权的建立,后历任阿塞拜疆党
中央书记(1921 年起任),列宁格勒州、市委和联共(布)中央西北局第一书记(1926 年起任),
联共(布)中央政治局成员(1930 年起)等。——译者注

量。"米·伊·加里宁强调说："我们，布尔什维克主义者，是谦恭的人民，不是侵略性的。尽管如此，我们仍是打算用自己的思想征服全世界，甚至是——拓展宇宙。"（《消息报》，1939 年 6 月 10 日）所有这些议论，均与党的十七大决议精神完全一致。这一决议曾断言："第二个五年计划的完成将使苏联作为国际无产阶级斗争的堡垒的作用更为加强，将会使这个苏维埃国家在全世界受剥削劳苦大众心目中作为世界无产阶级革命根据地的威望获得更高的提升。"[1]

第二次世界大战的临近，在苏联国内引发了新一轮的期望爆发世界革命的声浪。早在 1939 年，《真理报》在谈及有苏联参与的未来战争时，便已将其作为"一场真正的卫国战争"、"一场最为正义和最为正当的战争"、"一场将人类从法西斯主义解放出来的战争"来进行描述的；是将其作为列宁的那个预言必将在战争中变成现实来描述的——"从帝国主义战争中、从帝国主义世界中，布尔什维克党人的第一次革命已经赢得了世界上第一批数以亿万计的民众。接下来的革命将会从这类战争和这个世界中赢得整个世界。"[2]

1940 年，拥有约 2 300 万人口的昔日俄罗斯广大领土重新与苏联合并，这被视为列宁的那个预言应验的实证。苏联最高苏维埃第七次常务会议接受了 4 个新共和国加入苏联；与会者向《真理报》读者传达了由国歌歌词"如果巨大的雷声响起——"所引发的种种幻觉。

英雄飞行员格·菲·巴依杜科夫[3]想象到的是"一架架捣毁敌方工厂、铁路枢纽、桥梁、仓库和阵地的轰炸机；一架架向行进中的敌军倾泻弹雨的强击机；一艘艘向敌人驻防深处输送自己军队的登陆艇……"那么不久前的对芬战争又该如何呢？——"每一场这样的战争，都使我们走近那个幸福的时期，到那时，这种人类间的可怕杀戮已是不复存在。"因而，"这个克里姆林宫还会听到多少期待光明的大、小民族的新的激越言语啊！……那些接受最后一个共和国加入全世界

---

[1]　《苏联共产党决议汇编》，莫斯科，1985 年，第 6 卷，第 124 页。

[2]　瓦西列夫斯卡娅 B.：《祖国在成长》，载《真理报》，1940 年 1 月 1 日，第 6 版。

[3]　即格奥尔吉·菲利波维奇·巴依杜科夫（Байдуков, Георгий Филипович, 1907—1994），苏空军中将，作为试飞员，曾于 1936 驾驶 ANT 战机进行过一次自莫斯科经北冰洋至堪察加的不间断飞行，航程 9374 公里。——译者注

诸民族兄弟联盟的人们的目光中,将会流露怎样的胜利的幸福与喜悦啊!"(《真理报》,1940 年 8 月 18 日)

　　还有一位与会者,即女作家万达·瓦西列芙斯卡娅①,在生动地描写因为国家在荣耀的光环中、在国力的强大中、在和平与兄弟友谊的幸福中扩展着自己的疆域而生发的欣喜之情时,构织出一幅简直是幻影式的画面:"世界的支柱在颤抖,大地在人民的脚下滑脱。霞光如火,炮声隆隆,令海洋与大陆发抖;列强诸国,像风中羽毛,飘零散落——这是多么的恢弘,多么的壮美——当强权灭亡、傲慢颠覆之际,整个世界的根基都在震荡,而她(祖国)却正在长大,强壮,阔步向前,以希望之曙光照耀着全世界。"(《真理报》,1940 年 8 月 4 日)

　　1941 年 1 月 1 日,《真理报》刊载了一篇鼓舞人心的文章庆祝新年来临。诗人谢苗·基尔萨诺夫②憧憬着将"被回旋加速器加速了的铀"变为普通燃料。他又补充道:"也许,在 16 个国徽上再加上另一些国徽。"米哈伊尔·库里齐兹基③在自己那些标明写作年代亦为那年 1 月份的诗歌中,不仅流露出对即将到来的战争的预感,表达了与这场战争相关联的对世界革命胜利的期望("已再次驶近灰蓝色的边界线//秘密列车在行进//共产主义再度这般临近//宛若时光回到1919 年"),也表达出一种确信,即在未来,在人类打破世间的桎梏、挣脱资本主义的枷锁之后,"只有一个苏维埃国家//将会存在//只有一个苏维埃民族"。

　　① 即万达·利沃夫娜·瓦西列芙斯卡娅(Василевская,Ванда Львовна,1905—1964),原籍波兰,1939 年入苏联国籍,用波兰语写作,主要作品有小说《彩虹》(获 1943 年度斯大林奖)、《只不过是爱情》(获 1946 年度斯大林奖)、三部曲《水上之歌》(获 1952 年度斯大林奖)等。——译者注
　　② 即谢苗·伊萨科维奇·基尔萨诺夫(Кирсанов,Семен Иссакович,1906—1972),诗人,主要作品有诗歌《马克思同志》、《亚历山大·马特罗索夫》,诗体小说《马卡尔—马扎伊》(获 1951 年度斯大林奖)等。——译者注
　　③ 即米哈伊尔·瓦连京诺维奇·库里齐兹基(Кульчицкий,Михаил Валентинович,1919—1943),诗人,二战中阵亡,著有诗集《国界》。——译者注

　　列昂尼德·索鲍列夫①小说中的主人公、游弋于波罗的海的某潜艇舰长,在 1941 年新年前夕发表演讲,鼓舞全艇官兵:"同志们,我们的祖国真广袤:地球需要自转 9 个小时方能使我们整个辽阔的苏维埃国家进入胜利的新一年。必将有那么一天,不是需要 9 个小时,而是需要整整一昼夜时间才成,因为每一个新年,都是迈向共产主义、迈向全球诸民族兄弟友好联盟的一个台阶……有谁能知道,再过 5 年,再过 10 年,我们不得不在哪里迎接新一年的到来:按照哪一个时区、在怎样的新苏联的子午线上? 我们将会同怎样的新苏联国家一道、同怎样的新苏联人民一道迎接新年,若是我们如此这般地忠实于共产主义事业,忠实于我们的党,忠实于我们的斯大林?"②

　　众所周知,随后的那一年,是在不得不向希特勒分子拱手让出 6 个加盟共和国的领土之后,才迎来的;但对世界范围内社会主义必胜的信念,并未久久动摇不定。1945 年 4 月,斯大林在与约·布罗兹·铁托③和米·吉拉斯④的谈话中,阐述了自己对这一问题的已经改变了的观点。他指出:"此次战争与以往不同。谁占领了领土,谁便会在军队入驻的那个地方推行自己的社会体制。仅此而已,别无他途。"⑤若是因第二次世界大战之故,欧洲不能全部成为社会主义的欧洲,那也会在第三次世界大战中发生这样的事情。这样的欧洲的出现,不会等待许久。当其中的某位谈话者道出"德国人在接下来的 50 年间将不会恢复过来"的看法时,斯大林纠正道:"不……过 12 至 15 年,他们便会站起来……过 15 至 20

　　①　即列昂尼德·谢尔盖耶维奇·索鲍列夫(Соболев, Леонид Сергеевич, 1898—1971),作家,曾任苏联作协主席团成员(1936)、俄罗斯作协主席(1958—1970)、苏联作协书记(1957 年起)等职。主要作品有小说《大修》、《海魂》(获 1943 年度斯大林奖)、《绿光》等。——译者注

　　②　索鲍列夫 Л. С. :《同时或略晚》,载《真理报》,1941 年 1 月 1 日。

　　③　即约瑟普·布罗兹·铁托(Броз Тито, Иосип, 1892—1980),南斯拉夫人民共和国终身总统、南共联盟总书记。——译者注

　　④　即米罗万·吉拉斯(Джилас, Милован, 1911—1995),南斯拉夫政要,战后任黑山事务部长、南斯拉夫共产党联盟中央执行局书记、国家最高领导"四人团"成员,1954 年因反对将共产党变为统治阶级而被捕并获刑,1966 年流亡美国。曾于狱中著《新阶级》一书,主张以地方自治体制取代共产党在国家行政管理中的主宰地位。——译者注

　　⑤　吉拉斯 М. :《与斯大林的谈话》,莫斯科,2002 年,第 131—132 页。

年,他们便会复原,而接下来,又将从头再来!"①

斯大林战后政策的基础,依然是通过将越来越多的国家和人民吸引到革命运动轨道中来的办法去扩大和深化社会主义革命的那种思想。据维·米·莫洛托夫②证实,斯大林如此推论道:"第一次世界大战使一个国家从资本主义的奴役中解放出来;第二次世界大战缔造出一个社会主义体系;而第三次世界大战将会永远消灭帝国主义。"③究其实质来说,这就是托洛茨基的那个"不断革命"论,它在时光流逝中获得了延展并倚重"已获得胜利的社会主义"国家和在其积极支持下得以实现。这种笃信世界革命胜利的信念,在卫国战争结束之前便是经历了这样的变形。这一乌托邦式的理想的奠基者,便是俄罗斯人民和有着在斯大林看来取之不尽的人力和物资资源的苏联。

苏联领导人一边用创世纪式的口号和指令——必须始终不渝地贯彻执行无产阶级国际主义思想——来掩盖不断扩张自己的社会体系范围的策略,一边公开宣称"毫不动摇地确信"社会主义和民主制度在全世界的胜利。例如,格·马·马林科夫④在 1949 年 11 月 6 日十月革命胜利 32 周年纪念报告中曾宣称:"害怕战争的不该是我们,而应是帝国主义者和侵略主义者们。"如果他们挑起第三次世界大战,那么,"这次战争就已经不是个别资本主义国家的,而是全世界资本主义的坟墓了"⑤。然而,人们此时却没有回想起从 1925 年起便已是众所周

---

① 吉拉斯 M.:《与斯大林的谈话》,莫斯科,2002 年,第 132 页。

② 即维亚切斯拉夫·米哈伊洛维奇·莫洛托夫（Молотов, Вячеслав Михайлович, 1890—1986）,苏联政要,十月革命彼得堡军事委员会成员,后历任乌克兰共产党中央书记 (1920)、联共(布)中央书记(1921—1930)、苏联人民委员会主席(1930—1941)、苏联人民委员会(部长会议)第一副主席(1941—1957)、国际委员会第一副主席(1941—1945)、苏联外交部人民委员(1939—1949、1953—1956)等职。——译者注

③ 丘耶夫 Ф.:《莫洛托夫:半权在握的统治者》,莫斯科,1999 年,第 122 页。

④ 即格奥尔吉·马克西米利安诺维奇·马林科夫（Маленков, Георгий Максимилианович,1902—1988）,苏联政要,历任苏共中央委员(1939—1957)、政治局成员 (1941—1946)、中央组织局成员(1939—1952)、中央书记(1939—1946)、苏联部长会议副主席 (1946—1953)等职。——译者注

⑤ 马林科夫 Г. M.:《伟大的十月社会主义革命 32 周年纪念》,载《真理报》,1949 年 11 月 7 日。

知的斯大林的那个"算法"——"若是有人入侵我国,我们不会束手待毙……我们将采取所有措施,以便给世界所有国家的革命之狮戴上嚼子"①。此前,推动世界革命的主要手段,与其说是革命群众的国际主义的努力,不如说是"世界无产阶级祖国"的军事实力。红军章程中有这样一个条款,其中称:"红军是世界无产阶级的军队。它的目标便是为世界革命而战斗。"在社会主义已于一国之内胜利的条件下,建立社会主义世界大国的志向,依然保持着,构成了一个独特的、苏联式的,且完全不是俄罗斯的——如有时被认定的那样——而是进取型的民族主义。

与此同时,至于说到俄罗斯本身,那么在官方历史科学中,直至 20 世纪 30 年代初期,民族虚无主义和对革命前俄国历史作虚无主义式判读的依据,均更为不可动摇。俄国 19 世纪的历史文献作为俄国古典文献,亦遭到诬蔑,其理由是:它似乎是个彻头彻尾的大国主义式的。杰出的俄国历史学家瓦·奥·克留切夫斯基被说成是个首要的民族主义者。被列入持有资产阶级大国主义、民族主义立场的有:革命前极其著名的历史学家谢·米·索洛维约夫②、鲍·尼·奇切林③;在当代人中则有瓦·弗·巴尔托尔德④、弗·伊·皮切塔⑤、尤·弗·戈季

---

① 《约·维·斯大林文集》,第 7 卷,第 101 页。

② 即谢尔盖·米哈伊洛维奇·索洛维约夫(Соловьёв, Сергей Михайлович, 1820—1879),俄国彼得堡科学院院士,曾任莫斯科大学校长(1871—1877),主要著述有《自远古以来的俄罗斯史》等。——译者注

③ 即鲍里斯·尼古拉耶维奇·奇切林(Чичерин, Борис Николаевич, 1828—1904),亦为法学家、哲学家,莫斯科大学教授(1861—1868),俄国史学"国家学派"奠基人,君主立宪制的拥护者,有国家法、政治理论方面的著述。——译者注

④ 即瓦西里·弗拉基米罗维奇·巴尔托尔德(Бартольд, Василий Владимирович, 1869—1930),东方学家,科学院院士,有中亚、伊朗、阿拉伯哈里发、东方史学等方面的著述。——译者注

⑤ 即弗拉基米尔·伊万诺维奇·皮切塔(Пичета, Владимир Иванович, 1878—1947),院士,有波兰史、立陶宛史、白俄罗斯史、社会经济史、俄国史等方面的著述。——译者注

耶①、亚·亚·基泽韦特尔②、帕·格·柳博米罗夫③，等等。谢·费·普拉托诺夫院士、马·库·柳巴夫斯基④院士、谢·弗·巴赫鲁申⑤院士和其他一些因所谓"科学院案"（1929—1931）而被判有罪的历史学家，则被指控为兽性的民族主义者。

　　历史学家是"兽性的民族主义者"？ 同时代人对"科学院案"（дело Академии наук）叫法不一，诸如"普拉托诺夫案"（дело Платонова）、"君主主义阴谋案"（монархический заговор）、"普拉托诺夫—塔尔列案"（дело Платонова-Тарле）、"普拉托诺夫—博戈斯洛夫斯基⑥案"（дело Платонова-Богословского）、"四院士案"（дело четырех академиков，即指普拉托诺夫、托尔列、利哈乔夫⑦、柳巴夫斯基案）；它也曾被称作"历史学家案"（дело историков），因为在 150 位被判有罪的人中，有三分之二是革命前历史学派的史学家、博物学家、档案学家、边疆学家、民族志学家。这一"案件"是马克思主义历史学家同资产阶级史学派间的斗争中

---

　　①　即尤里·弗拉基米罗维奇·戈季耶（Готье，Юрий Владимирович，1873—1943），亦为考古学家，院士，有欧洲考古学、17 世纪莫斯科边地农耕业、18 世纪州级行政管理等方面的著述。——译者注

　　②　即亚历山大·亚历山德罗维奇·基泽韦特尔（Кизеветтер，Александр Александрович，1866—1933），莫斯科大学教授，1922 年移居国外，曾在布拉格大学任教，有俄国城市史、18—19 世纪政治史、社会思想史等方面的著述。——译者注

　　③　即帕维尔·格里戈里耶维奇·柳博米罗夫（Любомиров，Павел Григорьевич，1885—1935），教授，有俄国 17—18 世纪社会—经济史等方面的著述。——译者注

　　④　即马特维·库兹米奇·柳巴夫斯基（Любавский，Матвей Кузьмич，1860—1936），院士，曾任莫斯科大学校长（1911—1917），有历史地理学、16 世纪末叶前的俄罗斯和立陶宛历史方面的著述。——译者注

　　⑤　即谢尔盖·弗拉基米罗维奇·巴赫鲁申（Бахрушин，Сергей Владимирович，1882—1950），院士，瓦·克留切夫斯基的学生，有俄国史、俄国西伯利亚殖民史、历史文献学、历史地理学等方面的著述。——译者注

　　⑥　即米哈伊尔·米哈伊洛维奇·博戈斯洛夫斯基（Богословский，Михаил Михайлович，1867—1929），院士，有 17—18 世纪俄国专制制度、彼得大帝研究等方面的著述。——译者注

　　⑦　即尼古拉·彼得罗维奇·利哈乔夫（Лихачёв，Николай Петрович，1862—1936），有古代罗斯史、拜占庭史等方面的著述。——译者注

最为激烈的阶段之一的标志,同时也标志着布尔什维克党人对这个直至 20 年代末期正式院士中没有一位共产党员的固执任性的科学院的驯服。

　　1931 年,在对此次"反对公开和隐藏的无产阶级专政和意识形态的敌人"的斗争进行总结时,如马克思主义史学家所认为的那样,取得最大的成果是"与苏联政权的民族政策反对者的斗争、与大国主义和民族沙文主义的代表人物的斗争(即对雅沃尔斯基①、对资产阶级大俄罗斯主义史学家及其他一些人的揭露)",以及"对亲协约国和武装干涉主义者的史学家(塔尔列、普拉托诺夫及其他一些人)的揭露"。而且应当说,这种说法是言之有物的:来自科学院和政治警察部门的侦查人员们,协同努力工作,终于促成了对这宗俄国史学家"案件"作出一系列的判决。受审者大部分被判处 3 至 10 年的刑罚。该阴谋案的军事部分的"参与者"被枪决(即弗·弗·普津斯基②、原苏联科学院档案馆负责人阿·谢·普吉洛夫③及其他一些人)。

　　"君主主义阴谋案"的 15 名主要涉案人,其中包括普拉托诺夫,依照国家政治保安总局 1931 年 8 月 8 日的集体决议,获刑为期 5 年的流放。显然,在这种相对温和的刑罚中,显露出了已经初步形成的祖国历史研究局势的转折。此外,该"阴谋案"给历史科学造成的危害是巨大的。在流放中亡故的有谢·费·普拉托诺夫(1933)、德·尼·叶戈罗夫④(1931)、谢·瓦·罗日杰斯特文斯基⑤(1934)、马·库·柳巴夫斯基(1936)。1936 年利哈乔夫流放归来后不久亦去

---

　　①　即马特维·伊万诺维奇·雅沃尔斯基(Яворский, Матвей Иванович, 1885—1937),乌克兰科学院院士、历史学家、政治活动家,1930 年因被控具有民族主义倾向而被开除苏共党籍和科学院,1931 年被捕并获刑 6 年,后死于索洛韦兹岛监狱中。——译者注

　　②　即弗拉基米尔·弗兰采维奇·普津斯基(Пузинский, Владимир Францевич, 1877—1931),列宁格勒军区军事经济博物馆馆长,1931 年以叛国罪被处枪决。——译者注

　　③　即阿列克谢·谢尔盖耶维奇·普吉洛夫(Путилов, Алексей Сергеевич, 1876—1931),1931 年以叛国罪被枪决。——译者注

　　④　即德米特里·尼古拉耶维奇·叶戈罗夫(Егоров, Дмитрий Николаевич, 1878—1931),中世纪史的史学家,科学院通讯院士,列宁图书馆副馆长。——译者注

　　⑤　即谢尔盖·瓦西里耶夫奇·罗日杰斯特文斯基(Рождественский, Сергей Васильевич, 1868—1934),历史学家,科学院通讯院士,有 14—17 世纪俄罗斯社会-经济史和政治史、18—20 世纪国民教育史等方面的著述。——译者注

世。20 世纪 30 年代初,俄罗斯历史思想的代表性人物,大部分因其所谓的大俄罗斯沙文主义——那便意味着反革命——而被强行排挤在各自专业之外。在所有那些因此案而获罪的历史学家中,得以重新回归到积极的科研工作中来的,为数不多(有亚·伊·安德列耶夫①、谢·弗·巴赫鲁申、尤·弗·戈季耶、弗·伊·皮切塔、鲍·亚·罗曼诺夫②、叶·维·塔尔列、阿·伊·雅科夫列夫③,等等)。在科学院图书馆,由著名专家组成的考古学委员会,实际上已不复存在。老教授中仅有亦曾于 1930 年被捕的鲍·德·格列科夫尚安然无恙。

在因"普拉托诺夫案"而被判刑的人中,有列宁格勒著名的历史学家和边疆学家尼·安齐费罗夫④。他曾在自己的回忆录《思旧》(1992)中描写过以那个年代的精神被认定为犯罪的民族主义的一个偶然事件。莫斯科大学教授谢·巴赫鲁申在 1927 年全俄边疆学代表大会上发言时,曾号召收集有关苏联各民族现代日常生活的资料与实物。与会的各民族代表对他的讲话报以热烈响应。萨拉托夫大学教授谢·尼·切尔诺夫⑤也是其中之一。他指出,在做这件工作时,不应忘记"还有一个民族,即俄罗斯民族,也需要给予它关注、记录正在消逝的日常生活现象以及正在退出使用的器物的权利。为什么'俄罗斯民族的'这个词现在几乎被弃之不用?"这一发言招致各民族人士的激烈抗议,切尔诺夫被指责为发动了一次"大国主义的突然袭击"。安齐费罗夫发言支持切尔诺夫,解释说:"这里

---

① 即亚历山大·伊格纳季耶维奇·安德列耶夫(Андреев,Александр Игнатьевич,1887—1959),历史学家、古代科学史文献学家,有俄国北方史、西伯利亚史料学、历史地理学、俄国科技史等方面的著述。——译者注

② 即鲍里斯·亚历山德罗维奇·罗曼诺夫(Романов,Борис Александрович,1889—1957),历史学家、档案专家、古代科技史学家,有 19 世纪末 20 世纪初俄国对外政策、俄日战争、俄国财政等方面的著述。——译者注

③ 即阿列克谢·伊万诺维奇·雅科夫列夫(Яковлев,Алексей Иванович,1878—1951),历史学家、科学院通讯院士,代表作为《17 世纪莫斯科国家的奴隶制与奴隶》。——译者注

④ 即尼古拉·帕夫洛维奇·安齐费罗夫(Анциферов,Николай Павлович,1889—1958),历史学家、边疆学家、旅游理论家、苏作协会员。有作品《不可思议的城市:亚·布洛克诗歌中的彼得堡》《社会学旅游的理论与实践》等。——译者注

⑤ 即谢尔盖·尼古拉耶维奇·切尔诺夫(Чернов,Сергей Николаевич,1887—1942),历史学家,有古罗斯、立陶宛大公国社会—经济史等方面的著述。——译者注

所说的不是什么俄罗斯族人的优先权，而是对俄罗斯民族权利的承认，对自己祖国的爱，就像其他民族的这一权利均得到承认的那样。"他号召人们应当信守弗拉基米尔·索洛维约夫①的遗训——"像热爱自己的民族那样去热爱别的民族。"这亦足以加重那些"罪犯们"的罪孽。

确实，在20世纪30年代初期的苏联社会一定范围内，"俄罗斯的"这个词本身，经常被与"大国的"这个概念联系在一起。例如，在《苏联民族志学》杂志（自1931年起出版，以取代此前出版的那个名为"民族志"的杂志）第一期的创刊号文章中，曾建议将"俄罗斯的"这个词从众所周知的列宁格勒俄罗斯博物馆馆名中剔除不用。该文章的作者，便是这本杂志的责任编辑、著名的民族信仰与世界宗教史专家，后于1936年作为格·叶·季诺维也夫的私人秘书而被镇压的尼·米·马托林②。他发问道："难道列宁格勒这家有着一个丰富的民族志学分部的最大的博物馆之一，不是至今仍沿用着那个大国时代的名号——'俄罗斯'博物馆吗？对此，已有一系列的苏联民族工作者予以了关注。"（《苏联民族志学》，1931年第1—2期）直至30年代中期，"俄罗斯苏联绘画"这一词组，仍然是令人不习惯的。人们回避"俄罗斯的"这个词，用"莫斯科的"、"我们的"、"现代的"这类修饰语来替代，还有更为谨慎的称谓——"俄罗斯苏维埃社会主义联邦共和国艺术家"。此种民族"羞耻感"，是由那些多年以来一直鄙视俄罗斯现实主义艺术传统的批评家们的灌输所造成的。他们认定这种艺术具有所谓粗鄙的和反动的民族主义的性质。

俄罗斯历史研究的状况，只是随着摆脱了波克罗夫斯基学派的强制，方才开始变得好转起来，这已是波克罗夫斯基于1932年4月10日去世之后的事了。

---

　　①　即弗拉基米尔·谢尔盖耶维奇·索洛维约夫（Соловьёв，Владимир Сергеевич，1853—1900），宗教哲学家、诗人、政论作家，对俄国的理想主义和象征主义影响巨大。——译者注

　　②　即尼古拉·米哈伊洛维奇·马托林（Маторин，Николай Михайлович，1898—1936），亦为列宁格勒大学教授、彼得大帝人类学与民族志学博物馆馆长。1935年被控与托派反对派有染而获刑5年劳改。——译者注

不过,早在 1933 年 2 月 21 日,人民委员安·谢·布勃诺夫①便已签署了一份俄罗斯苏维埃联邦社会主义共和国教育人民委员会全体成员会议专门决议,确定波克罗夫斯基那本著名的《俄罗斯简史》为中学俄罗斯历史通用教科书。首次问世于 1920 年的这部史书,到 1930 年时已经是第十个基本版本。这一版本一共再版了 90 余次。就其普及的广度而论,它至今仍超过国史类的其他图书。1933 至 1934 年间毕业的中学生,应是依然能从波克罗夫斯基的这本教科书中领会到,比方说,任何敢于对瓦良格人是罗斯最初国君的观点提出异议的人,均是"出于爱国主义的,亦即民族主义的臆想"②。

向祖国和爱国主义传统观念转变的最初征兆。与大国主义的民族主义作斗争的那些好战的斗士派和旧历史学派的"客观—科学"活动的反对者们,其垮台过程占去了 20 世纪 30 年代大部分时光。党或政府的一系列决议成为这条道路上的一个个路标。联共(布)中央 1931 年 11 月 5 日的决议,使历史学作为一门独立的教学科目的权利得以恢复。

社会主义俄国的领导者们意识到"摈弃"本国革命前历史是荒唐之举的明显迹象,最初显现于 20 世纪 20—30 年代之交。在斯大林年届 50 和其权力的金字塔在最高层得以最终确立的那年(1929),众所周知,他曾对彼得大帝个人和那个时代表现出特别的兴趣,认为彼得大帝和他那个时代完全适合于用来与现实进行历史类比,适合于补充性地(即非经典式地)论证其本人所采取的改造国家的严厉手段和高速度的必要性。斯大林的这一兴趣,足以使彼得大帝在那时便已经被排除在那一长串被认定具有这个世界上所有人类重大恶习与缺陷的俄国帝王行列之外。例如,米·尼·波克罗夫斯基在其《俄罗斯简史》中谈到彼得和他的家人时,就曾简约但形象地说到,他亲自审问自己的儿子阿列克谢,而后来又

---

① 即安德列·谢尔盖耶维奇·布勃诺夫(Бубнов, Андрей Сергеевич, 1884—1938),苏联政要,十月革命时为党中央政治局成员、彼得堡军事革命委员会成员,后历任苏联工农红军政治部主任(1924 年起)、苏共中央书记(1925)、苏联军事革命委员会会成员、俄罗斯联邦教育人民委员等职。1938 年被镇压。——译者注

② 《М. Н. 波克罗夫斯基文选》,第 3 卷,莫斯科,1967 年,第 28 页。

吩咐秘密绞死他;彼得死于梅毒,而此前他已使自己的第二位妻子染上这种病。这位妻子或许因为这种恶病,或许因为酗酒而丧了命;取而代之登上皇位的彼得之孙,于 15 岁时死去,因而没来得及犯下任何罪恶。① 显然,斯大林认为,那种讥讽性的创作之风,不是阐释历史的最好方法。彼得大帝亦有值得肯定的品质,在将俄罗斯构建成现代化国家的事业中具有无可争议的建树。他那个时代与最初那几个五年计划时代是内在相通的。所以,当苏联人民接触到阿·托尔斯泰②所创作的那一系列有关彼得一世的天才的历史文学著作时,他们很快便能够领悟和感受到所有这一切。这便是革命前的和对无产阶级而言似乎是"阶级异己"的那段祖国历史向苏联人民回归的方式之一。③

　　期冀在专门的讨论(其材料刊载于 1934 年第 7 期的《十月》杂志上)过程中对阿·托尔斯泰的长篇小说提出质疑的种种尝试,无功而终。历史学家、莫斯科大学始建于 1934 的历史系第一任主任 Г. C. 弗里德利亚德认为,小说《彼得大帝》因具有过于膨胀的、被奉为立国原则的国家思想而不能被接受;对这种立国原则,"正在为国家消亡而进行斗争、并在国家消亡之路上巩固无产阶级专政国家的我们,是不能接受的"④。著名托派理论家瓦·阿·瓦加尼扬对这部历史小说题材本身的不可接受性进行了论证。他推论道:"若民族的过去对我们来说不是一个理想化的目标;若民族被分裂为阶级,那么,历史小说——当然是就该词原有之意而言——便是不存在的,也是不可能存在的。"依瓦·阿·瓦加尼扬所见,这类民族思想本身,就是"资产阶级的侵略思想"。相应地,这类历史小说,就是一种"旨在对最为广泛的民众意志进行钳制的民族思想的快速入侵的表现"。

---

　　①　《M. H. 波克罗夫斯基文选》,第 3 卷,莫斯科,1967 年,第 113 页。

　　②　即阿列克谢·尼古拉耶维奇·托尔斯泰(Толстой, Алексей Николаевич, 1883—1945),著名作家、苏联院士,批判现实主义创作风格的长篇小说《怪人》和《跛老爷》为其赢得声誉。因对十月革命有抵触情绪而于 1918 年移居法、德。1922 年发表《致恰伊科夫斯基的公开信》,与流亡国外的白俄决裂,次年回国。创作历时 20 年之久的 3 部曲《苦难的历程》获得 1943 年度斯大林奖;3 卷本历史小说《彼得大帝》获 1941 年度斯大林奖;历史剧《伊万雷帝》获 1946 年度斯大林奖。另有诗歌、短篇小说、政论文集等。——译者注

　　③　参见尤·叶拉金:《工农伯爵》,载《火星》,1990 年第 41 期,第 22—25 页。

　　④　弗里德利亚德 Г. C.:《历史小说的主要问题》,载《十月》,1934 年第 7 期,第 208 页。

这类历史小说完成着一个简单任务——它们要使人们确信:"我的国家是世界上最好的国家;我的人民是世界上最好的人民;我的历史也是世界上最好的历史。"既然苏联社会不需要这种对民族过去的理想化,故亦不需要历史小说。只有那种按照瓦·阿·瓦加尼扬的逻辑"应当培养对这一过去的厌恶情感"的历史题材小说,才可能是有益的。①

1930 年年底,党中央和斯大林本人均认为有必要对著名的无产阶级诗人杰米扬·别德内②给予劝导,因为从他的讽刺诗歌小品《请你从炉子③上爬下来》、《皮尔里瓦》、《不留情面》中,他们不仅看到了对苏联现实和日常生活中的缺陷所作出"巧妙和必要的"批评,也注意到一些需要予以严厉谴责的错误。这类讽刺诗歌小品的第一篇刊载在 1930 年 9 月 7 日的《真理报》上。诗人在竭力抨击部分劳动者所素有的惰性和马虎特性时,明显地进行了大肆渲染,有时甚至到了胡闹、粗俗的地步。懒惰这种众所周知的恶习,在这篇讽刺作品中被他说成是"革命前所有文化的遗产"。"和着甜美的呼噜,口水顺嘴角流淌。//一副地道俄罗斯懒汉形象。//那里有多少下流勾当!//谁说似乎'我们不是奴隶'?//可我们还是有点这样的奴相!只有把昔日整个奴性生活奉作准则的奴仆,//才会喜好睡觉把呼噜打成这般模样。//俄罗斯人的呼噜,//那可不是随便什么人的呼噜,它曾有过好声望:那是勇士的呼噜!听起来就值得赞赏!"诗人接下来总结道:"那空洞无物的赞赏//历来是我们俄罗斯的特长。"在讽刺诗中,那些为打不响的

---

① 见瓦加尼扬 B. A.:《论历史小说的两种类型》,载《十月》,1934 年第 7 期,第 216—220 页。

② 杰米扬·别德内(Бедный, Демьян, 1883—1945),原名叶菲姆·阿列克谢耶维奇·普里德沃罗夫(Придворов, Ефим Алексеевич),俄苏现实主义代表人物、诗人。1911 年发表《关于杰米扬·别德内——一个有害的庄稼佬》,始用此笔名。1912 年起为《星报》、《真理报》撰稿。语言通俗、形式灵活多样、讥讽、幽默是其创作特征。主要作品有《我的诗》、《真理》、《关于土地、关于自由、关于工人的命运》等。——译者注

③ 指俄旧时家用炉灶,由泥、砖或石砌成,位于房屋正中或一角,主要用于烹饪和取暖;炉膛硕大,烹饪时器具置于内中;炉膛上部为烟道,通常亦会设计一条与炉膛平行的烟道,向炉灶一侧延展出一平台,其大小适于一人躺卧,此平台除可供坐卧御寒取暖、烘制干果、热疗、为产妇接生、为死者送终、巫师算命等,均在此进行。——译者注

炮王和敲不响的钟王之类咄咄怪事①而自豪的爱国者们，也受到了嘲弄："一边赤贫如洗、愚昧昏聩！在用鼻子刨地，//一边吹嘘比整个世界都强://瞧那大钟王！//世间第一！不过却敲不出声响！//瞧那大炮！世间第一！真是炮中沙皇！//不过只是无用玩具一件，//仅供种族主义养眼://一次也未曾射响！//克里姆林宫里祭神的角落//处处成了历史破烂的垃圾场。//种族主义的无用陈腐文化//蠢货，//加上荒唐。//辽阔无垠的广大国度，//一贫如洗、奴性懒惰、粗野蛮荒，//已成了文明美、欧的尾巴，//行将灭亡！"诗人预言："我们若不对我们腐朽的//我们奴隶式的、世代传承的懈怠秉性进行改造"，社会主义事业便将会失败。讽刺诗以这样的号召作为结尾："为使穷人摆脱富农的羁绊——乡巴佬，请你从热炉上爬下来吧！"这一号召，是针对农村居民和不久之前来自乡下的城里人发出的。这类乡村，似乎也极大程度地感染了俄国人的那些传统恶习。

不久，《真理报》(1930 年 9 月 11 日)上登出杰米扬的一首讽刺诗新作，对发生在莫斯科至库尔斯克铁路小站皮里尔瓦的事故——因铁路员工疏忽大意而使两列客运列车相撞——做出回应。这首讽刺诗以这样的诗句开头：这是一首"叙事诗，极富诗意的叙事诗，极其爱国的叙事诗"；但却被用来反对我们的似乎爱国的价值观。别德内将这起事故的原因说成是那种无所不在的、历史性地形成于"种族泥淖中"的世代相袭的秉性，这种秉性名为——"事事漫不经心"。诗人清楚应当如何矫正这个似乎为俄罗斯人天性所特有的性格："忠于职守精神——德国人有之，异族人有之"，正是应当以他们为榜样，"尽职尽力的外国专家，德国的、美国的，或是日本的……定会备受工人们的敬重"。反之，我们将命运多舛：

---

① 炮王(Царь-пушка)，即由俄国工匠安德列·乔霍夫(Андрей Чохов)于 1586 年主持铸造的一尊青铜大炮，炮身长 5.34 m，炮管外径 120 cm，内径 895 mm，炮管浮雕部分直径 134 cm，重 39.31 吨，炮管右侧浮雕沙皇费奥多尔头戴王冠、手持权杖像。供观赏用的炮座和炮弹系 1835 年铸造。该炮从未实际射过。现置于莫斯科克里姆林宫内的伊万诺夫广场。钟王(Царь-колокол)，即由俄国工匠伊万·马托林(Иван Маторин)父子于 1733—1735 年主持铸造的一口青铜大钟，钟体重约 200 吨，高 6.24 m(连钟耳)，直径 6.6 m。修整时期遇火灾，因浇水冷却不当致使钟体爆裂并有一块重 11.5 吨的钟体破碎，钟身陷入铸造坑下，百年后方从坑中起出，因破损已不能发出优美钟声，现置于莫斯科克里姆林宫伊万雷帝钟楼旁。炮王和钟王均被视为俄国铸造工艺的重要文物。——译者注

"敌人们、企盼我们死亡的恶棍们,在得知皮里尔瓦事故后,将会欣喜若狂⋯⋯他们将会企盼,定会企盼:在皮里尔瓦第一次事故之后,若是还将有这样的丑事发生,我们的苏联制度将会自行垮台,被全苏性的皮里尔瓦事件所摧毁!!"《真理报》刊载的杰米扬·别德内的这些诗歌,"被解读为"对俄罗斯劳动人民的公然不敬。

1930 年 12 月 5 日,《真理报》又向读者推荐了杰米扬的一篇有着令人生畏的题名的新作——《不留情面》。在这篇讽刺诗歌小品中,往昔时代的——"从荷马和哲人柏拉图到史学家卡拉姆津;从史学家卡拉姆津到危害分子拉姆津①"——那种爱国主义受到了嘲讽。这后一位,诗人也建议应毫不宽容地将之枪毙。这位无产阶级的诗人,对在列宁陵寝的对面、"在红场上至今仍耸立着的那个当是最卑鄙的纪念碑"一事,表示出极大的愤怒。用杰·别德内的话来说,在这个纪念碑的基座之上,"米宁、波扎尔斯基正在装腔作势",具体地说:"米宁挺着一副罗圈腿//立在装腔作势的贵族面前//活像个乞丐混混破衣烂衫//正在招募打手充当杀人犯//还是摆出他那副架势——狂妄地叫嚣呐喊://'出征吧,公爵! 出征克里米亚! 战利品就摆在我们面前!'"诗人对我们个别的祖先表示赞许,说他们真实地评判了这类"英雄们"。他这样写道:"爱国者、贵族和地主霍米亚科夫//在令人震撼的叹息中道出了此事的真相://'整个俄罗斯都是不敬上帝的! //混乱年代过后//'秩序'得到整肃//波扎尔斯基公爵被送上法庭//罪名是贪污受贿!'"诗人以散文形式引用历史学家伊万·扎别林②的话语补充道:米宁也"收了贿赂——可能也盗窃了国库"。对别德内来说,"这并非什么特别新奇之事。//爱国者们总是在国库方面//不够顺遂://爱国主义与偷窃形影不离!"他号召不要相信另一类历史学家,那类人在为他们自己的英雄们辩护时只会对

---

① 即列昂尼德·康斯坦丁诺维奇·拉姆津(Рамзин, Леонид Константинович, 1887—1948),热工工程师,全苏热工研究院院长(1921—1930),1930 年因被诬告组建反苏"工业党"而被判处枪决,后改为 10 年徒刑。——译者注

② 即伊万·叶戈罗维奇·扎别林(Забелин, Иван Егорович, 1820—1908/09),历史学家、考古学家,莫斯科历史博物馆实际领导人,历史与俄国古迹学会会长(1879—1908),有16—18 世纪俄罗斯民族习俗、莫斯科史等方面的著述。——译者注

上帝发誓说:"上帝保佑,米宁和波扎尔斯基不是小偷//上帝保佑,不是小偷!"别德内本人亦切实明白:"那两个历史上的盗国者//正用青铜的目光望着//十月盛大阅兵式的斑斓色彩傻笑。"依诗人所见,为了历史的公正,应当将似乎也曾为俄罗斯解放做出过巨大贡献的"霍加·科科斯①,那位克里米亚人,同时亦是位犹太人",提升到英雄的地位并使其与米宁并列! 别德内借用卡拉姆津的话说道,聪明的霍加是这样一个人物,即"借助他的诡计//缅格利·吉雷②被招募为盟友",于是罗斯最终从鞑靼人的压迫下被解放出来。总之,杰·别德内从玩笑转向严肃的口吻,提议将这样的纪念碑"用烈性炸药炸掉",而"对那些下流东西和说谎者们——爱国者们//那些喜欢为过去的俄罗斯哭丧,//喜欢用'俄罗斯的伟大'来包裹脑壳的人们//应当将这个可怜的昔日的'伟大',//这个薄如苇膜的'伟大',//它的腐败,它所有蛀孔的//所有丑陋揭示给他们看"。杰·别德内很了解在这一事业中唯一取得了巨大成功的那位史学家并总是将他举荐给别人,"在波克罗夫斯那里甚至小学生//如今也能读懂有关此事的全部真相"③。

讽刺小品诗歌的这段故实,在引起某些读者和官吏的不安之后(最初的两个讽刺小品诗作于 12 月前结集出了单行本,副书名为"突击手必备"),有了一个出人意料的结局。1930 年 12 月 6 日,党中央书记处讨论了这些讽刺诗并发出决议。决议中称:"中央关注着《真理报》和《消息报》的编辑部工作。近来,在杰米扬·列德内的讽刺诗歌中开始出现一些虚假不实的论调,表现为笼统地漫骂'俄罗斯'和'俄罗斯人'(讽刺诗歌小品《请你从炉子上爬下来!》、《不讲情面》);将'懒惰'和'无所事事'解说为几近俄罗斯人的一种民族特性;他不理解过去曾存

---

① 霍加·科科斯(Хозя Кокос,? —1501),克里米亚犹太大富商,因经营珠宝生意而得以结交俄国权贵,进而赢得伊万三世信任,被委之秘密向克里米亚汗缅格利·吉雷递送国书,约与结为盟国,共同抗击鞑靼蒙古、波兰及立陶宛。在喀山汗进击莫斯科公国时,曾成功游说土耳其苏丹与莫斯科和克里米亚结好;亦曾将缅格利·吉雷从基辅佩切尔修道院抢来的东正教圣物悉数赎回送还伊万三世。——译者注

② 即克里米亚汗缅格利·吉雷(Менгли Гирей,1445—1515)。在位时间为:1467,1469—1475,1478—1515 年。伊万三世曾为抗击金帐汗阿赫玛特而与之结盟,约其袭击波兰—立陶宛,以免莫斯科公国腹背受敌。——译者注

③ 别德内 Д.:《不讲情面》,载《真理报》,1930 年 12 月 5 日,第 3—4 版。

在着两个俄罗斯,即革命的俄罗斯和反革命的俄罗斯。因此,对后者而言是正确的东西,对前者便不可能是正确的;他不明白,代表今日俄罗斯的,是她的统治阶级,即工人阶级,且首先是俄罗斯的工人阶级,即世界工人阶级中最积极、最革命的一支队伍;故,笼统地将'懒汉'、'喜欢坐在炉子上的人'的绰号加之于他们身上的尝试,不可能不是粗暴的造假。"①

杰米扬·别德内的锐气受到重挫。他在写给斯大林的信中称,决议令他想去自尽:"也许,若是不立即毁灭性地中断自己的路,真的是不能成为俄罗斯的大诗人了。"回信并不令人宽慰。斯大林再次向诗人剖析了他的错误实质所在,称无产阶级的诗人不应该"向全世界宣称什么过去的俄罗斯是藏污纳垢之所;什么现今的俄罗斯整个是个'皮里尔瓦';什么'懒惰'和热衷于'坐在热炉子上'的习气几乎是所有俄罗斯人的,而这便意味着,那也是虽然成就了十月革命却依旧是俄罗斯人的俄罗斯工人们的民族习性"。约·维·斯大林在指出所有这些之后,总结道:"不,最令人尊敬的杰米扬同志,这不是布尔什维克式的批评,而是对我们的人民的**诽谤**,是对苏联的**污蔑**,对苏联无产阶级的**污蔑**,对俄罗斯无产阶级的**污蔑**",并建议诗人以弗·伊·列宁为榜样,转而认清"不作奴颜婢膝式理解的"大俄罗斯民族自豪感。② 在此前不久仍尚未出版的这封信中,有一处实质上是斯大林在指责别德内追随托洛茨基主义。他写道:"众所周知,存在着一种'新的'(全'新的'!)托洛茨基'理论'。这一理论断言,在苏维埃俄国,只有龌龊之事是真实的,只有'皮里尔瓦'是真实的。显然,这一'理论'您现在是试图接受的……"③当然,类似的忠告和评价,是不可能从历史学家米·尼·波克罗夫斯基及其学派的导师们那里得到的。他们自己显然也需要这种建议。斯大林在将这封信发给别德内时,亦期望史学家们也会对他的这一评论予以考虑,这是有可能的。

至于杰米扬·别德内的那些文学同行们,当然,他们当中远非所有人且绝非

---

① 见《"文学之幸":国家与作家——1925—1938年(文献汇编)》,莫斯科,1997年,第85页。

② 见《约·维·斯大林文集》,第13卷,第25、27页。

③ 见《"文学之幸":国家与作家——1925—1938年(文献汇编)》,第87页。

立即转变了对待俄罗斯历史的态度。1931 年出现了一些憎俄新范例,其中包括再版奥西普·别斯金①的《富农文艺与机会主义批评》。该书中含有这样荒诞的语句:"它尚在苟度残年——那个陈旧的、古老的罗斯,提着盒,拿着箱,带着圣像、长明灯油、'逾越'节的乳酪饼、奶渣饼、必有的蟑螂,带着火炉后的、缓慢的、热得出汗的淫荡,怀着狂热宗教偏见的信念,首先是以向上帝诉求消灭布尔什维克为目标的信念,怀着极端的反犹太主义,和着对神的赞颂、葬礼宴及所有其他随员。亦尚在苟度残年的还有'罗斯主义'、以独特方式苟活至今的斯拉夫派,以及极其好战的反西方主义派——他们一如既往地、按照旧有方式怀抱着笃信'特殊'发展道路、笃信'通神'之民的信念,沉浸于神秘主义的'民族精神'的'哲学'奥秘和'民族口头创作'的曼妙之中。在现代诗歌创作中,这种'罗斯主义'的最有力的代表人物是谢尔盖·克雷奇科夫②、克留耶夫③和奥列申④(以及先前的叶赛宁⑤)。"这位文艺学研究家发现,谢尔盖·克雷奇科夫的罪过在于:在谈论苏联时,他把我们称作"苏维埃罗斯"。而这是一种"对父权制、奴隶占有制的罗斯的虔敬",是对"向着可恨的苏维埃现实进行射击的桥头堡所表露的虔敬"。原来,克雷奇科夫在谈论世界革命时,不够恭敬(只是在报刊保密检查总局看来如此);而就其个人精神需求来说——他所谈论的实是民族革命。诗人写道:"明日

---

① 即奥西普·马丁诺维奇·别斯金(Бескин,Осип Мартынович,1892—1969),文艺批评家,曾任苏联艺术家协会组织委员会成员、国家出版社管理局成员、俄联邦教委中央政治教育委员会编辑出版处处长、《苏联电影》杂志主编、《艺术》杂志社社长等。——译者注

② 即谢尔盖·安东诺维奇·克雷奇科夫(Клычков,Сергей Антонович,1889—1937),诗人、散文作家、翻译家,主要作品有诗集《隐秘花园》、小说《和平公爵》等。1937 年遭镇压。——译者注

③ 即尼古拉·阿列克谢耶维奇·克留耶夫(Клюев,Николай Алексеевич,1887—1937),诗人,有诗集《赞歌》、《木屋与田野》等。——译者注

④ 即彼得·瓦西里耶维奇·奥列申(Орешин,Пётр Васильевич,1887—1938),诗人、散文作家,主要作品有诗集《霞光》、《金黄色的太阳》,小说《什么也不曾有过》等。1937 年被镇压。——译者注

⑤ 即谢尔盖·亚历山德罗维奇·叶赛宁(Есенин,Сергей Александрович,1895—1925),著名诗人,早期诗作以描写自然和田园生活见长,1918 年出版的诗集《农村的日经课》、《变了样》等,流露出忧郁的情绪;1924 年发表的诗集《酒馆似的莫斯科》,表现出对革命的悲观;诗集《俄罗斯与革命》、《苏维埃罗斯》表露出与旧世界决裂的情绪。——译者注

将要发生世界革命,资本主义世界和民族隔阂将会轰然倒下,但是……俄罗斯的艺术将保留下来。因为我们公正地面对世界而引以为荣的那种事物,是不会消失的,并且在热爱革命的同时……我们亦将会以之为荣!"这位文艺学研究家评判道:"当然,大国主义者克雷奇科夫永远也不会理解、不会弄明白:十月革命——这并不是一场俄罗斯族人的革命。因为他应是忘记了那百余个居住在昔日俄罗斯帝国境内的民族。"①

诗人亚·别吉缅斯基②在苏联第 6 次苏维埃代表大会上的发言中,包含着对有史以来的俄罗斯和"富农诗人"的凌辱性的攻击。"现如今,"他言道,"类如克留耶夫和克雷奇科夫之流的富农诗人,仍在继续传承为造成农民贫穷、困苦的所有恶行歌功颂德的传统。"他代表无产阶级作家宣布"对'可爱罗斯'的富农思想家发动一场最为严酷的战争";而对这一战争的战绩,他许诺要用"怀有'可爱罗斯'观念之类的敌人被铲除的程度"作为衡量。他的发言以诗歌式的判决词作为结束:"可爱的罗斯!//可恶的赞语//三区轮作//处处沼泽//还有一条条麻木不仁的河。"③

列·鲍·加米涅夫——此前已被清除于重大政治之外——也找到机会提醒人们应对历史上的俄罗斯采取恰当的态度。1931 年 12 月 27 日,俄国 19 世纪最初的政治流亡者之一、弗·谢·彼切林④的《墓外信札》交付印刷。加米涅夫为该书所作的赞许的序言中,引用了彼切林创作于 1834 年的诗句:"多么令人销魂——憎恨祖国//并贪婪地等待着它的灭亡!//在祖国的毁灭中会看到//世界

---

① 见别斯金 O.:《富农文艺与机会主义批评:文集》,第 7—8、10—11、51—52 页。

② 即亚历山大·伊里奇·别吉缅斯基(Безыменский, Алесаедр Ильич,1889—1973),诗人,早期创作具有抽象化特征,后转入现实主义,主要作品有《十月的朝霞》、《列宁》、《费利克斯》、《讽刺集》等。——译者注

③ 见别吉缅斯基 А. И.:《1931 年 3 月 15 日讲话》,载《1931 年 3 月 8—17 日苏联第 6 次苏维埃代表大会速记报告》,简报第 18 号,莫斯科,1931 年,第 18、19 页。

④ 即弗拉基米尔·谢尔盖耶维奇·彼切林(Печерин, Владимир Сергеевич,1807—1885),社会活动家、哲学家、诗人、乌托邦社会主义者,曾为莫斯科大学希腊哲学教授,1835 年流亡国外,1840 年皈依天主教,隐居于英国的一些修道院,但仍关注社会—哲学问题和俄国解放运动,著有诗歌《死亡的庆典》等。——译者注

再生的朝阳!"作者因如此强烈地表述拜伦式的情结而变得扭曲,他认为:"爱?——任何谦卑之人都会爱//而恨——则是强大心灵的食粮。"①

列宁格勒国立讽刺与喜剧戏院为这场与历史上的俄罗斯的斗争做出了自己的贡献。1931 年 12 月 19 日,那里举行了《罗斯洗礼》的首演仪式。此剧的演出几乎持续至来年的四月份。在发表于《工人与戏剧》杂志(1932 年第 1 期)上的赞许的评论指出,"该剧具有一系列对现实的勇敢的影射,使该剧的政治功效得到提高";而正是"那些罗斯勇士们扮演着宪兵式的保镖角色,夜莺—强盗成为著名商贾的化身,拜占庭正在与法西斯西方遥相呼应。弗拉基米尔王公本人被概括为专治制度的代表人物,因此,到剧的结尾,他便自然而然地获得了倒数第二个杰尔日谋尔达②式的沙皇形象。然而,在那个全'东正教罗斯'的形象——垂头丧气、意志软弱、终日酩酊大醉、讲话混乱不清的米库拉·谢良尼诺维奇③那里,却隐匿着作者犯下的一个根本性的、该剧无法克服的错误。在概括'文明的'拜占庭专制直到法西斯主义(历史与现实的联系,一般说来在该剧中具有幼稚的机械论的印记)时,尼·阿杜耶夫④(即文本作者)并没有强调指出暴君们的愚昧无知;而与有种族偏见的王公的壮士般的野蛮相比,拜占庭人看上去却如同是——带来文明的人",虽然评论者们也认为可以对该剧"明显不够充分的、社会性的、其中包括反宗教的功效提出批评"。

与此同时,在政治—意识形态范围内,对立性质的倾向被确立下来。

---

① 见加米涅夫为弗·谢·彼切林的《墓外信札》所作的序,莫斯科,1932 年,第 6 页。

② 杰尔日谋尔达(держиморда),典自果戈理的喜剧《钦差大人》中一粗暴警察之名,现已成为一普通名词,意为"借权势粗暴、严酷对下属的人"、"行为如粗暴警察的人"。——译者注

③ 米库拉·谢良尼诺维奇(Микула, Селянинович),传说中的罗斯勇士。据称他曾请弗拉基米尔大公捡起丢在地上的一个包,大公拿不动,而他只用一只手便捡了起来,他告诉大公:只有和平的、爱劳动的耕者才有这样的力量,喻劝大公爱和平。《罗斯洗礼》剧中有此人物。——译者注

④ 即尼古拉·阿尔弗雷多维奇·阿杜耶夫(Адуев, Николай Альфредович, 1895—1950),诗人、剧作理论家、剧作家。俄国童子军军歌《时刻准备着》、剧本《蓝色短衫》的作者,曾任苏作协讽刺作品创作部领导、《鳄鱼》杂志副主编等。——译者

斯大林,1931 年 2 月:"我们现在有祖国了。"1931 年 2 月 4 日召开的全苏社会主义工业工作者代表大会上,斯大林在发言中为新的思想方针奠定了基石。从前极其经常地作为革命前俄罗斯的同义语来使用的"祖国"一词,被赋予了新的意义。现在,这个词已与"我们的国家"这一概念牢固地联系在一起。斯大林说道:"过去,我们没有,也不可能有祖国。但是现在,当我们推翻了资本主义,政权掌握在我们手中,掌握在人民手中时,我们便有了祖国,并且我们将捍卫它的独立";若是不想使我们的祖国被击败和丧失独立,就需要"在最短的时间内清除它的落后现象和提升其社会主义经济建设事业中的布尔什维克速度"。[1] 这个"社会主义祖国"的新概念,要求将它那些(在革命最初年间的概念中形成的)不确切的世界无产阶级轮廓线收缩至苏联的现实边界中来。对祖国的这种新的理解,使得爱国主义可以在其正常的和为广大民众所习惯的形态下获得"平反",并可以开始将爱国主义作为苏联人民最崇高的忘我精神来加以培植。于是,如米·伊·加里宁曾建议的那样,当前"应当用苏联的爱国主义来全面滋养全体人民,以便使苏维埃共和国的每一位公民——哪怕他是最普通的居民——在与资本主义国家的公民相遇后,都总是能在内心深处感到一种优越感:我——苏维埃共和国公民"[2]。现在,这样的指示是由斯大林亲自发出的。

对俄罗斯在国际无产阶级运动中的统领地位的诉求。发表于 1931 年 10 月末的约·维·斯大林致《无产阶级革命》杂志编辑部的那封信——《关于布尔什维克主义历史若干问题》,具有特别重大的意义。在那封信中,俄国的布尔什维克们是作为其他国家共产党人的必然样板出现的。因为,正是他们"将俄国革命的根本性问题提到首要位置";正是他们的国际主义,才"是所有国家工人们的无产阶级国际主义榜样"。信中还断言,俄国无产阶级是国际无产阶级的先锋队;布尔什维克党人始终如一的和彻底革命的国际主义,是所有国家工人们的无产阶级国际主义的表率。因此,不是西方的马克思主义者应当教导自己的俄国同

---

① 《约·维·斯大林文集》,第 13 卷,第 40 页。
② 《米·伊·加里宁选集》,第 2 卷,莫斯科,1960 年,第 219 页。

志,而是相反。信中强调指出,"俄国布尔什维克党人"拥有所有理由对外国社会民主党人的马克思主义革命性程度作出评价。拒绝与这一俄国中心主义保持一致,依据斯大林的定义,那便意味着是"托洛茨基式的走私货"。①

这封写给《无产阶级革命》杂志的信,与写给杰米扬·别德内的那封信一道,迫使当时的许多文学和政治精英代表人物们陷入沉思,亦令另一些人在评论革命前的和现实中的祖国时,表现得极其谨小慎微。例如,弗·约·皮亚特尼茨基②回忆说,他的妈妈喜欢大声朗读俄国诗人德·弗·威涅维季诺夫③的四行诗:"肮脏,恶臭,臭虫与蟑螂,//人人都得把主人的鞭子尝尝,//这些俄罗斯的蠢货//却被称为神圣的故乡。"儿子认为,这里表达着 30 年代的人对"苏联现实环境"的强烈批评态度。而约·阿·皮亚特尼茨基④,这位回忆录作者的父亲,一位无所畏惧的、后来被指控为托洛茨基主义的布尔什维克,显然不这样认为,并小心翼翼地对妻子说道:"小点儿声,尤丽娅,小点儿声。"

斯大林《关于布尔什维克主义历史若干问题》的这封信、已经开始对(1923 年提出的)无产阶级诗歌创作"杰米扬化"口号(在这一口号下,对俄国人民整个过去不分青红皂白地谩骂曾风行一时)的批判,主要动摇着苏联共产党人中西方派的观念。因为,就在不久之前,卢那察尔斯基还曾在一份流行杂志上阐述道,不仅社会民主党人和他们的先驱们"始终都是西方派","我们的共产主义也是西

———————————

①　参见塔克尔 P.:《执政的斯大林:历史与个人,1928—1941 年》,莫斯科,1997 年,第 141 页。

②　即弗拉基米尔·约瑟福维奇·皮亚特尼茨基(Пятницкий, Владимир Исифович, 1925—　　)，作家,圣彼得堡"纪念"协会领导,主要作品有《历史天平上的奥西普——皮亚特尼茨基与共产国际》、《反斯大林之谋》、《1941—1945 年卫国战争中的哥萨克》、《005 号间谍学校。游击运动史》等。——译者注

③　即德米特里·弗拉基米罗维奇·威涅维季诺夫 (Веневитинов, Дмитрий Владимирович, 1805—1827),浪漫主义诗人、散文作家、文学批评家、哲学家。秘密团体"哲学爱好者协会"的组织者之一,主要作品有散文《雕塑、绘画与音乐》,诗作《我的祷告》、《诗人与友人》、《致友人》等。——译者注

④　即约瑟夫(奥西普)·阿罗诺维奇·皮亚特尼茨基［Пятницкий, Иосиф (Осип) Аронович, 1882—1938],苏联政要,共产国际创立者之一,共产国际执委会关键人物。1937 年时因反对斯大林的镇压政策而被捕,次年被枪杀。——译者注

方的分蘖——实施了如此英勇的革命的我国无产阶级,是全世界无产阶级不可分割的一部分"。据此,曾有人建议以最严厉无情的决心批驳"这样一种完全的胡说八道"——似乎共产主义表现出的是"某种独特的、纯俄罗斯的性质"(《火星》,1929 年第 5 期)。

希特勒执掌德国政权;苏联坚定地向爱国主义转向。德国境内发生的那些众所周知的事件,促进了承认祖国历史和爱国主义情感会在凝聚苏联社会方面发挥巨大作用这一转变的最终完成。1933 年 1 月 30 日,阿道夫·希特勒当上了总理;次年 8 月,保罗·兴登堡总统死后,他又攫取了所有立法与行政大权,集"元首加总理"于一身。此事发生在一个俄国布尔什维克党人曾一度对其无产阶级的革命性和国际主义寄予特别期望,并视那里的阶级兄弟为即将到来的世界社会主义改造之必然领袖。正是这个国家,这个拥有富于知识的居民和似乎强大的工人阶级的国家,被希特勒借助民族口号与旗帜成功地征服。在展开反对纳粹主义的斗争时,苏联的职业国际主义者起初并不相信希特勒分子们的得手会持续很久,反倒以为他们马上便会"开始丧失其短暂的稳定";因为民族主义,这个"垂死的资本主义世界最后的堡垒",在他们的想象中无论如何也不会是牢不可破的。

苏联杂志《革命与民族》的编辑谢·马·季曼什泰恩①曾就此言道:"希特勒政府正如此直截了当地为自己命名为'民族复兴政府',而将反对这一政府的人们打上反革命分子的印记,并自认是民族革命的实现者。"②然而,希特勒显然是得手了。对由此形成的危险的意识,不可能不促使苏联的思想家们也考虑到民族主义因素或许并不比国际主义因素更软弱无力;将其束之高阁、不予理会,自

---

① 即谢苗·马尔科维奇·季曼什泰恩(Диманштейн,Семён Маркович,1886—1938),苏联政要,犹太族,18 岁时获犹太教拉比称号,1904 年入党,曾任民族事务人民委员会犹太委员会领导(1918)、全苏安置犹太劳动者在苏务农协会中央管理局主席(1920 年起),参与犹太自治州的组建。因发表反对集体化的文章被免去一切职务并被划入托派反对派而遭镇压。——译者注

② 季曼什泰恩 С. М.:《布尔什维克对民族主义的反击》,载《革命与民族》,1933 年第 4 期,第 12 页。

是不当,而对其打压或不加以利用,则亦非明智之举。

德国诸事态的发展,毫无疑问,加速了斯大林体制向民族——布尔什维克主义方向的演进。这一方向越来越偏离推动世界革命的方针。1933 年 12 月 19 日,联共(布)中央委员会政治局宣布苏联准备加入国际联盟并在此联盟框架内缔结区域性的“防御德国入侵的互保”协约。1934 年 9 月 18 日,苏联被接纳加入这个国际性的组织。此后不久,斯大林便开始谈论完全出乎世人意料之事。例如,当一位美国记者在问及斯大林,他理解苏联“在某种程度上已经放弃了举行世界革命的计划或意向”的观点是否正确时,得到的回答是:“这类计划或意向我们从未有过。”(《真理报》,1936 年 3 月 5 日)1936 年和 1938 年对不久前的共产国际领导人格·叶·季诺维也夫和尼·伊·布哈林分别作出的死刑判决,其他姑且不论,当是营造出一种印象,即苏联领导人意欲放弃直接进行世界革命方针的意图是实际存在的。

共产国际第七次代表大会的那些决议,有助于对左倾国际主义的进一步背离。在此次会议召开的一年多之前,即 1934 年 4 月 7 日,格·季米特洛夫[①]在与联共(布)中央委员会政治局成员的一次谈话中,就曾提出一个问题:为何在具有决定意义的时刻,亿万民众不是与共产党人同行,而是例如在德国那样,与民族——社会主义者同路? 对这一问题的答案的探讨,导致得出一个原则性的结论,即其原因在于对民众的民族心理和民族传统持有不正确的态度。共产党人对它们表现出明显的藐视。早些时候,在共产国际的文件中,通常都是出于批判的目的来谈论爱国主义。爱国主义这一概念往往被等同于沙文主义。

遵照斯大林的建议,季米特洛夫被选为共产国际执委会的总书记。于是,共产国际的新领导便开始与联共(布)中央政治局一道使这个国际组织——诚如日

---

① 　即格奥尔吉·米哈伊洛维奇·季米特洛夫(Димитров, Георгий Михайлови,1882— 1949),保加利亚和国际共产主义运动活动家,有“保加利亚的列宁”之称。1921 年当选共产国际执行委员,1923 年领导保加利亚革命起义,失败后流亡国外。1929 年起为共产国际中欧地区负责人,1933 年德国国会纵火案中被诬为纵火策划者,曾出庭应诉,据理抗辩,终获无罪释放;1934—1945 年间旅居苏联,1935 年起任共产国际执委会总书记,1943 年共产国际解散后任联共(布)中央国际部部长,1937—1945 年为苏联最高苏维埃代表;1945 年回国任祖国阵线政府总理、保加利亚共产党总书记(1948—1949)等。——译者注

后人们开始评说的那样——转向"马克思列宁主义关于祖国、爱国主义的观点和在已往年代的革命斗争实践中被忘却和曲解的那些思想",不再允许对自己国家的民族问题持有任何的虚无主义态度。季米特洛夫在 1935 年 8 月 2 日召开的共产国际第七次全世界代表大会上强调指出:"我们共产党人,是资产阶级所有形形色色民族主义的毫不妥协、坚持原则的反对者。但是,我们不是民族虚无主义的追随者,且永远不应充当此类角色。"①这一转向如此陡急,令许多被左派击败的共产国际主义分子们起初觉得,"莫斯科是在摒除无产阶级国际主义,并开始在工人民众中培植被夸大了的爱国主义的民族主义"②。

在苏联本国境内,纠正在对待诸民族的爱国主义和民族心理方面的左倾错误,是从解除对"大俄罗斯民族主义"的诅咒开始的。1921 年党的一项决议,曾经语意明确地对这一问题作出过判定:在民族问题方面可能出现的两种倾向中,大俄罗斯民族主义是主要危险。③ 这一推定在党的十七大上被撤除。此次党代会指令所有党组织应遵照 1934 年 1 月 26 日"斯大林同志在报告中提出的那些规则与宗旨行事"。该报告认为,"主要危险乃是那样一种倾向,即我们中止了与之斗争并如此一来已放任其发展成为危及国家的危险"④。正如接下来的一些事件所表明的那样,后来的一些镇压活动,最为常见的是关涉对地方民族主义的指控。

与"俄罗斯民族主义"的后卫战:"斯拉夫学学者案"。摆脱教条主义、承认民族主义因素和爱国主义的意义——这是共产国际和苏联执政精英们不可能立即将其实现的,它需要整整几年,如果说不是几十年的时间。与这种已经开始了的转向的同时,苏联在 20 世纪 30 年代初的现实生活中,继续存在着一些完全背道

---

① 季米特洛夫 Г. М.:《法西斯主义的进攻和共产国际在团结工人阶级反抗法西斯主义斗争中的任务:在共产国际全世界第七次代表大会上的报告(1935 年 8 月 2 日)》,《格·米·季米特洛夫选集》(3 卷本),第 2 卷,莫斯科,1983 年,第 124 页。

② 莱布佐恩 Б.、什里尼亚 К. К.:《共产国际政策之变:共产国际第七次代表大会的历史意义》,莫斯科,1975 年,第 308、310、362 页。

③ 《苏联共产党决议汇编》,第 3 卷,莫斯科,1994 年,第 88 页。

④ 《约·维·斯大林文集》,第 13 卷,第 326 页。

而驰的倾向。官方承认的对布尔什维克政权构成的主要危险，那时依然是"大俄罗斯民族主义"；彻底铲除这种民族主义的可能承载者，给俄罗斯族人民、给它的知识分子阶层带来了不可估量的损害。制止民族主义这一特殊任务，通常是指定由惩罚机关来完成的。例如，1933 年年底至 1934 年年初，在莫斯科、列宁格勒和其他一系列城市，一个名为"俄罗斯民族党"的"分支广泛的法西斯组织，其成员"便是由"光荣的契卡工作者们"捕获的。有百余位从事人文科学的知识分子（包括外围平行案件），同为这一麻烦所困。其中大部分为俄罗斯语文学学者和斯拉夫学—语言学学者——古斯拉夫文字史、斯拉夫民间口头创作、比较语法学和斯拉夫语言史等方面的专家。

这一次，事件是以如下方式进展的：1933 年 12 月，一位被指控参与"社会革命党人组织"的人提供了不利于苏联科学院通讯院士、杰出学者尼·尼·杜尔诺沃①，和他的儿子，也是斯拉夫学者的 A. H. 杜尔诺沃的证词，称他们是"实施积极的反党活动的民族主义组织的参与者"。12 月 28 日，他们被逮捕。数日后，A. H. 杜尔诺沃的未婚妻瓦尔瓦拉·特鲁别茨卡娅和她的父亲弗·谢·特鲁别茨科伊②也随即被捕。此后，在 1934 年的 1 月和 2 月间，还逮捕了一批与杜尔诺沃一家有某种关联的斯拉夫学学者和俄罗斯语文学学者——格·安·伊里因斯基③、阿·马·谢里塞夫④、

---

①　即尼古拉·尼古拉耶维奇·杜尔诺沃（Дурново, Николай Николаевич, 1876—1936），语言学家，主攻语言史、方言学，曾编撰出版第一部俄文语言学学术语辞典。——译者注

②　即弗拉基米尔·谢尔盖耶维奇·特鲁别茨科伊（Трубецкой, Владимирович Сергеевич, 1892—1937），俄国公爵谢尔盖·尼古拉耶维奇之子，语言学家尼·谢·特鲁别茨科伊的兄弟。著有短篇小说《珍贵的慈鸟》等。1937 年被镇压。——译者注

③　即格里戈里·安德列耶维奇·伊里因斯基（Ильинский, Григорий Андреевич, 1876—1937），语言学家、通讯院士，有斯拉夫语言比较语法学、文字史类著述。——译者注

④　即阿法纳西·马特维耶维奇·谢里塞夫（Селищев, Афанасий Матвеевич, 1886—1942），语言学家、斯拉夫学学者、通讯院士，有马其顿语、俄语历史方言学、巴尔干语言、古斯拉夫语、斯拉夫语比较历史语法学类著述。——译者注

维·弗·维诺格拉多夫①、维·费·勒日加②、伊·格·戈拉诺夫③、帕·安·拉斯托尔古耶夫④、弗·尼·西陀罗夫⑤、Ю. M. 索科洛夫、A. И. 帕夫洛维奇、H. И. 克拉夫佐夫,等等。俄罗斯博物馆馆长、艺术学家尼·彼·瑟切夫⑥,著名的古迹修复家、坚决抗议有计划地捣毁瓦西里·布拉任内教堂并以示威方式拒绝为拆除这个古迹而做准备工作的彼·德·巴拉诺夫斯基⑦,也在其列。1934 年 3 月 29 日,他们(共计 33 人)悉数被作为"反革命法西斯组织"成员而被判定有罪。

莫斯科和列宁格勒的这些侦讯案件,曾收集到针对新的"组织领导与成员"的丰富的"黑材料"。其中罗列着我国最具名望的一些学者的名字——弗·伊·

---

① 即维克多·弗拉基米罗维奇·维诺格拉多夫(Виноградов, Виктор Владимирович, 1894/95—1969),著名语言学家、文艺理论家、院士,苏科学院语言学研究院院长(1950—1954)、俄罗斯语言研究院院长(1958—1968),有语法、词法、俄语语言史、普希金等著名俄国文学家写作风格等方面的著述。——译者注

② 即维亚切斯拉夫·费奥多罗维奇·勒日加(Ржига, Вячеслав Фёдорович, 1883—1960),语言学家,1921—1931 年任职于语言与文学研究所,主要著述有《伊戈尔远征记的结构》《蒙古入侵前古罗斯风俗史纲》等。——译者注

③ 即伊万·格里戈里耶维奇·戈拉诺夫(Голанов, Иван Григорьевич, 1890—?),莫斯科州立师范大学教授。——译者注

④ 即帕维尔·安德列耶维奇·拉斯托尔古耶夫(Расторгуев, Павел Андреевич, 1881—1959),俄、乌、白交界地区方言学专家。——译者注

⑤ 即弗拉基米尔·尼古拉耶维奇·西陀罗夫(Сидоров, Владимир Николаевич, 1903—1968),莫斯科音位学派奠基人之一,代表作有《俄语标准语语法概论》《普希金语言字典》(合著)等。——译者注

⑥ 即尼古拉·彼得罗维奇·瑟切夫(Сычев, Николай Петрович, 1883—1964),艺术史学家,列宁格勒国立大学艺术学院教授。——译者注

⑦ 即彼得·德米特里耶维奇·巴拉诺夫斯基(Барановский, Пётр Дмитриевич, 1892—1984),经他主持修复的主要古建筑有斯帕斯·安德罗尼科夫修道院、圣格科西莫夫三一修道院。他还是安德列·鲁布廖夫博物馆的创立者之一。1933 年被捕,后被囚集中营 3 年。——译者注

韦尔纳茨基院士①、米·谢·戈鲁舍夫斯基院士②、尼·谢·杰尔察文院士③、尼·德·泽林斯基院士④、瓦·米·伊斯特林院士⑤、尼·谢·库尔那科夫院士⑥、鲍·米·利亚普诺夫院士⑦、弗·尼·彼列茨院士⑧、米·涅·斯佩兰斯基院士⑨。关于逮捕这些院士的问题，是由最高层决定的，且亦在那里认定：有必要将此次逮捕仅限于两位坚持独立观点的斯拉夫学旧学派学者——米·涅·斯佩兰斯基和弗·尼·彼列茨的范围之内。彼列茨被同时宣布为既是俄国的，也是乌克兰的民族主义分子。两人均于 1934 年 4 月 12 日夜被捕。历史学家米·谢·戈鲁舍夫斯基显然是因为逝世（1934 年 11 月 25 日）而未遭逮捕，因为他死后仍被宣布为"反革命中心"的首脑，但已经不是俄国的中心，而是乌克兰

---

①　即弗拉基米尔·伊万诺维奇·韦尔纳茨基（Вернадский, Владимир Иванович, 1863—1945），地球化学、地球生物化学、放射地质学创立者，乌克兰科学院第一任院长。——译者注

②　即米哈伊尔·谢尔盖耶维奇·戈鲁舍夫斯基（Грушевский, Михаил Сергеевич, 1866—1934），乌克兰历史学家，1917 年乌克兰中央拉达的组织者之一，1919 年移居国外，为路标转换派。1924 年返回乌克兰，主要著述有《10 世纪乌克兰—罗斯史》。——译者注

③　即尼古拉·谢瓦斯季扬诺维奇·杰尔察文（Державин, Николай Севастьянович, 1877—1953），语言学家，有斯拉夫语言学史、俄罗斯文学史、保加利亚文化史等方面的著述。——译者注

④　即尼古拉·德米特里耶维奇·泽林斯基（Зелинский, Николай Дмитриевич, 1861—1953），有机化学家、有机催化和石油化学的奠基人，苏联科学院有机化学研究院组织者之一，其有关石油化学方面的著述最能代表他的学术成就。——译者注

⑤　即瓦西里·米哈伊洛维奇·伊斯特林（Истрин, Василий Михайлович, 1865—1937），文艺理论家、古斯拉夫文献专家，教授。——译者注

⑥　即尼古拉·谢苗诺维奇·库尔那科夫（Курнаков, Николай Семёнович, 1860—1941），物理化学家，物理化学分析学奠基人之一，其学术活动对苏联冶金工业的发展具有重大影响。——译者注

⑦　即鲍里斯·米哈伊洛维奇·利亚普诺夫（Ляпунов, Борис Михайлович, 1862—1943），斯拉夫语言学家，有斯拉夫比较语言学方面的著述。——译者注

⑧　即弗拉基米尔·尼古拉耶维奇·彼列茨（Перетц, Владимир Николаевич, 1870—1935），文艺理论家，主要研究领域为 16—18 世纪俄罗斯和乌克兰文学及其关系。——译者注

⑨　即米哈伊尔·涅斯托罗维奇·斯佩兰斯基（Сперанский, Михаил Несторович, 1863—1938），文学和戏剧史学家、斯拉夫学学者、拜占庭学学者、人类学家、考古学家、民间文学专家，教授。——译者注

的。斯拉夫学学者们还由于下述的原因而陷入了特别不利的境地：当时正在进行着一场与"泛斯拉夫主义"的斗争，而与"防疫警戒线"另一边的诸斯拉夫国家的关系极其紧张，甚至连斯拉夫语言和民族同源说，都已被尼·雅·马尔①院士"推翻"。他"证实"说，俄语"就其几个发展阶段的分层而论，更接近格鲁吉亚语，而不是——其他任何印欧语言，至少不是斯拉夫语……"②。

　　起初，对这些被捕者的指控可归结为如下几个方面：20 世纪 20 至 30 年代相交之际，在莫斯科，在米·涅·斯佩兰斯基院士的领导下，一伙斯拉夫学学者似乎已开始准备推翻苏联政权和恢复君主制。被捕者中，清一色是有着斯拉夫人姓氏的人物。"异族人"未被怀疑与君主主义者有牵连。据称，斯佩兰斯基一伙在自己的行动中遵循着"防疫线那边的、将诸侨民集团联合起来并由尼·谢·特鲁别茨科伊③公爵领导的俄国法西斯中心"的指示。这当然是指那些欧亚派学者们。在逮捕一位被指控者时发现的尼·谢·特鲁别茨科伊的那本文集——《论俄罗斯自觉问题》（巴黎，1927），被认定为"俄国法西斯主义的纲领"。莫斯科和维也纳两个中心的行动协调工作，则被指控系由苏联科学院通讯院士尼·尼·杜尔诺夫实施的。他曾于 20 年代中期出差到境外，其子那时也已成为特鲁别茨科伊公爵家的亲属。

　　不过，米·涅·斯佩兰斯基因其胞弟格·涅·斯佩兰斯基④（当年曾任母亲与儿童保护院院长，更重要的是，他还是为政治局成员子弟治病的克里姆林宫儿科主治医生）的请求，很快便被释放出狱，滞留家中候审。也许因为这一缘故，自

---

　　①　即尼古拉·雅科夫列维奇·马尔（（Марр, Николай Яковлевич, 1864—1934），东方学家、语言学家、考古学家，俄苏科学院院士，苏共党员，有高加索语言、历史、考古、民族学方面的著述，被认为缺乏科学依据的《雅弗语言学》（即《语言学新论》）提出语言单源论和具有阶级性等观点，曾引起争议。——译者注

　　②　《尼·雅·马尔文选》，第 2 卷，莫斯科、列宁格勒，1936 年，第 455 页。

　　③　即尼古拉·谢尔盖耶维奇·特鲁别茨科伊（Трубецкой, Николай Сергеевич, 1890—1938），俄国公爵，著名语言学家，布拉格语言学派理论家之一，哲学家和欧亚主义取向的政论作家。1920 年流亡国外，主要著述有《欧洲与人类》、《成吉思汗的遗产》等。——译者注

　　④　即格奥尔吉·涅斯托罗维奇·斯佩兰斯基（Сперанский, Георгий Несторович, 1873—1969），儿科医生、科学院通讯院士、医学科学院院士，有儿童疾病预防学、儿童和成年人生理学、病理学等方面的著述。——译者注

1934 年 4 月起,侦讯工作开始有了"更为精确"的定位:斯拉夫语文学是一种在法西斯德国获得广泛传播的反动学科;被指控者在大学讲课时,时常怂恿青年人接受宗教;他们在资本主义国家出版书籍、发表文章,给我们的思想体系带来巨大危害。这样的指控也成为 1934 年年底在列宁格勒语言与思维研究所宣读的那份"科研报告"的内容。这份报告断言,斯拉夫语文学"过去曾一直是一门明显而彻底地充斥着兽性的民族主义的学科",而现今,它又将"具有法西斯主义本质的唯心主义"作为自己的理论基础。依上述言论可见,所有与俄国本身的和斯拉夫的问题相关联的事物,直到 30 年代中期,在苏联境内均被贴上法西斯主义的标签。因"俄罗斯民族党"一案而被判定有罪的人中,有 11 位于 1937—1938 年在关押地遭枪决。其中包括尼·尼·和阿·尼·杜尔诺夫父子、格·安·伊里因斯基、弗·谢·特鲁别茨科伊和 B. B. 特鲁别茨卡娅父女。被剥夺学术职称并被判处流放的那些院士们,也未能存活很久:弗·尼·彼列茨于 1934 年 9 月逝世,米·涅·斯佩兰斯基则逝世于 1938 年 4 月。中止斯拉夫学研究和斯拉夫学诸学科教学工作,成为"肃清"源自"法西斯分子"的斯拉夫学的成果。在莫斯科,培养斯拉夫学学者的工作,只是到了 1939 年方在莫斯科大学历史系及 1943 年在语文学系得以恢复。

　　战争亦迫使人们转变了对亲斯拉夫者的态度。直至第二次世界大战开始之前,亲斯拉夫者经常被苏联史学家们描绘成"怀有民族主义情结的资产阶级"、诉求将斯拉夫人联合于俄国沙皇治下的那一类人。在接见以爱·别涅什[①]为首的捷克斯洛伐克政府代表团时,斯大林竭力否认与"旧亲斯拉夫派"的亲缘关系,并宣称:"我们,新型的列宁主义的亲斯拉夫派、布尔什维克式的亲斯拉夫派、共产党人,所捍卫的不是斯拉夫诸民族的统一,而是斯拉夫诸民族的联盟——斯拉夫人生存的全部历史的教训是,为保卫斯拉夫民族,这样的联盟是我们所必需

---

　　① 即爱德华·别涅什(Бенеш,Эдуард,1884—1948),捷克斯洛伐克政治家,历任捷克斯洛伐克外交部长(1918—1935)、总统(1935—1938),二战时任捷流亡政府总统,1946—1948年再度任总统,1948 年 2 月事件后退休。——译者注

的。"①不过,应当注意到的是,这番话是在何时才开始变得可以表述出来的:那已是到了 1945 年的 3 月了。

我们从这个日期返回到战前苏联的时光,再一次置身于怀有民族—爱国主义思想者遭到体制迫害和为排除俄罗斯民族文化传统而斗争的那个环境之中。对那些被宣判为法西斯分子的俄罗斯爱国主义者们所作的最初审判之一,显然是在"俄罗斯民族党案"案发之前的第 10 年进行的。1924 年 11 月 1 日,作家阿列克谢·加宁②在莫斯科被捕。逮捕时,在他家里抄没了一份名为"和平与自由劳动属于人民"的提纲。审讯中,作家解释说,这份提纲是为他已经着手创作的一部小说而准备的。由于在这份"文献"中,俄罗斯人民是被号召为拯救民族俄罗斯而去同国际共产主义制度作斗争,故以小说作为托词并没有使这位作家得救。加宁的世界观被定性为法西斯主义的。契卡工作者们还逮捕了 12 人——一些刚刚开始从事诗歌创作和记者工作的新人。昨天他们还是农民、小职员;他们聚集在阿·加宁周围,有着共同的爱国主义信念。在契卡那里,这伙人得到了"俄国法西斯分子秘密团体"的称号。1925 年 3 月 30 日,这个"秘密团体"的首领及 6 名同志被枪毙,其余 7 人去了索洛夫卡群岛③;日后仅有两人得以生还。

在 20 世纪 20—30 年代,在为了即将到来的"光明生活"而同俄罗斯诸民族文化遗产所作的斗争中,那些与文学和文化的往昔传统相抗争的斗士们,做出了自己的贡献。依庸俗的阶级观点来看,这些传统均被认定为不过是封建—地方性的和资产阶级的传统。弗·维什涅夫斯基④在 1921 年 7 月召开的一次军队

---

①　转引自马雷舍夫 В. А.:《人民委员日记》,载《史料》,1997 年第 5 期,第 128 页(1945 年 3 月 28 日笔记)。

②　即阿列克谢·阿列克谢耶维奇·加宁(Ганин, Алексей Алексеевич,1893—1925),十月革命后曾写作反布诗歌,如《萨莱》《壮士沙场》及寓言小说《明天》等。——译者注

③　即索洛韦茨群岛(Соловецкие острова),位于白海,由 6 个岛屿组成,15 世纪始有俄国僧人在那里建造教堂及修道院,17 世纪时始为流放地,1923—1939 年间曾是囚禁政治犯的集中营和监狱。——译者注

④　即弗谢沃洛德·维塔利耶维奇·维什涅夫斯基(Вишневский, Всеволод Витальевич,1900—1951),剧作家,国内战争期间曾任波罗的海和黑海海军部队的政工人员。1920 年开始发表作品,代表作有《乐观的悲剧》《在列宁格勒城墙下》《难忘的 1919 年》(获 1950 年度斯大林奖)、电影剧本《我们来自喀琅施塔得》。——译者注

党代会上的发言,可以作为对革命前的文化及其创造者持有这种理解的一个典型。他向红军官兵训斥道:"旧的文化实际上充满着资产阶级精神。"他还列举了具体事例来解释这一点——普希金被作为一例:他是沙皇陛下的一名宫廷侍从士官,并为自己的贵族身份而感到自豪;他不承认任何革命,因而是个反革命分子。莱蒙托夫是个地地道道的贵族;涅克拉索夫是个地主;列夫·托尔斯泰是个伯爵,他写作的文笔倒是挺好,但是,在《战争与和平》里,人民只是个背景,而主要的戏却是在人数不多的那几个贵族之间唱得热火朝天。对他们来说,"乡下人"是个骂人的、几近不堪入耳的词;契诃夫是个小市民出身,因而绝对也是一个没落颓废心理的最后代表人物之一。他作品中的主人公在外省因温饱不愁而胡作非为、无所事事,无聊、烦躁,抱怨不休。科利佐夫①被视为人民诗人,但实际上,他是个地主阶级的典型代表;不错,高尔基在很大程度上亲近人民,但是,在他那里也还是会见到不少远非无产阶级思想的见解。音乐方面也是一样。格林卡②是个地主,只需提一下他的父亲曾经有过一支属于自己的由农奴组成的乐队,就足够了;里姆斯基—科尔萨科夫③是个宫廷乐队指挥,曾写过一些农民听

---

① 即阿列克谢·瓦西里耶维奇·科利佐夫(Кольцов, Алексей Васильевич, 1809—1842),诗人,擅长乡间田园、劳作及自然风光题材创作,作品具有民歌风格,多被谱成歌曲传唱。主要作品有《黑麦苗,你莫要吵》、《耕者之歌》、《割草者》、《森林》等。——译者注

② 即米哈伊尔·伊万诺维奇·格林卡(Глинка, Михаил Иванович, 1804—1857),作曲家、俄国古典民族乐派奠基人,主要作品有歌剧《伊万—苏萨宁》、《鲁斯兰与柳德米拉》,交响曲《西班牙序曲》,舞曲《节日波洛涅茨舞曲》、《喀马林舞曲》等。——译者注

③ 即尼古拉·安德列耶维奇·里姆斯基—科尔萨科夫(Римский-Корсаков, Николай Андреевич, 1844—1908),著名作曲家、指挥家、音乐教育家、俄罗斯乐派创始人之一,创作于1865年的《第一交响曲》被视为俄国第一部成熟交响曲。《塞尔维亚主题幻想曲》被评为俄国音乐事业的重大事件,象征着有别于西方的俄国音乐的形成,被喻为俄国的"强力集团"出现的标志;1883—1894年任宫廷教堂音乐会指挥,1886—1900年任俄罗斯交响音乐会首席指挥。主要作品有歌剧《雪姑娘》、《萨特阔》、《沙皇的新娘》、《金鸡》,管弦乐曲《西班牙随想曲》,交响组曲《天方夜谭》,另有著作《和声学实用教材》、《管弦乐原理》等。——译者注

不懂的伪民族的歌剧。而柴可夫斯基[①]的音乐——是与工人阶级格格不入的、走投无路的颓唐心理和悲观主义的鲜明典型。所有这些交响曲、奏鸣曲、芭蕾舞曲，完全不为人民所理解。至于说到那些女芭蕾舞演员、女歌手、女歌剧演员，则全部，或几近全部实际上都在干着享有特权的卖淫勾当，且进项不错。乐队指挥或某一公爵的床榻，当然就是她们的跳板。（《文学俄罗斯》，1995 年 7 月 7 日。）

自然，被形容成如此模样的文化和传统，只配被捣毁和抛弃，以便为国际主义文化的社会主义内容提供发展空间，除此之外，别无他途。例如，尼·伊·布哈林不仅认为完全"战胜"资产阶级文化而又不破坏它，这是不可能的，就像"战胜"资本主义国家一样；他还提出要求："对旧戏剧应当予以摧毁；谁不理解这一点，谁就什么也不懂。"而对戏剧爱好者的摧毁，则更是有过之而无不及。将"为了全球的艺术、为了摈弃俄罗斯"奉作自己座右铭的弗·梅耶尔霍尔德[②]，并不是他们中的最后一位。正如一些戏剧学家所指出的那样，他在自己的剧作中竭力要表现最"鄙俗丑陋"的俄罗斯生活现实。

亦从这一观点出发，列夫·托尔斯泰的小说《战争与和平》被形容成不过是"为贵族阶层恢复名誉"的一种图谋，柴可夫斯基被称作"克瓦斯爱国主义者"，而高尔基则是"俄国文化的诵经师"。阿·瓦·卢那察尔斯基曾于 1924 年宣称，如果说普希金、果戈理、陀思妥耶夫斯基、托尔斯泰也应被承认是伟大的，那只是有条件的：称他们是伟大的，是当他们"悖逆这个可恶的旧俄罗斯时；而他们依然有着一些鄙俗的、虚假的、半途而废的、软弱的东西，——所有这些，均是旧俄罗斯

---

①　即彼得·伊利奇·柴可夫斯基（Чайковский, Пётр Ильич, 1840—1893），著名作曲家，早年师从俄国音乐之父安东·鲁宾斯坦，曾任莫斯科音乐学院和声学教授，一生共创作 6 首交响曲，其中第六交响曲《悲怆》艺术成就最高。芭蕾舞曲《胡桃夹子》、《黑桃皇后》、《睡美人》、《天鹅湖》等是俄国古典芭蕾舞曲的最高典范，另有弦乐曲《罗密欧与朱丽叶》、《斯拉夫进行曲》、《小提琴协奏曲》、《第一钢琴协奏曲》、《弦乐小夜曲》等，一部歌剧《叶甫盖尼·奥涅金》）。——译者注

②　即弗谢沃洛德·艾米里耶维奇·梅耶尔霍尔德（Мейерхольд, Всеволод Эмильевич, 1874—1940），戏剧导演、演员、教育家，怪诞戏剧理论与实践者，著名的"生物力学"表演体系创立者。莫斯科原俄联邦国立第一戏院于 1926 年以他的名字命名，1940 年被政府以反苏罪镇压。——译者注

给予他们的"。关于伟大的列宾①，人们写道，他（对于革命前的制度而言）如同一位"自家的"画家，"善于隐匿资产阶级的客观的阶级性"；苏里科夫②，则被宣布为"反动的、依附于地主阶级的君主制民族主义的"卫士。类似的文字描述，其用意，诚如 30 年代中期在众所周知的醒悟之后所揭示出来的那样，"归根结底是为了假借反对大国沙文主义斗争作掩护，混乱之际，趁机将整个俄罗斯文化与艺术宣布为是地主—资产阶级的、反动的民族主义的文化"（《真理报》，1937 年 8 月 13 日）。

特别有影响的是文艺学家维·鲍·什克洛夫斯基③发明的、于苏联人民无害而有利的利用古典俄罗斯文化产物的那种方法。他认为，《大尉的女儿》《当代英雄》《恶魔》——"所有这些都是不实之事的堆砌"。这些书的序对其加以反驳，是力所不逮的："让马什比茨—维罗夫④给亚历山大·布洛克⑤写序，这就意味着给苍蝇开具有资格驾驭火车的许可证。"然而，这个问题是应当予以解决的。因为，"每个时代都有权改写先前那个时代"，更何况现今已是苏联时代。因此，什克洛夫斯基建议，"与托尔斯泰、普希金、莱蒙托夫和陀思妥耶夫斯基的斗争，需要沿着改变他们所传达的那些信息的路线来进行"。例如，我们应当在具有巨

---

① 即伊里亚·叶菲莫奇·列宾（Репин, Илья Ефимович, 1844—1930），著名画家，巡回展览画派最重要的代表人物，最擅长人物肖像画、风俗画，代表作有《穆索尔斯基》《伊万雷帝和他的儿子》《扎波罗热的哥萨克们在给土耳其苏丹写信》《伏尔加河纤夫》等。——译者注

② 即瓦西里·伊万诺维奇·苏里科夫（Суриков, Василий Иванович, 1848—1916），著名画家，巡回展览画派代表人物，其历史题材作品在俄国绘画发展史上具有重大意义，代表作为《近卫军临刑的早晨》《缅希科夫在别廖佐夫》《女贵族莫洛佐娃》《叶尔马克征服西伯利亚》等。——译者注

③ 即维克多·鲍里索维奇·什克洛夫斯基（Шкловский, Виктор Борисович, 1893—1984），作家、文艺理论家、电影理论家和电影编剧，有论托尔斯泰、陀思妥耶夫斯基、马雅可夫斯基等方面的著述。——译者注

④ 即约瑟夫·马尔科维奇·马什比茨—维罗夫（Машбиц-Веров, Иосиф Маркович, 1900—1989），文艺理论家，教授，马雅可夫斯基、布洛克研究专家。——译者注

⑤ 即亚历山大·亚历山德罗维奇·布洛克（Блок, Александр Александрович, 1880—1921），作家、诗人，早期创作为象征主义诗歌的代表，爱情为这一时期的创作主题。1905 年后的诗歌趋于成熟，主要作品有《饱汉》《祖国》《自由思想》《十二个》《野恋人》，另有论及文学、戏剧及艺术的杂文若干。——译者注

大诱导力的电影中"创作出一些与古典作家作品并行的东西……应当向人们的意识中灌输的不是谎言,而是新的材料。电影将通过利用文学作品作为素材而与文学作品并存,与此同时,渐渐取而代之。除此之外,别无他法。而公民世界……则是一处坟场"(《苏联银屏》,1927 年第 33 期)。这里不能不回忆起由乔治・奥威尔的想象力所创造出来的、完全实现了什克洛夫斯基思想的那个"真理部历史处"。①

在第一次全苏无产阶级作家代表大会(1925 年 1 月)的决议中,被宣布为"反革命的"不仅仅是整个文学的过去。那些"同路人"们也被认定是反革命分子,其中包括位居苏联政府层面但似乎面对"资产阶级—贵族文学的花岗岩纪念碑"已变得僵化了的,"充满民族主义、大国主义和神秘主义情结的"那些人。这座"纪念碑"正面临着被彻底捣毁的命运。应当怎么办? ——曾是不乏良谋。早在 1918 年,弗拉基米尔・基里洛夫②便曾在他那首著名的诗歌《我们》中呼吁道:"为了我们的明天,让我们将拉菲尔③焚毁,//让我们将博物馆全部拆除,让我们将艺术之花踏烂。"列宁格勒的《公社艺术》报也曾断言道:"应当更多地为滑丝的螺钉而不是为瓦西里・布拉任内教堂的破坏感到惋惜";"破坏——这便意味着建立,因为在破坏的同时,我们正在战胜自己的过去";"我们在不断地背叛自己的过去中变得更加完美"。弗拉基米尔・马雅可夫斯基④在他那首有着一

---

① 乔治・奥威尔(Оруэлл, Джордж,1903—1950),英国讽刺小说家、记者,早年信奉社会主义,参加过西班牙内战,因不同意共产党镇压政治异己的做法而离开西班牙。1944 年发表讽刺俄国革命的政治寓言小说《兽园》,1949 年发表反乌托邦的讽刺小说《1984》,描写了一个取代资本主义而成为极端极权的、等级制的、奴役民众的、压制自由与人性的未来社会。"真理部历史处"是依照这个国家领导旨意篡改历史的一个政府机构。——译者注

② 即弗拉基米尔・季马菲耶维奇・基里洛夫(Кириллов, Владимир Тимофеевич,1890—1937),诗人,曾任全苏无产阶级作家联合会会长,《我们》一诗是为回应 А. В. 卢那察尔斯基为抗议毁坏文物而发表退休声明而作。——译者注

③ 即拉菲尔・桑蒂(Рафаэль Санти,1483—1520),意大利文艺复兴时期画家、建筑师,曾为梵蒂冈宫廷绘制壁画和参与圣彼得大教堂的建筑。代表作有《西斯廷的圣母像》、《雅典学院》、《辩论会》等。——译者注

④ 即弗拉基米尔・弗拉基米罗维奇・马雅可夫斯基(Маяковский, Владимир Владимирович,1893—1930),作家,苏联现实主义代表人物,著有诗歌《穿裤子的云》、《开会迷》、《列宁》、《好!》,剧本《臭虫》、《澡堂》等。——译者注

个忧郁篇名的诗作——《高兴得还早》(1918)中,既对懈怠行为予以申斥,又拟定出极其多样的消灭目标,一边训导说:"白卫军//抓获一个——就地枪毙一个。//忘记了拉菲尔吗?//你们忘记了拉斯特雷利父子①吗?//时光//让子弹//在博物馆的墙壁上叮当作响。""而沙皇亚历山大……//正站在//起义广场?将炸药送去那里!//大炮在树林旁架起……//可为什么//普希金未遭到攻击?"②这位诗人还曾对如何解决国际与民族间的问题有过设想。例如,马雅可夫斯基曾建议参加热那亚国际会议(1922),以便"以主人的眼光细细视察即将到来的世界苏维埃联邦"③;建议人们在历史的远景中——"在一个没有俄罗斯、没有拉脱维亚的世界中,生活在统一的人类公寓里"④。

马雅可夫斯基只是依据这个星球上的主要"无产阶级理论家"的著述去理解历史法则,因而并不难于对 1917 年后苏联出现的共同性的性质问题作出回答。在创作诗歌《好》(1927)时,他认为,在这个社会主义祖国,相应的民族,就是社会主义的民族,且不存在任何其他的民族。那些对此存在着"极其困惑的"不解而提出的诘问——"这样的'社会主义'民族算个什么,//什么是'社会主义祖国'?……这类祖国、这股炊烟//难道就如此惬意香甜?……在你们那里连俄罗斯这一名字都已丢失。在忘记了民族的人那里,祖国算什么?//你们的民族是怎样的?是共产国际民族?"⑤依马雅可夫斯基所论,只会产生在那些旧式的"民族寄生者"那里,即那些富人们、资产者们和社会主义共和国的其他一些敌人那里。要想让这类人理解祖国和民族的新概念,那就只有"卢比扬卡肃反委员会的鹰爪",再加上"毛瑟枪同志"才能办得到。

---

① 即意大利雕塑家、建筑设计家巴尔托洛梅奥·卡洛尔·拉斯特雷利(Растрелли, Бартоломео Карло,1675—1744)和弗朗切斯科·拉斯特雷利(Растрелли,Франческо,1700—1771)父子,1716 年应彼得大帝之邀来俄。弗朗切斯科因主持设计建造了圣彼得堡的斯莫尔尼宫、冬宫、彼得霍夫的大宫殿、皇村的叶卡捷琳娜宫等著名建筑而被誉为 18 世纪俄国最负盛名的巴洛克建筑大师。——译者注
② 《弗·弗·马雅可夫斯基全集》(12 卷本),第 2 卷,莫斯科,1939 年,第 32—33 页。
③ 《弗·弗·马雅可夫斯基选集》,莫斯科,1956 年,第 77 页。
④ 同上,第 145 页。
⑤ 《弗·弗·马雅可夫斯基选集》,莫斯科,1956 年,第 341、342 页。

对语言学建设中的革命主义—乌托邦思想的羞辱。语言学界的革命家们曾经以自己的方式断言国际主义是与"民族主义的局限性"和"大俄罗斯沙文主义"相对立的。尼·雅·马尔院士于 1923—1924 年间阐述的"语言新论",曾被宣称为"唯一正确的"和"马克思主义的"。马尔在 1928 年 12 月至 1929 年 1 月间召开的那次著名的马克思主义历史学家代表大会上所作的报告,也曾被米·尼·波克罗夫斯基称之为出色的和似乎证明着"不仅可以从阶级斗争的研究中得出我们的唯物主义的结论,也可以从对人类语言历史的研究中得出"①。

统一的原始语逐渐分解为独立但却具有亲缘关系的语言,这是语言学的通论;"新论"则一反这一通论,提出完全相悖的概念,即,语言的产生互不相干。马尔认为,最初的发声语言总共由 4 个元素构成——*сал, бер, ион, рош*。这些元素(即如马尔最有影响力的追随者伊·伊·梅夏尼诺夫②院士所称的"扬声性质的啸叫声"),被认为是在魔幻般的劳动进化过程中与其他一些技能一同产生的,并且在很长时间内没有任何词汇意义。这类元素(极其经常地处在被改进的形态中)在任何一种语言的每个语词中均不难发现。据马尔所见,语言在自己的发展中时常经历交会过程,在两种语言的相互作用下,会转化成另一种新语言,它同样也是那两种语言的后代。

马尔的这类理论,是与 20 世纪 20 年代有关即将到来的世界革命的观念和许多人依然要成就使用一种世界性语言同大陆上所有无产阶级进行交流的期望相符合的。马尔写道,就如同"人类由手工业的分散经济和社会形态走向一个统一的世界性经济一样……语言亦会大踏步地由原始的多样迈进到一个统一的世界性语言"③。马尔在苏联不仅看到了一些新的民族语言的创立,也看到了由于它们之间的交会(即相互渗透)作用,"许多民族语言因语言和思维的统一而被废除"④的过程正在进展之中。

---

① 《M. H. 波克罗夫斯基选集》,第 4 卷,第 449 页。

② 即伊万·伊万诺维奇·梅夏尼诺夫(Мещанинов, Иван Иванович, 1883—1967),语言学家、考古学家、院士,高加索及小亚细亚死语言研究专家。——译者注

③ 《尼·雅·马尔选集》,第 2 卷,莫斯科、列宁格勒,1936 年,第 135 年。

④ 同上,第 450 页。

自 1921 年雅弗①语言学研究院(自 1931 年起更名为语言与思维研究院)创立之日始,其研究规划便已预先规定要对未来的语言问题展开研究。1926 年 2 月,曾拟定成立一个应用语言学研究小组。该研究小组的任务是制定未来全人类语言的理论规范。马尔的《语言新论》的主要论点之一宣称:"未来的全世界语,将是一种新型体系的、特殊的、此前不曾存在过的语言,就如同未来的经济……未来的无阶级的社会和未来的无阶级文化一样。分布最广泛的世界诸语言——必然是资产阶级文化的和资产阶级阶级性的语言——中的任何一种,自然而然都不可能成为这样的语言。"②正是这种论点被斯大林在党的十六大上作了复述。斯大林说:"在社会主义于**世界范围内**取得胜利的时期,当社会主义已经巩固并深入到人们的日常生活的时候,各民族语言必然会融合成一种共同语;这种语言当然既不会是大俄罗斯语言,也不会是德意志语言,而将是某种新型的语言。"③

尼·雅·马尔院士这一"革命的"语言学理论——它所取得的最重大的成就便是在党的代表大会上得到了如此的肯定——还因其他一些"价值"而赢得高度评价。尼·伊·布哈林 1931 年 4 月 6 日于全苏科学研究工作规划会议上所做的报告中,曾指出:"在任何情况下,不管对尼·雅·马尔的雅弗语言学理论作任何评价,都必须承认,它有一个无可争辩的巨大的功绩,就像是一场反对语言学中的大国主义倾向的哗变;而此类倾向是捆绑在这个学科脚上的千斤坠。"④

尼·雅·马尔的理论因为有着这样的支持,故在这位学者逝世(1934 年 12 月 20 日)后很长一段时间内,一直被其追随者们以强加于人的方式奉作似乎为苏联科学界一致接受的理论。然而,马尔对民族界线的否定,对俄语在苏联境内向世界性语言转化过程中所起到的特别作用的否定,对旧有科学的完全排斥,提

---

①　雅弗(Яфет,又作 Иафет),《圣经》人物,挪亚第三子。据信,大洪水过后落居世界各地的人类,均为闪(Сим)、含(Хам)、雅弗三兄弟的后裔。据此,后人推论雅弗当为部分印欧人的先祖。——译者注

②　《尼·雅·马尔选集》,第 2 卷,第 396 页;另见第 25 页。

③　《约·维·斯大林文集》,第 13 卷,第 5 页。

④　《科学与技术的方法论与规划》,载《尼·伊·布哈林文选》,莫斯科,1989 年,第 81 页。

出加速创建一种人造世界语的要求,他与波克罗夫斯基的交好,他的某些思想与布哈林思想的相似性——所有这些,都迫使斯大林在战后削去了这一"新思维"往日的荣耀。1950 年斯大林就语言学问题发表讲话之后,马尔便同波克罗夫斯基一样,成了将马克思主义庸俗化的人物,类同于那些"无产阶级文化派"①或"拉普派"②们。在现代学者的评价中,这个所谓的"语言新思维"被定性为绝对非学术的观点,其中包含着与 20 年代至 30 年代初期所特有的政治术语相混杂的最荒诞不经和虚假臆造的思想,且只是用来服务于对科学的语言学实施彻底的毁灭。③

那种认为可以在社会主义条件下彻底解决民族—语言问题的乌托邦式的观念,在 20 世纪 20 年代也为阿·马·高尔基所赞同。1926 年,当他收到来自乌克兰的一封信,建议将他的小说《母亲》译成乌克兰文并为青年人出一个缩写本时,他在自己遥远的索兰托寓所中感到十分懊恼。他在表示反对这一设想时回答道:"令我感到很是惊异的一个事实是,当人们在给自己设定与此相同的目标时,他们不仅是在断言方言间存在着差异并要竭力将这类方言弄成'语言',亦是在令那些在该类方言区内已经变成少数居民的大俄罗斯人们感到苦恼。在旧制度下,我曾尽我之所能地反对这种现象。我觉得,在新制度之下,应当努力排除那些妨碍人们互助的东西。而实际情况却是令人可笑的:一些人在竭力创造一种'世界语',而另一些人却反其道而行之。"④

---

① 无产阶级文化派(пролеткультовцы),群众性文化、文学与艺术组织,存续于 1917—1931 年间,因其对传统文化持虚无主义态度而多次受到列宁和党中央的批评;代表人物有亚·亚·鲍格丹诺夫(А. А. Богданов)、В. Ф. 普列特尼奥夫(В. Ф. Плетнёв)等。——译者注

② 拉普派(рапповцы),"拉普",俄罗斯无产阶级作家联合会(Российская ассоциация пролетарских писателей)俄文缩写(РАПП)的音译。系群众性文学团体,存续于 1925—1932 年间。在强调党性原则的同时,以庸俗社会—政治学和教条主义态度对待文学艺术创作,代表人物有列·列·阿维尔巴赫(Л. Л. Авербах)等。1932 年苏共中央作出决议将其解散。——译者注

③ 阿尔帕托夫 В. М.:《苏联语言学史论》,载《历史问题》,1989 年第 1 期,第 185 页。

④ 转引自《民族友谊》,1990 年第 7 期,第 197 页。

　　有关解决该问题的最简单的办法的论述,可以在亚·亚·鲍格丹诺夫①那本名为《论无产阶级文化》的文集中读到。早在 1919 年,这位知名的作者便主张,为了世界革命的利益而改造"英语粗糙的正字法,使之合理;或许还要顺带进行某些简化语法的改革";此后,便应将这一语言宣布为具有全部源于自身的实用标准的"国际—无产阶级语言"。② 伊利亚·爱伦堡③亦于是年表述过创立一种劳动人民统一语言的思想。他写道:"毫无疑问,一种全球性的语言的创建,很快便将成为不是个别一些怪人的追求目标,而是全体人类的使命……国际工人组织对这一已经迫近的必然性开始领悟。也许,世界语将不会继续存在,将被某种更为完善的语言取而代之。在我看来,有一点是清楚的——人类正在步入这样一个年龄,即它将为自己缔造一种全新的、统一的语言,以替代祖先们留下的那种含混不清的语言。"④

　　不过,世界语爱好者们却看到,民族—语言问题的解决,正处在他们的运动轨道之中。他们认为,路·柴门霍夫⑤以欧洲诸语言使用的拉丁字体、语法和词汇元素为基础于 1887 年创建的这种人造语言,应当成为革命无产阶级的国际性语言。世界语被吹捧为一种简约、合理、灵活、悦耳、对所有民族语言均系中立的

---

　　①　即亚历山大·亚历山德罗维奇·鲍格丹诺夫（Богданов, Александр Александрович, 1873—1928）,革命运动活动家、哲学家、经济学家。俄共中央委员（1905 年起）,1908 年起为召回派、前进报派的组织者,其经验一元论哲学观点曾受到列宁的批判,1913 年发表《普遍组织起来的科学》,提出社会发展基本动力不是阶级斗争,而应是对社会生产力的科学组织,1918 年起为无产阶级文化派的理论家。另著有乌托邦小说《红星》、《工程师莫尼》等。——译者注

　　②　鲍格丹诺夫 А. А.:《论无产阶级文化（1904—1924 年）》,莫斯科,1924 年,第 332 页。

　　③　即伊利亚·格里戈里耶维奇·爱伦堡（Эренбург, Илья Григорьевич, 1891—1967）,作家,一战时曾任《俄国晨报》和《市场报》驻法德前线记者;早期对十月革命持怀疑态度,1921 年起以记者身份侨居国外,发表第一部长篇小说《胡里奥·胡伦尼多及其门徒奇遇记》。30 年代初回国,长篇小说《第二天》反映出其思想的转变,二战中发表《巴黎的陷落》（获 1942 年度斯大林奖）,另有 3 卷本政论文集《战争》,战后著有长篇小说《暴风雨》（获 1948 年度斯大林奖）、《九级浪》、《解冻》,回忆录《人、岁月、生活》等。——译者注

　　④　转引自斯沃多斯特 Э. П.:《共同语言将如何产生?》,莫斯科,1968 年,第 240 页。

　　⑤　即拉扎尔·路德维克·柴门霍夫（Заменгоф, Лазарь Людвик, 1859—1917）,波兰内科兼眼科医生,犹太人,世界语创制者。——译者注

语言,且重要的是,易于习学。它基于 16 项绝无例外的语法规则。世界语爱好者们说服人们道,具有中等能力的工人,只需学习 3—4 个月,每日 1 小时,就足够运用该语言自如地阅读、书写和会话。在全球性的世界语爱好者运动中,各"进步"政党(社会—民主党人、基督教社会主义者,等等)的追随者们,甚至还有被有关建立世界性的人类无民族友好团体的种种理想所鼓舞的非党派自由主义者们,走到了一起。

十月革命引发了"红色世界语"的诞生。它的思想家们在对国际性语言问题开始做出"唯物主义的"论证后,曾断言,在世界范围内正在开始的社会经济的联合,不可避免地将导致那些把诸民族分割开来的、阶级的、国家的和语言的界线的瓦解。如果说,谈论统一的世界性语言的时日尚未到来,那么谈论关于通用的、辅助性的、对每个人均为第二语言的问题,却是正当其时。推行这种语言,依"唯物主义者们"所见,应是会加速由历史进程所主使的现行诸语言的同化与国际化的过程,会对清除民族差异提供一切可能的帮助。苏联世界语爱好者领导人之一艾尔涅斯特·德列津[1]在其《为了共同语言:3 个世纪的探索》一书中曾这样写道:"形式划一的、集体主义化的世界体系的确立,将同时意味着要废除 800 种已经形成的……语言并将它们导入一种统一的样式。"[2]

1917 年,俄国约有一百个世界语协会或小组在活动,此后它们的数量快速增加。1921 年出现了诸苏维埃国家世界语爱好者联盟,晚些时候更名为苏联诸加盟共和国世界语爱好者联盟。自这时起直至 1937 年,苏联境内的世界语主义曾是一种风行一时的社会运动,得到过政府的支持。世界语被宣传为如同世界革命的一项保障,如同将世界无产阶级联系起来的黏合剂和未来的全球工农共和国联盟的基石。有人曾建议,"立即向全世界宣布:俄罗斯工农共和国在与其他国家的国际政治、经济和工贸的所有交往中,今后将仅使用国际性的辅助语

---

[1]   即艾尔涅斯特·卡尔洛维奇·德列津(Дрезен,Эрнест Карлович,1892—1937),著名语言学家、教授。——译者注

[2]   德列津 Э. К.:《为了共同语言:3 个世纪的探索》,莫斯科、列宁格勒,1928 年,第 18 页。

言——世界语"。《全苏中央执行委员会通报》的副编辑普·米·克尔任采夫①
曾于 1919 年 1 月在该刊物上撰文写道:"世界上第一个社会主义共和国现在有
一切理由将国际语言问题提到日程上来并着手该问题的实际解决:这个共和国
不仅可以,且亦应当为了它所信奉的和给它以动力的那些理想而承担起实际解
决国际语言问题的首倡之权,并呼吁其他国家人民在此问题上追随其后。"

　　这一人造国际语的教学工作,是以自愿为原则加以组织的,但也曾存在以命
令方式进行教授的情形。据一位昔日的红色拉脱维亚神枪手、第 25 恰巴耶夫师
斯杰潘·拉辛团政治委员回忆,国内战争期间,曾存在着对即将到来的世界革命
和在欧洲国家无产阶级起义时提供国际援助的必然性的深信不疑的信念。而红
军战士将以何种语言与西欧诸国人民交流的问题,也便自然而然地出现了。于
是,1921 年时曾向包括第 25 师在内的全军以下达命令的方式,指令全体指战员
均须在各部队政治委员的负责下学习世界语。这位政治委员得到一本教科书并
在两年时间里一直主持这种学习。据他所称,大家很愿意学习这门语言,并且学
得很出色,没有跟不上的。1923 年,这位政治委员被派去参加高级指挥培训,他
的教学活动也就中止了。然而直到晚年,他仍深信不疑:"要是每星期能学习 4
个小时,而不是 2 个,那么一年后,全团就都能说世界语了。"(《星火》,1988 年第
8 期)在"非军队"范围内,这一国际性语言的研修是在一些俱乐部和学习小组
中、在普及教育学校或高级学校中进行的。到 20 世纪 20 年代末,所有大城市均
有世界语爱好者组织,习学这种语言的人数多达数万。"他们当中的优异者,"在
一本名为《奉作至爱》(1978)的书里,已经掌握了世界语的中学生列·季·科彼
列夫②这样写道,"通常会被接纳加入一个特别的联盟组织——Sennacieca
Asocio Tutmonda(即全球无民族联盟,缩写为 SAT。——作者注)。"被接纳者

---

① 即普拉东·米哈伊洛维奇·克尔任采夫(Керженцев, Платон Михайлович, 1881—
1940),苏联政要、历史学家、记者,曾在《星》、《真理报》工作。后历任俄罗斯通讯社领导
(1919—1920)、苏驻瑞士全权代表(1921—1923)、驻意大利全权代表(1925—1926)等职,有革
命运动史方面的著述。——译者注
② 即列夫·季诺维耶维奇·科彼列夫(Копелев, Лев Зиновьевич, 1912—1997),文艺理
论家、德国学者,持不同政见者。——译者注

会被颁发给盟员证书——一种绿皮小本,里面是用拉丁文字登记的姓名;还有一枚徽章——一个镶嵌在红圆圈里的绿色五角星。盟员们对有关自己的民族属性的提问,应当自豪地回答:sennaciulo(无民族)和 Satano(我是全球无民族联盟成员)。

然而,20 世纪 20 年代,在苏联的大部分民众均没有文化,或者仅有一点本民族语言教育初级知识的情况下,推行世界语便不可能成为通盘解决一切问题之策。20 年代末,世界语爱好者的全球运动遭遇困难,其原因是坚持共产国际立场的革命派与"反对派"之间出现分裂。在苏联,世界语爱好者们因其领导人物亲近托洛茨基分子和季诺维也夫分子而受到猜疑。结果,1937 年,世界语从国际革命无产阶级的语言"变"为"间谍语言"。以总书记艾尔涅斯特·德列津为首的苏联诸加盟共和国世界语联盟中央委员会成员被捕,世界语运动遭到摧毁。只是到了 1956 年,这一运动方得以复兴。

在 20 世纪 20—30 年代,苏联的国家语言政策的科学保障,终归还是没有按照亚·亚·鲍格丹诺夫和世界语爱好者的建议去实施,甚至也没有按照尼·雅·马尔的理论去实施;而是依据聚集在 1925—1937 年间存续的全苏新字母表中央委员会周围的那些学者们制订的方案来实施的。然而,即使在这些专家们中,亦不乏热衷于支持改用拉丁字母体系的人,他们不仅要将尚且保存着字母独特性的格鲁吉亚语、亚美尼亚语和欧洲一些语言转换为使用拉丁文字,甚至也要将俄语文字书写字体转换为拉丁字体。

尽管革命使人类的许多理想成为现实,但是,如著名东方学家、闪语言学家尼·弗·尤什马诺夫[①]在 1929 年所表达的惋惜之情那样,"巴比伦塔的语言之乱,远未终结"。若是说,"创制世界性语言的工作者们,即所谓的**'世界语语言学家们'**",他继续心怀遗憾地指出,"早已从最高理想('给统一人类以统一语言')转向最小理想('给每一个民族以自己的语言和给出一个供大家使用的共同

---

① 即尼古拉·弗拉基米罗维奇·尤什马诺夫(Юшманов, Николай Владимирович, 1896—1946),语言学家、通讯院士,有闪—含语言学、非洲学、普通语音学、字母和语言学术语统一化方面的著述。——译者注

语')"，那么，创制世界性语言字母表的那些工作者们，即所谓的世界语文字学家们，并没有放弃自己的最高理想——"引领全人类走向统一的书写文字"①。确实，改革家暂时尚且无论如何也无法战胜保守派的抵抗："俄语拉丁化问题，屡次提出，屡遭失败。"②

1929年11月，根据俄罗斯苏维埃联邦社会主义加盟共和国教育人民委员会的倡议，一个研究俄语字母拉丁化问题的专门委员会成立了。参加该委员会的有印刷业专家、俄语教师、语言学学者及其他一些人。领导这个委员会的是尼·费·雅科夫列夫③。该委员会在11月29日召开的第一次会议上，便通过了主席提出的"纲要"。"纲要"指出，"俄语民用字母在其历史上是专制制度压迫、传教宣传、大俄罗斯民族主义的字母"；这一字母体系在1917年的部分改革之后，"依旧继续是民族—资产阶级的大俄罗斯主义思想家的字母体系"；如今，它"同样是字母体系拉丁化事业的主要障碍——无论是其他一些具有民族化形态的（如犹太语、亚美尼亚语、格鲁吉亚语，等等）字母体系的拉丁化，还是基于基里尔字母而创立的（如白俄罗斯语、乌克兰语、东芬兰诸语言，等等）书写字体的拉丁化，均是如此"。新字母体系的推行，曾被规定是要取代拉丁字母体系在全世界范围内的诸民族化的种种变体，并且是作为能够使诸民族间语言与文化交流空前简化的具有决定意义的前提之一。因此，也许最为重要的是，建立在拉丁字体基础之上的这一国际性的字母体系，被想象为"在通往国际性语言之路上迈出的一步"。④

1930年1月14日，该委员会召开最后一次工作会议，并作出决议："应当承认……俄罗斯人在最近时期内向统一的国际性字母体系的过渡，是不可避免

---

　　①　尼·弗·尤什马诺夫：《世界通用字母表试验》，载《东方文化与书写文字》，第5辑，巴库，1929年，第69页。

　　②　同上，第73页。

　　③　即尼古拉·费奥法诺维奇·雅科夫列夫（Яковлев, Николай Феофанович, 1892—1974），高加索学、音位学、社会语言学专家，1936年起任职于科学院语言学研究所，1942—1950年主持该院高加索语言研究所。有高加索民族语言学著述。——译者注

　　④　《俄语书写文字拉丁化问题资料》，载《东方文化与书写文字》，第6辑，巴库，1930年，第209、210页。

的。"该决议中包括了一些有利于此项改革的社会—政治性的、经济与教育性的设想。其中亦有如下表述:"俄语民用字母表是 18—19 世纪俄国封建主—地主和资产阶级的阶级性字体的残余……它至今依然将使用俄语阅读的居民与俄国革命前文化的民族—资产阶级传统束缚在一起";而向新字母体系的转化"将彻底把俄国劳动民众从内容为资产阶级—民族主义的和宗教性的革命前印刷品的所有影响中解放出来"。该委员会毫不怀疑,拉丁化将引发"来自所有反动分子,甚至是一些尚未完全背弃与无产阶级利益相左之思想的公民们的狂暴反抗",但是委员会说服人们相信:拉丁化的时日已经到来。它将会得到进步的苏联全社会的支持;总之,按照列宁的说法,它将引起一些"无关紧要的困难"。该委员会建议应在未来 4 年内实现向拉丁化的过渡,可望由此在第一个五年计划的最后一年便取得经济制度方面的一定收益。①

　　赞同俄语字母拉丁化的最完备的论证,是出刊载于定期出版物《东方文化与书写文字》第 6 辑中的尼·费·雅科夫列夫的那篇文章提出来的。该文作者是这样描述反对改革者的主要论点的:"向新字母体系的转化,是在败坏两百年来俄罗斯文化历史传统,实际上将导致这一文化退化。"雅科夫列夫在反驳这一论点时断言:"我们破坏这一封建—地主和资产阶级文化传统的同时,正是以此来保障具有无产阶级内涵的俄罗斯民族文化的繁荣。""现今的俄语字母体系与俄国社会主义内涵之文化的发展速度不相适应,且正是为了确保这一文化的进一步成长与繁荣,我们才应当转而启用更为完善的书写形式。"他继续肯定地说:"拉丁字体,就如同现代人的眼睛或手的生理作用一样,更为适应技术发展的现代水平;而现今俄语字母的书写形式却适合于较低级的生产力发展水平,故而是适合于革命前沙皇俄国的阅读与书写技能。"拉丁化会因纸张等消耗的减少而获得物质性的益处,也再次被允诺为可以实现的。拉丁化最重大的益处被认为是表现在意识形态领域,因为,"政治上统一的字母体系,是苏联所有民族的统一和

---

　　① 《俄语书写文字拉丁化问题资料》,载《东方文化与书写文字》,第 6 辑,巴库,1930 年,第 214—215 页。另见卢那察尔斯基 A. B.:《俄语书写文字拉丁化》,载《东方文化与书写文字》,第 6 辑,巴库,1930 年,第 22 页。

他们的文化在其民族样式所有多样性情形下的无产阶级内涵的统一在书写法中的反映";这一字母体系"将巩固苏联诸民族与东、西方劳动大众的团结一致"。①

反对者们则指出他们论证中的明显矛盾——那个"迄今为止在许多地方一直服务于欧洲一些国家的殖民主义政策的"字母体系,被承认是革命的,而俄语字母体系早已不再是这样的工具,且更为重要的是,"它现在是唯一一种用来出版列宁全集的字母体系"(《莫斯科晚报》,1930 年 1 月 7 日)。改革者们没有对反对者们的这一异议做出回应。向新字母体系的过渡曾被建议于第一个五年计划期间实施。尽管这并未成为现实,但 И. 汉苏瓦罗夫在他那本《拉丁化——列宁民族政策的武器》(1932)中仍继续说服人们相信,国际主义者所捍卫的只能是拉丁字母体系,因为在"世界革命即将到来的胜利的情势下",这一体系对所有民族而言,将成为一个根本性的字母体系。所有那些试图将俄语字母体系视为非俄罗斯民族书写文字基础的尝试,均被他贴上了"向中世纪资产阶级的磨机里加水"的反革命行为的标签。②

阿·瓦·卢那察尔斯基在此种情形下,亦曾将支持那些倡导此事的革命者视为己任。他不仅以自己的威望,还引用列宁的言论来肯定书写文字改革者们的精神。在专门为此撰写的文章《俄语书写文字拉丁化》(发表于《红报》)中,卢那察尔斯基回忆起自己与列宁曾经讨论过这一问题。据卢那察尔斯基所称,关于俄语书写文字改革的问题,列宁曾这样表述过自己的意见:"如果我们现在不推行这项必要的改革,这将很糟糕;因为,正是在这方面,如同在推行例如米制和公历制一样,我们应当现在就承认要清除旧事物的各种残余。"只有一点令列宁引而未发——存在着因仓促行事而坏了大事的危险:"若是我们仓促开始实施新的字母体系,或者仓促推行拉丁字母……那我们便可能弄出许多错误并树立了一个无益的靶子,批评界将会以此为目标,批评我们行为粗暴,等等。我不怀疑,俄语字母拉丁化的时日将会到来,但现在仓促行动,却是轻率的。"③据卢那察尔

---

① 雅科夫列夫 Н. Ф.:《为了俄语字母的拉丁化》,载《东方文化与书写文字》,第 6 辑,巴库,1930 年,第 37—43 页。

② 汉苏瓦罗夫 И.:《拉丁化——列宁民族政策的武器》,莫斯科,1932 年,第 21 页。

③ 卢那察尔斯基 А. В.:《俄语书写文字拉丁化》,第 22 页。

斯基证实,他在领导俄罗斯苏维埃联邦社会主义加盟共和国教育人民委员会的整个期间内,曾收到不少有关推行拉丁字母的建议。他对尼·费·雅科夫列夫委员会的工作给予了赞许的评价——该委员会已经制定出编制新字母体系的原则,并表示确信:"这一主张最终将会占上风,并被付诸实施。"①

苏联最高政权机关于1933年制定的有关必须将苏联诸民族书写文字转换为基里尔字体的诸项决议,使此类观念蒙受严重打击。关于以基里尔字母替代少数民族使用的拉丁字母的这个原则性决议,是于是年10月份由米·伊·加里宁领导的一个委员会通过的。由于马尔的坚决要求,当时决定格鲁吉亚语和亚美尼亚语字母体系不进行转换。10月15日,马尔于该委员会工作会议结束后返回列宁格勒,向紧急召集来的同事们宣布:"我们现在有个刻不容缓的任务——要将40余个苏联民族的'拉丁字母'替换为俄语字母。"在召开学术委员会工作会议时,拉·帕·贝利亚②的一封来信被交到马尔手中,信中称:"请来莫斯科,请打电话给斯大林同志,他要接见您。"这个命令令这位院士大为震惊——他扑通一声跌倒在地。令院士如此惊恐的原因,是他脑海中一闪而过的一个推理:斯大林将会重提马尔在加里宁处开过会后从一位与会者口中听到的那句话:"您把苏联的书写文字的统一给毁了。"

然而,中央执行委员会主席团做出的实施这类决定的第一个正式决议,只是到了1935年6月1日方才下达。该决议规定将北方诸民族的书写文字转换为基里尔字母。反对加速转换字母体系的,是全苏新字母体系中央委员会。该委员会于1937年被解散。1939年曾宣布,随着苏联诸民族文化水平的提升,拉丁化字母体系已不能满足语言发展的需要,因为它不能提供与伟大的俄罗斯民族文化贴近的全部条件。俄语已被作为第二语言而在中小学校普遍开课修学。关于此举的决定,是于1937年10月在党中央委员会的一次全体会议上通过的。

---

① 卢那察尔斯基 A. B. :《俄语书写文字拉丁化》,第23、26页。

② 即拉夫连季·帕夫洛维奇·贝利亚(Берия, Лаврентий Павлович, 1899—1953),苏联政要,元帅,犹太族,历任格鲁吉亚党中央第一书记(1931—1938)、国家安全人民委员会主席(1938—1945)、内务部长(1953)、政治局成员(1946—1953)。1953年斯大林去世后,被以间谍罪和阴谋夺权罪捕杀。——译者注

而 1938 年 3 月 13 日,则公布了苏联人民委员会和联共(布)中央《关于诸民族共和国和民族区中小学必须修学俄语的决议》。同年 7 月 7 日,《真理报》便已经在报道中说,俄语正在成为社会主义文化的国际性语言,"就像拉丁语曾经是中世纪早期社会上层人物的国际性语言,法语曾经是 18—19 世纪的国际性语言一样"。依据人民委员会和党中央委员会的此项决议,诸加盟共和国和自治共和国政府自新学年起便在非俄罗斯族中小学推行俄语的必修教学工作。苏联诸民族先前已拉丁化的书写文字,自 1937 年起又被转换为俄语字母。至 1939 年 11 月,俄罗斯苏维埃联邦社会主义共和国所有曾使用拉丁字母的民族(约 40 个),均已转而使用俄语字母,相应的法律亦在诸加盟共和国相继通过。苏联诸民族语言革命化的种种实验,即告终结。

　　总体说来,20 世纪 20 年代和 30 年代一大段时期的俄国历史证明,那种纠缠不去的世界革命思想,曾主宰着那一时段的权力精英们的头脑,使国家和它的人民付出昂贵的代价。在整个这段时期内,对俄罗斯历史的过去和它的传统文化的诋毁、对人民的爱国主义情感的讥讽,一直不曾中止过。"数十位党内善于辞令的人和数百位乐于效力的写手们,在嘲讽谩骂那些'纯种大罗斯佬'(русопяты)、'纯种罗斯鬼子'(русотяпы)、'正宗大罗斯人'(русопёты)、'我们毙了俄罗斯这个大屁股婆娘'",和使用无从计数的类似的污言秽语方面"表现得手法多样,且无所不用其极"。对所有昔日文学遗产的否定、欲将无产阶级文化与人类整体文化相对立的企图、对待纪念"可恶过去"的历史遗迹所持有的汪达尔主义态度,均采取了由"世界主义和伪国际主义的狂热"(阿·托尔斯泰语)所衍生的畸形方式。国内当时的气氛已达到这等程度,甚至在诗歌中使用"家乡"、"祖国"、"俄罗斯"这类词语,都会被视为应受到谴责的、陈腐的,是从与革命精神格格不入的诗人们那儿租赁来的货色。时至 20 年代下半期,仍然令人确信无疑地表明,对待精神文化将采取近乎荒诞的阶级方法。所有对政府的反民族政策持有非议的人,均被宣布为敌人。伪国际主义者们似乎觉得处处都存在着大俄罗斯人的大国沙文主义,它正在被以前所未有的残酷方式加以根除。他们在那些昔日俄罗斯帝国的臣民身上,正实施着一项将其转变为某种 *homo cominternicus*,即全球苏维埃社会主义共和国联盟公民的实验。特别是苏联,在共产国际的纲领中被视为这样一个国家，在那里，国际无产阶级首次有了祖国并与其尚滞留在联盟之外的另一部分无产者一道，在统一的世界共产党领导之下，为确立全世界范围内的专政而斗争。这类取向独特的大国主义，表现在被拙劣隐匿起来的一种意愿中——抓住衣领、打倒整个资本主义，只要我们有足够的力量做到这一点。从这种扩张主义中摆脱出来，曾耗去了许多岁月。

2

培养爱国主义作为反击外部威胁的手段。20 世纪 20 年代所特有的那些关于国际主义、爱国主义、俄罗斯语言、俄国历史及其活动家们的概念，没能一劳永逸地确立起来。那个还是被弗·伊·列宁标定出来的"与爱国主义存在着最为显著分歧"①的时段，原来却是相当短暂。社会主义在俄国的实施，不是依照托洛茨基的方针，而是依照斯大林的，即"一国社会主义"的方针。由此一来，世界革命的思想便被注入新的内容，要求在从资本家们手中收复的领土上创建一个正义王国。将苏联转变为一个有能力捍卫革命和给予处在正义斗争中的外国劳苦大众兄弟们以帮助的工业化强国这一主张，在民众中受到越来越多的支持。我国这一时段的政治史，显示出布尔什维克国务活动家们的地位日见巩固、受"左倾"病之累的世界主义共产党人被排挤出领导层的这一过程。

据列·德·托洛茨基所见，这一进展是一种不能容忍的对卡尔·马克思和弗·伊·列宁原则的背离；只是因为他们的那些学生们存在着民族局限性，只是因为对"民族布尔什维克主义"（национальный большевизм）邪说（托洛茨基将这一邪说等同于"国家社会主义"、"民族共产主义"、"社会—爱国主义"）的鼓吹，这种进展才得以成为可能。② 当代的托洛茨基主义者们，步自己那位奠基人的后尘，亦每每断言道："斯大林⋯⋯抛弃了列宁的世界革命纲领并于 1924 年秋季前用民族主义的谎言——'一国社会主义'取而代之。""斯大林和布哈林，利用他们的'一国社会主义'主张，在效力于正在形成的官僚集团的同时，蹂躏了列宁和托洛茨基的国际主义的共产主义。"③

然而，不可断言：列宁的那些学生们，诸如斯大林和他的追随者们，顷刻间便悉数背叛了自己的导师。直至 20 世纪 30 年代下半叶，党内依然十分流行着这样一些观念，即莫斯科和其他一些大城市不可能成为民族特殊性的保留地；它们

———————————

　　① 《弗·伊·列宁全集》，第 37 卷，第 190 页。

　　② 托洛茨基 Л. Д.：《列宁之后的共产主义国际主义：溃败的伟大组织者》，莫斯科，1993 年，第 66、76、113 页；另见其《我的一生》，第 2 卷，莫斯科，1990 年，第 172 页；《反对民族—共产主义》，载《反对派公报》，1931 年第 24 期，第 3—13 页。

　　③ 《国际共产主义联盟（即第四国际联盟）第二届国际代表大会文献：为了列宁和托洛茨基的共产主义！》，1992 年 12 月 10 日，载《斯巴达克盟员公报》，1993 年第 4 期，第 4、17 页。

如同纽约一样,正在对大量的民族进行再度磨合并使其失去个性。米·伊·加里宁在 1931 年曾说道,在我们苏联,"实质上,正在被锻造出来的甚至不是俄国人,而是在锻造一种新型的人,即苏联公民"[①],他有着为其所独具的爱国主义,或者(按照米·尼·波克罗夫斯基的话来说)是民族主义。[②] 早些时候(即 1927年 11 月),加里宁曾特别强调指出:"我们,就是一个国家,故我们应当使全体居民都成为苏联式的居民,使全体居民充满苏联式的爱国主义。"在当时的情势下,这一独特的定位,那些主要的资本主义国家也会做出。例如,加里宁就曾说道:"每个英国人都充满英国式的高傲,以为什么也没有英国好。你们看到了,资产阶级是多么善于使自己的国家充满爱国主义。"[③]因此可以说,临近 20 世纪 30年代初期时,苏联存在着一些有关民族既是拥有共同的苏联国籍的人又是拥有关这个民族所独具的爱国主义(即民族主义)的观念的萌芽。

社会思想在这一向度上的运动,在许多方面是依靠这样一些错觉来维系的,即在第二个五年计划中,已成功地彻底消灭了阶级,完全清除了滋生阶级差别和剥削的原因,同时也战胜了资本主义在经济和人们意识中的残余,并已将所有劳动者转变为"无阶级的社会主义社会的自觉和积极的建设者"。但是,希特勒在德国的执政,成为一个更为重要得多的因素。它迫使苏联国家领导人去寻求其他可能,以便使民众团结在较之鼓动苏联国内诸民族工人阶级大团结和工农联盟的宣传更加具有高度凝聚力的思想周围。

早在 1933 年 2 月 3 日,即法西斯"民族集结"政府成立次日,希特勒便在国防军司令部会议上宣称,他最为重要的目标就是:重建强大的武装力量、夺取新的消费市场、在东方占取生存空间和推行他的无情的日耳曼化。这意味着,通过纳粹党党魁口头和书面演讲而早已为苏联和国际社会所熟知的那些目标,已经升级为这个工业能力居资本主义世界第二的国家之国策。

---

① 加里宁 М. И.:《苏联的犹太人》(在全苏安置犹太劳动者务农协会上的讲话),载《革命与民族》,1931 年第 2—3 期,第 39 页。

② 见《М. Н. 波克罗夫斯基选集》(4 卷本),第 4 卷,莫斯科,1967 年,第 611 页。

③ 加里宁 М. И.:《在 ВКП(б)北高加索代表大会上的讲话》(1927 年 11 月 25 日),载《米·伊·加里宁选集》(4 卷本),第 2 卷,莫斯科,1960 年,第 210 页。

历史与爱国主义被推向国家政治的风口浪尖。对战争不可避免的清醒意识,迫使苏联领导层重新审视自己以往对待中、高等学校教育中开设历史课程的作用所持的观点,认定利用这一课程作为有针对性地营造社会历史意识和培养爱国主义情感的强有力的工具,是必要的。自 1933 年 3 月起,俄罗斯苏维埃联邦社会主义加盟共和国教育人民委员会下属的一个委员会,开始了编写新版俄国和苏联历史教科书的工作。最初的一些尝试并不成功。该类教科书是以米·尼·波克罗夫斯基的民族虚无主义学派那些低劣的传统精神编写的。一年后,即 1934 年 3 月 8 日,在一次历史学家会议上,已经开始公开谈论关于同"社会学方法论"决裂和恢复到所谓的"实用主义史学"教学的必要性。会上曾出现了"我们需要一个布尔什维克式的伊洛瓦依斯基"的呼声。德·伊·伊洛瓦依斯基①是革命前历史编撰学和政论界的保守—守旧派代表性人物及 1860 年以来广泛出版、颇受欢迎的一些中学历史教科书的作者。

1934 年 3 月 20 日,历史教科书问题成了政治局一次扩大会议上讨论的议题。已编写完毕的中学历史教科书遭到淘汰。"这是什么?"斯大林发问道,"'封建时代'、'工业资本主义时代'、'诸社会发展结构时代'——全是些时代,却没有事实,没有事件,没有人物,没有具体的数据;既没有名字,也没有称谓,没有具体内容。这完全不适用……我们需要有事实、有事件、有名有姓的教科书。历史应当就是历史。需要有古代世界史、中世纪史、近代史、苏联史、殖民地和被压迫民族史。"在此次会议过程中,关于俄罗斯民族在祖国历史中的作用这一重大命题,获得了准确的定义。安·谢·布勃诺夫决定要更明确地确认需要什么样的教科书:是"苏联史",还是"俄罗斯诸民族史"。斯大林确认道:"是苏联史。俄罗斯民族曾在过去将其他民族集合起来,现在她也已着手进行这样的集合。"②因此,他宣告:波克罗夫斯基体系不是马克思主义体系,且整个灾难都出自波克罗夫斯基

---

①　即德米特里·伊万诺维奇·伊洛瓦依斯基(Иловайский, Дмитрий Иванович, 1832—1920),主要著述有《罗斯起源探讨》、《俄罗斯历史》(5 卷本)及俄国和世界通史教科书等。——译者注

②　布拉切夫 B. C.:《历史学家案(1929—1931)》,圣彼得堡,1997 年,第 88 页。

所影响的那个时期。①

　　依据讨论结果,新历史教科书的数个编写作者小组被组建起来并获得批准。1934—1937 年,还曾举行过一次优秀苏联史教科书编撰竞赛。民族—俄罗斯观点与民族虚无主义观点的冲突在此次竞赛过程中反映出来。竞赛委员会成员布哈林认为,该教科书应当包含对许多世纪以来的俄罗斯落后现象和"各民族的监狱"的描述。他建议,对罗斯形成的诸阶段——接受基督教、聚合诸俄罗斯人国家、小俄罗斯与俄罗斯的重新合并,要以虚无主义立场加以看待。在伊·伊·明茨②小组编写的教科书样书中,所有事件均被划分为革命的和反革命的。被描述为反革命分子的有,例如米宁和波扎尔斯基;小俄罗斯与俄罗斯的重新合并被宣布为对"乌克兰民族"的奴役,而鲍格丹·赫麦尔尼茨基③则被刻画成反动分子和叛徒。

　　没有等到竞赛结束,苏联人民委员会和联共(布)中央便于 1934 年 5 月 15 日通过了那个著名的决议——《关于非宗教性历史在苏联中学的教学》。该决议包含有关应于 1935 年 6 月前编定新版历史教科书的指令和关于自 1934 年 9 月起恢复列宁格勒国立大学和莫斯科国立大学两校历史系建制的指令(无论多么奇怪,莫斯科大学却获得了米·尼·波克罗夫斯基的命名,并一直沿用这一命

---

　　①　见利特文 A. Л.:《没有思考的权利(大恐怖时代的历史学家们。命运随笔)》,喀山,1994 年,第 56—57 页。

　　②　即伊萨克·伊兹赖列维奇·明茨(Минц, Исаак Израилевич,1896—1991)历史学家,院士,有苏共党史等方面的著述。——译者注

　　③　即鲍格丹·米哈伊洛维奇·赫麦尔尼茨基(Хмельницкий, Богдан Михайлович,约 1595—1657),乌克兰哥萨克首领,早年曾任哥萨克中尉,因与波兰地主有杀子夺妻之恨并蒙受牢狱之灾而逃至乌克兰札波罗热哥萨克营地,后成为乌克兰哥萨克首领并率众反叛波兰,1648 年波兰政府出动 6 万大军镇压,反被其击溃,年底,叛军攻入基辅。因意识到以哥萨克一己之力终难抵波军,赫氏遂于 1649 年派使团赴俄请求将乌克兰与俄国重新合并。1653 年俄国接受合并请求。1654 年在佩列亚斯拉夫尔城,赫氏代表乌克兰与俄国立约合并。俄波由此燃起战火,直到 1667 年方停战讲和,依此和约,划定斯摩棱斯克城以及第聂伯河左岸的乌克兰地区,包括基辅在内归俄国;右岸乌克兰地区归波兰。——译者注

名,直到发现了更为适宜的——米·瓦·罗蒙诺索夫①。1940 年 5 月授予该大学此名)。1934 年 6 月 9 日,联共(布)中央通过了关于在初级中学和不完全中学引入通史和苏联史初级教程的决议。

就在同一天,《真理报》上刊载的一篇名为《为了祖国!》的文章,将祖国和爱国主义观念提升到最高社会价值之列。苏联的爱国主义,"对自己祖国的热爱与忠诚"被定义为苏联人的最为高尚的品质。苏联的名誉与荣耀、强大与富足被宣告为爱国者人生的最高法则。全体苏联人民被指令均应遵奉这一法则。他们没有被提供其他的选择。"谁与祖国作对,"《真理报》社论宣称,"就是对它的背叛,就应当被消灭之。"

执政当局以为,除了职业宣传工作者和史学家的工作之外,《真理报》是日刊载的 1934 年 6 月 9 日苏联中央执行委员会关于对《国事罪条例》有关叛国罪条款的补充决议,将有助于教会人们"爱祖国"。补充条款指出,该种犯罪将被处以枪决;而对其他不够爱国的家庭成员,因其协助叛国、知情而不向政府举报,应处以 5—10 年的监禁;对叛国情节不知情的家庭成员,应予剥夺其选举权并流放至西伯利亚边远地区 5 年。

报章上时常所见的"祖国"一词,是作为"出生之地"或"祖居之地"的同义语使用的。这个词语似乎在世界任何一个国家都会有助于激发起或许闲来无聊的修辞学家的兴致。但是,正是这个于 1934 年回归苏联日常生活中的词语,引起了较之那些国事犯罪条例的枪决条款更大的关注。在那些条款中,这个词语也同样被提及。它象征着苏联政府与苏联社会相互关系中的一个新时期的开始。政府在告知世人:它将不再把苏联仅仅视为世界无产阶级的祖国,而是将首先承认它是生活在这里的人们的祖国。对苏联各民族而言,这个词语已经成为一个吉兆。若是说它并不意味着统治体制对革命的乌托邦主义和冒险主义的拒绝,那起码也是某种退却。《真理报》的那篇社论令人们产生一种期望,即执政当局

① 即米哈伊尔·瓦西里耶维奇·罗蒙诺索夫(Ломоносов, Михаил Васильевич,1711—1765),俄国首位自然科学教育家,圣彼得堡科学院首位院士(1745),1748 年开设俄国第一个化学实验室;亦为现代俄语奠基人,在历史学、艺术、教育等众多学科均有建树。莫斯科大学是由他倡议并于 1755 年创办的。——译者注

日后将开始在自己的对内、对外政策中以俄罗斯民族和与其联合起来的国内其他民族的民族利益为行动准则。

是时,联共(布)的反对派,即已被驱逐出境的孟什维克分子和托洛茨基分子及其在苏联境内的支持者们,把"祖国"一词(暂时尚是小写的)在布尔什维克党人字典中的出现,看作斯大林体制反革命蜕变的又一实证。孟什维克杂志《社会主义通讯》(1921年起出版于柏林)1934年6月25日那一期,以一篇本刊社论对苏联的这一事件做出回应。社论的题目沿用了《真理报》那篇文章的题目,不过,是加了引号的。仅这一点便已能够表露出杂志作者们复杂的情感:大惑不解、懊恼、不快和强烈的谴责。

这篇回应文章的作者们当然是对的。他们断言,布尔什维克党人的这个新的号召,是"整个世界已置身其中的那种激奋的战前气氛"的见证;故苏联的领导者们在这样的情形之下已决心诉诸一种极端的手段——启用久已弃之不用的"祖国"替代已成为布尔什维克传统的"社会主义祖国"。孟什维克的这个机关刊物再一次很正确地指出,社会—政治字典中的词语和口号,"除了其逻辑的和物质的意义外,还有其情感—心理的意义"。这一意义在那些词语和口号的历史演进过程中,在有幸作为集团、阶级、民族或国家的绝非意识形态斗争中的思想工具而被运用或利用的过程中,与其密不可分地共生着,且任何逻辑上最无懈可击的注解,均不可能将这一意义抹杀掉。在民众的理解中,这些词语和口号,不管有怎样的诠释,始终保持着十分明确的情感—心理意义,且那些向民众传播这类词语和口号的人们所能寄予期望的,也只是这种意义。①

正因为这一点,孟什维克们认为,据他们断定已经永远地"在革命和社会主义的意识中身败名裂了"的"祖国"一词,在任何条件下都不可能被恢复名誉。这令人想起,这个词语曾经是白卫军在对抗革命时的一面旗帜。孟什维克分子们警告自己那些较为成功的对手们,"祖国"一词向政治词典的回归,可能会意味着对"社会主义祖国"和"苏联爱国主义"等观念的特殊的革命内涵的摈弃;他们正在向大众发出号召,"简直就是在重复非革命或反革命政府的那些口号,即是在

---

① 《"为了祖国!"》,载《社会主义通讯》,1934年6月25日(第12期),第1页。

呼吁地缘民族主义的、'兽性的'爱国主义,而不是革命的社会主义的爱国主义"。

　　孟什维克分子们继续恐吓说,布尔什维克党人的专政用"祖国"一词自行从民众心底唤来不仅会给它自身,也会给革命带来毁灭的魔鬼。孟什维克分子的这本杂志断言,苏联只有作为一个革命的国家,才能在战争中赢得胜利。这个革命国家的劳动民众所捍卫的,不是他们所生息的那个"方寸之地"的"名誉与荣耀",不是与他们的繁衍相关的民族的"强大",而是社会主义催生的社会生活新样式。① 换言之,孟什维克们试图说服布尔什维克党人放弃把即将来临的战争作为一场"民族—爱国主义"战争而不是"人民—革命"战争来打的企图;建议应将赌注只押在"世界无产阶级的统一"之上。②《社会主义通讯》的作者们此时若是决意仰仗列宁的权威,他们应是能回忆起他的那个指示:无产阶级应当对一些国家的命运表示关心,那"仅仅是因为这关系到他们的阶级斗争,而并不是由于什么资产阶级的、社会民主党人口中那种十分不光彩的'爱国主义'"③。

　　列·德·托洛茨基在他那篇《反对派公报》中,作为一位"列宁主义的布尔什维克",也因 1934 年的这个转变而对"斯大林主义的布尔什维克们"予以谴责:这一转变似乎意味着,在苏联,"国际革命的方针随着托洛茨基的被逐而遭废除";斯大林的支持者们简直就是忘记了整个其余世界;他们只是"按照俄国人的方式"在行动、思考与感受;在苏联,早就沿着递减路线进展的"从革命的爱国主义走向民族改良主义"的过程,已经完成。④类似评价的拥护者们,十年后依然坚持己见,称共产主义究其本质就是世界主义;它不需要祖先;反对世界主义者的斗争被斥责为反对共产主义;诉诸俄国爱国主义,甚至在战时亦被视为不能容忍。

---

　　① 《"为了祖国!"》,载《社会主义通讯》,1934 年 6 月 25 日(第 12 期),第 2 页。

　　② 达恩 Ф.:《国际统一与俄罗斯问题》,载《社会主义通讯》,1934 年 12 月 20 日(第 23—24 期),第 14—15 页。

　　③《弗·伊·列宁全集》,第 17 卷,第 190 页。

　　④ 《诋毁亦当有意义(与能思考的那部分斯大林分子作解释)》,载《反对派公报》,1934 年第 38—39 期,第 25 页;托洛茨基 Л. Д.:《拉科夫斯基的投降意味着什么?》,载《反对派公报》,1934 年第 40 期,第 14 页。

1934 年 8 月,约·维·斯大林、安·亚·日丹诺夫①、谢·米·基洛夫决定敦促以最快的速度编写出新的历史教科书。他们起草了一份关于《苏联史》和《近代史》教科书纲要的"意见"。这些意见立即获得了中央政治局的同意并被告知了参与教科书编写工作的史学家们。如此一来,将苏联转变为苏联爱国主义者的祖国的方针,便在 1930—1934 年间确立下来。俄罗斯民族被作为肩负着重新将其他民族集合起来之使命的一股力量而获得承认。依据斯大林的未来学观点,俄罗斯族人应当成为各民族"区域性"集团的独特的黏合剂,并应将这个集团转变为通向无民族社会道路上的一种过渡形态。

诋毁恩格斯。1934 年 7 月,斯大林斗胆表达了与恩格斯本人的分歧。斯大林对恩格斯的国际主义表示怀疑,他在恩格斯 1890—1891 年的著作中发现了类似杰米扬·别德内所犯的那种性质的错误。事情是这样的。弗·维·阿多拉茨基②,一位当时"卓越的"马克思主义史学家,准备在《布尔什维克》杂志上刊载恩格斯那篇憎恶俄国的文章——《俄国沙皇政府的对外政策》(1890)。

斯大林表示反对,他给政治局成员写去一封几近论文的信函,证明在党的这份重要刊物上刊载此文是不适宜的。假若将其刊载出来,这篇文章可能会被视为是"具有指导意义的",而它并非如此,它不过是"一篇反对俄国沙皇制度的抨击性文章"。恩格斯显然沉湎于这种抨击,竟违背真实,将沙皇制度的行为责任转嫁给俄国人民。此文称:"只有当俄国发生这样一种转变,即俄国人民能够永远地结束本国沙皇的传统征服政策,抛弃称霸世界的幻想,转而关心自己在国内的现实切身利益时,世界大战的危险才会消失。"

----

① 即安德列·亚历山德罗维奇·日丹诺夫(Жданов, Андрей Александрович, 1896—1948),苏联政要,历任特维尔州执委会主席(1922 年起)、下诺夫哥罗德州委书记、高尔基边疆区委书记、党中央书记兼列宁格勒州委书记及列宁格勒市市委书记(1934 年起)、中央组织局成员(1934 年起)、政治局成员(1939 年起)、最高苏维埃主席团成员等。——译者注

② 即弗拉基米尔·维克托罗维奇·阿多拉茨基(Адоратский, Владимир Викторович, 1878—1945),院士、中央档案管理局领导人之一(1920 年起)、苏共中央马克思列宁主义研究院院长(1931—1939),主持过马恩文集、列宁文集的编辑工作,有马克思主义史方面的著述。——译者注

斯大林的信继续强调指出,俄国的历史、俄国统治者们的对外政策,"和其所有的全部卑鄙与污秽,完全不是俄国沙皇的垄断之物……征服政策,若不是在很大程度上,那也不是在很小的程度上亦是所有欧洲国家国王和外交家们所素有的"①。(此外,这也是与波克罗夫斯基那个关于历史中的"绝对的恶"的著名命题有着直接的关系,亦与关于俄国是"诸民族之监狱"的论点有着直接关系。与这个监狱相比,许多西方国家,就其许多个世纪以来的民族政策所造成的后果而言,亦堪称"诸民族的坟墓"②。)

令所有极端国际主义者们最感不快的是,斯大林指控恩格斯是最为常见的德国民族主义者。因为恩格斯在 1891 年写给奥古斯特·培培尔③的信中,曾公然断言,资本主义德国与沙皇俄国之间即将到来的战争,不应当被视为一场帝国主义的、掠夺性的、反人民的战争,而是一场解放战争。"德国的胜利,"恩格斯写道,"因而就是革命的胜利……如果俄国开启战端,那就向俄国人和他们的盟友们冲锋吧,不管他们是谁!"(《布尔什维克》,1941 年第 9 期)

除去这位经典作家的荣誉桂冠,毫无疑问,这是个明显的标志——要与那种不加鉴别的、曾完全主宰着苏联主要思想家们思想的极端国际主义分道扬镳。那位不掩饰对俄罗斯和诸斯拉夫民族持有恶感的马克思,其名字那时亦不再被提及。而对卡尔·马克思那些因这种恶感而写就的、被故意隐而不宣的著作所作出的有价值的评述,是由俄国侨民历史学家尼·伊·乌里扬诺夫④完成的(1969)。卡尔·马克思的此类著作之一——《18 世纪外交史揭秘》(《历史问

---

① 斯大林 И. В.:《论恩格斯〈俄国沙皇的对外政策〉一文》,载《布尔什维克》,1941 年第 9 期,第 3 页。

② 科日诺夫 В.:《20 世纪历史之谜》,莫斯科,1995 年,第 242 页。

③ 奥古斯特·培培尔(Бебель,Август,1840—1913),德国社会民主党和第二国际的创立者与领导人之一,对西欧工人运动和社会主义运动具有巨大影响。——译者注

④ 即尼古拉·伊万诺维奇·乌里扬诺夫(Ульянов,Николай Иванович,1905—1985),1935 年因发表《苏联历史战线》,批评"随着社会主义建设的发展阶级斗争会尖锐化"一说而被开除出党,又后以"托派"之名而被列宁格勒历史—语言学院除名。1936 年被控从事反革命活动罪而获刑 5 年。二战期间被德军抓去服劳役,战后流亡国外,后移居美国,在耶鲁大学教授俄国语言与文学课程。著有《18 世纪初莫斯科国家的农民战争》《俄国历史经验》,另著有小说《阿托萨》等。——译者注

题》,1989 年第 1—4 期),首次用俄文全文发表之日,已是"改革"行将落幕之时。

　　布哈林对苏联人民共同体的阐释为何不曾为当局所接受? 对"祖国"和"爱国主义"观念恢复名誉的反应,在苏联也不都是清一色的。《真理报》发表《为了祖国!》那篇著名文章两年后,联共(布)中央印刷与出版局局长鲍·马·塔里①便曾不得不对当时的大众传媒发出一项强硬性的指令:"有人现在还在认为,'爱国主义'一词不是我们的语言;它与'苏联的'这个词不相匹配。这是一个极大的错误,我们出版界应当将这个错误清除掉。"②

　　在改正此类"错误"和确立新的苏联思想意识体系的过程中,最重要的角色之一显然应是由尼·伊·布哈林来扮演。1934 年 2 月,他获得了《消息报》责任编辑职务的任命,负责监管这份报纸,直至 1936 年 8 月(正式担任编辑一职的时间截止至 1937 年 1 月 16 日)。即使在被捕之后,他亦曾于 1937 年 12 月 10 日写信给斯大林,称"因系战前时期",他开始完全理解"宏大而勇敢的大清洗政治主张"——清洗掉所有"a. 有罪之人;b. 可疑分子和 c. 潜在的可疑分子"。布哈林热切期望能留在清洗者之列,故同意被放逐美国。他说服人们相信,他将在那里进行一场"诉讼之战,欲进行一场反托洛茨基的殊死战争……希望以宏大的气魄或干脆就是充满热情地进行这项事业"③。在出任《消息报》编辑时期,布哈林在该报上发表过自己不少的文章。这些文章直接关涉着对苏联国家和社会生活中发生的变迁的理解,关涉着社会主义催生出的"社会生活新样式"的实质,关涉着新的民族—国家思想体系的锻造。

　　早在这位新任责任编辑最初发表的一篇政论文章中,《消息报》的读者们,其

---

　　① 即鲍里斯·马克罗维奇·塔里(Таль, Борис Макрович, 1898—1938),苏联政要,历任苏共鼓动宣传部副部长、《真理报》编委(1933—1935)、《苏共中央消息报》主编等职。——译者注

　　② 塔里 Б. М. :《论布尔什维克出版印刷业的任务》,载《消息报》,1936 年 5 月 10 日,第 3 版。

　　③ 布哈林 Н. И. :《请宽恕我,柯巴……》,载《史料:俄国历史文献》,1993 年第 0 期,第 23—24 页。

中亦包括《社会主义通讯》和《反对派公报》的反对派们（而更重要的是他们在苏联境内的支持者们），便被明确告知：苏联仍然是这样一个国度，在那里，无产阶级首次有了"自己的祖国"，即"自己的无产阶级家园"。这一家园诞生的过程，被建议应视作无产阶级祖国获得胜利和为夺取国家政权而进行斗争的过程。它们伴随着"规模极大的阶级重组和广阔的意识形态进展"。在这种情形之下，祖国这一观念本身便充斥着具体的和越来越多样性的内涵。布哈林建议应当首先识别无产阶级祖国的"思想"，然后是"它的最初的历史轮廓"，接下来是"它的现实发展的初期阶段"，最后是这个如同一个"巨大的、血气方刚的有机体"式的社会主义祖国。与此同时，这位作者还安抚那些过于沮丧的陈旧教条的信徒们，说服他们相信：对祖国的爱，同苏联的爱国主义一样，"不是野蛮的种族主义、沙文主义的愚民政策，不是资产阶级爱国主义者愚蠢的民族主义的狭隘和愚钝。这是对人类社会的劳动、文化和历史未来的热爱，是对这个世纪那些最崇高的思想的热爱"。更重要的是，"苏联的爱国主义，是期望获胜并必定获胜的整个国际无产阶级的一种高尚品质"（《消息报》，1934 年 7 月 6 日）。

随着希特勒政治体系在国际舞台上的出现而形成的各种力量的新的对比关系，成为布哈林预判随之而来的全球规模事件进展的依据。对世界将会变得怎样的问题做出回答，这在布哈林来说并不复杂，并且这一回答是以这位作者所特有的悲剧式的乐观精神而做出的。他写道："现在，对权力、对最后胜利的角逐者，只有法西斯主义和共产主义。"所有形态的自由—民主力量，均被他视作处在最低一级的历史"最惠待遇"状态中。共产主义会在即将到来的"巨人大战"中获得胜利，这没有引起作者的丝毫怀疑。[①] "苏联不惧怕战争，"布哈林一段时间过后又谈起这个问题时曾宣称，"不惧怕的理由是，它认为自己的获胜是有保障的。……这个社会主义国家所取得的伟大成就、民众的团结、党的统一、出色的领导者的品质，均将会起到决定性的作用。"假若事态发展到战争地步，正步入暮年的资本主义无论如何也难以赢得这场厮杀。[②] 据布哈林断言，"当红星开始照

---

① 布哈林 Н. И.：《世界将如是》，载《消息报》，1943 年 11 月 7 日，第 2 版。

② 布哈林 Н. И.：《世界问题》，载《消息报》，1935 年 3 月 30 日，第 2 版。

耀整个地球"之时,"世界建设工地上的所有进程,便将比我们过去的速度大大加快;将会出现互帮互助;不再有任何'包围';强大的技术将会飞速发展,直达巅峰";"世界性的共产主义公社将会以自己的羽翼庇护所有国家";往昔时光将只是作为野蛮时代而保留在"人类有序的记忆之中";未来的人们,将会怀着对"那些清除了资本主义的勇士们,即无产者们——平凡而高尚的英雄们"的感激之情而回忆起这个时代。①

就这样,一个关键性的观念被发现了。它将于日后成为有关人民共同体实质的概念的基本原理。这个共同体,依照尼·伊·布哈林的意见,正在苏联的30年代形成。《消息报》在1935年1月27日的社论中,关于这个共同体曾有这样的表述:"各民族联盟的劳动民众,已经联合成为我们国家的一个英雄民族。"苏联现在被布哈林描写成是"整体化人类伟大思想"的体现者。"在那里,将没有阶级;在那里,所有人民、所有民族将被联合在一个统一的、有序的共产主义社会中。"在一个更为具体的方案中,苏联被视为"已经是一个新世界,一个兄弟般友好的世界,是未来全人类社会的一个构成部分";它被称之为人类的再生——"不是一种生物物种的再生,而是一个统一的和整体化的人类社会的再生"。②

1934—1936年间国家变革由于在极其多样化的各条战线上取得了成就而使人们的头脑特别发热,在这种情势下,从一些负有职责的、有影响力的政治家口中,便听到不少明显夸大实际成绩水平的宣传。格·叶·季诺维也夫在1934年4月向读者介绍那本斯大林论民族—殖民地问题的文章与讲话汇编时,就曾断言:"现在在苏联,民族问题已得到解决。并且,我们解决这一问题的方式,对全世界都是一个伟大的范例。"③中央执行委员会的书记阿·萨·叶努启泽④在

---

①   布哈林 Н. И. :《世界将如是》,载《消息报》,1934 年 11 月 7 日,第 3 版。

②   布哈林 Н. И. :《人类的第二次诞生》,载《消息报》,1935 年 5 月 1 日,第 3 版。

③   季诺维也夫 Г. :《源自马克思列宁主义的黄金储备(论约·斯大林的〈马克思主义与民族—殖民地问题〉)》,载《布尔什维克》,1934 年第 7 期,第 28 页。

④   即阿韦利·萨夫罗诺维奇·叶努启泽(Енукидзе, Авель Сафронович, 1877—1937),苏联政要,曾参与 1900 年俄社会民主工党巴库组织的创建。后历任十月革命彼得堡军事革命委员会成员、全俄中央执委主席团书记(1918 年起)、中央执委主席团书记(1922—1935)、中央监察委员会成员(1924 年起)等职。——译者注

论证修订苏联宪法的必要性时,曾于 1935 年 2 月宣告:"至苏联苏维埃第七次代表大会召开之前为止,我们的国家已取得巨大的胜利。社会主义已经彻底地、不可逆转地胜利了。"①共产国际执委会书记德·扎·马努伊尔斯基②也在 1935 年 8 月向第三国际全世界代表大会通报了这一点:"在共产国际第六和第七次代表大会期间,在各民族生活中发生了一个极其重大的事件——社会主义在苏联获得了彻底的和不可逆转的胜利。"③1935 年 6 月,在鞑靼苏维埃社会主义自治共和国中央执委会常会上,政治局成员安·安·安德烈耶夫④发言时,曾提到庆祝苏联一些纪念日及诸民族州和共和国所取得的"巨大成就"的庆典活动的秩序,并就此声称:"我们有权说,在我们苏联国家内,民族问题可以被视为彻底解决了。我们不仅为自己解决了这个问题,也为未来世界无产阶级革命中其他国家的工人们提供了解决民族问题的范例。"(《消息报》,1935 年 7 月 6 日)

尼·伊·布哈林的观点与时代精神完全吻合,认为果戈理那个将俄罗斯比作由鸟儿牵拉着驰往无人知晓的远方的三套车的比喻,时下已是明显地过时和可笑。"不,"布哈林高喊道,"它是以超强功率的蒸汽机车为动力在疾驶!并且它有着明确的行驶路线:它正驶往的那一站的名字是——伟大的世界共产主义公社。"⑤他同时断言,"一种真正的和纯粹的人类文化"⑥正在国内形成。更为

---

①　叶努启泽 A. C.:《苏联苏维埃第七次代表大会宪法问题报告》,载《消息报》,1935 年 2 月 6 日,第 2 版。

②　即德米特里·扎哈罗维奇·马努伊尔斯基(Мануильский, Дмитрий Захарович, 1883—1959),俄国及国际革命家,1906 年喀琅施塔得和斯维亚堡起义的组织者之一,曾为十月革命彼得堡军事革命委员会成员,后历任苏共中央委员(1923—1952)、共产国际执行委员会书记(1928—1943)、乌克兰社会主义加盟共和国人民委员会副主席(1944—1953)等;有国际工人运动方面的著述。——译者注

③　马努伊尔斯基 Д. З.:《苏联社会主义建设总结:在共产国际第七次全世界代表大会上的报告(1935 年 8 月 17 日)》,莫斯科,1935 年,第 7 页。

④　即安德烈·安德烈耶维奇·安德烈耶夫(Андреев, Андрей Андреевич, 1895—1971),苏联政要,历任苏共中央书记、中央监察委员会主席、苏联部长会议副主席(1946 年起)、苏共中央政治局成员(1932—1952)等。——译者注

⑤　布哈林 Н. И.:《我们的联盟》,载《消息报》,1935 年 1 月 28 日,第 3 版。

⑥　布哈林 Н. И.:《集体农庄的土地和集体农庄的人们:在第二届全苏集体农庄庄员突击手代表大会上的讲话》,载《真理报》,1935 年 2 月 16 日,第 6 版。

重要的是,一种新型的人类历史共同体正在这里育成。关于这一共同体的最为详尽的概念,在1935年7月6日发表的一篇名为《英雄的苏联人民》的专论中,得到表述。

尼·伊·布哈林断言,这一新型的共同体,是在生产社会化和新型的所有制关系的基础上生成的;"我们正在向无阶级社会挺进";"社会诸种创造力的大联合正在进行之中";集体农庄的农民在其社会日常生活中,进而也越来越多地在其社会意识中,贴近工人。这两个阶级与知识分子及其他一些社会阶层一道,"异常快速和紧密地在成长中的统一的社会主义经济基础之上联合起来"。在这个基础之上,发生在第二条路线——"不同民族劳动者之间越来越紧密团结的路线"上的联合,亦在进行之中:"目标的统一、领导的统一、计划经济的统一、经济和文化实际交往的极大增长——所有这一切均引导着诸民族走向前所未有的团结;他们正推动着自己的(因为其形式系民族的),同时也是共同的(因为其内容是社会主义的)文化的进展。"诸创造之力量在这两条线上的联合,最终会形成一个新的共同体。布哈林归纳道:"于是,一个客观新事物——'英雄的苏联人民'成长起来。它是多民族的,它正在将无产阶级、集体农庄农民和苏联知识分子诸方力量与自己的那个无产阶级的'领头'部分联合在一起,正在按照自己的或类同的样式改造所有的人。""新型共同体"概念的这位缔造者认为,有必要特别指出这一过程尚未结束,"因为旧制度的残余依然存留"在经济和人们的意识中。①

在后来的一些著述中,尼·伊·布哈林在对表明苏联社会加速团结的越来越新的因素和征兆的涌现作出判断时,曾写道,这一新的历史客观现实的形成过程,正在获得更为完美的形态。他在总结"革命的"1935年时,再次指出,根据集体农庄农民与工人阶级的异常快速接近、新型知识分子的大幅度增长、民族共和国和民族州的高度发展、各民族间交往的扩大及"伟大民主制度闻所未闻的快速发展"的事实,"自然会得到一个结论,即一种全新意义上的、作为某种程度上的同类之人民已经形成,这就是苏联人民,是正在向无阶级社会转化的社会主义社

---

① 布哈林 Н. И.:《英雄的苏联人民》,载《消息报》,1935年7月6日,第3版。

会的全体工作者"[1]。在 1936 年 5 月 1 日的一篇文章中,布哈林就所谓一种"整体化的"事物在苏联正首次被创造出来一事,再次谈到有关"巨大历史真实"的问题:"统一的经济,即社会主义的国民经济,从阶级的观点而论,便意味着正在发展着的民众的统一;意味着无产阶级、农民、公职人员(其中也包括知识分子)之间的坚定不移的接近。"如此一来,"在我们这里,一个统一的、不是被作为种族范畴而是作为社会主义范畴的人民,正在形成。另一方面,在列宁—斯大林的民族政策、诸民族地区的物质与文化增长的基础之上,正在形成一个全新的、多民族的共同体,一个统一的苏联人民,有着全新的内涵;在那里,由于民族文化的发展,诸民族牢不可破的友谊之最紧密的联系纽带正在扩大"[2]。最后,在历时一年半之久,在对这一课题的深入研究之后,尼·伊·布哈林在 1936 年 6 月 14 日发表的那篇文章(这是他最后的文章之一)中,作出判定:"一个整体化的、统一的和拥有主权的、同时在纵向(即诸阶级)和横向(即诸民族)两个向度上团结起来的民族,已在我国首次形成。"[3]

《消息报》编辑部的文章在对这一结论进行具体说明时,断言道,苏联诸民族关系中的根本性变化和新共同体形成的完结阶段,就发生于最近三年之内——"自 1934 年起,不仅在工、农、知识分子之间,亦在联盟诸民族之间发生了亲近过程。并且无论在阶级方面,还是在民族方面,均出现了将所有人联合成一个统一的多民族苏联人民的广泛团结,而苏联,是他们的共同祖国。"在全民讨论新宪法草案过程中,该报曾刊载了一些读者提出的将苏联民族概念合法化的建议。其中的一封来信称:"若是在我们这里能形成一个新的民族,即苏联民族,那就更好了。这是最正确和最荣耀的摆脱困境的办法。"尼·伊·布哈林曾在自己最后的一封信件中宣称,"**无产阶级**已成为**民族**思想的体现者;**国际主义**则举起了**民族文化**的大旗";而在苏联,"历史已构筑了最初的、极其坚实的国际社会主义友谊的一方高地"。(《消息报》,1936 年 7 月 6 日)

---

[1]　布哈林 Н. И.:《被推翻的标准(内部观察)》,载《消息报》,1936 年 1 月 1 日,第 3 版;另见其《革命年代的一些总结和我们的敌人》,载《消息报》,1935 年 11 月 7 日,第 5 版。

[2]　布哈林 Н. И.:《苏联民主制的扩展》,载《消息报》,1936 年 5 月 1 日,第 4 版。

[3]　布哈林 Н. И.:《社会主义国家的宪法》,载《消息报》,1936 年 6 月 14 日,第 2 版。

　　然而，尼·伊·布哈林没能成为新共同体理论的公认缔造者，尽管认定这一点的所有理由均已具备。问题的关键在于，在他的理解中，英雄的苏联人民，究其实质，是产生于对民族传统和民族价值观的否定之中；产生于民众似乎无组织、少觉悟的国度——在那里，奥勃洛摩夫习性是其最具代表性的性格特征；产生于在布哈林看来只会引起世人鄙视的惊异的多民族的俄罗斯——"这个人种中的蠢物！这些近两百个被奴役的、被沙皇政治撕成碎片的民族！这种亚洲式的粗野！这种东方式的'懒惰'！这种杂乱无章、极端无序、最基本规矩的匮乏！"（《消息报》，1936 年 1 月 21 日）

　　因此，尼·伊·布哈林对诗人帕维尔·德鲁日宁①和谢尔盖·叶赛宁刊载在 1927 年 1 月 12 日《真理报》上的《恶之标记》的真实性表示反对，就变得特别可以理解。布哈林表现出最高层次的阶级沙文主义，不会原谅帕·德鲁日宁对事实做出的简单的判定："噢，怪异的罗斯！你还活着，//就像俄罗斯的油煎饼。"这位来自政治局的文艺理论家也怀着愤怒的惊异对待如下的诗句："自己的土地如同一口古老的水井。//它的上空飘荡着阳光与黑暗。//每个农舍里都有公主，//每条街上都有笨蛋。//他们身着彩色无袖长衫//还有那雄赳赳的裤管……其他国家都滚蛋，除了苏联这个家园！"

　　这位"文艺理论家"在准备同意诗人有关笨蛋和他们在罗斯比比皆是的意见的同时，亦不仅仅指出该诗修辞上的错误，还有事实方面的错误。他称，公主们"渐渐失去了在人民中的声望"，因此，"有少数几位已经被射杀"。而诗中所显露出的那种情结——说是专注于俄罗斯自古以来的价值的维系和人道地建设俄罗斯，而不为其他国家祝福，这也不错——，则被尼·伊·布哈林评价为对最神圣的事物——世界革命思想本身的图谋侵害。

　　诗人的立场受到了无产阶级式的简单化的评价。他与其他所有那些"油煎饼的过度需求者先生们一样"，被告知"这已经不仅仅是民族主义的局限性"，这简直就是沙文主义的"卑鄙勾当"和"愚蠢行为"。它们正作为一个组成部分而加

---

　　① 即帕维尔·达维多维奇·德鲁日宁（Дружинин, Павел Довидович，1890—1965），主要作品有诗集《自学者之歌》《银色夜晚》《大地》等。——译者注

入到"最新的'罗斯男人'①式的民族主义共同思想意识体系"之中。对谢尔盖·叶赛宁作品的评价也是在这个要害部位展开的。依尼·伊·布哈林所论，"叶赛宁在思想上代表着俄罗斯古代的和所谓'民族性格'中的那些最为负面的特征……代表着对最落后的一般社会生活方式的神化"。这种神化现在又出现在"癫狂的伪民族主义的幌子之下"。在将叶赛宁作为民族主义者来评价时，布哈林的立场与托洛茨基的立场完全一致(列·德·托洛茨基不能原谅这位诗人有一次在柏林饭店餐桌上不经意间说出的那番话。他说："只要托洛茨基—布隆史泰因还在俄罗斯掌权，他就不会去那里。"恰如当代叶赛宁研究者们所见，正是这番"民族主义的"言论，构成了这位诗人于 1925 年 12 月 24 日在列宁格勒被杀的起因②)。这位俄罗斯民族诗人的天才，对托洛茨基和布哈林这类活动家来说，曾是一种令其精神倍感压抑的情状。正是由于自己的天才，叶赛宁才渐渐变得特别有害和令人难以容忍，因为他天才地歌颂着的不是"为争取解放与社会主义而斗争的那些伟大榜样们"，而是完全相反——似乎是我们那"不堪忍受的往昔"。③

也许，尼·伊·布哈林可能亦曾有过极其个人化的动机，想要更加仔细地辨识叶赛宁的诗歌创作。事情是这样，1924 年 11 月 16 日，在梯弗里斯的《东方曙光报》，不久在莫斯科的《探照灯》杂志(1925 年第 2 期)，首次先后刊载了叶赛宁的诗歌《无处安身的罗斯》。1926 年，该诗被收入叶赛宁《诗歌选集》第 2 卷。诗人在这首诗中回忆起不久之前那场兄弟相残的内战——"这场野蛮、卑鄙和恶毒的"战争。姑且其他不论，它已使数十万儿童生活无着，无家可归。"**七八岁的孩童//无人照管，流浪天涯//他们那嶙峋瘦骨//向我们昭示着//深重的责难。**"谈起这些无家可归、浪迹于苏联各加盟共和国之间的孩子们，叶赛宁称，若是处在

---

① 罗斯男人(а ля мужик рюсс)，法文的俄文转写，系拿破仑战争后的时髦语"罗斯的哥萨克"(казак ля рюсс)的化用。——译者注

② 库兹涅措夫 В.：《关于〈安格列杰尔旅馆〉的童话：叶赛宁——雇凶杀人的受害者》，载《绝对秘密》，1998 年第 9 期，第 23 页。

③ 布哈林 Н. И.：《革命与文化：1923—1936 年文章和讲话集》，莫斯科，1993 年，第 104—110 页。

另一种环境下,他们则"可能会是数以千万计的//最优秀的诗人"。于是他继续说道:"他们中会有普希金,//莱蒙托夫,//科利佐夫,//我们的涅克拉索夫也在他们之中,//**他们当中也有我**//**他们当中甚至亦有托洛茨基,//列宁和布哈林。**//不是因为这行诗句令你感到//我的忧伤,//当你望着他们//那没有洗净的脸庞。"

　　诗中故意为之的一语双关,玷污着这个国家的三位政治至高之神的名誉,特别是对尼·伊·布哈林。众所周知,韵脚亦是有语义的。通过将读者引回到一定的诗行上来,韵脚会突出那些押韵的词语并将它们相互关联起来,以加强词语含义的作用。这种提高诗歌的表现力和含义饱和度的意向,便产生出这样一个情感锐利的韵律——"布哈林—哈利"①。不排除这样一种可能,即精通诗文和诗歌鉴赏的布哈林,在意识到这种韵律对读者的作用时,不会对其置之不理。也许,这个细节在这位政治家对待这位诗人的态度的形成过程中,也曾起过作用。起码对诗人的《恶之标记》,布哈林的措辞显然不是以礼相待的。自 1926 至 1990 年间,在谢尔盖·叶赛宁作品的出版中,上述的那些诗句均未曾被刊印出来,甚至在这种情况下连删节号也没有在文本中予以标注。

　　1927 年 1 月 26 日,尼·伊·布哈林在列宁格勒州第二十四届党代会上发表演讲时,在《我们在民族问题上的政策》一章中再次提及"主要危险",称:"我最应当谈的是关于大俄罗斯沙文主义问题。不久前我曾在《真理报》上发表意见,反对叶赛宁,因为我们文学界相当大一部分人,现在正在公然为'真正俄罗斯的'和睦哭丧。"布哈林这些以及类似的启示,在现今的出版物中依然广为所见,它们既有"正"的标记,亦有"负"的标记。未必可以简单地把它们当作"为了已作古的谢尔盖·叶赛宁而对(同样已作古的)尼古拉·布哈林所作的某种不切实际的指摘"来接纳。它们的意义更为重大。

　　布哈林给这位诗人的名誉打上的耻辱印记,弥久不去。叶赛宁圈内的那些诗人们,在整个 20 世纪 30 年代一直受到镇压。如今,祖国文化中这阴暗的一页

---

　　①　诗中韵脚词 хари(嘴脸)与布哈林姓氏(Бухарин)的字尾通韵。——译者注

页,已被记入斯·尤·库尼亚耶夫和谢·斯·库尼亚耶夫①两人合著的《碎裂的阴影》(1995)一书中。亦不妨提醒读者回想一番:1949 年,联共(布)中央书记处解除了苏联作家出版社社长 Г. А. 亚尔采夫的职务。其罪过被认定是他将约 30 种所谓"政治思想有瑕疵的"书稿列入 1949 年的出版计划中。谢·叶赛宁的作品选集便在其中。然而,可以肯定地说,对叶赛宁的诗作(如同伟大俄罗斯民族的许多其他珍宝一样)予以"平反",基本上是在伟大卫国战争年间进行的。布哈林对这位诗人的评价和对响彻其诗歌中的俄罗斯祖国大地的呼声的评价,很早就已经被人们认定是站不住脚的。起码到 1936 年,尼·布哈林作为一名布尔什维克,因其在俄罗斯问题上"缺乏灵活性"而已经变得明显地"不切实际"。正是在那时,他因"错误"而受到了第一次的、方式最为粗暴的整治。在不久之前,尚不曾有任何人因这个错误,即公开的憎俄行为而被认定有罪。然而,这一整治却是恰逢其时:战争已经隐约可见,却对这个已经因最高层的、斯大林的首肯而获得"平等的"苏联各民族中之"居首位的"和"伟大的"称号的民族,如此不敬,这便成为一种显而易见的时代错误。因为,诚如 1936 年 2 月 1 日的《真理报》所指出的那样,"对俄罗斯民族的仇视,自然就包含着对全体苏联人民的仇视"。从此以后,共产党人们不应以"左倾国际主义"(被选用来定义布哈林理论实质的,正是这个词组)精神去诠释历史,亦不应不加思考地"拒绝对自己祖国往昔的正面评价"。由此一来,怎能不让人回想起费·米·陀思妥耶夫斯基生前写下的那番话:"成为俄罗斯人,这便意味着不再鄙视自己的人民。"②

在对待俄罗斯艺术遗产的态度方面,亦做出类似的矫正。《真理报》(1937年 8 月 13 日)定出新的调子:"苏联艺术家应当记住,国际主义与'国际主义'不同。其中之一,是真正的、列宁—斯大林的国际主义,是建立在艺术家以自己的

---

① 即斯坦尼斯拉夫·尤里耶维奇·库尼亚耶夫(Куняев, Станислав Юрьевич, 1932—　　),诗人,俄罗斯文学界民族运动传承人,1989 年起为《我们同时代人》杂志的主编,主要作品有诗集《花环》《永远的女伴》等;其子谢尔盖·斯坦尼斯拉沃维奇·库尼亚耶夫(Куняев, Сергей Станиславович, 1957—　　),作家、文学批评家,俄作协理事会成员,另与之合著《谢尔盖·叶赛宁》等。——译者注

② 陀思妥耶夫斯基 Ф. М.:《作家笔记》,莫斯科,1989 年,第 375 页。

民族为民族自豪感之上的,亦即建立在以这个民族同样正在为社会主义而斗争的全球事业所做出的贡献为民族自豪感之上的国际主义。还有另一种'国际主义',即左倾—虚无主义的、建立在对自己国家的人民完全冷漠和鄙视的情感之上的'国际主义'。尊奉这一所谓的'国际主义'的艺术家,拥护无民族的艺术、'一般性'艺术,只是因为,无论本民族的还是其他民族的英勇斗争,对他们来说,都同样是无关痛痒和格格不入的。这种'不念亲情的伊万们'的无政府主义的无民族主义,通常是基于艺术家对本民族文化中的民主主义和社会主义元素的拒绝;基于对现实主义艺术优秀传统的拒绝,其本质是形式主义的。"[①]其中,亚·米哈依洛夫[②]的《阿维尔巴赫的帮凶》的立场受到严厉的批评。这位作者在关于艺术认知的辩论过程中曾断言:"所谓民族艺术的任何特色都无从谈起。"例如,在 20 世纪 30 年代初期的情形之下,"在俄罗斯族人居住区域内,没有民族艺术。艺术在那里不是以民族的、大俄罗斯的艺术形式发展着的,而是以我国通常所具有的那些艺术表现方式发展着的,例如无产阶级艺术、小资产阶级艺术,等等"[③]。《真理报》号召俄罗斯苏联艺术家抛弃这类对待自己民族历史及其文化的"左倾—虚无主义态度"。

民族的未来与 1936 年宪法。与俄罗斯境内列宁事业的众多其他继承人相比,斯大林是有能力最大限度地从与生俱来的憎俄病中摆脱出来的人。斯大林对在 20 世纪 30 年代局势下克服民族差异的看法与他人不同,例如不同于尼·伊·布哈林。与后者的不同之处是,斯大林没有就新共同体或新型民族问题写出只言片语,但却是在依据自己对通往"光明未来"之路的幻想行事。1929 年 3 月 18 日,他结束了《民族问题和列宁主义》论文的写作。在创作这一著述的过程

---

①　克梅诺夫 B.:《论俄罗斯艺术家的民族骄傲》,载《真理报》,1937 年 8 月 13 日,第 4 版。

②　即亚历山大·维克托罗维奇·米哈依洛夫（Михайлов, Александр Викторович, 1938—1995）,德语专家、音乐理论家,并研究历史和艺术哲学问题,曾为科学院世界文学研究所综合理论研究室主任(1981—1995)等。——译者注

③　《为了列宁的艺术理论》(辩论资料),莫斯科,1932 年,第 65 页。

中,他得出一个结论,即在未来,在民族差异和语言开始衰亡之前,在让位于一种为所有民族共通的世界语言的同时,首先将会发生的,则是所有民族都会围绕在"一些有着独立共同语的独立民族集团区域经济中心"周围联合起来。① 不过,斯大林认为,是时尚不适宜公布这个新发现,尽管他有这样的机会。显然,个中缘由是:斯大林的这个结论,究其实质,实是与他本人曾经批评过的托洛茨基、季诺维也夫及其他一些"左倾国际主义"代表人物们和在我们看来十分可疑的"有大国沙文主义倾向者们"所持的论点,相差无几。

苏联各族人民共同体的新性质,是由于向社会主义过渡已经完成的结论的作出和 1936 年苏联宪法的通过而被揭示出来的。据斯大林所论,这一共同体的出现,是那些"实系挑起诸民族间争斗的主要组织者"的剥削阶级已被消灭的结果②;是一个体现着国际主义思想的阶级上台执掌政权;是各民族在经济、社会生活等所有领域内互帮互助的真实实现;最后,也是苏联各民族的民族文化繁荣的结果。"苏联各民族的面貌发生了根本性的改变,相互间的不信任感已在他们那里消失,相互友善的情感在他们心中得到增强,因此,统一的联盟国家体制内的各民族兄弟般的真正合作形成了。"③文章继续强调指出,与根本上系"民族主义的,即统治民族的宪法"的资本主义宪法不同,苏联的这部新宪法恰恰相反,是极其国际主义的。它的出发点是:所有民族和种族一律平等,不论他们过去或现在的地位如何,均被赋予"在经济、社会、国家和社会文化生活所有范围内享有同等的权利"④。

1936 年的苏联宪法以及在此宪法基础上通过的诸加盟共和国宪法,均未涉及少数民族问题,未涉及是时存在的民族行政区和民族苏维埃村问题,这引起人们的关注。乌兹别克加盟共和国宪法成为一个例外。该部宪法在其共和国诸区之间特别划分出两个民族区:哈萨克民族区,即上奇尔奇克区,和哈萨克—卡拉卡尔帕克民族区,即克尼梅赫区。所有其他加盟共和国和自治共和国均没有进

---

① 《约·维·斯大林文集》,第 11 卷,莫斯科,2004 年,第 349 页。
② 《约·维·斯大林文集》,第 14 卷,莫斯科,2004 年,第 145 页。
③ 同上。
④ 同上,第 148 页。

行类似的行政区划。人们曾预料，根据新的宪法，各加盟共和国除设立自治共和国和自治州外，还将在各自的建构中设置数十个民族州和区。(《革命与民族》，1936 年第 10 期)而关于那个曾经赋予前一发展阶段重大意义的"本土化"政策，却是只字未被提及。斯大林宣称，加入苏联的"约有 60 个民族、民族集团或部族"①，尽管 1926 年人口调查所确定的国内民族数量为此数的两倍。所有这些不可能不表明，在对待少数民族和小民族的政策方面发生了根本性的变化。先前曾一度受到鼓励的发展少数民族及其语言与文化的那个程式，正被导入一个新的轨道。

　　1936 年年初，报界时常提及在社会主义文化建设的语言战线方面所取得的那些巨大成绩，其一就表现在 68 个民族，或 2 500 万苏联公民所用语言向拉丁化字母体系的过渡。报界常强调指出，斯大林自这一新字母体系创制工作最初时起，便常就此事的组织工作下达过一些最为重要的指导性指示。为了扩大成果，苏联中央执委会民族委员会主席团建议召开一次全苏性的讨论会，就苏联各民族语言与书写文字问题进行磋商并在会上研究涉及广泛内容的一系列问题——开展在发展文学语言和正字法、词法学、字典编撰等科研方面向各民族提供系统援助和在中央及地方培训语言学骨干等工作。然而，斯大林和维·米·莫洛托夫却出人意料地反对召开这次会议。②

　　非但如此，1936 年 5 月，党中央科学、科技发明与发现部建议将拉丁化作为"教育人民委员会和卢那察尔斯基同志的左倾表现"予以谴责。因为，"敌人"曾利用它来使诸民族共和国和诸民族州的劳动人民脱离苏联各民族的共同家庭："他们利用拉丁语原理具有所谓'国际性质'的说辞作为掩饰，捍卫着以西欧资本主义文化为发展方向的定位。"(《史料》，1994 年第 5 期)1937 年 2 月，苏联中央执行委员会民族委员会书记声称，我们的任务"就是要使诸类字母体系，甚至是个别民族的有亲缘关系的方言或语言相互接近"。由此一来，他便使新宪法通过时对民族数量做出的那种估算的意义明朗起来："斯大林曾指示，加入苏联的约

---

① 　《约·维·斯大林文集》，第 14 卷，莫斯科，2007 年，第 144 页。
② 　克雷洛夫 Б.：《论少数民族的法律地位》，载《人民代表》，1991 年第 10 期，第 33 页。

有 60 个民族集团和部族。而在全苏文字改革中央委员会那里,仅在拉丁语基础上创制的字母体系我们就有 71 种。显然,在字母拉丁化工作中,在对待小民族的态度方面,尚存在着某种凭空臆想出来的和有害的东西。它不是在使诸小民族与主体民族相亲近,而是在隔离和抛弃他们。"[①]结果,便有了 1937 年 7 月 2 日政治局的那个决议——撤销作为执行机构的全苏新文字改革中央委员会(该委员会是为实施这一语言政策而于 1925 年成立的)。

新宪法已经描绘出苏联于未来向世界共和国过渡的前景,其根据源自关于已收缩至国家实际边界之内的祖国的观念。对祖国往昔的态度,已经发生巨变。这一转变,在新宪法通过当年已显露无遗。1936 年年初,布哈林在《消息报》上生动地描写布尔什维克在国家建设中取得的辉煌成绩时,习惯性地尝试运用与革命前俄罗斯的可耻落后及各民族的愚昧无知和赤贫如洗相比照的方法来彰显这些成绩:"为了把这个国度中——在那里,奥勃洛摩夫习性是最为无所不在的性格特征;在那里,奥勃洛摩夫之类的**民族**占据着统治地位——涣散的、少有觉悟的民众造就成一支世界无产阶级的突击队,……需要的正是布尔什维克党人!"[②]

人们决心结束这种始于因列宁当年幸运得手而运作至今的那些操作。布哈林受到如此这般的矫正,似乎表明人们决意要当着整个国家的面对他进行一番调教。预先决定了这位政治活动家命运的判决,是在中央党报上做出的。由列·扎·梅赫利斯撰写的 1936 年 1 月 30 日《真理报》的社论宣称:"只有那些喜欢说话拐弯抹角、对列宁主义知之甚少的人,才会断言:在革命前的我国,'奥勃洛摩夫习性曾是无所不在的性格特征',而俄罗斯人民就是'奥勃洛摩夫之流的

---

① 《全苏新文字改革中央委员会第七次全会》,载《革命与民族》,1937 年第 3 期,第 66 页。

② 《消息报》,1936 年 1 月 21 日,第 2 版。

族群'。为世界奉献出诸如罗蒙诺索夫、洛巴切夫斯基①、波波夫②、普希金、车尔尼雪夫斯基、门捷列夫之类的天才人物,产生了诸如列宁、斯大林之类的人类巨人的民族,一个在布尔什维克领导下准备并实施了十月革命的民族,——将这样一个民族称之为'奥勃洛摩夫之流的族群',这只有那种不知自己所言为何物的人才做得出。"③布哈林的文章被视为等同于法西斯分子之作,"是在证明,俄罗斯人甚至不是人",并怀有一种"首先是针对俄罗斯人的"仇恨;究其缘由,正是诬蔑者们对这个民族在将俄罗斯变为"伟大的无产阶级强大国家的斗争所起到的真正作用,实在是极其明了"。④

布哈林曾写信给斯大林为自己辩解道:"我十分清楚,你在领导一次重大的政治活动,要使国家对取得伟大胜利做好准备,想要借重一切适宜借重之物——其中也包括伟大的民族传统。因此,特别是我,便被'奥勃洛摩夫之流的族群'捅了一刀。而我,正如我所解释过的,曾是想要特别强调指出的正是布尔什维克主义和工人阶级所扮演的民族解放角色。我做得不好。"(《历史档案》,2001 年第 3期)然而,尽管他打算改正错误,可他已经不可能从已经疾驶起来的车轮上下来了。他在编写的一篇新社论中,依然是那番老调重弹:"尚在不久之前,'俄罗斯人'之名,还曾是宪兵、神甫、刽子手、敲诈勒索的商人的同义语;还曾是那个带来饿殍、疾病和民族文化灭绝、死亡的一个普通政治名词",只是到了现今,它"才成为为社会主义而战者的先进战斗队的亲切而友好的称谓"。⑤(《真理报》,1936年 2 月 10 日)他再度发怒:"难道'俄罗斯人'(即俄罗斯民族?)对其他民族的劳动人民而言,向来都是'宪兵的同义语'? 难道他们没有同宪兵进行过斗争?"《真

---

① 即尼古拉·伊万诺维奇·洛巴切夫斯基(Лобачевский, Николай Иванович, 1792—1856),数学家,非欧几里得几何学创立者,另在无穷极数理论、三角极数、积分学和概率论、代数等方面,亦有建树。代表作《虚几何》《平行理论的几何学》《泛几何学》等。——译者注

② 即亚历山大·斯杰潘诺维奇·波波夫(Попов, Александр Степанович, 1859—1906),曾于 1895 年演示由他发明的电磁波接收装置。苏联人通常认为这是世界上第一部无线电通信器,尽管意大利人 G. 马可尼的相关研究更早些(1894)。——译者注

③ 《真理报》,1936 年 1 月 30 日,第 1 版。

④ 《真理报》,1936 年 2 月 1 日,第 1 版。

⑤ 《消息报》,1936 年 2 月 10 日。

理报》断言，"以此种口吻（一般地或笼统地）谈论俄罗斯人的，是那些彼特留拉分子①、达什那克分子②、格鲁吉亚的孟什维克分子和联邦制拥护者、穆沙瓦特分子③、阿拉什政客④之流"。

《真理报》号召人们克服"'左倾国际主义'，克服对共产党人绝不应拒绝对自己国家往昔作出正面评价的不理解"⑤。此事被描述得似乎"党始终是在同企图将我国整个历史往昔涂上漆黑颜色的'数典忘祖的伊万们'的任何反列宁主义的思想做着斗争"⑥。不过，强调的重点又马上转到了这场斗争的当前阶段："我们将摧毁所有那些恶劣的、反列宁主义的诟病我们过去的观念。"是时所面临的需要创制和确立起来的一种观念，应当能反映出"已载入人类历史如此辉煌篇章中的丰富多彩的、饱含深刻内涵的历史之路"⑦。熟知国家的（如《真理报》所强调指出的）"辉煌"历史，这是为了能"以全部的觉悟去热爱自己伟大祖国"所必须为之的。⑧

---

① 彼特留拉分子（петлюровцы），源自西蒙·瓦西里耶维奇·彼特留拉（Петлюра，Симон Васильевич，1879—1926）之名。彼氏系 1918—1920 年间乌克兰民族主义运动领袖之一、乌克兰社会—民主工党领袖、中央拉达组织者。1920 年移民国外，被杀于巴黎。——译者注

② 达什那克分子（дашнаки），源自亚美尼亚联盟党（дашнакцутюм）之名。дашнакцутюм 为亚美尼亚语"联盟"一词的俄文转写。该党始建于 1890 年，纲领为借重欧洲大国和俄国之力争取土耳其境内的西亚美尼亚的自治，曾反对十月革命和加入苏联，1918—1920 年成为执政党。——译者注

③ 穆沙瓦特分子（мусаватисты），源自阿塞拜疆平等党（1911—1920）之名。мусават 为阿塞拜疆语"平等"一词的俄文转写。该党主张民族区域自治、泛伊斯兰主义、泛土耳其主义；曾参与英、土干涉军反对新生苏维埃政权。1918 年领导阿塞拜疆地方—资产阶级政权；1920 年苏维埃政权确立后，遭禁。——译者注

④ 阿拉什政客（алаш-ордынцы），源自 1917—1920 年间存续于俄国境内的哈萨克民族政府（Алаш-орда）之名。алаш 为哈萨克语的俄文转写。该政府首府为奥伦堡，首脑为阿里·布凯依汉诺夫（А Букейханов），由阿拉什人所建，主张哈萨克民族自治、泛伊斯兰主义和泛突厥主义。曾与沙俄白卫军联手，以抵抗苏维埃红军。——译者注

⑤ 《真理报》，1936 年 2 月 1 日，第 1 版。

⑥ 《真理报》，1936 年 2 月 10 日，第 3 版。

⑦ 《真理报》，1936 年 2 月 10 日，第 3 版。

⑧ 《真理报》，1936 年 5 月 22 日，第 1 版。

　　历史应成为捍卫国家利益斗争中的重器。《消息报》与《真理报》在对俄罗斯民族历史的诠释中形成的对立,获得了一种特别的意义,因为,这一矛盾交织在解决国内历史科学与历史教育这一规模更大的问题的方案之中。1936 年 1 月 27 日,两报刊载了联共(布)中央和苏联人民委员会关于组建一个由日丹诺夫领导的专门委员会的决议,"以便对已经编定的历史教科书进行审查、完善,必要时对其进行改写"。斯大林、日丹诺夫和基洛夫于 1934 年 8 月 8 日就苏联历史教科书编写提纲发表的"意见",亦一并被刊出。《真理报》社论在阐述这些文献的意义时,呼吁历史学家们"无论在撰写方法还是在对俄罗斯历史具体画面的描述方面,均要与波克罗夫斯基学派的反列宁主义传统做斗争";号召清除这个学派所素有的"半孟什维克、半中央主义思想和托洛茨基的私货"。人民委员会和党中央指示说:"克服这些有害观点的任务","对我们国家、我们党的事业,对正在成长着的下一代的教育",具有"极其重大的意义"。"时机已经到来……"有奖征集委员会成员之一在该报同一天的版面上撰文写道:"我们应向我们的年轻人提供令其对国际舞台上即将到来的伟大战斗做好准备的历史教科书。布尔什维克党人手中的历史,应当是一门具体的科学、一个客观的真理,因而亦是捍卫社会主义斗争中的一件最为重要的武器。"[①]

　　撤销从前曾由波克罗夫斯基领导的共产主义研究院,成为发生在历史战线方面的一个具有决定意义的转折点。早些时候曾被作为"大俄罗斯民族主义者"而遭到批判的那些革命前的史学家们(如谢·瓦·巴赫鲁申、尤·弗·戈季耶、鲍·德·格列科夫、弗·伊·皮切塔、叶·维·塔尔列、阿·伊·雅科夫列夫,等等),又被招揽来消除波氏学派的错误。"波克罗夫斯基学派"的门生们(如,尼·尼·瓦那克[②]、А. Г. 普利戈任、谢·格·托姆辛斯基[③]、Г. С. 弗里德连德,等等),

---

　　① 拉迪克 К.:《历史对革命无产阶级的意义》,载《真理报》,1936 年 1 月 27 日,第 3 版。

　　② 即尼古拉·尼古拉耶维奇·瓦那克(Ванаг, Николай Николаевич, 1899—1937),著有《苏联民族史概略》等。——译者注

　　③ 即谢苗·格里戈里耶维奇·托姆辛斯基(Томсинский, Семён Григорьевич, 1894—1936),亦为考古学家、院士,曾任苏历史—考古研究所所长、科学院哈萨克斯坦分院副院长等职。——译者注

因不善于在新的环境中正确判定方位而遭到镇压。苏联历史学家"民族"学派的建立,与瓦·奥·克留切夫斯基的学生——1937—1953 年间领导历史研究所的鲍·德·格列科夫院士的名字联系在一起。

这个"纯正的"历史观念的新颖之处,与对俄罗斯民族在祖国历史和世界历史中的地位与作用所作的诠释相关。反驳布哈林的第一篇文章就已断言:"苏联所有民族的劳动人民事实上都知道,伟大的俄罗斯民族曾给予过他们怎样巨大的帮助。他们正与这个民族携起手、肩并肩,走在同一条道路上,奔向同一个目标。"①这一主题,在随后发表的一些文章中扩展开来:"所有民族——伟大社会主义建设的参加者们——都会为自己的劳动而感到自豪;他们所有人——从最幼小的孩童到最年长的老者——都是享有充分权利的苏联爱国主义者;且俄罗斯人民、俄罗斯工人、俄罗斯劳动者,是诸平等人民当中的第一人;在整个伟大的无产阶级革命中,从最初的胜利到革命发展的最近阶段,他们所起到的作用特别巨大。""我们这个曾经提供了人类解放斗争如此辉煌榜样的伟大民族——在各国劳动人民兄弟友爱的大家庭中,占有受人敬重的一席之地——为世界共产主义而奋斗的战士们,累世累代都将会在它那最为丰富多彩的历史中领受陶冶。"(《真理报》,1936 年 2 月 1 日、10 日)

杰米扬·别德内的《勇士们》何恶之有? 1936 年及随后若干年间,《真理报》和其他一些中央出版物,也曾因其他一些原由而不得不多次回到俄罗斯人这个主题上来。苏联新宪法通过前夕,新历史观的重要意义,在亚·雅·塔伊罗夫②执导的杰·别德内的《勇士们》一剧于莫斯科室内剧院演出之际,得到了直观的展示。在此剧中,壮士年代的那些英雄们被刻画得滑稽可笑。弗拉基米尔王

---

① 《真理报》,1936 年 1 月 30 日,第 1 版。

② 即亚历山大·雅科夫列维奇·塔伊罗夫(Таиров, Александр Яковлевич, 1885—1950),戏剧导演,莫斯科室内剧院的组织者之一。代表作有《乐观的悲剧》《包法利夫人》等。——译者注

公①和他的亲兵们是被置于一种受到贬损的喜剧色调中来表现的。对王公宫廷和王公亲兵中那些常常是醉态的"餐桌上的"勇士们的描写,是讽刺性的;常被拿来与真正的勇士——伊利亚②、多布雷尼亚③相对照。那些强盗们——乌加尔和他那些身为逃亡农民的朋友们,则被刻画成剧中的正面人物。该剧的情节被简单化地归结为古罗斯勇士索洛维依的惊险经历——他把公爵女儿罗戈涅达当作公爵夫人扎芭娃劫持了;归结为被讽刺刻画的弗拉基米尔对保加利亚女公爵的迎娶;归结为乌加尔与同伙对索洛维依和公爵亲兵出身的那些勇士们的胜利。

在该剧中,罗斯受洗是以 20 世纪反宗教斗争的精神被展示出来的。根据杰米扬·别德内所写的歌剧脚本,公爵刚刚给罗斯施了洗。在我国的历史中,这是与多神教相比向前迈出的确凿无疑的一步。而在该剧中,依照当时盛行的庸俗无神论的说教,这一事件被以一种嘲弄的心态加以描述,似乎它仅仅是"因喝得烂醉"才发生的。公爵"舔尽了希腊人的酒,酒醉之下在人民中制造出一场混乱",仅此而已。至于说到宗教本身,则"旧的信仰是醉鬼式的,//而新的信仰更胜一筹"。

该剧曾被个别戏剧批评家匆匆忙忙地评说为"一件令人神往之作",甚至是室内戏院"以极其矜持与赏识的心态"所推行的某种"俄罗斯化"。④ 一篇对该剧的戏评指出,真正的勇士(以福马为首的那些大胆的强盗们)——这是人民;而弗拉基米尔的那些勇士们,微不足道且毫无价值。正是他们代表着软弱、落后的古代罗斯。一个真正的人民喜剧歌剧诞生了,还有一位工人观众,代表首批观众向该剧的作者和参与者表示祝贺。

---

① 即弗拉基米尔一世(Владимир I Святославич,？—1015),诺夫哥罗德公(969 年起)、基辅公(980 年起),斯维亚托斯拉夫之子,曾于 988—989 年间由拜占庭引入东正教并立为基辅罗斯国教。——译者注

② 即伊利亚·穆罗梅茨(Илья Муромец),古罗斯民间文学壮士歌中的勇士,许多民间勇士作品中的代表性英雄人物。——译者注

③ 即多布雷尼亚·尼基季奇(Добрыня Никитич),古罗斯民间文学壮士歌中的勇士,常被描写为弗拉基米尔王公手下忠诚干练、屡建奇功的勇士。——译者注

④ 利托夫斯基 O.:《"勇士":室内剧院的新剧目》,载《苏联艺术报》,1936 年 10 月 29 日,第 3 版。

采用了伟大的俄罗斯作曲家亚·波·鲍罗廷①的乐曲的这次演出,当时令人觉得有望获得比《罗斯受洗》一剧更大的成功。然而,对《勇士》的反响,却完全是另一番景象。苏联人民委员会主席维·米·莫洛托夫出席了该剧的首演。他只看完一幕戏,便示威般地起身离去。人们向导演转达了他愤怒的评价:"岂有此理! 要知道,勇士们可是些优秀的人物!"

杰米扬·别德内的剧作,无论如何都是与已经被改变了的对待历史的态度不相适宜的,因此中央政治局立即于 1936 年 11 月 14 日做出一项专门决议,对其予以斥责。决议指出,此闹剧,"1. 系企图将基辅罗斯的强盗们夸大为正面的革命人物,这与史实相背,且就其政治倾向而言,是彻头彻尾的伪造。2. 不加区别地丑化罗斯壮士时代的勇士。在那个时代,勇士中最为重要的人物,在人民的观念中乃是俄罗斯民族英雄特征的体现者。3. 对罗斯受洗一事做出反历史的、讥讽的描写,而这段史实却是俄罗斯民族历史中具有积极意义一个时段,因为它有助于斯拉夫诸民族与具有更高文化之民族的接近"。结果,该剧被作为苏联艺术的异类而遭到禁演,被从剧目表中删除。隶属于苏联人民委员会的艺术事业委员会,其领导人普·米·克尔任采夫被吩咐以通过的那项决议的精神为《真理报》撰写一篇文章。次日,这篇文章便登载出来。在这篇文章中,该剧遭到了真正的摧毁。官方对该剧演出的反响,经过多次召开的从事创作工作的知识分子会议予以放大,将政府意图的严肃性揭示得一清二楚,那便是要废弃在对俄罗斯民族"优秀"历史进行描述中出现的那些不适宜的传统做法。

在多次召开的戏剧工作者会议讨论此项决议期间,大众传媒中出现了对杰米扬·别德内剧作中歪曲俄罗斯历史中最古老的、在史诗和编年史中均有反映的那些层面的批评。确实,根据最近的看法,若是以布尔加科夫塑造的那类形象的身份来思考这个剧本,它当是如同施汪德和沙利科夫两人合伙导演的那一拙

① 即亚历山大·波尔菲里耶维奇·鲍罗廷(Бородин, Александр Порфирьевич,1833—1887),著名作曲家,俄罗斯民族乐派代表人物,"俄罗斯强力集团"一员,主要作品有《降 E 大调第一交响曲》、《b 小调第二交响曲》,歌剧《伊戈尔王子》,交响诗《在中亚细亚草原上》等。同时他还是位化学博士、医学教授。——译者注

劣之作一样。① 该作品在对祖国横加污辱方面,已是登峰造极。因此,杰·别德内的这个新作被斥责为一些错误的"可悲复发"(这些错误斯大林早在 1930 年 12 月写给这位诗人的信中便曾指出过)②,这未必会令人感到吃惊。无论是剧本的作者,还是塔伊罗夫领导的室内剧院,按照全苏艺术事业委员会领导普·米·克尔任采夫的话来说,用自己的这出新剧来"取悦"的不是苏联人民,而"只能是我们的敌人"。因为,俄罗斯民族的英雄业绩、壮士史诗,是为布尔什维克党人所珍视的,如同"我国各民族所有最为优秀的英雄特征一样"的珍贵。③

　　最为激烈的批评,看来是来自这位运气不佳的剧本作者的那些文学同仁们。阿·亚·苏尔科夫④在苏联作家协会诗人分会委员会上曾发言称:"杰米扬·别德内的这部剧作,通篇贯穿着对历史问题的庸俗态度。法西斯的文学常说,俄罗斯没有民族,没有国家。鉴于这种说法,杰米扬·别德内的整个观念便是具有政治危害倾向的。"以这种精神对《勇士们》做出评价的,还有亚·亚·法捷耶夫⑤。依他所见,作者在该剧中"自觉或不自觉地,但却是坚定地奉行法西斯思想,企图

---

　　① 指米哈伊尔·布尔加科夫(Булгаков, Михаил Афанасьевич, 1891—1940)在荒诞小说《狗心》中塑造的文学形象。沙里科夫(Шариков)原是医学教授在街上捡来做活体实验的流浪狗,教授为它移植了人的脑垂体和性腺,使其有了人形。住宅委员会主席施汪德(Швондер)依法给沙里科夫办理了相关证件,使其落户教授家,并给它起了个名字,还为它办了一个白色的出入证。——译者注

　　② 见《约·维·斯大林文集》,第 13 卷,第 23—27 页。

　　③ 克尔任采夫 П. :《对人民往昔的篡改(论杰米扬·别德内的〈勇士们〉)》,载《真理报》,1936 年 11 月 15 日,第 3 版。

　　④ 即阿列克谢·亚历山德罗维奇·苏尔科夫(Сурков, Алексей Александрович, 1899—1983),诗人,曾任《文学报》、《星火》杂志、《简明文学百科全书》主编,苏联作协第一书记(1953—1959),苏共中央监察委员(1952—1956),中央候补委员(1956—1966)等职。主要作品有诗集《俄罗斯在惩罚》(获 1946 年度斯大林奖)、诗歌《勇士之歌》(获 1946 年度斯大林奖)、《向世界呼吁和平》(获 1951 年度斯大林奖)及文艺理论方面的著述。——译者注

　　⑤ 即亚历山大·亚历山德罗维奇·法捷耶夫(Фадеев, Александр Александрович, 1901—1956),作家,长期担任苏作协领导职务(1934—1956),历任书记、总书记等职,并兼多家报刊编辑。其文学创作活动及文学理论与批评对苏联文学发展具有一定影响,主要作品有小说《毁灭》、《最后一个乌兑格人》、《青年近卫军》,文学评论集《三十年间》等。——译者注

玷辱昔日的民族英雄,对俄罗斯的历史做出不实的描写"①。所谓有意奉行法西斯思想之说法,显然不值一提。然而对其经常以憎俄心态歪曲祖国历史的谴责,不唯是公正的,亦是必要的。

对尼·伊·布哈林、杰米扬·别德内和其他一些人的作品中的憎俄情结的批评,明显来自克里姆林宫最高层的导向。不过,这一批评绝非表明斯大林和他的周围的所有人正在向民族主义的亲俄立场转移。国际主义——这是一个归根结底必欲克服民族差别的学说;换句话说,是个民族虚无主义的、究其实质是反民族的学说。俄罗斯民族因其人口众多和具有稳定性,可能会引起国际主义者们对能否实现自己的构想产生极大的忧虑。布尔什维克—国际主义者们是不可能如此轻松地从憎俄情结中摆脱出来的。不管学说如何,他们仍不得不掩饰自己的遗传缺陷,渐渐走上向俄罗斯民族情感让步之路,不得不利用俄罗斯民族主义以达到一些策略目标,其中也是为了平抑其他民族的民族主义者提出的过分要求。憎俄情结不仅有伦理—道德的维度,也有社会—心理的维度。在历史的层面上,这一情结可以定义为一种策略。它正在极其困难地实现着由民族虚无主义向承认民族主义思想、民族主义爱国主义和民族—国家爱国主义具有有益作用的转变。我国20世纪历史上的民族否定主义,在俄罗斯民族身上曾以最大的程度表现出来,且现在仍在表现着。据此而论,憎俄情结,犹如一种在解决俄罗斯政治命运和解决俄国民族问题时表现出的对俄罗斯民族因素的漠视与病态。

托洛茨基—布哈林分子如何成了民族—沙文主义者? 依斯大林所见,托洛茨基、季诺维也夫、加米涅夫、布哈林及其追随者们所持观点的出发点,均是"在社会主义胜利条件下,诸民族应当融合为一体,而它们的民族语言应当被转变为一个统一的、通用的语言","铲除民族差别的时机已经到来"。② 斯大林在党的

---

① 见《阿·亚·苏尔科夫1936年11月21日的讲话和亚·亚·法捷耶夫1938年7月的讲话》,转引自杜勃罗夫斯基 A. M.:《杰米扬·别德内如何犯了思想错误》,载《17—20世纪的祖国文化与历史科学文集》,布良斯克,1996年,第150页。

② 《约·维·斯大林文集》,第12卷,第362页。

第十六次代表大会(1930)报告的结语中曾示威式地强调指出,"融合所有民族的理论,比如说将苏联融合成一个共同的、有着一种共同的大俄罗斯语言的大俄罗斯民族,是种民族沙文主义的理论,是种反列宁主义的理论";而那个未来的共同的语言,将不会是俄语。①

将援引的这个报告中提出的观点与斯大林早些时候所写的几篇文章的观点加以比照,便会发现:斯大林与那些所谓的"偏离分子"的不同之处,仅仅是后者早在 20 世纪 30 年代初的形势下便已打算加速民族融合的过程;而斯大林则将这项任务推移至不确定的,但显然是并非那么遥远的未来。按照那些"偏离分子"提出的方案搞加速,可能会引发较之斯大林时代更甚的对诸民族的暴虐。不久之前被列入人道主义者之列的尼·伊·布哈林,在自己那本《过渡时期经济学》(1920)的著作中,从今日看来亦绝非人道的立场出发"立论"道:"无产阶级采取的所有形式的强制措施,从枪决到劳役,均是用资本主义时代的人类素材造就共产主义人类的手段,不管这听起来多么不可思议。"②格·叶·季诺维也夫曾在 1918 年号召彼得格勒的共产党员们为了社会主义的胜利而准备牺牲十分之一的俄国人。他说道:"我们应当从居住在苏维埃俄国境内的 1 亿居民中吸引9 000万过来;与剩余那些人不必废话——应当将其消灭。"(《北方公社》,1918 年9 月 19 日)

在与"沙文主义者"划清界限的同时,斯大林于 20 世纪 30 年代初便已认定,扮演正统的国际主义者的角色并悉数收获因谴责政敌及其讨好他们的那些具有某种倾向的"理论家们"而赢得的红利,查明他们当中每个人的何种理论没有构成特别的麻烦,这是适宜的。譬如说,阿·伊·雷科夫③曾于 1919 年宣称,"针对各苏维埃国家而言的'独立性'这一术语,主要流行于这些国家的民族文化生

---

① 《约·维·斯大林文集》,第 13 卷,第 4,5 页。

② 布哈林 H. И.:《过渡时期经济学。第一部分:转型过程的一般理论》,莫斯科,1920年,第 146 页。

③ 即阿列克谢·伊万诺维奇·雷科夫(Рыков, Алексей Иванович, 1881—1938),苏联政要,历任内务部人民委员(1917)、苏联人民委员会主席(1924—1930)、俄联邦人民委员会主席(1924—1929)、苏联最高国民经济委员会人民委员(1923—1924)、政治局成员(1922 年起)等。——译者注

活方面"①。难道据此便不能因其提出有限民族主权概念和大国主义论而给予它谴责吗？可以的！

记录斯大林昔日战友们此类过失的清单，在 20 世纪 30 年代初期立即被编制出来。只需翻阅一下当时出版的 3—4 种杂志，定会有如下发现：曾在 1919 年召开的第八次党代会上发言的 Л. Б. 苏尼察，因自己的那个声明已被记下了一笔账——他曾宣称，无产阶级革命只能在对民族因素熟视无睹时才能取得胜利；又称："对民族自决权原则，应当以最坚决的方式将其否决掉。"米·帕·托姆斯基②产生了误解，断言道，对待民族自决和民族运动，"我们时常是像对待不可避免的灾难一样"。罗莎·卢森堡、格·列·皮达可夫、叶·鲍·博什③、布哈林等，统统都有过失，因为在他们那种"对无产阶级而言并不存在民族问题"的左倾空谈之下，隐藏着实质上"最为公然的大国沙文主义"。布哈林还受到单独的揭露——他曾经对斯大林的关于必须在两条战线上同民族主义者进行斗争的要求表示反对。他发问道，在国际范围内，乌兹别克人的沙文主义有什么意义？而俄罗斯人的沙文主义——那则是另一回事。原来，"在这个对'小'民族的意义估计不足的评价中，也包含着实质上的大国主义的态度，尽管那里有反对大国主义的夸张辞藻"。托洛茨基分子瓦·阿·瓦加尼扬被指控为忘记了民族文化的口号只有在资产阶级国家的条件下才是资产阶级的；忘记了这一口号在苏联政权的庇护下正在渐渐变成无产阶级的。"因为忘记了这一点，瓦加尼扬滑向了用有关国际主义文化的名言警句遮掩起来的彻头彻尾的大国主义"。而格·叶·季诺维也夫，则是"声明同意瓦加尼扬对创建形式为民族的、内容为无产阶级的文化口号的否定"；他因此被斯大林本人揭发为"殖民主义者的拥护者"。正是他，季

---

① 《阿·雷科夫选集》，莫斯科，1990 年，第 92 页。

② 即米哈伊尔·帕夫洛维奇·托姆斯基（Томский，Михаил Павлович，1880—1936），苏联政要，历任全俄工会中央理事会主席团主席（1918—1920）、政治局成员（1922—1930）等。1936 年在得知季诺维也夫、加米涅夫供认他与"托—季反革命联盟"有牵连后，在家中自杀。——译者注

③ 即叶甫盖尼娅·鲍戈丹诺夫娜·博什（Бош，Евгения Богдановна，1879—1925），苏联政要，参加过 1905、1907 年革命，1917 年乌克兰苏维埃政权建立斗争领导人之一，后历任俄共（布）奔萨州委主席（1918）等职。——译者注

诺维也夫,在宣扬那个臭名昭著的大俄罗斯沙文主义的两种文化之争的理论。根据这一理论,他设想,在乌克兰,在诸语言自由发展的条件下,"数年之后,那种有着更大根基、更具生命力、更为文明的语言,即将获胜"。也就是说,获胜的将是俄语。还是他,季诺维也夫,被追究承担提出国家建设中存在"间作现象"结论的罪责:"统一的集中制的政党和与之并存的各国的联邦制。在这里,一个应当服从于另一个。我认为,不必成为预言家便可预言,在未来的国家建设中,联邦成员将会服从于纯粹无产阶级的走向统一的趋势。"卡·伯·拉迪克这位"卢森堡路线的重要领导者之一",在党的第十至第十二次代表大会做出若干决议之后,不仅仅是偏离,而是**按照资产阶级的方式曲解**党在民族问题方面的理论。他断言,所有苏维埃民族共和国的领土,"均不具备独立生存的条件。但是,如果我们今天放弃突厥斯坦,那么明天它就会被变成英国的……因此,我们应当把我们现在所拥有的那些边疆地区掌控在自己手中"。这里存在着"卢森堡主义与大国主义的明显整合"。①

同样,阿·伊·雷科夫作为人民委员会主席,似乎时常选择人民委员会这个讲坛来"讥讽党的民族政策"。在讨论各民族共和国的预算时,他经常发表异议,反对其他民族共和国的预算增长速度比俄罗斯联邦共和国的要快很多,并宣称,他以为,"完全不能容忍土库曼人、乌兹别克人、白俄罗斯人和其他一些民族'靠俄罗斯农民来养活'"。尽管苏联与俄罗斯联邦政府的这位领导人并未斗胆将这个问题提到党中央去,但他在人民委员会的这番发言,还是被界定为他是在以"构成雷科夫部分政治面貌的大国主义为原则教导自己那伙人"②。确实,在俄罗斯政治活动家中,阿·伊·雷科夫与众不同,素来致力于辨察具体区域内的具体类型的沙文主义,而绝非一定是大俄罗斯的沙文主义。譬如,他在 1927 年7—8 月间召开的中央委员会和中央检察委员会联席会议上曾宣称,俄罗斯联邦

---

①　转引自《共产主义研究院学报》,1930 年,第 37—38 辑,第 41—43 页;《革命与民族》,1930 年,第 8—199 期,第 153 页;《革命与民族》,1932 年,第 1 期,第 11 页;《革命的东方》,1932 年,第 3—4 期,第 30、42、43 页。

②　梅日劳克 В. И.:《1937 年联共(布)中央 2—3 月份全会上的表演》,载《问题》,1992年,第 2 期,第 20 页。

加盟共和国在支付文化工作者薪酬方面是各共和国中最为落后的。他指出，可以这么说，"大国主义的"民族在这方面却是最落后的；而乌克兰和外高加索在此事上则是最为先进的。这种想要平衡此种状况的意图，被乌克兰的同志们视为大国沙文主义。雷科夫指出："过去在唐波夫省，人们曾少收入 40—50 卢布，这是对的，这是为了民族自决的利益；而现在多收入 2—3 个卢布，则成了大俄罗斯沙文主义。"①这位人民委员会主席的下述意见更是典型，他称，"殖民地政策"这一术语仅可以用于"这一语义之中，即，殖民地政策，例如大不列颠的，归根结底就是靠殖民地来发展宗主国；而我们这里则是靠宗主国来发展殖民地"。②

指控"偏离分子"犯有大国主义和大俄罗斯民族主义之罪的始作俑者，完全没有因为实施谩骂攻击时所熟视无睹的那些矛盾而感到难为情。原来，常常是那些"大国主义者们"（从托洛茨基到布哈林和雷科夫），时刻准备着肢解这个"大国"并将之一块块地分送给自己那些可能的外国盟友们。譬如，谢·马·季曼什泰因在其本人尚未轮到陷身于偏离者之列前，曾在自己那本名为《为了列宁—斯大林的国际主义》一书（1935）中坚定地说，危害分子，即列·康·拉姆津团伙、弗·古·格罗曼③的孟什维克团伙以及其他许多团伙，他们的组织在其反革命思想武器库中拥有诸如大国民族主义这样的武器；反革命的"工业党"曾企图将自己称作"俄罗斯民族党"。因此，控告者便痛斥被指控者们似乎是在"表示乐于将乌克兰、外高加索、白俄罗斯等转让给世界帝国主义者们，以酬谢他们的武装干涉"。

斯大林发表于 1929 年的那篇文章——《民族问题和列宁主义》，亦没有信服力地将那些反对他的民族政策的人们描写成大国民族主义者。不过，在发表此文之前，这部"经典之作"的其他一些论点，却渐渐变得切合实际起来。"全球无

---

① 转引自《俄国民族政策：历史与现实》，莫斯科，1997 年，第 302 页。
② 同上，第 303 页。
③ 即弗拉基米尔·古斯塔沃维奇·格罗曼（Громан，Владимир Густавович，1874—1932），苏联政要、经济学家、统计专家，曾任职于俄联邦和苏联中央统计局，为苏联国家计划主席团成员。1930 年因"孟什维克中央联盟局案"被捕并获刑 10 年，后殒于狱中。——译者注

产阶级专政第二阶段"的那个特征——在这一阶段,似乎应当仅仅形成一些"拥有每个民族集团所共同的独立语言的诸独立民族集团的"区域经济中心①——揣测其已经开始存在于苏联;因为一个区域性的经济中心(换句话说,即一个全俄性的市场)已在这里存在了一个多世纪。而到了1949年,斯大林本人已经没有理由期待对大国民族主义倾向的指控了。

对抗同化就是反革命? 民族问题获得"彻底"解决的前景,在临近20世纪40年代末之时变得更为明确起来。抵挡住加速民族领域内一体化过程的诱惑,显然对斯大林来说并非易事,因为作为革命者的他,对加速之事,无一例外,亦是革命者。且在此种时刻,亦是可以借重于最高权威的:列宁也曾预先告诫道,社会主义是民族亲近与融合的"巨大加速"②,而无产阶级"不仅不维护每个民族的民族发展,相反,还要提醒群众不要抱这种幻想"③。而斯大林,众所周知,时常喜欢在必要时重复这样的话:"反对列宁——我们是不会干的!"④

苏联最高法院对与犹太人反法西斯委员会工作有牵连的那批人的案件的审理(1952年5—7月),至少表明,主张发展苏联各民族文化,在某些场合下已变得简直是没有危险了。究其实质而言,这是在证实:社会主义诸民族的繁荣,在其唯一正确和合法的解释中,无论怎样也不应意味着对同化的抵触,更不是对同化的抗争。而后一种行为通常已被视同于犯罪。苏联最高法院军事委员会主席、司法部中将亚·亚·切普佐夫⑤与伊·索·费费尔⑥(诗人,曾任犹太人反

---

① 《约·维·斯大林文集》,第11卷,第349页。

② 《弗·伊·列宁全集》,第30卷,第21页。

③ 同上,第24卷,第133页。

④ 转引自丘耶夫 Ф.:《卡冈诺维奇如是说:斯大林信徒的自白》,莫斯科,1992年,第100页。

⑤ 即亚历山大·亚历山德罗维奇·切普佐夫(Чепцов, Александр Александрович, 1902—1980),任该职时间为1940—1957。

⑥ 即伊茨克·费费尔(Фефер, Ицик, 1900—1952),原名伊萨克·索洛莫诺维奇·费费尔(Фефер, Исаак Соломонович),犹太族作家,1919年起为苏共中央委员。主要作品有《木屑》《关于自己和像我一样的那些人》《已经找到星火》《辽阔的国界》等;另有剧作《太阳不会下山》《祝您健康》等。1952年被镇压。——译者注

法西斯委员会书记,"犹太人反法西斯委员会案"的被告人之一)之间的下述对话,可以证实这一点:

切普佐夫:反对同化的斗争也是犹太人反法西斯委员会试图解决的一个实际并不存在的犹太人问题。是这样吗?

费费尔:是的,是这样……但是,在那个时期,我并没有把我们所做的这部分工作看成是民族主义的。我,譬如说,没有认为阻止同化是一项民族主义活动。

切普佐夫:您去了 Эйникайт(即反法西斯报的意地绪语转写,由这个委员会一直出版到 1948 年 11 月 20 日停刊为止——作者注)报社,是为了反对同化、争取犹太人的文化自治吗?

费费尔:不是的。是为了犹太人文化的发展。

切普佐夫:但这亦然是一个民族主义的目的。

费费尔:我当时并未认为这是一个民族主义的目的。

切普佐夫:那么反对同化,这又是什么? 可见,您从一开始便是在进行着反苏活动。

费费尔:是民族主义活动……

切普佐夫:您还更正什么? 任何民族主义活动,就是反苏活动。

列·莫·克维特科[1]在监狱中用心研读了列宁和斯大林关于民族问题的著作(而这种事,从"犹太人反法西斯委员会案"中显而易见,被侦讯者和侦讯者都曾用心为之),并对自己在发展苏联民族文化和国际主义文化中的作用做出评价之后,推导出一个没有在法庭主审和其他成员那里引起任何修正且显然可能亦完全令斯大林本人满意的结论。这个结论——就其对概括的深度和精准性的追求而论,可以被称作一条定律——声称:"为在那个众所周知的时期到来之前用民众的母语使他们对同化作好思想准备,犹太文化是需要的,就如同所有少数民族的文学也是需要的一样。"(《不公的审判》,莫斯科,1994)

诚如从苏联最高法院那些对话中所见,那些关于民族文化繁荣的"法定"概

---

① 即列夫·莫伊谢耶维奇·克维特科(Квитко, Лев Моисеевич,1890—1952),犹太族诗人,诗作有《红色暴风雨》《青春岁月》,诗体小说《青年时光》等。——译者注

念,已经成为十分独特的、转变为与"繁荣"一词的原意完全相对立的概念。亚·亚·切普佐夫关于民族文化的那些概念本身,与瓦格尼扬的表述更为相符。瓦氏称,只有"通过消灭民族文化,全社会文化的真正一致性才有可能达到"。实际上,这一思想在斯大林的战友拉·莫·卡岗诺维奇在 1953 年苏共中央 7 月全会上谴责拉·帕·贝利亚的民族主义活动的发言中,也曾出现过。"由于我们的民族问题政策的实施,"他言道,"我们在社会主义成分在国民经济中获胜的基础之上,已造就出新型的社会主义的民族。为了这些社会主义民族的繁荣,需要越来越多地将他们联合在一起,而不是使他们对立。而贝利亚则是在制造民族分离。"[①]

　　某些学者在证明斯大林并非是民族融合的支持者且不可能推行这类政策时,时常举出斯大林亦曾建议人们去参阅列宁的著作《共产主义中的"左倾"幼稚病》这件事作为证据 。在那篇文章中,有关于民族差别"在无产阶级专政于全世界范围内实现后仍将很长很长时间存在下去"的指示。这一建议应当不会使任何人产生误解。弗·伊·列宁所言,涉及的是民族差别,而非民族本身。同时,显而易见,它们所存在的历史时间亦不相吻合。换言之,列宁仅是在判定,民族不复存在的时代将要到来,而民族差别(作为民族的衍生物)还会存续下去。而斯大林,依我们所见,是为了抑制民族思想的拥护者们和正在繁荣起来的民族而不正当地将这些现象混为一谈。

　　斯大林民族—布尔什维克主义政策的标志性特点。苏维埃国家自 1917 年至 50 年代中期所实施的民族政策,经常被称之为列宁—斯大林的民族政策,借以强调指出这一政策的基本理论系由何人确定的。这一政策也常常被认为是斯大林的,此说亦自有其道理。因为列宁逝世后,实际执掌这一政策走向的,正是斯大林。当然,这一民族政策的缘起,也与马克思主义的那些奠基人们的名字联系在一起。不过,对我们所研究的这一时期具有实际意义的,是斯大林对卡尔·马克思、弗·恩格斯和弗·伊·列宁在民族问题方面的遗产所做出的诠释。

---

　　① 《贝利亚案。1953 年 7 月 2—7 日苏共中央全会。速记报告》,载《苏共中央通报》,1991 年第 1 期,第 192 页。

　　自 20 世纪 30 年代起,斯大林便按照一个新的轨道来调整实际的民族政策,以确立自己的"民族—布尔什维克主义"。这一主义的目标,便是要将这个国家的居民转变为一种新型的人们共同体。该共同体的核心价值,应当就是那个于 1934 年被恢复了名誉的民族主义的独特变异——爱国主义和那个崇高观念——祖国。不过,所有这一切——无论是在那一时期之前已经在相当大程度上被忘却的那些概念,还是那个已显现于正在被确立的新型共同体特征中的俄罗斯民族性本身,均不是出于特别的喜爱而获准放行,而是因一种必然性使然——在俄罗斯民族周围联合成一个新型共同体,要比在否定这个民族的过程中做这件事容易得多。斯大林在 1934 年 3 月 15 日召开的政治局工作会议上发言时,曾合理地推论道,既然俄罗斯民族过去曾聚合过其他民族,那么这个角色它现在也应当来扮演。因此,早在临近 30 年代末期时,关于俄语即是国际主义文化语言的观念,便已是正在确立之中了。当然,这里应当注意到,俄罗斯文化若是不成为苏联文化,其本身并没有多少价值。

　　"左倾国际主义"的信徒们,时至今日尚是困惑不解,称所有这一切都是出人意料且毫无必要。"因为先前整个官方思想意识建设的立足点是:苏联人在自己的情感和行为中遵循着对革命和共产主义的热爱,遵循着与所有国家劳动者们的兄弟友谊和团结一致的情感,而不是对自己祖国和对自己民族之根的热爱。'祖国'、'家乡'、'爱国主义'之类的观念,均曾属于革命前的往昔的幻影世界,带着旧沙皇俄国的负面色彩。突然之间,这些词语却……获得了最高的——来自党和国家的那位领袖本人的——赞赏。"[1]作为后斯大林时代的表征,这种"国际主义"的信徒们所主张的,是某种相反的东西。其性质被格·索·波梅兰茨[2]在那篇《没有形容词的人》的文章中表述得极其坦白和准确。此文不仅引起我国读者的关注,亦引起俄国侨民的关注。作者写道:"在超级大国们那里,没有进步的民族使命。它们的主张可能只是全球性的、世界主义的。知识界没有行使爱国

---

[1]　西尼亚夫斯基 А. Д. :《俄罗斯民族主义》,载《句法学》,1989 年第 26 期,第 94 页。

[2]　即格里戈里·索洛莫诺维奇·波梅兰茨(Померанц, Григорий Соломович, 1918—2013),哲学家、文化学家、政论作家。1949 年被控从事反革命活动而获刑 5 年。后积极参与持不同政见运动,因宣讲反斯大林的报告——《历史个体的道德面貌》而闻名。——译者注

主义的权力。它所仰仗的，只能是学者、作家、所有具有超越民族小市民理智的善良意志的人们的国际声援。"①依据现今的定义，"世界主义，意味着作为一个世界而存在，以一个统一的世界公民的身份而存在，以共同生息、相互理解、互通信息、共同意识的方式而生存。如今，这样的世界性共同公民身份，已不是乌托邦式的构想，而是毫不新奇的生存条件"。为了令人信服，他又补充道："欧洲文化本身，便是这种共同公民身份的最生动范例。"②

斯大林的民族理论，是在没有受到"民族问题主要理论家"的明显干扰情况下于 20 世纪 30—40 年代发展起来的（即在 1949 年发表了他 1929 年的著作——《民族问题和列宁主义》；1950 年出版了他那部"经典性的"语言学著作之前）；然而，早在斯大林尚在人世时，斯大林的民族理论便已认真地开始了对"社会主义人类历史共同体"新观念的确认。这一人类共同体，由于一些独立的民族集团围绕着一些区域性的经济中心联合起来而正在形成，并使用着一些独立的共同语言。尼·伊·布哈林，如上所述，曾于 1935—1936 年创造出一个独特的关于苏联人民系一个新型人类共同体的概念。不过，他并没有成为这一新型共同体理论的公认缔造者。个中缘由，显然是他所理解的"英雄的苏联人民"或英雄的苏联人是形成于对各民族的民族传统和价值的否定之中。晚些时候，这些思想也曾试图以改变了形态的面目再度复活。

1944 年，在联共（布）中央召开的一次历史学家座谈会上，米·瓦·涅奇金娜提议确定："苏联人民——这不是一个民族，而是某种更为高级的、原则上是新型的、于不久之前在人类历史中形成的一个最为巩固的人类共同体。它是被领土的统一、原则上新型的共同经济体系、苏维埃制度、某种尽管存在着语言多样性的统一的新型文化所联合起来的。"③不过，这一提议没有引起应有的关注，也

---

① 转引自克利沃罗托夫 В. И.：《有关俄罗斯复兴思想的思考：文章与书信集》，马德里，1975 年，第 75 页。

② 阿胡京 А.：《没有小民族的大民族》，载《俄罗斯思想与犹太人。生死之争。基督教。反犹主义。民族主义（文集）》，莫斯科，1994 年，第 96 页。

③ 涅奇金娜 М. В.：《在联共（布）中央召开的苏联历史学问题座谈会上的发言（1944 年）》，载《历史问题》，1996 年第 2 期，第 80 页。

没有成为讨论的议题，显然，其缘由是：这一提议存在着与 30 年代布哈林式的左倾激进性论断相似之虞。

在这方面，斯大林的立场表面上是独立于"左派"之外的。他对苏联共同体的解释（用斯大林的表述方式，可以将其作为区域性的社会主义人类共同体来论说），是将其描绘成苏联诸民族的，且首先是全体俄罗斯民族的优秀特征得以发展的结果；充当这一共同体文化培养基的，在相当大程度上也是俄罗斯民族文化。俄罗斯民族在这个苏联人民新型共同体的构成中所占比重之大，令斯大林时常实质上是将这一共同体与俄罗斯民族等量齐观。很能说明这种情形的是，1933 年 7 月 6 日，当一个美术家代表团（伊·伊·布罗茨基①、亚·米·格拉西莫夫②、叶·亚·卡茨曼③）造访斯大林别墅时，他曾提议为俄罗斯民族而干杯的那番祝酒词——"让我们为苏联人民、为苏联民族本身、为那些最先干革命的人们干杯。为最勇敢的苏联民族干杯。我是民族事务的专家。我在这些日子里通读了一点东西。我有一次曾经对列宁说过：最优秀的民族是俄罗斯民族，就是苏联民族……让我们为苏联民族、为优秀的俄罗斯民族干杯。"④

"长兄"名号于俄罗斯民族何用之有？ 1937 年年底，为了说明俄罗斯民族在苏联诸民族大家庭中所处的地位，一个在宣传意义上极为成功的概念被发明出来。在俄罗斯民族先前的名号——"伟大的"、"诸平等民族中第一位的"之上，再加上一个新的名号——"长兄"。在这一年的倒数第二天，《列宁格勒真理报》上

---

① 即伊萨克·伊茨赖列维奇·布罗茨基（Бродский，Исаак Израилевич，1883—1939），画家、俄联邦功勋艺术家、列宁格勒全俄美术研究院院长。代表作有《枪杀 26 名巴库委员》、《列宁在斯莫尔尼官》等。——译者注

② 即亚历山大·米哈伊洛维奇·格拉西莫夫（Герасимов，Александр Михайлович，1881—1963），画家、苏联美术研究院院长（1947—1957），曾四度获得国家奖，代表作《列宁在讲台上》。——译者注

③ 即叶甫盖尼·亚历山德罗维奇·卡茨曼（Кацман，Евгений Александрович，1890—1976），画家，俄联邦功勋艺术家，苏联美术研究院通讯院士，俄罗斯革命美术研究院创立者之一。代表作有《卡利亚津的织花女》、《弗罗希洛夫肖像》等。——译者注

④ 卡茨曼 E.：《鉴赏力与世界观有联系吗？（画家在总书记那里做客）》，载《独立报》，1998 年 7 月 4 日，第 16 版。

刊载了 A. 沙多夫斯基的一篇文章——《诸平等者之间的为长者》。文章称："当俄罗斯民族挺身而立时，作为一个热爱自由、天才、英勇、公正，如所有民族一样举起自由旗帜之民，它已被苏联其他各民族依兄弟方式承认为居首位者。就这样，这个友好大家庭中的平等的兄弟们，将首位给予兄长。""俄罗斯民族如兄长"的概念，在鲍·米·沃林①的那本小册子中，也得到了表述。该书名为《苏联各民族为自己的兄长、为兄弟友好大家庭各平等民族中的居首位者——俄罗斯民族而自豪》，面世于 1938 年 8 月。

为俄罗斯民族营造和巩固"兄长"形象一事的发生，大概亦不无安利·巴尔比尤斯②所写的《斯大林》一书的影响。该书于 1936 年在苏联国内广为流传。这位知名作家将列宁和斯大林神化为"地球上所有优秀人民的"领袖。他说服人们相信，每个人命运中最美好的东西，掌握在"具有学者头脑、工人面貌、普通士兵着装的那个人"手中。此人常常深夜时分仍"在为所有的人操劳不眠"。作者还觉得，"躺在夜色之下的空旷广场中央陵墓里的那个人"，同样"在为所有人而彻夜不眠……他是一位真正俯身看护众人的父亲或兄长"。③ 不过，对于一个普通的实用主义者或唯利是图者来说，从这个已仙逝的兄长那里得到的好处是微不足道的；而对于健在的俄罗斯民族，类似的表述则是更为合适得多，且在苏联，有许多人正是期望这个伟大的民族能以此种态度对待自己的那些"哥们儿"。

正在形成的有关俄罗斯民族（即"长兄"）历史作用的这一新观念，确切地说，对于重新诠释消除实际存在着的民族不平等这个旧目标，是很需要的。20 世纪 20 年代时，人们曾以公开憎俄的简单方式来探讨这一问题的解决方法。格·

---

　　① 即鲍里斯·米哈伊洛维奇·沃林（Волин，Борис Михайлович，1886—1957），苏联政要，历任一系列州的执委会书记、国家报刊保密检查总局局长（1931—1935）、俄罗斯联邦共和国教育人民委员会副委员（1936—1938）等职。有苏共党史方面的著述。——译者注

　　② 即安利·巴尔比尤斯（Барбюс，Анри，1873—1935），法国作家和社会活动家，苏联科学院名誉院士，法共党员，1933、1935 年国际反法西斯代表大会组织者之一。主要作品有小说《开火》、《清晰》等。——译者注

　　③ 巴尔比尤斯 A.：《斯大林——开启新世界的人》，莫斯科，1936 年，第 352、351 页。

谢·古尔维奇①所著《苏联宪法原理》一书中称："苏联国内落后民族最为珍贵的权利之一,便是他们有要求积极援助的权利;而'统治民族'提供援助的义务是与这一权利相符合的。这种援助只是一种债务清偿。"②为了便于从俄联邦各主体成员那里收缴债款,居统治地位的俄罗斯民族当时简直就是被除了名:俄罗斯苏维埃联邦社会主义加盟共和国和俄罗斯民族的资源,由超民族的联盟中央毫无约束地支配。

这个新的民族封号,实质上使得那些关于民族问题已彻底解决的种种声明被宣布为无效。那些声明是当时党的领导层中的"左派们"再次仓促发布的。但是,他们没有预见到,此类声明会导致不良的实际后果。例如,俄罗斯联邦加盟共和国人民委员会主席丹·叶·苏利莫夫③就曾宣称:"(俄罗斯联邦的)诸自治共和国和自治州在各自的文化和经济发展中,已达到这样的水平:可以大胆地说,他们在特别短的时段内走过了经济和文化复兴的广阔道路,并赶上了一些主要的俄罗斯民族居住地区和州。鞑靼、巴什基尔、卡巴尔达—巴尔卡尔④成为第一批被授予我国最高奖励——列宁奖章的地区之一,这绝非偶然。"(《真理报》,1937年1月15日)这就是说,俄罗斯民族对落后民族和地区的进一步援助,已不再需要。而为了被"憎俄情结的诱饵"(格·彼·费多托夫⑤语)所诱惑的那些"落后"民族的利益,这一消除民族不平等"残余"的政策,仍然继续执行。

————————————

① 即格奥尔吉·谢苗诺维奇·古尔维奇(Гурвич, Георгий Семёнович, 1886—?),法学家、教授,著有《苏维埃国家政治制度》等。——译者注
② 古尔维奇 Г. С.:《苏联宪法原理》(第7版),莫斯科,1929年,第189页。
③ 即丹尼尔·叶戈罗维奇·苏利莫夫(Сулимов, Даннил Егрович, 1890—1937),苏联政要,历任苏联交通副人民委员(1927起)、中央组织局成员(1927—1930)、俄罗斯联邦加盟共和国人民委员会主席(1930年起)、全苏执委会成员等职。——译者注
④ 卡巴尔达—巴尔卡尔(Кабардино-Балкария),系自治共和国,位于高加索北坡,1936年由同名的自治州升格为自治共和国,现为共和国,隶属北高加索联邦区,首都纳尔奇克,人口约78万。卡巴尔达族人(кабардинцы)操卡巴尔达语,1557—1774年间并入俄国;巴尔卡尔族人(балкарцы)操巴尔卡尔语,1872年并入俄国。——译者注
⑤ 即格里戈里·彼得罗维奇·费多托夫(Федотов, Григорий Петрович, 1886—1951),宗教思想家、历史学家、政论作家、教授,25年旅法未归,任教于巴黎谢尔吉东正教神学院,后在纽约圣弗拉基米尔东正教讲习班任教,主要著述有《古罗斯圣人》、《莫斯科都主教圣菲利普》、《俄罗斯与自由》、《帝国命运》等。——译者注

依据苏利莫夫所宣称的观点而描绘出的前景,引来一片反对之声。例如,谢·马·季曼什泰因便在他那本《为了列宁—斯大林的国际主义》中写道:"在彻底解决所有与清除民族不平等残余相关的问题方面,目前尚面临着巨大的工作要做。广大人民群众,无论是昔日的被压迫民族本身,还是现在处于较为先进地位的民族,均应当被吸引到此项工作中来。"[1] 1938 年,这一结论也在一本有影响力的理论杂志中得到论证:"尽管诸民族共和国在根除昔日落后现象的事业中取得了巨大的成绩,但仍不能说是**完全**清除了实际存在的经济和文化不平等的所有成分。因此,与清除这种不平等问题相关的列宁—斯大林民族政策,其特殊使命也依然起作用,并且是在我们联盟的先进部分已经达到的更为高得多的一个新水平基础之上对这种不平等予以清除。"(《苏维埃国家》,1938 年第 2 期)

这意味着,放弃平衡经济发展水平的方针和放弃先进民族对落后兄弟民族的援助、放弃党的十大制定的方针的时机,尚未到来。这当中(确切地说,首先是),俄罗斯民族尚需在完成民族政策的这些"特殊使命"中表现自己。换言之,俄罗斯民族此前扮演的供血者角色,应当继续扮演下去。但是,由于在 20 世纪 30 年代末要求它像 20 年代那样按照昔日压迫民族偿还债务的方式提供援助已属不可能(这推翻了斯大林早些时候曾布告天下的关于民族间的不信任已经被克服和民族友谊已取得胜利的那些结论),俄罗斯民族在自己那"伟大的"、"平等民族中的首位"的名号之外,便又另外获得了"长兄"的称号。于是,对弱小民族的援助,众所周知,也就成了它的义务。1938 年 2 月 14 日,《真理报》发表的那篇社论所关注的,正是这种意义。该社论称:"在这个各民族兄弟友好情深的大家庭中,俄罗斯民族是诸平等民族中的长者。"不过,这实际上是在让人们作出这样的理解,即"俄罗斯民族利用自己在诸平等的苏维埃共和国大家庭中享有的领导地位,首先是为了帮助那些曾受到沙皇政府压迫最多、在经济和文化发展中最为落后的民族站立起来、挺直腰板、发展壮大"。如此一来,"众兄弟"间在经济关系中出现的利益冲突,便因为有"长兄"继续提供援助而得以解决。

由此可以得出结论,1936 年的宪法,没有成为解决民族问题的终结性举措。

---

[1]   季曼什泰因 C. M.:《为了列宁—斯大林的国际主义》,莫斯科,1935 年,第 21 页。

过去,民族问题的解决主要是依赖那个最大的共和国——**俄罗斯苏维埃联邦社会主义共和国**,这个有缺陷的惯例没有得到改变。"长兄"的名号,应是对履行繁重义务所做的心理平衡。这种以并不高明的方式规定提前清偿历史债务的事,曾被拿来比作一种家庭关系,在这个家庭中,兄长们正在令人感动地关照着小弟们。"长兄"概念自然而然地时常被附加上"小弟"的神话成分。小弟的心理情结表现在,他可以凭着自身的弱小和受宠的权利"要求长兄满足其所有的要求和任性,同时还经常地责备这位长兄"。①

自 20 世纪 30 年代中期起,在描述苏联各民族间的关系方面,报界和文学界出现了数量相当可观,但却无助于反映复杂社会矛盾的煽情的华丽辞藻和虚假的激昂情绪。例如,刊载于 1936 年 12 月 4 日《真理报》上的那篇论各民族友谊的文章,便可以作为这种意义上的新语言样本。从此文中可以领略到 20 世纪 30—50 年代政论和科技文体所具有的全部公式化的特征。以唱赞歌和报喜不报忧这类心态对民族关系予以描述(据他们称,对民族友谊而言,不存在障碍,除了人民公敌和怀有民族主义倾向者曾经制造和正在制造的那些障碍之外),社会意识对无私援助和相互帮助所形成的挥之不去的思维定势、对凭借"兄弟"的支持和斯大林的英明能够轻松解决所有国内及世界问题的潜在能力所形成的挥之不去的思维定势,不可能不在民族关系中催生出一些新的耗损和新的伪善。

确实,很难相信乌兹别克斯坦共产党中央委员会第一书记在党的十八大上提出的东方诸民族的民族解放方法能否取得成功。"乌兹别克民族,"乌·尤·尤素波夫②说道,"依凭着伟大的俄罗斯民族的支持……可以以自身为例向东方的所有被压迫民族证明:若是希望获得解放,就请跟着红色莫斯科走,跟着伟大的斯大林走,跟着俄罗斯民族走,那样定会确保成功。"③

与此同时,据我们观察,在对待俄罗斯民族态度方面,"长兄"这一套话在卫

---

① 切什科 C. B. :《解体的意识形态》,莫斯科,1993 年,第 173 页。

② 即乌斯曼·尤素波维奇·尤素波夫(Юсупов, Усман Юсупович,1900—1966),苏联政要,历任全苏工会中央理事会中亚局主席、乌兹别克斯坦联共(布)中央第一书记(1937—1950)、乌兹别克斯坦部长会议主席(1953—1955)等职。——译者注

③ 《联共(布)第十八次代表大会(速记报告)》,莫斯科,1939 年,第 74 页。

国战争开始之前使用得很少。在斯大林的讲话中,它未曾被使用过。为了标示这一概念所表述的那种功用,对斯大林来说,"国际主义"这一术语和其他一些简明而常见的词语就足够了。譬如,在 1939 年与亚·米·克伦泰①的那次谈话中,当谈及重新装备部队、战时后方作用和即将到来的考验等话题时,斯大林特别强调指出:"所有这一切,都将由俄罗斯民族来承担。因为,俄罗斯民族,是个伟大的民族;俄罗斯民族,是个善良的民族。在所有民族之中,俄罗斯民族有着最大的耐力。俄罗斯民族有清醒的智慧。她似乎天生就是帮助其他民族的。俄罗斯民族素来勇敢,特别是在困难时节,在危险关头。她有主动精神。她有坚韧不拔的性格。她是个充满理想的民族。她有目标,因此,她比其他民族更沉重些。在任何灾难时刻,都可以依赖她。俄罗斯民族是取之不尽的。"(《我们同时代人》,1998 年第 6 期)如我们所见,早在 1939 年的这次私人谈话中,斯大林对俄罗斯民族的这番表述,便与他 1945 年 5 月 24 日在克里姆林宫为红军部队指挥官举办的著名招待会上向全国发表的那番演讲的口吻完全一样了。

"长兄"这一表达方式,在卫国战争中获得了广泛传播,特别是在《真理报》(1942 年 10 月 31 日)刊登了乌兹别克人民写给战斗在前线的乌兹别克族战士的那封信之后。这封信是辞藻华丽的东方散文的一个杰出范例,它在人们的意识中留下了一个难忘的景象:"朝着你那长兄——俄罗斯人的家园,朝着你那些兄弟们——白俄罗斯人和乌克兰人的家园——闯来德国匪帮。他带来褐衫队的瘟疫、绞架和皮鞭,饥饿与死亡。但俄罗斯人的家园,那也是你的家园,乌克兰人和白俄罗斯人的家园——也是你的家园!因为苏联,那是个友好的大家庭。每个在那里生活着的人,尽管住在自己的房子里,但院落和营生是统一的、不可分的;而在这个友好的大家庭中,是没有不睦的,就像在苏联各民族家庭中没有不睦一样。在我们的国家里,没有可以分割我们家园的地界,但是,若强盗们从你的兄弟手中抢去了那个家园,请你把它夺回来还给他——这是你的义务,乌兹别

---

①　即亚历山德拉·米哈伊洛芙娜·克伦泰(Коллонтай, Александра Михайловна, 1872—1952),苏联政要,历任党中央妇女部主任、苏驻挪威全权代表和商务代表(1923 年起任,为世界上首位女大使)、驻墨西哥全权代表、驻瑞士公使和大使等职。——译者注

克战士们！这是你们的义务，全体苏联战士们！"以我国其他民族名义书写的类似信件，也陆续刊载出来。那本名为《人民的重托：苏联各族人民致前线战士们的信》的书信集（莫斯科，1943），使此类来信得以广为传颂。

"长兄"概念，实是有着相当强的生命力，它也安然无恙地经历了苏联的瓦解。眼下，它一如既往，依然显现在对"小兄弟们"的各种各样的姑息之中。例如，根据1995年的数据，在那些施援地区——整个俄罗斯和绝大部分受援体都依赖它们而生存——之中，"没有一个是共和国……它们全都属于接受国家补贴的地区"①（弗·尼·雷先科②语）。著名社会学家维·尼·伊万诺夫③ 1997年曾指出："近来……诸共和国实际上没有参与对联邦萧条地区、社会计划、军队和其他一系列极其重要机构的资金提供。"尤·米·卢日科夫1996年在联邦委员会讨论预算时发言，遗憾地表示，他所领导的那个联邦主体，没有可能扮演一个小兄弟的角色，也不可能成为例如隶属于鞑靼斯坦的城市之一。他称："若是能那样，莫斯科市在丧失了独立性之后，将会获得强大的、前所未有的经济潜力，因为鞑靼斯坦和其他一些共和国依据某些在俄联邦境内应当绝对平等的特别条款所缴付的税款，与莫斯科或其他州一级或边疆区一级的俄罗斯联邦主体所支付的税款，是不具可比性的。"④

---

① 雷先科 B. H. :《现今俄罗斯联邦关系的发展》，莫斯科，1995年，第79页。

② 即弗拉基米尔·尼古拉耶维奇·雷先科（Лысенко, Владимир Николаевич, 1956— ），政治活动家，联邦问题、区域政治及国际关系专家，"记忆"协会创办人之一，改革年代苏共党内最大反对派组织"苏共民主讲坛"（1989年）创立者之一，并于苏共二十八大上提出变苏共为社会民主党的纲领，遭拒后退党，1990年成立俄罗斯共和党并当选主席。1991—1992年任俄罗斯民族政治部部长，1993年起曾任国家杜马联邦与区域政治事务副主席。——译者注

③ 维连·尼古拉耶维奇·伊万诺夫（Иванов, Вилен Николаевич, 1934— ），院士、教授，曾任苏社会科学研究院副院长（1983—1988）、俄联邦社会政治研究院第一副院长（1991—2005），现为俄科学院顾问，著作400余部，主要有《国际关系社会学》《俄联邦：确立与发展》、《社会学百科全书》等。——译者注

④ 卢日科夫 Ю. M. :《是俄罗斯在养活莫斯科吗？联邦委员会关于1997年预算间比例关系形成问题的施援地区领导人座谈会速记（1996年10月23日）》，载《决斗》，1996年12月3日，第21期。

国家观念应当为中小学低年级学生所理解。自 20 世纪 30 年代中期起,反映俄罗斯民族历史作用新见解的有关祖国历史的概念,是在编写新的中学历史教科书过程中逐渐形成的,并且伴随着对那些不愿放弃波克罗夫斯基体系的教材编写竞选参与者的经常性的批评。安·谢·布勃诺夫在 1937 年 1 月 25 日召开的历史教科书竞选评审小组会议上宣布,差不多所有 46 位参选书稿的作者,在分析"罗斯聚集"的过程、莫斯科公国的形成与巩固时,遵循的都是一条反历史的路线。按照他的说法,乌克兰曾是有选择余地的——或者被归并于天主教的波兰,成为土耳其和克里米亚汗国的战利品;或者加入同一宗教信仰的莫斯科王国;在已经形成的历史条件下,赫麦尔尼茨基承认莫斯科的保护,对乌克兰人民而言,是最小之恶。对格鲁吉亚归并于俄罗斯,也应这样来看待。[①] 诚如一位重要的竞选参与者所见,"所有这些,都是在责成历史学家们……对自己那个旧有的观点——将俄罗斯的殖民政策描述为俄罗斯国家历史中漆黑一团的污点——做出重新的审视"(《马克思主义者史学家》,1937 年第 3 期)。

以安·瓦·舍斯塔科夫[②]为首的莫斯科国立师范学院历史学家们以新观点编写出来的《苏联历史简明教程》(供 3—4 年级使用),将苏联时期置于与俄罗斯国家总的发展有着承续性的联系中来看待。这份教科书样稿与政府委员会的要求最为相符,被认定为最优秀书稿。该书稿的补充加工工作,是由安·亚·日丹诺夫领导的一个专门的学者小组来完成的。一些资深的旧学派历史学家,如康·瓦·巴济列维奇[③]、谢·弗·巴赫卢申、鲍·德·格列科夫、尼·伊·德鲁

---

① 阿尔季佐夫 A. H. :《迎合领袖的观点》,载《半人马座》,1991 年第 10—12 期,第 132 页。

② 即安德烈·瓦西里耶维奇·舍斯塔科夫(Шестаков, Андрей Васильевич,1877—1941),历史学家、院士,苏联第一部中学历史教科书的编撰者。——译者注

③ 即康斯坦丁·瓦西里耶维奇·巴济列维奇(Базилевич, Константин Васильевич,1892—1950),先后任教于莫斯科大学、苏共中央学校,科学院历史研究所研究员,主攻 15—17 世纪俄国社会、经济史,主要著述有《15 世纪下半叶俄国集权制国家形成时期对外政策》等。——译者注

日宁①、弗·伊·皮切塔等人，被吸纳到这个小组中来。7 月 22 日批准的这个文本，是"两种主题思想——赞颂旧国家和宣扬社会主义在俄罗斯胜利的必然性与有益性——的独特的混合"。8 月 22 日，《真理报》上刊登出竞选委员会评审组的决议。决议中称："由安·瓦·舍斯塔科夫教授主编的《苏联历史简明教程》，为政府委员会所认可并推荐作为 3—4 年级的教科书。"于是，该教科书开始投入大量印刷，1937 年 10 月初便已发行。爱国主义、对祖国及其历史的爱，像一条红线贯穿于这本教科书的全部内容。在法西斯主义的危险逼近时期，这一主题显得特别引人注目。在这本教科书中被具体化了的对祖国历史怀抱的国家爱国主义观念、新一代同胞们继承祖先优秀传统的思想，也被其他一些教科书所复述着。

当时亦被再版的瓦·奥·克留切夫斯基的俄国史教程、取自谢·费·普拉托诺夫所著的俄国史教科书中的材料以及旧学派史学家们的其他一些著作，被推荐用于高级中学的教学，并决定再版法国历史学家埃·拉维斯②和阿·兰博③所著的涉及俄国史部分的《19 世纪史》。所有这些，均是被用来在某种程度上填补"波克罗夫斯基学派"去后位置上出现的空缺。

首次诉求俄国文化在世界文化中的领先地位。有关苏联人民的一些新概念，随着新宪法的通过，开始得到广泛的宣传。为纪念亚·谢·普希金逝世一百周年，1937 年 2 月 10 日的中央党报《真理报》为诗人发表了一篇社论《俄罗斯民族的光荣》。社论称："于本国民族多样性中达成统一的苏联人民，将普希金庄重地尊奉为本国历史中的一个里程碑。"为这位诗人部分地恢复名誉，来得还要早一些——是随着 1934 年 7 月 24 日中央政治局通过关于诗人逝世百年纪念办法

---

① 即尼古拉·米哈伊洛维奇·德鲁日宁（Дружинин, Николай Михайлович, 1886—1986），院士，主攻 19 世纪俄国社会——经济史、政治史、革命运动史等，主要著述有《论俄国资本主义关系发展史分期》、《俄国社会——经济史》、《19 世纪俄国革命运动史》等。——译者注

② 即埃内斯特·拉维斯（Лависс, Эрнест, 1842—1922），法国历史学家，主攻普鲁士历史，曾与阿·兰博合作编撰多卷本世界通史。——译者注

③ 即阿尔弗雷德·兰博（Рамбо, Альфред, 1842—1905），法国历史学家，彼得堡科学院通讯院士，主攻俄国史，曾与 Э. 拉维斯合作编撰多卷本世界通史。——译者注

决议而发生的。一篇题名独特的文章——《为普希金辩护》(《真理报》,1935 年 4 月 20 日),谈到了有关与"马克思社会学方法庸俗化"作斗争的必要性和不容忍将艺术作品转化为"赤裸裸的社会—经济文献"的问题。其间便指出,从德·德·布拉戈伊①那里,不可能弄明白,为什么普希金在列宁看来要"优于"马雅可夫斯基。"普希金,直至其创作的根基,都是个'资产者',——这是从布拉戈伊所做的全部社会学分析中明确推导出来的结论。"1937 年,这位诗人由"资产者"向"国际主义者"转变。此刻人们则常常强调说,"普希金有着深刻的民族性,因此,他成为了一位国际主义诗人";而俄罗斯民族,原来也是"有理由为自己在历史中所扮演的角色而感到自豪的"。② 关于尼·伊·布哈林和米·尼·波克罗夫斯基学派对俄罗斯民族的过去所做的描述,《真理报》不久便给出了说法,且说得绝对致命:"令人吃惊的只能是:这种反人民的邪说怎么会被登载出来。"

1938 年,《布尔什维克》杂志在诠释 19 世纪的祖国历史时,提出一种新的定位。这一新定位包含在叶·维·塔尔列为法国历史学家埃·拉维斯和阿·兰博合著的《19 世纪史》所撰写的前言中。该前言不仅刊印在已问世的书卷中,亦在党刊上登载出来。俄罗斯和俄罗斯民族在世界历史中的作用,在这里是被以大相径庭于"波克罗夫斯基学派"的精神来描述的。塔尔列写道:俄罗斯不仅曾是欧洲的宪兵;自 19 世纪初至该世纪末,它还始终"对人类命运施以巨大影响……这个世纪,曾是俄罗斯民族在世界文化中有支配力地占据着核心性的、首要的一席之地的时代"。俄罗斯奉献给世界的,不仅是"四大巨人"——普希金、果戈理、托尔斯泰、陀思妥耶夫斯基;俄罗斯人在绘画领域(有苏里科夫、列宾、韦

----

① 即德米特里·德米特里耶维奇·布拉戈伊(Благой, Дмитрий Дмитриевич, 1893—1984),文艺理论家、通讯院士,主攻 18—20 世纪俄国诗歌史,代表作有《普希金的创作道路》(获 1951 年度苏联国家奖)、《3 个世纪的俄罗斯诗歌发展史》、《文学与现实？文学理论与文学史问题》、《18 世纪俄国文学史》等。——译者注

② 《俄罗斯民族的光荣》,载《真理报》,1937 年 2 月 10 日。

列夏金①、谢罗夫②），在音乐方面（有格林卡、穆索尔斯基③、里姆斯基—科尔沙科夫、达尔戈梅日斯基④、拉赫马尼诺夫⑤、柴可夫斯基），在精密科学方面（有洛巴切夫斯基、门捷列耶夫、列别杰夫⑥、弗·科瓦列夫斯基⑦），亦位居前列。这个世纪，"曾是俄罗斯民族所具有的世界性意义首次特别鲜明地显现出来的时代；曾是俄罗斯民族首次让世人明白多么伟大的潜能和智慧与道德的力量隐藏在这个民族之中，它可以独步踏上怎样新的道路并在未来引领人类的时代"（《布尔什维克》，1938 年第 14 期）。

如此一来，1937—1938 年，对待祖国历史、对待祖国历史教学、对待俄罗斯民族在祖国历史中的"聚合性"作用的新式态度，均获得了成熟的形态。这意味着，俄罗斯民族与无产阶级一道，正挺身而出，在国家和世界中扮演着主要革新

---

　　① 即瓦西里·瓦西里耶维奇·韦列夏金（Верещагин，Василий Васильевич，1842—1904），著名画家，画作多为战争题材，代表作为《战争的礼赞》等。——译者注

　　② 即瓦连京·亚历山德罗维奇·谢罗夫（Серов，Валентин Александрович，1865—1911），著名画家，巡回展览派、"艺术世界"画派成员，主要作品有《少女与桃子》《阳光照耀下的姑娘》《М. Н. 叶尔莫洛娃》《彼得一世》《克雷洛夫寓言》等。——译者注

　　③ 即莫杰斯特·彼得罗维奇·穆索尔斯基（Мусоргский，Модест Петрович，1839—1881），著名作曲家、俄国民族乐派代表人物、"强力集团"乐派成员，主要作品有歌剧《鲍里斯—戈东诺夫》，声乐套曲《保育室》《没有太阳》《死之歌舞》等。——译者注

　　④ 即亚历山大·谢尔盖耶维奇·达尔戈梅日斯基（Даргомыжский，Александр Сергеевич，1813—1869），著名作曲家，俄国古典乐派奠基人之一，主要作品有歌剧《埃斯梅拉达》《酒神巴克科的胜利》《鲁萨尔卡》，管弦乐曲《芬兰幻想曲》《哥萨克舞曲》《巴巴亚格》等。——译者注

　　⑤ 即谢尔盖·瓦西里耶维奇·拉赫马尼诺夫（Рахманинов，Сергей Васильевич，1873—1943），著名作曲家、钢琴家、指挥家，莫斯科大剧院指挥（1904—1906），1917 年移居美国。主要作品有《d 小调第一交响曲》《死之岛》《帕格尼尼狂想曲》《钟》《第二交响曲》及第三钢琴曲等。——译者注

　　⑥ 即彼得·尼古拉耶维奇·列别杰夫（Лебедев，Пётр Николаевич，1866—1912），物理学家、俄国实验物理学奠基人之一及俄国第一个物理学派的创立者，曾于 1895 年首次获得并研究了微米电磁波，发现并测定出光对固体的压力（1899 年）和对气体的压力（1907 年）。——译者注

　　⑦ 即弗拉基米尔·奥努夫里耶维奇·科瓦列夫斯基（Ковалевский，Владимир Онуфриевич，1842—1883），动物学家、进化古生物学奠基人，《有蹄类动物发展史》是其经典著述。——译者注

力量的角色。有鉴于此,类如1919年党的八大上通过的俄共(布)纲领那样,将俄罗斯民族仅仅归入"压迫民族"之列的做法,已变得不合时宜。

与此同时,宣传工作者们经常反复重申,在苏联,所有民族的繁荣,均是受到保障的。《真理报》为庆祝苏维埃政权建立20周年和歌颂"布尔什维克民族政策的深刻性与具有生命力"而出版的那本华丽的图书,曾宣称:"各族人民不会放弃民族文化的财富,财富的多样性对他们而言是弥足珍贵的,且对布尔什维克党人来说,亦是弥足珍贵的。"列宁和斯大林在这本书中被描写成"置身于民族英雄业绩传奇背景之中的、被古老而富有诗意的华丽辞藻所环绕着的人民英雄"(《苏联各民族的创造》,莫斯科,1938)。

自20世纪30年代中期起,大众信息媒介开始经常提及俄罗斯或俄罗斯民族对国内其他共和国和民族的无私援助。中央党报曾言之凿凿地宣称:"俄罗斯苏维埃联邦社会主义共和国正在尽自己的全力推动苏联其他兄弟共和国的蓬勃发展。若是说,过去,'俄罗斯人'一词在居住于俄罗斯境内的其他民族那里,常被与涉及沙皇君主专制制度压迫的概念联系在一起,那么现在,已经从资本主义奴役中被解放出来的所有民族,均充满着对俄罗斯兄弟的最为深厚的热爱与最为牢固的友情……俄罗斯文化丰富着其他诸民族的文化。俄语已经成为世界革命的语言。曾经用俄语写作的有列宁;正在用俄语写作的有斯大林。俄罗斯文化已经成为国际性的文化,因为它是最先进的、最人道的、最仁爱的文化。"(《真理报》,1937年1月16日)此后,这类主题的种种变体,便再也没有从定期刊物和宣传语言中消失。

苏联时代最初拜倒在西方面前的"卑躬屈节者"。培养苏联爱国主义工作的构成部分之一,就是与具有"媚外情结"的人物做斗争。这一情结,是个别取向西方的——无论是旧式知识分子的,还是新式政治精英们的——代表性人物们所固有的。反媚外斗争史的第一页,与科学院数学专业老一代杰出代表尼·尼·

卢津①的名字联系在一起。俄罗斯数学界的领军人物们,革命后很长一段时间内一直未曾对国家的新执政者们表示出应有的恭敬。在第一届全苏数学家代表大会期间(1930 年 6 日,哈尔科夫),有人曾建议向当时亦正在召开的联共(布)十五大发去贺电,他们却对此冷漠相向。在"工业党"一案诉讼期间,莫斯科的物理学家和数学家们曾号召国外学者起来抗议外国列强对苏联进行武装干涉的图谋,而那份呼吁书中没有出现卢津的签名。卢津的重要"罪行"则是:他似乎"因革命前曾一度与右倾的、极端反动的一批教授有瓜葛,故革命后依然是右倾的"。1930 年,卢津的导师、苏联科学院荣誉院士、莫斯科国立大学数学与力学研究所所长、莫斯科数学学会会长德·费·叶戈罗夫②被捕,并于次年 9 月亡命于流放之地。叶戈罗夫的学生、学识渊博的学者和宗教哲学家帕·亚·弗洛伦斯基③也遭逮捕并于 1937 年被枪杀。

　　1936 年 6 月 27 日,尼·尼·卢津在《消息报》上发表一篇名为《惬意的失望》的短文。在这篇短文中,他述说了自己对莫斯科一所中学学生的数学修养的感想。也许,卢津是想借对这所学校的赞许来博取最高层的赏识。然而,报上的这篇短文却被利用来败坏这位杰出学者的声誉,因为他不同意那些被庸俗化的概念,即所谓"数学在阶级社会里是有阶级性的,它的发展进程……是由阶级斗争所决定着的";因为他似乎继续认为"数论和连续函数理论为个人主义提供着根据;用其连续性所做的分析,被用来反对革命思想;概率论证实着现象发生的无理由性和意志的自由;而整个数学则是完全……与东正教、专制制度和国民性相切合的"。④

---

　　① 即尼古拉·尼古拉耶维奇·卢津(Лузин, Николай Николаевич, 1883—1950),院士,函数理论学派创立者。——译者注

　　② 即德米特里·费奥多罗维奇·叶戈罗夫(Егоров, Дмитрий Фёдорович, 1869—1931),院士,因被诬涉嫌"全苏反革命组织"案而被捕。——译者注

　　③ 即帕维尔·亚历山德罗维奇·弗洛伦斯基(Флоренский, Павел Александрович, 1882—1937),东正教神学家、哲学家、数学家、诗人,早年在莫斯科大学研修哲学和数学,后在莫斯科神学院学习,十月革命后流亡国外,1919 年回莫斯科重操宗教工作,数度入狱。因多才多艺而被誉为"俄罗斯的达·芬奇"。著有《真理的柱石和根基》等。——译者注

　　④ 科尔曼 Э. Я.:《现代数学的对象与方法》,莫斯科,1936 年,第 297、290 页。

　　这位院士反对苏联爱国主义的真正罪过，可能被认为是他与其他许多大学者一样，经常在境外出版社出版自己的著述。正如彼·列·卡皮察①在 1936 年 7 月 6 日写给维·米·莫洛托夫的信中所做的解释那样，此事的发生，"主要由于两个原因：1. 我们印刷得很糟糕——纸和印刷都很糟糕；2. 按照国际惯例，著作只有用法、德或英文印刷出版，才会给予发明或发现的首创权"。在没有对类似意见予以考虑的情况下，还是决定不把卢津认定为苏联爱国主义者。院士对中学生的那番评价，亦令他们的校长不满，他曾写道："尼·卢津院士是在认为有必要显示一下自己是苏联的'超级爱国者'。"《真理报》继续将卢津纳入另类的爱国主义者——俄罗斯专制制度的爱国主义者之列。他们极端蔑视的，既是自己的祖国，也是"俄罗斯民族本身、它的劳动、它的语言、它的歌曲、它孕育出来的艺术与科学"。"卢津案"已发展到登峰造极的境地，似乎有受到最严厉的惩罚之虞，但"却于 1936 年 8 月初销声匿迹了"。

　　尼·尼·卢津幸免于难，只是受到严厉警告的训诫。在这种结局中起到决定性作用的，是格·马·克日扎诺夫斯基②以及其他许多最著名的学者——弗·伊·韦尔纳茨基、彼·列·卡皮察、阿·尼·克雷洛夫③、谢·阿·恰普雷金④等人的庇护。他们斥责对卢津忠诚的不实指控为"法西斯化了的"黑帮观点，并反对给卢津扣上诸如"残余敌人"、"戴苏联面具的敌人"之类的帽子。"晚

---

　　①　即彼得·列昂尼多维奇·卡皮察（Капица, Пётр Леонидович, 1894—1984），物理学家、院士、低温物理学和强磁场物理学奠基人之一。早年留学英国剑桥大学，1925 年任牛津三一学院研究员，1929 年入选英国皇家学会，1934 年回国参加学术会议未归，次年被任命为苏联瓦维洛夫物理问题研究院第一任院长，1946 年因拒绝参与核武器的研究而遭软禁，斯大林死后复职，1978 年获诺贝尔物理学奖，曾参与苏联卫星的早期研制。——译者注

　　②　即格列布·马克西米利安诺维奇·克日扎诺夫斯基（Кржижановский, Глеб Максимилианович, 1872—1959），苏联政要，曾任国家计划委员会主任（1921 年起）等职；是时任苏联科学院副院长（1929—1939）。——译者注

　　③　即阿列克谢·尼古拉耶维奇·克雷洛夫（Крылов, Алексей Николаевич, 1863—1945），船舶建造专家、数学家、院士。——译者注

　　④　即谢尔盖·阿列克谢耶维奇·恰普雷金（Чаплыгин, Сергей Алексеевич, 1869—1942），苏联空气动力学奠基人之一，院士。——译者注

些时候我才明白,"《数学家列·谢·蓬特里亚金①自传》(1998)一书中指出,"苏联政府当时是要驱逐俄国数学家尼·尼·卢津学派。是否消灭他本人,他们尚拿不定主意。"此桩"案件"所取得的有益效果,是使所谓"对国外印刷的崇拜"遭到坚决的谴责。以公开的方式"对资产阶级学者的显赫声名持有卑躬屈膝的态度",正在变得不能容忍。许多苏联学者在这一教育运动过程中,允诺保证今后会在苏联境内出版自己的最优秀著述,而科学院的领导们对"自家出版社那不成体统的缓慢工作速度",也已经不能再熟视无睹了,这亦是有积极意义的。

然而,仅数月之后,"崇外者"之列中的首要地位,便由一些出人意料的新人物们所占据了。他们是些托洛茨基分子——一些新型的斯梅尔加科夫。

托洛茨基—布哈林反对派由"大国主义者"变成"崇外者"。1937 年 1 月 25 日,在所谓的"并行的托洛茨基反苏中心案"诉讼期间,《真理报》上出现的伊·格·列日涅夫②的一篇文章《斯梅尔加科夫们》暗示,"奴婢般崇拜资本主义",其中也包括崇拜法西斯德国的人,正是托洛茨基分子们。这些托洛茨基分子们对待祖国的观点、他们的道德面貌和伪装的手段,能使人们看到他们就是"新版的斯梅尔加科夫"。达·约·扎斯拉夫斯基③对这一主题予以拓展,认为这类托洛茨基分子甚至比法西斯分子还要低级,后者在打出资产阶级民族主义情感这张牌时,尚且不允许同意将自己祖国之一部拱手让予外敌。而"在这些托洛茨基分

---

①　即列夫·谢苗诺维奇·蓬特里亚金(Понтрягин, Лев Семёнович, 1908—1988),数学家、院士,有拓扑学、微分方程等方面的著述。——译者注

②　即伊萨·格里戈里耶维奇·列日涅夫(Лежнев, Исай Григорьевич, 1891—1955),文艺理论家、政论作家,先后任职《消息报》、杂志《新俄罗斯》(1922—1926)及《真理报》文艺部主任(1935—1939)。1927 年被诬组织反苏团伙而遭驱逐出境 3 年。著有《当代人信札》及有关近代俄国作家创作的著作。——译者注

③　即达维德·约瑟福维奇·扎斯拉夫斯基(Заславский, Давид Иосифович, 1880—1965),政论作家、文艺理论家、批评家;犹太族,早年为孟什维克党人、邦德中央委员,曾参与一系列邦德或孟什维克杂志的编辑工作,三度受到列宁的抨击。1919 公开承认误解布尔什维克主义并宣布从此弃政从文。但不久再度活跃于报端,并于 1934 年加入苏共,因有斯大林的庇护而成为《真理报》的著名撰稿人之一,且在此后的历次政治风波中毫发无损,故其政治道德受到世人质疑。——译者注

子的心里,就连这样的资产阶级民族主义情感也没有。他们与祖国没有、压根从来不曾有过任何关联"。他们的行径是那些"从来没有过、现在亦然没有祖国"的人们的行径。[1] 阿列克谢·托尔斯泰在揭示崇外习气与反爱国主义的联系时,曾指出,只有爱国者才会拥有抵抗托洛茨基主义的免疫力。这种免疫力托洛茨基主义没有,那是因为其从一诞生起"便随身携带着对祖国这一观念的否定"。对人民大众持有傲慢的蔑视态度是托洛茨基、季诺维也夫及其支持者们的特点。十月革命对他们来说,"只是他们图谋提升其个人虚荣心的跳板"。苏维埃各共和国联盟的人民被他们视同于炮灰。任何一个托洛茨基分子,您只要一向他提起"类如对祖国的爱这样的落伍的俗话",他准会冲着您哈哈大笑。作者的这番思考以这样的结论作为结束:"似乎可以说,任何一位不热爱自己祖国的人,都是托洛茨基分子、阴谋破坏分子或特务。是的,事情时常是这样。我们的革命所具有的形式,正是如此这般地特别和不同寻常……"(《消息报》,1937 年 6 月 14日)晚些时候,作家曾以一种轻松的口吻判定:在清除了国内的托洛茨基分子和托派追随者之后,"呼吸才变得轻快了些"。

在党的十八大上,"崇外者"这一概念,几乎被扩展到所有被从社会中除名的"人民公敌"身上。斯大林对阶级沙文主义给予充分重视的同时,宣布道:"托洛茨基—布哈林这一小撮特务、杀人犯和坏分子们,对外奴颜婢膝,充满着对每个外国官僚奴仆式的卑躬屈膝的情感,时刻准备着去他们那里当间谍。"他们只是"一小撮人,不明白最新的一位苏联公民,在摆脱了资本的锁链之后,都会比任何一个肩上架着资本主义奴役之轭的外国高官还要高上一头"[2]。

首次申明与世界主义进行斗争的必要性。随着极端的民族虚无主义于 20 世纪 30—40 年代上半叶被根除,克服世界主义的必要性这一主题,开始显现出

---

① 扎斯拉夫斯基 B. И. :《捍卫苏联与托洛茨基的失败主义者》,载《真理报》,1937 年 2月 6 日,第 3 版。

② 《联共(布)第十八次代表大会(速记报告)》,莫斯科,1939 年,第 3 页。

来。让我们来注意一下与此相关联的一些史实。譬如，作家伊·伊·卡塔耶夫①针对布哈林对俄罗斯民族的那些侮辱性言辞，曾于 1936 年写道："我们知道……这不是'奥勃洛摩夫之流的民族'——换言之，在这个民族内，恐怕是不会成长出准备和实施了伟大社会主义革命的人们。当然，'奥勃洛摩夫之流的民族'，无论是俄罗斯文化，还是宝贵的俄罗斯艺术，甚至是那本《奥勃洛摩夫》小说，亦均是不可能创造出来的。"卡塔耶夫同时号召道："应当将这些无望的'世界主义者们'、这些背叛者们、这类数典忘祖的委靡消沉的名流们，尽快从艺术界清扫出去。我们，苏维埃俄罗斯文学，则需要重新开始并真心实意地去热爱俄罗斯语言，热爱俄罗斯自然，热爱俄罗斯歌曲，热爱我们人民所具有的所有美好的、独特的事物——而这美好和独特的事物是众多的。"（《红色处女地》，1936 年第 5 期）阿·尼·托尔斯泰曾在苏联科学院庆祝苏联政权建立 25 周年会议（1942 年 11 月）上所做的报告中，标定出苏联文学发展的几个阶段：自十月革命至 1929 年；自 30 年代初至卫国战争之前和自 1941 年起。在临近这后一时段时，据该作家所见，文学"已由世界主义的、时而又是伪国际主义的激情转向祖国——这个最深刻和最富有诗意的主题之一"。在最初的那几个发展阶段中，"否定过去的所有文学传统、将其打上贵族的或资产阶级个人主义的以及阶级敌人文学印记的那一时段，有着……畸形的形态"。据阿·尼·托尔斯泰看来，只是从 1941 年起，"苏联作家才认清了由历史决定的、真正人民性的俄罗斯性格……并且第一次地、如同响起基捷什城的钟声②一般，在苏联文学中响起这样的词句：神圣的祖国"。1943 年春，亚·亚·法捷耶夫曾在写给弗·维什涅夫斯基的信中指出，在已经召开过的文学家、作曲家、艺术家的一些座谈会上，"最尖锐的问题之

---

①　即伊万·伊万诺维奇·卡塔耶夫（Катаев, Иван Иванович，1902—1939），俄罗斯作家，"山隘派"领导人之一，主要作品有小说《牛奶》（曾被指控为"美化富农"而遭到批判）、《会面》（被誉为农村题材优秀作品）、《在皎洁的星星下》等。——译者注

②　基捷什城的钟声（колокол града Китежа），典自俄罗斯民间传说。据信，基捷什城原来位于俄罗斯中心地带下诺夫哥罗德柳恩达河流域的斯维特罗雅尔湖畔，是弗拉基米尔—苏兹达里王公尤里·弗谢沃洛多维奇为罗斯的达官贵人、智者、圣人所建，并秘藏了罗斯的无数珍宝。鞑靼人入侵时，王公抵抗失利，退入城中，入侵者追至城下，突然钟声四起，那城伴着钟声升入天空（亦说沉入湖底）。此湖如今已为旅游、朝觐之地。——译者注

一……便是有关在民族层面上提出来的苏联爱国主义的实质问题。有这样一些人,他们不是很清楚,为什么我们现在要如此强调俄罗斯民族的民族自豪感问题……个中的原因便是:在一些知名的知识分子圈内,还有不少的人以庸俗的世界主义心态来理解国际主义,仍没有根除对所有外国事物的奴颜婢膝情结"①。剧作家亚·彼·施泰因②曾在一次电影剧本作家座谈会(1943 年 7 月)上强调指出:"我们的俄罗斯文学——是世界上最伟大的、一流的文学……在这里,任何世界主义都不可能存在。它对艺术是有害且致命的。"政论家 X. Г. 阿杰米扬在 1944 年夏季召开的联共(布)中央会议上与 E. H. 戈罗杰茨基辩论时声称,对大国沙文主义的指控,"极其经常地扮演着徒然掩饰另一弊端的无花果叶的角色。这一弊端的名字便是世界主义的国际主义"③。

卫国战争临近之前"俄罗斯主题"的发掘成果。祖国历史新观念的轮廓刚一被确定下来,便开始了从这一新观念的立场出发,对先前那种处置方法的种种缺陷加以系统地揭露。譬如,对自 20 世纪 20 年代末起出版的《苏联小百科全书》的内容所做的分析表明,在该书中,俄罗斯民族争取独立的斗争历史,被描述得粗略且贫乏;贬低这个伟大民族的倾向,时有所见;关于 18 世纪与瑞典封建主的斗争、关于 1240 年的那次战役④、关于冰湖大战⑤,均只字未提;关于亚历山大·涅夫斯基,在第一版中仅谈到他"曾向诺夫哥罗德的商业资本提供了宝贵的援助",而在第二版中,他的名字则完全被删除。第一版向读者授意:无论是鞑靼的

---

① 《亚·法捷耶夫文集》(5 卷本),第 5 卷,莫斯科,1961 年,第 348 页。

② 即亚历山大·彼得罗维奇·施泰因(Штейн, Александр Петрович, 1906—1993),剧作家,主要作品有电影剧本《荣誉审判》(获 1949 年度斯大林奖)、剧本《海军上将的军旗》(获 1951 年度斯大林奖)等。——译者注

③ 《1944 年联共(布)中央召开的苏联历史问题座谈会速记》,载《历史问题》,1996 年第 9 期,第 61 页。

④ 即指 1240 年 7 月诺夫哥德王公亚历山大·雅罗斯拉维奇率俄军突袭侵入涅瓦河支流伊若尔河口的瑞典军队一役。此役俄军获胜,亚历山大因此获"涅瓦王"(Невский)的绰号。——译者注

⑤ 冰湖大战(Ледовое побоище),即 1242 年 4 月间亚历山大·涅夫斯基率领俄军与日耳曼十字骑士团在楚德湖上的一场战斗。是役俄军获胜。——译者注

压迫，还是奴役，均没有发生过；这是"俄罗斯民族主义历史学家们给出的说法"；而在第二版中，在蒙古入侵这个词条中总共仅有 4 行字，称："**蒙古的侵略**——证明在欧洲封建主义和资本主义历史中曾有**蒙古人**于 13 世纪在欧洲活动的标记"；那场最伟大的历史事件——库利科沃战役，总共只给了 10 行字；《伊戈尔远征记》①仅仅是被作为俄罗斯人的一次不成功的远征故事来解释的；库图佐夫被描写成一个乏味、平淡、因"兵败奥斯特利茨②"而闻名的将军。（《真理报》，1938 年 7 月 7 日）

对 20 世纪 30 年代在俄罗斯民族主题新发掘方面取得的成果和明显过火的宣传行为所作出的独特总结，出现在卫国战争前不久，即 1941 年 5 月的《苏联小百科全书》第九卷的一些条目中。那里作出明确的判定："列宁—斯大林的民族政策，使苏联各民族的友谊变得坚不可摧。它缔造了一个统一的伟大苏联人民。"③与 30 年代初时不同，是时依然在强调，在十月革命前的历史往昔中，"大俄罗斯人，尽管是少数人口（占俄罗斯人口的 43％），却以最野蛮的、最不能容忍的方式压迫着 57％的其他居民"④；而现在，获得肯定的则是某种与之相反的东西："许多世纪以来，是伟大的俄罗斯民族会同俄罗斯境内其他诸民族一道创造了自己国家的历史，并且是由她领导着其他诸民族进行抵抗大贵族和沙皇、沙皇的刽子手、地主和资本家们对她的美好祖国施暴和侮辱的英勇的解放战争。"⑤

---

① 《伊戈尔远征记》(《Слово о полку Игореве》)，古罗斯著名史诗，写于 12 世纪末，作者佚名。1185 年诺夫哥罗德—塞维尔斯王公伊戈尔·斯维亚托斯拉维奇 (Игорь Святославич) 征讨游牧于今南俄草原地区的突厥语系民族波洛韦茨人 (половцы)。罗斯人先胜后败，全军覆没，伊戈尔被俘。波洛韦茨人乘胜攻入罗斯，罗斯诸王公却内讧不断，不愿联手御敌，任由波洛韦茨人大肆劫掠。作者有感于此，于战后不久创作此诗，谴责诸王公，呼吁他们于国难当头之际应捐弃前嫌、共御外辱。该史诗因其爱国主义主题而一直受到俄国人的珍重。——译者注

② 奥斯特利茨 (Аустерлиц)，即今捷克的斯拉夫科夫。1805 年 12 月 2 日俄军与法军在此激战，俄军战败，库图佐夫因此被免去统帅之职，史称此战为奥斯特利茨战役。——译者注

③ 沃林 Б.：《俄罗斯族人》，载《苏联小百科全书》，第 9 卷，莫斯科，1941 年，第 326 栏。

④ 迪曼施泰因 С.：《斯大林同志关于在民族问题上与卢森堡分子作斗争的信》，载《革命与民族》，1932 年第 1 期，第 5 页。

⑤ 沃林 Б.：《俄罗斯族人》，载《苏联小百科全书》，第 9 卷，莫斯科，1941 年，第 322 栏。

原来，"野蛮的沙皇制度和资产阶级，其俄罗斯化的民族政策，是为伟大的俄罗斯劳动人民——所有被压迫民族的劳动者们的朋友和他们反抗罗曼诺夫①之流、普里什克维奇②之流、米留可夫③之流和克伦斯基④之流的革命斗争的组织者——所一贯仇视的"⑤。

而"最恶毒的人民公敌"——托洛茨基、布哈林以及他们的那些匪帮们"、"竭力中伤俄罗斯文化的资产阶级民族主义者们"，则被描绘成苏联时代的反人民政策的继承人。关于尼·伊·布哈林，曾有这样的说法："布哈林这个犹大，以其对社会主义的兽性的仇视，将俄罗斯民族描写成'奥勃洛摩夫之流的民族'。这是对俄罗斯民族，对英勇的、热爱自由的俄罗斯人民的卑鄙诋毁。"俄罗斯人民，因其"伟大的革命尊严"、"高尚的品德"、"优美的语言"、"卓越的、最先进的文化"，已在为苏联其他所有民族所敬重与爱戴的"众平等民族之第一"的位置上巩固起来。⑥ 该词条的作者，似乎是先行道出了战后为确立俄罗斯文化主导地位而斗争运动的主要方向，他写道："俄罗斯文学和俄罗斯艺术，在世界性的人类天才最完美的范例中居有首席之位。在举世科学界和人类活动中，尚没有哪个领域俄罗斯民族没有被自己那些极具天赋的儿女们所展示着。"⑦

---

① 即指俄国第二王朝(1613—1917)的皇族们。——译者注

② 即弗拉基米尔·米特罗凡诺维奇·普里什克维奇 (Пуришкевич, Владимир Митрофанович, 1870—1920)，俄国大地主，第二至四届国家杜马中极右集团"俄罗斯人民联盟"和"米哈伊尔·阿尔汉格尔联盟"领袖之一，十月革命后成为反革命组织头目。——译者注

③ 即帕维尔·尼古拉耶维奇·米留可夫 (Милюков, Павел Николаевич, 1859—1943)，俄国政治活动家、历史学家、政论家，立宪民主党创建者之人，该党中央委员，1917 年出任临时政府外交部长，十月革命后流亡国外。有 18—19 世纪俄国史、文化史、二月和十月革命史等方面的著述。——译者注

④ 即亚历山大·费奥多罗维奇·克伦斯基 (Керенский, Александр Фёдорович, 1881—1970)，俄国政治活动家、律师、第四届国家杜马劳动派党团领袖，1917 年起为社会革命党党员，曾任临时政府的司法部长、陆海军部长、最高统帅，十月革命后成为反苏暴乱的组织者，后流亡国外。——译者注

⑤ 《俄罗斯化》，载《苏联小百科全书》，第 9 卷，莫斯科，1941 年，第 262 栏。

⑥ 沃林 Б.：《俄罗斯族人》，载《苏联小百科全书》，第 9 卷，莫斯科，1941 年，第 326、320 栏。

⑦ 同上，第 325 栏。

　　这里也存在着与反爱国主义和"崇外习气"斗争的主题,这一主题早些时候已被注意到,并已具有了明显的排外特征。譬如,曾笼统地断言:"'全俄罗斯的专制君主们',与他们那些由俄罗斯恶棍和外国坏蛋(类如'纯俄罗斯的'德裔人比隆①之流、本肯多尔夫②之流、普列韦③之流、伦南坎普霍夫④之流、弗朗格尔⑤之流,等等)组成的宫廷集团,作为推行俄罗斯化的刽子手,事实上不仅从来不是俄罗斯民族国家的爱国者,且一贯是俄罗斯文化的宿敌;他们蔑视优美、丰富、鲜明的俄罗斯语言,玷辱俄罗斯民族的尊严。"⑥

　　以文学和艺术为手段、用英雄—爱国主义精神教育民众。1936—1937 年间确立起来的新型的历史观,绝不仅是一个学术事件。在备战环境下,这一观念渐渐成为大众宣传、英雄爱国主义教育、对居民进行保卫祖国的精神动员的一条基本理论。国内战争和无产阶级团结一致的那些传统,很少适用于卫国战争。对

---

　　① 即恩斯特·约翰·比隆(Бирон,Эрнст Иоганн,1690—1772),安娜女皇的宠臣,原为库尔兰公爵的马夫,1737 年受封为库尔兰公爵,凭借女皇的宠信,任用来自波罗的海沿岸的德裔贵族,把持朝政,如任用德裔奥斯特曼主持内阁,德裔米希尼为俄军总司令等,1740 年安娜女皇临终前将帝位传给外甥女伊万六世,并指定由比隆摄政。比隆干政期间,一边施行酷刑厉法,欺压异己,抑止军役贵族,一边大肆敛财,引起公愤。宫廷中的德裔贵族为求自保而倒戈,比隆失宠,被流放到北方。——译者注

　　② 即亚历山大·赫里斯托夫·本肯多尔夫(Бенкендорф,Александр Христоф,1783—1844),沙俄政要、伯爵、将军,曾参与镇压 12 月党人起义,1826 年起任宪兵总长、第三庭庭长,系尼古拉暴政的忠实执行者。——译者注

　　③ 即维亚切斯拉夫·康斯坦丁诺维奇·普列韦(Плеве,Вячеслав Константинович,1846—1904),沙俄政要,历任国务秘书、内务部长、宪兵独立军军长等职,极端反动分子,1904 年被社会革命党人刺杀。——译者注

　　④ 即帕维尔·卡尔洛维奇·冯·伦南坎普霍夫(Фон Ранненкампфов,Павел Карлович,1854—1918),亦译"宁尼堪波夫",有德国血统的沙俄将军,镇压中国义和团起义的俄军指挥官之一,其间掠获的中国文物现藏于塔加罗戈边疆志博物馆;十月革命后因拒绝与布尔什维克党人合作而被枪杀。——译者注

　　⑤ 即彼得·尼古拉耶维奇·弗朗格尔(Врангель,Пётр Николаевич,1878—1928),沙俄侯爵,中将,国内战争中俄国南部地区反苏维埃武装力量的组织者和领导者,1920 年起流亡国外。——译者注

　　⑥ 《俄罗斯化》,载《苏联小百科全书》,第 9 卷,莫斯科,1941 年,第 262 栏。

待往昔的新式态度,使得可以运用历史爱国主义方法成倍地放大意识形态中的阶级导向和国际主义导向。

　　1937 年年初广泛举行的亚·谢·普希金逝世百年纪念活动,便是服务于这类目的的,而在 7 月的银屏上,电影《彼得大帝》上映了。在这部影片中,俄罗斯的这位帝王,以一个被毫无顾忌地予以肯定的英雄和特别关心祖国福祉的最伟大的国务活动家的形象,出人意外地呈现在观众面前。9 月 7 日,博罗金诺历史博物馆举办开馆仪式。开馆日期被指定在纪念抗击拿破仑战争 125 周年之际,并伴随有大量爱国主义文章在报纸上发表,有悖于革命无产阶级传统地颂扬库图佐夫元帅和其他一些统帅。尚在不久之前,他们还被描绘成劳动人民的敌人和反动分子。"蕴含在艺术古迹和武器实物中的俄罗斯民族的伟大往昔",成为 1938 年 9 月 7 日在艾尔米塔什宫举办的那次展览的基本主题。祖国的历史以其实物、文献的表现形式呈现在观众面前,在展板上和展台上得以复活。诚如《消息报》上所强调指出的那样,在诸统帅中,显得特别突出的人物是亚·瓦·苏沃罗夫①。

　　1938 年 11 月,苏联银幕上推出电影《亚历山大·涅夫斯基》。正如《真理报》所言,这是一部有关俄罗斯人民的伟大、威武和英勇,有关她对祖国的热爱,有关俄罗斯军队的荣耀,有关为捍卫俄罗斯的土地而与侵略者作战中表现出的忘我勇气的爱国主义影片。涅夫斯基也成为康·西蒙诺夫②的叙事诗《冰湖大战》(写于 1937 年,发表于 1938 年初)的主人公。诗人赋予这位公爵的不仅是爱

---

　　①　即亚历山大·瓦西里耶维奇·苏沃罗夫(Суворов, Александр Васильевич, 1729—1800),沙俄著名军事家,俄军统帅,勒姆尼克伯爵(1789 年),一生率部作战 35 次,无一败绩,且多以少胜多。1799 年对法作战时任俄奥联军总指挥,6 周内肃清拿破仑驻意大利北部的全部法军,受封意大利公爵;著有军事著作《制胜之道》等,因战功卓著而备受后人推崇。苏联时期曾设立苏沃罗夫中等军校(1943 年),为高级军校培养学生;二战时(1942 年 7 月)曾设立苏沃罗夫三级勋章,以表彰战功卓著的苏军军官。——译者注

　　②　即康斯坦丁·米哈伊洛维奇·西蒙诺夫(Симонов, Константин Михайлович, 1915—1979),著名作家,苏共中央候补委员、中央监察委员,先后任《文学报》、《新世界》杂志主编,苏作协书记等职。主要作品有剧本《俄罗斯人》(获 1943 年度斯大林奖)、长篇小说《日日夜夜》(获 1946 年度斯大林奖)、剧本《异邦阴影》(获 1950 年度斯大林奖)、诗集《友与敌》(获 1949 年度斯大林奖)、长篇小说《生与死》(获 1974 年度列宁奖金)等。——译者注

国主义的,在某种程度上亦是排外主义的品质。在这位公爵的理念中,德国人侵犯俄罗斯边界,"钻到我们的家里来//藏匿在每一丛灌木中//在不用动刀剑的地方//他们利用贸易//在不利用贸易的地方//他们使用十字架"。的确,诗人本人并不是排外者。他不怀疑,"战事不会于今明两日间便猝然了结。苏联人民不得不'勇往直前地'去捍卫自己的家园"。且在这样的环境下,德国人民也将会消灭法西斯主义。那个时刻将会到来——"向这个摆脱掉法西斯主义的人民//我们将伸出自己的手。//在那一日//伴随着愉快的欢呼//我们将举国赞美//被解放了的、伟大的//亲爱的德国人民。"

歌剧《伊万·苏萨宁》获得了巨大的社会共鸣。该剧首场于 1939 年 4 月演出。此剧革命前的版本(原名为"为沙皇而生")中,苏萨宁是在混乱年代为营救被波兰人俘虏的沙皇而捐躯的。在新的版本中,苏萨宁营救的不是沙皇,而是莫斯科。① 结局那段情节(一群杰出人物欢呼着"光荣,光荣!",向以米宁和波扎尔斯基为首的步入红场的胜利者们致敬),被《真理报》形容成是个"观众与演员融为一体的时刻——似乎大厅里跳动着一颗巨大的心脏。人民在庆贺自己的英勇过去,在欢迎自己的勇士们、自己那些无所畏惧的勇士们。这真是一个美妙的、令人难以忘怀的瞬间"②。

1939 年 2 月末在国立特列季亚科夫斯基画廊开幕的那次展览会,成为首都文化—政治生活中一个意味深长的事件。此次展览会上展出的是苏维埃政权时代首次从全国不同城市运来的约 400 件 18—19 世纪从事历史体裁绘画的俄罗

---

① 歌剧《伊万·苏萨宁》取材于一则故事:1613 年冬,科斯特罗马城附近的农民苏萨宁故意将一支入侵的波兰部队领入走不通的森林沼泽而遇害,侵略者亦被困死。该剧原创者为俄国著名作曲家米·伊·格林卡。——译者注

② 《真理报》,1939 年 4 月 4 日。

斯画家(如维·米·瓦斯涅佐夫①、瓦·瓦·韦列夏金、瓦·格·彼罗夫②、伊·叶·列宾、格·伊·乌格留莫夫③,等等)最优秀的油画作品。

苏联各族人民的历史与民族的自觉,在许多方面被苏联作家的创作所丰富着。20世纪30年代下半叶,作家们更为经常地着手于塑造昔日的杰出国务活动家或军事家们的形象,着手于揭示国家或各民族历史中那些具有转折性的事件。是时,赢得极大声誉的,是阿·托尔斯泰的长篇小说《彼得大帝》(1929—1945)和剧本《彼得一世》(1934)。俄罗斯民族的英雄般的历史,给予了康·西蒙诺夫的史诗《苏沃洛夫》(1939)和《冰湖大战》(1940)、谢·彼·鲍罗金④的历史长篇小说《德米特里·顿斯科依》(1941)的创作灵感;俄罗斯历史中那些悲剧性的篇章,则在瓦·格·扬⑤中,得到了艺术的阐释;而阿·诺维科夫·普利博依⑥的长篇小说《对马》(1932—1935,1940)、谢·尼·谢尔盖耶夫—倩斯基⑦的长篇小说《塞瓦斯托波尔激战》(1937—1939)、阿·

---

① 即维克多·米哈伊洛维奇·瓦斯涅佐夫(Васнецов, Виктор Михайлович, 1848—1926),著名巡回展览派画家,主要作品有《罗斯受洗》、《雪公主》、《激战之后》、《三勇士》等。——译者注

② 即瓦西里·格里戈里耶维奇·彼罗夫(Перов, Василий Григорьевич, 1833—1882),著名画家、巡回展览画廊组织者之一,主要作品有《乡村复活节祈祷队》、《出殡》、《三套车》、《费·米·陀思妥耶夫斯基肖像》等。——译者注

③ 即格里戈里·伊万诺维奇·乌格留莫夫(Угрюмов, Григорий Иванович, 1764—1832),著名画家,古典主义代表人物,代表作有《米哈伊尔·费奥多罗维奇·罗曼诺夫晋举沙皇》、《伊万雷帝攻占喀山》、《亚历山大·涅夫斯基凯旋普斯科夫》等。——译者注

④ 即谢尔盖·彼得罗维奇·鲍罗金(Бородин, Сергей Петрович, 1902—1974),作家,另有代表作小说《撒马尔罕上空的星星》(获1968年度乌兹别克国家奖)等。——译者注

⑤ 即瓦西里·格里戈里耶维奇·扬(Ян, Василий Григорьевич, 1875—1954),作家,另有代表作小说《腓尼基舰》、《斯巴达克》、《蒙古人的入侵》三部曲(其中《成吉思汗》获1942年度斯大林奖)等。——译者注

⑥ 即阿列克谢·西雷奇·诺维科夫—普利博依(Новиков-Прибой, Алексей Силыч, 1877—1944),作家,小说《对马》(获1941年度斯大林奖)为其代表作,描写日俄战争中俄军因将领失职而战败的史实。——译者注

⑦ 即谢尔盖·尼古拉耶维奇·谢尔盖耶夫—倩斯基(Сергеев-Ценский, Сергей Николаевич, 1875—1958),作家、院士。20世纪20年代起致力于历史题材作品的创作,《塞瓦斯托波尔激战》为其代表作,获1941年度斯大林奖。——译者注

尼·斯捷潘诺夫①的《阿尔图尔港》(1940—1941),均贯穿着崇高的爱国主义精神,尽管这些小说的题材均是基于沙俄的军事败绩。俄罗斯诸民族的社会和民族解放运动,是通过维·雅·希什科夫②的长篇小说《叶美利扬·普加乔夫》(1938—1945 年)、阿·帕·恰佩金③的长篇小说《流浪汉》(1934—1937)、伊·列·列④的长篇小说《纳利瓦依科》(1940)、雅·卡秋拉⑤的长篇小说《伊万·鲍古恩》(1940)中的人民斗争首领们的形象来展示的。文化—历史的和爱国主义的主题,则构成康·西·加姆萨胡尔吉阿⑥的长篇小说《大师之手》(1939)、安·阿·安东诺夫斯卡娅⑦的长篇小说《伟大的莫拉乌拉》(1937—1939)的内容。

---

① 即亚历山大·尼古拉耶维奇·斯捷潘诺夫(Степанов, Александр Николаевич,1892—1965),作家,日俄战争前后曾作为军人家属随父侨居旅顺口,俄军战败后,他亦被捕,后因其年少而被日方遣送回国。《阿尔图尔港》为其代表作,获 1946 年度斯大林奖。"阿尔图尔"即旅顺口的俄人称谓。——译者注

② 即维亚切斯拉夫·雅科夫列维奇·希什科夫(Шишков, Вячеслав Яковлевич,1873—1945),作家,因长期在西伯利亚一带考察,初期创作多取材于那里的见闻。中篇小说《大森林》是这一时期创作的代表作。长篇历史小说《叶美利扬·普加乔夫》为其后期代表作,获 1956 年度斯大林奖。——译者注

③ 即阿列克谢·帕夫洛维奇·恰佩金(Чапыгин, Алексей Павлович,1870—1937),作家,成名作为《白色隐僧修道院》,后在苏联历史题材创作中最有建树,有长篇小说《斯捷潘·拉辛》《流浪汉》等。——译者注

④ 即伊万·列昂季耶维奇·列(Ле,Иван Леонтьевич,1895—1978),乌克兰作家,历史小说《纳利瓦依科》,描写的是 16 世纪末乌克兰农民和哥萨克在纳利瓦依科领导下反波兰地主统治压迫暴动的史实,另有长篇史诗《赫梅尔尼茨基》(获 1967 年度乌克兰国家奖)等。——译者注

⑤ 即雅科夫·杰米扬诺维奇·卡秋拉(Качура, Яков Демьянович,1897—1943),乌克兰作家,主要作品有小说《幸福》等。——译者注

⑥ 即康斯坦丁·西蒙诺维奇·加姆萨胡尔吉阿(Гамсахурдиа, Константин Симонович,1891—1975),格鲁吉亚作家,格鲁吉亚科学院院士,描写集体化新旧矛盾冲突的长篇小说《窃取月亮》为其赢得广泛声誉,另有长篇历史小说《建国者大卫》(获 1965 年度格鲁吉亚国家奖)等。——译者注

⑦ 即安娜·阿诺尔多夫娜·安东诺夫斯卡娅(Антоновская, Анна Арнольдовна,1885—1967),作家,代表作《伟大的莫拉乌拉》,描写 16 世纪末至 17 世纪初格鲁吉亚人民争取独立的斗争,共 6 卷,第 1 卷《格奥尔基·萨阿卡泽》获 1942 年度斯大林奖。——译者注

　　众所周知,对本民族历史与传统的认知程度,在民族情感与意识的形成过程中起着巨大作用。这一认知通常是借助一些庆典活动和节日庆祝活动达到的。此类活动有规律地提醒人们回忆起那些关涉本民族命运的历史性胜利、杰出人物的事迹、他们的生卒日期,亦是通过行使宗教礼仪的民族方式,借助历史、艺术或纪念性博物馆来达到的。经常性地认知那些自认系该民族一员的人们在本民族地区所创造的艺术或建筑作品,同样有助于民族归属感的形成。所有这一切,均受到了充分的考量,亦是为了统一的苏联人民在 20 世纪 30 年代下半叶达成紧密的团结。苏联人民的历史爱国主义情感的养成,借助了教科书、参考书、电影、戏剧、博物馆的陈列品或展览会馆、文学作品,即科技、文学与艺术的所有手段。由此一来,人民不仅越来越多地渴望了解与思考过去,亦渐渐养成时刻准备拿起武器保卫祖国的情结。“同志们,我们早已是前线的战士……因此我们应当像在战时那样行动。”演员尼·奥赫洛普科夫[1]的此番议论,传达出那个时代的气氛。用他的话来说,为了“能够辨识出人民反对压迫者的暴风骤雨和人民对自己祖国的热爱、对自由的热爱的暴风骤雨的不同”(《文学报》,1939 年 3 月 10日),有必要对过去做一番仔细的观察。

　　爱国主义如何被区别于“库济马·克留奇科夫[2]之风”。无产阶级国际主义的那些虔诚的信徒们,更精确地说,是那些将无产阶级国际主义以左倾激进主义方式理解为**社会主义的世界主义**(按照 20 世纪的官方术语来说)的信徒们,通常把在民族问题方面十分明显地背离“共产主义原则”的倾向理解为思想和政治上

---

　　[1]　即尼古拉·帕夫洛维奇·奥赫洛普科夫(Охлопков, Николай Павлович, 1900—1967),戏剧和电影导演,功勋演员,曾任莫斯科马雅可夫斯基剧院导演,作品有《贵族》、《哈姆莱特》、《青年近卫军》,另导演电影《列宁在十月》、《列宁在 1918 年》、《亚历山大·涅夫斯基》等。六度获得苏联国家奖。——译者注

　　[2]　即库济马·菲尔索维奇·克留奇科夫(Крючков, Кузьма Фирсович, 1890—1919),系沙俄顿河哥萨克军人,曾在一次寡不敌众的遭遇战中表现异常勇武,一人击毙德军 11 名,身负 15 处刀伤,由此晋升为准尉,后在与红军作战时阵亡。——译者注

的灾难性错误。文艺理论家弗·布留姆①——苏联作家协会戏剧分会中一位很有影响力的顾问,在1939年年初时仍然坚信:波克罗夫斯基提出的一些基本公设,应当继续保留于文学作品的评价之中。他在B.索科洛娃的剧本《伊利亚·穆罗梅茨》中发现了与现实的呼应,看到了"人民反法西斯战线思想的独特表达"之后,赞许地作出结论:"即便政治在这里被抛向过去,在历史的艺术中(当米·尼·波克罗夫斯基将这种艺术认定为历史科学的方法时,他是不对的),这种表达亦是**合理且必然的**。"(《戏剧》,1939年第4期)被召至党中央的一个部门去谈话的布留姆,试图向该部门的顾问说明电影《亚历山大·涅夫斯基》和《彼得一世》、歌剧《伊万·苏萨宁》、剧本《博格丹·赫梅利尼茨基》的构思与中心思想中的缺陷,因为它们对一些历史事件的阐述是失真的,是在当着现实生活的面对那些史实作伪。艺术形式的苏联爱国主义教育,依布留姆所见,常常是被偷换成损害国际主义的种族主义和民族主义。布留姆没有在乌克兰与俄罗斯的联合中看到任何进步的东西:乌克兰在摆脱了波兰对它的压迫之后,又落入沙皇俄国的桎梏,仅此而已。赫梅利尼茨基的形象,据布留姆所见,不可从正面予以表现,因为,真实的赫梅利尼茨基曾镇压过农民起义,并且是多次对犹太人实施大屠杀的组织者。布留姆时常表示不能理解——为什么现在如此之多地谈论起曾经作为奴役和压迫各民族工具的俄罗斯昔日的武装力量?弗·布留姆在党中央那里没有获得支持,之后,他继续公开断言:乐于推荐亚·叶·柯涅楚克②的剧本《博格丹·赫梅利尼茨基》的,可能会是尼古拉二世那位最反动的国民教育部长亚·什

---

① 即弗拉基米尔·伊万诺维奇·布留姆(Блюм, Владимир Иванович, 1877—1941),戏剧评论家、政论作家,曾为俄联邦教育人民委员会中央剧目和演出检查委员会成员等。亦曾极力阻止米·阿·布尔加科夫的戏剧《土尔宾一家的命运》的演出。——译者注

② 即亚历山大·叶夫多基莫维奇·柯涅楚克(Корнейчук, Александр Евдокимович, 1905—1972),乌克兰作家,社会活动家,乌克兰科学院院士,曾任苏联作协主席、乌克兰作协主席、乌克兰部长会议副主席、乌克兰最高苏维埃主席团主席等;剧本《博格丹·赫梅利尼茨基》获1941年斯大林奖,后曾改编成同名电影和歌剧。——译者注

瓦尔茨①；称普里什克维奇、古奇科夫②和米留可夫则可能会亲吻剧本《柏林城的钥匙》③的那些作者们；对谢·米·爱森斯坦④的"评价是糊涂的"。"这已是正在演变成一出政治流氓行径。"1939 年 1 月 26 日的《文学报》这样写道。

1939 年 1 月 31 日，弗·布留姆在《真理报》上读到了一则有关苏德可能亲近的报道并将此视为斯大林"英明和真正国际主义的"对外政策的表现。在就此事写给斯大林本人的那封信中，这位文艺理论家将注意力转向"苏联爱国主义情感中的"、与民族问题理论处于"不能容忍的矛盾之中的不健康思潮"。布留姆认为，应当终结对社会主义爱国主义性质的曲解。"我们这里的这种爱国主义，有时在某些地方正在开始获得种族式民族主义所具有的全部特征"；应当中止对"'我们的'已逝去时代的英雄们"的追捧；应当谴责电影《亚历山大·涅夫斯基》、歌剧《为沙皇而生》、剧本《博格丹·赫梅利尼茨基》中的反德、反波倾向；应当严加申斥那些"新近出现的'灭德者'、'灭波者'、'灭日者'以及此类变态的，犹如社会主义的种族主义的十字军骑士们！"他们"不可能明白：打击法西斯之敌，我们绝对不会使用他们的那种武器（即种族主义），而是要用更为优良得多的武器，即国际主义的社会主义"。（《历史问题》，2000 年第 1 期，第 132 页）

对苏联爱国主义或历史爱国主义思想主题的作品，不加区分地批评、几近无一例外地予以诟病的倾向，将它们作为似乎是克瓦斯爱国主义、"库济马·克留

---

① 即亚历山大·尼古拉耶维奇·什瓦尔茨（Шварц, Александр Николаевич, 1848—1915），贵族出身，原为莫斯科大学古典语言学、艺术史及艺术理论教授，学术平平；由彼·阿·斯托雷平延入政府，任内（1908—1910）因固守禁止女性接受高等教育和限制犹太人入学比例等旧规、主张学校去政治化等而有恶名。——译者注

② 即亚历山大·伊万诺维奇·古奇科夫（Гучков, Александр Иванович, 1862—1936），俄国资本家，十月党领袖，先后任国家杜马代表和第三届国家杜马主席（1910 年起）、中央军事工业委员会主席（1915—1917）、临时政府陆海军部长（1917 年起）等职。科尔尼洛夫反苏维埃叛乱的组织者之一，后流亡国外。——译者注

③ 该剧内容为沙皇军队抗击普鲁士国王弗里德里希二世的军队的故事，作者为 M. 古斯（Гус, M.）和 К. 菲恩（Финн, К.）。——译者注

④ 即谢尔盖·米哈伊洛维奇·爱森斯坦（Эйзенштейн, Сергей Михайлович, 1898—1948），犹太裔著名电影导演、电影理论家，1925 年导演《战舰波将金号》获得成功，1928 年导演《震撼世界的十天》，1938 年依斯大林政府的政治导向拍摄《亚历山大·涅夫斯基》，二战时拍摄出《伊万雷帝》等。——译者注

奇科夫之风"的具体表现而予以讥讽的种种情形,显然并非那般少见。譬如,据米·科尔佐夫证实,伊·格·爱伦堡曾因"这类有关俄罗斯民族历史的浅薄之作而大为震怒。他在这当中看到了反动的沙文主义的表现:'亚历山大·涅夫斯基已经被拔升为布尔什维克;现在该轮到拉多涅什的圣谢尔吉①和萨罗瓦的谢拉菲姆②了,——这将在国外引起恶劣的影响。'"

诚如一份报纸中准确指出的那样,"趁着辩论喧嚣不已之机,庸俗社会学的那些残渣余孽们曾一度试图反攻倒算"。在他们看来,亚历山大·涅夫斯基不过是个"合格的封建主";赫梅利尼茨基——只是个"封建上层"的代表人物;彼得一世——就是个沙皇,仅此而已;而普希金——只是个应当被描绘成身着低级宫廷侍从制服的沙皇内侍。对那些社会主义世界主义的热心信徒们,不得不加以开导,提醒他们注意布尔什维克党人对爱国主义的态度——"现在,当我们有了自己的祖国时,它已远非库济马·克留奇科夫那个时代的样子了;那时,列宁主义者们采取的是失败主义的立场。"(《莫斯科晚报》,1939 年 5 月 8 日)

所谓"库济马·克留奇科夫之风",是指将顿河哥萨克库济马·克留奇科夫作为一位世界大战的民族英雄和战时第一枚圣乔治十字勋章③获得者而加以颂扬的宣传运动。1939 年 9 月,联共(布)中央颁布了一个特别决定,谴责那些"打着与所谓'库济马·克留奇科夫之风'进行斗争的旗号,或打着所谓'崇高审美要求'的旗号……不加区分地辱骂爱国主义作品的有害倾向"(《布尔什维克》,1939年,第 17 期)。

----

① 拉多涅什的圣谢尔吉(Сергий Радонежский,1314—1392),俄国东正教奉其为圣人和俄国境内最伟大的修行者,著名的谢尔吉圣三一修道院(1345 年建)的创立者和第二任院长;俄国修道院住院章程的首创者,与德米特里·顿斯科伊公爵私交甚笃,并积极支持他的联合政策和民族解放政策。——译者注

② 萨罗瓦的谢拉菲姆(Серафим Саровский,1754—1833),萨罗瓦修道院的修士司祭,季韦耶沃圣三一女子修道院的创立者和保护人,曾一人独处森林修行,因行为奇异而受到信众敬畏和尊奉,亚历山大一世亦曾前往拜谒,1903 年由尼古拉二世倡议,俄东正教会为其封圣。——译者注

③ 圣乔治十字勋章(Орден Георгиевского креста),沙俄政府于 1769 年设立的军功奖章,分四级,用以褒奖战功卓著的军官或将军;1807 年起始授予列兵或军士。——译者注

　　与芬兰之战的结局,再一次将培养红军应对现代战争工作方面的"消极因素"清楚地暴露出来。工农红军总政治部主任列·扎·梅赫利斯在一份报告中曾指出:"对军事理论,特别是俄罗斯军事理论的研究,很薄弱。我们不公正地辱骂着旧式军队,而同时,我们又曾经有过类如苏沃洛夫、库图佐夫、巴格拉吉翁这样卓越的沙皇军队的将领们。作为伟大的俄罗斯的统帅,他们将永远存留在人民的记忆之中,并将受到继承俄罗斯士兵优良作战传统的红军的敬仰。这些杰出的统帅们,现在正在被忘却;他们的军事艺术在文献中没有得到展示,且为指挥人员所不知。"(《历史档案》,1997 年第 5—6 期)

成为爱国者不仅凭善良意愿。对"第五纵队"潜在能量的预防性打击。与苏联新宪法的通过和在此基础之上举行的第一次选举相关联的意识形态运动,成为一个独特的屏障,极大限度地遮蔽着此前已尖锐化了的与党内及整个国内的异端思想的斗争。这一运动的起因,应当在斯大林和他周围那班人所追逐的那种意图中去寻找,即他们竭力不使在实施粗暴的、有时是冒险的国家重建计划环境下形成新的反对派(及其与旧反对派的联手)。集体化初期与农民基本群众的冲突,也曾迫使转而诉诸先前已经过检验的那种武器,即用来对付"阶级敌人"的"红色恐怖"。面对来自希特勒德国的危险,必须做好充分准备,这成了采取断然措施的理由。

　　转动镇压反对派的飞轮,始于 1932 年。是时,以马·尼·留金①为首的"马克思列宁主义者联盟"所传播的材料,已为世人所知。"党和无产阶级专政正被斯大林及其一伙引入一个前所未有的死胡同并经历着致命的危机。"这个组织在《致联共(布)全体党员》的呼吁书中如此断言道。1932 年 10 月,该联盟的成员

---

　　① 即马尔季米扬·尼基季奇·留金(Рютин, Мартемьян Никитич, 1890—1937),苏联政要,1913 年入党的老党员,历任伊尔库斯克军区司令、莫斯科党委鼓动宣传部部长(1924 年起)、区委书记、全苏国民经济委员会主席团成员(1930)、中央候补委员(1927—1930)等。曾积极参与斯大林与"反对派"的斗争,但于 1928 年时转而支持左倾反对派对抗斯大林的工业化和集体化政策,1930 年被开除出党。1932 年与 B. H. 卡尤罗夫等老党员组织"马克思列宁主义者联盟",散发宣传资料,指控斯大林曲解列宁主义、篡夺政权,成为党内为数不多的实施组织抵抗斯大林政策的人物之一。1937 年被镇压。——译者注

分别被判处刑期不等的监禁或流放。列·鲍·加米涅夫和格·叶·季诺维也夫因此案而再度被开除出党并被流放，他们被指控了解该联盟的纲领而知情不举。也是在 1932 年末，据一项关于图谋"除掉斯大林"的告密，几位老布尔什维克——尼·博·爱伊斯蒙特①、阿·彼·斯米尔诺夫②和弗·尼·托尔马切夫③遭到指控。因与这些指控有牵连，先前的"偏离者"阿·伊·雷科夫和米·帕·托姆斯基也遭到例行审查。

党的十七大似乎证明着斯大林在权力金字塔最高峰地位的最后确立，证明着开始走出非常政治时期。不过，在这次代表大会上，一些有影响力的州党委或共和国党中央书记们显示出对基洛夫——1930 年进入政治局的成员和党中央的新任书记，同时仍兼任联共（布）列宁格勒州委和市委书记——的明显好感，于是人们产生了斯大林反对派可能会在这位人物周围联合起来的种种怀疑。1934 年 12 月 1 日，基洛夫在至今尚未查明的情况下被刺身亡。至此，将斯大林那些切实的和潜在的对手们从肉体上悉数清除的计划，看来已经成熟。这些人可能会成为晚些时日开始被人们称作战时活动在敌军一侧的"第五纵队"的组织者。

令举世哗然的这次暗杀，被利用来启动这一计划。"人民公敌"已渗入到党、苏维埃、经济的所有机关，渗入到红军领导层中。——这已经成为一种官方论点。1936—1938 年间审理的司法诉讼案件有："托洛茨基—季诺维也夫反苏联合中心案"（1936 年 8 月。主要被告人为格·叶·季诺维也夫、列·鲍·加米涅

---

　　① 即尼古拉·博列斯拉沃维奇·爱伊斯蒙特（Эйсмонт，Николай Болеславович，1891—1935），苏联政要，1907 年入党，后历任俄联邦最高国民经济委员会主席、苏内外贸易人民委员会成员、俄联邦物资供应人民委员会委员等。1933 年被捕并获刑 3 年。——译者注

　　② 即阿夫拉姆·彼得罗维奇·斯米尔诺夫（Смирнов，Аврам Петрович，1909—?），1933 年被控"为反革命目的而盗窃并藏匿文件"并被捕。——译者注

　　③ 即弗拉基米尔·尼古拉耶维奇·托尔马切夫（Толмачев，Владимир Николаевич，1886—1937），苏联政要，1904 年入党，后历任新罗西斯克革命委员会主席、新罗西斯克和阿尔马维克党委书记、库班—黑海州委书记、北高加索执委会主席、俄联邦内务人民委员等。1932 被捕并获刑 3 年。——译者注

夫、格·叶·叶夫多基莫夫①），"并行的托洛茨基反苏中心案"（1937 年 1 月。主
要被告人为尤·列·皮达可夫、格·雅·索科尔尼科夫②、卡·伯·拉迪克），
"红军中的托洛茨基反苏军事组织案"（1937 年 6 月。主要被告人为米·
尼·图哈切夫斯基、叶·彼·乌博列维奇③、约·埃·亚基尔④），"右派—托洛
茨基反苏集团案"（1938 年 3 月。主要被告人为尼·布哈林、李可夫、亚戈达⑤）。
经过这些及其他一些诉讼，老一代布尔什维克（即所谓"列宁的"）近卫军中相当
大一部分人，以及党和国家机关中的人数众多的代表性人物们，因被怀疑不忠或
不适于解决国家所面临的问题而从肉体上被消灭了。

20 世纪 30 年代的这些镇压，实质上说来，缘起于列宁逝世后斯大林派与反
对派之间那场思想之争。表面上，这一争论是在托洛茨基的支持者们和斯大林
的支持者们之间进行的。前者认为，没有世界革命的胜利，革命在俄罗斯的获胜
是不可能的；后者也相信世界革命会胜利，但却奉行首先在一国之内建设社会主

---

①   即格里戈里·叶列梅耶维奇·叶夫多基莫夫（Евдокимов, Григорий Еремеевич，
1884—1936），苏联政要，1903 年入党，后历任中央书记、中央组织局成员、苏联中央执委会主
席团成员等，1934 年被捕，1936 年被枪决。——译者注

②   即格里戈里·雅科夫列维奇·索科尔尼科夫（Сокольников, Григорий Яковлевич，
1888—1939），苏联政要，犹太族，历任俄共（布）中央政治局成员（1917）、政治局候补委员
（1924—1925）、苏联中央执委员成员、俄联邦财政人民委员、苏联财政人民委员等。1936 年
被捕并获刑 10 年，但于 1939 年在托博尔斯克监狱被处决。——译者注

③   即叶罗尼姆·彼得罗维奇·乌博列维奇（Уборевич, Иероним Петрович，1896—
1937），高级军事将领，一级集团军司令官，苏共中央候补委员（1930—1937），国内战争时曾先
后任南方、高加索、西南方面军司令，1922 年任远东共和国军事部长和人民革命军总司令，
1930—1931 年任苏联革命军事委员会副主席。1937 年被枪决。——译者注

④   即约纳·埃马努伊洛维奇·亚基尔（Якир, Иона Эммануилович，1896—1937），高级
军事将领，一级集团军司令，苏共中央委员（1934—1937），国内战争时任革命军事委员会成
员，指挥过南方战线和西南战线，1930—1934 年任苏联革命军事委员会成员。1937 年被枪
决。——译者注

⑤   即亨里希·格里戈里耶维奇·亚戈达（Ягода, Генрих Григорьевич，1891—1938），苏
联政要，犹太族，彼得堡十月起义参加者，苏联国家安全机关主要领导人之一，先后历任全俄
肃反委员会主席团成员、苏国家政治保安总局局长、内务部长（1934—1936）等，斯大林党内
斗争的支持者，以手段残忍著称。1937 年被控反国家及刑事犯罪而被捕，1938 年被枪
决。——译者注

义并将这个国家转变成世界革命胜利的强大要素的方针。"一国社会主义"思想的逻辑本身,早在1934年便已形成一种认识,即这个"一国之社会主义",若不依靠苏联境内人口最众的俄罗斯民族,若不依靠这一民族的爱国主义与民族传统,那便是不可能的。这一逻辑要求应将一个新阶层的人们,即一国建设社会主义的英雄们拔擢到政权机关中来。发生在政权各梯度中的种种变更,是这个巨大的斯拉夫国家对漠视民族要素的国际主义或世界主义于20世纪20—30年代之间所做实验的必然反动。另一方面,亦可以将1936—1938年间的清洗视为国内战争的最后阶段之一,或如斯大林所表述的那样,是"阶级斗争的尖锐化"①。

依据文献汇编《平反昭雪:事实始末》(莫斯科,2000)中公布的官方数据,在这一所谓的"尖锐化"过程中,1936年一年内,经内务部承办各案而被判处枪决的,就达1 118人。随后的"大恐怖"的两年中,被镇压的人数达到顶峰:1937年,有353 074人被处以枪决;1938年则为328 618人。这就是说,平均每天审结3 970个案件和做出900个死刑判决。沦为这一大规模恐怖的牺牲品的,不仅有党、政、经济、军事机构的领导者们,还有许多普通党员、科技与文化事业活动家、工程师、工人、集体农庄庄员。维·米·莫洛托后来在为这些镇压辩解时,曾断言,这在1937年是必需的,"如果考虑到,我们在革命后左拼右杀,获得了胜利,但各类敌人的残余依然存在,并且,面对法西斯入侵临近的危险,他们有可能联合起来。战时我们这里没有出现第五纵队,我们应当将这一点归功于1937年"。据尼·布哈林12月(1937)写给斯大林的那封信来判断,甚至处在被审查状态之下的他亦感到,这个会波及有过失者、嫌疑者和潜在嫌疑者的"宏大而勇敢的大清洗政治主张","鉴于正值战前时期和向民主制过渡时期",当是无可指摘的。

1938年11月25日,被任命的内务部新任人民委员拉·帕·贝利亚,取代

---

① 《约·维·斯大林文集》,第12卷,第10页。

已被免职、后又被指控参与阴谋活动的尼·伊·叶若夫①,以大赦作为自己工作的开端。1939 年,"因反革命罪和国事罪"而被判处枪决的共计 2 552 人(平均每日 7 人);1940 年共计 1 649 人(平均每日 4—5 人);1941 年(包括战时的半年)共计为 8 001 人(平均每日 24 人)。镇压的规模缩小了。似乎,莫洛托夫和布哈林的见解亦有某种道理,但显然,还有另外的东西。由于实施所谓"上层革命"式的镇压,斯大林在国内的个人权力体制已最终确立起来。斯大林善于屈从于社会和经济现实,但接下来也会在使用其他一些管理社会的手段的同时,广泛利用恐怖和暴力。20 世纪 30 年代末在苏联确立起来的这个斯大林式的无权威、无远见的领导人体制,是不可能有什么效力的。

被镇压者中,有许多人因被指控为民族主义倾向、民族主义、分离主义、间谍、背叛祖国而罹难。种种镇压,均与对即将来临的战争的感受、与对"第五纵队"的恐惧、与有关被敌方包围(有此嫌疑的,除德国外,首先是那些与苏联接壤的国家)的想象,有着直接的关联。民族的和国家的爱国主义思想、国家军事对抗思想,自 20 世纪 30 年代中期起便开始在很大程度上标定出民族政策的走向,而将传统的阶级斗争方略移置于末位,并在许多方面注定了要对那些与"敌对包围"国家有着直接或间接联系的所有人实施镇压的残酷性。其对待德国人、日本人——这类假想敌国家的公民们的态度,曾在《莫斯科日报》(1938 年 4 月 12日)中以挑战形式开诚布公地做出过表述:"如果说,每个生活在境外的日本人都是间谍,就像每个生活在境外的德国公民都是盖世太保的奸细一样,这在任何情况下也不是夸大其词。"这份报纸在莫斯科及境外发行 53 000 份。

1937 年 7 月 20 日,联共(布)中央政治局做出决议:"立即向内务部人民委员会各机关下达逮捕所有在国防工厂工作的德国人的命令……有关逮捕的进程和被捕者人数的情况汇总(每日的),报告至中央。"一份关涉所有苏联国籍的德

---

① 即尼古拉·伊万诺维奇·叶若夫(Ежов, Николай Иванович, 1895—1940),苏联政要,历任苏内务人民委员(1936—1938)、国家安全委员总长(1937—1940)、苏共中央监察委员会主席和中央书记(1935—1939),系 1937—1938 年政治镇压的执行者。1939 年被指控"领导内务部队和机关中的阴谋组织进行间谍活动和准备对党和国家领导人实施恐怖行动、发动武装反苏暴动"而被捕,1940 年被枪决。——译者注

国人的相应命令,于 7 月 25 日通过电报下达并予以实施。7 月 30 日,关涉德裔苏联公民的第二份命令亦被签署。8 月间,出现了针对波兰人的,随后是针对高丽人、拉脱维亚人、爱沙尼亚人、希腊人、中国人、伊朗人和罗马尼亚人的类似的决定或命令。有 30 938 名先前曾在中东铁路工作、1935 年铁路出售后返回苏联的苏联公民,丧命于镇压的屠刀之下。所有这批人,均曾得到一个通用名号——"哈尔滨人"。根据内务部人民委员会 1937 年 9 月 20 日签发的那项命令可以得出结论:这批哈尔滨人,绝大多数系日本情报机关的间谍,应被处以 3 个月的徒刑。10 月 23 日,又下达了一个命令,其中特别强调外国情报机关的间谍正在以寻求政治避难的身份越境,并命令道:"对所有这些偷越国境者,无论其越入我国国境的动机与情节如何,一律立即予以逮捕。"如此一来,那些越境来到苏联寻求美好人生的各共产党职业革命家们、负有重大责任的工作者们,也时常会被送上法庭。根据于党的二十大前开始运作的彼·尼·波斯佩洛夫委员会①提供的资料,由于执行了上述那些命令,至 1938 年 9 月 10 日之前,已审理了 22.798 6 万人的案件,其中 17.283 0 万人被处以枪决(占 75.8%),4.691 2 万人被处以各种刑罚(占 20.6%),3 120 人被退回以法院重审,5 124 人被退回以补充调查。(《平反昭雪:事实始末》,第 1 卷,莫斯科,2000)

　　红军也没能幸免于依据民族特征实施的镇压。1938 年 3 月 10 日,格·马·马林科夫委托列·扎·梅赫利斯准备一份军队中波兰裔、德国裔、拉脱维亚裔、爱沙尼亚裔、芬兰裔、立陶宛裔、保加利亚裔、希腊裔、高丽裔共产党员,以及在苏联境外有国家组织的其他民族人士的名单。这项指令得到执行。当年 6 月 24 日,国防人民委员会下达指令,依据该指令,应当令所有"未加入苏联的各民族"现役军人退役。首先被要求退役的是所有在国外出生或生活过一段时间,以

---

　　① 即彼得·尼古拉耶维奇·波斯佩洛夫(Поспелов, Пётр Николаевич, 1898—1979),苏联政要、历史学家、院士,历任《真理报》主编(1940—1949)、苏共中央书记(1953—1963)、苏共中央马列研究院院长(1949—1952、1961—1967)、苏共中央主席团成员(1957—1961)。斯大林逝世后最先转入赫鲁晓夫一边的人物之一,故受到赫氏信任;以他的名字命名的这个委员会,系奉赫氏之命对大镇压进行调查,所获数据为赫氏二十大秘密报告所采用。——译者注

及有亲属在国外的军人。指挥人员的退役依据有特别编号的命令来执行。在命令编号之后,单斜线后应有字母"oy"(例如,№115/oy 号令),表示"特别登记"之意。被标记这种代码(此代码被称为 Б. M. 费尔德曼码①,此名取自工农红军指挥人员管理局局长的姓名)的退役者,在抵达居住地之际,便被逮捕。在被标注此代码的被退役者中,有塞尔维亚裔人、师长达尼洛·塞尔济奇②和波兰裔人、舰队司令康·康·罗科索夫斯基③。

据不完全资料(没有有关基辅军区、外贝加尔军区、太平洋舰队和远东舰队的资料)显示,曾有 1.3 万名"民族分子"被特别部门查明并认为应当解除军役。其中 4 000 人被退役,被退役者中有 2 000 人被逮捕。根据国防人民委员会 1938年 6 月 21 日的指令,863 名波兰、德国、拉脱维亚、立陶宛、爱沙尼亚和中国族裔的政工干部被解除军役。1938 年 6—7 月,还对军队施行过一次依据履历表中填写的内容(境外出生、居住或有亲属者)来进行的清洗。被解除军役的(且大部分几乎是立即被逮捕),不仅是实际上的所有(具有外国国籍的)现役军人和非军职人员,还有为数不少的"苏联各民族"人士。依据工农红军指挥和领导人员管理局 1939 年编制的《1938 年间因族籍而被退役的工农红军指挥人员人数调查表(不含政工干部)》显示,仅一年内便有 4 138 位指挥官被解除军役。被退役者中,人数最多的为波兰裔人(26.6%),其后依次为拉脱维亚裔人(17.3%)、德意

---

① 即鲍里斯·米罗诺维奇·费尔德曼(Фельдман,Борис Миронович,1890—1937),苏军高级将领,历任列宁格勒军区参谋长、莫斯科军区副司令;任职工农红军指挥人员管理局局长的时间为 1934—1937 年。1937 年因涉及"图哈切夫斯基案"而被捕并遭镇压。——译者注

② 即达尼洛·费奥多罗维奇·塞尔济奇(Сердич,Данило Фёдорович,1896—1938),生于克罗地亚,一战时为沙俄军人,后转入红军,参加过彼得堡十月革命,内战时以骁勇善战著称,后任白俄罗斯红旗基辅军区指挥官,1937 年以参与法西斯军事阴谋罪被捕,次年被镇压。——译者注

③ 即康斯坦丁·康斯坦丁诺维奇·罗科索夫斯基(Рокоссовский,Константин Констатинович,1896—1968),生于大卢基。1937 年以涉嫌日、波间谍罪被捕,1940 年案件中止,被派往基辅军区。二战中先后历任顿河、中央、斯大林格勒、白俄罗斯等集团军或方面军司令;1944 年晋升元帅。战后历任北方集团军总司令、波兰人民共和国国防部长兼波兰部长会议主席(1949—1956)、波兰元帅、波兰统一工人党中央政治局委员;回国后历任苏联国防部副部长(1956、1958—1962)、外高加索军区司令等职。——译者注

志裔人(15％)、爱沙尼亚裔人(7.5％)、立陶宛裔人(3.7％)、希腊裔人(3.1％)、高丽裔人(2.9％)、芬兰裔人(2.6％)、保加利亚裔人(1.2％)。在被解除军役者之中,也有那些"没有成为苏联民族构成"的各民族人士——匈牙利人、捷克人、罗马尼亚人、瑞典人、中国人,还有 710 位(17.2％)出生在苏联境外的俄罗斯族人、乌克兰族人、白俄罗斯族人、犹太族人,以及苏联其他各民族人士。(《军事历史档案》,1998 年第 3 期)

　　对其他强力机关的清洗,也是以类似的方式开始的。1936 年 9 月 26 日被任命出任内务部人民委员一职的尼·伊·叶若夫曾指出:"来到内务部人民委员会后……我便开始了歼灭钻入肃反机关所有部门的波兰间谍的工作。"1938 年 5 月,党中央下达了关于将有境外亲属和出身于小资产阶级家庭的工作人员全部清除出各机关的指示。对国家安全机关实施的大规模清洗,是在批准拉·帕·贝利亚出任人民委员(即 1938 年 11 月 25 日)之后进行的。1939 年,共有 7 372 人(占此类专业人员的五分之一)被从国家安全机关中辞退;有 14 500 人在工作岗位上被逮捕。波兰裔人、拉脱维亚裔人、德意志裔人,从内务部人民委员会领导成员(即苏联内务部人民委员们、他们的副手们、内务部人民委员会各管理局及其中央机关各部门的领导们、各加盟共和国和自治共和国的内务部人民委员们、内务部人民委员会各边疆区局和州局的局长们,共计 182 人)中消失了;犹太族籍的人数大大缩减(从 1938 年 9 月初时的 21.3％下降到 1939 年年末的 3.5％);他们的位置,大多由俄罗斯族人、乌克兰族人、格鲁吉亚族人取代。(H. B. 彼得罗夫、K. B. 斯科尔金著:《谁领导着内务部人民委员会》,莫斯科,1999 年)内务部人民委员会中央机关工作人员 1940 年年初时计有约 3 700 人,其中,俄罗斯族人为 3 074 人(84％)、乌克兰族人为 221 人(6％)、犹太族人为 189 人(5％)、白俄罗斯族人为 46 人(1.25％)、亚美尼亚人为 41 人(1.1％)、格鲁吉亚人为 24 人(0.7％),另有鞑靼族人、摩尔达维亚族人、楚瓦什族人、奥塞梯族人,等等。

　　军事方面的种种考量,亦促成了做出将与接壤国家民族有同族亲缘关系的边境居民和其他一些不可靠公民"清离"边境地带的决定。1936 年 4 月,苏联人民委员会通过一项关于将 1.5 万户(计为 4.5 万人)波兰族人和德意志族人从乌克兰迁徙至哈萨克斯坦的决定。1937年,有17.2万高丽族人、数百名波兰族人、1.1万名中国人被从远东各地区驱逐至哈萨克斯坦和乌兹别克斯坦。同年,从亚美尼亚、阿塞拜疆、土库曼斯坦、乌兹别克斯坦和塔吉克斯坦边境地带将1 325名库尔德族人迁入国家内陆地区。对乌克兰和白俄罗斯西部边境地区的清离继续进行着。1938年11月开始将伊朗族人从阿塞拜疆边境地区迁出。接下来的几年间(特别是随着西乌克兰和西白俄罗斯、波罗的海诸共和国和摩尔达维亚苏维埃社会主义共和国加入苏联,我国的居民人口数量增加了2 259.98万,明显地改变了我国的民族构成),这种驱逐政策得到进一步的发展。

被驱逐者的新近统计总数中,所谓的"波兰留居者和逃亡者",所占份额最大。这些被称之为留居者的人,是来自波兰的移民,其大部分为波兰军队退役军人。他们在1920年那次反苏战争中表现突出并因此获取了乌克兰人和白俄罗斯人居住的那些地区的土地。此外,他们还对当地的乌克兰和白俄罗斯居民履行着某些警察职能。[1] 1940—1941年,从西乌克兰和西白俄罗斯以及立陶宛被驱逐的,共有38万波兰人。与波兰人一道被流放的还有其他民族的"留居者和逃亡者"。据1941年4月1日的资料显示,在17.704 3万名有民族属性信息的被驱逐的留居者和逃亡者中,波兰人占54.6%,犹太人占33.3%,乌克兰人占5.3%,白俄罗斯人占5.1%。在卫国战争开始前不久(主要是在1941年6月13—14日间),已实现了将"反苏分子"从波罗的海、西乌克兰、西白俄罗斯、摩尔达维亚右岸逐出的行动。大多数被驱逐者(计为8.571 6万人)被安置在新西伯利亚州(22.5%)、阿尔泰边疆区(20.4%)、克拉斯诺亚尔斯克边疆区(20.5%)、哈萨克斯坦苏维埃社会主义共和国(18%)、鄂姆斯克州(13.5%)、科米苏维埃社会主义自治共和国(3.6%)、基洛夫州(2.4%)。(《20世纪俄罗斯人口》,第2卷,莫斯科,2001)

对所有与苏联敌对国家有直接或间接关系的人的怀疑的增长,亦导致了对

---

[1] 据俄方资料称,1919—1929年间计有7.7万波兰留居者获得60万公顷的土地;据《白俄罗斯历史百科全书》资料,1921—1939年间共有约30万波兰人迁入西白俄罗斯地区。西乌克兰和西白俄罗斯两地区于1939年并入苏联后,约90%的留居家庭被驱逐至西伯利亚和阿尔汉格尔斯克州。——译者注

少数民族许多文化—教育和区域管理制度的废除。格·马·马林科夫(在他的领导下,已经准备了关涉这一问题的一些文件)曾于 1937 年 11 月 29 日写道:"现在已完全查明,在一系列情况下,民族地区是按照人民公敌们的倡议而设立的,他们的目的是要使自己顺利开展反革命、特务破坏活动变得容易些。"(根据一项专门的研究,"民族"区的数量,即少数民族居住的行政区的数量,1934 年 7 月 15 日时共计为 240 余个,而民族村苏维埃的数量超过 5 300 个。有关这一问题的更为晚些时间的官方数据,未曾公布过。)

1937 年 12 月 1 日,中央组织局研究了"关于取消民族行政区和村苏维埃"的问题并认定:"无论特设的民族区,还是民族村苏维埃,其继续存在均是不适宜的。"在论证这一决议时指出:"在一系列州和边疆区中,人为地设立各类民族行政区和村苏维埃(如德意志民族的、芬兰民族的、高丽民族的、保加利亚民族的,等等),其居民的民族构成并没有证明它们的存在是合理的。此外,经过专门的检查已判明,这些民族行政区中,有许多是人民公敌们怀着破坏的目的而设立的。钻进这些行政区领导岗位的资产阶级民族主义者和奸细们,在居民中进行着反苏活动,禁止在中小学中讲授俄语,阻挠俄语报纸的出版,等等。"决议规定地方党委于 1938 年 1 月 1 日前向联共(布)中央递交关于通过改建为普通行政区和村苏维埃的办法废除这些民族行政区的建议。整个 1938 年都在进行着改组这类行政区的操作。1939 年 2 月 16 日,中央组织局批准了地方各州党委有关此次改建的决定。组织局"关于废除并改建人为设立的民族行政区和村苏维埃"的决定,于 1939 年 2 月 20 日在政治局的一次工作会议上获得最后的批准。就在那一年,一些民族区(赤塔州的维提姆—奥列克明斯克民族区和阿尔加亚什民族区、加里宁州的卡累利阿民族区)被撤销了。由此一来,我国的民族自治州、区和村苏维埃的数量大为减少。

俄语作为战时交际的手段。与民族行政区一道获得解决的,还有这些地区的民族中小学校的命运。1937 年 12 月 1 日,联共(布)中央组织局做出的《关于民族中小学校的决定》认定,"在相应的共和国境内,专设的民族中小学校(如芬兰族的、爱沙尼亚族的、拉脱维亚族的、德意志族的、英格兰族的、希腊族的)",其存在是有害的,并建议"将上述学校改建为普通类型的苏联中小学校"。俄罗斯苏维埃联邦社会主义共和国教育人民委员会被责令"向联共(布)中央递交有关取消民族教育中等技术学校、教育之家和其他一些文化—教育机构的建议"。在论证中央组织局 1938 年 1 月 24 日的那份《关于改建民族中小学校的决议》时,如在改建民族行政区时那样,援引了联共(布)中央所做的调查,证明"活动于诸加盟及自治共和国教育人民委员会内的敌对分子们,培植专设的民族中小学校(德意志族的、芬兰族的、波兰族的、拉脱维亚族的、英格兰族的、希腊族的、爱沙尼亚族的、英格族的①、中国族人的,等等),将其变为对儿童实施资产阶级民族主义影响的策源地。设立专门的民族中小学校的实践,已经给正常的学习和教育事业造成巨大的危害,使那里的学童们与苏联的生活现实隔绝开来,使他们丧失了接触苏联文化与科学的可能,阻断了他们在中等技术学校和高等院校进一步接受教育的道路"。有鉴于此,中央建议:"① 将专设的民族中小学校(德意志族的、芬兰族的、波兰族的、拉脱维亚族的、爱沙尼亚族的,等等)改建为普通类型的苏联中小学校,同时撤销普通苏联中小学校下设的特别民族分部;② 专设民族中小学校的改建,必须通过将该类学校转入苏联普通类型中小学校教学计划和教学大纲的方法来进行;其授课或是采用相应共和国的语言,或是采用俄语;在确保这些学校有足够教师的情况下,应于 1938 年秋季亦可招收其他民族儿童入学就读;③ 各加盟共和国教育人民委员会自行确定每一专设民族学校改建期限及程序,但所有工作应于新学年开始之前,即 1938 年 8 月 1 日之前结束;④ 联共(布)中央责成诸民族共和国共产党中央委员会最迟于 1938 年 7 月 15 日之前向联共(布)中央报告本项指令执行进度情况。"

那些为少数民族开设的、长期以来为革命和党政机关培养干部的高等院校,亦遭遇了同样的命运。1936 年,西方少数民族共产主义大学(内设立陶宛分部、犹太分部、拉脱维亚分部、德国分部、波兰分部、罗马尼亚分部、白俄罗斯分部、保

---

　　① 英格族(Ингры或ижорцы),12—18 世纪居住在涅瓦河岸及拉脱加湖西南岸,其语言属芬兰—乌戈尔语系。自 1228 年始该地区属大诺夫哥罗德,1478 年起属俄罗斯,1609—1702 属瑞典;1702 年起属俄罗斯。现为列宁格勒州属地,多已俄化,2002 年俄国人口普查中登记的仅有 327 人。——译者注

加利亚分部、意大利分部、摩尔达维亚分部、南斯拉夫分部、爱沙尼亚分部、芬兰分部)被解散；1938 年,东方劳动人民共产主义大学被关闭。这两所大学的许多教师和学生遭到逮捕。试图断绝与敌对的周边国家往来的意向,曾促使中央组织局于 1938 年 6 月 9 日做出撤销下设于教育人民委员会的苏联世界语联盟的决定。在对这一举措进行论证时,曾断言:"苏联与资本主义国家世界语爱好者之间的通讯往来,没有受到应有的监督,这使得世界语会被利用来进行间谍类的和反革命的活动。"1937 年,许多世界语爱好者因被指控从事间谍活动或"托洛茨基的世界语阴谋"而被逮捕。

在苏联境外有国家体系存在的那些少数民族,其昔日的学校转而使用所在苏维埃共和国的语言,且常常是俄语,这便使得可以在促使各民族共和国或民族自治州的居民掌握俄罗斯文化和苏联各民族交际手段方面的工作更大规模地开展起来。在这方面,党和国家最高机关做出的关于在苏联所有中小学校修学俄语的指令,曾起过巨大的作用。这一指令的制定,是依据联共(布)中央(1937)十月全会的决定而启动的。曾规定"在所有民族中小学校俄语与民族母语同样实行必修"的那个指令草案,于 1938 年 3 月 5 日前经过中央委员会中小学校部深入研究。3 月 7 日,联共(布)中央工作会议就该指令的一些问题进行了讨论。当时,中央政治局决定成立一个由 A. A. 日丹诺夫任主席的专门委员会。该委员会被委托于"三四日"内拟定该项指令的最终文本。经过对这份文件的加工修改,它的标题的语义得到加强。委员会向联共(布)中央和苏联人民委员会提交的这份指令草案,被定名为"关于在各民族共和国和民族州中小学校实行俄语必修的决定"。1938 年 3 月 13 日,中央政治局做出决定,批准该项指令。1938 年 3—4 月,类似的指令在所有加盟共和国均获得通过。这些新下达的指令,并不意味着此前在各民族共和国境内不存在俄语的义务教育。它已经早就存在了,但它的存在缺少一个统一的、中央化的体系,在不同民族共和国和民族州有不同的形式；通常是在不早于第三年级时开始讲授俄语,俄语教师的水平亦很低下。例如,在塔吉克斯坦,1937 年,4 132 所民族中小学校中,开设俄语教学的仅有150—200 所(或为 4—5％)。

人民委员会和中央的这项 3 月指令,要求自 1938 年 9 月 1 日起所有非俄罗斯族初级小学于第二年级开始、所有不完全中学和完全中学于第三学年开始讲授俄语。所有民族中小学校俄语学习的课时量被提高了,培训俄语教师的工作扩大了,教学和教学法书籍的出版亦活跃起来。同时,该指令还专门强调指出:"母语是各民族共和国中小学校授课的基础。俄罗斯苏维埃联邦社会主义共和国某些自治共和国境内存在的超越这一准则的例外,只能具有临时的性质;将俄语从修学课目转变为教学语言,进而使母语受到限制的倾向,是有害的和错误的。"

将已拉丁化的书写文字改为基里尔字母,使习学俄语变得简易一些。依据苏联中央执行委员会民族委员会 1936 年 10 月 16 日的决定,卡巴尔达人①的书写文字被改用基里尔字母。随后,俄罗斯联邦共和国境内拥有自治共和国或州及民族自治区的其他一些民族的书写文字,亦以类似方法被划一处理了。自1939 年 12 月 16 日起,这类改革开始波及一系列加盟共和国的"主体"民族——乌兹别克民族、阿塞拜疆民族、塔吉克民族、土库曼民族、吉尔吉斯民族、哈萨克民族、摩尔达维亚民族——的书写文字。据《苏联小百科全书》一词条所称,拉丁化的字母体系"已不能保障苏联各民族文化的进一步发展";以俄语书写文字为基础的新字母体系,被"作为社会主义文化的一桩可喜可贺之事"而受到各族人民的欢迎。② 据《真理报》称,由各加盟共和国和自治共和国政府于 1938 年 9 月实行的"在非俄罗斯族中小学校推行义务俄语教学",意味着俄语"正在逐步成为社会主义文化的国际性语言,就如同拉丁语曾经是中世纪早期社会上层的国际语言、法语曾经是 18 和 19 世纪的国际语言一样"。③ 由此可见,这一国家语言政策的推行,首先是为了使苏联各民族人民吸纳"社会主义文化"和将他们联合在一个新的"区域性的"(日后又被称作"新型的历史性的")人民共同体之中。

人民委员会和中央于 1938 年 3 月 13 日发出的那项指令,不仅成为国家语

---

① 卡巴尔达人(кабардинцы),自称阿迪格人(адыге),13—15 世纪入居北高加索地区,语言属高加索语系阿布哈兹—阿迪格语族(又称西北语族),1774 年彻底并入俄罗斯,人口近 30 万,大多居现今俄罗斯联邦卡巴尔达—巴尔卡尔共和国境内。——译者注

② 《苏联小百科全书》,第 10 卷,莫斯科,1939 年,第 288 页。

③ 《俄语——苏联各族人民的财富》,载《真理报》,1938 年 7 月 7 日,第 1 版。

言政策中一个新时期的开端，它还使得多民族的苏联军队建设中的一个新阶段的到来加快了速度。1936 年苏联宪法在第 132 款中这样写道："全民义务兵役制，系为法律"；在工农红军中服兵役，"系苏联公民的光荣义务"。只要来自民族区域的应征入伍者通晓俄语（即军中命令、指令、条例和训令使用的语言），那么，不折不扣地实施这一法律，便是可能的。30 年代末之前，促成此事的条件形成了，其中就包括那个关于各民族共和国和民族州中小学校必修俄语的指令。（该文件还强调指出，通过这项决定的主要理由之一在于："通晓俄语会为所有苏联公民能在工农红军或海军部队中顺利履行兵役所需的必要条件提供保障。"）

实际上，与联共（布）中央和人民委员会关于语言问题的那个指令同时通过的，还有一个《关于工农红军的民族部队和建制问题的决议》（1938 年 3 月 7 日通过）。此类民族部队是按照地域原则、从国内战争时期起逐步创建起来的。在 20 世纪 20—30 年代，它们一直是吸引某些民族人士服兵役的主要形式之一。这些民族（例如乌兹别克民族、土库曼民族、布里亚特—蒙古民族、吉尔吉斯民族、北高加索的部分民族，等等）"先前在军队中完全没有服役人员"。这类民族部队的建制，虽然在国内战争中起到过良好的作用，但正如 1938 年 3 月 7 日的那个决议所称，"如今却不能证明其使命的合理性"。民族部队建制依赖的是地方性的、文化的和经济的条件，被束缚于自己的民族区域，这便使其失去训练战士或部队适应各种气候、生活方式和战斗环境条件的可能。同时，如决议中强调指出的那样，"工农红军和海军系苏联的武装力量，负有在所有陆地和海洋边界线上全面保卫国家的使命。因此，武装力量部队应当且仅仅可以组建于对联盟所有民族均系共同的基础之上"。得到加强的语言修养，使得可以征招各民族共和国和民族自治州的公民在共同的基础之上履行兵役。一些民族军事学校、工农红军院校也被改建为"全联盟性的、跨地域性配置的"院校。

1939 年 9 月，《普通兵役法》获得通过，取消了在征招正式兵和大量扩招没有相应语言修养的"民族人士"参军时曾经存在过的各种限制。此类人员的规模之大，竟是出人意料的。在中亚和外高加索诸军区进行的征兵工作表明，许多红军士兵——乌兹别克人、塔吉克人、亚美尼亚人、格鲁吉亚人及来自其他一些民族的适龄应征入伍者——均没有掌握俄语。同时，正如工农红军总政治部主任强调指出的那样，"在军方看来，没有掌握俄语的士兵，比没有文化的还要糟，因为与他们无法交谈。而与此同时，我们却急匆匆地宣布消除了文盲并开始赶走部分俄语教师"（《历史档案》，1997 年第 5—6 期）。刚刚暴露出来的这个问题，不得不依据中央政治局 1940 年 7 月 6 日做出的《关于有义务应征参加红军而又不懂俄语的适龄应征入伍者的俄语教学问题的决定》来解决。

　　新民族政策的信息保障。因认识到民族要素在国家生活中具有特殊意义而确定下来的新民族政策，要求有相应的信息保障。20 世纪 30 年代下半叶，在收集公民民族属性、不同阶层和集团的民族构成的信息系统中发生了一些重大的变化，这些变化使得可以更为详细地对社会的民族层面的诸多进程进行判断。自 1935 年起，中央在机关内推行了一种新型的任命干部登记格式（即所谓的客观调查表），其中首次设定了"民族"项目一栏。正式的干部文件（即履历表、调查表，等等）中的这个"第 5 项"，对文件持有者来说，渐渐变得十分重要起来，就像先前那个关乎命运的社会出身项目栏一样。国家机关民族干部系统登记注册工作逐渐步入正轨。自 1937 年起，有关民族属性的信息开始被引用于内务部人民委员会有关在押犯人人员构成的报表中。1938 年 5 月 16 日，苏联内务部人民委员会命令各地方机关在各自的报告中要按照必须遵行的程序将被捕人员的民族构成数据含括在内。1938 年 4 月 2 日，确定了护照中以及民事登记机关签发的出生证明文件和其他官方文件中标注民族属性的新规则。如果说，从前，自1932 年在苏联推行统一的护照体系起，在护照中标注的是该公民自认的民族属性，那么现在，则应当仅根据其父母的民族属性来认定，故此时需要出具他们的护照和其他证明文件。内务人民委员会的著名领导人之一帕·阿·苏多普拉托夫①证实说："1939 年，我们得到一个口头指令，要求我们……关注从安全角度考虑系最为重要部门中某一民族的人士在领导层中所占的比例。不过，这个指

---

　　①　即帕维尔·阿纳托利耶维奇·苏多普拉托夫（Судоплатов，Павел Анатольевич，1907—1996），中将军衔，历任内务部第一局副局长（1939 年起）、机要部部长（1942 年起）、克格勃第四局局长等职。——译者注

令,就其用意而言,要比我想象得更为深远得多。限额体系首次启动了。"①

民族比例失调。战争前夕对其修正的尝试。意欲消除在责任最为重大的部门领导层中出现的苏联各民族人士比例失调现象的愿望,明显地使这一民族新政策的采用明确化了。尽管对消除在国家、文化和经济诸关系中实际存在着的民族不平等现象做出过规定,并且社会在这条道路上的进步是巨大的,苏维埃政权时代同时也是新的不平等现象形成的一个时期。这种新的不平等,与巩固苏联各民族统一和团结的趋势不相符。据受教育程度和民族代表性指数显示,30年代在党和国家机关中、在科技和艺术领域内,犹太民族较之其他民族领先很大一截。随着对少数民族的态度和对"俄罗斯民族伟大能量"(叶·维·塔尔列语)的态度的转变,这种实际存在着的不平等开始被理解为一种非正常状态。这一非正常状态又因德国的希特勒政权玩弄的把戏而愈发加重——他们利用苏联国内的诸多矛盾,在那些所谓"受压迫的"民族面前制造出似乎"布尔什维克政权已犹太人化"的疑惑。

政府被迫对所有这一切予以关注。1936年夏,斯大林给《真理报》主编列·扎·梅赫利斯打去电话,建议给在报纸编辑部工作的犹太人起俄罗斯族人的笔名。建议被立即采纳了。就在那天深夜,在莫斯科真理大街上,进行了一场"对犹太人的洗礼"(З. С. 舍伊尼斯语)。在任命莫洛托夫出任外交人民委员一职时,斯大林曾建议:"请你把犹太人从这个人民委员会中弄出去。""谢天谢地,他发话了!"莫洛托夫后来说道。"问题是犹太族人在领导层和大使中占有绝对的多数。这当然是不合规矩的。"②当局表露出要消除这种"不合规矩的现象"的意愿。为了其他民族干部的利益而将犹太人从他们在国家机关和社会组织中的岗位上调离,这不可能不被苏联国内外某些范围内的人们理解为一种国家性质的反犹政策的表现。

---

　　①　苏多普拉托夫 П. А.:《特别行动？卢比扬卡和克里姆林宫(1930—1950年)》,莫斯科,2001年,第462页。

　　②　《与莫洛托夫的140次谈话,自 Ф. 丘耶夫日记》,莫斯科,1991年,第274页。

更准确地说，依我们所见，应当认为，"这是这个人口庞大的斯拉夫国家对1920—1930 年间所进行的漠视民族因素的国际主义、世界主义实验的反动"；应当将 1936—1938 年的清洗视为"俄国国内战争的最后阶段之一"(米·萨·阿古尔斯基①语)。这一战争以在一场场政治会战中败北的托洛茨基分子、季诺维也夫分子、加米涅夫分子、反对派其他一些领导人提拔的干部和他们的追随者被完全歼灭而告终。在这场战争中，牺牲的当然亦有犹太族人。不过，他们的损失，相对而言，并没有超过苏联其他民族的损失。1937—1938 年，据根·瓦·科斯特尔琴科②提供的数据资料显示，共有 2.9 万犹太族人被捕，占被捕者总人数的1.8%。在所有集中营在押犯人的人员构成中，1939 年年初的数据资料显示，俄罗斯族人计为 63%、乌克兰族人为 13.8%、白俄罗斯族人为 3.4%、犹太族人为1.5%。在国家人口中，据 1939 年的人口普查数据资料，这些民族的人口相应为：58.4%、16.5%、3.1% 和 1.8%。这就是说，在这些囚犯中，俄罗斯族人和白俄罗斯族人所占比例比其在国家人口中的比例高出约 10%；而乌克兰族犯人所占比例则比其在总人口中的比例低 16.7%，犹太族犯人则低 16.4%。若是处在国家反犹政策之下，此类比值显然会是另一样的。

分析在党和国家机关以及斯大林周围最亲近的人们中发生的民族构成的变化时，也没有任何根据论及这一点。在 20 世纪 30 年代中期的清洗期间，党中央

---

① 即米哈伊尔·萨姆伊洛维奇·阿古尔斯基(Агурский, Михаил Самуилович, 1933—1991)，持不同政见者、政论作家、文艺学家、力学家、史学家，其父为著名革命家，曾在斯大林领导下的民族事务委员会任职，为该委员会下属的犹太事务人民委员，后为白俄罗斯科学院少数民族研究院院长、院士，1938 年被诬告与犹太法西斯组织有染而被捕，1947 死于流亡地。米哈伊尔大学毕业后在通用机械部一研究所任职，1975 年迁居以色列，在耶路撒冷犹太大学任教，但依然关注苏联，主要著述有《民族布尔什维克主义》、《第三罗马》、《苏联与近东国家的贸易联系》等。——译者注

② 即根纳季亚·瓦西里耶维奇·科斯特尔琴科(Костырченко, Геннадия Васильевич, 1954—)，史学博士、作家、俄联邦科学院研究员，有《苏联政治领导与犹太籍知识分子》、《红色法老之囚》等研究苏联犹太人问题的著述。——译者注

内的犹太人成分,基本上所剩无几。然而,值得注意的是,譬如,谢·尼·谢曼诺夫①就曾提出这样的问题:"那时的政治局绝大多数成员都与犹太人有亲属关系:莫洛托夫、伏洛希洛夫②、加里宁、安德列耶夫、什基利亚托夫③、谢尔巴科夫④、基洛夫的妻子们,均是犹太族人……犹太族人在党的机关中曾是人数众多,特别是在宣传部门、在经济学家中、在知名的知识分子中,并且我们要特别指出,在惩治机关中亦是如此——亚戈达是犹太人;叶若夫娶的是一位犹太姑娘;贝利亚,据格鲁吉亚人确认,也是个犹太人。……这样的统计可以无休止地继续下去。如此说来,当斯大林无论身处何处都有犹太人围绕四周时,他怎么能够成为反犹主义者? 况且,他与犹太人也相处得不错,若是他们能好好地干活、很好地执行他的意志。但是,他们若是不好好干,甚至为所欲为,——他便会马上变得冷酷无情。不过,他对待其他民族的人们,也是这般残酷无情的。"⑤

---

① 即谢尔盖·尼古拉耶维奇·谢曼诺夫(Семанов,Сергей Николаевич,1934—　　　),作家、历史学家、社会活动家,"俄罗斯俱乐部"成员,反犹太复国主义者,1976年起任《人与法》杂志主编,1981年被政治局下令解职,1988年出任全俄文化基金第一副主席,著有斯大林、勃列日涅夫、安德罗波夫等历史人物传记。——译者注

② 即克利门特·叶夫列莫维奇·伏洛希洛夫(Ворошилов,Климент Ефремович,1881—1969),苏联政要、元帅,参加过十月革命,后历任苏共政治局成员(1926—1960)、陆海军人民委员和苏联军事革命委员会主席(1925—1934)、国防人民委员(1934—1940)、人民委员会副主席兼国防委员会主席(1940年起),二战时为国防委员会和最高统帅部成员,战后历任苏联部长会议副主席(1946—1953)、最高苏维埃主席团主席(1953—1960)等职。——译者注

③ 即马特维—费奥德罗维奇—什基利亚托夫(Шкирятов,Матвей Фёдрович,1883—1954),苏联政要,历任苏共中央监察委员会主席团成员、党委书记(1923—1934)、中央监察委员会主席(1952年起)、苏共中央主席团成员(1952—1953)等职。斯大林政治镇压的组织者之一。——译者注

④ 即亚历山大·谢尔盖耶维奇·谢尔巴科夫(Щербаков,Александр Сергеевич,1901—1945),苏联政要,上将,历任列宁格勒州、伊尔库茨克州、顿涅茨州州委书记(1936—1938),莫斯科市委和莫斯科州委第一书记(1938—1945)兼联共(布)中央书记,苏军总政治部主任(1942年起),国防部副部长,苏联情报局主任,政治局候补委员(1941年起)等职。——译者注

⑤ 谢曼诺夫 С. Н. 等著:《生活与遗产》,莫斯科,1997年,第403页。

2002 年,以色列作家约瑟夫·塔尔塔科夫斯基[①]出版了由他编辑的一本手册——《苏联领导人(1917—1991)》。其中辑入了 2 326 位中央委员和候补中央委员一级的和苏联各人民委员和部长一级的领导人、各加盟共和国和各州党委领导人、军界活动家(集团军将军一级的和相当于此军衔一级的人物)的传记参考资料。在该手册第 2 分册的表格中显示的这些精英们的民族构成资料表明,在弗·伊·列宁时代(1917—1922),犹太族人占政府中央机关总人数的 13%,而在斯大林统治的第一时期(1923—1938),则为 17%。这超过了除俄罗斯族人之外的其他任何一个民族的比例。约·塔尔塔科夫斯基写道:"这些数字在某种程度上推翻了那种流行的观念,即约·维·斯大林一贯是个狂热的反犹主义者;因为在他从政的第一个时期,犹太族人曾被积极地提拔到领导岗位上来。"亦没有根据可用于论说所谓斯大林在其 1939—1953 年统治时期实施过反犹太主义。在这一时期,犹太族人在政府的中央机关人员总额中占 3%[②],几乎超过这个民族在苏联人口总数中的比例的一倍。

国际主义应当以健康的民族主义为支撑。在已经开始的第二次世界大战的环境下,苏联领导层只是因为早些时候选择的民族政策和民众教育工作方针的正确才得以稳固起来。与芬兰的战争显示出人们对无产阶级在即将到来的大战中会相互支持的期望,感到极度的迷茫与空幻。红军政治部热衷于根除那种"有害的成见——似乎参与对苏战争的那些国家的人民,势必将会且几乎人人都会奋起反抗,转向红军一方;那里的工人和农民将会用鲜花迎接我们"。对胜利抱有盲目乐观的心态和"红军教育与宣传工作中的不正确的观点(如这样的口号:红军不可战胜、英雄的军队、英雄的国家、爱国者的国家,以及红军装备具有绝对

---

①　约瑟夫·塔尔塔科夫斯基(Тартаковский, Жозеф, 1933—　　)，原为莫斯科联动机床与自动化生产线设计局高级工程师,1991 年移居以色列,《苏联领导人》一书为其耗时 50 余年收集资料编撰而成,系目前此类史料最丰实者,后在此书基础之上编撰出手册《苏联领导层中的犹太人》。——译者注

②　约瑟夫·塔尔塔科夫斯基:《苏联领导人(1917—1991 年)》(手册),第 2 册《苏联人物》,特拉维夫;莫斯科,2002 年,第 293、291 页。

优势的空谈和对国际主义任务的不正确的阐释，等等）"，亦均受到谴责。(《苏共中央通报》，1990 年第 3 期)

　　战争前夕，国家对待宗教和教会的政策的种种迹象也出现了明显的转变。据 1937 年人口普查资料，有 45％以上的苏联居民申明信奉上帝。此次普查中，成年人中信教者人数差不多是不信教者的一倍以上；信教者中文化水平不高的人占 74％。这说明，在上一个"无神的五年计划"年间为完成使居民无神化而做出的种种努力，是徒劳无功的。政府在使俄罗斯的某些传统复兴的同时，亦认定节制党内那些上帝斗士们的反宗教热情是必要的。1939 年 11 月 11 日，政治局会议通过一项决定，废止了列宁于 1919 年 5 月 1 日发出的那条指示和所有相应的"关涉迫害俄罗斯东正教会神职人员和东正教信徒"的指令。内务人民委员会得到指示，对因涉及神职人员活动案件而被判刑或逮捕的公民进行复查，"如果这些公民的行为没有给苏联政权带来危害，应对因上述情节已被判定有罪的人予以解除监禁和改判为不涉及剥夺自由的处罚"。为了执行这项决定，至 1939 年 12 月 22 日之前，已有约 1.3 万人被从集中营中释放，还有 1.1 万人的刑事案被中止，涉及 5 万名仍在继续服刑的东正教信徒的案件得到重审。内务人民委员会呈送斯大林的一份情况汇报显示，此类罪犯中还有 1.5 万人即将被开释。30 年代末时，书报审查部门的工作性质发生了变化。革命年代早期和"战斗的无神论者们"的著述中习以为常的那种无赖式的乖张言论和对信教者情感的肆意侮辱，现在均遭到书报审查部门的制止。

　　就在卫国战争的前夕，斯大林本打算对爱国主义的民族主义原则与国际主义原则之间的关系重新加以阐明。"应当发展将健康的、正确理解的民族主义与无产阶级国际主义相结合的思想。"1941 年 5 月，他曾对格·季米特洛夫说道："无产阶级的国际主义应当依靠这种民族主义……在被正确理解的民族主义与无产阶级的国际主义之间，没有，也不可能有矛盾。没有祖国的世界主义，否定民族情感、否定祖国的思想，与无产阶级的国际主义没有任何共同之处。此种世界主义是在为敌人招募情报员和代理人准备土壤。"(《历史问题》，2000 年第 7 期，第 42 页)应当指出，所谓"被正确理解了的民族主义"，与当时关于这一现象的概念并不存在任何抵触之处。不过，1941 年 5 月时，苏联已经没有时间对这种诠释工作进行根本性的重新调整了,也许亦是出于对斯大林的这一政策可能会被视为与希特勒的政策同出一辙的恐惧而对完全恢复民族主义的名誉,举步不前。

苏联在与德国作战的最初几个阶段的失利,系由众多原因所致。其中便有从一开始即是错误的民族政策定位。它们造成了苏联民族—国家体制中的缺陷,造成了在对待革命前祖国历史和俄罗斯民族在国际关系中的作用的态度方面的缺陷。始于1924年年末、自30年代中期起尤为显著的对民族政策的矫正,没能使得所有这类缺陷被彻底克服。苏联各族人民团结成一个统一的苏联民族的进程,远未完结。各种各样的镇压,亦于事无补。确立全民性的苏联爱国主义的政策,具有取代以阶级原则撕裂社会的政策的使命,但至战争开始之前,尚未达到如官方宣传中所描绘的那般有功效。苏联在这方面的修炼,尚未完成。所有这些,均已在卫国战争的最初几个星期内表露无遗。执政党若是不果断且公开地转向捍卫全体人民利益的民族—爱国主义立场,恐难赢得战争的胜利。

斯大林民族政策的根本意向:放弃民族虚无主义,走向国家爱国主义。对史料的分析表明,20世纪20—30年代关于民族因素的意义和俄罗斯民族在祖国历史中的作用的观念的转换,在很多方面是自发性的。总的说来,决定这一转换的,是对直接实现世界革命思想之尝试的摒弃和始于1925年的向"一国社会主义"思想的转身。那些决定着党的民族问题方针的决定,在许多方面均与在另一个极为重要的社会生活领域——经济领域中所采取的各种决定的实践遥相呼应。20世纪20年代国家经济方针制定的历史表明,那个得以探索到经济发展方向的方法,亦是自然形成的。该方法的实质在于,只向战时共产主义的经济原则做出这样一些让步,即"不做这类让步,政府便不可能令政治体制继续维持下去"[1]。"铁定"必须要于一国之内建设社会主义的方针,迫使党转而后撤到民族—国家共产主义立场(即民族—布尔什维克主义立场)和苏联式的爱国主义立

---

① 察库诺夫 C. B. :《在主义的迷宫中:20年代国家经济方针的研制经验》,莫斯科,1994年,第108页。

场(即民族主义立场)。不过,斯大林和党的其他一些理论家们,还没有下定决心公开承认民族—国家社会主义就是世界社会主义革命方针的唯一明智选择。同时,他们对这个深深敬仰列宁和他的导师们——马克思和恩格斯——的政党和政权的影响力的丧失或败亡的危险,亦不得不有所顾忌。斯大林被作为列宁的忠实学生而在政府中获得认可并发誓要全面遵从列宁的遗训之后,便决定日后将会毫不遮掩地不使自己的学说受到质疑,他要继续给自己的观点穿上列宁的外衣。

除了民族—国家共产主义理论之外,没有切实可行的选择,这为民族—爱国主义思想的运作创造了有利的条件。因此,这一民族政策开始表现为要使民族注定消亡的那个"真正的国际主义"向意欲使民族保存下来,但也不排除进化与变异的民族爱国主义作出妥协。早在列宁在世时,以联邦制原则取代国家体制的一元化原则,便已获得承认。此后,此类退却之路上最为重要的一些路标是:1925 年——推出了关于在社会主义条件下繁荣民族文化的口号,以取代革命前对民族文化的断然否定;1930 年——将"区域性"历史共同体形成的时日延期,这类共同体将取代社会主义于一国获胜时的社会主义民族;1934 年—— 将爱国主义、对祖国的热爱推崇为苏联人的高尚品质,恢复祖国历史作为中小学校教学和教育科目的权利,取代 20 年代初时对它的"废止";1935 年——对共产党在先前工作中的民族虚无主义予以谴责;1936 年——将俄罗斯民族誉为伟大的先进民族,以取代 20 年代将其诽谤为"昔日的压迫民族"和落后的化身;1937—1938 年之交——为俄罗斯民族定制出一个友爱、无偿地向落后的兄弟民族提供援助的外表动人的兄长角色,为的是不再以苏联政权初期曾不恰当地指定俄罗斯民族必须强制执行的偿付历史旧账的方式来运作此事。

卫国战争——向俄罗斯民族自觉做出决定性妥协的时期。向俄罗斯民族自觉作出的最为重大的妥协,是于第二次世界大战前夕,准确说是在战争年间完成的。这亦与寄期望于在与侵略者的对抗中利用苏联这个最为人多势众的民族之民族因素的能量相关。1940 年 5 月和 1941 年 1 月,红军总政治宣传部向联共(布)中央呈递了有关在居民中进行军事宣传的状况的报告。报告不仅注意到,

1939—1940 年的解放军事行动中和对芬战争期间,在一系列有着负面表现的"不符合实际的教育与宣传工作定位"中,存在着对国内战争经验的迷信和缺乏对红军实力的清醒评价;宣传工作没有去培养对自身实力的信心,而是滑向了自我炫耀、自吹自擂的道路上去,这些风气在军队和国内营造出"口头爱国主义"和"对胜利盲目乐观"的有害情绪,营造出骄傲自大和自我安慰的心态;使用甜美的形容词对军队做毫无节制的吹嘘——如所谓"伟大的和不可战胜的"、"无坚不摧之军"、"最有觉悟的"、"最为纪律严明的"、"英雄之军"等等,所有这些亦遭到谴责。这些报告还谈到有关"对国际主义任务做出的不正确阐述",提出有关国际主义与爱国主义在宣传与鼓动工作中的相互关系问题。

红军的国际主义任务,被建议今后要按照如下方式予以诠释和宣传:"红军在任何战争中,均会履行自己的国际主义义务;但是,履行这些义务远非始终是一项主要任务。在苏联将要进行的任何一场战争中,红军的基本任务将是保卫苏联这个世界无产阶级的祖国。红军无论于何地、在何种条件下进行战争,它均将以祖国的利益、以巩固苏联威力与强大的任务为出发点。且只有在完成这一基本任务的限度内,红军方能去履行自己的国际主义义务。"至于红军战士的爱国主义教育的基本理论,上述诸报告中的第一份报告特别强调指出:**"对我们的军队,必须用它的英勇传统和俄罗斯民族的英勇往昔来进行教育。"**同时该报告还谈到:"1934 年颁行的《叛国罪惩治法》,已在军队中被遗忘。军事史的宣传工作亦没有进行。"①

战争第一阶段的失利,使那些根本性的、先前似乎是不可动摇的意识形态公设受到怀疑。那些公设曾经决定着苏联社会的日常生活,决定着这个国家的内外政策。反希特勒同盟的建立,使反帝宣传的声浪减弱。国际性的阶级团结一致精神,实际上没有显现出自己的效力。德国的无产者们,与来自苏联战壕的期待和天真的呼吁背道而驰,大多完全不急于调转枪口去对付自家那个剥削者的政府,也没有对苏联这个世界的(亦是德国的)无产阶级祖国表露出些许的敬重。他们也与其他参战的资本主义国家的无产者们一样,那种要利用此次世界大战

_____

① 《苏共中央通报》,1990 年第 3 期,第 198、199、201 页;第 5 期,第 191、192 页。

来实现世界共产主义革命的思想，无论如何也没能令他们振奋起来。国家团结一致精神无论在敌方国家，还是在苏联本土，到头来居然都变成了较之阶级团结要更为坚固得多的凝聚力量并获得了人们的普遍承认。斯大林在与率领美国使团出席1941年9月29日—10月1日在莫斯科召开的苏、美、英代表会议的美国"租借法"计划协调人哈里曼①的一次谈话中，当谈到自己的同胞时曾说道："我们知道，人民不愿意为世界革命而去战斗；他们也将不会为苏联政权而去作战……也许，他们会为祖国而战。"②

　　随着战争的开始，斯大林中止了任何企图将先前流行的那个变战争为革命的思想付诸实施的尝试。"世界革命总部"的领导人格·季米特洛夫早在6月22日清晨便已收到指示："共产国际暂时不应公开发表言论。各地方的共产党正在开展捍卫苏联的运动。不要提出有关社会主义革命的问题。苏联人民正在进行一场抗击法西斯德国的卫国战争。现在的问题是要粉碎已经使一系列民族沦为奴隶和仍在企图奴役其他民族的那个法西斯主义。"在共产国际执委会紧急召集的秘书处工作会议上，季米特洛夫复述了这番指示："在此阶段我们将既不号召推翻个别国家的资本主义，亦不号召进行世界革命"；共产党人应当置身于"争取民族解放"的斗争之中，作为这一斗争的"领导者"。在于当日发给各国共产党、共产国际各支部的密码电报中，强调指出："请注意：在当前阶段，问题的关键所在，是保卫各国人民免遭法西斯的奴役，而不是社会主义革命。"③

　　此类观点亦出现在斯大林的7月讲话中。其中特别强调，与法西斯德国的这场战争，不应被视为普通的两军之战。这是一场"全体苏联人民的战争"，是"全民卫国之战"，是"捍卫我们祖国自由之战"；它"正在与欧洲和美洲各国人民争取自己的独立，争取民主自由的斗争连成一片"。斯大林也没有忘记此战的民族视角。他谈及俄罗斯人、乌克兰人、白俄罗斯人、立陶宛人、拉脱维亚人、爱沙

---

①　即威廉·阿韦瑞尔·哈里曼（Гарриман，Уиллиам Аверелл，1891—1986），美国政治家、工业家，1941年奉罗斯福之命赴英、苏推销租借法计划，后任驻苏大使（1943—1946）、商务部长（1947—1948）、负责远东事务的助理国务卿（1961—1963）等职。——译者注

②　转引自尼古拉耶夫斯基 Б. И.：《历史秘密之页》，莫斯科，1995年，第204页。

③　《共产国际史（1919—1943年）：纪实》，莫斯科，2002年，第192、104页。

尼亚人、乌兹别克人、鞑靼人、摩尔达维亚人、格鲁吉亚人、亚美尼亚人、阿塞拜疆人和苏联其他各民族人民的民族文化和民族国家正面临被摧毁的危险,谈及他们正受到被德意志化、被沦为德国公爵们和侯爵们的奴隶的威胁。①

因此,中止对教会的压制,看来绝非偶然。1941 年 7 月 3 日,斯大林通过广播向国民发出的那个号召,便是这一举措的征兆之一:"兄弟姐妹们!"——这是典型的东正教神职人员的口吻。② 在极其艰辛的战事开启之日,斯大林也许是"本能地了悟到",更确切地说是从极其纯理性的和实用主义的观点出发,得出了结论:"若是不诉诸俄罗斯民族所素有的志向和独具的天性,无论他的社会体系还是权力,均承受不住德国军队的打击。"③

临近 7 月时,斯大林很有可能已经读到了牧首临时代理、莫斯科和科洛缅斯克都主教谢尔吉④的《告基督东正教教会牧师与教民书》。该文告于 6 月 22 日凌晨写就,从战事开始的最初之日起,便在教堂内宣读;因此,已为国内的相当大一部分信教居民所熟知。教会的这位最高一级主教在其文告中写道:

> 近年来,我们,俄罗斯的居民,一直以这样的期望聊以自慰,即已是几近席卷全世界的战火,不会波及我们国家。但是,那个只承认赤裸裸的武力为法则并已习惯于嘲弄人格与道德崇高要求的法西斯主义,这次终于不负其名。这些大行法西斯之道的强盗们侵犯了我们的祖国。他们践踏了所有条约与承诺,向我们发动了突然攻击。于是,和平公民的鲜血已浸染祖国的大地。拔都、日耳曼骑士团、瑞典的卡尔、拿破仑的时代,再次复现。那些东正基督教之敌的可鄙的后裔们,再次图谋使我们的人民在不公之前屈服、图谋用赤裸裸的武力迫使我们的人民牺

---

① 斯大林 И. В.:《论苏联伟大的卫国战争》,莫斯科,2002 年,第 13—16 页。

② 同上,第 11 页。

③ 吉拉斯 М.:《同斯大林的谈话》,莫斯科,2002 年,第 57 页。

④ 莫斯科和科洛缅斯克都主教谢尔吉(Московский и Коломенскиф Сергий,1867—1943),1890 年剃度为僧,俗名为伊万·尼古拉耶维奇·斯特拉戈罗茨基(Иван, Николаевич Страгородский),1925 年起任牧首助理,1934 年起任莫斯科和科洛缅斯克都主教,1937 年起任牧首临时代理,二战时曾领导教会对国防基金会的物资捐献活动。——译者注

牲祖国的财富与完整、牺牲对自己祖国之爱的血的遗训。

但是,这已经不是第一次迫使俄罗斯人民承受如此的考验。有上帝的救助,这一次它亦将会使法西斯的敌对势力化为灰烬。我们的祖先们,在逆境之中亦不曾意志消沉,因为他们心中牢记的不是个人的安危与利害,而是自己对祖国和信仰所承担的神圣责任,于是他们最终成为胜利者。让我们亦不要玷辱他们的美名;我们——东正教的信奉者,与他们血肉同源、信仰同宗。祖先之地要用武器和全体人民的功勋去捍卫,要以全体随时准备各尽其能、于磨难的艰危时刻为祖国效力的精神去捍卫。这便是工人、农民、学者、妇女和男人、青年和老者们应担当的责任。任何人均能够,且应当为这一共同的功业付出自己那份劳作、关注与技能。

让我们回忆起那些为人民、为祖国捐躯的俄罗斯民族的神圣领袖们吧,例如亚历山大·涅夫斯基、德米特里·顿斯科依。且有这番作为的不仅是领袖们。让我们回忆起千千万万,数不胜数的普通的信仰东正教的战士们吧,他们那些无人知晓的英名,被俄罗斯人民永远地保存在自己那个关于彻底击溃夜莺强盗的伊利亚·穆罗梅兹、善良的尼基季奇①和阿辽沙·波波维奇②勇士们的光荣传奇故事之中。

我们东正教教会,一贯与人民同命运。它曾与人民一起经历过种种考验,也因人民的胜利而感到欣慰。它现在亦不会置自己的人民于不顾。它正在用天堂的祝福来祈祝那即将到来的全民的功勋。

如果说有谁应当记住基督的这个遗训,那正是我们:"人为朋友舍命,人的爱心没有比这更大的③……让我们舍命与我们的教民们同在……"④

---

①　即多布雷尼亚·尼基季奇。见译者前注。

②　即阿辽沙·波波维奇(Алёша Попович),古罗斯壮士歌中的勇士,与伊利亚、多布雷尼亚并称三勇士。——译者注

③　见《新约·约翰福音》15:12。——译者注

④　《俄罗斯宗教真相》,莫斯科,1942年,第15—17页。

　　东正教会的这位首席主教,号召神职人员不要再做战争进程的默然观望者,
而应去鼓舞那些意志薄弱的人,安慰悲伤者,提醒意志动摇者不要忘记自己的责
任。斯大林不可能不注意到,这位主教的论点与国家领导人的论点,总体上是相
吻合的;同时他也会注意到,俄罗斯东正教教会掌门人的这番言论,承载着巨大
的爱国主义能量,指出了人民的力量和人民对最终战胜敌人所抱定信念的深
邃的历史渊源。而最为重要的一个切合,则是必须将已经开启的这场战争定
义为全民之战、卫国之战、爱国主义之战,而不是阶级之战。一些资料表明,
1941 年 7 月间,斯大林与谢尔吉都主教举行了一次双方均感到满意的简短会
晤。无论如何,教会与国家间的关系的实际正常化,从战争一开始起,便已是
有迹可循了。在国内,反宗教的宣传被中止;杂志《无神论者》、《反宗教者》
等,被停止发行。

　　也许,依据对苏联人民的国际主义和爱国主义任务与义务相互关系的这
一新见解,早在 1941 年 7 月,《文学作品中的俄罗斯民族英雄往昔》一书便已
出版了。这一往昔时光在此书中被描绘为自远古时代(壮士史诗的勇士们)
起,至已经开启的与法西斯德国的战争为止这段历史中,最为辉煌卓越的
篇章。

　　俄罗斯旧式军队那些令人精神振奋的传统的复活,其表现亦部分地反映在
“近卫军”称号的恢复上。还是在彼得大帝时代始见于俄罗斯的“近卫军”一词,
其语义一直是指最为精锐的、战斗力最强的、以特别勇猛著称的部队。这个词在
1941 年 9 月 18 日最高统帅部下达的一份命令中出现,证明以忠于祖国作为基
石的那些最为优良的作战传统,已经从俄罗斯军队转入苏联军队中来。斯大林
在 1941 年 11 月 7 日那次著名的阅兵式上向迈上战场的军队所做的临别赠言,
也是复活这些传统和重建与国家英雄往昔联系的实证。继俄罗斯东正教教会首
领之后,斯大林也号召人们记住那些曾经缔造和捍卫俄罗斯的人们的英名,记住
俄罗斯的那些历史英雄们——亚历山大·涅夫斯基、德米特里·顿斯科依、亚历
山大·苏沃洛夫、米哈伊尔·库图佐夫。1941 年 12 月 10 日,中央下达了关于
从所有军报上撤除“全世界无产者,联合起来!”的口号的命令,以使之不至于“对
某些层面的现役军人做出不正确的导向”。将这场战争转变为卫国之战、民族之

战,而不是阶级之战,这被视为对国家和社会主义的拯救。与向共产主义思想体系中导入民族爱国主义口号相关联的这一意识形态的转折,从共产主义基本理论立场出发、用苏联所取得的伟大成绩来肯定革命前的俄罗斯精神—文化价值,这些均是对革命思想和无产阶级国际主义主张的暂时偏离;仅仅作为一种迫不得已的退却,是可以容忍的。英国记者、《1941—1945 年战争中的俄罗斯》(1964)一书的作者亚·韦尔特①,发现了与这一意识形态转折相当精确的类同:在苏联,"民族主义的新经济政策正在被隆重宣扬着"②。这一有利于这种新经济政策的选择,实是唯一正确的。我国领导人在战争开始之际实施的这个意识形态的转向,在诸多方面决定了战争进程中的根本性的转折,且最终决定了胜利本身。诚如伊·索洛涅维奇晚些时候所描写的那样:"歼灭希特勒,当然是已凝聚为几近化学纯度形态的民族感情的结果。"③

法西斯的宣传和占领政策不可能不使我们国家中,其中也包括民族关系中存在的诸多矛盾尖锐化。其结果之一,便是被希特勒分子们占领的苏联领土上的犹太居民蒙受了真正的悲剧。譬如,在立陶宛,未加入苏联之前,那里的犹太人曾是共产党中出类拔萃的那部分人;1940—1941 年,情形发生了重大的变化:"在最初的苏联政权年间,"阿·布拉扎乌斯卡斯④在他那本出版于 2002 年的回忆录一书中写道,"一些犹太人变成了占领体制的积极拥护者并被吸收参与将无辜者移民至西伯利亚的镇压行动中来。应当指出,大部分富裕的犹太人、工厂主,甚至是一些民族党派——不唯是'资产阶级的'犹太复国主义党,亦有那个社

---

① 即亚历山大·韦尔特(Верт, Александр, 1901—1969),英国记者、政论家,二战时曾任英国多家报纸和 BBC 电台驻苏战地记者。另有著作《法国,1940—1955 年》等。——译者注

② 韦尔特 A. :《1941—1945 年战争中的俄罗斯》,第 1 部,莫斯科,1965 年,第 247 页。

③ 索洛涅维奇 И. :《人民的君主国》,1973 年翻印版,莫斯科,1991 年,第 200 页。

④ 即阿尔吉尔达斯·米科拉斯·布拉扎乌斯卡斯(Бразаускас, Альгирдас Миколас, 1932—2010),苏联、立陶宛政治家,经济学博士,曾任立陶宛共产党第一书记(1988—1989)、共和国总统(1993—1998)、总理(2001—2006)等。——译者注

会主义邦德①的成员,也遭到了这样的流放……当立陶宛被德国人占领时,一些新生的积极分子在犹太人和共产党人之间打上了等号,也就是说,将个别人的罪行转嫁于整个犹太人社会。灭绝犹太种族的鼓动者和组织者,是希特勒德国当局,但是,令我们感到耻辱和痛心的是,有不少的立陶宛人也参与了这一屠杀的实施。"立陶宛积极分子阵线(早在 1940 年便已组建)在一份指令中曾规定,对立陶宛共产党人,"只有当他们能实际证明起码是消灭了一个犹太人时,才能给予他们宽恕"。1941 年 6 月 22 日,这个阵线发出的一份呼吁书称:"与犹太人进行彻底清算的决定性时刻到来了。维陶塔斯大帝时代给予犹太人的那个避难权老法,要完全、彻底地予以废除。"布拉扎乌斯卡斯继续写道,尽管许多立陶宛人"曾冒着生命危险解救犹太人",但在战争年间的立陶宛,"这个欧洲境内人口最多的犹太人社会之一(逾 20 万之众),几近完全覆灭"。②

在苏联范围内,"犹太人问题",因这个民族的人士在领导和文化精英中、在被疏散者中和在作战前线存在着明显的不对称,亦不可能不尖锐化;而希特勒分子特别成功地利用了这一点。根据 1939 年的人口普查资料,犹太人计为苏联人口的 1.8%。临近战争开始时,他们在人口中的比例提高到 2.5%。据疏散委员会 1941 年 12 月初的数据资料,犹太人占所有从受到希特勒军队入侵威胁地区疏散人口的 26.9%。在被动员上前线的人员中,犹太人占 1.4%;在战争中阵亡的军人中,犹太人占 1.6%。

党曾经不得不实际上承认先前执行的民族政策存在着缺陷。譬如,在联共(布)中央宣传与鼓动局于 1942 年 8 月 17 日呈送党中央各位书记的书面报告就曾指出,"若干年以来,在所有艺术部门,党的民族政策一直被扭曲着"。这表现在,"处在艺术事业委员会诸管理机构和俄罗斯艺术机构领导岗位上的,不是俄

---

①　即立陶宛、波兰、俄罗斯全体犹太工人联盟(Всеобщий евр. рабочий союз в Литве, Польше и России)。"邦德"(Бунд)为意绪地语"联盟"一词的俄文转写。1897 年创立于维尔诺,1898—1903 年间及 1906 年起为俄国社会主义民主工人党内的一个自治组织,1912 年被开除。1917 年时曾支持资产阶级临时政府,1920 年放弃与苏维埃政权的抗争,1921 年自行解散,部分成员被联共(布)接纳。——译者注

②　布拉扎乌斯卡斯 A.:《5 年总统:事件、回忆、思考》,莫斯科,2002 年,第 465—467 页。

罗斯族人（绝大多数系犹太族人）"。这类"扭曲"，在苏联大剧院、在莫斯科国立音乐学院、在音乐批评中、在中央一级报纸的文学和艺术专栏中，均有体现。结果是，不仅在文化机构内，亦在其他一些机构和主管部门内，对领导干部进行了一次"局部更新"。

　　然而，正如一项专门研究的结果所显示的那样，在战争年代，联共（布）宣传与鼓动管理局的这一创议，"并没有导致做出某种组织性的结论和造成巨大的干部变动。更准确地说，这一创议在当时并没有得到那位苏联领袖和他周围最亲近的人们的支持"。乌克兰内务部人民委员的领导于 1943 年 3 月 27 日呈送给尼·谢·赫鲁晓夫的书面报告，就完全没有影响到乌克兰作家协会的形势。该报告称，乌克兰知名文化活动家亚·彼·多夫任科①和尤·伊·扬诺夫斯基②认为，作协由一个犹太族人领导是不正常的。（И. А. 阿尔曼：《仇恨的牺牲者》，莫斯科，2002）

　　在战争形势向着有利于苏联的方向发生根本性的转折中，侵略者和被侵略者的精神潜能的不可比拟性，便显现出来。针对种族主义和种族灭绝在对待被奴役民族态度方面所持有的仇视人类的思想意识，苏联方面拿来与之对抗的是诸如民族独立、各民族团结与友谊、正义、人道主义这样的全人类思想。尽管在苏联贯彻这类原则的实际政策与理想曾相去甚远，但对这类原则的不断宣示，却是维系着希冀胜利之后能将它们化作现实的期望。那部极其著名的电影——《女饲养员与牧羊郎》③，讲述的是一位俄罗斯姑娘与来自达格斯坦的小伙子的爱情故事，曾以其人道主义的激情而与亿万观众的思想和心灵相亲相通（1941年上映）。正是这样的激情赢得了国外民主社会对苏联的好感，而这样的好感是

---

　　①　即亚历山大·彼得罗维奇·多夫任科（Довженко, Александр Петрович, 1894—1956），乌克兰作家、电影剧作家、电影导演，乌克兰功勋艺术家、苏联电影事业奠基人之一。主要作品有电影《土地》《肖尔斯》，电影剧本《海之歌》等。——译者注

　　②　即尤里·伊万诺维奇·扬诺夫斯基（Яновский, Юрий Иванович, 1902—1954），乌克兰作家，主要作品有小说《骑兵》（被列为苏维埃乌克兰名著）、《和平》、《基辅故事》（获 1949 年度斯大林奖），剧本《征服者》、《检察员的女儿》等。——译者注

　　③　该音乐喜剧片的导演为伊万·佩里耶夫（Пырьев, Иван），编剧维克多·古谢夫（Гусев, Виктор）。——译者注

使苏联在与法西斯斗争中获得的援助得以扩大的保障。

在意识形态领域,整个战争年代一直执行着加强苏联各民族的爱国主义和民族团结一致的路线。所有各民族的公民,均被号召加入红军的行列,他们在前线为保卫共同的祖国而战斗。在战争最艰难的时刻——当战前的那支军队实质上已被敌人歼灭,而乌克兰和白俄罗斯的国土已经被占领时,曾不得不大规模地利用苏联诸非斯拉夫民族的人口潜能。民族化的军队建制纷纷设立,这在相当大程度上是因应征入伍者俄语知识薄弱所致。东部诸民族共和国接纳了疏散的企业,参与了这些企业的生产恢复工作,为共同的斗争做出力所能及的贡献。加强各民族的兄弟友谊,曾是主导的宣传主题之一,并且取得了成效。虽然在战争年间,在不同民族人士中发生过许多投敌或变节事件,也出现过对某些民族的不信任,但是,各民族的友谊总体来说还是经受住了沉重的考验。

随着战事的推进,俄罗斯民族的作用,客观地且程度越来越大地增强着。俄罗斯族人在参战者中的比重,在战争最艰难时期尤其高。这促使国家领导人极其经常地把俄罗斯民族所素有的志向和价值观、她的历史渊源和独特的传统作为最能使人振奋精神的事物来对待。那些阶级性的、社会主义的价值观被祖国这个总括性的概念所替代。在宣传工作中,中止了对阶级性的国际主义原则的特别强调。1942 年春,红军总政治部领导人员的换班,有助于这类趋势的明确。身居工农红军总政治部主任要职的国际主义—爱国主义者列·扎·梅赫利斯,被有着国家主义—爱国主义者稳定声望的亚·谢·谢尔巴科夫所取代。1942年,用爱国主义情调的国歌取代"国际歌"的工作开始了。1943 年共产国际的解散,加速了创作一首能反映我国诸民族历史道路,而不是国际无产阶级斗争的国歌的工作。自 1944 年年初起,官方的庄重庆典仪式和苏联无线电台每日的播音,均是以演奏那首关于由伟大罗斯永世结成的诸共和国牢不可破联盟的国歌开始。亚·瓦·亚历山德罗夫①创作的气势磅礴、洋溢着为战斗中的国家所必

---

① 即亚历山大·瓦西里耶维奇·亚历山德罗夫(Александров, Александр Васильевич, 1883—1946),作曲家,优秀指挥家,艺术学博士,苏军少将,莫斯科音乐学院教授,苏联国歌曲作者。另有作品著名歌曲《神圣的战争》《神圣的列宁旗帜》等。——译者注

需的去建功立业的志向与召唤的乐曲，被用作这首国歌的基调。

1942 年 7 月，为纪念俄罗斯民族的伟大前辈——亚历山大·涅夫斯基、苏沃洛夫、库图佐夫而设立勋章；稍晚些时候（即 1943 年 10 月），还设立了博格丹·赫梅利尼茨基勋章（这枚勋章激励着为驱逐占领者、为本民族的未来而斗争的乌克兰人），以及乌沙科夫①和纳希莫夫勋章和奖章。这些勋章和奖章的设立，起到了巨大的鼓舞作用。佩带肩章的俄罗斯传统军装样式（1943 年 1 月启用）、军官军衔制正在回归苏联军队。旧式中等武备学校类型的苏沃洛夫军校创办起来。在前线和后方，宣传工作的组织，均是以有关用俄罗斯民族英勇往昔实例来培养苏联爱国主义的指令为原则。1943 年 8 月大量出版的《俄罗斯民族的英勇往昔》一书，成为进行这项宣传工作的实用教材。

1944 年 10 月，关于正式准许军人佩带于第一次世界大战期间获得的乔治十字军功章的问题，在最高层面上受到仔细研究（曾相应地起草了一份苏联最高苏维埃主席团令草案）。高层亦曾考虑设立以丹尼斯·达维多夫②的名字命名的勋章（用以表彰游击队员）和以尼古拉·皮罗戈夫③的名字命名的勋章（用以表彰军医官）。为表彰非军事人员，曾设计了一枚米哈依尔·罗蒙诺索夫勋章，以及以车尔尼雪夫斯基、巴甫洛夫、门捷列耶夫的名字命名的奖章。那枚命名为"彼得大帝"的苏联勋章，其各种设计样稿亦是广为人知的。这些设计最终没能变成现实，大概是因为在奖惩工作中继续进行"民族主义"取向的褒奖，已失去了

---

① 即费奥多尔·费奥多罗维奇·乌沙科夫（Ушаков，Фёдор Фёодорович，1744—1817），沙俄海军统帅，海军上将，黑海舰队的创立者之一，并自 1790 年起任该舰队司令，具有先进的海战思想，曾制定并实施了灵活机动的战略战术，在 1790 年俄、土刻赤海塔德拉海岛之战和卡里亚克利亚海角战役中取得一系列胜利，为俄国最终击败土耳其、控制黑海立下战功。1944 年 3 月设立乌沙可夫勋章和奖章两种。——译者注

② 即丹尼斯·瓦西里耶维奇·达维多夫（Давыдов，Денис Васильевич，1784—1839），1812 年卫国战争英雄、诗人、中将，与十二月党人及普希金亲近，卫国战争中曾指挥一支骠骑兵团和游击队活跃于法军后方。著有诗歌《骠骑兵抒情诗》等。——译者注

③ 即尼古拉·伊万诺维奇·皮罗戈夫（Пирогов，Николай Иванович，1810—1881），著名解剖学家、外科医生、教育家、野战外科学和解剖实验的奠基人，彼得堡科学院通讯院士，曾参加过塞瓦斯托波尔保卫战、普法战争和俄土战争，1847 年实施了首次战地麻醉手术。著有闻名于世的《局部解剖学图谱》。——译者注

急迫的必要性。

1943 年 5 月,当前线的形势对苏联方面来说再度转向恶化,而第二战线尚未开辟时,联共(布)中央的领导者们决定采取战争年代最为轰动的一项决定:解散作为"世界革命总部"而闻名全世界的共产国际。这个主张早在 1941 年 4 月便首度提出来。那时,这一主张曾被设想为可以在与希特勒作交易时用来做交换的一张牌。而这次,最为紧要的则是尽可能快地使同西方资本主义国家的盟国关系得到加强,以期扩大他们对苏联人民在斗争中的援助。其实,1943 年 5 月时的这种盟国关系,令苏联十分不满意,甚至到了苏联大使马·马·利特维诺夫①和伊·米·迈斯基②被分别从美国和英国首都召回的地步。

关于共产国际即将解散的消息,是在 5 月 15 日的报纸上宣布的,其时正值罗斯福与丘吉尔的华盛顿会议召开之际。1943 年年内是否能开辟第二战场,取决于此次会议。这一消息的宣布在西方国家,特别是在美国获得了肯定的理解,并导致了这些国家与苏联的关系的加强。

在联共(布)中央 5 月 21 日工作会议讨论关于解散共产国际的决定时,米·伊·加里宁提出的保留这个组织并将其活动中心转移到西方某一国家(例如伦敦)的建议,被否决了。斯大林坚持认定解散的必要性,称:"经验表明,无论在马克思时代,还是在列宁时代,或是现在,均是可以由一个国际中心来对世界所有国家的工人运动予以领导。特别是现在,在战争环境下,德国、意大利和其他一些国家的共产党有推翻自己的政府和实施失败主义策略的任务,而苏联、英国、美国等国家的共产党,则恰好相反,拥有全力支持本国政府迅速歼灭敌人的任务。解散共产国际还另有一个在决议中未曾提及的缘由,这便是,加入共产国际的一些共产党,正受到不实的指控,称它们似乎是外国的代理人。这妨碍着它们

---

① 即马克西姆·马克西莫维奇·利特维诺夫(Литвинов, Максим Максимович, 1876—1951),苏联政要,历任驻爱沙尼亚全权代表(1920)、外交人民委员(1930—1939)、驻美大使(1941—1943)等职。——译者注

② 即伊万·米哈伊洛维奇·迈斯基(Майский, Иван Михайлович, 1884—1975),苏联政要,外交家、历史学家、院士。历任苏联驻芬兰全权代表(1929—1932)、驻英大使(1932—1943)、副外交人民委员(1943—1946)等职。著有西班牙史等著作及回忆录。——译者注

在广大民众中的工作。随着共产国际的解散,敌人手中的这张王牌会被打掉。现在采取的这一措施,无疑会使共产党这个各国工人阶级的政党得到加强,同时也会使人民群众的国际主义得到巩固,而苏联是这一国际主义的基地。"

斯大林的那个"似乎",是个有分量的论据。共产国际执委会最年长的成员瓦·科拉罗夫①的论证,也受到了关注。他断言,共产国际"早已不再是实际上的领导机关了。其原因是,形势已经发生了变化。有苏联这个如此巨大力量的新因素的存在,共产国际便是一个过时之物。共产国际是在革命的暴风骤雨来临之际创立的,但是,对迅速革命所怀抱的期望落空了"②。虽然解散了共产国际,但无论政治局,还是共产国际的原领导们,均没有准备放弃对世界共产主义运动的控制与领导。他们只是要竭力摆脱给他们造成某些不利和耗费许多财物的过度宣传。联共(布)在中央内设立了一个由季米特洛夫领导的国际情报部,以替代共产国际;而战后又组建了一个情报委员会。1943 年 5 月前由共产国际开展的那类工作,如今获得了更大的规模。

自 1943 年起,斯大林的那个在许多方面决定着日后民族政策的论断,已是广为人知——"必须对那个我已研究了一辈子,但仍不能说我们总是正确地解决了的老大难的问题再次进行研究……这个老大难的民族问题……有些同志还是弄不明白,我国的主要力量是伟大的大俄罗斯民族……一些犹太民族出身的同志认为,进行这场战争是为了拯救犹太民族。这些同志错了。进行这场伟大的卫国战争,是为了拯救、为了捍卫以伟大俄罗斯民族为首的我们祖国的自由与独立。"③

一些极其实用主义的考量,也使联共(布)中央全会于 1944 年 1 月 27 日做出《关于扩大各加盟共和国在国防与对外关系领域的权限》的决定。这项决定曾

---

① 即瓦西尔·彼得罗夫·科拉罗夫(Коларов,Васил Петров,1877—1950),保加利亚及国际共产主义运动活动家,曾任保加利亚共产党中央书记(1919—1923)、共产国际执委会成员(1921 起)、共产国际执委会总书记(1922—1924)、保加利亚共和国临时主席(1946—1947)、外交部长(1947—1949)、部长会议主席(1949—1950)等职。——译者注

② 《共产国际史(1919—1943 年)》,第 237、235 页。

③ 转引自科佩列夫 Л.:《没有答案的问题》,载《火星》,1989 年第 46 期,第 14 页。

被予以大事宣传。这一决定的出台,与即将到来的联合国的成立及外交部提出的争取使 16 个苏维埃共和国①悉数加入联合国的建议相关。但是,欲要成就此事,只有先期赋予(哪怕是象征性地)各苏维埃共和国更多的权力、独立性和主权权限,并借此使它们成为类如英国的自治领(如加拿大、南部非洲联盟、澳大利亚、新西兰)或殖民地(如印度)那样的国际社会的主体才成。有鉴于此,苏联最高苏维埃通过了关于将联盟国防和外交人民委员会改组为各加盟共和国的国防和外交人民委员会的一些指令。联共(布)中央政治局于 1 月 26 日审议了维·米·莫洛托夫的报告和上述指令的草案,1 月 27 日中央全会对其进行审议,而苏联最高苏维埃则是于 2 月 1 日进行此项审议的。

采取这些被建议措施的必要性,被论证为是各加盟共和国政治、经济和文化发展的结果。受到特别强调的是:"不可不将此事视为实际解决多民族苏维埃国家中民族问题的一个新的重要举措;不可不将此事视为我们的列宁—斯大林民族政策的一个新胜利。"苏联宪法被增补了一个条款——"每一个加盟共和国,均有权与外国进行直接的交往、与其缔结协约和互换外交或领事代表。"各加盟共和国获得了拥有独立的军队建制的宪法权力。此举的真正目的,可以在维·米·莫洛托夫在中央委员会全会上所做的声明中一览无余:"这毫无疑问,将意味着苏联在其他国家中的影响的杠杆作用的提升;这也将意味着苏联代表在各类国际性机构、代表大会、协商会议、国际性组织中的参与和分量的加强。"②

不过,实际上,直接对抗性的趋势亦在这一时期加强起来。根据内务人民委员会 1944 年 1 月 31 日提出的建议,国防委员会通过了关于将车臣族人和印古什族人迁移至哈萨克斯坦和吉尔吉斯斯坦加盟共和国的决议,实际上预定了对

---

① 1940 年 3 月卡累利阿并入苏联,遂成立卡累利阿—芬兰苏维埃社会主义共和国,1956 年 7 月降格为卡累利阿自治共和国。——译者注

② 转引自朱可夫 Ю. Н.:《克里姆林宫秘闻(斯大林、莫洛托夫、贝利亚、马林科夫)》,莫斯科,2000 年,第 281 页。

车臣—印古什苏维埃社会主义自治共和国①的取缔。这已是战争年间第四次取缔苏维埃民族国家建制的事件了（1941 年伏尔加河沿岸的日耳曼民族②被迁移；1943 年卡拉恰伊族人③和卡尔梅克族人④被迁移）。国防委员会于 1943 年 10 月 13 日和 1944 年 10 月 25 日下达的关于停止征招中亚、外高加索、北高加索土著居民入伍的指令，与关于各民族共和国全面发展的种种声明，明显地相互抵触。

俄罗斯东正教会的合法化——民族主义变革之一？ 战争的重负、损失与艰辛，激活了民众的宗教情结；人们纷纷开始公开地走进教堂。政府对教会募集前线所需钱物的爱国行动给予了高度的评价，亦在承认教会的重要作用方面采取了越来越新的举措。战斗的无神论者联盟，实际上已不复存在，其印刷所被归还给教会。在那里，1942 年间曾印制的一本名为《俄罗斯宗教真相》的大部头图

---

①　车臣—印古什（Чечено-Ингушетия）自治共和国，位于北高加索，1934 年车臣、印古什两民族自治州合并，1936 年升格为自治共和国；苏解体后被分作俄联邦的两个共和国，同属北高加索联邦区，车臣共和国首都格罗兹尼，印古什共和国首都纳兹拉布。车臣族人（чеченцы）于 1895 年并入俄国，其语言属高加索语系东北语族，人口约 129 万；印古什族人（ингуши）于 1810 年并入俄国，其语言与车臣语同属一族，人口 41 万。——译者注

②　即指伏尔加河中下游日耳曼民族苏维埃社会主义自治共和国（Автономная Советская Социалистическая Республика Немцев Поволжья）的日耳曼族人。该共和国 1923 年由始建于 1918 年的自治州改建为自治共和国，领土为 2.82 万平方公里，人口约 57.6 万，其中约 60％为日耳曼族人（1933），首都恩格斯；1941 年 8 月 28 日被以通敌罪名而撤除。这些日耳曼人大多是 1762—1763 年间响应叶卡捷琳娜二世号召而从欧洲一些国家迁入的移民后代。20 世纪初时已达 40 余万，因主要落居伏尔加河中下游地区，故称伏尔加河中下游日耳曼人。——译者注

③　即指卡拉恰伊自治州（Карачаевская Автономная область）的卡拉恰伊族人，该州始建于 1926 年，位于北高加索，首府米高扬沙哈尔。1939 年时境内人口约 15 万，卡拉恰伊族人约为 7 万。现为俄联邦卡拉恰伊—切尔克斯共和国之一部。——译者注

④　即指卡尔梅克苏维埃社会主义自治共和国（Калмыцая Автономная Советская Социалистическая Республика）的卡尔梅克人。该共和国 1935 年由始建于 1920 年的自治州改建而成，位于俄罗斯欧洲部分的最东南端，领土面积 75.9 万平方公里；总人口约 28 万，卡尔梅克族人占 53.3％（2002）；1957 年恢复为自治州，次年恢复为自治共和国。现为俄联邦主权共和国，首都爱利斯塔。卡尔梅克族人为西蒙古人后裔。——译者注

书,事先拟定主要用于境外宣传。书中谈及宗教在苏联的充分自由,赞扬了俄罗斯东正教会自亚历山大·涅夫斯基至当代的传统爱国主义,特别强调指出了俄罗斯民族与其教会之间的紧密联系,谈到了诉诸上帝的必要性,因为只有上帝的帮助才能确保胜利。为纪念 1941 年红军在莫斯科城下之战的胜利而拍摄的那部苏联新闻纪录片,是以不久前尚是不可想象的一些镜头开始的:莫斯科各教堂钟声四起;由一位身着全副法衣、手中高擎十字架的东正教牧师率领的圣像和十字架巡行队列;一队队军人在被解放的城市中受到手持圣像的当地居民的欢迎;画十字为自己祝福和亲吻圣像的士兵们;为用信众的捐赠而建造的坦克纪念碑行祝圣礼,等等。1942 年 3 月,在乌里扬诺夫斯克召开了战时第一次主教会议。会上仔细研究了俄罗斯东正教的局势,对卢茨克的波利卡尔普主教①与法西斯合作并在德国人占领区重建临时性的乌克兰独立教会一事给予了谴责。

1942 年春,政府首次协助组织宗教节日——东正教复活节的庆祝活动。1942 年 11 月 2 日,俄罗斯东正教教会三大最高主教之一、管辖莫斯科主教区的基辅和加利西亚都主教尼古拉②,被吸纳加入确认和调查德国法西斯侵略者罪行的国家特别委员会。具有重大意义的还有:教会领导层对那些与占领者合作的宗教界人士予以了谴责。都主教谢尔吉(波罗的海的)③和阿列克西(乌克兰

---

① 卢茨克的波利卡尔普(Луцкий Поликарп,1875—1953),俗名彼得·德米特里耶维奇·西科尔斯基(Сикорский, Пётр Дмитриевич),于 1941—1944 年间在德军占领区重建临时性的乌克兰独立东正教会。1944 流亡德、法。——译者注

② 即尼古拉(雅鲁舍维奇)(Николай Ярушевич),俗名鲍里斯·多罗菲耶维奇·雅鲁舍维奇(Ярушевич, Борис Дорофеевич, ? —1961),1914 年剃度,后历任彼得戈夫主教(1922)、诺夫哥罗德和普斯科夫大主教(1936—1940)、西乌克兰和西白俄罗斯教区长(1939)、克鲁季茨和科洛缅斯克都主教(1941 年起)等,因反对赫鲁晓夫的宗教政策而遭解职。——译者注

③ 即谢尔吉(沃斯克列先斯基)[Сергий(Воскресенский),1897—1944],俗名德米特里·尼古拉耶维奇·沃斯克列先斯基(Воскресенский, Дмитрий Николаевич),1923 年曾因"反苏宣传鼓动罪"被判刑,1925 年剃度,后历任科洛缅斯克主教(1933 年起)、管辖莫斯科牧首区的德米特罗夫斯克大主教(1937 起)、维尔诺和立陶宛都主教、立陶宛和爱沙尼亚教区长(1941 起),1942 年被提交莫斯科牧首区大主教法庭审判。1944 年被不明人士刺杀。——译者注

的)①、大主教菲洛费(白俄罗斯的)②及教会的其他几位主教,被作为"信仰和祖国的背叛者"而遭到谴责。这不可能不使被占领区总的附敌叛国规模得以缩小。

　　1943 年 9 月 4 日,斯大林与都主教谢尔吉、阿列克谢和尼古拉③举行了会晤。其间,一系列迫切的问题和解决苏联境内国家与宗教关系正常化的方案得到简要阐述。会晤之后,先前由德国驻苏大使冯·舒伦堡占用的那幢官邸(即洁巷,5 号楼),便被立即转交给牧首辖区。9 月 8 日,选举牧首的高级僧侣会议召开。这个教会至高之位,自莫斯科和全俄罗斯牧首吉洪④于 1925 年辞世后,一直空悬未补。9 月 12 日,由 19 位主教(其中都主教 3 位、大主教 11 位、主教 5 位)组成的高级僧侣会议推举莫斯科都主教谢尔吉为新一任莫斯科和全俄罗斯牧首。随后,谢尔吉便以新的身份宣布组建一个隶属牧首的咨议机关——由 3 位常驻成员和 2 位临时成员组成的圣宗教会议(Священный синод)。此次会议还通过了一个切合战时现实的文件,该文件称:"任何犯有背叛全教会事业和投靠法西斯之罪的罪人,实为受难之主的仇敌,均应予以逐出教会;若系主教或教堂僧侣,则应剥夺其教职。"此次会议向全世界基督徒发出呼吁——"为了基督耶稣联合起来,以彻底战胜共同之敌",这亦具有不小的意义。

　　1943 年 10 月 8 日,隶属于苏联人民委员会的俄罗斯东正教事务理事会成立。自是年年底起,一些教堂被开放,以利于宗教活动的进行;东正教社团数量在增加,

---

　　①　即阿列克谢(格罗马茨基)〔Алексий(Громадский),1882—1943〕,1941 年被推举为乌克兰自治教区教长,1943 年被乌克兰民族主义者刺杀。——译者注

　　②　即菲洛费(纳尔科)〔Филофей (Нарко),1905—1986〕,俗名弗拉基米尔·叶夫多基莫维奇·纳尔科(Нарко,Владимир Евдокимович),白俄罗斯族,1928 年剃度,1941 年被白俄罗斯自治东正教会推举为斯卢茨克主教,1942 年起为莫吉廖夫和姆斯基斯拉夫尔主教,白俄罗斯东正教会独立化的积极支持者,1944 年流亡德国,并于 1946 年在那里与其他一些主教组成俄罗斯东正教境外教团。1971 年起为柏林和德国的大主教。——译者注

　　③　斯大林召见的是牧首临时代理谢尔吉主教、列宁格勒都主教阿列克西(西曼斯基)、克鲁季茨和科洛缅斯克都主教尼古拉(雅鲁舍维奇),并向他们表示同意恢复俄国东正教牧首制,召开推举牧首的宗教大会。——译者注

　　④　吉洪(Тихон,1865—1925),原名瓦西里·伊万诺维奇·别拉温(Белавин,Василий Иванович),俄罗斯东正教会牧首(1917—1925)。曾被控从事反苏活动而被追究刑事责任。1923 年悔过并号召信众与苏维埃政权合作。——译者注

被镇压的宗教人士开始从劳改营地返回。1944 年 11 月 28 日，一项关于开办东正教神学研究院和牧师神学培训班，以培养神职干部的政府决定被通过。

　　随着苏联国土从占领者手中被解放出来，一些修道院和教堂回到俄罗斯东正教的怀抱；它们中大多是德国占领当局为了使其与苏联政权对立而准许开办的。3 年间，在希特勒分子占领区，总共约 9 400 座教堂得以重建，占其革命前数量的 40％以上。与此同时，法西斯的入侵导致 1 670 座东正教教堂、237 座天主教教堂、532 座犹太教教堂、69 座小礼拜堂及 258 座其他祭祀性建筑的损毁。为希特勒分子所准许的宗教自由，基本上是与所有形态的基督教相敌对的，且是一种暂时性的准许。正如纳粹思想家阿·罗森贝格①所记述的那样，日后，"基督教的那个十字架，都应从所有教堂、所有大礼拜堂和小礼拜堂中被驱逐出去，并用一个唯一的象征物来替代——纳粹党的万字符"。不过，希特勒分子在占领区实施的这一宗教政策的第一阶段，还是对苏联境内的国家与宗教的关系构成了重大的影响。

　　1945 年 1 月 31 日至 2 月 2 日举行的因牧首谢尔吉辞世而召集的俄罗斯东正教会辖区大会，令对教会作用与权威的认可走向极致。参与此次宗教会议的有 41 位大主教和主教、126 位教区大司祭，还有 7 个独立教会的代表团，这使得人们将此次会议与已经数百年没有召开过的世界宗教大会等同相待。此次大会通过了《俄罗斯东正教会管理条例》——莫斯科牧首区一直遵照执行该条例至 1988 年；推举列宁格勒都主教阿列克西②出任第 13 任莫斯科和全俄罗斯牧首（他在此后的 25 年间，一直领导着俄罗斯东正教）。

　　对战争期间国家与教会关系的这一调整，亦扩展到其他一些宗教性联合团体。依据 1944 年 5 月 19 日苏联政府决议，一个隶属于苏联人民委员会的宗教

---

　　①　即阿尔弗雷德·罗森贝格（Розенберг, Альфред, 1893—1946），纳粹主义理论家之一。出生于俄国的雷维尔，十月革命前在莫斯科攻读建筑学，1919 年赴慕尼黑，与希特勒一道加入国社党。1923 年起任《人民观察家报》主编。希特勒因啤酒馆暴动被捕后，成为该党领袖，1933 年起领导该党的对外政策部，1941 年起任东部占领区部长，战后被纽伦堡审判法庭判处绞刑。著有《德国外交政策未来走向》、《20 世纪的神话》、《鲜血与荣誉》等。——译者注

　　②　即阿列克西（西曼斯基）[Алексей（Симанский），1877—1970]，俗名谢尔盖·弗拉基米罗维奇·西曼斯基（Симанский, Сергей Владимирович），继任牧首后通称阿列克西一世。——译者注

文化事务理事会组建起来。该理事会的功能是，处理人民委员会与非东正教信仰团体领导人之间的协调工作。战争期间，作为对位于乌法的穆斯林宗教管理局的补充，另行设立了 3 个独立的管理局：中亚管理局（设在塔什干市）、外高加索管理局（设在巴库市）和北高加索管理局（设在布伊纳克斯克市）。这些管理局从事对穆斯林的爱国主义教育工作，为前线人员、家庭和建造军用设施募集钱物，号召信教的人们超额完成计划任务，塑造国家在世界上的正面形象。

至战争临近结束时，苏联境内共有 10 547 座东正教堂和 75 座修道院在从事宗教活动；第二次世界大战开始之前，则仅有约 380 座教堂，而从事宗教活动的修道院则一个也没有。1945 年，基辅—佩切尔斯克大修道院①回归俄罗斯东正教会。一些 20 世纪 20—30 年代被没收的"有灵的圣物"，被从博物馆的藏品库中转交给一些已经运转起来的教堂。战争年间苏联境内宗教复兴的规模之大、力度之强，足以将这一时期作为"罗斯第二次受洗"来评说。已经开放的这些教堂，成为俄罗斯民族自觉的新的中心。基督教中有价值的成分渐渐成为民族意识与文化最为重要的元素。一些研究者（例如若·亚·梅德韦杰夫②）不以为然地将这场战争描述成是实现了一次"最重要的民族主义变革——俄罗斯东正教的完全合法化"时期③。依我们所见，宗教史博士、约安都主教④的见解，更为准确和有意义。他称，对抗上帝的政府在与教会的较量中做出后撤和斯大林"为俄罗斯民族"的那番祝酒词，渐渐终结了"政府的已经发生了转变的自我意识，使

---

①　基辅—佩切尔斯克大修道院（Киево-Печерская Лавра），古罗斯境内最早的修道院之一，1051 年始建于基辅中心地带一山丘之上，初时仅系一洞窟，后经多次修改扩建，始成地上拜占庭式石砌建筑群。1592—1688 年间为君士坦丁堡牧首直属，1688 年后直属沙皇和莫斯科的牧首。1786 年始归基辅都主教管辖，1929 年被关闭，1942 年再度开放。——译者注

②　即若列斯·亚历山德罗维奇·梅德韦杰夫（Медведев，Жорес Александрович，1925—　），持不同政见者、作家，有著述 170 余种。1973 年被控从事反苏活动而被剥夺国籍，后侨居英国；其双胞胎兄弟罗伊·梅德韦杰夫亦系持不同政见者。——译者注

③　梅德韦杰夫 Ж. А.、梅德韦杰夫 Р. А.：《未知的斯大林》，莫斯科，2001 年，第 275 页。

④　即圣彼得堡和拉多加的约安（Иоанн，Санкт-Петербургский и Ладожский，1927—1995），俗名伊万·马特韦耶维奇·斯内乔夫（Снычёв，Иван Матвеевич），思想家、神学家、历史学家，1946 年剃度，著有《精神专制》《永恒之声》《战胜混乱》等。——译者注

爱国主义与共产主义一道成为被官方所承认的国家意识形态柱石"①。（下述数据说明，后苏联时代俄罗斯东正教的影响已是成倍地增强：俄罗斯东正教主教辖区的数量迄今为止增加至 130 个，修道院的数量增加至 545 个，教区近 2 万个，东正教教会共有 1.94 万名神职人员。）

对战时的信众构成特别重大影响的，是安提阿牧首辖区的黎巴嫩众山都主教伊里亚·萨利布②所做的预言。据教会史学家们讲述，在战争开始时，这位都主教连续数日在一座名为"带来光明的圣母玛丽亚修道院"（位于距贝鲁特以北 60 公里处的一个高高的山崖上）的古老洞窟教堂内的圣母玛丽亚圣像前祈祷。伊利亚是在为遥远的苏联、为俄罗斯在祈求这位圣母。"下到一个石砌的窑洞后——那里除了圣母玛丽亚的圣像，别无他物，这位大主教便在那里闭关隐居。他不吃不喝也不睡，只是向圣母玛丽亚祷告，请求她启示如何能够帮助俄罗斯。每日清晨，人们给他送去有关前线阵亡人数和敌人进攻方向的汇总报告。3 个昼夜过后，圣母玛丽亚本人在一个火柱中向他显形并宣谕道：他作为一个真诚的祈祷者和俄罗斯的友人而被选中去向这个国家转达神的决定。若这个决定不能被执行，俄罗斯就将毁灭。"这个决定是这样的："应在全国范围内开放寺院和宗教修道院；应使神职人员出狱返乡；不要交出列宁格勒，但要奉喀山圣母玛丽亚的圣像绕城一周；然后将圣像运至莫斯科并在那里举行祈祷；接下来再将其运至斯大林格勒……"

这位都主教与俄罗斯东正教的首领们取得了联系，将祈祷之事和圣母玛丽亚的谕示写信告诉了他们。人们认为，是总参谋部部长鲍·米·沙波什尼科夫③元帅这位公开信教的人，亲自向斯大林报告了有关此信的情况并建议依照这个预言行事。斯大林听信了这个来自黎巴嫩的指示，从监狱中解放出大部分牧师，开放了教堂。携带喀山圣母玛丽亚圣像的飞机不仅做了绕列宁格勒和莫

---

① 约安：《精神专制》，载《俄罗斯自觉文集》，莫斯科，1995 年，第 290 页。

② 黎巴嫩众山都主教伊里亚·萨利布（метрополит Гор Ливанских Илия Салиб），俗名卡拉麦（Караме）。——译者注

③ 即鲍里斯·米哈伊洛维奇·沙波什尼科夫（Шапошников, Борис Михайлович, 1882—1945），苏联元帅，历任国防部副部长、总参谋部部长、最高军事研究院院长等职，有《军队头脑》等著述。——译者注

斯科的飞行,1942 年还做了一次绕斯大林格勒的飞行。关于此事,格·康·朱可夫元帅也曾向作家尤里·邦达列夫讲起过。伊里亚的所有预言均应验了。他于 1947、1948 年两度造访俄罗斯。在那里,喀山圣母玛丽亚的那尊圣像、一枚用于胸前佩戴的镶嵌宝石的金质十字架、两枚饰有宝石的圣母小像——都主教衔徽章,被作为礼物馈赠予他。伊里亚还因其在与法西斯的战争中提供的这种援助而被授予斯大林奖金。这位都主教谢绝了金钱的奖励,称僧人不需要金钱,并嘱托将这笔钱转交给那些在战争中失去双亲的孩子们。

"民族主义新经济政策"精神下的退却的界限。苏联人民对祖国的爱、对敌人的恨、必胜的信念、爱国主义与英雄主义,这些均曾是文学和艺术作品的首要主题。按阿·托尔斯泰的话来说,苏联文学早在卫国战争开始之前,便已"从世界主义的激情转向祖国"。战争使政论作品和所有文学艺术文化中的这种爱国主义的命意,成倍地加强。阿·托尔斯泰、米·亚·肖洛霍夫①、伊·格·爱伦堡的政论作品,康·米·西蒙诺夫、阿·亚·苏尔科夫和亚·特·特瓦尔多夫斯基②的抒情诗,谢·谢·普罗科菲耶夫③和德·德·肖斯塔科维奇④的交响乐曲,亚·

---

① 即米哈伊尔·亚历山德罗维奇·肖洛霍夫(Шолохов, Михаил Александрович,1905—1984),作家、院士、苏共中央委员、1965 年诺贝尔文学奖获得者。代表作有小说《静静的顿河》(获 1941 年度苏联国家奖)、《被开垦的处女地》(获 1960 年度列宁奖)等。——译者注

② 即亚历山大·特里丰诺维奇·特瓦尔多夫斯基(Твардовский, Александр Трифонович,1910—1971),作家,曾任苏联作协书记(1950—1954、1959—1971)、《新世界》杂志主编,并为苏共中央监察委员、中央候补委员等;主要作品有长诗《春草国》(获 1941 年度斯大林奖)、《瓦西里·焦尔金》(获 1946 年度斯大林奖)、《路旁人家》(获 1947 年度斯大林奖)、《山外青山天外天》(获 1961 年度列宁奖)、《焦尔金游地府》、《近年诗抄(1954—1963)》(获 1971 年度苏联国家奖)等。——译者注

③ 即谢尔盖·谢尔盖耶维奇·普罗科菲耶夫(Прокофьев, Сергей Сергеевич,1891—1953),作曲家、钢琴家、指挥家,莫斯科音乐学院教授,共有作品 135 部,对 20 世纪上半叶西方音乐发展有重要贡献。主要作品有歌剧《赌徒》、《三个橘子的爱情》、《战争与和平》,芭蕾舞剧《罗密欧与朱丽叶》,交响童话剧《彼得与狼》,《升 c 小调第七交响曲》等。——译者注

④ 即德米特里·德米特里耶维奇·肖斯塔科维奇(Шостакович, Дмитрий Дмитриевич,1906—1975),著名作曲家、艺术学博士,先后任列宁格勒音乐学院、莫斯科音乐学院教授,创作涉猎广泛,但主攻交响曲和室内音乐,主要作品有《第五交响曲》、《第七交响曲》、《第八交响曲》,歌剧《鼻子》,芭蕾舞剧《金色时代》等。——译者注

瓦·亚历山德罗夫、鲍·安·莫克罗乌索夫①和瓦·帕·索洛维约夫—谢多依②的歌曲,谢·瓦·格拉西莫夫③、亚·亚·杰伊涅卡④的绘画,振奋起苏联公民道义精神,增强着民族自豪感,坚定着人们的必胜信念。

战争初期阶段特别受到鼓励的那种以政论作品、电影为手段,动用整个政治教育工作系统在苏联人民心中培养仇恨与复仇情感,和通过一些诸如"德国占领者必亡!"、"杀死德国佬!"这类号召来表现的教育方式,是有限度的。在战争终结阶段,曾确定了抑止极端化倾向的方针,为的是不使对敌人仇恨的发泄演变成对所有德国人民的普遍盲目的愤怒。

"民族主义的新经济政策"精神下的退却,亦是有限度的。1944 年联共(布)中央举行了一次历史学家讨论会。会间,无论是抹黑俄罗斯民族往昔、贬低俄罗斯民族在世界历史中的作用路线的极端倾向(如安·米·潘克拉托娃⑤、米·瓦·涅奇金娜、尼·列·鲁宾施泰因⑥等人),还是滑入"大国沙文主义"和"克瓦斯爱国主义"路线的极端倾向(如霍·格阿杰米扬、鲍·德·格列科夫、阿·弗·

---

① 即鲍里斯·安德烈耶维奇·莫克罗乌索夫(Мокроусов, Борис Андреевич, 1909—1968),作曲家,主要作品有歌剧《恰巴耶夫》、歌舞剧《旋风》、歌曲《宝石》等。——译者注

② 即瓦西里·帕夫洛维奇·索洛维约夫—谢多依(Соловьёв-Седой, Василий Павлович, 1907—1979),著名作曲家,主要作品有芭蕾舞《塔拉斯·布里巴》、歌舞剧《至珍至爱》、歌曲《莫斯科郊外的晚上》等。——译者注

③ 即谢尔盖·瓦西里耶维奇·格拉西莫夫(Герасимов, Сергей Васильевич, 1885—1964),著名画家,主要作品有《西伯利亚游击队员的誓言》、《集体农庄的节日》、《游击队员的母亲》、《冰消》等。——译者注

④ 即亚历山德拉·亚历山德罗夫娜·杰伊涅卡(Дейнека, Александра Алесандровна, 1899—1969),著名画家,主要作品有《彼得格勒保卫战》、《未来的飞行员们》、《塞瓦斯托波尔保卫战》、《美好早晨》等。——译者注

⑤ 即安娜·米哈伊洛夫娜·潘克拉托娃(Панкратова, Анна Михайловна, 1897—1957),历史学家、院士,苏共中央委员。主攻俄国及西欧工人运动史、1905—1907 年革命史和十月革命史、哈萨克史等;中学教材《苏联史》的主编。——译者注

⑥ 即尼古拉·列昂诺维奇·鲁宾施泰因(Рубинштейн, Николай Леонович, 1897—1963),历史学家、博士、教授,主攻基辅罗斯社会—经济史、18 世纪俄国史等。——译者注

叶菲莫夫①、叶·维·塔尔列等人），均遭到了谴责。一份会议总结的决议草案指出："一系列史学家，特别是雅科夫列夫和塔尔列的著述中，表现出大国沙文主义的情绪，流露出重新审视马克思—列宁对俄罗斯历史的理解的企图，为沙皇专制的反动政策辩护和粉饰，将俄罗斯民族与我国其他民族对立起来。"阿·伊·雅科夫列夫在 1944 年 1 月 7 日教育人民委员会召开的座谈会上曾道出一个勇敢的想法："我认为，将俄罗斯民族主义的主题提升到首要地位，很有必要。我们对加入我们联盟的各民族非常尊敬，很关爱地对待他们。但是，俄罗斯的历史是俄罗斯民族创造的。因此我觉得，任何有关俄罗斯的教科书，均应当基于这个主导旋律来建构……这种如此光彩夺目地贯穿于索洛维约夫、克留奇夫历史教程的民族发展主题，应当将其传递给任何一位教科书的编撰者……我们，俄罗斯人，希望有俄罗斯民族的历史、俄罗斯的制度史，具有俄罗斯特色的历史。"

　　这一声明被谴责为"对非俄罗斯民族持有大国沙文主义藐视态度的表现"。有关将阿·阿·布鲁西洛夫②、亚·米·戈尔恰科夫③、阿·彼·叶尔莫洛夫④、

---

① 即阿列克谢·弗拉基米罗维奇·叶菲莫夫（Ефимов，Алексей． Владимирович，1896—1971），历史学家、民族学家、通讯院士，主攻美国近代史、俄国地理发现史、外交史等。——译者注

② 即阿列克谢·阿列克谢耶维奇·布鲁西洛夫（Брусилов，Алексей Алексеевич，1853—1926），沙俄骑兵将军，一战时曾在加利西亚战役中任第八军司令，1916 年起任西南战线总司令，组织过一次成功的进攻，被称之为"布鲁西洛夫突击"，1917 年 5—7 月任最高总司令，1920 年起转投红军，1923—1924 年任骑兵督察，曾参加苏波战争。——译者注

③ 即亚历山大·米哈伊洛维奇·戈尔恰科夫（Горчаков，Александр Михайлович，1798—1883），俄国公爵、外交家，任外交部长（1856—1882）期间成功废除了 1856 年巴黎和约中对俄限制性条款；曾参与"三帝国联盟"的创立，促成欧洲列强于 1877—1878 年俄土战争中保持中立；政治上拥护资产阶级改良。——译者注

④ 即阿列克谢·彼得罗维奇·叶尔莫洛夫（Ермолов，Алексей Петрович，1777—1861），沙俄步兵上将，参加过 1805—1807 年的俄法战争，1812 年卫国战争中任军参谋长，1816—1827 年任高加索集团军和驻格鲁吉亚总司令，曾发动高加索战争。——译者注

米·伊·德拉戈米罗夫①、康·彼·考夫曼②、米·德·斯科别列夫、米·格·切尔尼亚耶夫③等其他一些革命前俄国杰出军人和国务活动家纳入历史英雄之列的建议,也被推翻。

在其他一些加盟共和国,对"民族主义表现"的谴责更为严厉。1944 年 1 月 31 日,斯大林亲自参加了对亚·彼·多夫任科执导的故事片《战火中的乌克兰》的讨论。他对这个故事片予以谴责,原因是影片中"列宁主义受到篡改","关于列宁,一句话也没有提及";彼特留拉分子和其他一些乌克兰人民的叛徒没有受到揭露;集体农庄制度被描述得似乎扼杀了人们的民族自豪感,尽管"正是苏联政府和布尔什维克党神圣地护卫着乌克兰民族和苏联所有民族的历史传统与丰富的文化遗产,高度提升了他们的民族自觉"。斯大林怒气冲冲地说道:"若是按照多夫任科的故事片来评判这场战争,那么苏联所有民族人士均没有参加卫国战争,参战的只有乌克兰人。"结论是严厉的,该故事片是"民族主义、狭隘的民族局限性的明显表现"。贝利亚给这位乌克兰苏维埃社会主义加盟共和国的功勋艺术活动家出了个主意:"眼下嘛……你还是消失吧,就像没有你,也不曾有过你一样。"1944 年 2 月 12 日,联共(布)中央政治局通过了一项决定,依据这一决定,亚·彼·多夫任科被解除了他在国家机关和社会组织中担当的所有职务。1944 年 2 月 21 日,他被开除出全斯拉夫委员会。④

1944 年 8 月 9 日,联共(布)中央通过一项决议,谴责加盟共和国一级的报纸《红色鞑靼》报贬低红军在与德国法西斯侵略者作战中的作用和"崇拜资本主

---

①   即米哈伊尔·伊万诺夫维奇·德拉戈米罗夫(Драгомиров, Михаил Иванович, 1830—1905),沙俄军事理论家、步兵上将,系 A. B. 苏沃洛夫军事理论与教育的追随者,在军事与教育方面具有先进理念,著有《奥普战争概论》《部队战前准备指导经验》《战术教程》等。——译者注

②   即康斯坦丁·彼得罗维奇·考夫曼(Кауфман, Константин Петрович, 1818—1882),沙俄将军,1867 年起任突厥斯坦军督,领导了征服中亚的军事行动。——译者注

③   即米哈伊尔·格里戈里耶维奇·切尔尼亚耶夫(Черняев, Михаил Григорьевич, 1828—1898),沙俄将军,曾参加过征服中亚的战争,1882 年出任突厥斯坦军督,1884 为军事委员会成员。——译者注

④   马里亚莫夫 Г. Б.:《克里姆林宫的书报检察官:斯大林看电影》,莫斯科,1992 年,第 61 页。

义国家的军事实力、技术与文化"。鞑靼自治州党委被责令消除"在阐述鞑靼历史中所存在着的那些民族主义性质的严重缺陷与错误(即粉饰金帐汗国、传播有关鄂德格封建汗国的史诗)"①。1945 年 1 月 27 日,亦对巴什基尔党组织的领导做出类似的申斥。这里也暴露出意识形态工作中的严重失策:"在已准备开印的《巴什基尔史略》一书中,在《伊杜凯和穆拉德姆》②、《勇士时代》等一些文学作品中,没有划清巴什基尔民族真正的民族解放运动与巴什基尔封建主对相邻民族发动强盗式袭击之间的界限;鞑靼和巴什基尔封建主对巴什基尔劳动人民的压迫没有得到充分的表现;巴什基尔封建族长制的过去被理想化了。在剧本《哈汗姆・图里亚》③中,巴什基尔人民参加 1812 年卫国战争的历史被歪曲,俄罗斯军人与巴什基尔军人被置于相互对立的状态。"苏联作家协会理事会第十次全会(1945 年 5 月 17 日召开)上的措词更为严厉,已经开始称:在鞑靼,"关于鄂德格的封建汗国史诗已经被捧上了天,金帐汗国被当作它那个时代的先进国家"。某些类似的情节也发生在巴什基尔的史诗《卡拉萨哈尔》④身上。那里同样"歪曲了历史,堕入了对封建族长制过去的理想化"。所有这一切,迫使史学家和文学家日后在划清人民的"英雄主义的往昔"与"美化"他们的历史过去之间的界限时,非常谨慎小心;同时也不允许对光荣的祖先们曾表现出英雄行为的地方,漠然置之。

　　伟大的卫国战争,总体说来是一段向苏联各民族的民族自觉,特别是向俄罗斯民族的民族自觉做出具有决定性意义的后撤的时期。自 1944 年 3 月 15 日起开始全面演奏的那首国歌,使党在民族问题方面的这一新形势与新路线得到确

---

　　① 《鄂德格》(Идегей),流传于突厥语民族(主要为鞑靼人)间的英雄传奇史诗,主要内容为金帐汗国艾米尔鄂德格的事迹,中心思想为宣扬族人和睦、平息内讧、热爱家园、抵御外敌,赞扬英雄、正义、善良、友爱等美德。——译者注

　　② 《伊杜凯和穆拉德姆》(Идукай и Мурадым),巴什基尔民族民间史诗,"伊杜凯"是鞑靼同名史诗《鄂德格》的巴什基尔人读音。全诗 23 章,内容与《鄂德格》相近。——译者注

　　③ 《哈汗姆・图里亚》(Кахым-Туря),剧本作者为巴什基尔族作家巴亚吉特・哈卓维奇・比克巴依(Бикбай, Баязит Газович, 1909—1968)。——译者注

　　④ 《卡拉萨哈尔》(Карасахал),内容为自称系准噶尔汗之子的卡拉萨尔因其兄弟玩弄阴谋诡计而使其失去汗位的故事。——译者注

认。鉴于俄罗斯民族在祖国历史中和多民族苏联社会的统一中所发挥的实际作用，人们已开始把苏联作为系由伟大罗斯永世结成的牢不可破的共和国联盟来歌颂。极端国际主义者们曾试图收缩战时做出的这些后撤，回归到战前的国际主义—爱国主义教育的纲领、口号和方法中去，但是没有成功。1944 年 5—7 月间在联共（布）中央召开的历史学家讨论会，也验证了这一点。那次会议是由著名的米·尼·波克罗夫斯基学派培育出来的兢兢业业的马克思主义史学家们发起的。向俄罗斯民族自觉的退却被保持下来，而在晚些时日，在与"崇外习气"和"世界主义"的斗争时期，又有了某种程度的扩展。然而，断言在斯大林战后年间政治体制中的民族政策，系完全由民族—布尔什维克原则所决定，依我们所见，恐怕是不够准确的。假若转入了这条路径，当是应在我国民族—国家体制的结构上有实质性的反映，而这一点，众所周知，斯大林在世之日并未发生。

衡量胜利的民族尺度。苏联是以拥有一支欧洲最为庞大的军队和国界获得拓展的姿态而走出战争的。与诸盟国的协约，使苏联在二战之初合并的波罗的海沿岸地区、西乌克兰和西白俄罗斯、比萨拉比亚、北布克维那地区，以及在普鲁士部分地区（即柯尼斯堡及与之相接壤的一些地区，后来成为俄罗斯联邦社会主义加盟共和国的加里宁格勒市和加里宁格勒州）所享有的权利，得到巩固。克莱佩达重新并入立陶宛苏维埃社会主义加盟共和国。依据与芬兰的停战协议，苏联的边界因佩察莫地区（即今之摩尔曼斯克州佩琴加区）的划入而得到扩展。与挪威的边界亦开始划定。依据与捷克斯洛伐克和波兰缔结的边界条约，喀尔巴阡山前罗斯地区（即今之乌克兰的外喀尔巴阡山州）、弗拉基米尔—沃伦斯基（原 12—14 世纪时加里奇—沃伦公国首都）地区，被并入苏联。在东部，被划入苏联国境的有南萨哈林群岛和千岛群岛。1944 年 10 月，图瓦以自治州的身份自愿加入俄罗斯联邦苏维埃社会主义共和国（后于 1961 年改制为自治共和国）。

第二次世界大战前不久，即 1939 年 1 月 17 日，苏联曾进行过一次人口普查，统计出我国居民人口总数为 1.706 亿。其中三分之一（即 32.9%）为城市人口。随着 1939—1940 年一些新地区并入苏联和人口总量的增加，至 1941 年 6 月 21 日止，苏联人口数量增长到 1.967 亿。三个斯拉夫民族的人口占我国居民总人口的 73%：俄罗斯族人为 51.8%，乌克兰族人为 17.6%，白俄罗斯族人为 3.6%。苏联的人口潜力与它那个潜在的军事对手所拥有的人口数量相比，要高出许多。二战开始前，德国的人口共计为 6 930 万。奥地利的被吞并使这个第三帝国的人口增加到 8 000 万。

战争给苏联带来的损失是巨大的。据人口学家评估，自 1941 年 6 月起至 1946 年这段时间里，苏联人口从 1.967 亿减少到 1.705 亿。苏联因战争所致的总的人口损失为 2 660 万；苏联总人口中的 13.5% 是在战争开始阶段损失的。直到 1954 年，苏联居民人口才恢复到战前水平。

战争年代，其中也包括 1945 年在远东作战期间，苏联武装力量的伤亡人数共计为 1 140 万人。其中 520 万战死或因伤死于伤员运送阶段；110 万因伤死于战地医院；60 万人属于非战斗伤亡——死于疾病、事故、自杀，或被判处枪决；500 万人失踪或落入法西斯的集中营。考虑到战后归来的被俘人员（180 万人）和先前被作为失踪人员统计，却活下来并在被解放地区第二次应征入队的人数有近百万，故苏联武装力量在编军人的人员伤亡共计为 870 万人（占我国战前人口的 4.4%）。战争结束后立即公布的官方数据，显然是被过分压低了。在就丘吉尔在富尔顿发表演讲并接受记者采访时，斯大林曾宣称："由于德国的入侵，苏联在与德国人的战斗中，同时也因德国的占领和将苏联人民驱赶到德国去服苦役而无可挽回地损失了约 700 万人。"

在苏德战场上，每一昼夜平均有 2.1 万人离开了战斗序列，其中约 8 000 人一去不复返地离开了。最大的昼夜平均伤亡，出现在 1941 年夏—秋的战役中（计为 2.4 万人，其中 1.71 万人一去不复返，6 900 人伤残 ）和 1943 年夏—秋的战役中（计为 2.73 万人，其中 7 600 人一去不复返，1.97 万人伤残）。

数以千万计的和平居民也成了战争的牺牲品。他们或是受到战线邻近地区敌人军事行动的殃及而罹难，或是在被封锁、被围困的城中丧生。有 740 万苏联人在被占领区被希特勒分子蓄意枪杀（据统计，他们中有 400 万人，即 54% 以上是犹太人）；有 530 万苏联公民被强行押解至德国服劳役，他们当中有 220 万人在法西斯的奴役下丧生，45.1 万人因各种原因没能回国而成为侨民。被占领区的人口，因占领体制的残酷环境（饥饿、传染病、没有医疗救助）而导致死亡率的升高,从而减少了 410 万。因死亡率的升高,战争年代出生的儿童中有 130 万夭折。

　　希特勒分子发动的第二次世界大战,对德国本身及其盟友们来说,也成了一场人间悲剧。1946 年 10 月在德国进行的一次人口普查的数据显示,该国共计有人口 6 590 万。仅在苏德战场(自 1941 年 6 月 21 起至 1945 年 5 月 9 日止),德国不可挽回的损失便为 738.1 万名军人,而与其盟友的共同损失计为 864.9 万人。

　　战争年代,苏联各民族承受着巨大的无法弥补的损失。在这方面,俄罗斯公民的伤亡占苏联军人伤亡总数的 71.3%。在被动员为祖国履行战时入伍服兵役者中,俄罗斯族人占 65.4%,乌克兰族人占 17.7%,白俄罗斯族人占 3.2%,鞑靼族人占 1.7%,犹太族人占 1.4%,哈萨克族人占 1.1%,乌兹别克族人占 1.1%,苏联其他各民族占 8.3%。在牺牲的军人中,按民族出身计,俄罗斯族人承受着最大的伤亡——为 570 万人(占 66.4%),乌克兰族人为 140 万人(占 15.9%),白俄罗斯人为 25.3 万(占 2.9%),鞑靼族人为 18.8 万人(占 2.2%),犹太族人为 14.2 万人(占 1.6%),哈萨克族人为 12.5 万人(占 1.5%),乌兹别克族人为 11.8 万人(占 1.4%),苏联其他各民族占 8.1%。

　　在与德国法西斯侵略者作战中阵亡的、因伤病死亡的、失踪的和被俘的红军和海军军官,共计为 102.31 万人(占战争初期武装力量中军籍干部军官总数的 35%)。其中有将军、海军上将 416 人,上校 2 502 人。关于将军级军官的民族构成,可以依据现存的 1944 年 5 月 15 日的资料来判断。在 2 952 名红军将军级军官中,俄罗斯族人为 2 272 位(占 63.5%),乌克兰族人为 286 位(占 9.7%),白俄罗斯族人为 157 位(占 5.3%),犹太族人为 102 位(占 3.5%),亚美尼亚人为 25 位(占 0.85%);还有拉脱维亚族人 19 位,波兰族人 17 位,格鲁吉亚族人和鞑靼族人各 12 位,奥塞梯族人 9 位,立陶宛族人 8 位,阿塞拜疆族人和爱沙尼亚族人各 5 位,摩尔达维亚族人和楚瓦什族人各 4 位,西班牙裔和荷兰裔各 3 位,卡尔梅克族人 2 位,哈萨克族人、卡拉伊姆族人、科米族人、马里族人、德意志族人、乌兹别克族人、切尔克斯族人各 1 位。

　　苏联无可挽回的人口伤亡总数(为 2 660 万),是德国及其附庸国伤亡人口

（1 190 万）的 1.2 倍以上。在人员损失数量方面出现的这一巨大差额，其原因是希特勒分子曾以种族大屠杀来对待被占领区的平民百姓。这种大屠杀夺去了 1 790 万人的性命（相比之下，美国在第二次世界大战中损失了 40.5 万人，英国则为 35 万人）。

除自己的国家之外，苏联军队还全部或部分地解放了欧、亚 13 个国家。我们国家在境外承担的解放者的使命，其代价是 100 余万苏联士兵的生命。他们已长眠在波兰（60 余万人）、匈牙利（超过 14 万人）、捷克斯洛伐克（约 14 万人）、德国（10.2 万人）、罗马尼亚（6.9 万人）、奥地利（2.6 万人）、中国（9 300 人）、南斯拉夫（8 000 人）、挪威（3 400 人）、保加利亚（977 人）、朝鲜（691 人）的土地上。

战争在自己的身后遗留下数以百万计的在战争中致伤、致残等丧失健康的人。1945 年 7 月 1 日的状况显示，在战地医院接受治疗的就有 100 万人以上。在 380 万因伤病而于战时退役的人中，有 260 万人已成为残废者。这场战争和占领所具有的特点，导致了特殊人口范畴的出现。据希特勒大本营的资料，战争临近结束前，在苏联的领土上还有近 110 万德国军人，他们生育了约 300 万儿童。德意志联邦共和国资料显示，在苏联占领区，德国妇女与苏联红军军事人员生育了约 29.2 万儿童。

苏、德双方所蒙受的无可挽回的损失比例为 1.3∶1。对这一比例构成巨大影响的一个事实是，罹难于纳粹集中营的军人数量（460 万人中有 250 万以上丧生）超过毙命于被苏方俘虏的敌方军人数量（440 万战俘中有 42 万人死亡）的 4 倍还多。譬如，在 5.5 万成为希特勒分子战俘的苏联犹太人中，生还者有 4 457 人，其余的人都成了纳粹大屠杀的牺牲品。为德国而战、后成为苏方俘虏的 1.017 2 万名犹太人（据其他资料为 2—3 万人），没有经历类似命运的威胁（以色列报纸《消息报》的资料显示，二战中希特勒的作战部队人员总数中共有 15 万犹太族官兵）。

临近 1945 年 5 月之前，苏联西部的领土实际上已是一片废墟。战争给我国造成的物质损失，相当于国家财富丧失近 30%（相比之下，英国损失了 0.9%，美国损失了 0.4%）。敌人完全或部分地捣毁了 1 710 座城镇，7 万余个乡村，约

600 万座建筑物,致使 2 500 万居民无家可归。位于这一地区的大小工厂、矿山、6.5 万公里的铁路,几近悉数被摧毁;博物馆、图书馆亦被洗劫一空。临近战争结束时的经济恢复工作,在这里便主要是清理断壁残垣,维修保存下来的设施,使一些受破坏最小的或为满足军事及经济需求所绝对必不可少的企业投入运行。铁路得到了恢复。战争结束之前,解放区的工业只能确保完成战前生产总量的 30%。

临近战争结束,一个极其迫切的问题出现了——遣送滞留于苏联境外和尚存活的 500 万苏联公民(即"被迁移人员",其中包括战俘、"东部工人"、集中营里的囚犯、在德国部队服役的军人,等等)返乡。依据雅尔塔协议,这些"被迁移人员"应按必须遵行的程序返回故乡。

至 1946 年 3 月 1 日止,共有 420 万苏联公民(其中 270 万为平民,150 万为战俘)被遣返回苏联。由于与盟国间出现了意见分歧,遣返工作的强制性原则先是在对待所谓的"西部人"(即指 1939 年后并入苏联的那些地区的公民)问题上,随后是在对待所谓的"东部人"问题上,开始受到干扰。"留居异国者"在西方构成了所谓的"俄罗斯第二波移民潮"。1952 年,这波移民潮(主要系不愿意或只是惧怕返回苏联的人)的人数计约 62 万人。其中的 14 万人,是已经取得德意志联邦共和国国籍的原苏联籍的德意志族人。

被遣返回苏联的那些人,他们的命运同样不一般。斯大林那班领导者们担心,这些苏联人长期没有受到监控的境外生活,会影响到他们的世界观和政治倾向。"欧洲与我们这里的生活水平之间的反差、数以千万计的参战人员所接触到的这种反差,"康·米·西蒙诺夫曾写道,"曾是一种令我们的人民不会那么轻易承受得住的道德上的和心理上的打击,尽管他们是这场战争的胜利者。"这一反差,可能会成为"崇外习气"的新依据。在一个好用权势的国家结构中,"崇外情结"在苏联人之间的蔓延,是件危险的事情;正是这种情结,引起了政府对战时生活在欧洲资本主义国家的那些同胞们的特别警觉。

对所有这类人员来说,国防人民委员会的集中转运点、内务部人民委员会的检查—甄别点(为非军事人员所设)、各军区的特别预备处(为战俘,即红军的前军人所设),成了重返家园的中转住宿站。经检查后被发现的"犯罪分子"(即曾在德国人那里任过职的人），以及"有嫌疑者"，会被送至内务部人民委员会的检查—甄别拘留所，"以便进行进一步的检查"，或被直接送去劳改集中营。最终有240万遣返者被送回原居住地，有80万人应征入伍，60.8万人被编入国防人民委员会的工人营，另有27.3万人（其中12.3万人为军官）被移交给内务部人民委员会的劳改集中营。

　　等待着那些所谓的"弗拉索夫分子"①和所有附敌分子的，是一种特别的命运。依据许多国家的战时法律，对投敌者应处以死刑。苏联领导人弱化了这一惯例，代之以将大多数普通投敌叛国者处以监禁或流放6年的惩罚。变节者的标记对他们来说，是可耻且可怕的。对这类人的甄别与处罚，在战后许多年间一直在持续进行着。在集中营和劳改营的囚犯中，"叛国者"计有33.5万人（截止到1951年1月1日）；在特种移民②中，"弗拉索夫分子"共计有13.5万人（截止到1949年1月1日）。严厉的惩罚也落在那些因在占领区与德国人合作而令自己染上污点的人们。游击队员们和地下工作者们，也未能置身于惩治机关或政治机关所施行的这种审查之外。在已获得解放的地区，公民须于24小时内上缴武器和军用器械。违者会被拘禁，情况严重时，会被枪毙。符合应征入伍年龄的男性公民，曾受到特别的关注：要查明他们为何会出现在被占领区，是否参加了游击队，在队伍中表现如何。与占领者进行斗争的著名参与者，常常会获得荣誉和职务的升迁，因此，在一些人的心中滋生出一种诱惑——试图在不具备应有根据的情况下把自己描绘成积极的游击队员或地下工作者。这些企图冒用游击队的荣耀"自我粉饰"的人们，在相应的审查中便会有陷入十分尴尬的境地的风险。

　　在那些于战争开始之前不久并入苏联的地区（主要是在西乌克兰和波罗的

---

　　①　弗拉索夫分子（власовцы），喻指二战中背叛苏联、参加反苏的"俄罗斯人民解放军"（俄文缩写为 РОНА 或 РОА）的投敌叛国者；语出叛敌的苏联中将安德列·安德列耶维奇·弗拉索夫（Власов, Андрей Андреевич，1901—1946）之名。弗拉索夫被俘叛国前，任第4机械化军军长、第2突击集团军军长，叛国后担任由苏军战俘组成的"俄罗斯人民解放军"的指挥，并公开发表声明反对斯大林制度。1945年被苏军在捷克境内捕获，1946年由政治局对其做出死刑判决。——译者注

　　②　特种移民（спецпоселенцы），指苏联时期被强制逐出原居住地、流放边地的人，其中包括30年代的富农、二战时被逐离家园的民族人士及各时期的政治犯、刑事犯等。——译者注

海地区),其反苏的民族主义武装组织,也成了战争的一种后患。先前曾与希特勒分子合作过的和曾与希特勒分子并肩同红军作战的那些民族主义者们,在希特勒分子败去后,仍继续与苏联政权进行着武装抗争。自 1944 年 3 月起,内务人民委员会开展了镇压乌克兰民族主义者组织①的部队和乌克兰起义军②的行动。在这类行动过程中,这两股匪帮的成员往往与其家属一道被消灭。同情他们的居民曾受到驱逐。仅 1944 年 2 月至 10 月间,便有 4.4 万余乌克兰民族主义者组织的成员被消灭,3.7 万余人被俘,约 10 万人被逐出城镇、遣送至流放地。在立陶宛,一度活跃着受立陶宛民族阵线庇护的许多起义军部队。1945 年 3 月 1 日之前,苏联曾在那里进行过 2 257 次清剿行动。官方资料显示,有 1.7 万个小股匪帮被清除,捕获匪徒万余人,逮捕 3.1 万余人。战争结束前,与民族主义者的战斗在乌克兰和波罗的海沿岸地区一直进行着,且于战后许多年间仍在继续。

将居民从一系列民族区域驱逐到哈萨克斯坦、西伯利亚及东部其他一些地区,这也成为伟大卫国战争的一份悲剧性的遗产。其中一些居民被逐的原因是:他们会成为占领者帮凶的可能性被夸大,或对此种可能持有的种种疑虑(如 1941 年逐出了英格尔曼兰德人、芬兰族人和日耳曼族人,1943 年逐出了卡拉恰伊族人和卡尔梅克族人,1944 年逐出了车臣族人、印古什族人、巴什基尔族人、克里米亚鞑靼族人)。在此类情形之下,驱逐具有惩罚或预防的性质。另一类民族被迁移,则是因为他们不幸居住在有可能成为军事行动新舞台风险的边境地区(如 1944 年迁出库尔德族人和梅斯赫特—土耳其族人)。将高加索和克里米亚一些穆斯林民族逐出家园,在许多方面是与二战期间苏联与土耳其的紧张关系相关。德国占领期间,克里米亚和高加索地区曾有土耳其的密使出没;居住在

---

① 乌克兰民族主义者组织(Организация Украинских националистов),成立于 1929 年,领导人叶夫盖尼—科诺瓦列茨(Евгений Коновалец),政治纲领为通过民族革命和建立专政政权来建立独立的民族国家。二战时曾与纳粹政权勾结,期望借以达成建国目的;后其一部与乌克兰起义军联合,战后与苏联政权进行武装抵抗。——译者注

② 乌克兰起义军(Украинская Повстанческая Армия),1942 年成立,初时与乌克兰民族主义者组织无涉,1943 年始为其控制,人数达数万,与苏、德双方为敌,在西乌克兰农民中较有声望。50 年代上半叶反苏武装基本被清除。——译者注

这些地区的各民族，其一部分人加入了希特勒的军队，这便成为指控整个民族背叛国家的根据。依我们所见，此类驱逐行动的实施，主要是基于军事战略性质的考量。

1945 年 7 月 7 日，最高苏维埃主席团宣布因赢得对德国法西斯的胜利而实行大赦。依据这一国家法令，有 84.1 万被处以 3 年以下刑期的在押犯人，被解除监押予以释放。此次大赦没有涉及犯有反革命罪的犯人。此类犯人在在押人员中所占的份额大为增加，已提高至 59%。劳动改造营管理总局多半是由于执行这类制裁而变得庞大起来，强制劳动的整个领域亦随之扩大。

当局常常主要是用社会主义制度的优越性、"苏联人民的政治道义的统一"来诠释赢得胜利的原因。然而，也不得不承认，确保赢得胜利的，不是坦克和共产主义的学说，而首先是俄罗斯民族的爱国主义。它是确保赢得对法西斯主义的历史性胜利的一种决定性的力量。约·维·斯大林（1945 年 5 月 24 日）在他那番著名的《为俄罗斯人民的健康干杯》的胜利祝酒词中，曾隆重宣告，俄罗斯民族"是加入苏联的所有民族中最为杰出的民族"；她"在这场战争中作为苏联的领导力量而赢得了普遍的赞誉"。遗憾的是，在战后苏联在为进一步在全世界范围内确立社会主义制度的斗争做准备的过程中，没有寄期望于这个民族的"清醒头脑"，而是寄期望于她那些类如坚忍性格与耐心、绝望关头对政府的信任、时刻准备献身的精神品质。还可以补充一句：这些品质如此宏大，竟使当权者长久以来对它们的博大精深的真实面目无法说清道明。所有这一切，均开始使战后斯大林的对外、对内政策和苏联的爱国主义具有了俄罗斯民族主义和大国主义的色彩。以这种离奇方式变异了的世界革命思想和俄罗斯的普世回应性，得到了由胜利这一事实本身所提供的给养，尽管获胜的代价巨大，骇人听闻。

斯大林时代新历史共同体特征的表现。种种迫不得已的自"真正的国际主义"（即否定民族和民族因素在社会生活中的意义）的后撤，其总的结局是：一种正在苏联境内形成的新的历史人民共同体，由于俄罗斯民族占有巨大的人口构成份额而自 20 世纪 30 年代中期起越来越多地被渲染上明显的俄罗斯民族色彩

（族际交际语言、全苏性的俄罗斯语言文化）。因此,政治学家鲍·帕·库拉什维利①的判断便显得并非全然正确。他认为:"斯大林只是在自己的远期预测中,即再经过 10 至 20 代人,再经过 500 年左右之后,预见到一个多半是在俄罗斯基础之上形成的统一的次大陆超族类共同体。对他来说,这是一个即将到来的客观现实,是一种理论上的必然。"②俄罗斯超族类共同体(即一种元族类共同体、一种新型的民族),如历史事实所证明的那样,是自古以来逐渐形成的。正如已经指出的那样,尼·伊·布哈林在 30 年代中期曾试图为这一超族类共同体(即英勇的苏联人民)标定特征。超族类共同体(即"区域性共同体"),在斯大林看来,也不仅是一种理论上的构建。更确切地说,问题的关键所在,是这一现象形成的程度和它在社会意识与科学中的反映的对应性,是使其加速形成的合理与否。自 30 年代下半期起,苏联民族政策目的明确,故对是否要尽一切可能加速俄罗斯超族类共同体的形成,便不再心存疑虑,亦未必需要在成就这一新共同体的形成过程上耗时 5 个世纪。

斯大林依据自己个人的经验和那些以自己的真正的国际主义为荣的战友们的经验,意识到,民族的好恶是可以在相当短的时期内抛弃掉的。前面已经引用过列·德·托洛茨基、拉·莫·卡岗诺维奇及其他一些人对此的见解。1945 年 5 月 24 日在克里姆林宫举行的那个著名招待会上,斯大林本人谈到自己时曾说道:"我不是格鲁吉亚人,我是格鲁吉亚出身的俄罗斯人。"③不久之后,在一个斯大林奖金颁奖招待会上,他的一句口误,可能既令格鲁吉亚人,也令俄罗斯人惊讶不已:"在我们格鲁吉亚人那里……"后来他又说:"在他们俄罗斯人那里……"

---

　　①　即鲍里斯·帕夫洛维奇·库拉什维利(Курашвили, Борис Павлович, 1925—1998),法学博士、教授,克格勃高级学校毕业,1972 年起任职于苏科学院国家与法研究所,俄国境内最先研究民主管理政治机制的学者之一,曾提出组建"人民阵线"作为动员民众的机制以废除国家管理的官僚体制。有著述《新社会主义。大难后的再生》等。——译者注

　　②　库拉什维利 Б. П. :《俄罗斯何去何从?》,莫斯科,1994 年,第 188 页。

　　③　转引自博列夫 Ю. Б. :《斯大林乱象》,莫斯科,1990 年,第 292 页。

人们时常会问,20 世纪 40 年代末的斯大林又会自我感觉是何方人士呢? 尤·鲍·博列夫①曾写道,斯大林自我感觉"是一位确切地说没有,也不可能有民族性的上帝"②。也可以给出另一种答案:他不是上帝,而只是"一个真正的国际主义者"。此类人物在俄罗斯历朝历代,并不少见,且布尔什维克党曾试图将所有国民悉数转化成此类人物。鉴于此项任务规模庞大,欲成就此事,尚需许多时日。但不应忘记,布尔什维克党人以善于迫使苏联各族人民于 10 年间内走过相当于百年的历史道路而著称,绝非空口无凭。这便使得可以以最大的概率来假设:布尔什维克党人可能曾试图将最终解决民族问题和完成国际主义者们的新的历史共同体的形成所需的时间,缩短到最低限度。

　　向共产主义的过渡(而共产主义,据马克思的学说而论,应是无民族的),早在 1939 年便已开始在筹划之中了。尼·谢·赫鲁晓夫曾打算于 1980 年之前建成共产主义的基础。斯大林——若是他再执政 10—15 年——极有可能会竭力压缩实现共产主义的期限。不排除这种可能,即国家可能会在这些年间的某一年从斯大林的声明中得知,国际主义者们的共同体在苏联的形成已告完结,就像在 1935 年 12 月国家突然得知苏联各民族世代友谊的时代已经来临了一样。③马克思提出的"无产阶级没有祖国"的命题和有关无产阶级阶级团结的革命口号所衍生的"共产党人族"(национальность-коммунист)原则,在政治实践中是可以实现的。众所周知,苏联共产党曾是一个拥有近两千万党员的组织,而共青团和少先队则是群众性的共产主义组织。在党的那些著名代表人物们的意识中,做一名真正的共产党员,那便意味着做一位对从前的历史民族属性完全没有任何依恋的国际主义者。如此说来,宣告一种特别的国际主义者共同体的出现,依我们所见,其根据是足够充分的。

---

　　①　即尤里·鲍里索维奇·博列夫(Борев, Юрий Борисович, 1925—　　),文艺理论家、批评家,教授,"知识分子民间口头创作"一语的创造者,主要作品有《传说与笑话中的苏联国家史》、《传说与笑话中的 20 世纪史》、《历史传说与笑话中的犹太人》等。——译者注

　　②　转引自博列夫 Ю. Б.:《斯大林乱象》,莫斯科,1990 年,第 292 页。

　　③　见《约·维·斯大林在塔吉克斯坦和土库曼斯坦集体农庄先进庄员会议上的讲话》,载《真理报》,1935 年 12 月 6 日,第 3 版。

在我们看来,在战争年代将一系列民族从高加索和克里米亚地区史无前例
地迁移出去,在某种程度上是可以解释为意在加速民族的亲近与融合。将这些
民族从他们自古以来的生息之地迁移出去,令他们与其他"兄弟"民族交织而居,
这在斯大林看来,可能不仅仅是一种惩罚,也是一种最终会转化为善的"最小之
恶";因为此举能促进"我国所有民族总归都将会融入一个欧亚超族类共同体"的
那一未来时刻的逼近。[①] 类似的观点晚些时候曾被历史学家马·加·瓦哈鲍
夫[②]作为解释将个别民族迁离家园的正当性的依据。这一正当性,源自所谓的
"共同利益",源自所谓的"社会主义体系之命运的需要"[③]。

　　总之,加速苏联各民族形成新的共同体和将这一新的共同体赋予俄罗斯民
族色彩的倾向,在战后年间都得到了发展。而且,这一过程也在科学研究类著述
中有充分的反映。战后斯大林时期出版的那些涉及苏联民族关系的著述,包含
着阐述得越来越详尽的有关在苏联制度条件下已长入"真正的多民族经济、文
化、社会共同体"[④]的各民族的凝聚过程和他们的相互联系与相互依存得到加强
的种种立论。早在 1951 年,И. Е. 克拉夫采夫便已将一个论点导入科研领域,即
"在我国,已经形成了一个史上前所未有的人民共同体——苏联人民"[⑤]。它被
诠释为有着共同的经济体系,共同的国家生活体系,共同的思想意识、目标、政党
和祖国的各阶层与各民族的联合体。尼·伊·马秋什金[⑥]曾于 1953 年写道,在
苏联出现的这个"新型的、前所未见的人民共同体,是一个国际间的、族际间的共
同体",是为各民族在最高层次的国际主义统一中的融合准备先决条件的

---

　　①　库拉什维利 Б. П.:《俄罗斯何去何从?》,莫斯科,1994 年,第 189 页。

　　②　即马夫良·加法罗维奇·瓦哈鲍夫(Вахабов, Мавлян Гафарович),历史学家,曾担
任乌兹别克党中央宣传部长、塔什干中央党校校长等,有《三次革命时期的塔什干》《乌兹别
克社会主义民族的形成》《布哈拉城市史论》等著述。——译者注

　　③　见涅克利奇 А.:《被惩罚的民族》,纽约,1978 年,第 156 页。

　　④　杜娜耶娃 Е. А.:《苏联各民族的协作》,1948 年,第 138 页。

　　⑤　克拉夫采夫 И.:《苏联爱国主义和无产阶级国际主义的伟大力量》,载《乌克兰布尔
什维克》,1951 年第 9 期,第 42—43 页。

　　⑥　即尼古拉·伊万诺维奇·马秋什金(Матюшкин, Николай Иванович),著有《爱国主
义者和国际主义者的培养》《各族人民友谊和无产阶级国际主义大军》等。——译者注

标志。①

很有特色的是,在有关各民族语言的命运这类问题上,约·维·斯大林的立场通常被理解得较之他在公开发表的文本中所宣称的立场,可谓更左一些。譬如,维·米·莫洛托夫晚年时常说服人们相信,斯大林"认为,当世界共产主义体系胜利时——而他正在将所有事业导向这个目标——普希金和列宁使用的语言将成为地球上最重要的语言,成为国际交际的语言"②。20 世纪 50 年代苏联的著名民族学学者米·达·卡马里③,亦曾对那个众人皆知的斯大林论语言学的著作作出过有"左倾倾向"的诠释。他在 1951 年时曾写道:"被伟大的列宁—斯大林时代所取得的成绩所丰富起来的"俄语,"无疑将是最丰富和最优秀的区域性语言之一、最强有力的国际交际手段之一,且将在未来统一的世界语创制中、在其基本词汇和语法体系的创制中,发挥出巨大的作用"④。全力扩大俄语作为世界性语言之一的期望,这一意向在第二次世界大战结束之后,立即变得明显起来。例如,一些在我们国内出版的、用于在境外宣传苏联科技成果的外文版科技杂志被停止刊印。为了证明此举的正确,曾提出如下论据:"我们用俄文来刊印我们自己的著述,便可以迫使外国学者尊重伟大的俄语这一社会主义时代的国际性语言。"在社会意识中,曾被顽强地灌输过这样一种思想,即俄语"已经名副其实地成为苏联每个民族的第二母语";它也"正在渐渐成为一些新民主主义国家,成为中华人民共和国那些被解放了的人民的第二母语"(《哲学问题》,1950年第 3 期)。

族际关系体系中的苏联犹太族人。早在 20 世纪 30 年代中期便已明显表现出来的苏联在解决民族问题道路上的新转折,按照苏联领导者的说法,无论如何

---

① 见马秋什金 Н. И.:《苏联——各民族伟大友谊之国》,莫斯科,1953 年,第 116 页。

② 《与莫洛托夫的 140 次谈话》,莫斯科,1991 年,第 269 页。

③ 即米哈伊尔·达维多维奇·卡马里(Каммари, Михаил Давидович, 1898—1965),哲学家、院士、苏共中央委员,主攻历史唯物主义。——译者注

④ 卡马里 М. Д.:《约·维·斯大林论语言学中的马克思主义》,载《约·维·斯大林著作〈马克思主义与语言学问题〉中的辩证唯物主义与历史唯物主义问题》,莫斯科,1951 年,第 50 页。

也不会意味着社会主义的社会改造速度的减慢（而是意味着民族亲近与融合任务的完成）。这一转折只是表明，这类发展过程的走向所依据的一个新的定位，已被确定下来；关于"正在构建的新的历史共同体"的概念得到了确认。许多对这一转折做出评价的作者，倾向于将其解释为斯大林对国际主义的放弃和向大国沙文主义立场的转向。由此一来，俄罗斯族人似乎因其他各民族的发展权利与机会的受限而获得优势地位。苏联境内的犹太族人，便经常被列入在此种情况下受到损害的民族之列。

"20 世纪 30 年代中期，苏联犹太人作为一个民族，其进步达到了一个顶点。但是有两股力量的影响阻碍了它的发展。"一位以色列作者、俄罗斯的侨民曾如是写道。这两股力量之一，似乎就是斯大林决意用来巩固自己地位的那些"传统的反犹成见"。被这位作者拿来与俄罗斯民族的帝国主义和大国沙文主义相提并论的俄罗斯民族意识的复兴，则成了起主要作用的另一股力量。在这两个因素的影响之下，一个决定性的重新定位似乎便发生了："当斯大林宣布可以在苏联一国之内建成社会主义时，俄罗斯新一代共产党人们——按照 P. 爱因斯坦的说法——便再一次开始将自己的民族视为不是西方世界中落后的那一部分，而是肩负着在人类历史中扮演特殊角色使命的民族。"①

令人觉得更为可能的是，与其说斯大林会将这一特殊角色比之于俄罗斯民族，不如说是比之于他本人。没有了任何民族情感（类如托洛茨基和其他一些"真正的国际主义者们"）的斯大林，最有可能将各民族视为仅仅是个人极权之争中的小卒。在这种情形之下，大国主义的产生自然便是最为直截了当之事。但是，若从民族的观点去评价大国主义，那么这时便多半是可以同意这样一些人的意见——他们将这一主义称之为"大国主义式的国际主义"，或"国际歌社会主义"。然而，若是揣测这位"各民族的领袖"当时一定是要构建一种官府与"臣民"的关系，一边经常提醒他们记住自己乃是西方世界的一个落后部分，这就显得极其不合情理了。

---

① 爱因斯坦 P. :《第二次世界大战中的苏联犹太族人》，载《苏维埃俄国的犹太人(1917—1967 年)》，耶路撒冷，1975 年，第 9 页。

苏联犹太族人的状况自 20 世纪 30 年代下半期起,确实开始发生变化。只需回想起斯大林于 1936 年夏天打给《真理报》的主编列·扎·梅赫利斯的那个电话,即建议给编辑部的犹太族工作人员起个俄罗斯族人的笔名一事,就足以说明问题。不久,在其他一些中央一级的报纸上,以"贝格"或"曼"结尾的本单位记者的姓氏,也开始消失了。例如,Д. И. 奥尔腾贝格(《真理报》的本报记者,1941—1943 年间任《红星报》的主编)正是在那时变成了"瓦季莫夫"。可见,斯大林认为有必要对在柏林出版的那本专用手册做出反应:那本小册子中含有关于工作在新闻出版业和艺术、文化、科技领域的犹太族苏联公民的资料和企图利用这些信息来对抗布尔什维克领导的证据。在这种情形之下,反应尚仅限于做一次独特的洗礼,这似乎是为了"不使希特勒受到刺激"(成为施行这次"洗礼"理由的,也可能是例如已译成俄语的 Γ·费斯特的那本书,即 1935 年出版于里加的《布尔什维克主义与犹太人:布尔什维克领导层中的犹太人士》一书)。不过,要发现苏联社会领导精英民族构成的不均衡性,未必需要来自外部的提示。诚如一位当代作者所指出的那样,这"只需查看一下在中央委员会、政府、军队、内务部人民委员会、大众传媒等部门中占据着关键性职位的是谁"便可了然。①

但是,其他一些证明斯大林曾利用清党来缩减最高管理层中的犹太族人数量的事实,也不能不被研究者们发现。1939 年,斯大林在与德国外长约·里宾特罗普的一次谈话中,便曾直言相告:"他只是在等待着苏联将有足够的自己的知识分子那个时刻的到来,以便完全结束犹太人在领导层中的支配地位;而现今,这些犹太人暂时还是他所需要的。"②不过,这个中缘由,应当不要在斯大林或俄罗斯民族那种声名狼藉的个人化的反犹主义中去寻找,而多半是应当在列宁遗训于每一个"先进"民族作为构建自己与"落后"民族之关系的准则——"真正的国际主义"中去寻找。对此种状况给予关注的,是以色列作者拉·努捷尔

---

① 菲拉托夫 B. :《死亡机器:反俄罗斯和俄罗斯民族罪》,莫斯科,1995 年,第 113 页。
② 皮克 Γ. :《希特勒的席间谈话》,斯摩棱斯克,1993 年,第 456 页。

曼①。他提醒人们注意,要实现马克思主义的那个"所有民族条件平等"的原则,是需要预先"拉平所有民族的发展水平"的。但是,这个原则,显然只是对俄罗斯人来说是好的。因为,诚如努捷尔曼所称,"这种适用于犹太族人的人为'拉平',自然意味着要在实际中人为地阻滞和限制他们的社会发展"②。这正是"真正的国际主义"的关键所在,并且它的后果对每一个将其作为行为准则的民族(是强加于每个民族的),都是一样的。

A. 沃罗涅尔在指出苏联犹太人在苏联日常生活中的特殊作用的同时,又从另一类观点出发对它进行了解释。据这位作者所见,"苏联政权如同当年的沙俄政权一样,需要有某种专业技能的一小部分人。他们对于主体居民而言,可能会是有些异己的。沙俄政府就曾利用了德国人"。似乎因为同样的原因,在苏联时期,"犹太人,以及亚美尼亚人和其他一些异族人,被提升到这个最具专业技能的少数人的行列,并且党内上层中已欧化了的、精通国务的那部分人,也接纳了他们"。按照这位作者的逻辑,随着民族意识的发展,与"犹太人势力"的斗争,便成为理所当然之事。作者渐渐得出一个甚至有几许意外,但却不无理由的结论:"苏联境内的这种反犹运动,与犹太族人没有任何关系。它不是针对犹太族人的",而只是与俄罗斯精英们的新陈代谢相关。③

关于这一点,苏联作者罗·亚·梅德韦杰夫④在他那个牛津版的《论斯大林

---

① 即拉斐尔·伊里奇·努捷尔曼(Нудельман, Рафаил Ильч, 1931—),原为苏联作家,曾参与犹太族人自行印制出版物的活动,是杂志《犹太人在苏联》的主编之一。1975 年移居以色列。——译者注

② 努捷尔曼 P.:《现代苏联反犹主义:形式与内容》,载《苏联的反犹主义:根源与后果》,耶路撒冷,1979 年,第 32 页。

③ 沃罗涅尔 A.:《苏联反犹主义活跃的缘由》,载《苏联的反犹主义:根源与后果》,耶路撒冷,1979 年,第 94、96 页。

④ 即罗伊·亚历山德罗维奇·梅德韦杰夫(Медведев, Рой Александрович, 1925—),历史学家、政治活动家、持不同政见运动的左翼代表人物,20 世纪 60 年代曾与萨哈罗夫院士一道上书政府,论及苏联体制民主化的必要性;1969 年因在西方出版《由历史来审判》一书而被开除出党,改革时期曾任最高苏维埃代表。苏联解体后他领导民主社会主义运动,组建俄罗斯联邦劳动者社会主义党,另有著述《他们围绕着斯大林》《普京传》等。其双胞胎兄弟若列斯(Медведев, Жорес Александрович),亦系持不同政见者。——译者注

与斯大林主义》(1979)一书中也曾注意到。他写道,1936—1938 年间的大清洗,
其意义相当深远:"在大清洗的掩盖之下,进行的是深刻的社会的和(并非不重要
的)民族的改造。其结果是,大部分系农民出身的一个新阶层,开始登台执政。
在这些人中,外族人(如犹太人、拉脱维亚人、立陶宛人、波兰人,等等),实际上已
不复存在。这是这个庞大的斯拉夫国家对 20 世纪 20 和 30 年代国际主义、世界
主义那些轻视民族因素的实验所做出的一种反动。斯大林不过是将这个新阶层
提拔到政权中来,他并没有缔造这个阶层。"①米·萨·阿古尔斯基也持有这样
的观点。② Ш. 爱京格尔亦倾向于类似的结论,他认为,当一些小民族开始为本
民族在苏维埃机关的代表、为本民族的干部进行斗争时,那么,"将犹太族人占据
的职位让予他们的民族干部,便是最易于使乌克兰族人、白俄罗斯族人、摩尔达
维亚族人和其他一些民族提出的要求得到满足。于是,一场目的明确的、将犹太
族人从现实生活各个领域的关键性岗位上驱逐出去的行动开始了。'苏联各民
族的友谊'的表现,便成了将犹太族人从他们在国家机关和社会生活中的位置上
排挤出去,以讨好其他'民族干部'"③。同时亦应当知道,在与世界主义进行斗争
的运动中和在"医生案"中,受到迫害的,不只是一个民族的人士。以色列作者希·
马尔基什④指出,世界主义运动的牺牲品"远非仅仅是犹太族人。恰恰相反,在
受害者的总人数中,他们只占少数,并且可能是不很大的少数"。亦是这位作者
写道:"1953 年 4 月 4 日(即官方报道了关于所谓'杀人医生'无罪)之后,开始统
计被捕者中的犹太族人和非犹太族人人数,结果是,后者的人数起码要比前者多

---

① 梅德韦杰夫 P. A. :《论斯大林与斯大林主义》,牛津,1979 年,第 122 页。转引自伊
万诺夫 A. M. :《噩梦的逻辑》,莫斯科,1993 年,第 134 页。

② 见费季 H. :《艺术家与政府》,载《青年近卫军》,1994 年第 4 期,第 166 页。

③ 爱京格尔 Ш. :《苏联反犹主义的历史根源》,载《苏联的反犹主义:根源与后果》,耶路
撒冷,1979 年,第 22 页。

④ 即希蒙·佩列措维奇·马尔基什(Маркиш,Шимон Перецович,1931—2003),古希腊文学
史研究及翻译家,其父亦为作家,1952 年被镇压;1970 年移居国外后开始研究俄国犹太文学,有《巴
别尔及其他》、《祖国之声:19 世纪末 20 世纪初俄国犹太文学之页》等。——译者注

出两倍以上。"①

援引以色列作者们的这些论据,其原因不是它们似乎在所有细节上均是无可争议的,而是有着一个特别的目的,即欲表明苏联和俄罗斯境内的所谓"反犹主义",即便对其做一次最小范围的严肃分析的尝试,它也绝不会是俄罗斯民族或其他民族与生俱来的品性。从这些论断中也应当得出这样的结论:仅仅用反犹主义来解释斯大林一生中的战后年代在苏联出现的"反犹太人运动",恐怕起码是不准确的。那位很难被怀疑对反犹主义抱有好感的若·亚·梅德韦杰夫,在自己那篇《斯大林和"医生案"——新资料》(《历史问题》,2003 年第 2 期)的文章中,实质上是表述了对那些通常的论点的不同意见。他认为,与世界主义的斗争,"是用反犹运动作为伪装的。更准确地说,"他写道,"这场斗争于 1952—1953 年之际演变成一场反犹运动。"若是如此,那么在斯大林生前,"长期的反犹主义运动",便是实无此事。

至于谈到犹太族人在苏联社会精英阶层长期占据的那一特殊地位,则它同样有着绝非神秘主义的而是十分切合实际的缘由。拉·努捷尔曼肯定地说:"犹太族人参加革命的人数,不成比例地异常高,在苏维埃和党的机关中占据着相应的位置;最为主要的是,他们取代了被逐出革命的俄罗斯的那些旧贵族和非贵族出身的知识分子。"这位作者认为,可以说,后来"便形成了新的、'俄罗斯—犹太族'苏联知识分子,他们在苏联生活中一直发挥着主导作用"②。而这样的见解并不是唯一的。

有鉴于此,不妨提醒一下,1919 年年底时,列宁曾不赞同犹太民族事务委员谢·马·季曼施泰因提出的禁止传播马·高尔基撰写的《论犹太人》传单的建议。依这位委员所见,这份传单可能有利于我们的敌人用来达到反犹太人的目的。因为它"向犹太人表达了过分的恭维……使人形成了一种印象,似乎革命是靠犹太人维系着"。列宁承认这份传单的"措辞很不令人满意",但认为它总体上

———————

　　①　马尔基什 Ш.:《瓦西里·格罗斯曼实例》,载《格罗斯曼 B.·犹太人主题》(2 卷),耶路撒冷,1985 年,第 2 卷,第 407、508 页。

　　②　努捷尔曼 P.:《现代苏联反犹主义:形式与内容》,载《苏联的反犹主义:根源与后果》,耶路撒冷,1979 年,第 24—25 页。

还是有益的。原来，令他更为担心的是，未来的研究者们可能会低估那些于革命前数年间从西部临近前线诸省份被疏散到俄罗斯中部的拉脱维亚人和犹太人在革命中所扮演的杰出角色。季曼施泰因将这位领袖解释犹太人在苏维埃国家机关中的超级表现的"原始思想"纪录了下来。弗·伊·列宁肯定地说："有这样一个事实也曾使革命获益巨大，即因为战争的缘故，大量犹太中等知识分子来到了俄国城市。他们将我们在十月革命后立即遭遇到的、对我们极其危险的那类普遍怠工行为打破了。一些犹太人士，尽管远非全部，曾在暗中破坏这种怠工行为，用这种方式帮助了处在困难时刻的革命……要掌控国家机关……我们只能借助这些有文化的和在一定程度上还是些精明能干、头脑清醒的新式官吏的人员储备才行。"这番意义多重的论断，被收录在列宁《论俄国的犹太人问题》论文集（哈尔科夫，1924）的序文中。

尼·伊·布哈林注意到国内反犹主义有"一定基础"，并在列宁格勒州第 24 届党代会（1927）的发言中谈及此事。用他的话来说，在战时共产主义时期，"我们曾将俄国的中、小资产阶级与大资产阶级一道清除干净了……后来，自由贸易又被允许了。犹太中、小资产阶级占领了俄罗斯中、小资产阶级的地盘……这样的情形也大致发生在我们那些刚愎自用、消极怠工的俄罗斯知识分子身上：他们的位置在某些地方被具有较强进取精神、较少消极心态和黑帮习性的犹太知识分子所占据"。由此一来，便有了这样的风言风语："俄罗斯被出卖给了犹太鬼。"[1]的确，一切都一清二楚：一方面是政权没有得到支持，而另一方面则是立即找到了支持者。因此，一些人"被清除"了，另一些人则安然无恙。黑帮似乎与此全无干系。

关于布尔什维克政权在一边是与犹太人、另一边是与俄罗斯人的关系中出

---

① 布哈林 Н. И. :《反犹主义（1927 年 1 月 26 日在列宁格勒州第 24 届党代会发言中的一节）》，载布哈林 Н. И. :《通往社会主义之路（文选）》，新西伯利亚，1990 年，第 190—191 页。

现的差异,其精准的评价当属亚·伊·索尔仁尼琴的[①]。他在他那本小说《第一圈》中这样写道:"在革命中和革命后的很长时间里,'犹太人'这个词比'俄罗斯人'更为靠得住。对俄罗斯人还要继续审查——父母是干什么的? 1917 年之前靠什么收入来生活? 对犹太人就不须再审查了:所有犹太族人,人人都赞成能使他们免于被屠杀、摆脱犹太定居点限制的革命。"关于这个被置于革命阶级地位的民族,其这一印象的形成,完完全全是因为执政者们的祝福所致:"曾有一些小孩子们,他们是律师、牙医或是小商贩的儿子,他们所有人都极其坚定地认为自己是无产阶级。"[②]据瑙姆·科尔扎文[③]所见,苏联的反犹主义,在许多方面曾是由"列宁的不正确的民族政策造成的。那时便开始把犹太人当作'从前受到压迫的民族'来看待,并竭力为过去几个世纪而对他们给予补偿"。结果,"领导层中出现了许多犹太族人(而领导层通常是不得人心的)"(《大陆》,1975 年第 2 期)。正是这个事实,亦曾被战时的希特勒宣传机关完全利用。

　　最后,还应当了解一下米·伊·加里宁——苏联国家的首脑和据这位以色列作者判定还是一位较其他所有苏联领导人更具亲犹情结者——关于十月革命后俄罗斯境内出现反犹主义系所谓"完全自然的"原因的解释。他在全苏犹太劳动者务农安置协会代表大会上谈道:"在革命初期……当俄国相当大一部分知识分子们急流而退、惧怕革命时,就是在这一刻,犹太知识分子却如潮水般涌入革命渠道,以较之自身人口数量很大的比例充实着这一渠道,开始了在革命管理机关中的工作。就是在这种土壤之上,滋生出反犹主义。"(《消息报》,1926 年 11 月 25 日)晚些时候,当加里宁又谈起犹太族人在苏联社会中的地位与作用这个

---

　　①　即亚历山大·伊萨耶维奇·索尔仁尼琴(Солженицын, Александр Исаевич, 1918—2008),著名持不同政见者、作家,1945 年被以"进行反苏宣传和阴谋组建反苏组织罪"判刑 8 年,苏共二十大后获得平反。1967 年在作协会议中对书报检查制度提出抗议,1967 年被作协除名。1970 年获诺贝尔文学奖,1974 年被逐出苏联,1994 年回国。主要作品有《伊万·杰尼索维奇的一天》、《癌病房》、《古拉格群岛》、《红轮》等。——译者注

　　②　索尔仁尼琴 А. И. :《第一圈》,纽约,1968 年,第 373、376 页。

　　③　即瑙姆·莫伊谢耶维奇·科尔扎文(Коржавин, Наум Моисеевич, 1925—　　),诗人、散文作家、戏剧家,1947 年反"世界主义"斗争中被捕并被流放到西伯利亚,1974 年移居美国。有诗集《年月》、《发往莫斯科的信》等。——译者注

问题时,曾在全苏犹太劳动者务农安置协会第二次代表大会(1931 年)的发言中强调指出,在苏联"正在锻造一种新人——苏联公民"的环境中,"一项特殊的革命任务"正落到犹太革命无产阶级的肩上,即"使昔日受尽折磨的犹太劳动人民成为最忠实的苏联公民、社会主义祖国最忠诚的儿女"。这项任务的完成似乎是简单的,甚至是自然而然的事,就像可以依据这位"全苏领班"的演讲人的诘问做出判断那样:"还有谁能够成为社会主义祖国的最优秀儿女,如果不是那个出自数个世纪以来受尽折磨的犹太民族,又如此多地受惠于十月革命的无产阶级?"加里宁在论证建立犹太民族自治州的必要性时,再次强调说:"犹太族人——这是一个重要的,并且用自己的过去证明着无愧于此的苏联民族。"(《革命与民族》,1934 年第 7 期)在注意到革命政权为犹太族苏联公民创造的种种特殊条件的同时,苏联政府的这位首脑表示完全相信,在苏联受到攻击时,"犹太劳动民众将会战斗在保卫苏联的最前列"[1]。

　　这个关于在保卫联盟时谁应当战斗在最前列的评论,很是重要。让我们斗胆来做个假设,即斯大林也一定会把苏联的犹太人视为祖国的忠诚保卫者,但他无论如何也不会愿意让俄罗斯族人在即将来临的战争中像 1917 年那样"刚愎自用",亦不会愿意如加里宁的逻辑所允许的那样,让俄罗斯族人置身于第二或第三战斗序列中。按照斯大林的观念,社会主义祖国最忠诚的儿女,就是俄罗斯人。并且,这一点自 20 世纪 30 年代起,便被他坚持不懈地强调着。1933 年 7 月,他在与艺术家们的会见中曾说道:"最优秀的民族是俄罗斯民族,是最革命的民族。"[2]在诸平等的苏联民族中,"最苏维埃化的和最革命的民族,是俄罗斯民族。"1937 年 11 月他对自己的政治局战友们如是授意道。[3] 想必,正是这种对"最革命"民族的定义的立场,既包含着民族政策转向的真正原因,也包含着要将

<hr />

　　① 加里宁 М. И.:《苏联的犹太人:在全苏犹太劳动者务农安置协会第二次代表大会上的讲话(节选)》,莫斯科,1931 年,第 16 页。

　　② 转引自卡茨曼 Е. А.:《鉴赏力与世界观有联系吗?〈画家在总书记那里做客〉》,载《独立报》,1998 年 7 月 4 日,第 16 版。

　　③ 转引自塔克尔 Р.:《斯大林执政:历史与个人,1928—1941 年》,莫斯科,1997 年,第438 页。

俄罗斯民族推向"区域共同体"中心的真正原因,还包含着要将这一共同体与俄罗斯民族作一定程度的相提并论的真正原因。始于 20 世纪 30 年代中期的对俄罗斯民族,对她的历史、语言、文化的过度吹捧,多半不是因斯大林和他周围那些人的真实民族情感所致,而是出于对必须利用强大的、先前显然被低估了的民族因素的策略考量。

不过,据我们看来,布尔什维克党人的领导者们这类实用主义的设计,无论如何也不意味着他们向大俄罗斯沙文主义立场的转向。因此,维·瓦·科斯吉科夫的观点显得十分有根据。他认为,斯大林不管是作为一个反犹太人者,还是反鞑靼人者、反卡尔梅克人者、反格鲁吉亚人者、反波罗的海人者或是反斯拉夫人者,均别无二致。① 对犹太人反法西斯委员会和"世界主义者们"采取的行动,是由另一种诱因决定的。作为一个"真正的"国际主义者,斯大林——诚如维·列·托波罗夫②所正确指出的那样——"追求的不是一个社会的民族的同一,而是思想的同一。对待被俘归来的红军军人和被撤职人士表现出的冷酷无情,即源于此。斯大林对犹太族人的镇压,亦是那一准则的一种表象。"(《新俄罗斯》,1995 年第 3 期)在他的观念中,苏联某一部分犹太人的"罪行"是:他们——直到那时似乎始终是国际主义者中的国际主义者,却突然表现得十分不得体。他们不仅提出了要求得到克里米亚用来建立民族共和国的请求,还因此"背叛"了国际主义共同体的思想。他们因为以色列国家的建立而表现出过分的激动,奢望同时对社会主义的(苏联)和资本主义的(以色列)两类国家怀抱双重的忠诚,如此一来,他们简直不可能不使那位地球上"所有国际主义者的领袖"的忍耐之杯过满而外溢。③

犹太人问题,亦是为许多苏联人所未见行迹地存在于特别强大的斯大林政

---

① 见科斯吉科夫 B.:《对心灰意懒的寡妇的调情》,载《火星》,1989 年第 7 期,第 9 页。

② 即维克多·列昂尼多维奇·托波罗夫(Топоров,Виктор Леонидович,1946—   ),诗人、翻译家、政论作家,《新俄罗斯》《政治杂志》等的撰稿人,Лимбус пресс 出版社主编。——译者注

③ 见波尔托拉宁 M.:《克里米亚何以几近成为以色列》,载《论据与实事》,2008 年 10 月 15 日,第 42 期。

权继承者们之间的不妥协争斗之中。这一争斗，值得较为详尽地加以叙述。

斯大林周围那些人的权力之争及其民族视角。斯大林那些曾在党内和国家政权机构中占据关键性岗位的国家领导层的战友们，并不是个统一、一致的团队，完全不像对领袖的虚假崇拜与过分吹捧时所表现的那样。为了巩固自己的政权，他们当然会在某一方面表现得如同一支统一、团结的团队，但在其他一些方面，则是对阴谋诡计、政治倾轧，无所不用，毫无顾忌。在为国内平民所不知的、为抵达通往权力奥林匹斯顶峰的最近点而进行的争斗中，依其成败，可在战后近 8 年的斯大林领导时期区分出 3 个时段。这 3 个时段的分界线是 1949 年 3 月和 1951 年 6 月。

在第一时段内，斯大林与自己的那些战友们共同致力于保卫权力奥林匹斯之山免遭来自从战争中走过来的、戴着祖国拯救者光环的将军们可能实施的图谋不轨（1944 年 5 月 15 日的资料显示，红军中共有将军 2 952 名，其中 1 753 人是在战争中获得了将军军衔。495 名将军在海军、内务部人民委员会、国家安全人民委员会、"除奸部"①或各非军事性的人民委员会工作过或任过职。战争临近结束时将军人数的增加，首先是因为 1944 年 5 月时有一些上校担任着将军职务——他们中有 276 人为师级指挥官，74 位为舰队指挥官，67 位为军校领导）。

战后立即受到集中关注的，是最著名的苏军统帅格·康·朱可夫元帅。1945 年 6 月 27 日，即红场胜利阅兵式之后的第 3 天，他便邀请一些著名的军官去他在莫斯科近郊的别墅做客。被邀请者中有谢·伊·鲍戈丹诺夫②、弗·

---

① "除奸部"（Смерш，俄文 Смерть шпионам 的简写），二战时苏联设立的军事反情报机关，总部隶属于国防部，领导人维克多·阿巴库莫夫，海军的"除奸部"隶属海军人民委员会，内务部的由贝利亚领导。——译者注

② 即谢苗·伊里奇·鲍戈丹诺夫（Богданов, Семён Ильич, 1894—1960），1945 年晋升装甲兵部队元帅、装甲兵部队军事科学院院长。——译者注

维·克留科夫①与其妻子利·安·鲁斯兰诺娃、亚·瓦·戈尔巴托夫②、瓦·伊·库兹涅措夫③、瓦·丹·索科洛夫斯基④、康·费·杰列金⑤、伊·伊·费久宁斯基⑥、瓦·伊·崔可夫⑦。他们在继续庆祝胜利时,用各种方式来称赞朱可夫为这一胜利所作出的贡献,把他作为战胜德国者来谈论。次日,这些谈话的记录便已为斯大林所知。于是,这便成了战后斯大林对这位自负的元帅不满的最初原因之一。

　　西方的宣传也加剧了苏联最上层人物对这些军人们的狐疑,他们断言:在即将来临的各共和国最高苏维埃选举中,军人们将提出必择其一式的代表候选人名单。人们希望将 1945 年 6 月起担任驻德苏军集团军总司令和苏联驻德军政总长官的朱可夫推举到国家最高岗位上去。这位统帅以其我行我素、独往独来,

---

① 即弗拉基米尔·维克托罗维奇·克留科夫(Крюков, Владммир Викторович, 1897—1959),中将,朱可夫的亲密战友之一,战后任第 36 步兵军副军长,1948 年因"战利品案"被捕。——译者注

② 即亚历山大·瓦西里耶维奇·戈尔巴托夫(Горбатов, Александр Васильевич, 1891—1973),大将,战后曾任波罗的海军区司令、中央候补委员。——译者注

③ 即瓦西里·伊万诺维奇·库兹涅措夫(Кузнецов, Василий Иванович, 1894—1964),上将,战后曾任伏尔加河沿岸军区司令。——译者注

④ 即瓦西里·丹尼洛维奇·索科洛夫斯基(Соколовский, Василий Данилович, 1897—1968),1946 年晋升元帅,中央候补委员。二战中先后任西方方面军参谋、司令,乌克兰第一方面军参谋长,白俄罗斯第一方面军副司令。1946 年起任驻德苏军总司令和苏联驻德军政总长官。1950 年起任苏武装力量部部长、总参谋长等职。1953 年起任国防部长。——译者注

⑤ 即康斯坦丁·费奥多罗维奇·杰列金(Телегин, Константин Фёдорович, 1899—1981),中将,参加过苏芬战争,1940—1941 年在内务人民委员会中央机关任职,1941 年任师政委,二战时历任莫斯科军区、顿河军区、中央军区、白俄罗斯军区及白俄罗斯第一方面军军事委员会成员,战后从事军队政治工作。——译者注

⑥ 即伊万·伊万诺维奇·费久宁斯基(Федюнинский, Иван Иванович, 1900—1977),大将,二战中历任数个步兵军军长、方面军司令,战后历任数个军区司令、苏联驻德集团军第一副总司令等职。——译者注

⑦ 即瓦西里·伊万诺维奇·崔可夫(Чуйков, Василий Иванович, 1900—1982),元帅,苏芬战争中任第 9 集团军司令,1940—1942 年任驻中国使馆武官,1941 年晋升中将,1942 年斯大林格勒保卫战中任第 62 军军长,战后历任苏联驻德集团军副总司令、总司令,基辅军区司令,1960 年起任陆军总司令、国防部副部长。1961 年起为中央委员。——译者注

对斯大林当时的宠臣之一——负责国家安全的部长维·谢·阿巴库莫夫①明显的不恭和不特别掩饰希望看到自己坐上国防部长之位的种种表现，证实着所有这些期待与猜疑，绝非空穴来风。

为了使朱可夫名誉扫地，也曾利用了所谓的"航空工作者案"。苏军空军司令、空军主帅亚·亚·诺维科夫②和航空工业人民委员阿·伊·沙胡林③因1946年初被捕的空军元帅谢·阿·胡佳科夫④的供词而被指控采用了一些有产品缺陷的飞机和发动机，导致大量的严重事故。依据维·谢·阿巴库莫夫部门伪造的材料，诺维科夫、沙胡林及他们的5位下属被最高法院军事法庭判处刑期不等的囚禁。负责航空工业工作的格·马·马林科夫和拉·帕·贝利亚也遭到怀疑。此案侦讯期间，还曾获得了一些有关朱可夫企图"贬低最高统帅部在战争中的领导作用"的供词。

1946年春，有74位苏联驻德集团军的将军和军官因被指控盗用公款、为自己从德国或奥地利运回家具、油画、贵重物品等各类财物而被逮捕。不久，指控中便开始出现了以朱可夫为首的军人反政府阴谋。

格·康·朱可夫被从驻德的领导岗位上召回，接替他的是被提升为元帅军衔的瓦·丹·索科洛夫斯基，后来（1949年3月至1953年3月）则是大将瓦·伊·崔可夫。1946年3月，朱可夫接到了出任苏联红军陆军总司令兼苏联国防

---

①　即维克托·谢苗诺维奇·阿巴库莫夫（Абакумов, Виктор Семёнович, 1908—1954），中将，历任副国防部人民委员和国防部反情报总局局长（1943—1946）、国家安全部部长（1946—1951）。——译者注

②　即亚历山大·亚历山德罗维奇·诺维科夫（Новиков, Александр Александрович, 1900—1976），空军主帅，二战中曾担任过数个方面军的空军司令，1942—1946年任红军空军司令，1953—1955年任远东航空兵司令等职。——译者注

③　即阿列克谢·伊万诺维奇·沙胡林（Шахурин, Алексей Иванович, 1904—1975），苏联政要、上将军衔工程师、中央委员，历任雅罗斯拉夫州、高尔基州党委第一书记（1938年起），苏联航空工业人民委员（1940—1946），航空工业部副部长（1953—1959），国家对外经济联系委员会主席等职。——译者注

④　即谢尔盖·亚历山德罗维奇·胡佳科夫（Худяков, Сергей Александрович, 1902—1950），1944年晋升空军元帅，二战时历任空军西方面军司令、第1空军集团军司令、苏联空军参谋长、空军副司令，1945年起任远东第12空军集团军司令，曾参与歼灭日本关东军的战斗。——译者注

部副部长的任命。1946 年 6 月 1 日,在有苏联元帅及各兵种元帅列席的最高军事委员会会议上,举行了对"朱可夫案"的详细审理。支持指控朱可夫的有政治局成员格·马·马林科夫、维·米·莫洛托夫。不过,伊·斯·科涅夫①、亚·米·瓦西列夫斯基②、康·康·罗科索夫斯基等元帅们,尽管也指出了这位被指控者的性格缺陷和工作中的一些错误,但坚定地认为他不可能是个阴谋家。帕·谢·雷巴尔科③元帅肯定地说:"他是位爱国者,并且他已经令人信服地在伟大的卫国战争的拼杀中证明了这一点。"讨论以斯大林的结论告终:"朱可夫同志,您终归还是不得不离开莫斯科一段时间。"表面看来,似乎斯大林并不愿意为了这位元帅而与政治局其他成员发生冲突。

　　1946 年 6 月 3 日,格·康·朱可夫被解除了陆军总司令的职务,并接到出任敖德萨军区司令的任命。然而,事情并未就此结束。一些针对朱可夫的新的指控正在构织之中。1947 年 2 月,他被取消了中央候补委员的资格;1948 年 1 月,又被任命为较为无足轻重的乌拉尔军区司令。斯大林卸去自任的武装力量部长的职责,将其移交于尼·亚·布尔加宁④(1947 年 3 月 3 日),后又移交于

---

　　①　即伊万·斯杰潘诺维奇·科涅夫(Конев, Иван Степанович, 1897—1973),1944 年晋升元帅,中央委员。1940—1941 年任外贝加尔军区和北高加索军区司令,1941 年晋升中将;二战中历任西方面军、西北方面军、第 1 和第 2 乌克兰方面军司令等职;战后历任陆军总司令、苏联武装力量部副部长(1946—1950)、喀尔巴阡山军区司令(1951—1955)、国防部第一副部长、陆军总司令(1955—1956)、国防部第一副部长(1956—1960)、驻德集团军总司令(1961—1962)等职。——译者注

　　②　即亚历山大·米哈伊洛维奇·瓦西列夫斯基(Василевский, Александр Михайлович, 1895—1977),1943 年晋升元帅,中央委员。二战中历任副总参谋长、总参谋长、副国防人民委员,参与了一系列重大军事行动的制定。战后历任总参谋长、苏联武装力量第一副部长、部长,国防部第一副部长等职。——译者注

　　③　即帕维尔·谢苗诺维奇·雷巴尔科(Рыбалко, Павел Семёнович, 1894—1948),1945 年晋升装甲兵元帅,二战中先后任数支坦克集团军司令、苏军装甲摩托化部队司令等职。——译者注

　　④　即尼古拉·亚历山德罗维奇·布尔加宁(Булганин, Николай Александрович, 1895—1975),苏联政要,上将军衔,历任俄罗斯联邦人民委员会主席(1937 年起)、苏联人民委员会副主席(1938—1941)、苏联副国防人民委员(1944 年起)、苏联部长会议主席(1955—1958)、政治局委员(1946—1948)等职。——译者注

亚·米·瓦西列夫斯基(1949 年 3 月 24 日)。后者任此职直至 1953 年 3 月。朱可夫的被黜终了于 1951 年夏,在党的第十九次代表大会上,他再度被选举为苏联共产党中央委员会候补委员。

曾受到朱可夫荫庇的其他一些具有代表性的将军们,也成了战后各种阴谋的牺牲者。譬如格·伊·库利克①元帅、伏尔加河沿岸军区部队司令瓦·尼·戈尔多夫②上将。他们曾因在战争年代犯下错误而被降职、降衔;战后又被作为"资本主义在苏联复辟的支持者"而受到揭发。库利克于 1947 年 1 月以少将军衔的身份被捕,1950 年 7 月被枪决。戈尔多夫于 1950 年被捕,次年 12 月死于狱中。伏尔加河沿岸军区参谋长菲·特·雷巴尔琴科③少将,亦罹难丧命。他与戈尔多夫持有共同的观点——"集体农庄的庄员们仇恨斯大林";认为"若是今天撤销集体农庄,明天便会平安无事、应有尽有"。弗·维·克留科夫和他那位著名歌唱家的妻子也受到镇压。

1947 年年底,被送交道德法庭的有曾于 1939—1946 年领导海军人民委员

---

① 即格里戈里·伊万诺维奇·库利克(Кулик, Григорий Иванович, 1890—1950),历任苏联副国防人民委员(1939 年起)、炮兵总部部长;二战中历任第 54 集团军司令、苏联军队建制与装备总部副部长;战后任伏尔加河沿岸军区司令等职。1950 年被军事法庭以组织反苏阴谋团伙罪判处死刑。1957 年恢复元帅军衔。——译者注

② 即瓦西里·尼古拉耶维奇·戈尔多夫(Гордов, Василий Николаевич, 1896—1950),1942 年时任第 21 军军长、斯大林格勒方面军司令等职,期间因多次失误而被免职,改任第 33 军军长。1950 年被军事法庭以密谋实施针对政府人员的恐怖计划罪判处死刑。1956 年获得平反。——译者注

③ 即菲利普·特罗菲莫维奇·雷巴尔琴科(Рыбальченко, Филипп Трофимович, 1898—1950),空军少将,1950 年被军事法庭以叛国罪、反政府罪判处死刑。1956 年获得平反。——译者注

会的苏联海军上将尼·格·库兹涅措夫①、海军上将列·米·加列尔②和弗·安·阿拉福佐夫③、海军中将格·安·斯杰潘诺夫④。这些海军将领们被指控在有关苏联与英、美互换军事技术情报协约准许范围内,于战时向盟国传递过伞降鱼雷的资料。此举被宣布为非法。苏联最高法院军事法庭判处库兹涅措夫降低军衔,其他几位被告人则被处以不同刑期的囚禁。

　　曾于整个战争期间任总军械部部长、1948 年起任军部副部长的炮兵元帅尼·德·雅科夫列夫⑤,被部长会议以 1951 年 12 月 31 日做出的《关于 C—60 型 55 毫米自行高射炮缺陷》的一纸决议而撤去职务;1952 年 2 月又因被指控有破坏行为而被捕。与他一道被撤职和遭到逮捕的有总军械部部长、炮兵中将

---

　　①　即尼古拉·格拉西莫维奇·库兹涅措夫(Кузнецов, Николай Герасимович, 1904—1974),海军上将。1939 年起任苏海军副人民委员,1946 年起任苏武装力量副人民委员兼海军总司令;1948 年被判定有罪,因战功卓著而免予刑事处罚,但被降为少将并贬为远东海军部队副总司令;1953 年获得平反。——译者注

　　②　即列夫·米哈伊洛维奇·加列尔(Галлер, Лев Михайлович, 1883—1950),历任波罗的海舰队司令(1932—1936)、苏联人民国防委员会海军副部长、海军总参谋长、海军舰船建造与装备副人民委员(1940 年起);二战中曾参与海军建设与装备计划的制订与实施,1947—1948 年任克雷洛夫海军舰船建造与装备学院院长等职。1948 年被判有罪并获刑 4 年,1950 年死于狱中,1953 年获得平反——译者注

　　③　即弗拉基米尔·安东诺维奇·阿拉福佐夫(Алафузов, Владимир Антонович, 1901—1966),海军上将,历任海军副总参谋长(1938 年起)、太平洋舰队参谋长、海军学院院长等职。1948 年被判刑 10 年,并剥夺军衔,1953 年获得平反。——译者注

　　④　即格奥尔吉·安德列耶维奇·斯杰潘诺夫(Степанов, Георгий Андреевич, 1890—1957),海军中将,历任海军学院院长(1939 年起)、白海舰队司令、海军总参谋长、海军院校管理局局长(1944—1953)等职。1948 年被判有罪并获刑 10 年,并剥夺军衔,1953 年获得平反。——译者注

　　⑤　即尼古拉·德米特里耶维奇·雅科夫列夫(Яковлев, Николай Дмитриевич, 1898—1972),历任苏军总军械部部长(1941—1945)、防空部队第一副司令、总司令(1953、1955—1956)等职。——译者注

伊·伊·沃尔科特鲁边科①和军械部副部长伊·阿·米尔扎哈诺夫②。在长达15个月的侦讯过程中,仍是未能发现任何可为被捕者定罪提供依据的材料。针对他们的这起侦讯案件,于1953年4月被中止。

早在战争快结束时,党中央政治局内的各种势力配比,便渐渐开始发生显著的变化。斯大林那些政治年龄老化的战友们——克·叶·伏罗希洛夫(1944年被调离国防委员会)、拉·莫·卡冈诺维奇(被委以责任性越来越小的领导职务)、维·米·莫洛托夫,地位明显被削弱。将莫洛托夫排斥出权力之外的主要原因,看来是斯大林试图要随着时间的推移而将与德国缔结那次不成功的联盟和导致卫国战争灾难性开局的责任诿过于他。自1945年12月起,斯大林便已开始表露出对莫洛托夫采取的一些决定和举措的不满——后者曾批准在苏联报章上发表丘吉尔的讲话,曾允诺弱化苏联的书报检查制度,甚至曾同意将斯大林作为1946年度苏联科学院名誉院士候选人,以此来贬低这位"最高国务活动家"的尊严——所有这一切均遭到谴责。莫洛托夫没能阻止自己夫人的"冒失行为和与反苏的犹太民族主义者的联系",这令斯大林尤为不满。

"航空工作者案"使战争年间在政治局中负责航空工业的格·马·马林科夫的地位受到一些动摇。1946年5月6日,根据斯大林的报告,一项政治局决议通过并被公布。其中第一条认定:"据查,马林科夫同志,作为航空工业的总负责人和飞机验收的空军总负责人,应对在这些部门工作中揭露出来的违规渎职行为(出厂和接收劣质飞机)承担道义上的责任;他在知晓这些违规渎职行为后,没有就此事向联共(布)中央先行报告。"决议的第二条称:"认为有必要将马林科夫同志调离联共(布)中央书记处。"格·马·马林科夫失去了一个有影响力的职位。不过,他仍然是部长会议副主席之一和政治局成员(他是于当年3月18日

---

① 即伊万·伊万诺维奇·沃尔科特鲁边科(Волкотрубенко, Иван Иванович, 1898—1986),炮兵中将,历任总军械部副部长、部长(1950年起)及若干炮兵军事院校校长等职。——译者注

② 即伊拉里昂·阿韦托维奇·米尔扎哈诺夫(Мирзаханов, Илларион Аветович, 1887—1960),少将,军械研制工作的杰出组织与领导者,1930年被任命为苏联军械部副人民委员,整个二战期间均任该职。——译者注

由候补委员提升上来的)。1946 年 5 月 13 日,他出任刚刚组建的火箭技术特别委员会领导,并在失宠后的最初几个月中,全力以赴地投身于这个委员会的事务,在阿斯特拉罕州的卡普斯京亚尔发射试验场度过了一段时光。

　　拉·帕·贝利亚从内务部部长的职位被调任到国防委员会下属的一个领导"铀内原子能利用全部工作"的特别委员会主任之职,这应当被看作对其过大权力的削减。他是于 1945 年 8 月 20 日被任命担任这个职务的。仍然置身于政治局的贝利亚与马林科夫两人,曾利用一切机会诋毁安·亚·日丹诺夫及由他提拔为领导者的先进工农人士,一俟时机适宜便要向"敌手"复仇。那些先进的工农人士(譬如苏联国家计划委员会主任尼·阿·沃兹涅先斯基①、中央书记阿·亚·库兹涅措夫②、俄罗斯联邦共和国部长会议主席米·伊·罗季奥诺夫③),则已经巩固了自己在党政机关高级岗位上的阵地。

　　与此同时,国际舞台上一些事件的发展,对这些"列宁格勒帮"也是不利的。他们的预测没有言中。社会主义与资本主义之间的矛盾较之一些主要资本主义国家内部的矛盾,表现得更为严重。他们客观上的错误在于:在日丹诺夫管辖下

---

　　①　即尼古拉·阿列克谢耶维奇·沃兹涅先斯基(Вознесенский, Николай Алексеевич, 1903—1950),苏联政要,经济学家、院士,历任国家计划委员会主任(1938—1941)、人民委员会副主席(1939—1946)、国防委员会委员(1942—1945)、部长会议副主席(1946—1949)、政治局成员(1947—1949)等。1949 年因"列宁格勒案"被捕,1950 年被枪决。著有《苏联卫国战争时期的战时经济》。——译者注

　　②　即阿列克谢·亚历山德罗维奇·库兹涅措夫(Кузнецов, Алексей Александрович, 1905—1950),苏联政要,中将,历任列宁格勒州委及市委第二、第一书记(1938 年起)、苏共中央书记(1946—1949)、中央组织局成员(1946—1949)等职。1949 年因"列宁格勒案"被捕,1950 年被枪决。——译者注

　　③　即米哈伊尔·伊万诺维奇·罗季奥诺夫(Родионов, Михаил Иванович, 1907—1950),苏联政要,历任高尔基州委第一书记(1940—1946)、俄罗斯联邦部长会议主席(1946—1949)等职。1949 年因"列宁格勒案"被捕,1950 年被枪决。——译者注

的列宁格勒,在对待女诗人安娜·阿赫玛托娃①和作家米哈伊尔·左先科②的态度方面,表现出自由主义。阿赫玛托娃的主要过失是,她在1945年11月未经政府批准数次擅自与拜会她的英国驻苏联二秘以赛亚·柏林③会晤。后者为著名文艺学家,日后入选英国科学院院长。他们不仅谈及诗歌、陀思妥耶夫斯基、琼斯④、卡夫卡⑤,还谈到了尼·斯·古米廖夫⑥和奥·埃·曼捷尔什塔姆⑦之死,谈到了劳改营中的枪杀。引起斯大林不满的,还有在莫斯科联盟大厦圆柱大厅里举办的凯旋式的阿赫玛托娃诗歌晚会(1946年4月),尽管有1925年的那个秘而不宣的"不予逮捕,但亦不予出版"的决议。而左先科的"毛病",则显得更为严重一些。对日丹诺夫居心不良的那些政客们向斯大林告发说,这位作家的讽刺性作品在战争期间曾被戈培尔用来对俄国人做诽谤性的评价。作为证据,

---

①　即安娜·安德列耶夫娜·阿赫玛托娃(Ахматова, Анна Андреевна, 1889—1966),20世纪著名诗人、文艺理论家、文学批评家,阿克梅派代表人物之一,1923—1934年间其作品在苏联实际遭禁。1946年受苏共中央公开批判,被作协除名。1962获诺贝尔文学奖提名。主要作品有《没有主角的长诗》《光阴飞逝》《安魂曲》等。——译者注

②　即米哈伊尔·米哈伊洛维奇·左先科(Зощенко, Михаил Михайлович, 1894—1958),作家,以讽刺与幽默见长,主要作品有小说《蓝肚皮先生纳扎尔—伊里奇的故事》《蓝书》,剧本《帆布公文包》《罪与罚》,中篇小说《日出之前》《猴子奇遇记》等。1946年受到苏共中央公开批判。——译者注

③　即以赛亚·柏林(Берлин, Исайя, 1909—1997),英国著名哲学家、历史学家、文学批评家。犹太族,生于俄国,1920年移居英国,曾在牛津大学任哲学讲师,1945—1946年间被临时派驻莫斯科大使馆。著述大多涉及俄国文学、历史、政治哲学等,有选集4卷:《俄国思想家》《概念与范畴》《反潮流》《亲身感受》。——译者注

④　即詹姆斯·琼斯(Джойс, Джеймс, 1882—1941),爱尔兰作家、诗人,现代派代表人物,主要作品有《都柏林人们》《少年艺术家画像》等。——译者注

⑤　即弗兰茨·卡夫卡(Кафка, Франц, 1883—1924),奥地利作家,主要作品有《美国》《乡村医生》《变形记》《审判》《城堡》等。——译者注

⑥　即尼古拉·斯杰潘诺维奇·古米廖夫(Гумилёв, Николай Степанович, 1886—1921),诗人,阿克梅派领袖,主要作品有《掠夺者之路》《浪漫之花》等。1921年被以参与反革命阴谋活动罪而判处枪决。——译者注

⑦　即奥西普·埃米里耶维奇·曼捷尔什塔姆(Мандельштам, Осип Эмильевич, 1891—1938),著名诗人、文学批评家,阿克梅派代表人物之一;犹太族人,因发表抨击斯大林的讽刺诗《我们活在感受不到的国家》而于1934年被流放3年;1938年再度被捕,不久病死于劳改营。主要作品有《岩石》《黑土》《时代的噪声》《沃龙涅什的笔记簿》等。——译者注

他们曾出示了一本特意翻译过来的这位法西斯首要宣传家的讲演文集,文中相关部位还被标注了重点符号。

安·亚·日丹诺夫与被他提携的那些人们,准备在超出斯大林允许范围之外打俄罗斯爱国主义这张牌,直至俄罗斯苏维埃联邦社会主义共和国的地位得到组织上的巩固为止,这对他们的命运构成了决定性的影响。列宁格勒州党委和市委第一书记彼·谢·波普科夫①建议按照其他加盟共和国的模式组建一个总部设在列宁格勒的俄罗斯共产党,并将俄罗斯政府迁至那里。这立即被认定是在效法格·叶·季诺维也夫欲将列宁格勒及其党组织特殊化的一种图谋。

1948 年 7 月 1 日,由于格·叶·马林科夫重新得宠并被委以中央书记一职,"列宁格勒帮"的败局,便是显而易见了。安·亚·日丹诺夫于 1948 年 8 月 31 日突然亡故,加速了"列宁格勒帮"的崩溃。1949 年 1 月,阿·亚·库兹涅措夫被解除中央书记的职务,3 月 7 日,尼·阿·沃兹涅先斯基被从政治局中除名。"列宁格勒帮"的垮台使"老近卫军"——莫洛托夫、米高扬②、安德列耶夫的地位更为削弱。他们这些人曾被判定属于这个帮派,在许多问题上他们是作为同盟者而行动的。1949 年 3 月 4 日,莫洛托夫失去了外交部长的职位,而米高扬(与库兹涅措夫有亲属关系)则被解除了外贸部长的职务。莫洛托夫这位民众意识中的国家二号人物的被免职,实际上意味着剥夺了他于斯大林撒手人寰之日承袭国家最高权力的机会。

此类事件发生不久,掩盖苏联最高权力集团各派势力间冲突的那张遮密帷幕,便被 1954 年投奔西方的"苏联秘密警察的奸细"、内务部大尉 H. E. 霍赫洛夫所揭开。他在《美国和世界新闻》杂志社编辑部的谈话中坚称:正是对双重忠

---

① 即彼得·谢尔盖耶维奇·波普科夫(Попков, Пётр Сергеевич, 1903—1950),苏联政要,历任列宁格勒市苏维埃副主席及主席(1939—1946)、列宁格勒州党委及市委第一书记(1946—1949)等职。1949 年因"列宁格勒案"被捕,次年被枪决。——译者注

② 即阿纳斯塔斯·伊万诺维奇·米高扬(Микоян, Анастас Иванович, 1895—1978),苏联政要,阿塞拜疆苏维埃政权创立者之一,后历任下诺夫哥罗德州党委书记、中央东南局书记、北高加索边疆区党委书记、苏联对外和国内贸易人民委员(1926—1946)、苏联人民委员会副主席(1937 年起),二战时任国防委员,1946 年起先后任部长会议副主席、主席,外贸部长,最高苏维埃主席团主席(1964—1965)等,1935—1966 年为政治局成员。——译者注

诚的奢望(犹太族人经常认为自己不仅是他们定居之国的公民,也是国际犹太复国主义运动的一员),成为了与世界主义进行斗争的原因和那一时期斯大林周围那些人的力量重组的原因。日丹诺夫与他的那帮人,是反对世界主义斗争的倡导者;而在他死后,贝利亚和阿巴库莫夫立即在列宁格勒组织了一场诉讼。他们称,指控犹太人搞世界主义的那伙人,不是真正的共产党人,而是俄罗斯沙文主义者。(例如,斯大林认为:"沃兹涅先斯基是个罕见的大国沙文主义者。"①)贝利亚、马林科夫和阿巴库莫夫,一时成了这一对抗的胜出者。

1949 年 3 月至 1950 年 6 月这段时期的特点是:马林科夫和贝利亚在领导层中的地位急剧加强(后者的机会因原子弹试验成功而得以增加),尼·谢·赫鲁晓夫正在向权力的奥林匹斯顶峰逼进(1949 年 12 月,经马林科夫的努力,他被选举为莫斯科党委第一书记和党中央书记)。苏联部长会议副主席尼·亚·布尔加宁地位的巩固亦在同步进行中。1948 年 2 月 18 日,他由政治局候补委员转正为正式成员,1951 年 2 月,又被批准担任部长会议军事工业与军事问题局的主席,这实际上意味着对贝利亚地位的新的钳制。

1949 年,根据在马林科夫的积极参与下构织的所谓"列宁格勒案",开始对列宁格勒党组织培养的一大批领导干部进行刑事侦查。第一批逮捕行动发生在 8 月份。阿·亚·库兹涅措夫、米·伊·罗季奥诺夫、彼·谢·波普科夫被指控未经苏联政府专门批准而在列宁格勒举办全俄批发交易会。尼·阿·沃兹涅先斯基被指控蓄谋缩减国家计划、伪造统计报表和遗失机密文件。显然是由于"隐匿"在如此高层领导岗位中的这些"犯罪分子"的被捕,已于 1947 年 5 月 26 日废止的死刑制度,1950 年 1 月再度被恢复。

1950 年 9 月末,被指控的这些"列宁格勒帮们"站在了不公开审判法庭上。列宁格勒 600 名党的积极分子到庭旁听。大众信息传媒对这次庭审未作任何报道,意在不为有关国家领导层出现分裂的传闻提供口实。一些主要的被告被枪决(1950 年 10 月 1 日)后,随即而来的便是"清洗",其结局是:69 名由列宁格勒党组织所举荐的领导干部及其 145 名直系或非直系亲属被撤职或被判刑。除此

---

① 　米高扬 A. И. :《曾如是:往事沉思》,莫斯科,1999 年,第 559 页。

之外,另有两人于开庭审判之前死于狱中。在 214 名被告中,有 36 人曾在列宁格勒州党委或市委以及州、市一级的执委会任职,有 11 人曾在其他州党委或州执委会领导岗位任职,有 9 人曾在列宁格勒州各区委或区执委会任职。

　　"列宁格勒帮"的失势,其原因完全不是他们的对手在玩弄阴谋诡计和机关人事运作方面显得更胜一筹。就更为广阔的层面而论,这一失利,标志着国家领导层中一个派系的败北。这个派系的取向,是要首先解决国内政治、经济与民生问题,即将经济发展的优先权降至第二等级;是要首先解决政治教育与文化诸问题,修订新宪法和新的党纲。同时,这也是另一派系的一次胜利。这一派系与军事工业综合体领导相关联,该派系将这一工业作为"冷战"前线作战的重要武器而把赌注压在了对它的全力发展之上,且最终是要达到在社会主义和共产主义旗帜下的世界统治。

　　随着国家安全部长维·谢·阿巴库莫夫的被捕(1951 年 6 月 12 日),国家领导层中更为激进变更的准备阶段开始了。看来,这位国家安全部长,昔日镇压"航空工作者"、格·康·朱可夫、"列宁格勒帮"的主要执行人,作为调查犹太人反法西斯委员会"罪行"的组织者,没有令斯大林感到十分满意。

　　对犹太人反法西斯委员会的调查,随着其领导人索·米·米霍艾尔斯①的逝世(1948 年月 13 日)而进入一个活跃阶段。这位苏联人民演员、莫斯科国立犹太剧院领导,被怀疑为了苏联和世界犹太人的私利曾企图利用斯大林女儿斯维特兰娜②和她的丈夫格·约·莫罗佐夫③。尤其令斯大林不满的是,美国犹

---

　　① 即索罗门·米哈伊洛维奇·米霍艾尔斯(Михоэлс, Соломон Михайлович, 1890—1948),苏联功勋演员、导演、教育家。1919 年起在莫斯科犹太人剧院工作,1929 年起任艺术指导。——译者

　　② 即斯维特兰娜·约瑟夫芙娜·阿利鲁耶娃(Аллилуева, Светлана Иосифовна, 1926—2011),斯大林唯一的女儿,1957 年改用母姓,1967 年护送好友布拉耶什·辛格骨灰回印度时未归,最后定居美国。——译者注

　　③ 即格里戈里·约瑟夫维奇·莫罗佐夫(Морозов, Гринорий Иосифович, 1921—2001),斯维特兰娜·阿利鲁耶娃的第一任丈夫(1944—1948),法学家、教授。——译者注

太委员会的无线频道播放了有关他在妻子娜杰日达·谢尔盖耶芙娜①于 1932 年死亡,以及他的其他一些亲属死亡事件中有过错的传闻。由于这一缘故,1947 年底,一些科学研究院所的工作人员——И. И. 戈尔德施泰因(经济研究所)和 З. Г. 格林柏格(世界文学研究所)被作为"针对政府成员的诽谤性谣言"的源头 而遭到逮捕。他们曾"揭发过"斯大林妻子一方的亲属们——安·谢·阿利鲁耶 娃②、叶·亚·阿利鲁耶娃③、她的第二任丈夫尼·弗·莫洛齐尼科夫④和第一 次婚姻所生的女儿 К. П. 阿利鲁耶娃。而米霍艾尔斯被"揭露"为"犹太民族主 义者"和这类谣言的传播者。

　　据国外一些广为流传的说法,娜杰日达似乎是被人从脑后开枪射杀身亡的。 谢·奥尔忠尼启泽⑤的妻子在给死者清洗时,曾"看到过"那个伤口。娜杰日达 的兄弟帕维尔⑥——集团军司令、工农红军装甲坦克总部主任,1938 年 11 月似 乎不是死于心脏破裂,而是因不同意逮捕总部的战友被投毒致死。娜杰日达的

----

　　① 即娜杰日达·谢尔盖耶芙娜·阿利鲁耶娃(朱加什维利)[Аллиуева(Джугашвили), Надежда Сергеевна,1901—1932],斯大林第二任妻子,1918 年与斯大林结婚,曾在民族事务 人民委员会任职。1932 年开枪自杀。——译者注

　　② 即安娜·谢尔盖耶芙娜·阿利鲁耶娃(Аллилуева,Анна Сергеевна,1896—1964),斯 大林妻姐,1948 年以"间谍罪"被捕。——译者注

　　③ 即叶芙盖尼亚·亚历山德罗芙娜·阿利鲁耶娃(Аллилуева,Евгения Александровна,1898—1974),斯大林妻兄之妻,1947 年被控于 9 年前毒死前夫而获刑 10 年。 斯大林死后获平反。——译者注

　　④ 即尼古拉·弗拉斯米罗维奇·莫洛齐尼科夫(Молочников,Николай Владимирович,1890—1977),犹太族,1947 年被控与妻子合谋杀人而被捕。——译者注

　　⑤ 即格里戈里·康斯坦丁诺维奇·奥尔忠尼启泽(Орджоникидзе,Григорий Константинович,1886—1937),苏联政要,历任俄共(布)高加索局主席(1920 年起)、外高加索 边区党委第一书记(1924—1927)、联共(布)中央监察委员会主席、苏联人民委员会副主席、最 高国民经济委员会主席(1930 年起)、苏共政治局成员(1930 年起)等职。——译者注

　　⑥ 即帕维尔·谢尔盖耶维奇·阿利鲁耶夫(Аллилуев,Павел Сергеевич,1894—1938), 1929 年曾被派遣赴德国监督按秘密军事协定从德方订购的飞机和发动机质量,期间与肃反 工作者奥尔洛夫(Орлов)过从甚密,后者将从他那里泄露的克里姆林宫内幕撰写成《斯大林 犯罪秘史》一书并在美国出版。——译者注

姐姐安娜的丈夫,斯坦尼斯拉·列坚斯①,1933—1934 年任内务人民委员会莫斯科州局局长,后任哈萨克斯坦加盟共和国内务人民委员,于 1938 年 11 月似乎是被无罪逮捕并被枪决。而米霍艾尔斯,据叶·亚·阿利鲁耶娃的老熟人 И. И. 戈尔德施泰因所提供的口供,不仅是在犹太人反法西斯委员会的掩盖下从事民族主义和间谍活动,还时常刺探斯维特兰娜与其丈夫相互关系的所有细节,目的是要"制订出正确的计划"并向其"美国朋友们提供情报,因为他们对这类问题感兴趣"。围绕阿利鲁耶夫家人和米霍艾尔斯所发生的那些事件的有趣见证,出现在彼·阿·克拉西科夫②家里那位受过教育的女人、镇压的受难者、戏剧家 Л. А. 沙图诺夫斯卡娅的《克里姆林宫生活》(纽约,1982)一书的回忆录中和根·瓦·科斯特尔琴科的专著《斯大林的秘密政治》(2001 年,莫斯科)中。

以色列公使戈尔达·梅伊尔③进驻莫斯科后,对犹太人反法西斯委员会的行动便被决定中止了。这发生在一系列令人激奋的会晤之后。这些会晤是由苏联犹太族人(更准确地说,是在没有犹太人反法西斯委员会参与的情况下)为这位资本主义国家的使臣安排的。这个国家在建国后,立即与敌视苏联但却在许多犹太人意识中依旧是"黄金国家"的美国建立了最为紧密的关系。例如,犹太人反法西斯委员会的书记伊·所·费费尔在谈到 1943 年即将赴美时说道:"他终于还是得到了一点满足——将要去美国啦。"

戈尔达·梅伊尔在描写 1948 年 9 月,即犹太教新年节,在犹太教教堂附近欢迎她及其随行人员的那 5 万人群的心情时指出:"莫斯科的犹太人表达出自己

---

①　即斯坦尼斯拉·弗兰采维奇·列坚斯(Реденс, Станислав Францевич, 1892—1940),1918 年起便一直在国家安全部门工作,亦为联共(布)中央监察委员(1927—1934),参与过一系列的政治镇压行动,其中包括构织"季诺维也夫—加米涅夫案"等。——译者注

②　即彼得·阿纳尼耶维奇·克拉西科夫(Красиков, Пётр Ананьевич, 1870—1939),苏联政要,历任司法部人民委员(1921 年起)、最高法院检察官(1924 年起)、最高法院副院长(1933 年起)、苏联中央执委会委员等职。——译者注

③　即戈尔达·梅耶尔松(Мейерсон, Голды, 1898—1978),以色列政治家。出生于基辅,1906 年随其父母移民国外,1956 年更名为梅伊尔(Меир),伊夫里特语意为"照耀"。1948—1949 年任以色列国驻苏公使。1969—1974 年任以色列国总理。——译者注

的深切愿望与要求,那便是要投身到创建犹太人国家的奇迹中去。"这样的情感,亦在随后的有许多人参加的会晤过程中表露出来。这其中就包括在维·米·莫洛托夫那里举行的十月革命周年纪念招待会上。苏联外交部长夫人能用意绪地语进行友好的交谈,也令这位以色列女公使大为震惊,特别是那句"Их бин а идише тохтер"(我是犹太民族的女儿)。这些捍卫苏联的最前卫的(米·伊·加里宁语)战士们,居然公开表露出这样的情感与愿望,这想必令斯大林大感意外。经调查表明,参加各种示威游行的,不只是莫斯科的犹太人,也有从苏联最遥远的地方赶来的人。人们形成了这样一种印象,仿佛国内存在着一个非法的组织,它有着很好的联络系统,有能力在短时间内将数万人集合于一地。并且,这个组织显然是以西方世界为取向的。当然,所有这一切并不预示着对戈·梅伊尔有什么好处。她未必不了解真实情况,她在自己的回忆录《我的生命》中写道:"1949 年 1 月时形势已变得很明了:俄国犹太族人将要为接受我们的给予而付出高额代价。"[①]

　　苏联政府曾试图将以色列掌控在自己的势力范围内,方法是向其提供武器援助和史无前例地建议将巴勒斯坦—阿拉伯难民(超过 50 万人以上)移居苏联中亚并在那里建立一个阿拉伯加盟共和国或自治州。这一建议是苏联驻联合国安理会代表德·扎·马努伊勒斯基于 1948 年秋提出来的。不过,所有这一切,均没有引起人们所期待的回应。当局所表现出的高度警惕,导致许多苏联犹太族人准备移居历史家园或是以自愿者身份动身去参加以色列人与阿拉伯人的战争。所有这类举措,都曾被认定是对社会主义祖国的背叛。

　　对犹太族人的这种"民族主义",就像其他曾被惩罚的民族所经历的一样,苏联政府决定给予惩处。1948 年 11 月 28 日,中央政治局决定"立即解散"犹太人反法西斯委员会。因"犹太人反法西斯委员会案"而遭到逮捕的有 14 位该委员

---

　　① 梅伊尔 Г.:《我的生活》,齐姆肯特,1997 年,第 303、279、308 页。另见沙图诺夫斯卡娅 Л. А.:《克里姆林官生活》,纽约,1982 年,第 314—325 页。

会主席团成员和积极分子,其中包括诗人达·拉·贝格尔松[①]、列·莫·克维特科和佩·达·马尔基什[②],俄罗斯联邦共和国国家检察部副部长索·列·布列格曼[③],接替米霍艾尔斯在犹太剧院任职的韦·利·祖斯金[④],犹太人反法西斯委员会书记伊·所·费费尔,泡特金中央临床医院主治医生鲍·阿·施梅里奥维奇[⑤],曾领导医学科学研究院生理学研究所的利·所·施杰伦院士[⑥],苏联科学院历史研究所助理研究员约·西·优素福维奇[⑦]。原外交部副部长和苏联情报局局长、负责国家机关系统委员会的所·阿·洛佐夫斯基[⑧]和那位曾经给予犹太人反法西斯委员会庇护的莫洛托夫的妻子——波·谢·热姆丘任娜[⑨],亦

---

① 即达维尔·拉斐洛维奇·贝格尔松(Бергельсон, Давил Рафаилович, 1884—1952),犹太族作家,以心理描写见长,主要作品有描写犹太知识分子的小说《一切过后》、《残渣》,描写 20 世纪俄国犹太人生活的小说《第聂伯河上》。——译者注

② 即佩列茨·达维洛维奇·马尔基什(Маркиш, Перец Давилович, 1895—1952),犹太族作家,苏共党员,主要作品有《兄弟》、《世世代代》等。——译者注

③ 即布列格曼(Брегман, С. Л., 1895—1952),工会活动家,曾任全俄工会中央理事会书记(1937—1943),1952 年死于狱中。——译者注

④ 即韦尼阿明·利沃维奇·祖斯金(Зускин, Вениамин Львович, 1899—1952),犹太族著名演员,俄罗斯联邦人民演员。——译者注

⑤ 即鲍里斯·阿布拉莫维奇·施梅里奥维奇(Шимелиович, Борис Абрамович, 1892—1952),犹太族,苏共党员,"犹太人反法西斯委员会"主席团成员,1952 年被判处枪决。——译者注

⑥ 即利娜·所罗门诺芙娜·施杰伦(Штерн, Лина Соломоновна, 1878—1968),著名生物化学家、生理学家,犹太族,原籍立陶宛;曾为瑞士日内瓦大学教授,1925 年回到苏联;苏科学院第一位女院士、医学科学院院士,苏共党员。"犹太人反法西斯委员会案"中唯一未被枪决者,但获刑 8 年半。——译者注

⑦ 即约瑟夫·西吉兹蒙多维奇·优素福维奇(Юзефович, Иосиф Сигизмундович, 1890—1952),苏共党员,工会活动家,历任制革工人联合会中央委员会主席、红色工会国际书记、水运工人联合会中央委员会主席、全俄中央执委会和苏联中央执委会委员。1939 年起从事科研工作。——译者注

⑧ 即所罗门·阿布拉莫维奇·洛佐夫斯基[Лозовский(Дридзо), Соломон Абрамович, 1878—1952],原姓德里兹多(Дридзо),苏联政要,历史学博士,历任红色工会国际总书记、国家文艺出版社社长、外交副人民委员(1939—1946)等职。——译者注

⑨ 即波丽娜·谢苗诺娃·热姆丘任娜(Жемчужина, Полина Семёнова, 1897—1970),苏联政要,历任苏联食品工业人民委员会领导(1936)、苏联渔业人民委员(1939)、苏共中央候补委员等。1949 年被捕并获刑 5 年流放。1953 年获释。——译者注

遭到逮捕。

维·谢·阿巴库莫夫在对"犹太人反法西斯委员会案"进行调查的组织工作中，表现迟钝（该项调查工作在没有他参与的情况已于1952年夏季结束）。有人怀疑他这是有意为之。这一推测由苏联国家安全部特别重大案件侦察员米·德·留明①于1951年7月2日写给斯大林的信中提出。此信是在马林科夫机关的协助下酝酿出来的。信中断言，阿巴库莫夫故意阻碍"犹太民族主义者"亚·吉·爱廷格尔②案的侦查工作。这项侦查似乎可以获取有关医生们进行大规模破坏活动的情报。

政治局通过一项决议，立即组建一个委员会，其成员有格·马·马林科夫、拉·帕·贝利亚、党中央监察委员会副主席马·费·什基利亚托夫、国家安全部新任部长谢·杰·伊戈纳季耶夫③。该委员会应对留明所陈述的情况予以审查。就这样，"医生投毒案"诞生了，似乎是他们杀害了政治局成员亚·谢·谢尔巴科夫和安·亚·日丹诺夫，图谋除掉国家其他高级领导人并使维·谢·阿巴库莫夫和来自他所领导的那个部的阴谋者们执掌政权。被捕的国家安全部特别重大案件侦查处副处长 Л. Л. 施瓦茨曼上校的供词，使这个阴谋的存在显得更为真实可信。他诬告了许多自己在镇压机关的同事，承认了一些最不可思议的个人犯罪行为，其中包括狂热的犹太民族主义、组织暗杀基洛夫、同性恋、乱伦。承认这后两种罪行，其显然的用意在于让人们把他视为疯子。然而，司法精神病鉴定认定施瓦茨曼是有刑事责任能力的人。他的部分供词被承认是很重要的，

①　即米哈伊尔·德米特里耶维奇·留明（Рюмин，Михаил Дмитриевич，1913—1954），此后被任命为苏联国家安全部副部长，主持对阿巴库莫夫的调查，后制造了"犹太复国阴谋案"、"医生案"等；因并无才具，1952年被降职为苏联国家监察部主任监察员。斯大林死后，贝利亚下令将其逮捕并枪决。——译者注

②　即雅科夫·吉利亚里耶维奇·爱廷格尔（Этингер，Яков Гиляриевич，1887—1951），犹太族，著名心脏病专家、第二医学院教授、克里姆林宫医疗保健局顾问。1950年因"医生案"被捕，次年病死狱中。——译者注

③　即谢苗·杰尼索维奇·伊戈纳季耶夫（Игнатьев，Семён Денисович，1904—1983），苏联政要，历任巴什基尔州党委第一书记（1943—1946）、苏联国家安全部部长（1951—1953）、鞑靼州党委第一书记（1957—1960）、苏共中央主席团成员（1952—1953）等职。——译者注

故阿巴库莫夫案此后更名为阿巴库莫夫—施瓦茨曼案。利·费·季马舒克①的"告发"——依据不久前的观念，它似乎曾推动了"医生案"的侦破——就现今对有关 1952—1953 年初那些事件的了解而论，没有任何实质性的意义。她在写给国家安全部和中央的那些信中，坚持自己对安·亚·日丹诺夫致死病因的诊断——正如结果那样——是正确的。这些信件曾被利用来诋毁尼·西·弗拉西克②和亚·尼·波斯克廖贝舍夫③的名誉。

有关国家安全部内存在阴谋的说法，对斯大林来说，则成了一个非同小可的难得机遇。利用犹太民族主义和犹太复国主义这个令人生畏的东西，可以彻底地将维·米·莫洛托夫、克·叶·伏罗希洛夫、阿·伊·米高扬、拉·莫·卡岗诺维奇、安·安·安德列耶夫及其他许多与犹太界有亲属关系的政治活动家们从权力顶峰排挤出去。

党的十九大之后，在 1952 年 10 月 16 日的苏共中央全会上完成的干部重新配置，开启了这一过程。如果说，根据先前十八大的决定，政治局应由 9 名委员和 2 名候补委员组成，而书记处应由 4 名书记组成，那么苏共中央主席团（十九大给党的最高权力机关起了这样的名称）新的人员编制构成，则包括 25 名委员和 11 名候补委员，书记处设 10 名书记。

---

①　即利季娅·费奥多西耶娃·季马舒克（Тимашук，Лидия Феодосьева，1898—1983），心脏病医生，时任克里姆林宫医疗保健局体验室主任，曾写密信告发主治医生低估了日丹诺夫病情的严重性，由此导致"医生案"的兴起。——译者注

②　即尼古拉·西多罗维奇·弗拉西克（Власик，Николай Сидорович，1896—1967），斯大林侍卫长，中将，苏联国家安全部警卫总局局长，因在"医生案"中渎职被捕并获流放 10 年的处罚。——译者注

③　即亚历山大·尼古拉耶维奇·波斯克廖贝舍夫（Поскрёбышев，Александр Николаевич，1891—1965），斯大林专职秘书（1928—1952），兼任苏共中央秘书处处长，曾依斯大林授意起草《1936 年宪法》和《联共（布）党史》，二战中参与一系列重大军事决策，获少将军衔。1953 年被贝利亚诬陷遗失国家重要文件而遭免职。苏共二十大后被迫退休。——译者注

　　这个新成立的阿瑞俄帕戈斯①,渐渐成为一种将切合实际的新领导人擢拔至前排以替代被排挤到后排者的预备队。在这次全会上,斯大林对维·米·莫洛托夫、阿·伊·米高扬提出严厉批评,指责他们面对美帝国主义表现出的不坚定、怯懦和投降主义。莫洛托夫提出的"将克里米亚交给犹太族人"的建议、他那种想要成为"犹太族人对我国克里米亚提出的非法要求的辩护者"的意图,均被认定是拙劣的政治错误。对克·叶·伏罗希洛夫的政治上的不信任,也曾在众目睽睽之下表达出来。在此次全会上组建起来的,但苏共党章中并未曾有规定的这个中央主席团委员会,除斯大林之外,最初只有贝利亚、布尔加宁、卡岗诺维奇、马林科夫、萨布罗夫②和赫鲁晓夫名列其中。在斯大林周围最亲近的人那里,"党的老近卫军"的代表,渐渐被缩减到最低限度。

　　1951年11月,又一桩孕育着重大政治后果的"案件"的侦办,开始被快速运作起来。联共(布)中央通过了一项《关于格鲁吉亚受贿行为和关于巴拉米亚反党集团的决议》。该决议认定,在格鲁吉亚,一个由格鲁吉亚共产党中央书记米·伊·巴拉米亚③领导的明格列尔④民族主义组织,已被揭露出来。1952年3月27日,中央下达了一个关于格鲁吉亚共产党工作状况的新决议,决议"确认""非法的巴拉米亚明格列尔民族主义集团,把使格鲁吉亚脱离苏联视为自己的目标"。因这一"案件"而被作为"资产阶级民族主义分子"遭到逮捕的有:格鲁吉亚

---

　　①　阿瑞俄帕戈斯(俄文转写为 apeonar),典自古希腊神话:阿瑞俄帕戈斯原系雅典卫城边的一座小山,因那里有战神阿瑞斯神庙,故名;相传雅典娜曾在此设立法庭,审理俄瑞斯忒斯误杀生母一案;雅典时代那里遂成为贵族裁决重大事宜之地,后人遂借阿瑞俄帕戈斯喻指"最高法庭"、"最高权力机构"。——译者注

　　②　即马克西姆·扎哈罗维奇·萨布罗夫(Сабуров, Максим Захарович, 1900—1977),苏联政要,历任国家计划委员会主席(1949—1956)、人民委员会副主席(1941—1944)、部长会议第一副主席(1955—1957)、苏共中央主席团成员(1952—1957)等职。——译者注

　　③　即米哈伊尔·伊万诺维奇·巴拉米亚(Барамия, Михаил Иванович, 1905—　),苏联政要。历任阿布哈兹州党委第一书记(1940—1943)、格鲁吉亚中央第二书记(1948—1951)等职,1951年被捕,1953年复出。——译者注

　　④　明格列尔(мингрелы),格鲁吉亚一部族,历史居住区为西格鲁吉亚的梅格列利亚(Мегрелия),语言属卡尔特维利亚语族。本族人认为"明格列人"是俄国人的误读且具有轻蔑语义,正确称谓应为"梅格列尔人"(мегрелы)。中世纪晚期时为独立公国,1803年臣服沙俄,1867年废去公国设库塔伊斯省(кутаисская губерния)。——译者注

共产党中央局 11 名成员中的 7 人,州、市、区各级党委书记 427 人。明格利亚地方的党内积极分子,悉数被捕。在就此案向斯大林呈递的一份报告中,留明和伊格纳季耶夫陈述了格鲁吉亚国家安全部长尼·马·鲁哈泽①对贝利亚的怀疑:后者似乎隐匿了自己的犹太出身并在格鲁吉亚秘密策划反斯大林的阴谋。

如此一来,"明格列尔人案"终有一天会对这位"重量级的明格列尔人"本人反戈一击。对此,拉·帕·贝利亚极其清醒地意识到了,并且在其被捕之后,还曾在 1953 年 6 月 28 日的信中写到关于马林科夫在他的命运中所起到的有益的作用:"特别是当他们想把我与格鲁吉亚事件联系在一起的时候。"更准确地说,贝利亚对迫近的危险并没有漠然置之。斯大林死亡前不久,他周围那些最亲近的人们——中央委员、自 1935 年 8 月起便不曾更换过的总书记办公室主任亚·尼·波斯克廖贝舍夫和领导斯大林私人保卫工作长达近四分之一个世纪并对贝利亚抱有明显敌意的弗拉西克夫中将,均成为阶下之囚;被斯大林从自己的警卫提拔为拥有充分权力的克里姆林宫警卫司令的 П. Е. 科森金少将,于 1953 年 2 月 15 日与世长辞。若是他们依然在职,他们未必会允许在为被中风击倒的斯大林提供医疗救助时表现出那种形同犯罪的迟缓,而贝利亚、马林科夫和赫鲁晓夫的表现正是如此。依照他们的安排,医生们是在斯大林被警卫发现半瘫痪状态地躺在莫斯科近郊布利日尼亚别墅一个房间的地板上长达 10 个小时之后,才被召集到病人床前的。

1952 年 11 月,当克里姆林宫医疗保健局主任彼·伊·叶戈罗夫②和著名医

---

① 即尼古拉·马克西姆·鲁哈泽(Рухадзе, Николай Максим, 1905—1955),中将军衔,1948—1952 年任该职,"明格列尔案"主要构织者,1952 年被控"欺骗党和政府"而被捕,1955 年被枪决。——译者注

② 即彼得·伊万诺维奇·叶戈罗夫(Егоров, Пётр Иванович, 1899—1967),临床医学专家、内科医生,教授,医学科学院通讯院士。——译者注

学教授弗·尼·维诺格拉多夫①、弗·哈·瓦西连科②、米·谢·沃弗西③、鲍·鲍·科甘④出现在卢比扬卡时，"医生案"便有了明显的轮廓。斯大林对伊格纳季耶夫部长的优柔寡断不满，下令将此案的主要构织者之一留明撤出此案。留明看来是害怕遭遇亚戈达、叶若夫、阿巴库莫夫那样的厄运而开始变得提心吊胆起来，明显地抑止了自己的热情。11 月 15 日，为接替留明而任命了一位负责医生案的新侦查员——国家安全部副部长谢·阿·戈格利泽⑤。很快，医生们便"交代了"全部所需的供词。

　　关涉这桩医疗案和苏联国家安全部内部状况的问题，均被提交给苏共中央主席团来讨论。讨论会议于 1952 年 12 月 1 日召开。据中央主席团成员维·亚·马雷舍夫⑥人民委员的日记所述，斯大林曾言道："我们的成绩越多，敌人就越是会竭力给我们捣乱。关于这一点，人们在我们的巨大成功的影响下忘却了，出现了自满、马马虎虎、骄傲自大的情绪。任何一个犹太民族主义者，都是美国情报机关的奸细。犹太民族主义分子们以为，他们的民族是美国人拯救的（在那里可以成为富人，成为资本家，等等）。他们自认为应当对美国人感恩戴德。医

---

　　①　即弗拉基米尔·尼古拉耶维奇·维诺格拉多夫（Виноградов，Владимир Николаевич，1882—1964），著名医学教授、医学科学院院士、克里姆林宫医疗保健局主治内科医生，1952 年因"医生案"被捕。——译者注

　　②　即弗拉基米尔·哈里顿诺维奇·瓦西连科（Василенко，Владммир Харитонович，1897—1987），著名内科医生、医学科学院院士、上校军医、克里姆林宫医疗保健局主治内科医生，1952 年因"医生案"被捕。——译者注

　　③　即米龙·谢苗诺维奇·沃弗西（Вовси，Мирон Семёнович，1897—1960），著名内科医生、苏医学科学院院士、少将军医，1952 年因"医生案"被捕。——译者注

　　④　即鲍里斯·鲍里索维奇·科甘（Коган，Борис Борисович，1896—1967），内科医生、教授。——译者注。

　　⑤　即谢尔盖·阿尔先季耶夫·戈格利泽（Гоглидзе，Сергей Арсентьевич，1901—1953），中将，曾任内务部格鲁吉亚局、列宁格勒局局长等职；1953 年以"叛国、反苏、实施恐怖罪"被枪决。——译者注

　　⑥　即维亚切斯拉夫·亚历山德罗维奇·马雷舍夫（Малышев，Вячеслав Александрович，1902—1957），苏联政要，上将，历任重型机械工业部、重型机械与船舶制造工业部、交通与重型机械工业部部长，苏联人民委员会、部长会议副主席，国家经济委员会副主席等职。——译者注

生们中有许多犹太民族主义分子。格佩乌（ГПУ）那里不太平（斯大林这里使用的是内务部和国家安全部的一个旧称，即国家政治保安局——作者注）。警惕性生锈了。他们自己也承认，他们是坐在粪堆上，掉在陷坑里，应当给格佩乌治治病了。"于是，治病立即开始了。

早在 12 月 4 日，党中央的一项决议便已获得通过。在该决议中，维·谢·阿巴库莫夫和尼·西·弗拉西克被认为应对"害人医生"的活动负有罪责。弗拉西克的友人，据说是因喜好酗酒而"混到一起"的叶·伊·斯米尔诺夫①被革去苏联卫生保健部部长之职。还通过了一项《关于国家安全部状况》的决议，其中批评道，党对国家安全部及其各机关的工作过于信任，监督不得力；决议指出，必须"坚决杜绝对各机构活动缺乏监控的现象"。

1953 年 1 月 9 日，党中央主席团会议讨论了塔斯社关于逮捕"医生破坏者"团伙的报道草案。斯大林回避了此次会议。看来，他是要保留一个机会，以便将责任转嫁给参加会议的人。1 月 13 日，各家报纸登出一则"塔斯社新闻"，称国家安全机关揭露出"一个以利用有害治疗手段缩短苏联积极国务活动家生命为目的的医生恐怖团伙"。有 10 人被指称系这个恐怖团伙的参与者，其中 6 人为犹太人，3 人为俄罗斯人。

1953 年 2 月 22 日，一道命令下达到国家安全部下属所有各州一级的安全局，指令立即将所有犹太族工作人员，无论其职务、年龄和功绩如何，一律开除出国家安全局。2 月 23 日，所有此类犹太族人，便均以"缩减编制"之由被解职，并限应在仅一日之内移交完各自的工作。然而，案件没有进展到由法院来审理那些"害人医生"。由于斯大林的突然死亡，事件的结局并没有依照只有真正的构陷者们心知肚明的那个脚本继续发展下去。

斯大林亡故与权力的再分配。自 1953 年 2 月 28 日夜起，至 3 月 1 日，约·

---

① 即叶菲姆·伊万诺维奇·斯米尔诺夫（Смирнов，Ефим Иванович，1904—1989），医学科学院院士，上将，军医；1947 年起任卫生保健部部长，此后任苏国防部军事医疗总局局长等职。——译者注

维·斯大林被中风击倒。3 月 2 日赶到别墅的苏联卫生保健部的内科主治医生 П. E. 卢科姆斯基教授、医学科学院院士 A. Л. 米亚斯尼科夫和 E. M. 塔列耶夫 等人迅速做出诊断：中风伴随脑出血。3 月 3 日，医生们已经明白：死亡已是不 可避免。无线电广播播报了有关这位苏联部长会议主席和苏共中央总书记病情 的政府公告。3 月 5 日 21 点 50 分，斯大林死去。千百万苏联人为他的逝世而 由衷地感到忧伤，另一些人则将对美好生活的期望与他的死亡联系在一起。

与这一死亡一道完结的，是祖国历史中最为矛盾的一个时代。这个时代含 括着民众的英雄主义、热情、社会创造力、被加速了的国家现代化、卫国战争的胜 利和对采用极其硬性的命令手段获取它们的肯定；含括着破坏民主制和培植对 一位不仅对政治反对派，亦常常是对正当的异己思想萌芽予以无情消灭的领袖 人物的个人崇拜。

有关斯大林历史作用的观点与评价，众说纷纭，至今仍未能达成某种统一的 见解。不过，始自贝利亚、继之以赫鲁晓夫所首倡的对斯大林的死亡审判，以及 仅是将他的作用作为一种负面性来评价，甚至是欲将这个名字从历史上完全抹 去的尝试，显然均是不成功的。

英国国务活动家、共产主义思想的激烈反对者温·丘吉尔给予斯大林的那 个评价，恐怕是最为不偏不倚的。他曾在斯大林诞辰 80 周年之际（即 1959 年 12 月 21 日）说过这番话："在艰苦考验的岁月，俄罗斯有维·斯大林这位天才和 百折不挠的统帅作为领导，那真是它的巨大荣幸。他是一位给自己一生所经历 的那个残酷时代留下深刻印象的杰出人物……在他的著作中，总是表现出巨大 的力量。这力量在斯大林那里是如此巨大，竟使他在所有时代与民族的国家领 导者中成为独一无二……他是一位能在困难关头找到摆脱极端困境出路的顶级 大师……斯大林是位最伟大的、无与伦比的独裁者。他接手掌管的是仅有犁头 的俄罗斯，而留下的则是用原子武器武装起来的俄罗斯。无论如何对他评说，这 类人物，是不会为历史和人民所忘记的，不会的！"

3 月 5 日 20 点 40 分，即在斯大林死亡前 1 小时 10 分钟之际，克里姆林宫 内，苏联共产党中央委员会委员和苏联最高苏维埃主席团成员、政府各部部长联 席会议结束。拉·帕·贝利亚代表中央主席团会议提议，推举格·马·马林科

夫出任政府主席一职。会议一致支持这项提议,而这位部长会议的新任首脑,随
即便开始向会议提出一大串新干部的任命建议了。

拉·帕·贝利亚、维·米·莫洛托夫、尼·亚·布尔加宁和拉·莫·卡岗诺
维奇被推荐出任部长会议第一副主席;建议选举克·叶·伏罗希洛夫出任苏联
最高苏维埃主席团主席,而从这个位置解职的尼·米·什维尔尼克①,出任全苏
工会中央理事会主席;建议将一些部合并,其中包括将国家安全部与内务部合
并,并任命贝利亚领导这个被扩大了的内务部;布尔加宁出任武装力量部部长;
米高扬出任国内外贸易部部长。这次会议还决定“按党章所规定的那样”,在党
中央设立一个机构,即主席团,以代替主席团和主席团委员会;决定选举 11 人组
成该中央主席团成员,以取代先前选举的 25 人。

经选举产生的苏共中央主席团成员有:斯大林、马林科夫、贝利亚、莫洛托
夫、伏罗希洛夫、赫鲁晓夫、布尔加宁、卡岗诺维奇、米高扬、萨布罗夫、彼尔乌
辛②;中央书记由先前的 11 人变更为 4 人,他们是:尼·谢·赫鲁晓夫、谢·
杰·伊格纳季耶夫、彼·尼·波斯佩洛夫和尼·尼·沙塔林③。赫鲁晓夫则是
他们之中唯一一位苏共中央主席团成员。

本次会议通过的决议于 3 月 7 日公布(中央主席团成员名单中已经没有了
斯大林的名字)。新的权力配置确定了下来。曾受到斯大林排挤的老近卫军的
代表人物们,重返权力金字塔的最高点。1952 年 10 月斯大林提拔起来的那些
领导干部们(除马·扎·萨布罗夫、米·格·彼尔乌辛、彼·尼·波斯佩洛夫和

---

① 即尼古拉·米哈伊洛维奇·什维尔尼克(Шверник, Николай Михайлович,1888—
1970),历任列宁格勒州党委书记兼联共(布)中央书记(1925—1927)、政治局候补委员(1939
年起)、俄罗斯联邦最高苏维埃主席团主席(1944 年起)、苏联最高苏维埃主席团主席(1946 年
起)、中央监察委员会主席(1956 年起)等职。——译者注

② 即米哈伊尔·格奥尔吉耶维奇·彼尔乌辛(Первухин, Михаил Георгиевич,1904—
1978),历任苏联人民委员会副主席(1940—1946)兼化学工业部人民委员,部长会议副主席、
第一副主席(1950—1951),苏共中央主席团成员(1952—1957)等职。——译者注

③ 即尼古拉·尼古拉耶维奇·沙塔林(Шаталин, Николай Николаевич,1904—1984),
历任苏共中央组织局成员(1946—1952)、中央书记(1953—1955)、滨海边疆区党委第一书记
(1955—1956)、苏国家监察部副部长(1956 年起)等职。——译者注

尼·尼·沙塔林之外），相当大部分已失去自己的位置。会上宣布委托马林科夫、贝利亚和赫鲁晓夫对斯大林的文献和公文做必要的整理，这类似于表明，那些文件归后斯大林时代苏联的真正执掌实权者所有。

至于斯大林的死因，许多当代知名的历史学家们倾向于认定贝利亚对莫洛托夫所说的那番具有真实意义的话——"是我救了你们大家……是我十分及时地除掉了他。"这是贝利亚1953年5月1日在列宁陵墓观礼台上有意说给站在身旁的赫鲁晓夫和马林科夫听的。20世纪60年代时，这一说法广为流传。例如，阿尔巴尼亚劳动党中央第一书记恩维尔·霍查①在1964年5月24日的一次讲话中就曾说道，苏联的领导人，"如米高扬之流，总是厚颜无耻地公开谈论他们曾为了杀死斯大林而进行过密谋"。赫鲁晓夫在1964年7月19日为欢迎匈牙利党和政府代表团所举行的集会上，曾以语意如此明确无误的表述结束了对斯大林的痛斥："在人类的历史中，残酷的暴君为数不少，但他们亦均毙命于他们自己曾借以维系其权力的那把利斧之下。"

在斯大林死后形成的这个新的权力配置中，最为重要的是：曾完全被排挤至权力之外的伏罗希洛夫、米高扬、莫洛托夫、卡冈诺维奇获得了完全的"复权"。与这个"集体领导"中的其他成员相比，维·米·莫洛托夫拥有巨大的政治经验积累及在国内的知名度，故客观上正渐渐成为政府主席这一职位的可能候选人。此前，他已经连续10余年占据着这个位置。在1957年的一系列事变中，这终于变成了现实。

战后与"崇外情结"及"世界主义"的斗争。战争年代孕育出人们对战后社会生活自由化、文学与艺术领域内党和国家严格监控的弱化和创作自由放宽的巨大期盼。数以千百万计的到过欧洲的苏联人，其个人所获得的种种感受，正在使那些有关资本主义制度一无是处的陈词滥调宣传失去效力。战争年代与西方各国建立起来的结盟关系，使得人们寄期望于战后亦可以扩大此种文化联系与

---

① 恩维尔·霍查（Ходжа, Энвер, 1908—1985），阿尔巴尼亚劳动党第一书记（1941—1985）。——译者注

接触。

然而,所有这些期望,均被已经开启的"冷战"一笔勾销了。与资本主义世界的这种对抗,使人回想起早在 20 世纪 30 年代制定出来的那些"阶级方法论"的主张和对大众及从事创作的知识界所实施的意识形态教育方法与手段。伴随着在对待西方的态度方面出现了最初的冷却迹象,苏联领导层开始动手对知识界"拧紧螺钉"——那些"螺钉"在战后有些松动。1946—1948 年,联共(布)中央曾就文化问题通过了若干决议。

1946 年的 8 月决议——《关于〈星〉和〈列宁格勒〉两杂志的决议》——对一些苏联著名作家的创作,给予了毫不留情的批评。米·左先科被痛斥为"文学界的小人与害虫";安·阿赫玛托娃被称作是"与我们的人民格格不入的、空洞而无思想性诗歌的典型代表"。在对这个问题进行讨论的中央组织局会议上,斯大林曾称,杂志在苏联不是"私人企业",它没有权力去迎合那些"不想承认我们的制度"的那些人的口味。党的主要理论家安·亚·日丹诺夫 9 月 29 日在列宁格勒发表演讲,对这一决议作解读时,曾不得不特别地尽心尽力,因为他的演讲所涉及的正是他许多年来一直是那里的权力化身的那座城市。这项决议还对一种严重的恶习——"对西方现代资本主义文化的奴颜婢膝习气"予以了抨击。而根除这一恶习的任务被划归"冷战"时期的思想教育工作来完成。在基辅,亦在同一天,尼·谢·赫鲁晓夫也就文学与艺术现状作了一个与日丹诺夫演讲的实质和斥责方式如出一辙的报告。

《关于剧院的上演剧目及其完善方法》的决议(1946 年 8 月 26 日),要求剧院禁止排演资产阶级作家的剧作,排演这类剧作是在"将苏联舞台提供于宣传反动的资产阶级思想与道德"。

1946 年 9 月 4 日发出的《关于电影〈大生活〉》的决议和 1948 年 2 月 10 日发

出的《关于瓦·穆拉杰利①的歌剧〈伟大友谊〉》的决议,对列·卢科夫②、谢·尤
特克维奇③、亚·多弗任科、谢·格拉西莫夫④等导演的创作,对瓦·穆拉杰利、
谢·普罗科菲耶夫、德·肖斯塔科维奇、维·舍巴林⑤等作曲家的创作,作出了
诽谤性的评价。他们的罪过被认定为创作没有思想性,歪曲苏联现实,谄媚西
方,缺乏爱国主义。谢·米·爱森施泰因被指责为"在对史实的描述中表现出不
学无术,将伊万雷帝具有进步意义的禁卫军队伍刻画成类似于美国三 K 党那样
的一帮精神变态者";对《伟大友谊》的创作者们的指控,则是因为他们错误地将
格鲁吉亚人和奥塞梯人描述为 1918—1920 年间俄罗斯人的敌人,虽然"那一时
期阻碍北高加索各民族友谊确立的绊脚石是印古什人和车臣人"。

　　1947 年,为了全面开展根除崇外习气的运动,曾决定利用所谓的医学科学
院通讯院士 Н. Г. 克留耶娃和其丈夫 Г. И. 罗斯金"事件":两人曾同意同时在美
国和苏联两地出版《恶性肿瘤生物疗法》一书(该书于 1946 年在莫斯科出版发
行,而没在美国出版)。此次运动的运筹,历时良久,且精密细致。2 月间,Г. И.
罗斯金夫妇欲在境外出书一事,成为有斯大林和日丹诺夫参与讨论的一项议题。

---

　　①　即瓦诺·伊里奇·穆拉杰利(Мурадели,Вано Ильич,1909—1970),作曲家,主要作
品有歌剧《十月革命》、歌曲《党是我们的舵手》,曾获 1946、1951 年度国家奖。——译者注

　　②　即列昂尼德·达维多维奇·卢科夫(Луков,Леонид Давидович,1909—1963),电影
导演,主要作品有《大生活》、《亚历山大·帕尔霍缅科》、《列兵亚历山大·马特罗索夫》、《两战
士》等。曾获 1941、1952 年度苏联国家奖。——译者注

　　③　即谢尔盖·约瑟夫维奇·尤特克维奇(Юткевич,Сергей Иосфвич,1904—1985),电
影导演、电影理论家,主要作品有《带枪的人》、《列宁的故事》、《列宁在波兰》等。曾获 1941、
1947、1967 年度国家奖。

　　④　即谢尔盖·阿波利纳里耶维奇·格拉西莫夫(Герасимов,Сергей Аполинариевич,
1906—1985),电影导演、电影理论家、剧作家。主要作品有电影《七勇士》、《教师》、《青年近卫
军》、《静静的顿河》、《湖畔》等。曾获 1941、1949、1951、1971 年度国家奖。——译者注

　　⑤　即维萨里昂·雅科维奇·舍巴林(Шебалин,Виссарион Якович,1902—1963),作曲
家,艺术学博士,曾任莫斯科音乐学院院长。主要作品有歌剧《驯悍记》、大合唱曲《莫斯科》,
另有 5 部交响曲等。——译者注

5月,斯大林在与作家亚·法捷耶夫、鲍·戈尔巴托夫①、康·西蒙诺夫座谈时,肯定了就此事向党组织发出内部信函的基本思想。他抱怨说,在我国的中等知识分子中,"苏联爱国主义情感的培育是不够的。他们对外国文化怀有一种毫无缘由的崇拜。所有人都总感到自己还没有长大成人,不完美,习惯于以永远做学生的立场来看待自己。这种习惯是个落后的习惯,它出自彼得大帝"。

　　1947年6月,在苏联卫生保健部,对克留耶娃和罗斯金进行了"荣誉审判"。这是一场名副其实的审判:有法庭成员,有主要起诉人的起诉,有证人证言,有被告人的无罪辩护。做出的判决是:给予公开的训诫。是时恰逢电影《荣誉审判》开拍之际(该电影于1947年1月发行上映)②。对一些主要责任人给予的处罚,证明了对待此次运动的严肃态度:借公出之机将书稿带去美国并建议出版此书的瓦·瓦·帕林③院士,被以从事间谍活动罪判处25年徒刑;卫生保健部部长Г.А.米杰列夫被撤职。

　　1947年6月17日,联共(布)中央向全国党组织发出一封《关于克留耶娃和罗斯金教授事件》的内部信函。他们的反党、反国家的行为,被认定为他们似乎是在功名心、虚荣心和崇拜西方心态的驱使之下,急于要向全世界宣布自己的发现,故在间谍帕林的协助下将他们著作的手稿转交给美国大使馆。中央已查明,此"案件"证明,工作在文化领域的知识分子,其政治道德状况严重不良。类似心态形成的根源,是"可恶的过去"残存的余孽观念(即所谓俄罗斯人应当永远扮演西方老师的学子角色);是资本主义的包围对我国最不坚定的那部分知识分子所构成的影响。这类心态特别危险的是,外国间谍部门的代理人们正在加紧寻找薄弱的、易于攻取的部位,并且他们常常会在那些患有崇外病的知识分子圈中寻

----

　　① 即鲍里斯·列昂季耶维奇·戈尔巴托夫(Горбатов,Борис Леонтьевич,1908—1954),作家,1926年起名为"瓦普"书记处成员,主要作品有小说《不屈的人们》(获1946年度斯大林奖)、剧本《顿巴斯矿工》(与他人合作,获1952年度斯大林奖)等。——译者注

　　② 电影《荣誉审判》(Суд чести),编剧为亚历山大·彼得罗维奇·施泰因,导演阿布拉姆·罗姆。内容与克留耶娃事件雷同。该片获1949年度斯大林奖。——译者注

　　③ 即瓦西里·瓦西里耶维奇·帕林(Парин,Василий Васильевич,1903—1971),著名生理学家、院士,曾组织并参与人造卫星和航天器医学—生物学实验,有医学动力学、宇航生理学和医学方面的著述。——译者注

找到。与知识分子相反,工人、农民和士兵则被说成是善于捍卫自己国家的利益。该信函最后建议设立一个审理所有此类违规行为的"荣誉法庭"。这样的法庭在所有科研和教育单位、国家机关、各部委、全国性的创作协会中,均曾设立并运作了两年之久。

1948 年年底,开始筹备全苏物理学教研室主任会议,以便依据时代精神纠正科研工作中的方向迷失现象。据称,物理学的教学脱离了辩证唯物主义,教科书中有过多的外国学者的名字(这被视为是向西方学者的卑躬屈膝)。12 月间,一个组织委员会成立了。在李森科[①]成功击败"威斯曼—摩尔根—门捷列耶夫主义"之后,击溃物理学中的"爱因斯坦主义"的主张也被提了出来。一本名为《反对现代物理学中的唯心主义》的论文集出版了,在那里,苏联的爱因斯坦追随者们受到了攻击。列·达·兰道[②]、伊·叶·塔姆[③]、尤·鲍·哈里顿[④]、雅·鲍·泽利多维奇[⑤]、维·拉·金兹堡[⑥]、阿·费·尤费[⑦]等人,均在其列。是时,领导原子能课题工作的一个委员会意识到,原定于 1949 年 3 月 21 日召开的物

---

① 即特罗菲姆·杰尼索维奇·李森科(Лысенко, Трофим Денисович, 1898—1976),生物学家、农学家,1940—1965 年任科学院遗传学研究所所长,所创立的遗传学理论否定基因、植物激素的存在,认定生物体各部均参与遗传,环境可使遗传变异,此变异可遗传。该理论自 20 世纪 30 年代起开始影响苏联的遗传学科研、教育与农业实践,60 年代初受到质疑。——译者注

② 即列夫·达维多维奇·兰道(Ландау, Лев Давидович, 1908—1968),理论物理学家,院士,苏联物理学派奠基人之一,1962 年度诺贝尔奖得主。——译者注

③ 即伊戈尔·叶甫盖尼耶维奇·塔姆(Тамм, Игорь Евгеньевич, 1895—1971),理论物理学家,院士,苏联物理学派奠基人之一,1958 年度诺贝尔奖得主。——译者注

④ 即尤里·鲍里索维奇·哈里顿(Харитон, Юлий Борисович, 1904—1996),物理学家,院士,1939—1941 年间与雅科夫·鲍里索维奇·泽利多维奇合作,首次实践了铀链式裂变的计算。——译者注

⑤ 即雅科夫·鲍里索维奇·泽利多维奇(Зельдович, Яков Борисович, 1914—1987),理论物理学家。燃烧、爆震和冲击波现代理论创立者。——译者注

⑥ 即维塔利·拉扎尔·金兹堡(Гинзбург, Виталий Лазарь, 1916—2009),理论物理学家,主攻射电天文学、等离子物理学、超导等。——译者注

⑦ 即阿布拉姆·费奥多罗维奇·尤费(Иоффе, Абрам Фёдорович, 1880—1960),物理学家,院士,苏联物理学派创始人之一,半导体研究的先驱人物,苏联半导体研究院第一任院长。——译者注

理学家座谈会具有极大的危害性。在 1949 年年初召开的一次会议上,贝利亚向库尔恰托夫①询问道:"说相对论和量子力学是唯心主义,应当抛弃它们——是那么回事吗?"库尔恰托夫回答道:"若是拒绝它们,那便是拒绝炸弹。"贝利亚立即作出反应:"重要的是炸弹,而其余的,均是胡扯。"看来,他向斯大林诉说了自己的忧虑,于是会议被撤销了。就这样,"炸弹救了物理学"。据最新的评论,若是此次会议如期召开,我国的物理学便可能会被滞后发展 50 年,即会处于前量子时代,而许多著名学者则会被宣布为世界主义者。不过,与"物理学的唯心主义"和"世界主义"的斗争并未就此完结,而是一直持续至 20 世纪 50 年代中期。

斯大林 1945 年 5 月 24 日在克里姆林宫为红军诸部队总指挥官举办的招待会上所作的那番演讲,其论点成为这场以苏联爱国主义精神教育苏联各族人民的旷日持久的宣传运动的基本原则。在这次演讲中,斯大林宣称,俄罗斯人民"是加盟苏联的所有民族中最杰出的民族";它在战争中赢得了"作为苏联领导力量的普遍承认"。受到表彰的不仅有这个民族的"清醒的头脑",还有坚毅的性格和耐力、在处境极其恶劣关头对政府的信任、随时准备牺牲的精神。

以这些品质作为支撑的政策和爱国主义教育,藏匿着一定的危险——会使它们具有俄罗斯民族主义和大国主义的色彩。一些人已经在斯大林那番在苏联众多民族中只标定出一个"杰出"民族的祝酒词中看到了民族主义的表现,这不能不引起我国其他民族代表人物们为民族发展的未来而感到不安。譬如,参加此次克里姆林宫招待会的伊·格·爱伦堡便曾因斯大林的祝酒词而感到十分震惊和懊丧,居然不禁号啕大哭起来。

宣传机关的领导者们,努力不使斯大林的这番祝酒词受到曲解。《真理报》及其他一些出版物的社论阐述说,苏联的、俄罗斯人民的爱国主义与将自己的民族划分为"特选的"、"最高级的"民族,与轻视其他民族,没有任何共同之处。社论断言,俄罗斯民族,这个苏联各民族大家庭中的"最年长和强大的兄长,有幸承

---

① 即伊戈尔·瓦西里耶维奇·库尔恰托夫（Курчатов, Игорь Васильевич, 1902—1960）,物理学家,院士,苏联核科技工作的首位组织与领导者,苏联核能研究所创立者和第一任所长;苏联第一个加速器、欧洲第一个核反应堆、苏联第一枚原子弹、世界第一枚热核炸弹,均是在他领导下完成的。——译者注

担起与希特勒匪帮进行斗争的最重要的重负,并且光荣地履行了自己的这一伟大的历史职责。没有俄罗斯民族的帮助,加盟苏联的任何一个民族都不可能捍卫住自身的自由与独立;而那些一度被德国帝国主义者征服的乌克兰民族、白俄罗斯民族、沿波罗的海诸民族、摩尔达维亚民族,也不可能从德国法西斯的奴役中解脱出来"。

继这些诠释之后,纷至沓来的是一些指示:"党的组织有责任广泛宣传伟大的俄罗斯民族作为加盟苏联的所有民族中最杰出的一个民族所具有的那些优秀传统。党组织应当阐明,斯大林将俄罗斯民族作为我国所有各族人民中的杰出民族和苏联的领导力量来评价,是对伟大俄罗斯民族所走过的那段历史路程作出的经典性的总结。"同时也要求明确阐释:"俄罗斯各民族的历史,就是他们克服……敌对和逐步团结在俄罗斯民族周围的历史";而俄罗斯民族所肩负的解放使命,它的领导作用,仅在于为了"帮助我国其他所有民族挺直腰杆、与自己的长兄——俄罗斯民族并肩而立"。

赢得这场战争的胜利,使得可以重新评价俄罗斯文化对苏联各民族文化和世界文化的贡献。其缘由,不仅是因为苏联的学者们和文化活动家们在壮大红军以击溃德国方面做出了巨大贡献,也是由于这一胜利使全人类文化悠久成果避免了被希特勒匪帮毁灭的危险。促使对俄罗斯文化进行重新评价的另一个动因,是欲将俄罗斯和苏联的文化成就与西方文化相抗衡的意向。战争期间到过欧洲并于胜利后返回家园的数百万之众的苏联人,可能已经在终日所见的西方文化表现中形成了西方文化是高水平文化的观念。

莫洛托夫也许希望比任何人都相信自己在 1947 年 11 月 6 日所说的那番话的真实性,他言道:"境外那些资产阶级的御用文人们曾在战争期间预言,苏联人在自己的战斗行动中接触到西方的秩序与文化和到过欧洲的许多城市和首都之后,将会怀着也要在自己祖国确立这样秩序的愿望返回家园。结果如何呢? 复员军人们……以更大的热情着手巩固集体农庄,在工厂里展开社会主义劳动竞赛,他们已成为先进的苏联爱国主义者队伍中的一员。"莫洛托夫承认:"我们尚不是所有的人都摆脱了对西方、对西方文化的低首下心与奴颜婢膝的心态。"同时,他也用斯大林的那句"具有历史意义的话语"自我鼓舞并亦试图鼓舞听众道:

"于最近时期方成为苏联公民的人,因摆脱了资本的束缚,也会比任何一个身居高位但却背负着资本主义奴役桎梏的外国官吏,高出一头。"

政府努力用来滋养苏联人的历史乐观主义的,不仅有苏联历史时期成就的英雄主义,亦有世世代代积累起来的全部国家文化。对祖国文化活动家们予以赞美,始于第二次世界大战结束阶段,并于战后再度加力继续进行。他们的名字与"那些已构成现代文化与文明发展最为重大里程碑的对世界科学的伟大贡献和卓越的科学发现"联系在一起。苏联人民委员会和联共(布)中央 1945 年 6 月 16 在为祝贺苏联科学院建院 220 周年①而发来的贺词中称:"苏联人民有充分理由为俄罗斯科学的奠基人罗蒙诺索夫,天才的化学家门捷列耶夫,伟大的数学家洛巴切夫斯基、切贝绍夫②和利亚普诺夫③,最著名的地质学家卡尔平斯基④,世界地理学家普尔热瓦尔斯基⑤,战地外科医学的奠基人皮罗戈夫,伟大的生物学

---

① 这一纪年是自彼得大帝 1724 年批示于圣彼得堡创建俄国科学院之日计起的,初时该院名为帝国科学与艺术研究院,其下先后设立图书馆、书店、珍品陈列室、印刷所、铸字所、工厂、雕刻与绘画室、实验室和一所大学等。教授与副教授分三个类别:数学、天文与地理和航海、力学,物理学、解剖学、化学、生物学,演说术、古物学、历史、法律。——译者注

② 即帕夫努季·利沃维奇·切贝绍夫(Чебышёв, Пафнутий Львович, 1821—1894),圣彼得堡数学学派创立者,因素数理论研究而著名,圣彼得堡科学院院士,法兰西研究院通讯院士,所著《同余论》一书极负盛名。——译者注

③ 即亚历山大·米哈伊洛维奇·利亚普诺夫(Ляпунов, Александр Михайлович, 1857—1918),数学家、力学家,圣彼得堡科学院院士。——译者注

④ 即亚历山大·彼得罗维奇·卡尔平斯基(Карпинский, Александр Петрович, 1846—1936),俄国地质学派的创立者,圣彼得堡科学院院士,俄国科学院第一任经选举产生的院长(1917—1925),1925 年起任苏联科学院院长。——译者注

⑤ 即尼古拉·米哈伊洛维奇·普尔热瓦尔斯基(Пржевальский, Николай Михайлович, 1839—1888),旅行家、中亚研究者,圣彼得堡通讯院士,少将,1867—1869 年间曾游历乌苏里江地区,1870—1885 年间曾 4 次游历中亚,首次记录中亚自然景观并采集大量珍稀动植物标本等。——译者注

创新者梅切尼科夫①、谢切诺夫②、季米利亚泽夫③和巴甫洛夫,杰出的自然改造者米丘林④,高超的实验物理学家列别捷夫,无线电通讯的创造者波波夫,现代航空理论奠基人朱可夫斯基⑤和恰普雷金,俄罗斯革命思想的杰出发动机别林斯基⑥、杜布罗留勃夫⑦、车尔尼雪夫斯基⑧,我国马克思主义的伟大先驱普列汉诺夫而感到自豪。"

　　1946 年 1 月 2 日,彼·列·卡皮察写信给斯大林,信中抱怨道:"我们很少会想象到,在我们的工程师的思维中,曾经一直存在过多么巨大的创作天才的智慧;我们的建筑师们,尤为才气十足。"卡皮察在推荐出版列·伊·古米列夫斯基⑨编撰的《俄罗斯工程师们》(该书于 1947 年出版,1953 年再版)时,肯定地说:

---

　　① 即伊利亚·伊里奇·梅切尼科夫(Мечников, Илья Ильич, 1845—1916),俄国生物学家、病理学家,因在动物体内发现噬细胞而获得 1908 年度诺贝尔生理学和医学奖。——译者注

　　② 即伊万·米哈伊洛维奇·谢切诺夫(Сеченов, Иван Михайлович, 1829—1905),俄国生理学派的创立者,1869 年起为圣彼得堡科学院通讯院士。——译者注

　　③ 即克里姆·阿尔卡季耶维奇·季米利亚泽夫(Тимирязев, Клим Аркадьевич, 1843—1920),俄国植物生物学学派的奠基者之一,1890 年起为圣彼得堡科学院院士。——译者注

　　④ 即伊万·弗拉基米拉维奇·米丘林(Мичурин, Иван Владимирович, 1855—1935),生物学家、育种学家,曾培养出 300 余种新型果树。1935 年起为苏联科学院通讯院士。——译者注

　　⑤ 即尼古拉·叶戈罗维奇·朱可夫斯基(Жуковский, Николай Егорович, 1847—1921),圣彼得堡科学院通讯院士,俄国空气动力学奠基人,俄中央空气流体动力学研究院的组建者和第一任院长,此院后来以他的名字命名。——译者注

　　⑥ 即维萨利昂·格里戈里耶维奇·别林斯基(Белинский, Виссарион Григорьевич, 1811—1848),杰出的文学批评家、政论作家、哲学家、革命民主主义者。有文集 13 卷。——译者注

　　⑦ 即尼古拉·亚历山德罗维奇·杜布罗留勃夫(Добролюбов, Николай Александрович, 1836—1861),文学批评家、政论家、革命民主主义者。主要作品有《何为奥勃洛摩夫性格?》《黑暗王国》《黑暗王国的一线光明》《真正的日子何时到来?》等。——译者注

　　⑧ 即尼古拉·加夫里洛维奇·车尔尼雪夫斯基(Чернышевский, Николай Гаврилович, 1828—1889),民主主义者、作家、文学批评家,19 世纪 60 年代俄国革命的领袖人物,曾受到马克思、恩格斯和列宁的高度评价。——译者注

　　⑨ 即列夫·伊万诺维奇·古米列夫斯基(Гумилевский, Лев Иванович, 1890—1976),作家、诗人、剧作家,有文集 6 卷。——译者注

"1. 大量的最为重大的工程创举的萌芽,形成于我国;2. 我们自己几乎从来不善于使这些萌芽发育成熟(建筑领域除外);3. 创新得不到利用的原因是:我们通常是低估自己的而高估外国的。"受到斯大林高度评价的这位学者,把低估自己的能力而高估外国的能力、过分的谦虚称作是较之"过分自信"更为严重的缺点。卡皮察建议该书增补关于诸如波波夫(无线电方面的)、雅布洛奇科夫①(电弧方面的)、洛德金②(白炽灯方面的)、多利沃—多布罗沃利斯基③(交流电方面的)等这类极其著名的电力工程师们的故事。④

所有这一切,均出现在反西方运动的起始阶段,而在运动的进程中,我国在科学、技术、文化所有最为重要的领域内均拥有历史性的发明与发现优先权地位的观念,得到了宣传。在这类宣传中,那些众所周知的过火行为、那种竭力要将几近任何一项发明——从自行车到飞机——均宣布为是俄国天才们的产儿的企图⑤,为制造出类如"俄罗斯是大象的故乡"这样的闹剧式的声明,提供了机会。⑥

不过,官方的"民族主义的新经济政策"在战后的表现,被努力控制在一定的范围之内。这特别关涉到历史学家们的工作。官方曾预先警告他们不要错误地理解苏联爱国主义、忽视它的阶级内涵,不要滑入克瓦斯爱国主义立场。《历史问题》杂志上发表的一篇编辑部文章(1948 年第 2 期)指出:"意欲对历史加以粉饰的心态,是产生此类错误的根源。"在此篇文章中,那些"表现在抹黑俄罗斯民族过去、贬低其在世界历史中的作用方面的错误",被认定同样是危险与有害的。

---

① 即帕维尔·尼古拉耶维奇·雅布洛奇科夫(Яблочков, Павил Николаевич, 1847—1894),电气工程师,1875 年发明弧光电。——译者注

② 即亚历山大·尼古拉耶维奇·洛德金(Лодыгин, Алексадр Николаевич, 1847—1923),电气工程师,电热学奠基人之一,1872 年发明白炽灯。——译者注

③ 即米哈伊尔·奥西波维奇·多利沃—多布罗沃利斯基(Доливо-Добровольский, Михаил Осипович, 1862—1919),电气工程师,三相交流电技术创立者,1888—1889 年创造三相异步发动机,1891 年首次实现三相电流的电力传输。——译者注

④ 卡皮察 П. Л.:《关于科学的信件(1930—1980 年)》,莫斯科,1989 年,第 247—248 页。

⑤ 《斯大林与世界主义(1945—1953 年):苏共中央群众宣传鼓动和党的教育部文献》,莫斯科,2005 年,第 133 页;另见第 145—149 页。

⑥ 见博列夫 Ю. Б.:《斯大林乱象》,第 268 页。

文章强调指出："对俄罗斯民族在世界历史中的作用与意义所作出的任何一种低估，均与崇外习气有着直接的关联。在评价俄罗斯民族、苏联其他各民族所取得的最为伟大的成就时所表现出的虚无主义，则是对西方资产阶级文化低首下心的一种逆向表象。"

由此一来，叶·维·塔尔列院士的著述因其"对克里米亚战争的防御性和正义性持有错误的观点"，因其为叶卡婕琳娜二世的战争辩解，"认为俄罗斯似乎是在努力为自己争取到自然边界"；因其对1813年远征欧洲性质所作的重新评价，"将其形容成如同苏联红军解放欧洲的远征"而受到不公正的批评。受到谴责的还有："提出对有关俄罗斯19世纪上半叶在欧洲扮演的宪兵角色的问题和关于沙皇俄国是各民族监狱问题予以重新评价的要求"；欲将米·德·斯科别列夫、米·伊·德拉戈米罗夫、亚·亚·布鲁西洛夫等将军作为俄罗斯民族英雄大肆吹捧的企图。关于"采用从民族—国家利益观点出发评价史事的方法取代阶级分析方法"的建议，被作为一种科学研究中所不容许的客观主义而受到批判。历史学家们感受到，所有这些"修正主义的主张"，均是受到党中央的谴责的。

是时的文艺学家们和文学界的领导人物们对亚·特·特瓦尔多夫斯基作品的批评，是对似乎错误地理解了苏联爱国主义、忽视其阶级内涵予以批判的一个鲜明事例。1947年12月20日，《文学报》主编弗·弗·叶尔米洛夫①发表了一篇评论特瓦尔多夫斯基的《故国他乡》一书的文章。这位著名作家对战争、大自然、爱国主义，对在灾难年代表现出来的人民的特性与品质所作的种种思考，被评价为"虚伪的散文"，是"企图将与人民生活格格不入的东西诗歌化"。

权威性的批评家丹·谢·达宁②在这本书中看到了"特瓦尔多夫斯基散文中的俄罗斯民族的局限性"。它"一点也不好于阿塞拜疆的、雅库斯特的、布里亚特—蒙古的局限性"。在探究这一现象产生的根源时，他看到了"战争的一些附加开支。对这些开支，现在应当尽可能快地加以消除"，并应开始对本民族系人

① 即弗拉基米尔·弗拉基米罗奇·叶尔米洛夫（Ермилов，Владимир Владимирович，1904—1956），文艺学家，批评家。——译者注

② 即丹尼尔·谢苗·达宁（Данин，Данил Семён，1914—2000），犹太族作家、剧作家、文学批评家，有《渴望清新》《时代感与诗歌风格》等著述。——译者注

类的先进民族予以重新认知；"关于我们的民族，不应当在这个词的狭义的、有限的语义中去思考"；应当将"苏联的"这个词理解为"新型的、广大的民族"。① 在长诗《瓦西里·焦尔金》中，达宁也发现了同样的一些瑕疵——作品中的主人公对自己小世界的孤芳自赏、缺乏国际主义特征、有民族局限性。达宁回忆起米哈伊尔·斯维特洛夫②的诗歌——在那首诗中，国内战争的一位英雄唱道："我感到高兴，我那小屋在世界大火的烈焰中燃烧"③——于是断言道："若是特瓦尔多夫斯基会为此而感到高兴，那么我们也将与他一道高兴。"④

瓦·弗·奥维奇金⑤也置身于特瓦尔多夫斯基的训诫者之列。"应当对农夫的愚蠢，给予全副身心的、令人周身战栗的憎恶，"他曾如是说道，"这样的憎恶，我在特瓦尔多夫斯基那里没有看到。应当抓住这个农夫的衣领……将他的鼻子凑到有甜味的地方；而他是不会明白什么是甜味的；若是今天不甜，10年后将会变甜的。"在《路边人家》中和在特瓦尔多夫斯基后来开始写作的所有作品中，奥维奇金均发现了对1945年6月21日人民委员会关于《改善红军将军和军官居住条件》决议的"不正确的理解"。依据这一决议，曾划拨一块土地给退役的上校（不超过1公顷）或将军（不超过2公顷）。"请接受土地、给自己建造房舍、搞点经济经营活动——养鸡、养鹅，等等。亚历山大·特里丰诺维奇过于认真地对待这个决议。这项决议不是为我们、不是为作家们制定的。"⑥

---

① 《论 A. 特瓦尔多夫斯基的〈故国他乡〉一书》（讨论速记），载《文学问题》，1991年第9—10期，第225页。

② 即米哈伊尔·阿尔卡季耶维奇·斯维特洛夫（Светлов, Михаил Аркадьевич, 1903—1964)，犹太族诗人。——译者注

③ 斯维特洛夫 M. A.:《20年后：戏剧性长诗》，载斯维特洛夫 M. A.:《剧本》，莫斯科，1970年，第105页。

④ 《文学问题》，1991年第9—10期，第225页。

⑤ 即瓦连京·弗拉基米罗维奇·奥维奇金（Овечкин, Валентин Владимирович, 1904—1968），作家，擅长农村生活题材的写作，代表作有《区里的日常生活》，另有剧本《顶风》等。——译者注

⑥ 《文学问题》，1991年第9—10期，第212页。

作协理事会书记列·马·苏博茨基①在《1947 年散文概述》(《新世界》,1948 年第 2 期)一文中,将这些正在讨论的问题引向更大的概括层面。他指出,在写作于战争年代的许多书中,"战争英雄们的爱国主义情感和意识被描写得……苍白无力。有时,处在首位的是爱国主义的那些古已有之的特征,而党和苏联政府利用我们这个时代,利用四分之一个世纪的社会主义斗争的实践,利用教育工作在苏联人思想中培植的那些特征,即所有那些将苏联人民的社会主义爱国主义与其他民族和时代的爱国主义区别开来的东西,却遭到排挤"。依照他的观点,生活的真实在于"普通的苏联人们,是在对苏联国家和苏联社会制度忠诚的激励之下去建功立业的"。亚·特·特瓦尔多夫斯基的《故国他乡》在这位身居高位的批评者看来,是一部"总的说来有思想缺陷的作品",是一个有"政治局限性和落后性的"产物,表现出"与为确立新型的、先进的思想意识,为用共产主义思想教育人民而斗争的苏联文学格格不入的思想倾向"。苏博茨基在米·布宾诺夫②的长篇小说《白桦》和伊·爱伦堡的长篇小说《暴风雨》中,看到了文学的今天。

那些咬住民族局限性不放的斗士们,对待亚·特·特瓦尔多夫斯基文学创作的态度,此后一直保持下来。1953 年,作家伊·利·谢利文斯基③在写给格·马·马林科夫的信中继续坚持认为,"这位诗人的创作,尽管毫无疑问极富天才,但在诗艺方面则是守旧的,在思想性方面是反动的"。过于详尽地去证明这一点,他认为实属多余——一个瓦西里·焦尔足矣:"在长达 5000 行的诗句中,他既没有谈到革命,也没有谈到党,没有谈到集体农庄,而把与德国法西斯的

---

① 即列夫·马特维耶维奇·苏博茨基(Субоцкий, Лев Матвеевич, 1900—1959),文学评论家,1946—1948 年任作协书记。——译者注

② 即米哈伊尔·谢苗诺维奇·布宾诺夫(Бубеннов, Михаил Семёнович, 1909—1983),作家,代表作有小说《白桦》(获 1948 年度斯大林奖)、《悬崖》(获 1970 年度全苏工人题材优秀作品奖)等。——译者注

③ 即伊里亚·利沃维奇·谢利文斯基(Сельвинский, Илья Львович, 1899—1968),作家,20 年代构成派领导人之一,长诗《乌里亚拉耶夫性格》为其这一时期的代表作。另有诗体悲剧《俄罗斯》、悲剧《第二军长》等。——译者注

交战视为是在与德国人交战。"①时至 1960 年,谢利文斯基依然自信如初:"《瓦西里·焦尔金》,"他告诫年轻诗人们,"是个露骨的非现代人物! 是个亲俄者! 是第一次帝国主义战争的时代典型……是库济马·克留奇科夫!"②

无端地批判《故国他乡》一书的这段历史,据当代文艺理论家亚·西·奥戈尼奥夫③的公正评论称,正引发人们去合理地思考:是时因何故而开启了反世界主义的斗争? 不可为这一斗争所采取的极端形式辩解,但是,与此同时却应当注意到,某些苏联文学家实际上是站在世界主义立场之上的;对待俄罗斯作家的民族情感,他们没有表露出应有的态度;就实质而言,他们并没有将国际主义与世界主义区分开来。④

战后首次建议对将世界主义与爱国主义和民族主义加以比较的现象予以理论思考的,是著名的党内理论家奥·维·库西年⑤在《新时代》杂志创刊第一期(1945)上刊载的文章《论爱国主义》中提出的。作者在指出爱国主义运动于第二次世界大战期间在不同国家兴起的同时,承认在过去,共产主义和社会主义的追随者们的爱国主义,在相当长一段时间内曾是有争议的;诟病共产党人和所有左派工人缺乏爱国主义,这似乎只是工人运动的"敌人"所素有的特征。作者将爱国主义在所有国家的觉悟工人队伍中发展起来的这一时代的起始日期,定在苏联爱国主义诞生之日,定在俄国工人阶级赢得了自己国家主人地位的那个时日。

---

①　谢利文斯基 И. Л. :《1953 年 7 月 25 致马林科夫的信》,载《祖国历史(1946—1995 年)文选》,莫斯科,1996 年,第 269 页。

②　转引自库尼亚耶夫 C. :《诗歌·命运·俄罗斯》(3 册),第 1 册,莫斯科,2001 年,第 113 页。

③　即亚历山大·瓦西里耶维奇·奥戈尼奥夫(Огнёв, Александ Васильевич, 1925—　　),作家、教授,有《俄罗斯传统、战争与命运》、《50—70 年代俄罗斯苏联小说》、《高尔基论俄罗斯民族性格》等著述。——译者注

④　奥戈尼奥夫 A. B. :《米哈伊尔·肖洛霍夫与我们的现代》,特维尔,1996 年,第 222 页。

⑤　即奥托·维威莫维奇·库西年(Куусинен, Отто Вильгельмович, 1881—1964),芬兰人,苏联政要,国际共产主义和工运活动家,苏联科学院院士,芬兰共产党的创立者之一,历任共产国际执委会书记(1921—1929)、卡累利阿—芬兰加盟和国最高苏维埃主席(1940—1958)、苏联最高苏维埃主席团副主席、苏共中央主席团成员(1952—1953)、中央书记(1957 年起)。有芬兰革命史、国际共运和工运史方面的著述。——译者注

依这位理论家所见,正是在那时,其他国家的觉悟工人才开始感受到对苏维埃国家的特别向往,才开始把这个国家称之为各国工人的祖国。但是,这种向往,也唤醒了他们热爱各自国家这个本民族劳动人民美好未来家园的特殊情感。这种爱国主义的力量,特别鲜明地表现在反抗德国法西斯占领者的游击斗争中。战争年代再生的这种爱国主义,被定义为"为本民族自由、幸福未来而进行的忘我斗争"。在苏联,爱国主义发展的水平,通常被认为较之在其他国家要高得多。

就定义而论,民族主义在社会主义国家中是受到排斥的。库西年断言:"甚至温和的资产阶级民族主义,亦意味着本民族利益(或本民族高等阶层的利益)与其他民族利益的对立。"真正的爱国主义,亦不可能与民族主义有任何共同之处。"历史上没有一次爱国主义运动不是以侵害某一异族的平等与自由为目的的。"世界主义——以冷漠和藐视的态度对待祖国——本质上亦是为每个国家的共产主义运动所禁忌的。"共产主义不是将真正的爱国主义与无产阶级的国际主义相对立,而是使其结合在一起。"作者在对推论作出总结时写道:"世界主义是一种完全与劳动人民格格不入的思想意识。这是一种国际银行业和国际卡特尔的代表们所特有的思想意识,是最大的证券投机商、世界性的武器供应商(死亡兜售者)及其代理人们所特有的思想意识。这类圈子中的人们,确实是依照那句拉丁谚语来行事的:ubi bene, ibi patria(哪里好,哪里就是家)。"如此一来可见,在我国,只有那些"人民公敌"、资产阶级的世界主义和民族主义的追随者们,才有可能成为世界主义者。

是约·维·斯大林使世界主义现象具有了重大意义。他把它与战后同美国争夺世界统治的斗争联系在一起。1947 年夏,斯大林在新党章草案稿上留下这样的字迹:"'世界主义'理论和一个政府制的欧洲联邦的建立。'世界政府'。"①这一标注,诠释着随后很快在苏联展开的反对苏联国内外世界主义者运动的主要原因。

还有一种欲为反爱国主义和世界主义找到统一的理论依据的尝试,是由

---

① 转引自波波夫 B. П. :《斯大林与战后苏联经济》,载《祖国历史》,2001 年第 3 期,第 65 页。

格·费·亚历山德罗夫①于 1948 年年初在一篇名为《世界主义——帝国主义资产阶级的思想意识》(《哲学问题》,1948 年第 3 期)的文章中作出的。文章解释说,境外资产阶级的意识形态和"苏联境内的一小撮反爱国主义的变节者",都是在世界主义的旗号下活动的;因为在这样的旗号下,最有利于达到使工人大众在反对资本主义的斗争中失去斗志、废除独立国家的国家主权、镇压工人阶级革命运动的图谋。在这篇文章中,立宪民主党人帕·尼·米留可夫、亚·谢·亚先科②被说成是世界主义者;而"人民公敌"皮达可夫、布哈林、托洛茨基,则被说成是"坏透顶的世界主义者"。不过,文章却引起了负面的反响,原因是文章中"有太多的地方废话连篇,类如反动的资产阶级教授们的纸上谈兵"③。

1947 年 5 月,一个更为引起轰动的世界主义的事例,在是时尚健在的文艺理论教授伊·马·努西诺夫④的《普希金与世界文学》(1941)一书中被发现。诗人尼古拉·吉洪诺夫⑤所写的书评指出,普希金,同时还有整个俄罗斯文学,在这本书中被描写得"仅仅是西方文学的附属品","失去了独立存在的意义"。据努西诺夫所见,原来,普希金的一切都是"舶来品,都是复制,都是西方文学题材的翻版";"俄罗斯人民不曾有任何东西使世界文学得以丰富"。这位当代的、"人世间无身份证流浪汉"的这一立场,被宣布为是"拜倒在"西方面前并且忘却了那个信条的结果,即只有我们的文学才"有权用新型的社会道德教育他人"。⑥

---

① 即格奥尔季·费奥多罗维奇·亚历山德罗夫 (Александров, Георгий Фёодорович, 1908—1961),哲学家、院士,有外国哲学和社会学方面的著述,1943、1946 年度国家奖获得者。——译者注

② 即亚历山大·谢苗诺维奇·亚先科 (Ященко, Александр Семёнович, 1877—1934),法学家、哲学家。——译者注

③ 《为了战斗的哲学杂志》,载《真理报》,1949 年 9 月 7 日,第 2 版。

④ 即伊萨克·马尔科维奇·努西诺夫 (Нусинов, Исаак Маркович, 1889—1950),亦为语言学家、教授、苏联大百科文学理论词条撰写人,1949 被捕,次年死于狱中。——译者注

⑤ 即尼古拉·谢苗诺维奇·吉洪诺夫 (Тихонов, Николай Семёнович, 1896—1979),作家,1944 年起任苏联作协书记,主要作品有组诗《格鲁吉亚的春天》(获 1949 年度斯大林奖)、《两股潮流》(获 1952 年度斯大林奖),长诗《基洛夫和我们在一起》(获 1942 年度斯大林奖),小说《6 根圆柱》(获 1970 年度列宁奖)等。——译者注

⑥ 吉洪诺夫 H.:《为普希金辩护》,载《文化与生活》,1947 年 5 月 9 日。

不久(即 6 月间),这个话题被搬到了苏联作家协会理事会全体会议上。亚·亚·法捷耶夫发动了对努西诺夫那本"十分有害的"书的批判。他指出,"在这本书中,完全没有谈到 1812 年的卫国战争是怎么回事";普希金"被搞成了无国家的、世界性的、全欧洲的、全人类的,似乎可以跳出历史形成的民族而成为这个样子"。这本书的基本思想被谴责为:"阳光从西方而来,而俄罗斯是东方国家。"①正是自这次发言起,一场反对被等同于世界主义的崇外习气的大规模运动,开始在文学界和其他一些人文领域内开展起来。

此次运动,亦另有其使命。它被用来对抗正在美国制订的"哈佛计划"。该计划的目的是要破坏苏联的爱国主义并用所谓"全人类的价值"取而代之;而这一价值观,正与美国人的传统爱国主义和世界其他国家的"世界主义者们"对待美国的态度完全一致。这些世界主义者们,完全赞同美国成为未来统一的世界共和国的宗主国。美国总统亨利·杜鲁门曾对肯萨斯选民发表演讲,称:"各国人民,也会像美国的肯萨斯人一样,轻松自在、和睦相处地生活在世界共和国中。"此番演讲所表述的这种众所周知的观点,在苏联引起明确的反响。著名法学家叶·亚·科罗温②曾在《捍卫苏联爱国主义的法律科学》一文中写道:"这门科学的首要的和基本的任务是:以其所有可能的手段捍卫民族独立、民族国家、民族文化和权利,并对任何侵害,哪怕是诋毁它们的尝试,予以毁灭性的回击。"(《苏联国家与法》,1949 年第 7 期)

此次运动由安·亚·日丹诺夫领导,他在此前已经成为国家领导层中的第二号人物。而党中央宣传和鼓动局的新任领导,则是于 1947 年 9 月 17 日接替

---

① 　法捷耶夫 A.:《1946 年 8 月 14 日联共(布)中央下达关于〈星〉和〈列宁格勒〉两杂志决议后的苏联文学》,载《文学报》,1947 年 6 月 29 日。

② 　即叶夫盖尼·亚历山德罗维奇·科罗温(Коровин, Евгений Александрович, 1892—1964),法学家,通讯院士,仲裁法院常设法庭成员。——译者注

格·费·亚历山德罗夫出任该局局长职务的中央书记米·安·苏斯洛夫①和于9月18日成为苏斯洛夫副手的《真理报》宣传部主编德·特·谢皮洛夫②。

谢皮洛夫发表于1947年8月13日《真理报》上的文章《苏联的爱国主义》，规定了这次运动的方针。从文章的内容可以看出，苏联的领导者们，准备把任何一个不同意下述观点的人都怀疑为反爱国主义者，即如今不是我们在历史发展中追赶西方，而是"那些在政治制度方面落后于苏联整整一个历史时代的资产阶级民主国家，不得不去追赶第一个真正的人民执掌政权的国家"；由此断言，苏联制度"比任何资本主义制度都高级、优越百倍"，"苏联是一个发达的社会主义民主国家"；"如今，若是没有俄语、没有苏联国家各民族的科学与文化，就谈不上任何文明。优先权属于他们"；"资本主义世界早已走过了自己的全盛期并正在急剧下滑，而与此同时，一个充满能量与创造力的社会主义国家，正在急速地上升"。崇拜西方的心态在苏联的存在，是确实的，但它是个别"知识分了"本性的表现。这些知识分子依然没有从"可恶的旧时沙皇俄国"的残余观念中摆脱出来，仍以奴仆式的卑躬屈膝心态看待所有外国的东西，只是因为它们是外国的，甚至会为柏林大街上的垃圾箱而感慨万端。

在这场运动中，音量最大的传声筒是安·亚·日丹诺夫。1948年2月，在中央召开的一个与苏联音乐界活动家座谈的会议上，他发表演讲，提出一个包罗万象的论证，论证从一种社会主义世界主义式的国际主义向社会主义爱国主义最高表现式的国际主义的急剧转变。针对艺术界的形势，他讲道："国际主义诞

---

① 即米哈伊尔·安德列耶维奇·苏斯洛夫（Суслов, Михаил Андреевич, 1902—1982），苏联政要，党内思想家，有"灰衣主教"之称，历任斯塔夫罗波尔边疆区党委第一书记（1939年起）、外高加索集团军北部集群军委成员（1941—1944）、立陶宛加盟共和国党中央局主席（1944年起）、苏共中央书记（1947—1982）、苏共中央主席团成员（1952—1953、1955—1966）、政治局成员（1966—1982）等职。——译者注

② 即德米特里·特罗菲莫维奇·谢皮洛夫（Шепилов, Дмитрий Трофимович, 1905—1995），苏联政要、经济学家、科学院通讯院士，少将军衔，历任《真理报》主编（1952—1956）、苏共中央主席团候补成员（1956—1957）、中央书记（1955—1957）、苏联外交部长（1956—1957）等。1957年因牵连到党内反赫鲁晓夫案而被解除所有党政职务，任职吉尔吉斯科学院经济研究所副所长。——译者注

生于民族艺术繁荣之处，忘记这条真理，那便意味着失去指导性的路线，失去自己的面目，成为一个没有祖国的世界主义者。"①

　　然而，所有这些论点，在 1945 至 1948 年间，均具有不现实的、抽象理论的性质。它们既服务于"爱国主义者"，亦见用于"国际主义者"。例如，1948 年 11 月，德·特·谢皮洛夫在宣传和鼓动局艺术部召集了一次座谈会，出席会议的有戏剧批评家亚·米·勃尔夏戈夫斯基②和其他一些未来的"世界主义者"。会间谈及有关有必要对亚·亚·法捷耶夫在戏剧界的工作疏漏予以严厉批评、将其从作协总书记职位上撤换下来并任命看上去似乎更易于控制和更听话的康·米·西蒙诺夫。这一谋划未能成为现实，其原因不是由于没有理论依据，而是因为有更为重要的思想和政治缘由。

　　自 1947 年始愈演愈烈的强化苏联爱国主义、克服崇拜西方的运动，到 1948 年年底前，已经开始变得具有明显表露出来的反犹色彩。犹太籍知识分子越来越经常地被作为崇外者或世界主义者而受到关注。此种现象的产生，准确地说，是因客观原因所致，因为犹太族人在苏联知识分子构成中占有相当大的比重，比犹太族人在国家居民人口总数中所占的比重高出许多倍，并且他们积极参与了各类营垒的政治或思想斗争。

　　战后，犹太族人共计占我国人口总数的 1.3％。同时，1947 年年初的资料显示，在苏联科学院担任部门或研究科室主任职务的犹太族人，其比例，在经济和法律部门为 58.4％；化学科学部门为 33％；在数学—物理学部门为27.5％；在技术科学部门为 25％。1949 年年初，我国高校的哲学、马克思—列宁主义和政治经济学全部教师中，有 26.3％为犹太族人。在科学院历史研究所，犹太族研究人员 1948 年年初占全体研究人员总数的 36％；1949 年年底为 21％。1934 年苏联作协创立时，莫斯科组织吸收了 351 人，其中犹太族作家为 124 人（占 35.3％）；1935 至 1940 年，在新加入作协的作家中，犹太族作家占 34.8％；1941

---

① 《联共(布)中央召开的苏联音乐活动家座谈会》，莫斯科，1948 年，第 139—140 页。

② 即亚历山大·米哈伊洛维奇·勃尔夏戈夫斯基（Борщаговский，Александр Михайлович，1913—2006），作家、文学批评家，主要作品有历史小说《俄罗斯战旗》《银河》、《愁云》等。——译者注

至 1946 年为 28.4%；1947 至 1952 年则为 20.3%。1953 年，苏联作协莫斯科组织的 1 102 名成员中，俄罗斯族作家为 662 人（占 60%）、犹太族作家为 329 人（占 29.8%）、乌克兰族作家为 23 人（占 2.1%）、亚美尼亚族作家为 21 人（占 1.9%）、其他民族作家为 67 人（6.1%）。亦如作协领导人在 1953 年 3 月回复尼·谢·赫鲁晓夫的咨询中指出的那样，在列宁格勒作协组织和乌克兰作协中，亦存在着近似的状况。某些评论称，这类指数较之后来数年的要高得多。（见弗·阿·索洛乌辛：《最后一级：一位您同代人的自白》，莫斯科，1955；维·列·托波罗夫：《双层底：惹是生非者的坦白》，莫斯科，1999）

在这种情形之下，任何一次思想会战，或是来自官方的对"知识会子"的压制，无论其参与人数多寡，往往多半会出现伤及犹太族人的现象。一些相当简单的"推断"，也在这一方面"发挥着作用"：美国现在成了我们的假想敌，而那里的犹太人在经济和政治领域中正扮演着重要角色。以色列，刚一诞生便宣称自己是美国的追随者。而苏联的犹太人与美国的和以色列的犹太人，有着广泛的亲缘关系，从战争时期起便被极尽可能地诱导着去发展与西方资本主义国家的经济与文化关系，故必须将其视为可疑的苏联公民和潜在的叛国者。

犹太人反法西斯委员会积极分子们于 1948 年年底前被捕之后，反世界主义运动接踵而至。在这一运动的发动过程中扮演重要角色之一的人物是格·米·波波夫①——联共（布）莫斯科州委和莫斯科市委第一书记，同时兼任莫斯科苏维埃执委会主席和中央书记。1949 年 1 月上旬，在斯大林召见时，他曾报告说，在苏联作协第十二届全体会议上，在中央宣传与鼓动局的纵容之下，发起了对亚·亚·法捷耶夫的反爱国主义的攻击。"世界主义者们"企图将其撤职并选举自己安插的人。而法捷耶夫出于自谦，不敢向斯大林同志寻求帮助。当德·特·谢皮洛夫被斯大林召见，开始谈起戏剧批评家们抱怨将苏联作协领导赶下台一事并将亚·米·博尔夏戈夫斯基的信摆到桌面上作为证据时，斯大

---

① 即格奥尔季·米哈伊洛维奇·波波夫（Попов, Георгий Михайлович, 1906—1968），苏联政要，历任莫斯科州党委和莫斯科市党委第二书记（1938 年起）、第一书记（1945 年起）、党中央书记（1946—1952）等职。——译者注

林看都没看那封信一眼，便气愤地说道："这是对中央委员法捷耶夫同志的典型的反爱国主义攻击。"谢皮洛夫别无他法，只好组织反击。在《真理报》工作的瓦·米·科热夫尼科夫[①]和达·约·扎斯拉夫斯基在康·米·西蒙诺夫、亚·亚·法捷耶夫和阿·弗·索夫罗诺夫[②]的协助下，于 1 月 27 日前准备了一篇名为《资产阶级唯美主义的残渣余孽》的文章。排版时，又按照斯大林的指示作了修订。过于修饰的标题被替换，文章更名为《论一小撮反爱国主义的戏剧批评家》。为了行文的生动多样，遭到批评的这一现象便有了三种称谓——"口头世界主义"、"狂妄的世界主义"和"六亲不认的世界主义"。

该篇文章发表于 1949 年 1 月 28 日的《真理报》。随后，便有了《彻底揭露反爱国主义团伙》、《国立卢那察尔斯基戏剧艺术学院内六亲不认的世界主义者们》、《音乐批评中的资产阶级世界主义者们》、《消灭电影艺术中的资产阶级世界主义》、《六亲不认的世界主义之无耻诽谤者》等报刊文章的万炮齐发。

一些科研杂志也刊载了一些随后召开的、被责令根除世界主义的会议的总结。这类文章的标题，感情色彩弱了一些，例如："论苏联历史学家在与资产阶级思想表现的斗争中的任务"、"论反对思想战线上的世界主义斗争的任务"。世界主义者到处遭到揭露，但主要还是在文学艺术领域、报纸和电台编辑部门、科学研究院所和大专院校。运动进程中，1949 年 2 月 8 日，政治局通过了一项决议——《关于解散莫斯科、基辅和明斯克的犹太作家联合会和查封（莫斯科的）

---

① 即瓦季姆·米哈伊洛维奇·科热夫尼科夫（Кожевников, Вадим Михайлович, 1909—1984），作家，卫国战争时任《真理报》军事通讯员，1949 年起任《旗》杂志主编、苏作协理事会书记，1959—1965 年、1970 年后任苏作协书记。小说《彼得·里亚宾金》、《特别分队》获 1971 年度苏联国家奖、《阳光灿烂正当午》获 1974 年度苏联国防部文学奖。1953—1956 年曾任苏联《文学报》驻中国记者，著有《在伟大的人民中国》等。——译者注

② 即阿纳托利·弗拉基米罗维奇·索夫罗诺夫（Софронов, Анатолий Владимирович, 1911—1990），诗人、剧作家，曾任苏联作协书记（1948—1953）、《星火》杂志主编（1953—1986），主要作品有剧本《在一个城市里》（获 1948 年斯大林奖）、《莫斯科性格》（获 1949 年斯大林奖）、《遗产》和《暴风雨》（两剧获 1973 年俄罗斯国家奖），诗歌《在顿河上》、《深刻理解时代》等。——译者注

〈Геймланд〉①和（基辅的）〈Дер Штерн〉②两种集刊的决议》。事情并没有仅限于批评"世界主义者们"和将他们从有权威的工作岗位上免职并调到较为不重要的职位。据伊·格·爱伦堡援引的资料，对世界主义者们的迫害，常常是以逮捕作为终结。到 1953 年为止，已有 217 位作家、108 位演员、87 位画家和 19 位音乐家遭到逮捕。③

　　大约从 3 月 20 日起，运动开始退潮。在运动正酣之际，斯大林曾向《真理报》主编彼·尼·波斯佩洛夫下达过一个指示："不要把世界主义者搞成一个事件。不应大力扩大这个圈子。应当与思想而不是与人作斗争。"④苏斯洛夫将一些意识形态工作者召集过来，要求他们传达斯大林关于因为解读笔名而"开始变得有了反犹太主义味道"的意见。斯大林（据亚·亚·法捷耶夫证实，在下达了开始对反爱国主义者进行斗争的指示之后）似乎认定事情已经了结。被捕者没有被释放，被解职者也没有官复原职。那些最卖气力的反世界主义斗争运动的参与者，也被撤了职。他们中有中央宣传与鼓动局副局长 Ф. M. 戈洛文琴科教授（他曾到处做题名为《论与意识形态领域中的资产阶级世界主义的斗争》的报告）和《苏联艺术》报的主编 В. Г. 弗多维琴科。后者，如谢皮洛夫 1953 年 3 月 30 日写给马林科夫的信中所指出的那样，直到不久之前，还在想方设法地招揽反爱国主义批评家来报社工作，而当这些人被揭露之后，他却又在报社中大肆宣扬，把事情描述成是世界主义者无孔不入。⑤ 这里所表现出来的，完全是那位《胜利冲昏头脑》一文作者⑥的笔法。在人们的议论中，常将那种任意胡为的行径归咎于执行者们，而这类行径似乎又每每受到斯大林的阻止。

　　然而，应当注意到，政权最高机构中最大规模的职位变更，也发生于此次运动期间，且世界主义运动的受害者，亦远非仅仅是犹太族人。据以色列研究者们

---

　　①　《Геймланд》，意绪第语，意为"祖国"。——译者注

　　②　《Дер Штерн》，意绪第语，意为"星"。——译者注

　　③　爱伦堡 И. Г.：《人·岁月·生活：回忆录》(3 卷)，第 3 卷，莫斯科，1990 年，第 103 页。

　　④　博列夫 Ю. Б.：《斯大林乱象》，第 345 页。

　　⑤　科斯特尔琴科 Г. В.：《斯大林政治秘密》，莫斯科，2003 年，第 363 页。

　　⑥　即指斯大林。——译者注

评价,在受害者总人数中,犹太族人的数量所占比例并不是很大。在所有因"医生案"而被逮捕的人中,非犹太族人比犹太族人多两倍以上。[①] 将苏联的种种"反犹"运动仅仅解释为斯大林的反犹主义,恐怕是不准确的。如在 30 年代那样,反犹运动既与国际舞台上的政治斗争相关联,亦与苏联社会深刻的民族—政治过程相关,与精英的更替相关。

关于此次运动起因的见解,存在着巨大的差异,这使得可以对其中的某些见解加以分类。康·米·西蒙诺夫关注的是,在战后生活和意识中,"除了蛮横表现的反犹主义之外",还存在着"表现在干部选拔领域中的隐秘却顽强的回应式的犹太民族主义"。[②] 而米·彼·洛巴诺夫[③]则认为,运动的起因是:犹太人系"带着受难深重者的前所未有的膨胀了的名声而走出战争的。这一膨胀了的名声,促使犹太人去采取寓意深远的积极行动";而与世界主义的斗争,则是对"犹太人的主张——成为国内一支公开性的主导力量的反动"。[④] 在持不同政见者圈子内,这场与世界主义的斗争被解释为斯大林对"基本的共产主义原理——世界主义、反民族主义"的背离及其向爱国主义立场的转移。"爱国主义,这是一个脱离超民族主义的共产主义的巨大飞跃。从共产主义的观点来看,"瓦·察里泽[⑤]写道,"向爱国主义的转向,即便在战争时期,亦属异端。"И. 达尼舍夫斯基则将战后这场与世界主义的斗争形容成"实为反共产主义的"运动,"因为共产主义,究其实质就是世界主义的;共产主义不需要祖先,因为它自己就没有族属,没

---

① 马尔基什 Ш. :《瓦西里·格罗斯曼实例》,载《格罗斯曼 В. ·犹太人主题》(2 卷),第 2 卷,耶路撒冷,1985 年,第 407、508 页。亦见科斯特尔琴科 Г. :《"医生案"不具有特别的反犹性质》,载《祖国》,1994 年第 7 期,第 66—73 页。

② 西蒙诺夫 К. М. :《以我辈人的眼光》,莫斯科,1990 年,第 202 页。

③ 即米哈伊尔·彼得罗维奇·洛巴诺夫(Лобанов,Михаил Петрович,1925—　),政论作家、文学批评家,其政论文章《高文化修养的小市民》《解放》等曾招致非议,另有《俄罗斯复兴》《同代人回忆和文献中的斯大林》等著述。——译者注

④ 洛巴诺夫 М. П. :《在厮杀与爱之中:精神履历经验》,莫斯科,2003 年。

⑤ 即瓦列里·尼古拉耶维奇·察里泽(Чалидзе,Валерий Николаевич,1938—　),物理学家、多产政论作家、持不同政见者,自行印制杂志《社会问题》的出版人(1969—1972),1970 年与 А. Д. 萨哈罗夫、А. н. 特维尔多赫列勃夫创立保卫人权委员会。——译者注

有后裔"。①

　　马尔院士荣誉的丧失和俄语扮演"社会主义世界语"角色的确立。1950 年，斯大林亲自参加了语言学问题的争论。此前，曾被宣布为"唯一正确的"尼·雅·马尔理论，暴露出其基本原理的根据不足。关于加速进行创制人造世界语的建议，明显丧失了现实意义。时间表明，在苏联境内，在向未来世界语过渡的进程中，俄语具有特别的作用。关于这一点，约·维·斯大林在早些时候便已写出，却刚刚发表出来的文章《列宁主义和民族问题》中就曾谈到。此文发表之后，达·约·扎斯拉夫斯基便以下述方式在《真理报》上对世界性语言的接续更替作出描述：拉丁语是古希腊罗马世界和中世纪早期的语言；法语是封建时代统治阶级的语言；英语则成为资本主义时代的世界性语言。放眼未来，"我们将俄语视为社会主义的世界性语言"；它的传播，丰富着民族文学，"同时又没有危害民族文学的独立性"。②临近 1950 年，已暴露出马尔主义伤害着中国人的民族情感。在苏联学习的中国大学生和实习生们拒绝学习马尔语言学的一系列事件，曾是众所周知的。依据尼·雅·马尔的理论，语言的发展被划分为 4 个阶段。中国和一系列非洲语言所处的，为第一阶段（低级阶段）；乌戈尔—芬兰诸语言、突厥—蒙古诸语言处于第二阶段；处于第三阶段的，是雅弗语系（包括高加索诸语言）和含语系诸语言；第四阶段（高级阶段）的语言为闪语系和印欧语系（包括阿拉伯语、犹太语、印度语、希腊语、拉丁语）。结果是，汉语仅被与语言发展的初级阶段联系在一起，而格鲁吉亚语则处在低于欧洲语言的发展阶段上。后一说法，亦不可能不刺痛格鲁吉亚人的民族情感。

　　在苏联语言学家中，不赞同这种语言发展阶段性观念的有著名学者维·

---

　　①　察里泽 B.：《共产主义的战胜者》，纽约，1981 年，第 46、49 页；达尼舍夫斯基 И.：《关于 B. 彼斯科夫的〈祖国〉一文》，载《政治笔记（1964—1970 年）》，阿姆斯特丹，1972 年，第 65 页；列尔特 Р. Б.：《我之立场（自行出版政论文集）》，莫斯科，1991 年，第 17 页。
　　②　扎斯拉夫斯基 Д.：《我们时代的伟大语言》，载《真理报》，1949 年 1 月 1 日，第 3 版。

弗·维诺格拉多夫、亚·亚·列福尔马茨基①等人。依那个"唯一正确的"语言学理论的观点而论,这是一些继承"革命前自由资产阶级语言学过时传统"的语言学家们。语言学界的这一状况,在格鲁吉亚社会主义加盟共和国科学院院士阿·斯·齐科巴瓦②于1950年3月写给斯大林的信中得到描述。

斯大林与奉邀来莫斯科的齐科巴瓦进行的私人会晤,使他确信有必要对这个在国内居统治地位的语言学理论予以重新审视。马林科夫也就这些问题与维·弗·维诺格拉多夫院士谈了话。按照斯大林的建议,齐科巴瓦为《真理报》准备了一篇有关语言学问题的文章。1950年5月9日,这篇文章"以探讨的方式"发表出来。文章中谈到重新审视马尔的普通语言学架构的必要性,认为不这样做,"苏联语言学体系的建立,便是不可能的"。马尔学说支持者对这一要求感到惊讶,一些人把它视为这位精神失常的语言学家的狂妄之举。马尔学说的支持者在1950年6月20之前,一直在驳斥齐科巴瓦,直到《真理报》上出现了斯大林的文章《关于语言学中的马克思主义》。7月11日和28日,该报连续刊载了此文的续篇。后来,这些刊载的文章被辑入一个单行本出版,其书名为《马克思主义与语言学问题》。

在斯大林的这些文章中,关于尼·雅·马尔理论中那些最基本的原理("语言是经济基础的上层建筑"、"语言的阶级性"、"语言发展的阶段性")是马克思主义的定论,被完全否定。随着斯大林论语言学著作的发表,马尔失去了公开的支持者,开始被人们视为一位想要成为马克思主义者,但却没有能力如愿以偿的学者。"他同'无产阶级文化派'或'拉普派'一样,只是把马克思主义简单化、庸俗化了。"③

苏联语言学挣脱马尔主义羁绊的过程,也免不了生出逸闻趣事。维·弗·

① 即亚历山大·亚历山德罗维奇·列福尔马茨基(Реформатский, Александр Александрович,1900—1978),莫斯科音位学派代表人物之一,代表作《语言学导论》等。——译者注

② 即阿诺尔德·斯杰潘诺维奇·齐科巴瓦(Чикобава, Арнольд Степанович,1898—1985),语言学家,主攻卡尔特维尔语言学及普通语言学,格鲁吉亚科学院主席团成员。——译者注

③ 斯大林 И. В. :《马克思主义与语言学问题》,莫斯科,1950年,第19页。

维诺格拉多夫在为斯大林的文章准备了前期资料后,曾心怀恐惧地在 7 月 11 日的《真理报》上看到斯大林对俄语起源的解释出了差错:他没有说俄语起源于库尔斯克—莫斯科方言,却写道,起源于库尔斯克—奥廖尔方言(是依库尔斯克—奥廖尔弧线①类推的)。维诺格拉多夫给波斯克廖贝舍夫打去电话,告之这个错误。波氏回答道:"既然斯大林同志写的是库尔斯克—奥廖尔方言,那就是说,如今俄语就将起源于那里了。"

斯大林那些文章所作出的阐释,对理论和实践均是极为重要的。俄语如今成了一门"绝对将会是最丰富、最卓越的区域性语言之一,是最强有力的国际交际手段之一,并将在未来统一的世界性语言的创立中、在其基本词汇和语法体系的创制中扮演重大角色"②。与此同时,斯大林关于必须全力巩固苏联国家的论点,也正在被绝对化;而马克思主义传统所遵循的,则是与之相反的论点——随着共产主义的推进,国家将会消亡。

---

① 库尔斯克—奥廖尔弧线(курско-орловская дуга),亦称"库尔斯克突出部",二战术语,指 1943 年间苏军在斯大林格勒战役中取得胜利后乘胜进击,于库尔斯克—奥廖尔一线形成的一个突入德军防线的前沿地带,德军为挽回败局曾调集重兵攻取该突出部,此役德军战败,史称库尔斯克防御战。——译者注

② 卡马里 М. Д.:《约·维·斯大林论语言学中的马克思主义》,载《约·维·斯大林著作〈马克思主义和语言学问题〉中的辩证唯物主义与历史唯物主义问题》,莫斯科,1951 年,第50 页。

3

解冻和"发达社会主义"年间
巩固新历史共同体政策

民族政策的去斯大林化与贝利亚的桂冠。20 世纪 50 年代,关于新共同体及其语言问题的学说,在没有援引任何首创者的情况下发展着。在这种情形之下,宁愿以布哈林式的而不是斯大林式的民族布尔什维克主义精神来诠释这些问题的倾向,清楚地表现出来。应当认为,这里表露出欲消除战后年间转向大国主义和沙文主义的斯大林"倾向"和回归到"真正的"的国际主义立场上来的意图。然而,关于在苏联正在形成一个新的历史共同体的观念,只是到了 60 年代初时,方才发生向现实的转化。约·维·斯大林死后不久,在民族政策中,去斯大林化便成为首要的必行之事。在这方面迈出的最初的实际步伐,是由依据内务部部长贝利亚的书面报告而于 1953 年 4 月 1—2 日间在苏共中央通过的那些决定促成的。书面报告建议,为那些因"医生破坏分子案"受牵连的人"恢复名誉并立即予以释放";对"野蛮杀害米霍艾尔斯的犯罪式的手术"和似乎仅仅因挑拨离间的造谣中伤便将波·谢·热姆丘任娜驱逐一事,给予定罪。

中央主席团作出的有关伪造医生破坏分子案一事和接受苏联内务部建议的决议,已于 4 月 3 日通过,并于次日公布。该决议批准为因"医生案"而被捕的 37 位医生和他们的亲属完全恢复名誉并解除监禁;批准对那些"特别狡诈地伪造这一挑拨离间案件和极其粗暴地破坏苏联法律"的原国家安全部工作人员追究刑事责任;批准采取措施,"消除日后在内务部机关工作中再度发生类似反常事件的可能性"。

贝利亚报告中阐述的关于对民族主义活动的指控中存在"造谣中伤"的论点,实际上成了谴责和彻底终结反世界主义斗争运动以及社会舆论对这一谴责作出不同反响的依据。为抑止社会上的不良的反犹主义反应,赫鲁晓夫于 1953 年 4 月初向各级党组织发出一封内部信函,要求不要对发表在报章上的内务部消息报道加以评论,不要在党的会议上讨论反犹主义问题。显然,正是这些要求,促成了贝利亚关于立即为因犹太人反法西斯委员会一案而被判刑的人恢复名誉的建议,出现了最初的偏差。直到 1955 年 11 月,犹太人反法西斯委员会成员才被恢复了名誉;而有关此次恢复名誉的决定,没有予以公布。

推动民族关系领域内变化的另一次脉动,是依据贝利亚的倡议而于 1953 年 5 月 26 日和 6 月 12 日通过的那些决议。作出这些决议的目的,是要在乌克兰、立陶宛和白俄罗斯"完全消除党的列宁—斯大林民族政策中的错误"。6月12日,在赫鲁晓夫的书面报告的基础上,一个关涉拉脱维亚的类似决议也通过了。党政机关的本地民族化(是继20年代之后的第二次)和在各加盟共和国推行使用民族语言处理公文,构成了已经提出的民族关系去斯大林化观念的基本内容。

贝利亚提出的中、高级党政机关本地民族化,意味着在实际操作中将使工作于各民族共和国的俄罗斯族干部队伍,遭到完全破坏。乌克兰共产党中央第一书记、俄罗斯族人列·格·梅利尼科夫①的职位被乌克兰族人阿·伊·基里琴科②取代,成为这一本地民族化之始。在白俄罗斯,中央全会开始工作,它作出的决定是6月12日的苏共中央决议预先决定了的。中央决议的内容是:"解除尼·谢·帕托利切夫③同志的白俄罗斯共产党中央第一书记的职务,并将其召回由苏共中央另行安排;建议由苏共中央委员、原白俄罗斯共产党第二书记米·瓦·济米亚宁④同志出任白俄罗斯共产党中央第一书记,解除其在苏联外交部的工作。"

济米亚宁团队在以贝利亚的报告的精神为白俄罗斯共产党中央委员会全会

---

① 即列昂尼德·格奥尔季耶维奇·梅利尼科夫(Мельников, Леонид Георгиевич, 1906—1981),苏联政要,历任乌克兰联共(布)中央第一书记(1949—1953)、苏驻罗马尼亚大使(1953—1959)、煤炭工业企业建设部部长(1955—1961)、国家矿山监察局局长(1966—1981)等。——译者注

② 即阿列克谢·伊拉里奥诺维奇·基里琴科(Кириченко, Алексей Илларионович, 1908—1975),苏联政要,历任敖德萨州委第一书记(1945—1950)、苏共中央主席团成员(1953—1960)、乌克兰党中央第一书记(1953—1957)、罗斯托夫州委第一书记(1960)等。——译者注

③ 即尼古拉·谢苗诺维奇·帕托利切夫(Патоличев, Николай Семёнович, 1908—1989),苏联政要,历任雅罗斯拉夫尔州、车里雅宾斯克州党委第一书记(1939—1946),乌克兰党中央书记(1946—1947),罗斯托夫州委第一书记(1847—1950),白俄罗斯党中央第一书记(1950—1956),苏联外贸部部长(1958年起),苏共中央主席团成员(1952—1953)等。——译者注

④ 即米哈伊尔·瓦西里耶维奇·济米亚宁(Зимянин, Михаил Васильевич, 1914—1995),苏联政要,历任白俄罗斯列宁主义共青团第一书记(1940—1951)、教育部长、白俄罗斯共产党中央第二书记、苏驻东德大使(1956—1957)、苏外交部副部长(1960年起)、《真理报》主编(1965年起)、苏共中央书记(1976—1987)等职。——译者注

准备的报告中,也曾提出建议:为纠正对列宁主义民族政策的破坏,应在国家机关推行白俄罗斯书写文字;所有书信往来,均仅使用白俄罗斯语;各类会议、集会、代表大会,亦仅使用白俄罗斯语。报告承认,俄罗斯族人当然将会比较难以在白俄罗斯工作,因为他们并不是都精通白俄罗斯语。据帕托利切夫回忆,在本地民族化拥护者的发言中,对待他们的态度是这样的:"俄罗斯族同志们在许多方面帮助过白俄罗斯人,为此要向他们深深地鞠一躬。而如今,他们中若是有谁感到很困难,我们将帮助他们调离到其他地方去。"

第一个站出来反对济米亚宁报告的,是自战争年代起便在共和国内享有巨大威望的共青团领导、苏联英雄称号获得者彼·米·马舍罗夫①,随后还有全会的其他一些与会者。但是,这个按中央指令准备的报告,还是获得了赞同。不过,早在全会工作结束之前,赫鲁晓夫便给帕托利切夫打来电话说:"贝利亚已被逮捕……此事暂时不要对任何人讲,我们从我们的视察员那里得到信息,称中央全会是支持你的……如果全会向苏联中央提出请求,那么,决定可以撤销。"由于莫斯科的形势发生了变化,帕托利切夫依然留任原职,直至1956年。后来,他曾对吉尔吉斯共产党中央第一书记图·乌·乌苏巴利耶夫②谈起贝利亚发起的这一倡议:"很难找到更恶劣的民族主义表现了。这个荒诞的主意若是成为现实,对数百万居住在白俄罗斯的公民来说,那将会变成一场可怕的悲剧。"贝利亚"根本不关心民族语言发展和民族干部的培养。贝利亚的'民族'计划若变为现实,可能会导致数百万人由一些共和国向另一些共和国的迁移"。乌苏巴利耶夫将这番评说记录在自己的回忆录《时代·创造·命运》(比什凯克,1995)中。

按照贝利亚建议的精神,在乌克兰、白俄罗斯和波罗的海沿岸地区(该地区

---

① 即彼得·米罗诺维奇·马舍罗夫(Машеров, Пётр Миронович, 1918—1980),苏联政要,历任白俄罗斯共青团第一书记(1947—1951),白俄罗斯共产党中央书记(1959年起)、第二书记、第一书记(1965—1980),苏共中央政治局候补委员(1966—1980)等职。——译者注

② 即图尔达昆·乌苏巴利耶维奇·乌苏巴利耶夫(Усубалиев, Турдакун Усубалиевич, 1919—),苏联政要,历任吉尔吉斯共产党伏龙芝市委第一书记(1958—1961)、吉共产党中央第一书记(1961—1985)、苏共中央委员(1961—1986)等职。——译者注

的表现之一,便是拉脱维亚共产党中央第二书记叶尔绍夫被拉脱维亚人维·卡·克鲁明什①取代)推行的党和经济机关本地民族化;贝利亚在各共和国设立杰出民族活动家特别勋章,以表彰地方上的文化战线工作者;采取其他一些发展文化和语言领域民族传统的措施,以便有助于民族自豪感培养的各种尝试——所有这一切并非是不留痕迹地一闪而逝,而是有着双重的后果。一方面,这有助于铲除这些加盟共和国内的民族主义地下武装活动(下列数字显示着这类活动的规模:在镇压波罗的海沿岸地区、西乌克兰和西白俄罗斯的武装抵抗过程中,到 50 年代中期为止,已有 2.5 万多名苏联官兵牺牲)。另一方面,这也激活了各加盟共和国的资产阶级民族主义分子、民族分立和反俄情结,促成大量的、参与者主要系青年人的民族主义小组或团体于 20 世纪 50—60 年代在一些城市中的涌现。

　　列·伊·勃列日涅夫多年的助手 B. A. 戈利科夫证实说,贝利亚的著名报告出台后,摩尔达维亚的形势立即发生了变化,"发生了民族主义的强烈喷发"。过了一段时间,自 1948 年起便担任摩尔达维亚共产党中央宣传与鼓动部主任、自 1950 年便在勃列日涅夫领导之下工作的康·乌·契尔年科②,几乎是祈求似地对戈利科夫说道:"喂,帮帮我吧。摩尔达维亚人常来对我说,我已经坐在这儿 8 年了,占着位置不让。他们生性粗暴蛮横。帮我调离到其他什么地方去吧。只要去俄罗斯,哪里都行。"就这样,这位未来的中央总书记便于 1956 年成为由列·费·伊利乔夫③领导的苏联中央宣传与鼓动局的处长之一。

---

①　即维利斯·卡尔洛维奇·克鲁明什(Круминьш,ВилисКарлович,1919—2000),苏联政要,历任拉脱维亚共产党中央委员会书记(1951—1952)、第二书记(1953—1956,1958—1960)、拉脱维亚部长会议副主席(1956—1958)等职。——译者注

②　即康斯坦丁·乌斯季诺维奇·契尔年科(Черненко,Константин Устинович,1911—1985),苏共中央第 5 任总书记(1984—1985)、最高苏维埃主席团主席(1984—1985);此前历任最高苏维埃主席团秘书长(1960—1965)、中央书记(1976 年起)、政治局委员(1978 年起)等职。——译者注

③　即列昂尼德·费奥多罗维奇·伊利乔夫(Ильичёв,Леонид Фёдорович,1906—1990),苏联政要,哲学家、院士,历任《消息报》主编(1944—1948)、《真理报》主编(1951—1952)、苏共中央书记兼苏共意识形态委员会主席(1961—1965)、外交部副部长(1965—1989)等职。有辩证唯物主义和历史唯物主义方面的著述。——译者注

为了努力不使地方上的民族主义壮大起来,尼·谢·赫鲁晓夫有时会对那些公然破坏干部政策中的"国际主义原则"的现象作出激烈的回应。譬如,他曾因阿塞拜疆通过了一系列有侮非本地民族,其中也包括俄罗斯族人士的决定而公开申斥阿塞拜疆的领导人伊·达·穆斯塔法耶夫①。他说道:"现在谁也不可能怀疑俄罗斯人在推行什么沙文主义政策。你们看一看,俄罗斯人,他们经常是在有损于本共和国的条件下曾经,并且现在仍在向各兄弟民族们提供着帮助。因此,如今这些民族不仅仅是自身情况变好了,而且常常是在生活水准方面比俄罗斯联邦个别州还要高。"

赫鲁晓夫为何将克里米亚赠予乌克兰。在尼·谢·赫鲁晓夫最初的一些创举中,有一个与 1954 年庆祝乌克兰与俄罗斯重新合并 300 周年纪念活动相关。整体说来,这个创举对国内民族关系发展构成了负面的影响。为了此次庆典,1月 12 日曾以苏联中央的名义发表了《乌克兰与俄罗斯重新合并 300 周年纪念活动纲要》。《纲要》再次强调指出,佩列亚斯拉夫尔拉达作出的决定②具有重大进步意义,其表现主要反映在 3 个历史事件中:"在统一的俄国国家框架内与俄罗斯联合起来之后,乌克兰便获免于小贵族统治的波兰的奴役和土耳其苏丹国的吞并";"苏联实力的增长和强盛为乌克兰人民将本民族重新合并(即西乌克兰于 1939 年、布科维纳和伊斯梅尔州于 1940 年、外喀尔巴阡山乌克兰地区于 1945年并入苏维埃乌克兰)的世代宿愿的实现提供了可能";"只有在伟大的俄罗斯民族和苏联其他各民族兄弟友好的帮助之下,乌克兰才能从法西斯的枷锁下被解放出来"。

乌克兰所取得的成绩(在苏联时期,工业增长了 16 倍;大学生人数超过欧洲所有国家的,等等),依据《纲要》的说法,这是另一个证据,证明"只有社会主义才

---

① 即伊马木·达什德米尔·奥格勒—穆斯塔法耶夫(Мустафаев,Имам Дашдемир оглы,1910—1997),1954—1959 年任阿塞拜疆党中央第一书记。——译者注

② 即指 1654 年 1 月 8 日哥萨克起义军首领博格丹·赫梅利尼茨基在今乌克兰佩列亚斯拉夫尔(Переяславль)市召集民众大会——拉达,通过与俄罗斯重新合并的决议。——译者注

能保障所有人民和民族的自由与幸福生活、发展和繁荣,保障各族人民的真正友谊、他们的合作与相互协助";证明苏联"是一个自励自强之国的范例,在那里,民族问题在人类历史上首次获得解决"。

在宣传性的文献中,苏联各民族统一的程度,获得了一种终结性的表述。这些文献宣称,在 1917 年之后,苏联各民族人民生活改造的结果,"便是民族问题得到了完全、彻底的解决"。1951 年,党办杂志上开始宣布,苏联各民族的统一,已经具有了原则上系崭新性质的状态。"我国在社会主义的改造进程中,已经形成了一个史无前例的人民共同体——苏联人民,即工、农两个阶级以及真正的人民知识分子的联合体,苏联所有民族的联合体。苏联所有民族的人们,都是这一统一的社会主义经济体系中的劳动者。他们拥有统一的国家生活体系——苏联国家;拥有统一的意识形态——马克思主义、列宁主义;拥有一个统一的目标——建设共产主义;拥有一个统一的、表达着他们切身利益并引领他们从胜利走向胜利的政党——列宁、斯大林的党。所有各族人民拥有一个统一的祖国——苏联。"(《乌克兰布尔什维克》,1951 年第 9 期)

民族关系中出现的矛盾,仅仅是与个别苏联人意识中存在着一些偏见和周边资本主义国家的捣乱联系在一起。《乌克兰与俄罗斯重新合并 300 周年纪念活动纲要》中称:"只要资本主义的包围还存在,帝国主义国家便将会继续向我们这里派遣间谍和破坏分子,图谋利用已被粉碎的敌对集团的残余达到反苏的目的,煽动资产阶级民族主义分子,使一些人思想意识中的民族偏见复活并利用它们来破坏苏联各民族的友谊。"[①]

依据 1954 年 2 月 19 日苏联最高苏维埃主席团的决定,克里米亚州由俄罗斯移交给乌克兰一事,导致了长期的负面后果。这个与俄罗斯民族利益完全抵触的运作,是在一个依俄罗斯民族—国家利益观点看来是荒谬可笑的借口之下进行的。这次移交似乎是考虑到"克里米亚州与乌克兰社会主义加盟共和国在经济上的共同性、地缘的接近和紧密的经济与文化联系"。尽管似乎"全体一致"

---

① 《乌克兰与俄罗斯重新合并 300 周年(1654—1954 年)纪念纲要获得苏共中央同意》,载《真理报》,1954 年 1 月 12 日,第 4 版。

赞同这种——如苏维埃代表帕·特奇纳①认为的那样——"伟大兄弟的慷慨赠予",但在很长一段时间里,却一直有可以证明与此说完全相悖的信件递送到最高苏维埃(这些信件受到历史学家 А. П. 米亚克舍夫的研究)。例如,一封被转交到档案馆,上面写着怯生生的批示——"入 1964 年 8 月 9 日卷宗"字样的信,向议员们提出诘问道:"俄罗斯视克里米亚为自己引为骄傲的最优美、硕大的珍宝——它的面积超过比利时或瑞士;这个简直如同一个国家大小的珍宝,俄罗斯怎么能够把它拿去送人? ……怎么能够未经俄罗斯人民许可便把俄罗斯的宝物、把俄罗斯的财产赠予了他人呢?"该信的作者自己明确地回答了这个问题——"俄罗斯人不会拿克里米亚作为礼物送人。这是一个反国家的、有危险目的的行为",并建议撤销这个错误的决定,否则,这个问题就应交由人民公决。这类信件当然没有引起重视。

　　赫鲁晓夫将克里米亚土地与占那里人口多数的俄罗斯居民(1954 年资料显示,克里米亚共有 120 万居民,其中 71.4％为俄罗斯族人)一并赠予乌克兰的真实原因,是试图为他本人在 1938—1940 年批准的镇压行动赎罪。有 16.756 5 万名乌克兰人成为由他批准镇压的受难者,其中包括 2 000 余名共和国领导人士和数百名被怀疑组织反赫鲁晓夫的"恐怖行动"的人。借着克里米亚移交给乌克兰(或称作"乌克兰收回",如德·特·谢皮洛夫所说),尼·谢·赫鲁晓夫不仅指望获得乌克兰共和国在苏共中央主席团中的代表人物们的支持,也获得了总数为 175 人的中央委员中来自乌克兰党组织的 36 位中央委员在全会上的有保障的表决票。难怪,1964 年 10 月 14 日,在由皮聪达飞往莫斯科的途中,赫鲁晓夫曾试图说服随行的卫士们改变飞行路线,并许诺把他们的少校长官提升为中校和授予他们每个人苏联英雄称号:"在首都有阴谋! ……我们飞往基辅吧。那里有我们的救星。"

————————

　　①　即帕夫洛·格里戈里耶维奇·特奇纳(Тычина, Павло Григорьевич, 1891—1967),乌克兰诗人,乌克兰科学院院士,乌克兰最高苏维埃代表。主要诗作有《党的引领》《统一大家庭的感受》《遥望共产主义未来》等,曾获 1941 年国家奖。——译者注

赫鲁晓夫为被镇压民族恢复名誉引发的最初后果。苏联 20 世纪 50 年代民族运动的基本走向之一,便是被逐出家园的各民族人民争取获得宪法赋予的权利的运动。来自特别移民的有关非法被逐的信件和申诉,实际上自被迁移之日起,便已开始向中央党政机关呈递。随着时间的推移,它们变得如川流不息的河水,源源不断地涌来。1952 年间,每月递送至各级部门的申诉信函多达 6 000 余份;1954 年间约为 1.1 万份。1953 年,卡尔梅克族移民代表团在联合国和美国国会受到接待并请求联合国人权保护委员会设法解救卡尔梅克人和被镇压的苏联其他民族的人民。然而,直至 1954 年之前,那些依据从前通过的种种决议势必要永远留居在流放地的被逐民族,并没有令当局感受到特别不安,甚至当局还成功地使用严厉手段预防了他们逃回家乡的行为。

1953 年 4 月 10 日之后,当党和政府于 1951 年作出的那些关于将约 1.1 万公民——似乎是与明格列利亚民族主义集团有染的"敌对分子"——从格鲁吉亚驱逐的决议被"作为不正确的"决议而被撤销时,一个新的局面便开始形成了。1953 年 4 月 10 日苏共中央主席团作出平反决议,规定"应使所有被非法驱逐的公民,一律返回原居住地"。格鲁吉亚政府被责成"应向从特别移民地返回的公民返还驱逐他们时所没收的财物"。

1954 年,不彻底且矛盾重重的平反工作和向其他被驱逐的各族人民返还公民权利的工作开始了。在当年和接下来的一年中,所有日耳曼族人、克里米亚鞑靼族人、卡尔梅克族人和巴什基尔族人,均被从无权返回原居住地的特别移民居住地登记中撤销。1954 年 7 月 5 日,撤销了对 16 岁以下的卡拉恰伊族、车臣族和印古什族儿童的行政管制。1955 年 3 月 10 日,车臣族人、印古什族人、卡拉恰伊族人与所有特别移民一样,获得了拥有公民身份证的权利;而在 1955 年 5 月 9 日,苏共中央主席团以决议方式废除了对苏共党员的一些限制。随后而来的是苏联最高苏维埃于 1955 年 12 月 13 日下达了《关于取消特别移民居住地的日耳曼族人及其家属的法律地位限制》的主席团令。不过,他们并没有获得返回原居住地的权利。国家曾经探讨过在流放地为这些人民建立民族行政组织的可行性。受到惩罚的人们对此表示坚决反对,要求依照明格列利族人的样式返回自己的祖先之地并恢复先前存在的自治共和国或州。

党的第二十次代表大会(1956年2月召开)为蒙受惩罚民族的运动提供了新的强有力的推动力。这一年的春季,颁布了数项苏联最高苏维埃主席团令:《关于撤销对现居住在特别移民居住地的卡尔梅克族人及其家属的法律地位的限制》(1956年3月17日),《关于撤销对现居住在特别移民居住地的希腊族人、保加利亚族人、亚美尼亚族人及其家属的法律地位的限制》(1956年3月27日),《关于撤销对卫国战争期间被迁移的克里米亚鞑靼族人、巴尔卡尔族人、土耳其裔苏联公民、库尔德族人、赫姆申族人[①]及其家属的特别移民居住地限制》(1956年4月28日),《关于撤销对卫国战争期间被迁移的车臣族人、印古什族人、卡拉恰伊族人及其家属的特别移民居住地限制》(1956年7月16)。

对斯大林驱逐各族人民的政策的谴责,曾被理解为是对战争年代作出的那些不公正决定的废止。诸项法令中的关于"撤销对一些人的特别移民居住地限制……不附带返还迁移时没收的财物,且他们没有权力返回迁出地"的那些条款,当时被理解为具有临时性质。于是,没有等到正式批准,成千上万昔日的特别移民们,便开始自行返回原居住地。

因担心局势失控,党中央于1956年11月24日通过一项关于恢复卡尔梅克、巴尔卡尔、车臣和印古什各民族的民族自治权的决议。该决议规定,自1957年起,于3—4年内对这些民族的人民进行有组织的迁徙,以便为各地的居民安置工作准备必要的条件。特别移民们不想等待。大批的移民动迁开始了。当局开始想方设法加以阻止。在哈萨克斯坦和俄罗斯铁路沿途一些站点上,曾设立了14个机动的阻截小队。特别移民们被从火车上请下来送回原地,也禁止向他们出售驶往他们家乡的飞机或火车票。所有这一切,不能不令移民们怒火冲天。

移民们的自发返乡,使北高加索的族际形势尖锐起来——在那里,在他们居住的原址上,已有他人落居。巴尔卡尔人的回归故土,进行得最为平静。这是因为,那里的党组织和在被驱逐者土地上定居下来的当地居民,能够正确对待他们的归来。不过,卡拉恰伊族人的自发性返乡,却引发了与落居于他们故乡土地上

---

① 　赫姆申族人(хемшилы),落居苏联及土耳其境内的信奉伊斯兰教的亚美尼亚人。——译者注

的俄罗斯和格鲁吉亚移民之间的冲突。车臣与印古什人的返乡,更为激烈。格罗兹尼州、达格斯坦自治共和国和北奥塞梯自治共和国的居民们,坚决反对他们自行返乡。

最初一批返乡归来的车臣人和印古什人,多为由 10—19 人组成的不大的群体。他们用布袋将在流放地亡故的亲人的遗骨随身运回故乡来安葬。这些返回故里的人们,遭到敌视。他们在户口登记处遭到拒绝,没有人负责接收他们的工作。但这并没能阻止他们。一些抵达故乡的人们,携带武器游荡于乡镇之间,不时鸣枪射击,挑起当地居民作出回应行动或冲突。他们以威胁和暴力手段强行搬入自己的故居,将居住在那里的达格斯坦人、俄罗斯人驱赶出去。有些返乡的人,加入了战争时期便在山里活动的"起义"队伍。他们经常干些劫掠、偷盗集体农庄牲畜的勾当。普通集体农庄的庄员,也成了他们的受害者。族际关系紧张的爆发地区,曾引发了俄罗斯居民大量迁出该共和国的现象。

各族人民为捍卫遭到蹂躏的权利而进行的斗争,取得了最初的结果。1957年 1 月 9 日,苏联最高苏维埃主席团建议恢复巴尔卡尔、印古什、卡尔梅克、卡拉恰伊和车臣诸民族的民族自治权。依据这一决定,俄罗斯联邦苏维埃社会主义共和国最高苏维埃主席团通过了关于将卡巴尔达苏维埃社会主义自治共和国改建为卡巴尔达—巴尔卡尔苏维埃社会主义自治共和国、关于将切尔克斯自治州改建为卡拉恰伊—切尔克斯自治州①和恢复卡尔梅克自治州的指令。

车臣—印古什共和国得到恢复,并且领土面积得到扩大。曾移交给北奥塞梯的格罗兹尼城郊地区之一部(977.5 平方公里),仍被保留在这个共和国内。同时,又将捷列克河 3 个平原河泛区由斯塔夫罗波尔边疆区并入车臣—印古什人的历史落居区域。这些地区(即那乌尔、那德杰列克和舍尔科夫,共计 5.2 万

---

①　卡拉恰伊—切尔克斯(Карачаево-Черкессия)自治州,位于大高加索北坡、斯塔夫罗波尔边疆区境内,始建于 1922 年,1926 年分解为卡拉恰伊自治州和切尔克斯民族区(1928 年升格为自治州),1943 年卡拉恰伊自治州被撤销。现为俄联邦一共和国,隶属于北高加索联邦区,首都切尔克斯克,人口约 40 万。卡拉恰伊族人(Карачаевцы,自称 карачайлы)所操语言属高加索语系西北语族。切尔克斯族人(черкесы),自称阿迪格人(адыге),所操语言亦属高加索语系西北语族。——译者注

平方公里,占车臣—印古什自治共和国 19.3 万平方公里总领土面积的 27%),主要居住着俄罗斯族人。这些地区的并入,使得该共和国的经济更为稳定。随着该共和国内俄罗斯族居民人口的增加,当局曾期望加强中央对自治社会生活的影响。这类行动或筹划,依旧沿用依靠俄罗斯族人解决国内民族问题的由来已久的传统。

重建后不久,被惩罚民族的民族国家,便获得了国家的褒奖。为庆祝自愿归并俄罗斯 400 周年,卡巴尔达—巴尔卡尔(1957 年 7 月)、卡拉恰伊—切尔克斯(1957 年 9 月)被分别授予列宁勋章。卡尔梅克也因自愿加入俄罗斯 350 周年而被奖励一枚列宁勋章(1957 年 8 月)。1958 年 6 月 29 日,卡尔梅克自治州被改建为卡尔梅克苏维埃社会主义自治共和国。车臣—印古什则于 1965 年被授予一枚列宁勋章。这些褒奖意味着,政府意欲对各被惩罚民族过去所遭受的不幸做个了断。然而,这对促进这一地区各民族睦邻关系和"友谊繁荣"的修复,效果不大。

一些持续的、小规模的民族主义性质的扰乱社会治安事件,因政府的姑息而于 1958 年 8 月导致了一场格罗兹尼俄罗斯族居民与车臣和印古什族人之间的真正的族际冲突。冲突的起因是一位俄罗斯族人被一个印古什人杀害,被害人的葬礼演变成俄罗斯族人对车臣和印古什族人的大迫害。3 天时间里,格罗兹尼市的日常生活陷入瘫痪。集会的人们要求将所有车臣和印古什族人从共和国驱逐出去,而当地政府官员却躲避到城外。部队开始火速赶来。俄罗斯联邦共和国最高苏维埃主席团主席米·阿·雅斯诺夫[①]和苏共中央书记尼·格·伊戈

---

　　① 即米哈伊尔·阿列克谢耶维奇·雅斯诺夫(Яснов, Михаил Алексеевич, 1906—1991),1966 年起任该职;另曾历任俄罗斯联邦部长会议主席、第一副主席(1956 年起),苏联最高苏维埃主席团副主席(1967 年起),苏联最高苏维埃联盟院主席(1950—1954 年)等。——译者注

纳托夫①也从莫斯科抵达格罗兹尼。骚动终于被中止,然而,该共和国原住民与
"外来的"(即俄罗斯族)居民之间的矛盾,并未能被克服。在随后的若干年间,车
臣和印古什族人向北高加索的回归,进行得较为有组织并时常伴有较小的冲突。
临近 1963 年时,回归基本结束。迁居哈萨克斯坦和吉尔吉斯斯坦两个苏维埃社
会主义共和国的 41.8 万车臣族人中,有 38.4 万人(为 91.7%)回到车臣—印古
什;10.6 万印古什族人中,则有 8.4 万人(为 79.2%)返回。还有 8 000 印古什
族人(为 7.5%)去了达格斯坦和北奥塞梯。

　　1944 年之前归印古什族人所有,但在车臣—印古什自治共和国恢复后仍为
北奥塞梯自治共和国组成部分的原格罗兹尼城郊区右岸地区,成了印古什族人
与奥塞梯族人关系中的障碍。印古什人不断地向苏共中央和苏联政府提出申
请,要求将该地区转交车臣—印古什人,并曾组织自己的代表团赴莫斯科请愿。

　　苏联境内日耳曼族人的民族运动,长期以来局限于争取恢复自己在伏尔加
河中下游地区自治的斗争。运动仅包括一些合法的斗争方式:投递信件、上访、
请愿、派遣代表团、组织示威游行。1955 年苏联最高苏维埃主席团的 12 月令,
撤销了对日耳曼族人法律地位的限制。恢复名誉运动所取得的一个结果是,
1964 年 8 月 29 日苏联最高苏维埃主席团颁布《关于修改 1941 年 8 月 28 日苏联
最高苏维埃主席团作出的〈关于迁移居住在伏尔加河中下游地区的日耳曼族人〉
法令》指令,除去了这一民族整个所背负的叛徒、变节者的恶名。此前,苏联境内
的日耳曼族人受到潜在的歧视。对他们的钳制,涉及文化和语言的发展、进入高
等院校就学、入党和担任党政领导职务。在应征入伍参军时,日耳曼族青年人不
会被选入精英部队(例如空降、边防及其他一些部队)。当局无意恢复日耳曼族
人在伏尔加河中下游地区的自治,这诱发了他们移民国外的情结。《德意志之
波》无线广播电台,德意志联邦共和国宗教、文化和其他一些组织的宣传活动,同

---

　　① 即尼古拉・格奥尔吉耶维奇・伊戈纳托夫(Игнатов, Николай Георгиевич, 1901—
1966),该职任期为 1957—1960;是时亦为苏共中央主席团成员(1957—1961);另历任古比雪
夫、奥廖尔、克拉斯诺达尔、沃洛涅什、高尔基诸州及边疆区党委第一书记(1938—1952)、苏共
中央书记(1952—1953),苏联部长会议副主席(1960 年起),俄罗斯联邦最高苏维埃主席团主
席(1962 年起),苏联最高苏维埃主席团副主席(1963 年起)等。——译者注

时还有一些流放时期在日耳曼族特别移民中影响力大为加强了的宗教社团,也在相当大程度上促进了这一情结的形成。在这方面表现得特别活跃的,是门诺教派①。

　　克里米亚鞑靼族人为争取恢复自治权利和生活在自己故土上的权利的斗争,是在复杂的条件下进行的。他们的特别移民身份及对他们战争年代背叛祖国的无端指控,均被撤销,但这并没能令他们感到满意。当局对所有克里米亚人所持有的怀疑态度,因前克里米亚游击队指挥官们发表的回忆录而逐步升温。从战争开始之日起便打在整个民族身上的叛徒和变节者的烙印,被苏联最高苏维埃主席团 1967 年 9 月 5 日颁布的《关于 1956 年 4 月 28 日苏联最高苏维埃主席团令第 2 款的运用方法》的决议所消除。不断地向党和国家最高机关提出恢复克里米亚鞑靼族人在克里米亚的自治权利的种种诉求,没有获得良好的效果。非法迁回到克里米亚的鞑靼族人,通常会被立即赶走。

　　乌克兰(1954 年克里米亚已被移交给它)当局禁止克里米亚鞑靼人迁入克里米亚,这成为由克里米亚鞑靼族知识分子代表人物、克里米亚党和苏维埃前领导人组成的一些"倡议团体"所领导的民族运动的起因。其中的第一个团体于 1956 年在乌兹别克斯坦成立。该运动的积极分子们,从最初起便选择了宪法斗争手段。譬如,1958 年,两封分别由 1.6 万和 1.2 万鞑靼人签名的信件递交到苏共中央,请求允许其全体人民返回家园。1959 年,在类似信件上签字的有 1 万人;1961 年则有 1.8 万人。除请愿之外,他们还组织了一些集会和游行示威。这些集会或游行示威,通常被安排在重大日期——克里米亚苏维埃社会主义自治共和国成立周年纪念日来临之前、在被视为克里米亚共和国缔造者的弗·伊·列宁诞生纪念日来临之前举行。这类活动,常常以参与者被驱散而告终。

　　为了能完全解决这个问题,当局开始尝试着把克里米亚鞑靼人说成是鞑靼民族的一部分。愿意离开中亚的克里米亚鞑靼族人,被准许可以在鞑靼苏维埃社会主义自治共和国境内安家落户。所有这些,还是没有能够使那些要求为本

————————

　　① 门诺教派(меннониты),新教浸礼教派的一支,由荷兰人门诺·西蒙斯(Менно Симонс)于 16 世纪 30 年代创立,故名。主要分布于美国、加拿大、德国等地。——译者注

民族语言和文化发展创造条件的克里米亚鞑靼人感到满意。60 年代初,克里米亚鞑靼族人的运动采取了更为有组织的形式。这表现在他们试图成立一个有纲领、有章程、名为"克里米亚鞑靼人联盟"的群众性组织。1962 年,这个组织的两位主要参与者——M. X. 奥梅罗夫和 C. A. 乌梅罗夫(他们已于 4 月 7 日成立了"克里米亚鞑靼青年联盟",并于 8 月之前主持了 5 次"组织领导核心"会议),在乌兹别克斯坦被逮捕并被判了刑。对克里米亚运动积极分子的镇压,曾迫使其领导人物寻求其他的斗争途径和手段。

其他一些曾被从克里米亚驱逐的民族集团——希腊族人、保加利亚族人、亚美尼亚族人,也对鞑靼族人返回故乡表示支持。希腊族人提出的归还他们被剥夺的房屋和土地的坚决要求,因没有得到政府的关注而被搁置起来。对不彻底的平反的不满,使意欲移居国外的情绪在这些人中增强起来。当局对这种外迁予以了阻止。1959 年,58 名已经在塔什干为进入希腊办理了护照签证的苏籍希腊族人,被毫不客气地逮捕了。驻莫斯科的希腊大使馆试图筹划以遣返方式使这些希腊族人离开苏联,但未获成功。在 20 世纪 50—60 年代为争取建立本民族的自治权利而斗争的,还有被从外高加索各共和国驱逐出去的麦斯赫特—土耳其族人①、库尔德人和赫姆申族人。然而,莫斯科和外高加索诸加盟共和国当局对这些小民族的此类要求漠然处之,认为就这类情况而言,国内的民族问题已经成功且彻底地解决了。

战后年间,苏联民族—国家体制没有发生原则性的变化。60 年代初时,国内共有 15 个加盟共和国和 19 个自治共和国(其中俄罗斯联邦苏维埃社会主义共和国境内有 15 个;格鲁吉亚境内有 2 个;阿塞拜疆和乌兹别克斯坦境内各有 1 个)。与战前相比,自治共和国的数量因 1956 年 7 月将卡累利阿—芬兰加盟共和国改建为隶属俄罗斯联邦的卡累利阿自治共和国、1961 年 10 月将俄罗斯联邦的图瓦自治州改建为自治共和国而得到提高。我国同时还有 8 个自治州。其中 5 个州为俄罗斯联邦一些边疆区的构成之一部:克拉斯诺达尔边疆区境内

---

① 麦斯赫特—土耳其族人(месхетинские турки),即格鲁吉亚化了的土耳其族人,或土耳其化了的格鲁吉亚人。——译者注

的阿迪格自治州,斯塔夫罗波尔边疆区境内的卡拉恰伊—切尔克斯自治州,阿尔泰边疆区境内的戈尔诺—阿尔泰自治州,克拉斯诺亚尔斯克边疆区境内的哈卡斯自治州,哈巴罗夫斯克边疆区境内的犹太人自治州。其余 3 个自治州为其他加盟共和国的构成之一部:格鲁吉亚共和国境内的南奥塞梯自治州,阿塞拜疆共和国境内的纳戈尔诺—卡拉巴赫自治州;塔吉克斯坦共和国境内的戈尔诺—巴达赫尚自治州。民族自治区的名单,自战前起便一直没有发生变化。它们均为俄罗斯联邦共和国州或边疆区的组成部分。在该共和国的欧洲地区分布着涅涅茨民族自治区①(隶属于阿尔汉格尔斯克州)和科米—彼尔米亚克民族自治区②(隶属于彼尔姆州);在西伯利亚西北部地区有汉特—曼西民族自治区③和亚马尔—涅涅茨民族自治区④(隶属于秋明州);埃文基民族自治区⑤和泰梅尔民族

①　涅涅茨民族自治区(Ненецкий национальный округ),始建于 1929 年,现为俄联邦主体,属西北联邦区,领土面积17.67 万平方公里,人口约 4.2 万,首府纳里扬马尔市;涅涅茨族人(ненцы),旧称萨莫耶德人(самоеды),所操语言属乌拉尔语系。——译者注

②　科米—彼尔米亚克民族自治区(Коми-Пермяцкий национальный округ),位于前乌拉尔、卡马河上游,始建于 1925 年,现为俄联邦主体,属乌拉尔联邦区,领土面积 3.29 万平方公里,人口约 18 万,首府库德姆卡尔市;区内科米—彼尔米亚克族人(коми-пермяки)人口约12.4 万,所操语言属乌拉尔语系芬兰—乌戈尔语族彼尔姆语支。——译者注

③　汉特—曼西民族自治区(Ханты-Мансийский национальный округ),位于西西伯利亚平原、鄂毕河和额尔济斯河畔,始建于 1930 年,1940 年之前称奥斯佳克—沃古尔斯克(Остяк-Вогульский округ)。现为俄联邦主体,属西伯利亚联邦区,领土面积为 52.31 万平方公里,人口 126.9 万,首府汉特曼西斯克市、汉特族人(ханты),旧称奥斯佳克人(остяки),俄国境内共有人口 2.1 万人;曼西族人(манси),旧称沃古尔人(вогулы),俄国境内共有人口约 7 700 人;两族语言构成芬兰—乌戈尔语族鄂毕乌戈尔语支。——译者注

④　亚马尔—涅涅茨民族自治区(Ямало-ненецкий национальный округ),位于西西伯利亚的鄂毕河下游,始建于 1930 年,现为俄联邦主体,属西伯利亚联邦区,领土面积 75.03 万平方公里,人口 48.7 万,首府萨列哈尔德市。——译者注

⑤　埃文基民族自治区(Эвенкийский национальный округ),位于中西伯利亚高原,始建于 1930 年,现为俄联邦主体,属西伯利亚联邦区,领土面积 76.76 万平方公里,人口约 2.4 万;首府图拉市。埃文基族人(эвенки),旧称通古斯人(тунгусы),区内人口约为 3 200 人,语言属阿尔泰语系满—通古斯语族。——译者注

自治区①(即多尔干—涅涅茨民族自治区,隶属于克拉斯诺亚尔克边疆区),西伯利亚东北部地区有科里亚克民族自治区②(隶属于堪察加州)和楚科奇民族自治区③(隶属于马加丹州)。此外,在西伯利亚还有阿加(布里亚特)民族自治区④(隶属于赤塔州)和乌斯季—奥尔登斯基(布里亚特)民族自治区⑤(隶属于伊尔库茨克州)。

　　诸加盟共和国内的民族运动。"波罗的海沿岸问题",一直是 20 世纪 50—60 年代民族关系中的难题之一。立陶宛、拉脱维亚和爱沙尼亚不久之前的资本主义历史,自由主义—民主管理传统,神职人员在社会中的巨大影响力,境外大量的与祖国保持着紧密联系的离散者的存在,美国及西欧一些国家不承认诸共和国于 1940 年加入苏联的正统性的立场——所有这些因素,均与波罗的海沿岸诸苏维埃共和国加速到来的社会主义现代化相抵触,促进着民族分立情绪的滋长,支持着各共和国境内的民族主义地下活动。贝利亚倡导实施的党政中高级

---

　　① 泰梅尔(多尔干—涅涅茨)民族自治区[Таймырский(Долгано-Ненецкий)национальный округ],主体位于亚洲最北部的泰梅尔半岛,现为俄联邦主体,属西伯利亚联邦区,领土面积 86.21 万平方公里,人口 30 万,首府杜金卡市。多尔干族人(долганы),区内人口约为 1 300 人,其语言属雅库特方言。——译者注

　　② 科里亚克民族自治区(Корякский национальный округ),位于堪察加半岛北部,始建于 1930 年,现为俄联邦主体,属远东联邦区,领土面积 30.15 万平方公里,人口 3.5 万,首府帕拉纳市。科里亚克族人(коряки),区内人口约 5 900 人,其语言又称"尼米兰语"(нымыланский язык),属楚科奇—堪察加语支。——译者注

　　③ 楚科奇民族自治区(Чукотский национальный округ),位于楚科奇半岛及与大陆相连地带,始建于 1930 年,现为俄联邦主体,属远东联邦区,领土面积为 73.77 万平方公里,人口 13.3 万,首府阿纳德尔市。楚科奇族人(чукчи),区内人口约为 1.1 万人,楚科奇语属古西伯利亚语。——译者注

　　④ 阿加(布里亚特)民族自治区[Агинский(Бурятский)национальный округ],位于外贝加尔东南,始建于 1937 年,现为俄联邦主体,属西伯利亚联邦区,领土面积 1.9 万平方公里,人口约为 6.8 万,首府阿金斯科伊市。——译者注

　　⑤ 乌斯季—奥尔登斯基(布里亚特)民族自治区(Усть-Ордынский Бурятский национальный округ),位于勒拿河—安加拉河高原南部、贝加尔湖西侧,现为俄联邦主体,属西伯利亚联邦区,领土面积 2.24 万平方公里,人口 13.3 万,首府乌斯季—奥尔登斯基市。——译者注

机关本土民族化,和一些从流放地返回的昔日民族主义地下武装活动参与者(他们被提拔到教育和文化领域的一些负责的岗位),也对此有所促进。

党的二十大对斯大林的谴责,被波罗的海沿岸各共和国的许多领导人理解为是推行领导干部进一步本地民族化、清除斯大林时代强制推行俄罗斯化政策投入的无限全权。二十大孕育出意欲根本改变 20 世纪 50 年代中期之前实行的中央对波罗的海沿岸诸共和国的全部政策的巨大希望。

波罗的海沿岸地区对 1956 年波兰和匈牙利发生的种种事件,作出积极的回应。民族运动在立陶宛和爱沙尼亚掀起的波浪尤为强大。10 月底,维尔纽斯大学出现了标语和标题为"匈牙利革命万岁,让我们以它为榜样!"、"立陶宛——属于立陶宛人;俄罗斯人是占领者,请你们滚开!"的传单。1956 年 11 月初,考纳斯和维尔纽斯举行了多起有数千天主教徒参加的游行,要求履行宗教礼仪的自由。游行示威者唱着资产阶级时代立陶宛的国歌、民族主义歌曲,高呼着"效法匈牙利!"、"俄罗斯人,从立陶宛滚出去!"的口号。在考纳斯,青年游行示威的参与者(多达 4 000 人)高呼着"打倒莫斯科!"、"打倒共产党人!"的口号,试图冲向市中心。在与警察发生冲突后,人数约有 100—150 名的一伙人,成功抵达国家安全委员会和市党委大楼前,但被法律秩序维护部队所驱散。爱沙尼亚首都的大街上,也能听到民族主义的歌声。在塔尔图,出现了写有"打倒俄罗斯统治者!"、"俄罗斯占领者必亡!"、"俄罗斯人从爱沙尼亚滚出去!"口号的传单。

引起当地居民特别不安的是,讲俄语的非俄罗斯族劳动力向波罗的海沿岸地区工业建筑工地的大量涌入。1959 年人口普查资料显示,在立陶宛,土著民族人口所占比例为 79.3％,爱沙尼亚为 74.6％,拉脱维亚为 62％。异族居民在一些大城市的比例特别高。在里加,土著居民共计约为 44.7％,而在维尔纽斯则为 33.6％。当地居民认为,这个突然出现的尖锐的居住问题"很容易解决,如果将所有俄罗斯人赶走"。为了不使里加失去自己的民族面貌,里加市党委通过一项决定,依照这一决定,所有非拉脱维亚族人,均被要求学习 2 年拉脱维亚语,在此期间内不能掌握这门语言者,将被解雇并建议其离开该共和国。这项决定还推出了限制非拉脱维亚族人在城市注册户口的制度。1959 年 4 月,拉脱维亚共产党中央委员会通过一项类似的决定,将其推行于整个共和国。在由波罗的海沿岸诸共和国寄致苏共中央委员会的一些信函中,报告了有关土著居民在公共汽车、商店和其他公共场所以不友善态度对待俄罗斯人的种种表现。阿塞拜疆共产党中央委员会于 1959 年 6 月通过的一项决定,规定该共和国境内所有非阿塞拜疆族公民必须于半年内学会阿塞拜疆语并通过笔试和口试;未通过考试者,应予以解雇,即辞退。不过,很快这类决定便被撤销了,这两个共和国的党中央委员会第一书记——扬·爱·卡伦别尔津①和伊·达·穆斯塔法耶夫亦被撤职。

对波罗的海沿岸地区讲俄语居民所持有的这一否定态度,其形成还另有一个原因:是时绝大部分警务工作者,是由非土著民族构成的。这便制造出一个由讲俄语的居民所体现出来的有目共睹的"占领者"形象。苏联在波罗的海沿岸地区的宣传工作,效果微弱无力,而西方无线电台和与侨居境外资本主义国家的同胞们的广泛的书信往来,则要更为有效力得多。一些反苏的传闻与谣言得到它们的滋养。流传最广的一个谣言是即将爆发一场战争,随后美国人将把波罗的海沿岸地区从"俄国殖民主义者"手中解放出来。

联盟和共和国的党的领导者们,曾采取了加强意识形态工作和运用一些组织手段的办法,竭力不使这些民族主义情绪扩大开来。拉脱维亚共产党 6 月中央全会(1959)把向拉脱维亚领导者提出的不要在本共和国内建设七五计划预定的大型工业工程项目,而是转向提高对轻工业的资金投入的建议,定性为民族主义的一种表现。1959 年 10 月,党中央全会定期会议对本共和国一系列党的领导干部所推行的民族主义的干部和语言政策给予了谴责。部长会议副主席 B. 贝尔克拉夫斯、农业部长 A. A. 尼科诺夫、经济科学研究院院长 П. П. 泽尔威、教育部长 B. K. 克鲁明什因提出不在拉脱维亚发展要求输入劳动力的重工业的建议而被免去现任职务,调任其他工作。在莫斯科的施压下所采取的这些措施,使那些最为明显的民族主义表现不复存在,然而,并不可能完全清除它们。顾及到

---

① 即扬·爱德华多维奇·卡伦别尔津(Калнберзинын, Ян Эдуардович, 1893—1986),其该职任期为 1940—1959 年;后历任拉脱维亚苏维埃主席团主席(1959 年起)、苏共中央主席团候补委员(1957—1961)等。——译者注

绝大多数土著居民的情绪,波罗的海沿岸各共和国的领导们日后亦曾努力推行过"和缓的"去俄罗斯化政策,同时设法在此种情况下表现出表面的国际主义和对中央政府的忠诚。

乌克兰的民族运动,派别林立,形式多样,有着宽泛的谱系。1953 年 6 月,乌克兰共产党中央第一书记的职位由乌克兰族人取代俄罗斯族人而充任,成为该共和国境内乌克兰化政策的复兴和在工作中对各州、首先是西乌克兰诸州的民族特征予以更多关注的开端。苏联领导人在乌克兰推行的镇压政策,变得弱化并最终销声匿迹了。这些镇压政策与同战后西乌克兰民族主义武装地下活动的斗争和同东乌克兰的"乌克兰资产阶级民族主义"斗争的新运动相关。

不过,部分西乌克兰人不仅对俄罗斯族干部,亦对被归入"莫斯卡尔"①之类的东乌克兰人,仍继续保持着不友善的态度。这种民族主义的世界观的形成,被解释为是因为西乌克兰并入苏联的时日不久、对战后边疆地区社会主义改造加速的否定反应、1946 年被禁但仍在地下活动的合并派教会②对广泛阶层居民影响的存续。

乌克兰民族运动的主要目标,大致是为保留民族文化和语言而进行合法斗争。20 世纪 60 年代初,有创造精神的知识分子们,曾领导过一次纯洁母语、反对母语被俄罗斯化的运动。1963 年 2 月,乌克兰语言问题代表会议在基辅召开。出席会议的有千余名乌克兰文化工作者——作家、教师、语言学家。会议向乌克兰共产党中央和政府提出了"所有机关与企业、铁路和其他一些运输部门、商贸业的所有事务,均使用乌克兰语"的请求。与会者还建议在所有有乌克兰人居住的苏联各共和国境内开设使用乌克兰语教学的中学。此次会议上提出的建议,随着时间的推移,渐渐成为持不同政见者的要求,出现在自行出版物中。

乌克兰"60 年代人物"运动吸引了相当大一部分民族知识分子的加盟。这些为保护民族文化而战的知识分子,经常在画家的工作室、展览大厅、博物馆或

---

① 莫斯卡尔(москаль),俄罗斯人的绰号,见用于乌克兰语、白俄罗斯语和波兰语中,具轻蔑或戏谑之意。——译者注

② 合并派教会(униатская церковь),16 世纪末在波兰一些地方由东正教与天主教合并而形成的一个教派。——译者注

乌克兰古迹崇拜者的住所集会。青年导演列·斯·坦纽科①领导的基辅创作青年俱乐部,曾名噪一时。该俱乐部内经常举办文学或诗歌晚会,组织乌克兰画家展览,还下设一个大学生校际民族创作与民俗学小组和一个名为"云雀"的流动合唱队。俱乐部还开创了每年 5 月 22 日在舍甫琴科②纪念碑旁举办诗人作品朗诵会的先河。随着时间的推移,在这些已经成为传统的朗诵会上,持不同政见者的基调,令人听起来变得越发无所顾忌。这便成了 1965 年该俱乐部被当局关闭的原因。

以退出苏联为手段来争取独立的斗争,是乌克兰民族运动的取向之一。这一取向的运动在西乌克兰拥有人数众多的支持者。在那里,即便在乌克兰民族主义者联盟的民族主义武装运动被摧毁之后,依然存在杀害苏维埃工作人员、纵火焚烧党政机关建筑物的事件和其他一些反苏活动。这些非法的团体,首先是一些具有鲜明的民族主义性质的大学生团体,他们四处悬挂民族旗帜,散发具有反苏内容的传单。例如,1957 年 3 月间,在利沃夫州的一系列城市,曾有人散发号召人们组织一个"争取独立乌克兰"委员会的传单。类似内容的传单,也曾在苏梅市被发现。这类团体的活动,并没有取得巨大的成功,它们通常是被克格勃机关轻而易举地制止了;不过,这些团体存在的事实说明,在这些州内存在着现行政权的反对派。乌克兰东部地区的事态相对较为平静,尽管在那里也曾发生过散发反苏和民族主义内容传单的一些偶然事件(例如 1957 年在哈尔科夫)。

参加极端性质的地下团体的青年人,通常是受到斯杰潘·邦德拉③这个名字的鼓舞。在他周围已形成了一个为争取乌克兰自由与独立、摆脱"俄罗斯共产

---

①   即列西·斯杰潘诺维奇·坦纽科(Танюко,Лесь Степанович,1938—   ),基辅国立戏剧艺术学院毕业,后任乌克兰最高拉达委员会主席、全乌护法协会主席等。——译者注

②   即塔拉斯·格利戈罗维奇·舍甫琴科(Шевченко,Тарас Григорович,1814—1861),乌克兰著名诗人、画家,乌克兰新文学和民族语言的奠基人,乌克兰民族复兴运动重要人物。主要作品有诗歌《海达马克》、《梦境》、《高加索》、《遗嘱》等。——译者注

③   即斯杰潘·安德列耶维奇·邦德拉(Бандера,Степан Андреевич,1909—1959),乌克兰民族主义者,1943 年起为西乌克兰起义军一分支的领袖,曾与希特勒分子合作,1944—1945 年其军队被击溃,1947 年其残余被剿清,他本人据传被克格勃毒死于慕尼黑;2010 年尤先科政府追授其"乌克兰英雄"称号。——译者注

主义桎梏"而始终不渝、不屈不挠的斗士的光环。因此,1962 年国家安全机关取缔了利沃夫州的一个以邦德拉的名字命名的青年组织。该组织成员有秘密代号,需行效忠"独立乌克兰"的宣誓,他们曾讨论过对抗苏维埃政权的斗争方法、武器、印刷用铅字的获得、传单的制作与散发等问题。

有时,现行的国家宪法也成了组建民族分立团体的借口。例如,1959 年,利沃夫州的 6 位居民组建了乌克兰工农联盟,该联盟的宗旨是通过宪法途径取得乌克兰的独立。联盟的领袖列·格·卢基扬年科①律师被捕时,曾向侦查人员声称,他是在乌克兰苏维埃社会主义共和国宪法第 14 款和苏联宪法第 17 款规定的法律范围内活动的。对这一声明的答复是:"宪法是为对付外国的!"就苏联时代的法律意识来说,这是很有代表性的。

不过,对乌克兰民族运动来说,20 世纪 50—60 年代之交,大体上是由地下时期转入和平、公开、民主地争取民族权利运动的时期。

20 世纪 60 年代出现在白俄罗斯和摩尔达维亚的个别的表现民族分立的偶发事件,也被人们注意到。不过,它们并不像在波罗的海沿岸地区和乌克兰境内那样具有群众性,仅是一个人数不多的民族知识分子和青年学生阶层站出来保护民族文化与语言。例如,1963 年 9 月,国家安全机关逮捕了白俄罗斯革命党的参加者。该党成员持有与苏联政权进行武装斗争的立场并企图在该共和国境内组建一个有许多分支的非法组织。一个民族主义活动的尝试,也在明斯克大学获得登记注册。1963 年 10 月,在该所大学,一个由 13 名白俄罗斯族大学生组成的小组被揭露出来。他们曾在自己的集会上对苏联的民族政策进行过谴责。摩尔达维亚族人与罗马尼亚人在民族文化方面具有近似性,这是摩尔达维亚的典型特征。该共和国境内的"民族主义"最经常的表现是,谈论摩尔达维亚必须与罗马尼亚重新合并;而在相邻的那个共和国,这类谈论正在被官方人士和

---

① 即列夫科·格里戈里耶维奇·卢基扬年科(Лукьяненко, Левко Григорьевич, 1928—　),因组建"乌克兰工农联盟"而于 1961 被苏共开除并被判处枪决,后改判 15 年监禁。1976 年出狱后成为"乌克兰赫尔辛基小组"创立者之一,因此次年再度被捕并获刑 10 年监禁和 5 年流放。1990 年当选乌克兰最高拉达代表并组建"乌克兰共和国党",后曾任乌驻加拿大大使。2005 年被授予"乌克兰英雄"称号。——译者注

报界加温。

20 世纪 50 年代苏联民族政策的"软肋"之一,是格鲁吉亚。在这个共和国里,对斯大林的崇拜具有真正全民的性质。党的二十大上对斯大林罪行的揭露,在格鲁吉亚被理解为一种民族侮辱。对中央政府的不满情绪,终于在 1956 年 3 月 9—10 日间酿成梯比利斯悲剧事件,造成众多人员伤亡。在格鲁吉亚其他许多城市,也举行了亲斯大林的青年集会和示威游行,有众多共青团员和共产党员参与其中。有些地方的集会和示威游行,具有公开的反俄罗斯倾向。除了"打倒赫鲁晓夫!"、"苏联中央由莫洛托夫领导!"的标语之外,游行示威者还打出"俄罗斯人,从格鲁吉亚滚出去!"的标语。民众中的民族主义情绪,多年来一直没有平息下去。在因"斯大林"而受到的委屈之上,又加上了同胞在梯比利斯被枪杀之痛。1963 年在格鲁吉亚,一个青年格鲁吉亚诗人地下团体的活动遭到制止。他们从事了制作、散发谴责苏共二十二大反斯大林讲话的反苏传单的活动。

为保持格鲁吉亚语言纯洁所进行的斗争,导致了各种类型的非法文化社团的产生。其中之一,即名为"为格鲁吉亚语言纯洁而斗争者协会"的组织,曾在1961—1962 年活动于巴统市。加入这个社团的,除了知识分子之外,还有一些国家公务员。为了支持这个"为格鲁吉亚语言纯洁而斗争者协会",在该组织的集会上使用俄语词汇会被罚款。

以共产党人领袖瓦·帕·穆扎瓦纳泽[①]为首的格鲁吉亚领导层,以宽容的态度监视着部分格鲁吉亚知识分子反对"俄罗斯化"的种种尝试,同时亦坚决地制止民族主义的任何激进的表现形式。因此,极端主义没有成为格鲁吉亚民族运动的典型特征。

亚美尼亚的民族运动,主要受到要求将所有自古以来的亚美尼亚土地归还给统一的亚美尼亚国家的主张所鼓动。这里所指的是已成为土耳其领土之一部的卡列、阿尔达汉、萨拉卡莫什地区,还有已归入阿塞拜疆的纳希切万和纳戈尔

---

　　① 即瓦西里·帕夫洛维奇·穆扎瓦纳泽(Мжаванадзе, Василий Павлович,1902—1988),时任格鲁吉亚共产党中央第一书记(1953—1972)、苏共中央主席团候补委员(1953—1972)。——译者注

诺—卡拉巴赫地区。在要求归还这些领土的主张周围,各党派和宗教活动家、激进的亚美尼亚民族主义者、有创造精神的知识分子及境外亚美尼亚持不同政见者的代表性人物,罕见地一致联合起来。绝大多数境外的亚美尼亚人,都持有回归历史家园的思想。仅在20世纪50年代上半期,就有10万被遣返者回到亚美尼亚。他们在许多方面助长了该共和国境内的民族主义情绪的加强和境外民族主义政党"达什那克党"声望的提升。

卡拉巴赫问题,是由亚美尼亚共产党领导人于1945年11月提出来的。格·阿·阿鲁季诺夫[①]写信给斯大林称,与亚美尼亚领土接壤的纳戈尔诺—卡拉巴赫自治州,自1923年起并入阿塞拜疆领土;这个州的居民基本上是亚美尼亚人(共计13.7万人,占89.5%),因此请求对将该州并入亚美尼亚问题予以研究。就此事被咨询的阿塞拜疆共产党中央第一书记米·巴吉罗夫[②],同意有条件地移交,即将与阿塞拜疆接壤的、其居民主要为阿塞拜疆人的亚美尼亚3个区并入阿塞拜疆。谈判开始了,但问题依旧没有得到解决。建议将被土耳其占领的领土返还给亚美尼亚人,是1948年阿鲁季诺夫在联合国的发言中提出来的。相当一部分亚美尼亚人把这类问题的悬而未决,归结为苏联领导人不愿意解决亚美尼亚问题,这使民众中的反苏和民族主义情绪升温。

在阿塞拜疆的民族运动中,穆斯林因素及当地居民社会文化与苏联世界观的疏离性,是具有主导作用的。在本研究所涉及的这一时段,阿塞拜疆不存在稳定的民族反对势力。阿塞拜疆民族运动政治上的"不发达性",使其与中亚和哈萨克斯坦各共和国境内的民族运动相似。与联盟政府的对立,在这里是微弱的。该共和国内,亚美尼亚人与阿塞拜疆人之间的民族冲突最为尖锐。在阿塞拜疆领导者的默许之下,该共和国境内实际推行着对少数民族——亚美尼亚人、列兹

---

①　即格里戈里·阿尔捷米耶维奇·阿鲁季诺夫(Арутинов, Григорий Артемьевич., 1900—1957),时任亚美尼亚共产党中央书记(1937—1953)。——译者注

②　即米尔·札法尔·阿巴斯·奥格勒·巴吉罗夫(Багиров, Мир Джафар Аббас оглы, 1895—1956),其任该职时间为1933—1953年,亦为苏共中央主席团候补委员(1953)。——译者注

金人①、塔雷什人②的民族歧视政策。阿塞拜疆化政策的表现是：高、中级党政
领导职位大多由土著民族人士所占据，尽管在这个共和国境内超过 40％的居民
不是阿塞拜疆人。

中亚和哈萨克斯坦境内民族运动的"不成熟性"，被解释为是由于进入民族
建设过程的时日比较晚近(即在 20 世纪 20—30 年代)。这一民族建设，曾引发
了土著居民鲜明的政治和地域认同感，而苏联推行的本地民族化政策，则导致民
族知识界和政治界精英的形成。给人留下强烈印象的还有文化、科技、教育事业
的高涨。当地居民大多以肯定的态度接受了工业化和城市化文化带来的福利。
与此同时，加速进行的中亚传统文化的现代化，使各民族独特的民族与文化生态
价值蒙受显著损失。中央不厌其烦地对有关民族友好中的长兄观念、有关俄罗
斯文化与语言具有进步影响力的观念所作的宣传，常常适得其反。

对中亚诸民族的操行、性格和陈规旧俗构成巨大影响的，是伊斯兰教。它不
仅仅是一种宗教，也是一种生活方式、一种世界观、一种伦理道德和审美规范体
系。国家的反宗教政策，导致伊斯兰教被排挤出意识形态和政治领域而进入家
庭—日常生活关系范畴。而这个范畴，对苏联共产主义世界观来说，实际上始终
是难以企及的。因此，中亚和哈萨克斯坦的土著民族共同体在许多方面将基本
的传统生活价值观保持下来：多子多孙的家庭、社会组织中的等级制度和集体主
义、对一些文化或职业的偏好。这亦可以用来解释没有出现要求脱离苏联的民
族运动的原因。苏联政权的反对派，通常采取的是将传统制度与讲俄语的民族
的文化及共产主义意识形态在社会文化和世界观方面对立起来的方式。

随着中央对中亚和哈萨克斯坦诸共和国的控制的减弱和诸加盟共和国权利
于 1957 年的扩大(与设立国民经济委员会相关)，土著民族出身的党的领导干部
对中央的政治监管提出的抗议，表现为要求进一步扩大地区的权限、提高资金投

———————————

①　列兹金人(лезгины)，自称"列兹基亚尔"(лезгияр)，主要居住在达吉斯坦(约 41 万
人)和阿塞拜疆(约 17 万人)，语言属高加索语系达吉斯坦语族列兹金语支；宗教信仰为穆斯
林逊尼派。——译者注

②　塔雷什人(талыши)，主要居住在阿塞拜疆东南部及与之交界的伊朗地区(人口约 8
万)，语言属印欧语系伊朗语支；宗教信仰为穆斯林什叶派或逊尼派。——译者注

入、缩减俄罗斯族人的涌入；表现在对语言俄罗斯化倾向的反对。莫斯科对这类表现作出了更为强硬的反应。1958—1961 年，土库曼斯坦、乌兹别克斯坦、吉尔吉斯斯坦和塔吉克斯坦（同时还有阿塞拜疆、拉脱维亚、摩尔达维亚）的一些最高级别的党的领导人，被指控有民族主义表现并被解除了职务。在各党中央相应的中央全会上，发生在各自共和国境内的破坏民族政策的现象遭到谴责。干部的调动引发了土著知识分子和上级任命人员的不正常的反应。他们将这类调动视为中央和讲俄语的非俄罗斯人的帝王本质。

例如，随着将努·阿·毛希丁诺夫①从乌兹别克斯坦共产党领导人岗位调至苏共中央主席团（1957）和将他的受庇护者萨·卡·卡马洛夫②提升到领导岗位之后，在该共和国境内，第二轮大规模的干部本地民族化便开始了。土著居民将这一民族化理解为"前"民族复兴时代的开端。其标志性的特征，便是群众性的、示威式的履行伊斯兰教传统礼仪：参拜清真寺、作割礼、举行宗教式婚礼和按照祖先的习俗安葬亡灵。共产党人们在这方面表现得如同落后的"封建巴依老爷残余的体现者"。在获得了党的领导首肯的情况下，《可兰经》中规定的用于慈善目的的募捐开始恢复。这一募捐基本上用于宗教事务的拨款。许多"红色茶馆"变成了宣传伊斯兰教理和履行宗教礼仪的中心。乌兹别克斯坦共产党中央文化部主任曾将关于用阿拉伯字母体系取代乌兹别克语书写文字沿用的基里尔字母规则的问题，提交给党的最高层去研究。此举的理由是：必须为在阿拉伯国家开展工作而培养阿拉伯学专家干部。

这一"本地民族化"没有得到支持，并遭到以米·安·苏斯洛夫为首的莫斯科领导中心的谴责；而在该共和国，对这一民族化表示反对的，则是最高苏维埃

---

① 即努里金·阿克拉莫维奇·毛希丁诺夫（Мухитдинов，Нуритдин Акрамович，1917—2008），调离前任乌兹别克斯坦共产党中央第一书记（1955—1957）；后任苏共中央主席团成员及中央书记（1957—1961）。二十二大期间因拒绝领导一个负责审查塔吉克斯坦党组织内各民族派别冲突的委员会而被解除所有职务。——译者注

② 即萨比尔·卡马洛维奇·卡马洛夫（Камалов，Сабир Камалович，1910—1990），接任该职的时间为 1957—1959 年。——译者注

主席团主席、乌兹别克斯坦人民作家沙·罗·拉希多夫[1]。1959 年 3 月 14 日，在该共和国的党中央全会上，卡马洛夫"因放任政治上有瑕疵人员充斥干部队伍"和"对民族主义表现持姑息、袒护态度"而被解除领导职务。X. 图尔逊诺夫，作为"一个不令人信任和隐瞒自己及其父亲——巴斯马奇运动[2]的积极参与者的民族主义历史的人"，也被解除了负责意识形态工作的中央书记一职。拉希多夫被选举为乌兹别克斯坦共产党中央第一书记。他占据该共和国领导首位长达 24 年之久，直至 1983 年逝世。1959—1961 年，该共和国中曾有数十位部委级领导，多位州、区党委或市委书记被撤换。

　　1961 年 2 月 4 日，在一个不公开的党内积极分子会议上，拉希多夫作了一个题为《两年来与反苏分子斗争的总结》报告。他在报告中向苏共中央及克格勃的领导们致谢，称他们"实际上是拯救了乌兹别克人民，使其幸免于帝国主义者意欲再度奴役他们的图谋"。在 4 月的中央全会上，他号召共和国社会各界"采取更为果断的措施根除民族主义分子"。拉希多夫终于成功地在该共和国境内建立起牢固的个人权力体系。该共和国年复一年地提高着棉花这个不仅是轻工业，亦是国防部门最为重要原料的缴纳量。不过，在这个共和国境内建立起来的那种体制，却远非社会主义的。1964 年 10 月，随着莫斯科领导人的更替，拉希多夫的对手们着手尝试解除他的权力。他被指控"将 300 余名自家亲属和效忠于他个人的人士安插于关键岗位"。仅乌兹别克斯坦共产党中央机关里，便有他的亲属 14 人。然而，拉希多夫却令列·伊·勃列日涅夫完全满意，且不是最后一位因为向这位苏共新领袖进献了慷慨礼物而博得青睐的人。

　　时近 60 年代之际，操俄语的居民向中亚、特别是向哈萨克斯坦的迁移，达到鼎盛时期。1959 年，土著民族人口的比例较之 1939 年有所下降：在哈萨克斯

---

　　[1]　即沙拉夫·罗希多维奇·拉希多夫（Рашидов，Шараф Рошидович，1917—1983），历任乌兹别克加盟共和国最高苏维埃主席团主席(1950—1959)、苏联最高苏维埃主席团副主席(1950—1960)、苏共中央政治局候补委员(1961 年起)等。另曾任《红色乌兹别克斯坦报》主编(1947—1949)，著有小说《胜者》、《比暴风雨更强烈》、《巨浪》等。——译者注

　　[2]　巴斯马奇运动（басмаческое движение），十月革命后活动于中亚的武装反苏维埃政权运动。1922 年其大部被红军剿灭，至 1933 年其残余被肃清。"巴斯马奇"为突厥语"袭击"的俄文转写。——译者注

坦,由 38.2％降至 30％;在乌兹别克斯坦,由 64.4％降至 62.1％;在塔吉克斯坦,由 59.6％降至 53.1％;在吉尔吉斯,由 51.7％降至 40.5％。只有土库曼,这一比例由 59.2％上升至 60.9％。此类移民中的大多数,并不热心于真正融入中亚社会。他们中的许多人,常常是从自身发展水平的高度、怀着一种优越感和以一种轻慢态度对待当地居民的;而当地居民回敬他们的,则是将其视作苏联政府帝国习气的人格化体现者。日常生活中的民族主义,时常表现在民族权限的划定方面,并且通常是发生在讲俄语的居民(俄罗斯族人、乌克兰族人、犹太族人等等)与土著居民之间。有利于当地民族的民族歧视,也表现在干部政策、高校招生工作中,表现在当地居民的憎俄心态中。所有这些,均导致边疆民族地区的俄罗斯族居民与一些俄罗斯中央地区的俄罗斯族居民相比,其民族自觉意识获得了比较快速的增长。在这些区域内出现的俄罗斯族民族运动中,引人注意的,与其说是民族的动因,不如说是"大国主义的"动因。在许多人看来,在这里,一个普通的事实第一次逐渐变得有意义起来——关于这个事实,曾有一位《消息报》的读者认为甚至有必要写出来发给报社编辑部——"俄罗斯共和国与其他加盟共和国不一样,没有中央委员会;它们那里的中央第一书记,就是本民族的代表。"

俄罗斯民族运动的形成。对"个人崇拜"的批判、最初的对受镇压者的平反及其他一些表明社会—政治环境解冻的征兆,曾唤起举国上下的热烈回应。文学家则是对这种变化最先作出回应的人们之一。1953 年秋,亚·特·特瓦尔多夫斯基主编的《新世界》杂志刊登了弗·波梅兰采夫①的文章《论文学的真诚》。文中贯穿着这样一种思想,即各种各样的文学派别与潮流是有益的,和必须"诚实地写作",不考虑"高级或非高级读者的个人表达方式"。在这个新改革派的主要据点里,薇·潘诺娃②的长篇小说《一年四季》创作完成,亦刊载在这份杂志

---

① 即弗拉基米尔·米哈伊洛维奇·波梅兰采夫(Померанцев, Владимир Михайлович, 1907—1971),作家,主要作品有《书商的女儿》、《成熟来临》等。——译者注

② 即薇拉·费奥多罗夫娜·潘诺娃(Панова, Вера Фёдоровна, 1905—1973),作家,主要作品有《旅伴》(获 1947 年度斯大林奖)、《克鲁日利哈》(获 1948 年度斯大林奖)、《光明的河岸》(获 1950 年度斯大林奖)等。——译者注

1953 年 10—12 月号上；还有此前已经刊出的瓦·奥维奇金的一些不加美化或粉饰地表现现实生活的文章。1954 年 4 月，该杂志上出现了费·阿勃拉莫夫①的文章《战后散文中集体农庄的人们》，对创作于 40 年代的那些"样板"小说中对现实生活的图解化描写，给予了激烈的批评。同年春季，杂志《旗》上刊载了鲍·帕斯捷尔纳克②的《日瓦戈医生》的一些章节，而《新世界》则刊登了伊·爱伦堡的中篇小说《解冻》。这些作品引导读者去认识先前一度迷漫于苏联国内的那种气氛的危害性。中篇小说《解冻》，则为标志发端于斯大林逝世后的我国历史发展新时期的特征命了名。

不过，第一次"解冻"在 1954 年 5 月就又被"霜冻"替代了。中央的一些报纸突然之间在潘诺娃、爱伦堡的中篇小说中和波梅兰采夫、阿勃拉莫夫的文章中，在佐林③、马里延戈夫④、戈罗捷茨基⑤、扬诺夫斯基的剧本中，发现了重大缺陷，并因它们具有"诽谤性质"和"诬蔑苏联现实"而给予尖锐的批评。7 月 23 日，尼·谢·赫鲁晓夫任主席的中央书记处，通过一项具有 1946 年精神的决议：因准备出版长诗《焦尔金游地府》而对特瓦尔多夫斯基予以斥责。1954 年 8 月，他

---

① 即费奥多尔·亚历山德罗维奇·阿勃拉莫夫（Абрамов, Фёдор Александрович，1920—1983），作家，擅长农村题材的写作，代表作有长篇小说《普里亚斯林一家》（获 1975 年度苏联国家奖），另有剧本《大家共有一个上帝》等。——译者注

② 即鲍里斯·列昂尼多维奇·帕斯捷尔纳克（Пастернак, Борис Леонидович，1890—1960），作家，早期诗作有《云雾中的双子星座》、《崇高的疾病》、《施米特中尉》等。小说《日瓦戈医生》描写十月革命前后 30 年间俄国知识分子的命运，流露出对社会革命的悲观与否定，全文首次发表于国外并获诺贝尔文学奖，作者拒绝领奖，但依然被苏联作协除名。另有组诗《待到天晴时》等。——译者注

③ 即德米特里·伊万诺维奇·佐林（Зорин, Дмитрий Иванович，1905—1967），作家，长于农村题材的写作，主要作品有特写《西伯利亚"巨人"集体农庄》，小说《转折》、《俄罗斯大地》，剧本《永不枯竭的源泉》、《春雷》等。——译者注

④ 即阿纳托利·鲍里索维奇·马里延戈夫（Мариенгоф, Анатолий Борисович，1897—1962），印象派诗人、剧作家，30 年代时作品遭到否定，著有诗歌《我以诗歌为骄傲》，剧本《生活的审判》，小说《犬儒派》、《刮过胡须的人》等。——译者注

⑤ 即谢尔盖·米特罗凡诺维奇·戈罗捷茨基（Городецкий, Сергей Митрофанович，1884—1967），诗人、散文作家、剧作家，曾在《消息报》文艺部任职，作品有诗歌《生命之河》、《白桦》、《罗斯》，歌剧《伊万·苏萨宁》（改编）等。——译者注

被免去《新世界》杂志领导职务。康·米·西蒙诺夫被派去接任他的位置。这首导致特瓦尔多夫斯基被罢官的长诗,后来又因赫鲁晓夫的祝福而于 1963 年 8 月 17 日首次发表在《消息报》上。在 1954 年 12 月 15—26 日召开的苏联作协第二次代表大会上,最初的那些"解冻"文学作品,均被作为文学的"自发性发展"的表现而受到谴责。

文学发展中的保守路线,对已经采取的"去斯大林化"和中止反世界主义斗争的方针,持有巨大怀疑态度。与这一怀疑态度相关的保守路线,在《十月》和《涅瓦》杂志中得到了表现。始于后斯大林时代的保守主义,其文学纪念碑是伊·舍夫措夫[①]的小说《蚜虫》。该部小说的主人公——莫斯科的一些青年画家,"为现实主义艺术"而与一些批评家进行斗争。这些批评家受到著名的现代派艺术家巴尔谢伦斯基(讽喻伊·爱伦堡)的庇护。该小说的写作完成于 1952 年,并准备由青年近卫军出版社出版和在《涅瓦》杂志上刊载。斯大林死后,它自然没能问世。赫鲁晓夫 1962 年 12 月 1 日在跑马场中央展览大厅严厉斥责青年现代派艺术家之后,人们又想起了它。1964 年,这部小说首次发表。

就这样,早在 1953 年 3 月后不久,反斯大林主义的改革派和斯大林主义保守派的各类派系组合,便已露出端倪。这一组合过程,造就了日后文学艺术和国家社会生活中流派纷呈、五花八门的现实。支持赫鲁晓夫改革的那部分知识分子,后来,即 20 世纪 60 年代末时曾被称为自由主义派知识分子,起初是与自由主义这种捍卫企业自由、资本主义议会制度和资产阶级民主的思想潮流没有任何共通之处的。用"自由主义"这一概念指称这部分知识分子,运用的仅仅是这一概念的初始含义,即指某种自由思想、自由思考、宽容、温情。50 年代初时的斯大林主义者,也与保守主义这一思潮没有任何共通之处。他们对"衰老的传统"的执着,并不要求以"资产阶级的民族主义"或革命前俄罗斯传统与秩序的复活作为前提。他们不过是看到了反斯大林主义对社会主义制度的原则所构成的

---

① 即伊万·米哈伊洛维奇·舍夫措夫(Шевцов, Иван Михайлович, 1920—2013),其本人认为赫鲁晓夫对先锋派的斥责与《蚜虫》精神相合,便立即将书稿送给苏维埃俄罗斯出版社社长叶夫盖尼·彼得罗夫,后者当即组织发排出版,以求呼应时局。另著有小说《没有善良人的世纪》、《爱与恨》、《最后的浪漫》等。——译者注

威胁。由于有党的纪律,他们通常不公开反对已经开始了的反"个人崇拜"的斗争,但是,审美文化领域内所有超越条条框框的新潮流,均为他们所不容。

　　就许多方面而言,决定了 1953 年 3 月之后文学艺术界独特局面的,是在与世界主义的斗争中表现积极的那群作家和画家较为势单力薄,且在人员数量方面明显输于反世界主义斗争的"牺牲者们"。米霍艾尔斯和"害人医生们"的名誉得到恢复之后,实际上,"世界主义者们"和"崇外者们"大多没有遭受太多的社会磨难,但是他们也开始要求恢复名誉和对遭受的损失给予补偿。

　　文学艺术界中出现的"宗派主义",成为日后整个苏联文化史中的一个问题。这种正在形成的局面,女作家拉·尼·瓦西里耶娃①晚些时日曾在自己那本《克里姆林宫的孩子们》(莫斯科,1997)一书中作过很好的描述。"在我们那个被划分为右翼和左翼(即斯拉夫派和西方派)的文学界里,"她写道,"犹太问题是确定一位作家属于何方阵营的石蕊试纸。你若是犹太族人,那就意味着你是西方派,是进步人士。你若是半个犹太人,那也一样。你如果两样都不是,那么你的犹太族丈夫或犹太族妻子也会使你获得进入左翼阵营的权力。若是这三类均不是,那你就得在创作中在犹太问题上表现出忠诚。右翼的、斯拉夫派的团体,差不多也是如此这般地依据这一犹太特征来招兵买马。"②

　　据斯·尤·库尼亚耶夫证实,苏联文学政策的著名代表性人物、《文学报》多年来的主编亚·鲍·恰科夫斯基③,曾就犹太族人对战时和战后斯大林统治年代局面普遍不满的原因作出如下解释:"当战争开始时,斯大林发现,国际主义的所有主张、关于与德国工人阶级及国际无产阶级团结一致的所有议论,均属虚妄。他决定将赌注押在唯一现实的一张牌上——俄罗斯人的民族情感。逐渐

---

　　① 即拉丽萨·尼古拉耶芙娜·瓦西里耶娃(Васильева, Лариса Николаевна, 1935—　　),诗人、散文作家、剧作家,曾任国际作家联盟主席,有纪实小说《关于父亲的书》、《克里姆林宫的妻子们》等,另有 20 余部诗歌集。——译者注

　　② 瓦西里耶娃 Л. Н.:《克里姆林宫的孩子们》,莫斯科,1997 年,第 206 页。

　　③ 即亚历山大·鲍里索维奇·恰科夫斯基(Чаковский, Александр Борисович, 1913—1994),历任苏联最高苏维埃代表,苏共中央候补委员及《外国文学》、《文学报》主编,苏联作协书记等职。主要作品有小说《我们这里已是早晨》(获 1950 年度斯大林奖)、《围困》(获 1978 年度列宁奖)、《胜利》等。——译者注

地,所有犹太族政治指导员都被从军队中清除。宣传工作开始千方百计地利用俄罗斯族军事统帅的名望。高层开始与教会调情,而胜利后,斯大林又发表了那通众所周知的为俄罗斯人民的祝酒词。但却没有什么可以拿来对俄罗斯民族的牺牲给予补偿的东西,只有一点,那便是宣布它是最伟大、最天才的。为此,便开始了反世界主义者的斗争,制造了医生案件,解散了犹太人委员会。事情就是这样!当犹太医生朝病人走过去时,他们会用被子遮盖住自己,纷纷逃离医院。可是当1956年来临、开始了各种各样的恢复名誉时,在各种反犹运动中受到迫害的犹太人,却没有在这些平反中被恢复名誉。现如今,请您向一位普普通通的哈伊姆[1]解释一下,为什么此事没有发生。他活得心里委屈。而任何一种犹太复国主义宣传,都会极其轻易地令这种委屈难以再承受下去。于是,哈伊姆递交了移民以色列的申请。"[2]如此说来,犹太人对自己在这个国家的处境不满的主要原因,便是他们的一些代表性人物,作为与世界主义斗争年代斯大林主义的牺牲品,其名誉没有得到恢复;似乎令他们感到满意的战前状态,也没有被恢复。当然,这意味着,这种局面应是令俄罗斯族人感到十分满意的。

自1955年4月至1956年3月止这一时段,集团利益间的冲突转入公开化的形态。对恢复昔日"世界主义者们"名誉的要求和对某些文学界官吏具体罪责的调查,引起了曾经抨击过世界主义的一些作家对"复仇心态"的指责。文学界"宗派主义"的存在,早在1954年12月召开的苏联作协第二次代表大会上,便曾受到谴责。列·谢·索勃列夫,那个时代最著名的作家、文学界俄罗斯民族流派的领袖人物之一,曾谈起过这种宗派主义现象。

"自由主义阵营"自20世纪50年代中期起控制着我国最大的莫斯科和列宁格勒两地作家组织的局势,对首都的文学杂志与报纸形成强有力的影响。该阵营的机关刊物是《新世界》和《青年》,还有《文学报》(自1959年起)。在隶属于苏联作协理事会的其他一些杂志中,对自由主义派持赞许态度的,是《十月》杂志

（1961 年之前）。

苏共二十大之后，官方政治和文艺界领导者们对文学和艺术活动家们的思想压制减弱了。往昔的"过火行为"，其责任被认为应由斯大林和日丹诺夫来承担。一些遭到镇压的文学和艺术活动家（如弗·艾·梅耶尔霍尔德、鲍·安·皮里尼亚克①、伊·埃·巴别尔②、伊·伊·卡塔耶夫）的名誉得到恢复。谢·亚·叶赛宁、安·安·阿赫玛托娃、米·米·左先科等人的作品新版问世了。1958 年 5 月，中央通过了关于改正对歌剧《伟大友谊》、《博格丹·赫梅利尼茨基》和《全心全意》评价中的错误的决议。该决议为曾被指责为犯有"形式主义"的德·肖斯塔科维奇、谢·普罗科费耶夫、阿·哈恰图利扬③、尼·米亚科夫斯基④、维·舍巴林"恢复了名誉"。不过，亚·亚·法捷耶夫欲通过取消文化部的意识形态功能来改变作协领导作风的尝试，却导致了这位作家失宠并于党的二十大之后不久，即 1956 年 5 月 13 日以自杀结束了自己的生命。

一个负责处理俄罗斯苏维埃联邦社会主义共和国事务的苏共中央局，在党的二十大作出的关于扩大各加盟共和国权限决定的框架内组建起来，这对我国文学—艺术和社会生活的发展构成了多方面的影响。该局成立于 1956 年 2 月 27 日。除主席（由尼·谢·赫鲁晓夫兼任）之外，进入该局的有苏共中央的三位书记、最大的几个州（莫斯科州、列宁格勒州、高尔基州）的第一书记，还有俄罗斯政府的一些领导人。在这个由 7 个处构成的新机构中，学校和文化处率先开始

---

① 即鲍里斯·安德列耶维奇·皮里尼亚克（Пильняк, Борис Андреевич, 1894—1941），作家，曾因小说《不会隐没的月亮的故事》、《红木》而受到批判，另有小说《伏尔加河流入里海》、《石头与树根》等。——译者注

② 即伊萨克·埃马努伊洛维奇·巴别尔（Бабель, Иссак Эммануилович, 1894—1941），犹太族作家，主要作品有短篇小说集《骑兵队》、《敖德萨的故事》，剧本《晚霞》，电影剧本《漫游的星星》等。1937 年受到迫害。——译者注

③ 即阿拉姆·伊利奇·哈恰图利扬（Хачатурян, Арам Ильич, 1903—1978），著名作曲家，苏联最高苏维埃代表，莫斯科音乐学院教授，其创作曾 5 次获得国家奖，主要作品有芭蕾舞曲《斯巴达克》及 3 首交响曲等。——译者注

④ 即尼古拉·雅科维奇·米亚科夫斯基（Мясковский, Николай Якович, 1881—1950），著名作曲家，苏联音乐文化奠基人之一，莫斯科音乐学院教授，创作 27 首交响曲等，多次获国家奖。——译者注

行使职能。在该局运作年间(1956—1966),俄罗斯联邦境内成立了一系列共和国级组织,其中便有作家协会、画家协会、作曲家协会、苏联科学院西伯利亚分院。自 1956 年起,俄罗斯联邦的报刊印刷出版机构——《苏维埃俄罗斯报》开始出版发行;俄罗斯联邦的知识协会也成立了。所有这些,均对俄罗斯联邦和整个国家的文化生活的发展构成重要影响。

俄罗斯苏维埃联邦社会主义共和国作家协会,对国家的文学—社会生活发展的影响最为重大。成立该协会的决定,是于 1957 年 5 月 13 日通过的。同年 12 月,新作协的成立代表大会便召开了。列·索博列夫成为这届作协的主席,其他许多赞同俄罗斯民族观念的作家担任了行政职务。此后不久,俄罗斯联邦作家协会的中央出版印刷机构——《文学与生活报》报社,便开始宣称自己是文学界自由派创举的评论者,而隶属于该作协的集刊(自 1964 年起为月刊)《我们同时代人》,则转变为文学界"保守主义"流派的主要杂志之一。

20 世纪 50 年代中期形成于苏联作协中的俄罗斯"保守主义者"派别,由两个主要部分组成。其一是一些知名的作家——谢·尼·谢尔盖耶夫—倩斯基、列·谢·索博列夫、列·马·列昂诺夫①、尼·帕·斯米尔诺夫②、娜·彼·康恰洛夫斯卡娅③、米·亚·肖洛霍夫、米·谢·布边诺夫、阿·弗·索夫罗诺夫、

① 即列昂尼德·马克西莫维奇·列昂诺夫(Леонов, Леонид Максимович, 1899—1994),著名作家,院士,主要作品有小说《獾》、《贼》、《索契河》、《俄罗斯森林》(获 1957 年度列宁奖),剧本《侵略》(获 1943 年度斯大林奖)、《金马车》(曾受到批判)、《麦金利先生的逃亡》(获 1977 年度苏联国家奖)等。——译者注

② 即尼古拉·帕夫洛维奇·斯米尔诺夫(Смирнов, Николай Павлович, 1898—1978),曾任职于《消息报》、《新世界》杂志等。——译者注

③ 即娜塔丽娅·彼得罗芙娜·康恰洛夫斯卡娅(Кончаловская, Наталья Петровна, 1903—1988),儿童作家、诗人,著名画家苏里科夫的外孙女,作品有故事集《魔法与勤劳》、诗集《大海》等。——译者注

谢·弗·米哈尔科夫①、雅·瓦·斯梅利亚科夫②、维·亚·扎克鲁特金,文学批评家 M. C. 什凯林、康·伊·普利玛③。第二个群体由不久前的前线战士们构成,他们大部分曾于 40 年代下半叶在莫斯科文学研究院学习过。其中,已获得声望的作家有米·尼·阿列克谢耶夫④、尤·瓦·邦达列耶夫、弗·谢·布申⑤、米·马·戈坚科⑥、格·亚·伊萨耶夫⑦、伊·伊·科布泽夫⑧、米·彼·

---

① 即谢尔盖·弗拉基米罗维奇·米哈尔科夫(Михалков, Сергей Владимирович, 1913—2009),苏联教育科学院院士,曾任俄罗斯作协主席(1970 年起)、《灯芯》杂志主编,苏联国歌歌词作者;以创作儿童诗歌而著名,并两度获得国家奖(1941、1970),另有成人剧本《伊里亚·戈洛文》(与儿童剧《我要回家》一起获 1950 年度斯大林奖)、《泡沫》(获 1977 年度俄罗斯国家奖)等。——译者注

② 即雅罗斯拉夫·瓦西里耶维奇·斯梅利亚科夫(Смеляков, Ярослав Васильевич, 1913—1972),诗人,主要作品有诗集《俄罗斯的一天》(获 1967 年苏联国家奖)、《严峻的爱情》等。——译者注

③ 即康斯坦丁·伊瓦诺维奇·普利玛(Прийма, Константин Иванович, 1911—1991),肖洛霍夫研究专家,代表作品有《〈静静的顿河〉在战斗》、《在世纪的高度上》等。——译者注

④ 即米哈伊尔·尼古拉耶维奇·阿列克谢耶夫(Алексеев, Михаил Николаевич, 1918—2007),先后任俄联邦及苏联作协理事会成员、《莫斯科》杂志主编,有军事题材小说《士兵们》、《继承者》,农村题材小说《樱桃淖》(获 1962 年度俄罗斯国家奖)、《不屈的小柳树》(获 1976 年度苏联国家奖)等。——译者注

⑤ 即弗拉基米尔·谢尔盖耶维奇·布申(Бушин, Владимир Сергеевич, 1924—　　),高尔基文学研究院毕业,先后就职于《文学报》、《青年近卫军》杂志等,作品有《论奥库贾瓦》、《亚历山大·索尔仁尼琴》、《民族的荣幸与不幸》、《为了祖国！为了斯大林！》等。——译者注

⑥ 即米哈伊尔·马特维耶维奇·戈坚科(Годенко, Михаил Матвеевич, 1919—　　),著有小说《雷区》、《永恒之火》等。——译者注

⑦ 即叶戈尔(格奥尔吉)·亚历山德罗维奇·伊萨耶夫[Исаев, Егор (Георгий) Александрович, 1926—2013],诗人、政论作家,有诗集《多瑙河之波》、《记忆的远方》等。——译者注

⑧ 即伊戈尔·伊万诺维奇·科布泽夫(Кобзев, Игорь Иванович, 1924—1989),高尔基文学研究院毕业,有诗集《莫斯科人》、《关于俄罗斯的思考》、《瞬间》等,《伊戈尔远征记》博物馆的组织者,俄罗斯俱乐部的非正式领导人之一。——译者注

洛巴诺夫、阿·雅·马尔科夫①、弗·阿·索洛乌辛②、伊·福·斯塔德纽克③、尼·康·斯塔尔申诺夫④、费·格·苏霍夫⑤、瓦·德·费奥多罗夫⑥、伊·米·舍夫措夫、谢·伊·舒尔塔科夫⑦。50 年代中期,这些昔日前线的战士们开始在俄罗斯作协中占据一些有影响的位置,他们是俄罗斯社会运动中的一支重要力量。现代历史学家、作家谢·尼·谢曼诺夫对这一运动的性质所作的定义,在我们看来,最为精确。他认为,"作为一种常态的俄罗斯爱国主义而复兴于抗击法西斯德国战争年代的俄罗斯民族运动",是"人权斗争的形式之一"。形成于"赫鲁晓夫解冻"年代的俄罗斯民族运动,也在随后的祖国历史中留下明显的印迹。

---

① 即阿列克谢伊·雅科夫列维奇·马尔科夫（Марков, Алексей Яковлевич, 1920—1992）,诗人、社会活动家,高尔基文学研究院毕业,曾参与"俄罗斯俱乐部"和"记忆"协会的活动。有诗作《米哈伊尔·罗蒙诺索夫》《叶尔马卡》等。——译者注

② 即弗拉基米尔·阿列克谢耶维奇·索洛乌辛（Солоухин, Владимир Алексеевич, 1924—1997）,高尔基文学研究院毕业,曾就职于《青年近卫军》《我们同时代人》杂志社,曾参与对帕斯捷尔纳克的批判,"农村题材作家"的著名代表人物,有诗歌《草原的雨》,政论《纯粹的列宁》,小说《继母》《判决》《最后一级》《盐湖》等。——译者注

③ 即伊万·福季耶维奇·斯塔德纽克（Стаднюк, Иван Фоитевич, 1920—1994）,著名军事题材作家,曾任俄联邦和苏作协理事会成员,《火星》杂志副总编,有小说《战争》《莫斯科,1941 年》(获 1983 年度苏联国家奖)、《带枪的人们》等。——译者注

④ 即尼古拉·康斯坦丁诺维奇·斯塔尔申诺夫（Старшинов, Николай Константинович, 1924—1998）,诗人,毕业于高尔基文学研究院,有诗集《致友人》《爱河》(获 1984 年度俄联邦奖)、《我的战友们》等。——译者注

⑤ 即费奥多尔·格里戈里耶维奇·苏霍夫（Сухов, Фёдор Григорьевич, 1922—1992）,高尔基文学研究院毕业,曾因拒绝批判帕斯捷尔纳克而遭到政治迫害,有诗集《雪地上的草莓果》《红色奥肖洛克》《继母》等。——译者注

⑥ 即瓦西里·德米特里耶维奇·费奥多罗夫（Фёдоров, Василий Дмитриевич, 1918—1984）,诗人,高尔基文学研究院毕业,有诗集《抒情三部曲》《雄鸡三唱》《七重天》(两诗共获 1969 年度俄联邦文学奖),小说《诗人之子》等。因诗歌创作而获 1979 年度苏联国家奖。——译者注

⑦ 即谢苗·伊万诺维奇·舒尔塔科夫（Шуртаков, Семён Иванович, 1918—2014）,高尔基文学研究院毕业,有小说《困难之夏》《初次见面》《睡莲》(获 1987 年度俄联邦文学奖)等 30 余部作品。斯拉夫文字与文化节发起人之一。——译者注

民族政策理论基础的修正："新历史共同体"的新发现。在批判"个人崇拜"的浪潮中，1956 年首次公布了列宁那些涉及他与斯大林在组建苏联问题上出现暂时分歧的信件（写于 1922 年 12 月 30—31 日间的《关于民族或"自治化"问题》，等等）。公布这些信件的用意就是要表明，斯大林在这些问题上曾持有独特的、与苏联真正缔造者的"正确"方针不同的、"不正确的"立场。斯大林立场的合理内涵和 50 年代中期之前积累起来的历史经验，实质上均被忽视了。与此同时，从我们今天的立场来看，列宁建立苏联国家计划中的缺陷，却变得越来越清晰可见。苏联的建立和日后发展的历史表明，俄罗斯民族国家的利益，究其实质而言，是被拿去奉献给列宁—托洛茨基的乌托邦——虚构的世界苏维埃社会主义共和国联盟的利益和昔日沙皇俄国那些"被压迫"民族的民族主义做了祭品。斯大林没有在捍卫自己提出的苏联"自治化方案"中表现出应有的不屈不挠精神。诚如许多现代历史学家们（亦包括本文作者）所见，斯大林方案若能实施，可能会为我国日后国家体制和整个族际关系体系的优化，创造出优越得多的先决条件。若要实现那个著名的关于昔日俄罗斯所有各族人民均"共同且平等地"参加联盟国家建设和运作的原则，列宁的方案是完全不适宜的。此论的有力证明便是：在苏联的结构中存在着不难辨识出来的诸民族的和民族国家构成的等级制。

当局没有对民族领域内发生的各种发展过程，予以实事求是的分析，没有对苏联民族国家体制进行相应的改造；而是照旧热衷于"彻底解决民族问题"的乌托邦式的方案，并将这一方案与加速打破民族隔阂、抹去民族区别、同化诸民族与苏联社会联系在一起，换句话说，就是与去民族化联系在一起。列宁主义的那些方针，是随着向社会主义目标——不仅是诸民族的亲近，亦是他们的融合——的推进而定位民族政策的。这些方针因 20 世纪 50 年代末酝酿着的那个于未来 20 年间在苏联直接建成共产主义的计划而被激活。尼·谢·赫鲁晓夫在 1959 年时曾说过，随着这一计划的实现，"各民族融入统一的共产主义大家庭的过程，将会进行得更为顺利"。捕捉到这一熟悉的旋律后，敏锐的社会学家们立即回想起早些时候发生的恩格斯事件和俄国革命最初年间的浪漫情调，并开始再次说服多部族的同胞们相信，"工人阶级和其政党的战略路线……是致力于所有民族的融合,致力于克服民族隔阂与差异"(瓦·亚·阿弗罗林①语);"在未来的共产主义社会中,苏联的全体居民将是一个统一的共产主义民族"(列·帕·波塔波夫②语)。在通达这个目标的道路上,"年青的和同源的民族,似乎会比古老的和非同源的民族更早些开始融入这个统一的民族"(阿·阿·萨特巴洛夫③语)。社会主义的民族和国家,在赫鲁晓夫的想象中,是不可能闭关自守于自己国界之内和仅仅依靠自身的力量。"如若是这样,"他说道,"我们便不是国际主义者—共产党人,而成了民族—社会主义者。"④

果然不出所料,米·安·苏斯洛夫在苏共新党章草案中纳入这样一种观点,即,"在苏联,正在进行着各民族、各种语言的融合;一个有着一种语言、一个统一的共同文化的民族正在形成"⑤。著名的国务与政治活动家安·安·安德列耶夫,也曾在一个重要的党办理论刊物上宣称,在苏联,"正在锻造出一个统一的社会主义民族"(《共产党人》,1960 年第 6 期)。

赫鲁晓夫那些苏共中央主席团的同僚们(首先是奥·维·库西年、努·阿·毛希丁诺夫),成功地说服他不要在党纲中提出不可能完成的任务。赫鲁晓夫虽然部分同意他们的意见,却还是使早些时候提出的那个关于在苏联出现了"新的历史共同体"的观点具有了现实意义。在关于苏共党纲的报告中,他曾宣布,民族领域内一体化进程的结果,已经导致"在苏联境内形成了一个新的、有着共同特征的不同民族人民的历史共同体——苏联人民"。不过,这个观点并没有被纳

---

① 即瓦连京·亚历山德罗维奇·阿弗罗林(Авро́рин,Валентин Александрович,1907—1977),通古斯—满语语言学家,通讯院士。——译者注

② 即列昂尼德·帕夫洛维奇·波塔波夫(Пота́пов,Леони́д Па́влович,1905—2000),民族志学家,系阿尔泰人、图瓦人、哈卡斯人(хакасы)、邵尔人(шорцы)及南西伯利亚一些民族的历史与文化研究大家。——译者注

③ 即阿劳丁·阿扎科维奇·萨特巴洛夫(Саты́балов,Аллаудин Аджакович),民族学家、社会学家,著有《人民共同体历史(民族)类型研究方法论问题》、《人民共同体历史类型》、《社会科学方法论问题》等。——译者注

④ 赫鲁晓夫 Н. С.:《在全德第 10 次工人代表大会上的讲话(1959 年 3 月 7 日,莱比锡)》,载《真理报》,1959 年 3 月 27 日,第 3 版。

⑤ 毛希丁诺夫 Н. А.:《逝水时光:从斯大林到戈尔巴乔夫(回忆录)》,莫斯科,1995 年,第 12 页。

入纲领性的文献中。这意味着,这一观点,同社会思想发展先前诸阶段文献中所提到的类似主张一样(诸如尼·伊·布哈林、米·瓦·涅齐京娜、И. E. 克拉夫采夫、尼·伊·马秋什金、米·达·卡马里等人提出的主张),均没有被赋予理论—方法论的意义。

在实际政治方面,苏共党纲中《党在民族关系方面的任务》一章,表述的是最大利益。党纲对临近 20 世纪 60 年代初时民族关系的发展作出如下评价:"在社会主义条件下,主权得到加强的诸民族的繁荣,正在发生。各民族的发展不是靠扩大民族纠纷、民族局限性和利己主义来实现的,例如在资本主义环境下那样;而是依靠各民族的融合、兄弟般的互助与友谊。一些新的工业中心的崛起、自然财富的发现与开采、处女地的开发和所有类型的运输业的发展,使居民活动空间得到扩张,促进着苏联各族人民相互交往的扩大。在各苏维埃共和国境内,共同生活和友好劳动着民族众多的人们。苏联境内各加盟共和国之间的边界线,正越来越失去旧有的意义,因为所有民族均是平等的;他们的生活建立在一个统一的社会主义基础之上,且每一个民族对物资与文化的需求,均会同等地得到满足;他们所有的人,均被共同的切身利益所团结成一个大家庭并共同迈向一致的目标——共产主义。在由不同民族组成的苏联人民那里,已经形成了由新型的社会关系孕育出来的并体现着苏联各民族优秀传统的共同的精神面貌特征。"[1]

这一评述,因其把经过粉饰的、似是而非的事物与自相矛盾的含义相配合而变得十分具有典型性。对民族关系史的具体研究,例如维·伊·科孜洛夫[2]在他的《伟大民族的悲剧历史:俄罗斯问题》(莫斯科,1997)一书中所作的研究。该研究表明,党的文献中和苏联宪法中宣称的那种"民族平等",实际上并不存在,且当"主体民族"较之本共和国其他异族集团具有特别优惠地位的条件之下、当民族区域建构本身亦具有等级地位之分的条件之下,亦是不可能达到的。每一

---

[1] 《苏共中央决议汇编》,第 10 卷,莫斯科,1986 年,第 163 页。

[2] 即维克托·伊万诺维奇·科孜洛夫(Козлов, Виктор Иванович, 1924—),民族学家、人口学家,历史学博士、教授。俄科学院生态与人类学研究所民族生态学部主任,"民族生态学"术语创造者,有《民族人口动态(研究方法论与基本实际)》《民族生态学基本问题》等著述。——译者注

民族的物质的和精神的利益,均绝对没有平等地得到满足;在这种情况之下,我国最大的俄罗斯民族,竟是处在一个不利的地位。依据苏联居民的流动空间得到扩大这个事实,是完全不能推导出各共和国间的边界线已失去意义的结论的。这亦与有关各民族主权得到加强的观点,明显相悖逆。党纲继续指出,"各加盟共和国领导经济的权限的扩大,有了重大的积极的成果";不过,克服"地方主义和民族利己主义"的任务被提了出来。① 这份党的文献中包含着一个不确定的(可以作出各种解释的)观点,即我国的民族关系特点是"各民族的进一步亲近并达到完全的统一"。

由赫鲁晓夫任主席的一个委员会在主持制定苏联新宪法时,曾对一项建议进行了重新研究。该建议提出,有必要注意到,在苏联,"统一的诸民族的凝聚正在发展成一个统一的共产主义民族",因此提议删除护照上的民族项目。不过,"左派国际主义"的完全复兴,在 20 世纪 50—60 年代并未曾发生。赫鲁晓夫退休后召开的党的第二十三次代表大会(1966 年 3—4 月),给各加盟共和国脑力劳动者和富于创造精神的知识分子的混乱队伍带来了稳定。党中央在提交给代表大会的报告中,关于苏联人民有了一个新的、精确的表述方式,采用了"多民族的苏联人民"②这一术语。这便排除了将"新共同体"或"各民族的完全统一"与新型的、似乎是由传统的民族集团中锻造出来并取而代之的共产主义民族混为一谈的可能。传统主义者在理论和实际的民族政策中,均战胜了"左倾分子"。

"新共同体"何以成为"发达社会主义"的标志性特征。在国家学学者的著述中,建设共产主义的纲领通过之后,关于苏联联邦制与民族发展未来诸阶段的观念得到校正;认为最近期的前景是将各民族自治发展为统一的苏维埃诸共和国;而接下来,就是处在共产主义完全胜利的条件之下,那个早在 20 世纪 60 年代便已通过建立共和国国际机关的办法先期准备着的各共和国的融合,便应当发生

---

① 科孜洛夫 *В. И.*:《伟大民族的悲剧历史:俄罗斯问题》,莫斯科,1997 年,第 191 页。
② 《苏共二十三大(1966 年 3 月 28—4 月 8 日)》(速记工作报告 2 卷),第 1 卷,莫斯科,1966 年,第 104 页。

了。由于诸共和国的融合，"各民族的融合过程将逐渐终结，他们在这一过程终结之前已经被联邦体系按照社会组织的基本原则联合成一体"（谢·马·拉文①语）。也就是说，联邦制在未来无国家的共产主义社会中继续保留的可能性，是被允许存在的。似乎这种在各民族社会联合原则基础之上建立起来的无国家的联邦制，将服务于终结民族融合的使命，并且在向无民族社会过渡之后，便将失去自身存在的必要性。

苏联新宪法的制定，始于 1962 年 4 月。新的基本法的第一稿，于 1964 年 7 月之前完成。为了使民族权利在新的条件下得以实现，曾建议"设立一个文化与教育问题民族委员会"，即通过文化—民族自治的手段来确保各民族的进一步发展。类似的建议也曾提交给宪法委员会——该委员会在尼·谢·赫鲁晓夫退休后，仍继续进行宪法草案的研制工作。有的建议在宪法中写入："在苏联只有一个民族，即苏联民族。"据此，在护照的民族一栏中应填写"苏联人"，或者停止在证件中标注民族项目。

我国民族关系发展新阶段的这一开端，当然与苏共党纲于 1961 年的通过有关。该阶段的特征被认为是各民族的进一步亲近和达到"完全的同一"。苏共初步判定："共产主义的物质和技术基础的建设，正在导致苏联各族人民更为紧密的团结；各民族间的物质与精神财富的交流，正变得越来越强化；每个共和国为建设共产主义共同事业所作出的贡献，正在增加；各阶级间的界线的消除和共产主义社会关系的发展，正强化着各民族的社会认同，促进着文化、道德和日常生活方式的共同的共产主义特征的发展，促进着各民族间的相互信任与友爱的进一步加强；随着共产主义在苏联的胜利，将会出现各民族更多的亲近，他们在经济和思想上的一致性将得到增强，他们精神面貌中的共同的共产主义特征将得到发展。不过，民族差异，特别是语言差异的消除，尚是一个较之阶级差异的消除要更为长久的过程。"这项致力于调整民族发展新阶段的民族关系的民族政策，党要求应"从无产阶级国际主义的立场出发、在……列宁主义民族政策的基

① 即谢苗·马尔科维奇·拉文（Равин, Семён Маркович, 1929—1964），国家法著名学者，列宁格勒大学法学教授。——译者注

础之上"加以贯彻执行；"无论忽视还是夸大民族的特殊性"，均是不允许的。这一政策的最重要的目的，便是"一如既往地"确保各民族、部族事实上的平等，"充分考虑到他们的利益；对我国那些需要更快些发展的地区，予以特别的关注"。在共产主义建设过程中增长着的财富，被允诺会"在所有民族和部族之间予以公正地分配"。

　　然而，这项在我国"已经展开的共产主义建设"，并没有持续多久。1967 年 11 月，列·伊·勃列日涅夫宣布：在苏联，一个发达的社会主义社会已经建成。接下来面临的是对它的完善；共产主义诸项目标的实现，延迟到可见的历史地平线之外。新的执政者们还否定了赫鲁晓夫时期其他一些方法论的创新。但是，关于新的历史共同体的论点，却保留下来并获得了进一步的发展。党向二十三大（于 1966 年 3—4 月间召开）提交的报告中，含有一个关于苏联人民的精确的表述方式，采用了"多民族的苏联人民"这样的术语。左倾分子对新共同体所作的诠释，受到尖锐的批判（其中包括在 A. M. 叶基扎利扬、伊·米·久巴①的著述中），并就此销声匿迹。

　　关于似乎在苏联已形成了一个新的历史共同体的论点，在党的二十四大（1971 年）、二十五大（1976）苏共中央总书记的发言中，均曾出现过。为了发展这一论点，苏共中央马克思列宁主义研究院曾撰写并两度出版了《列宁主义与现代条件下的民族问题》（1972、1974）一书，对这一现象作出半官方式的诠释。该书阐述道："苏联人民不是某种新生民族，而是一个历史性的、较之新生民族更为宽泛的、含括着苏联所有民族的人民共同体。'苏联人民'这一概念，是作为苏联诸民族本质与面貌发生根本性改变的反映，作为他们的全面亲近、他们的国际主义特征的发展的表现而出现的，且是在国际主义的和民族的成分紧密交织于诸

---

　　① 　即伊万·米哈伊洛维奇·久巴（Дзюба，Иван Михайлович，1931—　），持不同政见者、乌克兰文艺理论家、政论作家、乌克兰科学院院士，曾任《祖国》杂志总编，20 世纪 60 年代始参与持不同政见者运动，1972 年被捕并被判入狱 5 年和流放 5 年，后因病及友人相助得免。反共组织"乌克兰人民运动"（1989）的创立者之一，1992—1994 年任乌克兰文化部长。——译者注

社会主义民族之中的条件下，这些民族组成苏联人民，同时依然保留着其民族组分。"①巩固这一"新历史共同体"，一度是国家民族政策的最重要目标。20 世纪70—80 年代之间，国内曾出版了无以计数的图书与文章，用来制造"列宁主义民族政策"的实施带来安宁与成就的假象。

造成这一理论思想运动虚假表象的，是那些充斥着极其玄虚的空泛理论的著述。它们探究着民族繁荣、亲近与融合之间的相互关系，解说着何为民族的、何为国际主义的，论述着社会中的国际主义过程的特点。而在现实中，科学、政治与现实生活之间的脱节，却是在扩大。正在被激活的民族自觉意识，被鄙视为一种民族主义的表现。民族生活和族际关系中的现实矛盾被忽视了。"发达社会主义"条件下的"民族学"，每逢节庆之日，即党的代表大会召开之际、十月革命纪念日和苏联成立纪念日，便明显地活跃起来。这不能不给相当大一部分涉及民族问题的著述打上"唱颂歌"的印记。

苏联境内这一新的历史人民共同体，不仅是一个人造的神话，也是一种现实存在。现今的大众信息传媒，承认确实存在过苏联人民，这常常被等同于仅仅是一种名不符实之说（由此便产生了一个轻蔑的词——苏沃克②）。然而，这并不能使这样一个事实消除，即在社会反思的层面上，对"苏联人民"的感知是存在的。不同民族的足球爱好者们，都曾为基辅或梯比利斯的"迪那摩"队，为埃里温的"阿拉拉特"队呐喊助威，就像为自己的球队呐喊助威一样，也都曾为苏联的宇航员们叫好，不管他们属于哪个民族。那首有着浪漫的、国际主义—世界主义情调的副歌的歌曲，流传甚广："心在激荡，邮件在打包。//我的地址既不是楼房，也不是街道，我的地址是苏联。"③也就是说，确实存在过一种具有非民族性的，而是公民性基础的实体化空间。

---

① 《列宁主义与现代条件下的民族问题》，莫斯科，1972 年，第 222—228 页。

② 苏沃克（Совок），俚语，用作"苏联人"的代名词，出处不明，一说出自波罗的海人，他们称苏联人是"苏联占领者"（советские оккупаты），苏沃克是此语的缩写，具讥讽意。——译者注

③ 哈里托诺夫 В. Г. :《我的地址是苏联》，载《哈里托诺夫 В. Г. 诗歌集》，莫斯科，1975年。

因此,未必应当把在讨论 1977 年宪法时期向报社写信的那些人的立场评价为"民族虚无主义"。那些信件曾建议在护照中作类似的标注:"民族:苏联;母语:亚美尼亚语"。也不至于一定要给那样一些人打上"沙文主义"的烙印,这类人认为有必要给宪法草案第三十六款增补这样一句话:"禁止要求在任何正式文件(护照、证明文件、票证、实名调查表,等等)中告知自己的民族信息。"这些"苏联人们"试图通过这种方法削弱正式文件的"含有民族信息的数据,以期强化其从属于苏联人民全体公民性政治共同体的'标记'"。他们当中的许多人,将这一共同体视作苏联民族,并为自己属于这一民族而感到自豪。"我对强国——永远的强国抱有信心//对这个//内涵是红色的//旗帜是红色的//色彩是红色的强国抱有信心//我永远不会躲到密实的幕后……//论民族//我——//苏联人"(罗·罗日杰斯特文斯基[①]语)。

在后苏联时代,不少权威性的社会学家依然健在,他们继续在说服人们(例如谢·格·卡拉—穆尔扎的所作所为)相信:"依照所有现代的有关国家与民族的观念,苏联人民是个正常的多种族的国家民族,并不比美国国民、巴西国民或印度国民更不符合实际。"[②]当然,"苏联化"的程度在不同的居民集团那里是各不相同的;然而,由统一的经济、统一的学校、统一的军队造就的苏联人民,却是要比那些所谓的多种族民族更为团结。支持这一共同体存在的具有说服力的论据,是民族通婚数量的增长和最私密的家庭—个人活动领域内的国际主义化的提高。1959 年我国人口普查登记的家庭为 5 030 万个,其中 10.3% 为民族通婚家庭。至 1970 年前,民族通婚家庭共计为 13.5%;1979 年为 14.9%;而 1989 年则为 17.5%(即在 7 710 万个家庭中,有 1 280 万个民族通婚家庭)。夫妻每一方的背后,通常还会有一批亲属,由此一来,他们又常常会使本民族中与不同民族结交的人数提高许多倍。

---

① 即罗伯特·伊万诺维奇·罗日杰斯特文斯基(Рождественский, Роберт Иванович, 1932—),诗人,20 世纪 50—60 年代"青年诗人"派代表人物之一,主要作品有《春之旗》、《薇拉的儿子》、《安魂曲》、《二百一十步》(获 1979 年度国家奖)等。——译者注

② 卡拉—穆尔扎 С. Г.:《苏联文明(第 2 册):自伟大胜利至今日》,莫斯科,2001 年,第120 页。

人口普查数据表明,承认族际交际语俄语为自己"母语"的非俄罗斯族人,数量巨大,这也证明着这个新共同体的形成。据 1926 年的人口普查统计,这类人计有 640 万;1959 年为 1 020 万;1979 年为 1 300 万,而 1989 年已经有 1 870 万。假若转而使用俄语的这一过程不是足够地自然和自愿,那么这些人中的绝大多数恐怕就不会把俄语称作自己的"母语",而只限于说明自己能"自如运用"它了事。人口普查数据还表明,除本民族的母语之外,还能自如运用俄语的人,其数量在持续增长。1970 年,苏联境内生活着 2.417 亿人(其中 53.4% 为俄罗斯族人)。临近 1989 年,这个数字提高到 2.867 亿,其中俄罗斯族人为 1.452 亿(占 50.6%)。1989 年,俄罗斯族人占俄罗斯联邦 1.474 亿总人口的 81.5%。在这种情形之下,认为俄语系自己的母语并能自如运用掌握它的居民,占苏联人口总数的 81.4%,占俄罗斯联邦共和国人口总数的 88%。

新宪法和"新历史共同体"的无从解决的矛盾。1977 年通过的苏联宪法,把在苏联建成的"发达社会主义社会"描述为这样一个社会,"在那里,在使所有社会阶层亲近的基础之上,在所有民族和部族在法律上和事实上平等的基础之上,形成了一个新型的人类历史共同体——苏联人民"①。如此一来,这个"新型的共同体"在新宪法序言中,便被描述为"发达社会主义"基本的区别性标志之一。而苏联人民,则被宣称为我国政权和立法的中心主体。"苏联的一切权力属于人民。人民通过人民代表苏维埃行使国家权力……国家所有其他机关,均受苏维埃监督和向它负责。"——新宪法第二款如是规定道。其他一些条款,还宣告公民一律平等,不论其种族或民族属性如何(第 34 款);宣称"我国经济乃是一个统一的国民经济综合体"(第 16 款);我国有"统一的国民教育体系"(第 25 款)。同时,这部国家的基本法还确认"为每一加盟共和国保留自由退出苏联的权力"(第 71 款);每一加盟共和国或自治共和国,均有自己的、顾及自身"特性"的宪法(第 75、81 款);各共和国的领土,未经其同意,"不得变更"(第 77、83 款);"各加盟共和国的主权由苏联保卫"(第 80 款)。就这样,在这部宪法中,"苏联人民",在字面上

---

① 《苏联宪法(基本法),1977 年 10 月 7 日通过》,莫斯科,1977 年,第 7 页。

是统一的,但实际上却被割裂为"享有主权的"和"特殊的"若干各不相同的部分。这一点也与没有被任何人废止的那个俄罗斯诸民族权利宣言的精神相吻合。该宣言早在苏维埃政权建立的最初时期(1917 年 11 月 2 日)便曾宣布,不仅"俄罗斯各民族享有平等与主权",他们也有权"自由自决,直至脱离并组建独立国家"[①]。

　　一些研究者们曾在这个统一的"新历史共同体"中,区分出在实现各自的民族或种族主权可能性方面有着明显差异的种族或民族集团。关于他们在苏联时代的相互关系,也没有形成统一的见解。М. И. 库利琴科在自己的著作《民族与社会进步》(1983)中认为,在处理 1959 年人口普查资料时记录下来的 126 个民族共同体中,属于民族范畴的有 35 个,属于部族的有 33 个,属于民族集团的有 35 个,属于种族集团的有 23 个。在 1979 年人口普查中查明的 123 个民族共同体中,划入民族的有 36 个,划入部族的有 32 个,划入民族集团的有 37 个,划入种族集团的有 18 个。[②] 不过,这仅是此类共同体的分类方法之一,还曾有过与此种方法有重大区别的其他一些分类法。[③] "主体民族"与"非主体民族"、多数民族与少数民族,他们所拥有的实现自己切身利益的可能性,是不尽相同的。

　　苏联民族—国家体制的领土原则,随着时间的推移,显露出越来越严重的与"民族"行政建制人口构成日益国际化之间的矛盾。俄罗斯联邦便是明显的一例。1989 年,苏联总人口的 51.5％居住在那里。俄罗斯民族的人口总数,常常被用一个不明确的说法来表述——"过亿"。该共和国有一个复杂的等级制的民族—国家和行政体制体系。它由 31 个民族自治国家和民族自治区域建构组成(即 16 个自治共和国、5 个自治州和 10 个自治区)。主体民族(即民族自治体是以该民族名字命名的民族)共有 31 个。在这种情况下,有 4 个自治体分别有 2 个"主体"民族(即卡巴尔达—巴尔卡尔自治共和国、车臣—印古什自治共和国、

　　① 《俄罗斯各民族权利宣言》,载《弗·伊·列宁和苏联共产党论苏联多民族国家》,莫斯科,1981 年,第 100 页。

　　② 库利琴科 М. И.:《民族与社会进步》,莫斯科,1983 年,第 170 页。

　　③ 萨特巴洛夫 А. А.:《人民共同体历史类型》,莫斯科,1959 年,第 43—52 页;萨尔马诺夫 С. Б.:《论建设社会主义和共产主义的各族人民经济生活共同体性质》,马哈奇卡拉,1965 年,第 25 页;等等。

卡拉恰伊—切尔克斯自治州、汉特—曼西自治区)。布里亚特族人和日耳曼族人曾各有 3 个自治体;奥塞梯族人有 2 个(一个在俄罗斯,另一个在格鲁吉亚)。达格斯坦自治共和国境内曾居住着 26 个土著民族。其他一些民族没有本民族的地域性行政建制。除民族自治体之外,俄罗斯联邦还有若干"俄罗斯族人的"边疆区和州,它们不具备正式的民族地位。在这种情况下,在这些各不相同的民族中,自然而然地出现了争取平等和提高自己的"国家"地位或争取获得这一地位的运动。

于本书所研究的这一时段居住在苏联的各族人民,在其人口增长速度方面不尽相同。譬如,1989 年人口过百万的民族,其人口数量自 1959 年起的变化如下:拉脱维亚族人和爱沙尼亚族人的人口数量分别提高了 3％和 4％;乌克兰族人和白俄罗斯族人分别提高了 18％和 26％;俄罗斯族人和立陶宛族人分别提高了 27％和 30％;格鲁吉亚族人、摩尔达维亚族人、亚美尼亚族人提高了 50％—64％;哈萨克族人、阿塞拜疆族人、吉尔吉斯族人提高了 125％—150％;而乌兹别克族人和塔吉克族人则提高了 176％—200％。所有这一切,造成了个别民族对这种人口状况怀有情理之中的担忧,而失控的居民迁移,则正在使这种担忧加剧。

这种对一个法制国家来说不可思议的状况还表现在:50％的俄罗斯联邦领土,被官方宣布为是占人口比例 7％的俄罗斯联邦公民"自己国家的领土"。而占人口 80％以上的其他民族,其中包括俄罗斯族人,却没有任何政治—法律地位。民族区域自治体制,也没有能解决"主体"民族的问题。1989 年时拥有自己的自治体的所有民族,合计为 1 770 万人(为俄罗斯联邦人口总数的 12％)。他们当中,在自己的自治体境内生活的人口计为 1 030 万人,占俄罗斯联邦人口总数的 7％。只有 6 个"主体"民族在自己的自治体内构成居民人口的绝大多数。其实,在那些以族名命名俄罗斯联邦绝大多数的自治体中,其"主体"民族却是少数民族。许多族群,其相当大一部分人是生活在各自的享有治外法权的自治体之外,即 99.4％犹太族人,73％的摩尔达维亚族人,73％的鞑靼族人,52％的马里族人,51％的楚瓦什族人,44％奥塞梯族人,40％巴什基尔族人,40％的卡累利阿人,等等。在俄罗斯联邦境内,还有总人口达 130 万人的 30 个民族集团,此类民族的主体部分是在苏联境外,或者在境外有其国家组织(即人数为数十万或数万的德裔、高丽裔、波兰裔、希腊裔、芬兰裔、保加利亚裔人,直至数百人的法裔、奥地利裔、英国裔和美国裔人)。苏联政府拒绝享有治外法权式的自治权利(即民族成员、民族文化的治外法权),认为这种权利与国际主义原则相抵触并藏匿着"精巧的民族主义"。俄罗斯联邦保留着苏维埃联邦制的那个主要矛盾——按一种不公开的原则来类分民族:给予大民族以共和国,给予小民族以文化—民族自治。而作为区别这两类民族的依据的法律,过去和现在却均不存在。

"发达社会主义"民族领域内的骚动与冲突。民族领域内的矛盾,经常从潜伏状态进入社会生活层面。例如,在我们所研究的整个这一时段内,发生了苏联日耳曼族人和克里米亚鞑靼族人争取恢复自己的民族自治区建制的运动——他们于卫国战争年间丧失了自己的自治区。其他一些先前曾遭到镇压的民族,也曾要求准许他们返回从前的居住地(土耳其—麦斯赫特族人、希腊族裔人,等等)。对苏联生活条件的不满情绪,在一系列民族(犹太族人、日耳曼族人、希腊族人)中催生出争取向"历史家园"移民之权利的运动。抗议活动、尖锐冲突事件和其他一些对民族政策表示不满的行为,也时常会因其他一些缘由而发生。诸多此类事件,均可见于相应的大事记中。

例如,1965年4月24日,为纪念土耳其境内的亚美尼亚人蒙受种族大屠杀50周年,一个未经批准的、有10万人参与的追悼游行活动在埃里温举行。大学生们和加入到他们当中的工人及许多机关的职员们,高呼着"公正解决亚美尼亚问题!"的口号,向市中心行进。自中午时分起,列宁广场上开始了各种群众集会。临近傍晚时,人群包围了歌剧院大楼,那里正在为这场悲剧的周年纪念举办一个半官方性质的"社会各界大会"。有人开始向剧院的窗子投掷石块,在这之后,当局动用消防车将游行示威者驱散了。

彼·叶·谢列斯特[①]在回忆录《……你们不会被问罪》(莫斯科,1994)一书

---

① 即彼得·叶菲莫维奇·谢列斯特(Шелест,Пётр Ефомович,1908—1996),苏联政要,历任乌克兰共产党中央第一书记(1963—1972)、苏共中央主席团成员(1964—1973)、苏联部长会议副主席(1972—1973)等。——译者注

中指出,1965 年 9 月 2 日,在苏共中央主席团会议上讨论他就对外政策问题向中央呈递的书面报告时,有人曾指责,在乌克兰,对资产阶级民族主义的斗争,进行得似乎软弱无力,对各民族友谊的宣传和国际主义教育开展得不力。有人还把塔·格·舍甫琴科在乌克兰很受敬重、该共和国讲乌克兰语的人过多,均视作民族主义的表现。其中还指出,"塞瓦斯托波尔是俄罗斯荣耀之城,而那里却有乌克兰语的题铭"。谢列斯特继续写道:"有些人甚至把乌克兰语宣布为被扭曲了的俄语。在整个问题上,表现出最为狂妄的沙文主义,特别是在谢列平①、苏斯洛夫、杰米切夫②、柯西金③等人的发言中,更是如此……勃列日涅夫不可宽恕地用挖苦的语气发表了对乌克兰语的意见,而这也是对文化和对乌克兰人民的意见。"该书还指出,1966 年 1 月 3 日,一份有关伊·米·久巴那封长达 214 页的信件的报告呈递给谢列斯特,由此,这位乌克兰共产党的领袖注意到,"应当采取紧急、果断的措施……显而易见,某处的民族主义分子正在抬头"(1973 年,久巴的那封"信"以单行本方式在阿姆斯特丹出版)④。

1966 年 10 月 8 日,乌兹别克斯坦的安集延和别卡巴德两城的克里米亚鞑靼族人举行了集会。10 月 18 日,他们又于克里米亚自治共和国成立 45 周年之际在费尔干纳、库瓦赛、塔什干、奇尔奇克、撒马尔罕、浩罕、扬吉库尔干、乌奇库杜克等城市举行了集会。许多集会遭到驱散。在这一过程中,仅在安格连和别卡巴德两城市,便有 65 人以上被拘捕,其中 17 人被以参与"聚众闹事"的罪名判

---

① 即亚历山大·尼古拉耶维奇·谢列平(Шелепин, Александр Николаевич, 1918—1994),苏联政要,历任克格勃主席(1958—1961)、部长会议副主席(1962—1965)、苏共中央书记(1961—1967)、政治局委员(1964—1975)等。——译者注

② 即彼得·尼科维奇·杰米切夫(Демичев, Пётр Никович, 1918—2010),苏联政要,历任莫斯科州委第一书记(1959—1960)、苏共中央书记(1961—1974)、苏联文化部长(1974—1986)、苏联苏维埃最高主席团第一副主席(1986—1988)、政治局候补委员(1964—1988)等。——译者注

③ 即阿列克谢·尼古拉耶维奇·柯西金(Косыгина, Алексей Николаевич, 1904—1980),苏联政要,历任国家计划委员会主席(1959—1960)、苏联部长会议主席(1966—1980)、苏共中央主席团成员(1960—1966)、苏共政治局成员(1966—1980)等。——译者注

④ 即《帝国主义,还是俄罗斯化?》。作者曾于 1965 年前后将此论文附上一信寄往苏共中央。——译者注

刑。在驱散这两个城市的集会者时,警察使用了消防水龙、烟雾弹和警棍。

1967年3月,"阿布哈兹事件"持续了两个星期。事件参与者要求使阿布哈兹地名在整个共和国境内合法化,要求在安置工作、进入高等学校就读方面给予阿布哈兹族人优惠,要求在共和国全部非阿布哈兹中学开设阿布哈兹语学习课程,甚至要求将阿布哈兹以苏联的一个加盟共和国的身份从格鲁吉亚分离出来。每到晚上,一些招牌、路标和指示牌上的格鲁吉亚语铭文便会被用颜料涂盖掉。1967年9月,阿布哈兹文化界一班人士来到莫斯科,要求禁止销售在梯比利斯出版的一本书。该书的作者试图证明:"阿布哈兹民族根本不存在。所谓阿布哈兹人,就是曾皈依了伊斯兰教的那些格鲁吉亚人。"结果,阿布哈兹州党委书记、政府主席均被撤职,被推荐接替他们职务的是阿布哈兹族人。格鲁吉亚文的名称和招牌均改用阿布哈兹语。梯比利斯大学还开设了阿布哈兹语言与文学部。

1967年5月22日,在举行传统性集会和向基辅塔拉斯·舍甫琴科纪念碑献花时,有几个人因参与未经批准的活动而被拘捕。愤怒的人们包围了警察局并高声呐喊"可耻!"后来,又有200—300名集会参与者向中央大楼进发,以示抗议并要解救被捕者。当局曾试图用消防水枪射出的水柱阻止人群前进。最后,该共和国的社会治保部长被迫释放了那些被拘捕的人们。

1967年9月2日,警察在塔什干驱散了有数千克里米亚鞑靼人参加的示威游行。他们抗议8月27日有2 000人参与的那次集会遭到驱散。该次集会是为了欢迎7月21日受到尤·弗·安德罗波夫[①]、尼·阿·肖洛科夫[②]、苏联最高

① 即尤里·弗拉基米罗维奇·安德罗波夫(Андропов, Юрий Владимирович, 1914—1984),苏共第三任总书记(1982—1984),此前历任卡累利阿共青团中央第一书记(1940—1944)、苏驻匈牙利大使(1953年起)、苏共中央书记(1962年起)、克格勃主席(1967年起)等职。——译者注

② 即尼古拉·阿尼西莫维奇·肖洛科夫(Щёлоков, Николай Анисимович, 1910—1984),苏联政要,历任乌克兰地方工业部副部长(1946—1947)、摩尔达维亚共产党中央第二书记(19665—1966)、苏联社会治安部第一任部长(1966—1968)、苏联内务部第五任部长(1968—1982)等职。——译者注

苏维埃主席团书记米·波·格奥尔加泽①、总检察长罗·安·鲁坚科②接见后由莫斯科归来的克里米亚鞑靼人代表们。因此事而被拘捕的有 160 人,其中 10 人被判刑。1967 年 9 月 5 日,苏联最高苏维埃主席团颁布指令,撤除对克里米亚鞑靼族人变节行为的指控。他们被归还了公民权利。鞑靼族青年获得了进入莫斯科或列宁格勒大学就读的权利,但是,鞑靼族家庭不可以迁居克里米亚。

　　"克里米亚鞑靼族人获得了政治上的平反,却没有权利返回克里米亚。反对他们返回的,是克里米亚的那些游击队员们;但是,最重要的一个原因则是:那时的克里米亚已经被尼·谢·赫鲁晓夫'赠予'乌克兰……而后者的局势使克里米亚鞑靼族人的处境极其复杂。若是没有发生这种慷慨的赠予,他们早就平安无事地生活在克里米亚了。"——菲·杰·鲍布科夫③在其《克格勃与政府》一书中曾就此事这样写道。据他所见,并没有任何东西与克里米亚鞑靼族人回归自己历史家园的权利相抵触。"此种回归愿望,被这项只针对克里米亚鞑靼族人而不涉及其他已获得恢复自治权利之移民的歧视性决定,激化得越来越强烈。"④这也可以用来解释,为什么"一些大众信息传媒会断言,似乎这一民族根本不存在。有人试图关闭克里米亚鞑靼语文学出版社和使用该语言在乌兹别克斯坦出版报纸的那家报社。他们说,这种语言不存在。且所有这些事的操作者,正是那些负责解决此类重大国家问题的重要人物。我一直记得在苏共中央书记伊·瓦·卡

---

　　① 即米哈伊尔·波尔菲里耶维奇·格奥尔加泽(Георгадзе, Михаил Порфирьевич, 1912—1982),苏联政要,历任格鲁吉亚部长会议第一副主席(1953—1954、1956—1957)、格鲁吉亚共产党中央第二书记(1954—1956)、苏联最高苏维埃主席团书记(1957—1982)等职。——译者注

　　② 即罗曼·安德列耶维奇·鲁坚科(Руденко, Роман Андреевич, 1907—1981),苏联政要,历任乌克兰检察长(1944—1953)、纽伦堡审判苏联总公诉人(1945—1946)、苏联第三任总检察长(1953—1981)等职。——译者注

　　③ 即菲利普·杰尼索维奇·鲍布科夫(Бобков, Филипп Денисович, 1925—1991),苏联政要、大将军衔,历任克格勃第四局(1956 年起)、第二局(1958 年起)局长,第二总局副局长(1961 年起),第五总局局长(1969—1991),克格勃第一副主席(1985 年起)等职。安德罗波夫强硬路线的积极执行者。——译者注

　　④ 鲍布科夫 Ф. Д.:《克格勃与政府》,莫斯科,1995 年,第 300 页。

皮托诺夫①那里召开的关于克里米亚鞑靼族人问题的那个座谈会……与会者没有掩饰对这些鞑靼人的同情,但也不是很积极地反驳乌克兰代表们的意见。突然间,我的脑海里出现了一个有利于承认克里米亚鞑靼族人是一个民族单位的论据,而向我提示这一论据的,是我中学时代的集邮爱好者。我想起战前曾发行过一组《苏联各民族》邮票,其中就有一枚叫《克里米亚鞑靼族》。关于关闭那份克里米亚鞑靼语报纸的问题,还是被从议程中撤销了"②。

菲·杰·鲍布科夫继续写道,他不得不在 1967 年开始研究克里米亚鞑靼族人问题,这几乎是他从在克格勃第五局上班的第一天开始的。当时曾有数百名克里米亚鞑靼族人来到莫斯科,要求党和国家领导人准许他们重返故土。第五局提出一个通过有组织地招工的办法逐渐遣返鞑靼族人的方案。曾被委托接见鞑靼人运动代表的尤·安德罗波夫,赞成这个解决方案。然而,第二位接见参与者、苏联内务部部长尼·阿·肖洛科夫却走了另一条路线:不要向克里米亚鞑靼族人承诺任何具体的东西。在巨大压力之下,乌克兰终于同意每年接收二三百个鞑靼族家庭。但是很快,克拉斯诺达尔边疆区便打来电话称:鞑靼人又在被强行用船只经刻赤海峡摆渡运出克里米亚。这是在依据乌克兰领导人的决定行事。此类事件在"极端派领袖人物……向美国大使馆工作人员寻求帮助"之后,有了进一步的发展,"而美国使馆的那些人们,则立即趁机在境外报章上掀起一阵鼓噪"。③

1969 年 9 月 27 日,在可容纳 10 万余人的塔什干体育场,塔什干的帕赫塔科尔队和古比雪夫的苏维埃之翼队举行了一场足球比赛。赛中和赛后,乌兹别克族青年人与俄罗斯族青年人之间发生了冲突。此次冲突所造成的恶果,耗费很长时日才得以消除。当地民族对俄罗斯族人的不友好态度,是因为似乎大多

---

① 即伊万·瓦西里耶维奇·卡皮托诺夫（Капитонов, Иван Васильевич, 1915—2002）,苏联政要,历任莫斯科市委第一书记(1954—1959)、伊万诺夫州委第一书记(1959—1964)、苏共中央书记(1965—1986)、中央监察委员会主席(1986—1988)等职。——译者注

② 鲍布科夫 Ф. Д. :《克格勃与政府》,莫斯科,1995 年,第 301 页。

③ 鲍布科夫 Ф. Д. :《克格勃与政府》,莫斯科,1995 年,第 303 页。

于 20 年代主要来自伏尔加河中下游地区，特别是萨马拉①地区的俄罗斯族人带来的那些不良习气（酗酒、流氓行为、偷窃、卖淫）所引发的。从那时起，"萨马拉人"这个具有蔑视意味的绰号，便在乌兹别克族人中间扎下了根，并被转而用来指称所有的俄罗斯族人。这次冲突是在比赛进行中发生的，当时，裁判没有判帕赫塔科尔队射入古比雪夫（即萨马拉）队球门的那个球有效。在体育场的 20 个座位上，打出一条条事先准备好的标语，上面写着："萨马拉人，滚回老家去！"有人试图从乌兹别克人手中抢夺这些标语，于是引发了打斗。警察无法平息混乱，比赛中止，观众的人流朝出口急速集中过去。乌兹别克青年人已预见到这一点，他们沿着体育场的出口站成两排，让具有斯拉夫人外貌的人们"从队列中"通过并殴打他们。冲突在城市的一些街道上继续进行。此事件发生后，俄罗斯族人数日不敢乘坐市内交通：狂暴起来的青年人会将他们抛下公共汽车或无轨电车。结果，千余人被逮捕。该共和国领导者没有将这些事件公之于世，也没有为将来不得再发生类似的尖锐冲突而采取一些措施，而是试图将有关此次事件规模的信息缩减到最低限度。对于这一事件所具有的所有丑恶，尤其是它发生在俄罗斯联邦和其他加盟共和国于 1966 年那场破坏性地震之后向塔什干提供援助的背景之下，沙·罗·拉希多夫心知肚明。他不想使这次冲突事件被说成是乌兹别克的民族主义，于是便竭尽全力向莫斯科遮掩此事。

20 世纪 60—80 年代这一时期的特点是，在苏联籍犹太人中，被境外犹太复国主义中心煽动起来的犹太复国主义情结大大加强。"青年人中犹太意识觉醒"的后果，是移民国外倾向的发展。据 1970 年 1 月进行的人口普查数据显示，苏联是时共计有 215.1 万犹太族人。但这个数字不包括所谓潜在的犹太人。此类人的总数，据一些人估计曾高达 1 000 万。犹太复国主义和作为对这一意识形态的抗议而随之产生的反犹太主义，成为苏联许多城市中的一个严重问题。为了反驳所谓在苏联似乎正在推行国家性质的反犹太主义政策的指控，曾出版了

① 萨马拉州（Самара），州府萨马拉市，位于萨马拉河与伏尔加河交汇处，17 世纪时成为伏尔加河沿岸的重要贸易中心。19 世纪末 20 世纪初铺设铁路后，成为伏尔加河左岸的粮食、上游的木材和高加索石油的集散地及面粉业和金属加工业中心。1936 年起以苏联国家领导人瓦·弗·古比雪夫之名命名该市（Куйбышев），苏联解体后恢复原名。——译者注

一本半官方性质的小册子《苏联的犹太族人：神话与现实》(莫斯科，新闻社，1972年)。书中提供了证明此类判断属于臆造性质的一些事实。其中指出，据 1970年的人口普查数据所示，苏联的犹太族人口占全国人口总数的不足 1％。与此同时，在 844 位列宁奖金获得者中，有 96 位犹太族人(占 11.4％)，564 位俄罗斯族人(占 66.8％)，184 位其他民族人士(占 21.8％)。曾有 55 位犹太族人获得过最高荣誉称号——社会主义劳动英雄，两度被授予这一称号的犹太族人有 4位，三度被授予这一称号的有 3 位。1941—1942 年，曾从前线地带(即犹太人相对居住集中的我国西部地区)向大后方迁移了约 200 万犹太族公民(占全部被疏散的 1500 万人口的 13.3％)，若是国家推行反犹太主义政策，事情恐怕未必如此。书中还强调指出，"苏联护照是一种重要的民族认同的手段，那上面的民族标识，是持有者对所属民族所表达的一种敬意"。

1972 年，当格鲁吉亚共和国党中央第一书记的职位易人时，出现了重新审视该共和国领导对梅斯赫特—土耳其人态度的机遇。时为中央第一书记(1953—1972)的瓦·帕·穆扎瓦那泽认为，让他们返回是不可能的。他说："首先，梅斯赫特人的土地已被其他民族所占据；其次，在边界附近从事走私勾当的，正是这些梅赫斯特人，因此边防军们反对让他们返回。"[1]克格勃的领导之一菲·杰·鲍布科夫试图使人们相信，这是一个不准确的信息；边防部队的瓦·亚·马特罗索夫[2]将军也支持这一观点，但鲍布科夫的努力没有产生任何效果。此外，已有数百名梅斯赫特人越境来到相邻的阿塞拜疆，悄悄地在边境地区住下来，此事也没有引起人们的关注。爱·阿·谢瓦尔德纳泽成为中央第一书记之后，"也曾支持这个不实的说法，似乎反对将梅斯赫特人迁回格鲁吉亚的是边防军们"[3]。结果，得以返回格鲁吉亚的，只有那些决定改变自己的民族属性、依护照成了格鲁吉亚人的很少一部分梅斯赫特人。

---

① 鲍布科夫 Ф. Д. :《克格勃与政府》，莫斯科，1995 年，第 310 页。
② 即瓦季姆·亚历山德罗维奇·马特罗索夫(Матросов, Вадим Александрович, 1917—1999)，时任克格勃边防部队总局局长，边防部队长，中将军衔。1978 年晋升为大将，成为边防部队第一位晋升如此高级军衔者。1984 年出任克格勃副主席。——译者注
③ 鲍布科夫 Ф. Д. :《克格勃与政府》，莫斯科，1995 年，第 310 页。

也是在 1972 年,苏共中央政治局对其中一位成员——彼·叶·谢列斯特——于 1971 年用乌克兰语在基辅出版的那本书《我们苏维埃乌克兰》予以了关注。3 月 30 日,政治局开会时,勃列日涅夫就这本书插话发表了意见。他说,在这本书中,歌颂的是哥萨克人,宣扬的是一种陈旧的说法。米·谢·索洛缅采夫[①]注意到,"在乌克兰,用乌克兰语书写的招牌和广告很多。可它与俄语有什么区别呢?不过是对俄语的一种扭曲。这样做又是为何呢?"谢列斯特在自己的日记中写道:"他把话说绝了!表现出大俄罗斯的沙文主义,且是地地道道的大俄罗斯沙文主义。"索洛缅采夫还发言表示反对制定城市市徽,反对举办古城和纪念地的参观和旅游。"多么可耻啊,"谢列斯特评论道,"拒绝自己的世代相传的文化!在这类'活动家'那里,还能指望会有什么好东西吗?"阿·尼·柯西金在发言中称:"国民经济委员会的设立,也是民族主义的一种表现……不明白,为什么在乌克兰的中小学里要学乌克兰语?……塞瓦斯托波尔多少个世纪以来一直是俄罗斯的城市,何故、为什么那里出现了乌克兰文的招牌和广告牌?""应当指出,"谢列斯特写道,"柯西金的这番话,完全道出了彻头彻尾的大俄罗斯沙文主义。"然而,因民族主义而受到正式批判的不是别人,正是乌克兰共产党的这位领导人。《乌克兰共产党人》杂志(基辅,1973 年第 4 期)上发表了编辑部的一篇文章——《论一本图书的严重缺陷》。随后,一项指示下达了:要求在所有市和州的积极分子中对这篇文章和谢列斯特的那本书予以讨论。那本书被禁止销售。谢列斯特试图使勃列日涅夫回心转意:"在民族政策方面,我历来是,且现在依然是个国际主义者,但是,我从未否定自己的人民,没有否定自己对民族、对民族文化与历史的归属;因为我不是个六亲不认的多马[②]。""我现在依然断言,"他在谈到自己的那本书时说道,"在那里,所有问题的阐述,都是正确的,都是从阶级的

---

① 即米哈伊尔·谢尔盖耶维奇·索洛缅采夫(Соломенцев, Михаил Сергеевич, 1913—2008),苏联政要,历任卡拉干达州委第一书记(1959—1962)、哈萨克斯坦党中央第二书记(1962—1964)、罗斯托夫州委第一书记(1964—1966)、苏共中央书记(1966—1971)、俄罗斯联邦部长会议主席(1971—1983)、苏共中央政治局委员(1983—1988)等。——译者注

② 多马(Фома),成语"多疑的多马"(неверный Фома)的化用,典自《圣经·新约·约翰福音》第 20 章。多马为耶稣 12 门徒之一,耶稣去世 3 日后复活,多马因未亲眼所见而生疑。耶稣于是再次显现并令他亲手验试,这方使其相信。故有此说。——译者注

观点、国际主义思想体系的观点、历史的观点，加以阐述的……为什么要禁止它并在《乌克兰共产党人》杂志上批判它？"苏共中央对此没有解释。1973 年 4 月 27 日，根据苏共中央全会的决定，该书的作者"因健康状况而去休养了"，尽管他自认为是政治局所有成员中"最健康的"。至于谈到自己的领导工作，谢列斯特依然坚信："我在基辅时，那里曾实施过'乌克兰化'。"

1972 年，考纳斯的一位 18 岁少年罗曼斯·卡兰特的葬礼，引发一次巨大的共振。这位少年于 5 月 14 日自焚，以示对"苏联占领立陶宛"的抗议。葬礼演变成大规模的民族抗议示威游行，发生了与警察的冲突。次日（即 5 月 19 日），示威游行再次举行。部队开进城市。聚集的人群在政府及卡兰特父母向他们发出呼吁之后逐渐散去。约有 400 余人被拘捕，8 名参与示威游行的人，以参与"街头滋事"的罪名被判刑。

苏联境内的民族问题在 20 世纪 70 年代因美国的干涉而渐渐变得严重起来。这一问题的专家之一、《俄罗斯文明百科全书》出版社主编奥·阿·普拉托诺夫[1]在他那本《俄罗斯的荆冠·20 世纪俄罗斯民族史》一书中曾写道："60—70 年代，中央情报局加强了对在美国设立中央的'乌克兰民族主义者组织'反俄活动的资金投入。该组织的拿薪水的代理人们，在小俄罗斯各地建立起一系列地下民族主义基层小组。这类小组所进行的斗争，与其说是为了保持'乌克兰的独特性'，不如说是为了反对俄罗斯。类如奥—德特务机关的间谍、共济会员米·谢·戈鲁舍夫斯基那样的俄罗斯民族的老对手和背叛者们，其所谓的'著述'再次无中生有地被臆造出来。小俄罗斯犹太族人伊·米·久巴所著的《国际主义还是俄罗斯化？》一书，由中央情报局出资（亦不会没有中央情报局专家的协助）于 60 年代末出版。该书粗暴地歪曲俄罗斯民族大俄罗斯分支与小俄罗斯分支之间种种关系的本质。此书因西方一些特务机关予以大量印制出版而成为进行反对伟大和不可分割的俄罗斯斗争的一种纲领。在中央情报局和西方一些特

---

① 即奥列戈·阿那托利耶维奇·普拉托诺夫（Платонов, Олег Анатольевич, 1950—　），历史学家、经济学家、民族主义政论作家，曾任苏联部长会议下属的中央统计局资本主义国家处研究员，苏联国家劳动委员会劳动研究院主任研究员，1995 年起组建社会组织俄罗斯文明科学出版中心，计划出版《神圣罗斯·俄罗斯民族大百科全书》（20 卷）。——译者注

务机关的支持之下,俄罗斯波罗的海沿岸地区的民族主义情绪炽烈起来。譬如,芬兰和瑞典有专门针对爱沙尼亚和波罗的海沿岸地区其他一些共和国的电视频道。它们受到中央情报局的资助,进行经常性的反俄宣传,歪曲俄罗斯历史和俄罗斯民族关系的真实性质。在波罗的海沿岸诸共和国中,当地那些十分明确地推行依民族特征划定居民集团政策的党内负责人士们,也对反俄情绪的蔓延起到推波助澜的作用。例如,在爱沙尼亚,这样的划分通常是从幼儿园开始的——幼儿园被划分为爱沙尼亚族人的或俄罗斯族人的,中小学校亦是依照这一特征来组建的,甚至一些企业或职工人员也分为讲俄语的或爱沙尼亚语的。"①

1973年,北奥塞梯城郊区周围的形势尖锐起来。1月16—19日间,数千名印古什族人乘车来到格罗兹尼,要求政府解决这个区的问题。在向政府呈递的申诉书中,历数了居住在奥塞梯的印古什族人大多在招工时受到歧视的种种事例。这些印古什族人请求保障他们在有争议地区享有与奥塞梯族人同等的权利。示威游行和集会持续了数日。人们举着列宁和勃列日涅夫的画像和书写着领袖们关于国际主义和民族友谊语录的标语游行。示威者们组织了自己的"秩序维护队"并不允许出现"反苏言论"。米·谢·索洛缅采夫抵达格罗兹尼后,曾决定对问题予以重新研究并不对参与演讲者进行惩处。然而,还是有数百名拒绝乘坐提供给集会者的公交车回家的印古什族青年,被消防水龙和警棍所驱散。

1976年,出现了解决战争年代被从原居住地迁出的苏籍日耳曼族人问题的机遇。从那时起,他们那不幸的历史便滋生出许许多多寻求平反昭雪的尝试。菲·杰·鲍布科夫就此写道:"随着卫国战争的开始,所有日耳曼族人统统被迁移到东部,即西伯利亚和哈萨克斯坦。很难解释为什么他们的权利在战后没有被恢复……在西德出现了一些对苏籍日耳曼族移民动向给予支持的中心……我们则奉行鸵鸟政策,作出似乎这类问题完全不存在的姿态。事情竟发展到荒谬的地步,例如,在哈萨克斯坦居住着约百万之众的日耳曼族人,他们是从伏尔加河中下游地区那片适于居住的土地上被驱逐出去的;而人们却企图不

---

① 普拉托诺夫 O. A.:《俄罗斯的荆冠·20世纪俄罗斯民族史》,第2卷,莫斯科,1997年,第481—482页。

使苏联社会和世界舆论知晓这一事实。在哈萨克斯坦的百科全书中,日耳曼族人甚至没有被作为该共和国居民构成中的一个民族而提及。那里写道:在阿克莫林斯克,有一种名为"Фройндшафт"(意为'友谊')的德文报纸和一家德语剧院。真是咄咄怪事!……但是西德总理阿登纳马上就要造访莫斯科了,苏共中央内部有人开始有些担心,因为他们明白,那些苏籍日耳曼族人一定会向他提出诉求。于是,当时通过了一项堪称巧妙且简单的决定:在数千名意欲出国去西德的人中,有大约300个家庭获得了出境许可……后来,当两个德国国家其他高层人物访苏时,人们亦完全依照此例行事。"①

由菲·杰·鲍布科夫领导的克格勃第五局,曾向苏共中央提出恢复日耳曼族人的自治权利和准许他们离境返回故国的建议。"自治权问题被束之高阁了,但离境终于还是被批准了。日耳曼族人开始纷纷离境。这是开了个什么先例啊!'怎么会这样?人们正在从一个社会主义国家中出走!正在从一些有秘密企业的地区出走!'(可是这样的企业,我们哪儿没有?)"克格勃第五局还曾建议通过一项决定:"在哈萨克斯坦境内建立一个日耳曼民族自治州……因为,若不如此,会发生使这个能提供好收成的未开发的边疆地区处于失去防卫的危险。苏共中央政治局的决定于1976年通过。可是马上又出现了新的障碍。有人在哈萨克斯坦策动了一次切利诺格勒师范学院大学生抗议活动。学生们曾得到哈萨克斯坦党中央和政府的支持,尽管支持者们亲自参与了自治区成立的筹备工作并划定了它的行政边界。事情变得复杂起来,解决问题的出路却没有人打算去寻找。而这个出路便是:恢复伏尔加河中下游地区的那个自治区。萨拉托夫州的领导者们乐于响应,因为有许多土地空闲着,数千日耳曼族人已经返回到那里。但是,苏共中央并没有采纳这一方案。用这种办法解决这一问题,那便意味着要与哈萨克斯坦共产党第一书记穆·艾·库纳耶夫②发生争执。因为,若是这些日耳曼族人从这片处女地上离去,这一地区的劳动力便会丧失。问题就这

---

①　鲍布科夫 Ф. Д.:《克格勃与政府》,莫斯科,1995年,第303—305页。

②　即穆罕默德·艾哈迈多维奇·库纳耶夫(Кунаев, Динмухамед Ахмдович,1911—1993),苏联政要,历任哈萨克斯坦部长会议主席(1955—1960、1962—1964)、哈萨克斯坦党中央第一书记(1960—1962、1964—1986)、苏共中央政治局委员(1971年起)等职。——译者注

样被故意拖延下来……在这个问题上,我曾与库纳耶夫发生过一次冲突。他突然冒出这样一句话:'日耳曼族人自己并不想要自治,而您却要强加给他们。'我当时注意到,甚至切利诺格勒的大学生们一般说来也不反对日耳曼族人的自治,而仅仅是反对在哈萨克斯坦建立这样的自治区。"①

1977 年 1 月,事情发展到发生有民族背景的恐怖事件。3 名亚美尼亚族人——斯杰潘尼扬、巴戈达萨利扬和扎吉基扬,系一个非法的民族主义政党的成员——怀着要与俄罗斯人进行非法斗争的目的来到莫斯科。1 月 8 日,星期六,正值中小学校放假时期,他们引爆了 3 枚炸弹——一个在地铁的车厢里,一个在一家食品店,另一个在距国立百货商店不远的 10 月 25 日革命大街上。结果造成 37 人伤亡。1977 年 11 月 7 日,这些罪犯企图在库尔斯克火车站内引爆 3 枚炸弹,未遂后始被揭露出来。

有典型意义的是,即便在这种情况之下,为了"不败坏亚美尼亚人在俄罗斯人眼中的名誉",遵照亚美尼亚共产党中央第一书记卡·谢·捷米尔齐扬②的指示,亚美尼亚语报纸,没有一家刊载有关此次恐怖活动的报道。关于对扎吉基扬及其同伙进行诉讼的那部纪录片(最高法院开庭时拍摄)曾被禁止播放。当《消息报》上出现了安·德·萨哈罗夫院士③的讲话,抗议似乎对亚美尼亚人进行了非法拘捕时(他拒绝相信那 3 个恐怖分子能到莫斯科来实施凶杀),捷米尔齐扬曾大发雷霆:这个萨哈罗夫,怎敢泄露罪犯的姓名,是谁批准编辑部刊印这一材

---

① 鲍布科夫 Ф. Д.:《克格勃与政府》,莫斯科,1995 年,第 305—306 页。

② 即卡连·谢罗波维奇·捷米尔齐扬(Демирчян, Карен Серопович,1932—1999),苏联政要,历任埃里温市委书记(1966 年起),亚美尼亚党中央书记(1972—1974)、第一书记(1974—1988)等职。1988 年"阿布哈兹运动"开始后,因"健康原因"被解职。1999 年任亚美尼亚议会主席。——译者注

③ 即安德列·德米特里耶维奇·萨哈罗夫(Сахаров, Андрей Дмитриевич,1921—1989),苏联著名持不同政见者、物理学家、热核武器专家、院士、苏制水雷的研制者之一;1955 年在"三百人来信"上签名,反对李森科院士;50 年代起参与反对核武器实验活动;1960 年起为苏境内护法运动领袖之一;1970 年与安德列·特韦尔多赫列博夫(Адрей Твердохлебов)、瓦列里·恰里泽(Валерий Чалидзе)组建"莫斯科人权委员会",1975 年获诺贝尔和平奖;1980 年被捕并流放,1986 年戈尔巴乔夫邀请其返回莫斯科,1989 年当选苏联人民代表。——译者注

料的!①

维尔纽斯的足球迷们是第一批对已通过的苏联新宪法做出回应的人们之一。1977年10月7日,在扎尔基利斯队战胜维堡的德维纳队之后,数百名球赛观众走上城市街头,高呼:"打倒占领者的宪法!""还立陶宛自由!""俄罗斯人,滚出去!"立陶宛的这些青年人还扯下庆祝十月革命60周年的标语,捣毁图片宣传橱窗。此次事件以17名参与这一独特示威游行者被拘捕而告终。3日后,类似的事件又在扎尔基利斯队与斯摩棱斯克的火星队足球比赛之后发生了。这次已经是有万余观众呼喊着反对苏联占领的口号,向维尔纽斯市中心进发。行进中,又有约500人加入。游行示威者们冲破了警察和内务部队设置的障碍,来到列宁大街。第二道更为坚固的障碍阻止了他们的行进。此次混乱的结果是,立陶宛党中央大楼的一些玻璃被打碎,配有政治标语的橱窗被捣毁,一些警察负伤住进医院,44人被拘捕,一些大学生被开除学籍。

新宪法通过之后,我国其他一些地区的族际关系状况,也没有向更好的方向转变。前面提及的奥·阿·普拉托诺夫那本书揭示了这一状况的特点和尖锐性。作者写道:"俄罗斯族人口资源向苏联民族地区的流入,大大削弱着这个主体民族,严重恶化着它的物质状况。俄罗斯族人用自己的双手创造出的价值,没有用于在俄罗斯中央地区建设工厂、道路、电话局、学校、博物馆、剧院,而是用在确保优先发展其他民族(且首先是他们的统治阶层)的条件。结果是,在一些民族共和国中,涌现出相当数量的一批人,他们靠不劳而获的收入,靠投机倒把、营私舞弊,靠剥夺俄罗斯民族资源来过活。正是在这群人中,渐渐形成和相互构织出一些黑社会集团、各种各样的'保护人'、'影子人物'和'行业霸头',以及一些(通常都是与西方特务组织有牵连的)民族主义组织。最为典型的是,哪个民族共和国对俄罗斯人民的资源提出不合理的要求越多,那里的黑社会组织和民族主义组织便会越发强大(如格鲁吉亚、亚美尼亚、阿塞拜疆、塔吉克斯坦、爱沙尼亚)。在格鲁吉亚,黑社会性质的组织和民族主义性质的组织紧密交织在一起,已成为一股具有影响力的社会势力,而他们的领袖人物们,则成为年轻人,尤其

---

① 鲍布科夫Ф.Д.:《克格勃与政府》,莫斯科,1995年,第291页。

是大学生们效仿的榜样……亚美尼亚的状况也没有更好些。在那里,黑社会性的民族主义集团对年轻人的'教育'给予了特别的关注。亚美尼亚的少年儿童,从幼小年龄起,便被灌输亚美尼亚民族具有特殊性的思想。许多亚美尼亚人,成年之前已渐渐成为信仰坚定的民族主义者,并怀有反苏倾向。这种倾向的获得,少不了那个在美国设有领导中心并由中央情报局资助的、分布广泛的达什纳克地下民族主义组织的助力。"①

1978 年,在以苏联宪法为依据通过各加盟共和国新宪法时,民族范畴内的种种矛盾表现出来。为了反映各民族的"亲近"进程,依据中央的建议,从外高加索各加盟共和国宪法草案中删除了有关国家语言的一些条款。这类条款在从前的宪法中是存在的。这个"创新",引发了来自格鲁吉亚大学生和知识界的公开抗议浪潮。阿塞拜疆和亚美尼亚的宪法中,不得不保留了这些条款,尽管在联盟宪法中,没有类似的文字记述,在所有其他加盟共和国宪法中,也没有此类条款。

由国家语言问题引发的骚动,始于格鲁吉亚。该共和国的新宪法草案中,没有关于格鲁吉亚语作为国家语言的条文。于是,格鲁吉亚最高苏维埃刚刚于1978 年 3 月 14 日通过新修订的宪法相应条款,人们便立即在梯比利斯市组织了示威游行和集会,要求保留有关格鲁吉亚语的国语地位的条文。在有部队四周卫护的政府大楼前,聚集起来的民众多达万余人,其中多半系大学生。爱·阿·谢瓦尔德纳泽也参加了群众集会并允诺满足他们提出的要求。在群众集会的压力之下,共和国最高苏维埃特别会议通过了保留语言条款"不予变更"的决定。在后来公布的宪法文本中,有关俄语的文字被删除,而格鲁吉亚语则被宣布为唯一的国家语言。

格鲁吉亚人拒绝承认格鲁吉亚语和俄语均为平等的国家语言,这亦在亚美尼亚立即引发了民族主义的反应。尽管宪法的这一条款已经通过,亚美尼亚人还是效法格鲁吉亚,来了个逆转,只承认亚美尼亚语为国家语言。

1978 年春,阿布哈兹族人在本自治共和国境内各类居民点组织群众集会,

---

① 普拉托诺夫 O. A.:《俄罗斯的荆冠:20 世纪俄罗斯民族史》,第 2 卷,莫斯科,1997年,第 479—481 页。

要求给予阿布哈兹语国家语言的地位、终止格鲁吉亚人移居阿布哈兹共和国、脱离格鲁吉亚并加入俄罗斯联邦共和国。最终向阿布哈兹族人做出的让步是:在该自治共和国的宪法中加入了关于在阿布哈兹采用3种国语——阿布哈兹语、俄语和格鲁吉亚语的规定。

1978年12月,杜尚别的日耳曼族人"被拒绝者"举行了一次示威游行,要求准许他们离开这个国家。游行示威的人们打着"放我们回家吧"的标语,从塔吉克斯坦宾馆出发,行进至最高苏维埃大厦前。市委第一书记面对集会的人们发表了演讲,允诺提高批准离境的人数。这一承诺兑现了。

1979年春季,哈萨克斯坦的日耳曼族人要求自治的情绪达到巅峰状态。该共和国领导人答应解决这一问题,并确定了这个未来的自治建制的疆域,还公布了其首府的名称(即叶尔缅套市,位于切利诺格勒州东部),选定了州委会的办公大楼,任命了委员会成员,只剩下正式宣布这个自治州将于1979年5月15日成立了。然而,这一天的早晨,在切利诺格勒市,哈萨克族民众举行了一场示威游行,反对莫斯科当局和阿拉木图当局有关在哈萨克斯坦建立日耳曼民族自治州的决定。示威游行的口号是:"哈萨克斯坦不容分割!""不要日耳曼人的自治!"人们不得不请求自治运动的积极分子们"等一等"再正式宣布他们的民族区域自治的成立。那些哈萨克族的示威游行参与者们,是由州委第一书记通过发布一条信息的方式安抚下来的。信息中称,谁也没有打算成立这个自治单位;有关这一自治的问题甚至从来没有出现过。大学生们的此番举动曾受到该共和国领导层的暗中支持。只是在过去许多年之后,即在1987年7月间,苏共中央在讨论"有关哈萨克斯坦共和国党组织在劳动民众的国际主义和爱国主义教育方面的工作"问题时,才提到:"该共和国一些党委的工作中出现的严重错误和失误,曾导致民族主义表现的增加。这些表现没有得到及时制止,非但如此,还被当作一般性的流氓滋事而隐瞒不报。甚至对1979年发生在切利诺格勒市的民族主义行为,哈萨克斯坦共产党中央委员会都不曾给予尖锐的政治批评。去年12月份

在阿拉木图市发生的那些动乱①,也是哈萨克民族主义的表现。"(《真理报》,1987 年 7 月 16 日)

1980 年的秋季,成了爱沙尼亚青年的动乱之秋。9 月 22 日,原定于球赛后在塔林体育场举行的青年流行歌星乐队"推进器"的演出被取消,此后,约千名爱沙尼亚中学生走上街头,抗议这个决定。这场音乐会被取消的缘由,是发现"推进器"乐队演唱的歌词中有"民族主义主题"。游行示威被警察驱散,几名高年级的学生被开除学籍。10 月 1—3 日,警方又不得不驱散逾千人参加的抗议开除学生的示威游行。游行示威的人们挥舞着独立爱沙尼亚的小彩旗,高喊着"自由属于爱沙尼亚!""俄罗斯人从爱沙尼亚滚出去!"的口号。10 月 7—8 日,新一轮抗议示威游行在塔林继续进行(有数百人参与),而 10 月 10 日,塔尔图和派尔图两地也出现了青年人的示威游行。除其他要求外,人们还提出要爱沙尼亚那位俄罗斯族教育部长辞职。10 月 11 日,该共和国内务部长发出不要使事态继续发展下去的警告。每个学校都召开了家长会,"闹事者"家长受到被解雇的威胁。因所有这类事件而被开除学籍的学生,约有百人,另有几人被以"流氓滋事"罪判刑。

对政权体制不满的组织化表述方式的成熟。持不同政见者运动及其变种。

"发达社会主义"条件下,一些思想意识上的和有组织的政府反对派,在意识形态方面构成了形形色色的持不同政见者运动。主要的持不同政见者思潮,显现出在其思想上与始自 19 世纪中叶的那些著名的斯拉夫派、西方派或社会主义者们具有亲缘关系。依据 20 世纪下半叶的现实情况来考量,它们就是持不同政见者的保守主义和自由主义变体中的各种亲俄(即乡土主义②的)思潮和新型的西方派。后一类思潮的变种,则是自由—民主、社会—民主和欧洲共产主义潮

---

① 指 12 月 16 日哈萨克族人因抗议苏共中央指派前乌里扬诺夫州委书记科尔宾(Колбин В. Г.)接替 Д. Н. 库纳耶夫出任哈萨克斯坦党中央第一书记、要求新书记的人选应在哈萨克斯坦产生而进行的示威游行活动。时任哈共中央常委、部长会议主席的努•阿•纳扎尔巴耶夫(Назарбаев, Н. А.)曾参与游行。——译者注

② 乡土主义(почвенничество),19 世纪 60 年代俄国社会思潮,斯拉夫派的一支,宣扬知识界与民众(即乡土)在宗教伦理道德基础上的亲近,代表人物有 Ф. М. 陀思妥耶夫斯基、A. A. 格里戈里耶夫、H. H. 斯特拉霍夫等。——译者注

流。在持不同政见者运动中,也可区别出民族主义的、宗教性的、生态学的和其他一些流派。被持不同政见者运动所感染的人们,对国内已形成的种种制度的主观意愿上的不接受、对自由与人权的追求,一般说来,常常会使这一运动具有某种共同性。随着时间的推移,持不同政见者运动渐渐具有了越来越明显的反共产主义、反爱国主义的特征。很大一部分党政精英们,正是与 80 年代末持不同政见者运动中最偏激的这一部分人联起手来。

在政权变革的最初年间,人们依然保留着对昔日那些持不同政见者的警觉态度,将他们描绘成逞强好胜的独行者、嗜好极端主义与游说演讲的徒慕虚荣之人,在官方认可的事业中不具备足够的毅力、耐心与才智以有所作为。这一态度,当政府自己走上揭露自身弊端之路时,发生了变化。

1989—1993 年,昔日那些持不同政见者们,已经常常被形容成英雄人物和社会新伦理道德的发起人。尽管他们并非个个都是新政权的支持者,但他们那些纲领性的口号,实际上已成为官方性质的了。政府与"广泛的社会团体"在彻底"修正"社会主义制度弊端这一一致意向中的联手,成为废除这一制度和捣毁苏联的主要原因。

1994 年,俄罗斯联邦总统行政事务管理局出版了在安・德・萨哈罗夫 73 岁生日之际召开的科学—实践学术会议资料。一本名为《话说萨哈罗夫》的书中,收入了鲍・尼・叶利钦的一篇呼吁书。在学术会议上发言的总统行政事务管理局局长谢・阿・菲拉托夫①,将现政府与萨哈罗夫领导的那个持不同政见者运动的一个支系的参与者及他那些"已承担起要把安德列・德米特里耶维奇所憧憬的许多东西变为现实的重任"的学生们,完全视为同一。"一个重大的责任,"菲拉托夫说道,"落在我们肩上,落在那些有幸如今去实现安德列・德米特里耶维奇・萨哈罗夫的憧憬的人们的肩上……并且,能够有助于我们履行这一并不轻松的使命的,正是萨哈罗夫的经验、萨哈罗夫的思想、萨哈罗夫的主张和萨哈罗夫的情感。"这种崇拜式的演讲,声情并茂地表述出官方对这一持不同政

---

① 即谢尔盖・亚历山德罗维奇・菲拉托夫(Филатов, Сергей Александрович, 1936—),俄联邦政要,1993—1996 年间任此职并兼任俄联邦总统专家分析委员会主席。——译者注

见者思潮的历史作用的评价。

社会—民主主义取向的持不同政见者与自由主义的一些派别,在不接受民族—爱国主义的国家发展前景这一问题上连成一气。在这一取向的持不同政见者中,历史学家罗伊·梅德韦杰夫和生物学家若列斯·梅德韦杰夫两兄弟最为著名。安·德·萨哈罗夫的自由思想,便是在他们的影响之下萌生的。

在民族—自由主义、乡土主义社会思想诸派系和持不同政见者中,最为反苏的是亚·伊·索尔仁尼琴和伊·罗·沙法列维奇①。较为不偏激的派系,是一些属于保守的国家主义和社会—文化性质的、各自分立的民族—爱国主义派系。他们的领军人物是伊·维·奥古尔措夫②、弗·尼·奥西波夫③、列·伊·鲍罗金④等。在"现实的社会主义中",他们没有看到任何有价值的东西,但亦不支持那些"瞄准了共产主义,却射中了俄罗斯"的持不同政见者们。

自 20 世纪 60 年代中期起,持不同政见者运动可区分为几个阶段:形成阶段(1964—1972)、危机阶段(1973—1974)、获得国际承认和活动扩展阶段(1974—1979)、处于镇压打击之下的运动收缩阶段(1980—1985)。

自 1964 年至 1970 年间,罗·梅德韦杰夫曾经每月自行印发 20—40 本资

---

① 即伊戈尔·罗斯季斯拉沃维奇·沙法列维奇(Шафаревич, Игорь Ростиславович, 1923—),数学家、院士、政论作家、社会活动家、苏联著名持不同政见者。"三百人来信"签名人之一,1968 年曾发表公开信,为哈萨罗夫辩护;1974 年与索尔仁尼琴一同参与文集《自巨石之下》的出版,内中辑入他的 3 篇文章。另有《世界历史中的社会主义现象》《反俄情结》、《通往同一悬崖的两条路》等著述。——译者注

② 即伊戈尔·维亚切斯拉沃维奇·奥古尔措夫(Огурцов, Игорь Вячеславович, 1937—),1964 年组建并领导反共地下组织"全俄社会—基督教人民解放联盟",1967 年被捕并获刑,1987 年获释后移民德国并仍从事政治活动,1992 回国,曾当选杜马议员。——译者注

③ 即弗拉基米尔·尼古拉耶维奇·奥西波夫(Осипов, Владимир Николаевич, 1938—),原系中学历史教师,1961 年因组织非法集会而被捕并获刑,因出版具有斯拉夫爱国主义倾向的杂志《卫切》(1971—1974)被捕并获刑 8 年,1988 年组建"基督教爱国主义联盟",1990 年更名为"基督教复兴"联盟,1991 年获得平反。——译者注

④ 即列昂尼德·伊万诺维奇·鲍罗金(Бородин, Леонид Иванович, 1938—),作家,20 世纪 60 年代中期加入"全俄社会—基督教人民解放联盟",1967—1973、1982—1987 两度成为政治犯。——译者注

料。这些资料于 1972 年在美国出版,冠名为"政治日记"。临近 1968 年,他完成了研究斯大林罪行的《历史的审判》一书的写作。1969 年,他因此书而被苏共除名。1971 年该书在境外出版。1972 年,境外又出版了他的另一本书——《社会主义与民主制度》。这些书籍和日记给作者带来了苏联国内外政治问题"独立研究专家"的广泛知名度。

自由主义西方派始为世人所知,是因为 1965 年在莫斯科自行印制出版的一本名为《斯芬克斯》的杂志(编辑为瓦·塔尔西斯①)和在境外出版并在苏联境内传播的那些涉及极权主义社会和心理现象的一系列怪诞—讽刺中篇小说[即安·陀·西尼亚夫斯基②的《审判在进行》(1959)、《柳比莫夫》(1963)和尤·马·丹尼爱尔③的《莫斯科在说话》(1962)、《赎罪》(1964)]。《文学报》将这些以阿·特尔茨和尼·阿尔扎克为笔名出版的作品称之为因对社会主义制度的仇恨所激发出来的真正反苏行为,而克格勃将它们定性为"特别危险的国事罪"。1965 年 9 月,这些作家被逮捕入狱。

1965 年 12 月 5 日,在莫斯科普希金广场上,数十年来首次举行了一次未经批准的示威游行。游行的口号是护法性质的:"我们要求公开对西尼亚夫斯基和丹尼爱尔的审判"、"请尊重苏联宪法——我们的基本法!"游行示威的组织者之

---

① 即瓦列里·雅科夫列维奇·塔尔西斯(Тарсис, Валерий Яковлевич, 1906—1983),作家、持不同政见者,1962 年因自行印制出版《蓝苍蝇的传说》而被投入精神病院,1963 年宣布退党和退出作协。——译者注

② 即安德列·多那托维奇·西尼亚夫斯基(Синявский, Андрей Донатович, 1925—1997),文艺理论家、作家、《新世界》杂志的文学批评家之一,曾任教于莫斯科大学新闻系,1965 年因以阿·特尔茨(А. Трец)为笔名在境外发表批评苏联政权及文学政策的作品而被指控犯"反苏宣传鼓动罪"并获刑;1971 年提前获释,1973 年移居法国,1991 年获得平反。——译者注

③ 即尤里·马尔科维奇·丹尼爱尔(Даниэль, Юрий Маркович, 1925—1988),作家、诗人、翻译家,1958 起以尼·阿尔扎克(Н. Аржак)为笔名在境外发表具有批评苏联政府倾向的小说,故于 1965 年与 А. Д. 西尼亚夫斯基同案被捕并获刑 5 年;1991 年获得平反。——译者注

一是数学家和诗人亚·谢·叶赛宁—沃尔平①。这一日,通常被视为苏联护法运动之始。

　　1966年2月,离境去了英国的塔尔西斯,被剥夺了苏联公民权;在莫斯科,对丹尼爱尔和西尼亚夫斯基进行了审判。两人被判处犯有俄罗斯联邦刑法第70条规定的"旨在破坏和削弱苏联政权的……反苏鼓动与宣传"罪。一些从事文艺创作和科研工作的知识界人士,曾寄出22封信件,为被告人辩护。有80人在这些信件上署名,主要为作家协会的成员(60余人)。最先站出来进行辩护的有瓦·阿克肖诺夫②、格·弗拉基莫夫③、安·沃兹涅先斯基④、弗·沃伊诺维奇⑤、阿·戈拉

---

①　即亚历山大·谢尔盖耶维奇·叶赛宁—沃尔平（Есенин Вольпин, Александр Сергеевич, 1924—　），著名诗人谢·叶赛宁之子,数学家、哲学家、诗人、苏联持不同政见者运动和护法运动领袖人物之一,在持不同政见者中进行法制宣传的先驱;1970—1972年任苏联人权委员会专家;作为政治犯曾先后被囚禁14年,1972年移居美国。1965年12月5日为苏联法定的宪法庆祝日,是日的集会名为"公开性集会"（Митинг глалсности）,是战后苏联境内首次公开的政治示威行动。——译者注

②　即瓦西里·帕夫洛维奇·阿克肖诺夫（Аксёнов, Василий Павлович, 1932—2009）,高干子弟,1963年受到赫鲁晓夫的公开斥责,70年代作品遭禁,1977—1978年其作品在美国出版。1979年成为未经官方审查自行印制出版文集《大都会》（Метрополь）的组织者及作者,因此被作协除名。1980年出国未归,后移居美国,1991年后回国。主要作品有小说《带星星的票》、《克里米亚半岛》、《莫斯科传闻》,剧本《随时出售》,诗歌《热沙》等。——译者注

③　即格奥尔吉·尼古拉耶维奇·弗拉基莫夫（Владимов, Георгий Николаевич, 1931—2003）,曾任《新世界》编辑（1956—1959）,因在境外发表作品而被作协除名;"国际大赦"莫斯科分会成员,1983年移居国外以避官司。主要作品有小说《忠实的鲁斯兰》、《将军与他的军队》（获1995年度俄罗斯布克尔文学奖）等。——译者注

④　即安德列·安德列耶维奇·沃兹涅先斯基（Вознесенский, Андрей Андреевич, 1933—2010）,著名的"60诗人",以文笔清新、题材多样著称;自行印制出版文集《大都会》的参与者,1963年受到赫鲁晓夫的公开斥责;主要作品有长诗《工长》,诗集《长诗"三角梨"中的四十首抒情插曲》、《彩绘玻璃大师》（获1978年度苏联国家奖）等。——译者注

⑤　即弗拉基米尔·尼古拉耶维奇·沃伊诺维奇（Войнович, Владимир Николаевич, 1932—　）,诗人、剧作家,1960年起积极参与人权运动,1962年其自行印制的小说《士兵琼金的生活与奇遇记》在境外出版,1974年被作协除名并受到政治迫害,1980年被迫移居国外并被剥夺国籍。主要作品有诗歌《宇航员之歌》、政论《我们生活于此》等。——译者注

季林①。参与为被告辩护的《结构》杂志(1959—1961)的编辑亚·伊·金茨堡②
和诗人尤·加兰斯科夫③(前者曾编辑过失宠作家案件文献汇编;后者曾将西尼
亚夫斯基的那篇"犯法的"文章《何为社会主义现实主义》辑入自行印制出版文集
《凤凰—66》)亦被逮捕。他们被判刑一事,又引发了 1968 年初新一轮的请愿
活动。

自由主义派持不同政见者运动历史中最为著名的事件是:对 21 名全俄社
会—基督教人民解放联盟(BCXCOH)参与者的审判[这个由伊·维·奥古尔措
夫领导(1967 年 2—12 月)的联盟,是地下组织运动历史上最大的一个组织],和
自行印制出版的护法简报《当前大事记》于 1968 年 4 月开始出版发行。

全俄社会—基督教人民解放联盟的核心,形成于 1962 年;其组织构成,于
1964 年 2 月 2 日完成。是日,列宁格勒大学东方学系应届毕业生伊·维·奥古
尔措夫向自己的老友们、语言学系学生米·尤·萨多④、哲学系学生叶·亚·瓦

---

① 即阿纳托利·吉洪诺维·戈拉季林(Гладилин, Анатолий Тихонович, 1935—　),作
家,持不同政见者,因公开反对对安·西尼亚夫斯基的审判而于 1976 年被迫移居法国,任职
于《自由》和德国之波电台;主要作品有《维克多·波德古尔斯基的大事记》、《预告明天》、《重
大赛马日》等。——译者注

② 即亚历山大·伊里奇·金茨堡(Гинзбург, Александр Ильич, 1936—2002),记者、出
版人、苏联护法运动人士,自行印制出版物《句法学》的编者之一,1966 年编撰文集《白皮书》,
内容为安·西尼亚夫斯基和尤·丹尼爱尔案,1967 年被捕并获刑 5 年。1974 年成为"俄罗斯
援助受迫害者及家人社会基金会"管理人,1977 年再度因"反苏宣传罪"被捕并获刑 8 年。
1979 年同库兹涅措夫(Кузнецов)、德姆什茨(Дымшиц)、文斯(Винс)、莫罗兹(Мороз)5 人被
政府与美国交换 2 名间谍。后侨居法国。——译者注

③ 即尤里·季莫菲耶维奇·加兰斯科夫(Галансков, Юрий Тимофеевич, 1939—1972),
持不同政见者,1961 年加入《凤凰》文集团体,发表诗作《人类宣言》;1962 年自行出版《凤凰》
文集,即《凤凰—66》;1967 年被捕并获刑 7 年强制劳改,5 年后病死于劳改集中营。——译者
注

④ 即米哈伊尔·尤汗诺维奇·萨多(Садо, Михаил Юханович, 1934—2010),出身于亚
述人家庭,劳改释放后在列宁格勒大学东方学系伊夫利和阿拉伯语任教,为苏联境内亚述民
族文化运动的积极组织者。——译者注

金①和法律系学生鲍·阿·阿维里奇金②宣读了为与现行制度做有组织斗争而成立的全俄社会—基督教人民解放联盟军—政组织纲领。两个月过后，这四位创立人分配了各自的组织责任。奥古尔措夫成为联盟的领袖，瓦金为思想家，昔日的空降兵和列宁格勒古典式摔跤冠军萨多负责人事与反侦察工作，阿维里奇金则成为组织档案和人员名册的保管人。他们还制定了一份每个加入联盟的人都要宣读的誓言。新加入的成员会被告知，他们正在加入一个在全国范围内将数千人联合起来的组织。该组织成员、曾为列宁格勒州卢加区一所中学校长的列昂尼德·伊万诺维奇·鲍罗金（现为著名作家，1992年起任《莫斯科》杂志编辑）认为，因这个联盟案而于1967年被捕的，仅列宁格勒一地便不少于500人。

　　全俄社会—基督教人民解放联盟的组织结构，初时为3人制，后来合并为排。每一支队均有自己的藏书室，其藏书为30本自修必备书籍。全俄社会—基督教人民解放联盟的政治基础，是尼·阿·别尔嘉耶夫有关社会—基督教思想和米·吉拉斯的《新阶级》一书中阐释的那些观点的共生物。该组织的纲领，随着别尔嘉耶夫那些先前不为该联盟成员所知的著作的被发现而得到完善。纲领的最终文本于1965年年初完成。组织章程亦于是时撰写出来。该纲领拟定建立一个东正教社团国家、允许私有制的存在和实行国家对工业基本行业的监督。与莫斯科的那些派别不同，该联盟的自行印制出版物，已经不是印有"人们，不要相信共产主义！"之类口号的自制传单，而是经过周详策划的政治文献、历史和文艺文集、专业化的诗歌作品。这些列宁格勒人，与其他一些地下的或合法的持不同政见者派别有着相当多的接触。该联盟的成员在其他地下派别中积极地寻找合适的候选人。其中，"捍卫民主自由联盟"的大部分成员，加入了全俄社会—基督教人民解放联盟。此外，该联盟成员还与巴黎的《俄罗斯基督教运动通讯》③

---

　　① 即叶甫盖尼·亚历山德罗维奇·瓦金（Вагин，Евгений Александрович，1938—　）。——译者注

　　② 即鲍里斯·阿纳托利耶维奇·阿维里奇金（Аверичкин，Борис Анаторьевич，1938—　）。——译者注

　　③ 《俄罗斯基督教通讯》（《Вестник РСХД》，1925—1974），初时刊名为"俄罗斯大学生基督教运动通讯"，由该运动委托巴黎分部书记尼古拉·焦尔诺夫（Зёрнов，Николай Михайлович，1898—1980）主办，以联合侨居欧洲的俄国青年。——译者注

杂志编辑部、波兰的反共人士建立了联系并从他们那里获取文献资料。

该联盟的活动,因其参与者之一、亚历山大·彼东的告发而于1967年2月被揭露出来。此时,联盟已拥有成员28人、候选人30人,是后斯大林时期被克格勃揭露出来的最大的一个地下团体。因此案被判刑的有21人;全国范围内因此案而被讯问的证人约有100人。1967年12月初,依据俄罗斯联邦刑法典第64款(叛国罪)和第72款(组建反苏组织罪),法庭对该联盟领袖人物进行了有罪宣判:奥古尔措夫被判处劳改15年(其中7年须在监狱中度过)和流放5年;萨多被判处劳改13年,其中监禁3年;瓦金和阿维里奇金分别被判处劳改8年。次年春季,该组织的17名普通成员也被判刑。

著名持不同政见者、俄罗斯民族解放运动的代表性人物弗·尼·奥西波夫不无理由地认为,全俄社会——基督教人民解放联盟,实质上是一个从事自修的知识分子们有组织形态的"别尔嘉耶夫小圈子"。该联盟是自战争时代起便发生在人们精神生活中的那些不可逆转的变化的一种表现,其中还有对那些革命前的和被迫侨居国外的俄罗斯哲学家们(弗·谢·索洛维约夫、尼·亚·别尔嘉耶夫、谢·路·弗兰克①、伊·亚·伊里因②、格·彼·费多托夫)的著作、对革命前的俄国历史学家们(瓦·尼·塔季谢夫③、尼·米·卡拉姆津、谢·米·索洛维约夫、尼·伊·科斯托马罗夫④、瓦·奥·克留切夫斯基等人)的著作的兴趣

---

① 即谢苗·路德维戈维奇·弗兰克(Франк, Семён Людвигович, 1877—1950),著名哲学家、宗教思想家、心理学家,由"合法马克思主义"转向理想主义,后至宗教泛神论,1922年被逐,文集《唯心主义问题》《路标》《自深处》的参与者,有心理学、社会哲学、认识论方面的著述。——译者注

② 即伊万·亚历山德罗维奇·伊里因(Ильин, Иван Александрович, 1882—1954),著名宗教哲学家,新黑格尔派代表人物,莫斯科大学哲学教授,1922年被逐后移居瑞士,主要著述有《黑格尔的哲学是关于上帝和人的具体性的学说》《论以暴力抗恶》《哲学的宗教意义》《艺术原理》《精神复苏的途径》等。——译者注

③ 即瓦西里·尼基季奇·塔季谢夫(Татищев, Василий Никитич, 1686—1750),历史学家、国务活动家,曾任阿斯特拉罕省省长(1741—1745),史学著作有《俄国史》等。——译者注

④ 即尼古拉·伊万诺维奇·科斯托马罗夫(Костомаров, Николай Иванович, 1817—1885),俄国、乌克兰历史学家,作家,圣彼得堡科学院院士、教授,主张乌克兰民族文化自治。有俄、乌社会——政治、经济史及民间文学等方面的著述。——译者注

在增长的反映。

自行印制出版的护法简报《当前大事记》，于1968年4月开始出版，并连续出版了15年。最后一期，即第64号简报出版于1983年。它的编撰者们（即莫斯科的女诗人、翻译家娜·戈尔巴涅夫斯卡娅①等人），努力要将苏联境内所有违反人权的事件，同时还有捍卫这一权利的事件都记录下来。关涉到民族性的（克里米亚鞑靼族人的、梅斯赫特族人的、波罗的海沿岸各民族的）、宗教性的（东正教的、浸礼教信徒们的）等各种运动的信息，该大事记均有记载。

1974年12月，生物学副博士、莫斯科渔业与土壤改良实验站研究员谢·阿·科瓦廖夫②因出版和传播该大事记而被捕，并被判处7年强制劳改营监禁和3年流放。后来，他成为俄罗斯联邦杜马代表，1993—1996年为总统委员会成员、国家杜马人权问题全权代表。

在持不同政见者运动的发展中，曾起到巨大作用的，是1968年6月以自行印制形式出版的安·德·萨哈罗夫的著作《关于进步、和平共处和精神自由的思考》（即自由主义—西方派运动纲领，并事实上成为戈尔巴乔夫"改革"第一阶段的计划），以及抗议出兵捷克斯洛伐克的示威游行（1968年8月25日）和对此次示威游行参与者的审判（1968年10月），1969年11月亚·伊·索尔仁尼琴因在西方发表小说《第一圈》、《癌症病房》并被授予诺贝尔文学奖而被苏联作家协会除名。

索尔仁尼琴的"诺贝尔获奖演讲"，成了这一运动中自由主义的乡土主义倾向的一种表述。因此他写道："当我在诺贝尔获奖演讲中以最笼统的方式说道：'民族——这是人类的财富时'时，这受到了普遍的赞同……但是，当我刚一作出结论说：这一财富也属于俄罗斯民族，它也拥有民族自决的权利，拥有在极其残

---

① 即娜塔丽娅·叶夫盖尼叶芙娜·戈尔巴涅夫斯卡娅（Горбаневская, Наталья Евгеньевна, 1936—　），护法与持不同政见运动参与者。1968年因参与反对苏联出兵捷克的示威游行被捕并被诊断为精神分裂症而送去精神病院，1975年移居法国，后定居波兰。有随笔《免费医疗救治》及诗集和译作多部。——译者注

② 即谢尔盖·阿达莫维奇·科瓦廖夫（Ковалёв, Сергей Адамович, 1930—），1964—1969年任莫斯科大学生物数学方法跨系实验室主任，1966年曾为保护安·西尼亚夫斯基而征集签名，故于1969年被莫斯科大学除名。现为俄联邦政要。——译者注

酷和严重的病患之后实现民族复兴的权利时,便被愤怒地宣称为大国主义式的民族主义……热爱自己的人民而同时又不仇视其他民族,这样的潜质被认为不可能为俄罗斯人所有。"这位作家屡屡将自己的思想意识定义为不是民族主义,而是民族爱国主义。

1970 年夏季,在一架由列宁格勒飞往普里奥焦尔斯克的民航班机舷梯旁,12 名企图劫持这架飞机并利用它飞往以色列的人被逮捕。然而,整个事件非但没有阻止向往国外的移民,反倒引起世界舆论对苏联出入境自由问题的关注。当局不得不做出让步,逐年提高离境许可证发放的数量。自 1967 年安德罗波夫成为克格勃主席起,到他 1982 年去世为止,约有 10 万犹太族人由苏联移民国外。据人口统计资料所示,苏联境内的犹太族人口数量从 1970 年的 215.1 万缩减到 1979 年的 176.2 万和 1989 年的 115.4 万。这场轰动一时的"劫机诉讼案",不能不引起各级政府和社会舆论对犹太民族主义问题及其表现形式之一——犹太复国主义的关注。1973 年,在制定有关消除所有形式的种族歧视国际公约时,一些国家驻联合国的代表们试图谴责反犹太主义,但却反对苏联代表团提出的将反犹太主义和犹太复国主义一并划入种族歧视的建议。联合国大会第 28 次会议上,1973 年 12 月 14 日决议案中首次在南美的种族主义和犹太复国主义之间进行了类推。在联大第 30 次会议上,发展中国家的代表们围绕这些问题展开了广泛的讨论。苏丹和乌干达代表的发言尤为尖锐。乌干达总统伊·阿明·达达在谴责美国对以色列的一贯支持时,对这种支持的缘由做出解释:"类如美国这样强大的民族,也受制于犹太复国主义者。"苏联促成了一项谴责犹太复国主义的修正案在联合国获得通过。1975 年 11 月 10 日,第 3379 号决议获得通过,尽管以色列和美国代表试图阻挠。该项决议认定:"犹太复国主义,系种族主义和种族歧视的一种形式。"苏联解体之后,这一决议亦被撤销。

对劫机者提起的诉讼表明,相当大一部分"护法者",利用了护法思想来掩盖好斗的民族主义和其他一些与人权相去甚远的思想。关于这一点,晚些时候,著名的"女护法者"诺沃德沃尔斯卡娅①曾公开说道:"我本人已经尝够了人权的滋味。过去,无论是我们、中央情报局,还是美国,都曾利用这一观念作为消灭共产主义制度和捣毁苏联的一记重锤。这种观念已经过时了,也不要再胡扯什么人权或护法者的鬼话了。"(《真理报》1994年11月30日)

然而,正是在20世纪70年代,护法运动渐渐成为苏联境内持不同政见者运动的重要构成之一。1970年11月,瓦·尼·恰利泽创立了一个人权委员会,加入该委员会的有安·德·萨哈罗夫院士和苏联科学院通讯院士伊·罗·沙法列维奇。该委员会一直活动到1973年。1973年,"大赦国际"俄罗斯分部成立。该分部的主席是物理、数学博士瓦·费·图尔钦②,秘书是信息科学研究院青年物理学家安·尼·特韦尔多赫列博夫③。

在持不同政见者运动中,犹太族人问题占有很大的比重。著名电影导演米·伊·罗姆④于1962年11月27日在全俄戏剧协会召开的"社会主义现实主义艺术中的传统与创新"学术会议上的发言,大大地促使这一问题具有了现实意义。这位斯大林奖的五度获得者,首次公开,且直言不讳地对20世纪40年代末那场众所周知的反"世界主义者"运动发表了自己的意见。他断言,这场运动是人们蓄意所为,具有反犹太主义的性质,并且实际上最终成了一场对作家的杀

---

① 即瓦列丽娅·伊里尼奇娜·诺沃德沃尔斯卡娅(Новодворская, Валерия Ильинична, 1950—　),自由记者、俄罗斯民主联盟党创立者,1969年因批评苏联出兵捷克而被捕,1970—1971在精神病院接受强制治疗;1972年起参与自行印制出版活动;1977—1978年曾试图组建地下党对抗苏共;1987—1991年间因从事反政府活动曾被行政拘留17次。1992—1995年间数次被立案调查,均因犯罪证据不足而中止。——译者注

② 即瓦连京·费奥多罗维奇·图尔钦(Турчин, Валентин. Фёдорович, 1931—2010),曾任职于苏科学院应用数学研究所,列法尔(Рефал)编程语言创制者,因受到政府严厉警告而于1977年被迫流亡美国。有《恐惧的惯性:社会主义和极权主义》等著述。——译者注

③ 即安德列·尼古拉耶维奇·特韦尔多赫列博夫(Твердохлебов, Андрей Николаевич, 1940—　),1972—1973年间曾自行印制出版"大赦国际"文集,1973年加入人权组织"73小组",1975年被捕。——译者注

④ 即米哈伊尔·伊里奇·罗姆(Ромм, Михаил Ильич, 1901—1971),犹太族,时任全苏国立电影学院教授;五度获得斯大林奖的作品为《列宁在十月》与《列宁在1918年》(1937—1938)、《第217号人》(1946)、《俄罗斯问题》(1948)、《弗·伊·列宁》(1949)、《秘密使命》(1951),另有《一个城市的9天》(获1966年度俄联邦国家奖)等。——译者注

戮。尚健在的"反犹太主义者"尼·马·格里巴乔夫①、弗·阿·科切托夫②、阿
·弗·索弗罗诺夫"之流",被指称为这场"杀戮"的祸首。据罗姆所见,正是他们
对电影艺术中所有新鲜的和突出的事物,进行了公开的破坏。此番发言在知识
界引起震动,发言稿的抄本在莫斯科广为流传,成为最初的自行印制出版文献之
一。遭到点名的那些作家们,已被拔擢进党的最高机关,对他们提出的这类申
诉,苏共中央实际上是避而不查,对事态持模棱两可的态度。亚·伊·索尔仁尼
琴认为,罗姆的发言对持不同政见者运动的进一步发展,具有非常大的意义。自
那时起,罗姆便"成为似乎是苏联犹太族人的精神领袖。亦自那时起,犹太族人
给予'民主运动'、'持不同政见者运动'以巨大的人员补充,并由此成为这一运动
的勇敢无畏的一员"③。

　　这种"人员补充"意义重大,使得一些人在提及持不同政见者运动时,大体上
是把它当作一场犹太人运动来谈论的。"所有犹太人,都是持不同政见者;所有
持不同政见者,都是犹太人。"此话曾一度作为一句诙谐语在知识分子圈子里流
传(谢·尼·谢曼诺夫语)。不过,在持不同政见者运动的这一分支中,最为重要
的是:它与俄罗斯族人持不同政见者运动的原则,基本上是对立的。在谈到这一
点时,政论家塔吉亚娜·戈卢什科娃④曾指出:"这里从来不存在对传统、对民族
传统(进而是对文化)的凭依,而凭依的仅仅是《赫尔辛基协议》和类似的那些协

---

①　即尼古拉·马特维耶维奇·格里巴乔夫(Грибачёв, Николай Матвеевич, 1910—
1992),作家,苏共中央候补委员(1961—1991),曾任苏作协书记(1959—1991),主要作品有长
诗《"布尔什维克"集体农庄》(获 1948 年度斯大林奖)、《"胜利"集体农庄的春天》(获 1949 年
度斯大林奖),散文《面向美国:尼·谢·赫鲁晓夫旅美记》(获 1960 年度列宁奖)等。——译
者注
②　即弗谢沃洛德·阿尼西莫维奇·科切托夫(Кочетов, Всеволод Анисимович, 1912—
1973),作家,曾任苏作协列宁格勒分会书记(1953—1955)、《文学报》主编(1955—1959)、《十
月》杂志主编(1961 年起)、《星》及《涅瓦》杂志编委等;主要作品有小说《茹尔宾一家》(被誉为
工业题材佳作)、《叶尔绍夫兄弟》、《州委书记》(因抨击官僚习气而引起争议)、《角落》(被誉为
内战题材佳作)等。——译者注
③　索尔仁尼琴 А. И.:《共处两百年》(2 部),莫斯科,2002 年,第 446 页。
④　即塔吉亚娜·米哈伊洛芙娜·戈卢什科娃(Глушкова, Татьяна Михайловна, 1939—
2001),亦为作家,主要作品有诗集《圣诞节期的音乐》、《白街》、《当我的祖国不在时》,诗体小
说《戈利鲍耶多夫》等。——译者注

议……我们可以从西方价值观的角度观察到这种抗争。这类价值观甚至较之这里的共产主义的国际主义或无神论不是更少而是更多地与俄罗斯精神相背离、相敌对。"伴随着苏联境内犹太复国主义活跃的这一持不同政见者运动,成为滋养亦在临近 70 年代时活跃起来的反犹太主义的额外食粮。

苏联垮台后,昔日苏联籍的犹太人,绝大部分由第三共产国际的全球化者立场,彻底转入无条件支持美国全球化者的立场;他们认为有权力按照美国的模式对我们这个星球施行全球化。这一转变本身,隐藏着不小的危险。"让我们来想象一下,"俄罗斯当代著名哲学家之一亚·谢·帕纳林①在《全球化主义的诱惑》一书中写道,"在绝大多数依然与美国的全球帝国的主张相抗衡的国家中,那里的犹太人在当地人眼中素有美国的'第五纵队'的恶名,而美国的奢望是一定会破灭的:这没有令那些如此超前和不顾一切地将自己的命运与美国联系在一起的人感觉到存在着十分巨大的风险吗?"②

1972 年夏天,著名持不同政见者彼·亚基尔③(1937 年被镇压的集团军司令约·爱·亚基尔之子)和维·克拉辛④(著名政治活动家列·鲍·克拉辛之孙)被逮捕。在侦讯过程中,两位被捕者同意与克格勃合作。其结果便是开始了

---

①　即亚历山大·谢尔盖耶维奇·帕纳林(Панарин, Александр Сергеевич, 1940—　　),莫斯科大学教授、俄科学院哲学研究所社会哲学部主任;政治学家、政论作家、全球化和消费社会的批评者。主要著述有《全球化世界中的东正教文明》、《20 世纪世界大战和革命中的俄罗斯知识界》、《政治哲学》等。——译者注

②　帕纳林 A. C. :《全球化主义的诱惑》,莫斯科,2000 年,第 64 页。

③　即彼得·约诺维奇·亚基尔(Якир, Пётр Ионович, 1923—1982),历史学家,其父约纳·爱马努伊洛维奇·亚基尔(Якир, Иона Эммануилович)1937 年被镇压,后随母流放阿斯特拉罕,旋即被捕并获刑 5 年,1944 年再度被捕并获刑 8 年;1955 年获得平反,1962 年始任职苏联科学院历史研究所;1966 年起开始多次上书中央,激烈批评政府放弃去斯大林化政策和背离民主化的取向,并参与护法和自行印制出版活动;1972 年在英国出版其回忆录《狱中少年时光》,同年经苏共政治局讨论决定予以逮捕,后因"悔过"而获从轻处理。——译者注

④　即维克多·亚历山德罗维奇·克拉辛(Красин, Виктор Александрович, 1929—　　),经济学家,其祖父为列昂尼德·鲍里索维奇·克拉辛(Красин, Леонид Борисович);1949 年被控"以唯心主义批评马列主义"而被判刑 8 年,1954 年获平反,后在科学院中央经济—数学研究所任职,1968 年因参与护法活动而被解雇,1975 年移居美国;有著述《法庭》等。——译者注

新一轮大范围的逮捕浪潮,持不同政见者运动明显低沉下去。这一运动的再度
兴起,在许多方面是与1973年在西方、而后又在自行印制出版物中出现的索尔
仁尼琴对国家惩治体系所做的"艺术性研究尝试"——小说《古拉格群岛》和他的
文章《不为谎言而活着》相关。

　　1973的9月5日,亚·伊·索尔仁尼琴写了一封《致苏联领袖们的信》,
信中提出从近10—30年间对我们构成威胁的两种主要危险——与中国的战
争和在生态灾难中与西方文明的共同灭亡——中摆脱出来的建议。其建议的
内容不过是拒绝马克思主义思想体系,"将其转嫁于中国"。用这位作家的话
来说,这一思想体系的"黑旋风,由西方刮到了我们头上⋯⋯若是眼下它继续
向东刮,那就让它刮下去,不要妨碍它!"信中还冷静地向我们建议,要奉行斯
大林从卫国战争最初时日中获取的那份经验,高扬"俄罗斯旧有的大旗,有时
甚至是东正教的大纛",且不要重犯战争结束时的错误,那时我们曾"再次从樟
脑箱里搬出那个先进学说"[1]。信中建议将国家的所有努力"由国外任务"转
入"国内任务"上来;把禁止烈性酒作为国家最重要的一项收支项目;放弃"会
产生核废料的多种类型的工业生产";免除"俄罗斯青年的普遍兵役制";致力
于建设"分散式的、令人感到柔和的城市";建议承认,在可预见的未来,为俄罗
斯所必需的制度不是民主制,而是"权威制";放弃"我们无法实现且无需实现
的统治世界的目标"等许多其他的东西。这位作家认为,在3—10年内使所有
这一切成为现实,是可行的。[2]

　　在对这封致"领袖们"的信进行了研究之后,苏共中央1974年1月1日做出
一项决定:以从事"蓄意反苏活动"的罪名对这位作家追究刑事责任,之后再予以
剥夺其公民权并将之驱逐出境。该作家于是被捕,并被投入列福尔托夫监狱;2
月13日被驱逐出境。在瑞士,他创立了一个援助被监禁者的俄罗斯基金会。该
基金会的第一位管理人是已被释放出狱的亚·金茨堡。是时确有人需要援助。

---

　　① 　索氏此说暗喻马克思主义学说对苏联现实来说,如同弃置樟脑箱中的旧物,已是
过时无用。

　　② 　索尔仁尼琴 А. И. :《致苏联领袖们的信》,巴黎,1974年。

1967—1974 年间,以因从事反苏鼓动和宣传罪而被追究刑事责任的持不同政见者,计有 729 人。

1974 年,安·德·萨哈罗夫写出了《忧虑与期望》。在这部著作中,他向我国和世界呈现了这位院士所预见的、只有在防止世界性核对抗的条件下才有可能出现的未来世界文明。他认为,避免这一对抗的最佳办法,便是两种体制的趋同。他写道:“我认为,至关重要的是:克服世界分裂为对立的国家集团,推动社会主义和资本主义两种体系的亲近(趋同)过程,并伴随着裁军,国际间信任的加强,人权、法律和自由得到保护,深入的社会进步与民主化,人类个人道德和精神始基的加强。我初步认为,因这一亲近过程而形成的经济体系,应是一种能将灵活性、自由、社会进步和全球性调节的可能性最大限度地汇聚一身的混合型经济。”

萨哈罗夫后来的一些著述,表现出他关于苏联有能力为这种趋同做出某种贡献的设想,极为独出心裁。关于自己国家的历史,这位院士曾写道,它“充斥着可怕的暴力、骇人听闻的犯罪”,“50 年之前,在欧洲近旁,曾有过一个斯大林的帝国,而现在,则是苏联的极权政治”。他反对提出所谓在历史中由俄罗斯民族所承担的各种磨难与牺牲的话题。萨哈罗夫认为,国内战争的各种惨祸和对富农生产资料与土地的剥夺、饥饿与镇压,俄罗斯民族和非俄罗斯民族同样受到波及,而诸如暴力驱逐家园、种族灭绝和压制民族文化之类的恶行,则“正是仅由非俄罗斯民族所承受”。萨哈罗夫不同意索尔仁尼琴关于革命前的俄罗斯“数个世纪一直保持着本民族的健康”的推论。他像西方派和仇俄主义者一样,重复说道:“我认为,那种在俄罗斯存续着数个世纪的奴性、卑下的精神,合着那种对异族人和异教者的蔑视,并不是一种健康,而是一个极大的不幸。”萨哈罗夫对待国家的态度的与众不同之处是,他将移民国外的权利提到首位。他认为,自由出入自己的国家,是这个国家的公民最重要的民主权利。

萨哈罗夫在于 1976 年致美国总统吉米·卡特的那份电报中,表达出一种信心,即相信“充满勇气与果断精神的……西方第一大国——美国,将光荣地承担起历史托付给它的国民和领导者的重负”。在同一年,在接受美联社的访谈时,他也曾称:"在与诸社会主义国家的极权主义世界的对抗中,西方世界承担着重大的责任。"在《欧亚诸苏维埃共和国联盟宪法》(1989 年 12 月)草案中,萨哈罗夫曾建议以宪法方式认定这样一个论点,即"于长期的未来中"建立起来的这一联盟,将把"使社会主义和资本主义两个体系的正面的、多元化的亲近(即趋同)作为解决全球和国内问题的唯一最重要的办法来努力追求。一个世界性政府于未来的创立,应当成为这种亲近在政治上的表现形式"。据上面援引的种种声明可以看出,哪个国家有能力光荣地承担起领导世界这个重任。

这位"氢弹之父"的见解,在国内和世界范围内产生了巨大影响。然而,随着时间的推移,只有米·谢·戈尔巴乔夫一人将它们作为制定国家内外政策方针的依据,认为开启单边性的趋同是可行的。

1975 年 12 月,安·德·萨哈罗夫成为被授予诺贝尔奖的苏联第三位持不同政见者。此事与另一位诺贝尔奖得主亚·伊·索尔仁尼琴的被逐出境(1974年 2 月)一道,给苏联境内持不同政见者运动带来广泛的世界性知名度。更晚些时候成为诺贝尔奖得主的,是于 1964 年 2 月因"一贯好逸恶劳"而在列宁格勒被判刑的持不同政见的诗人约·亚·布罗茨基①。1972 年,他移民美国。在那里,他继续(用俄语和英语)写作那些将会给他带来广泛声誉与诺贝尔奖(1987年获得)的诗歌。

罗·亚·梅德韦杰夫的活动也有助于持不同政见者运动知名度的扩大。1975—1976 年间,他曾做过自行印制出版杂志《20 世纪》的编辑工作。该杂志有10 期在苏联境内出版,有 2 期在伦敦再版。

赫尔辛基协议缔结(1975 年 8 月)之后,协助履行这些协议的人道主义条款的莫

---

① 即约瑟夫·亚历山德罗维奇·布罗茨基(Бродский, Иосиф Александрович, 1940—1996),犹太族,1964 年被控从事反苏宣传而获刑流放劳改 5 年,1972 年被迫移居国外。有文集 7 卷。——译者注

斯科小组成立(1976 年 5 月)。加入这一小组的有亚美尼亚科学院通讯院士尤·费·奥尔洛夫①(领导人),还有 10 名成员:柳·阿列克谢耶娃②、米·别尔恩施塔姆③、叶·勃恩娜④、A.金茨堡、彼·戈利果连科⑤、亚·科尔恰克⑥、马·兰达⑦、

---

① 即尤里·费奥多罗维奇·奥尔洛夫(Орлов,Юрий Фёдорович,1924—　),原为苏最高核机密单位科学院热工实验室物理学家,1956 年因反政府言论而被开除公职和党籍。后被亚美尼亚科学院物理所接受,在加速器研究领域颇有建树。1977—1984、1984—1986 年间因参与持不同政见者运动及护法运动而两度被捕并获刑。1986 年作为交换在美国被捕的苏情报人员格·扎哈罗夫的人质而被逐出境。现在康奈尔大学任教。——译者注

② 即柳德米拉·米哈伊洛芙娜·阿列克谢耶娃(Алексеева, Людмила Михайловна,1927—　),曾参与声援西尼亚夫斯基和丹尼爱尔、阿·金茨堡等人的护法行动,1968 年被开除公职和党籍,后因参与地下刊物《当前大事记》的出版工作而受到政府警告,1977 年为避免被捕而移居美国。1993 年回国,1996 起任莫斯科赫尔辛基小组主席,2002 年起任俄联邦总统人权委员会(现名为公民社会与人权发展委员会)成员。著有《苏联持不同政见者运动史》等。——译者注

③ 即米哈伊尔·谢苗诺维奇·别尔恩施塔姆(Бернштам, Михаил Семёнович,1943—　),历史学家、政论作家,1975—1976 年间参与护法运动及在地下刊物发表反政治迫害的文章,1976 年移居美国,任斯坦福大学教授,与索尔仁尼琴交往甚密。——译者注

④ 即叶莲娜·格奥吉耶娜·勃恩娜(Боннэр,Елена Георгиевна,1923—　),安·萨哈罗夫妻子,儿科医生,援助政治犯子弟基金会的创立者,1984 年被控传播反苏言论而被捕并获刑流放 5 年,1994 年因反对政府的车臣战争政策而退出总统人权委员会。——译者注

⑤ 即彼得·格里戈里耶维奇·戈利果连科(Григоренко, Пётр Григорьевич,1907—1987),苏军少将,1945—1961 年任教于伏龙芝军事科学院,因在 1961 年对赫鲁晓夫的个人崇拜提出质疑而被降职,调去远东军区。1963 年组织"为复兴列宁主义而斗争同盟",印发批评政府官僚体制的传单,1964 年被捕并被鉴定为"精神病"而送至特别精神病院,并被撤去军衔。1965 年获释后做裁缝和搬运工以维持生计。1969 年再度被关进精神病院,1974 年在国际社会的抗议下获释,1977 年赴美就医时被剥夺国籍。——译者注

⑥ 即亚历山大·阿列克谢耶维奇·科尔恰克(Корчак, Александр Алексеевич,1922—　),物理学家,1975—1977 年始参与护法运动,为莫斯科大赦国际成员,后致力于极权政治理论研究并创立了"全面自组社会体系模式",有《全面组织与恐怖主义:注定的关联》等著作。——译者注

⑦ 即马利娃·诺耶芙娜·兰达(Ланда,Мальва Ноевна,1918—　),犹太族,地质学家,1977 年起为索尔仁尼琴创办的援助政治犯基金会的管理人,1980 年被控传播污蔑国家与社会制度言论而获刑 5 年流放。——译者注

阿·马尔岑科①、维·鲁宾②、阿·夏兰斯基③。不久,类似的小组也在乌克兰、格鲁吉亚、立陶宛和亚美尼亚出现了。1977 年 1 月,在莫斯科赫尔辛基小组之下,成立了一个调查将精神病学用于政治目的的工作委员会。亚·波德拉比涅克④成为该委员会的创立者之一。1977 年 2 月,面对反对派日益扩大的前景,当局转而对这些赫尔辛基小组的参与者实施镇压。

社会发展的种种不利趋势、民众对官方宣传的怀疑态度,成为大众与政策制定者们愈加疏离的原因。"停滞"状态加剧了社会中的对立和叛逆情绪,对民族政策的不满时有所见。涉及族际关系背景的越轨行动,几乎在国内所有地区——在哈萨克斯坦、中亚、波罗的海沿岸地区和外高加索地区,在俄罗斯的一些自治地区,均有发生。

官方负责人士曾一度以为,国家的主要危险之一,源自持不同政见者。当局竭力平息自苏联军队参与阿富汗内战之初起便加剧起来的社会生活的紧张状

---

① 即阿纳托利·吉洪诺维奇·马尔岑科(Марченко, Анатоиий Тихонович,1938—1986),作家,原为钻井工人,1958 年因斗殴获刑劳改 2 年,次年逃跑并试图越境外逃,被捕后获刑 6 年,后由劳改营中结识的尤·丹尼爱尔引入莫斯科持不同政见者圈内,1967 年在地下刊物上发表描写苏联政治犯劳改营及监狱内幕的作品《我的供词》,该书后在欧洲广为流传,此后数度被捕。1986 年在狱中绝食 117 天,要求释放所有政治犯,不久病故。此事促进了戈尔巴乔夫启动释放政治犯的程序。——译者注

② 即维塔利·阿罗诺维奇·鲁宾(Рубин, Виталий Аронович,1923—1981),犹太族,哲学家、东方学家,专攻中国古代史,副博士学位论文为《春秋时代社会史史料〈左传〉》,1969—1972 年任职于苏科学院东方学研究所,1976 年获准举家移居以色列。——译者注

③ 即纳坦(阿纳托利·鲍里索维奇)·夏兰斯基[Щаранский, Натан (Анатолий Борисович),1948—],犹太族,原为全苏石油与天然气研究所工程师,1973 年申请移居以色列被拒,1975 年成为犹太"被拒绝者"移居运动积极参与者和创立莫斯科赫尔辛基小组的倡导人之一,1977 年以叛国罪被判刑 13 年;1986 苏用他交换在美被捕的间谍;后成为以色列国政要,历任工贸部长(1996—1999)、内务部长(1999—2000)、建设部长(2001—2003)等。——译者注

④ 即亚历山大·平霍索维奇·波德拉比涅克(Подрабинек, Александр Пинхосович,1953—),犹太族,原为莫斯科急救局医生,1977 年编写《惩罚医学》,揭露政府利用精神病学压制持不同政见者(1979 年在美出版),并参与地下出版物《当前大事记》的出版。1977 年克格勃建议其移民以色列未果,遂于次年以污蔑国家制度罪将其逮捕并判刑 5 年。1980 年在流放地再度被捕并加刑 3.5 年。后苏联时代仍在从事护法运动。——译者注

态,同时,对持不同政见者的镇压,也更为严厉。1979 年年末至 1980 年年初,无论护法性质的、与当局对立的民族或宗教性组织,其领导者和积极参与者,几乎悉数被捕或被流放。安·德·萨哈罗夫因发表反对阿富汗战争的演讲而于 1980 年 1 月被剥夺了所获得的全部国家奖励,并被放逐到高尔基市。

半年后,国家安全委员会副主席谢·库·茨维贡①在党的机关刊物上宣布:伪装成民主斗士的反社会分子已被清除;护法运动不复存在。(《共产党人》,1981 年第 14 期)

克格勃的资料显示,1957—1985 年,因从事反苏宣传与鼓动和因传播明显虚假的、诽谤苏联国家和社会制度的信息而被判刑的,共有 8 124 人。《58—10。苏联检察机关对反苏宣传与鼓动案件的监督工作。1953 年 3 月—1991 年》(莫斯科,1999)一书中,列举了按姓氏排序的犯人资料。书中提供了有关持不同政见者的情况和国家镇压机关战胜他们的最具代表意义的信息。不过,正如继 1985 年之后发生的那些事件所表明的那样,对他们的胜利,实是昙花一现。

戈尔巴乔夫的“改革”,使持不同政见者运动的意义充分显露出来。结果是,区区数百名异端人士发动的反对现行政权体制的公开斗争,引起更为广泛的同胞们的同情。这一对抗,证明了社会中存在着极其深刻的矛盾,存在着将政府与社会隔离开来的鸿沟。持不同政见者们的主张,被世界性的大众信息传媒广为传播。克格勃资料显示,仅萨哈罗夫一人,在 1972 年至 1979 年便举行了 150 场新闻发布会,为 1 200 家外国电台的广播撰写过资料。② 持不同政见者们与《美国之音》和其他一些大众传媒组成了一个“具有极为强大合作效应的系统”(谢·格·卡拉—穆尔扎语)。美国中央情报局对苏联境内的持不同政见者们,给予了积极的协助。例如,众所周知,至 1975 年,这个局曾以各种方式参与了俄罗斯或苏联作者撰写的 1 500 余本俄文版图书的出版。③ 所有这些,令持不同政见者自

---

① 即谢苗·库兹米奇·茨维贡(Цвигун, Семён Кузьмич, 1917—1982),大将军衔,1967—1982 年间任此职,负责克格勃第 3 局(军情局)和第 5 局(反意识形态破坏局)工作。——译者注

② 雅科夫列夫 П. Н. :《暮色》,莫斯科,2003 年,第 180 页。

③ 雅科夫列夫 П. Н. :《暮色》,莫斯科,2003 年,第 213 页。

身的能量获得数个级次的提升。

尤·弗·安德罗波夫 1975 年年末所作的评价称,在苏联,共有数十万人正在从事或(在适宜情况下)准备从事反对苏联政权的活动。此类人物在苏联社会的党政精英成员中,亦大有人在。

对苏联境内持不同政见运动参与者的"赦免"过程,始于在雷克雅卫克举行的苏美最高级别会晤前夕。会晤期间(1986 年 10 月 11—12 日),正如后来罗·里根在自己的回忆录中所讲述的那样,他惊异地听到戈尔巴乔夫谈起莫斯科精英中反苏那一部分人曾在解体苏联一事上协同一致。1986 年 10 月 9 日,女诗人伊·拉图申斯卡娅①被"赦免"。10 月 30 日,在戈尔巴乔夫与密特朗举行会谈之后,应法方提出的请求,教育家、收藏家格·米哈伊洛夫②被释放。1986 年年底,叶·利加乔夫③、维·切布利科夫④和古·马尔丘克⑤向戈尔巴乔夫提出建议,称:"对萨哈罗夫所采取的那些预防性措施,在一定程度上证明是正确的——他又回到了科学研究活动中来。"故,"现在解决萨哈罗夫返回莫斯科的问题,是可行的",因为"较之继续将其隔离在高尔基市,这需要较少的费用便足以应付"。

---

① 即伊琳娜·鲍里索芙娜·拉图申斯卡娅(Ратушинская, Ирина Борисовна, 1954—),持不同政见者,1982 年以"从事反苏活动"罪被捕并获刑 7 年,1986 年提前获释,次年被剥夺国籍,移居美国,1998 年回国。——译者注

② 即格奥尔吉·米哈伊洛夫(Михайлов, Георгий),列宁格勒一物理学教师、先锋派艺术品收藏大家,1972 年间在自家居所举办艺术品个人收藏展览,1979 年被诬告并被捕获刑,其藏品被法院判定销毁。此事引起公众不满并诉诸国际舆论,在包括法国总统密特朗、美国总统卡特及 67 位诺贝尔奖得主在内的众多名流的干预下,艺术品幸免于难。1987 年米氏被驱逐出境。1989 年回国。——译者注

③ 即叶戈尔·库兹米奇·利加乔夫(Лигачёв, Егор Кузьмич, 1920—),苏联政要,时任苏共中央书记(1983—1990)、政治局委员(1985—1990)。——译者注

④ 即维克多·米哈伊洛维奇·切布利科夫(Чебриков, Виктор Михайлович, 1923—1999),苏联政要,大将军衔,时任克格勃主席(1982—1988)、政治局委员(1985—1989)。——译者注

⑤ 即古里·伊万诺维奇·马尔丘克(Марчук, Гурий Иванович, 1925—),苏联政要、大气物理学家、计算数学家、院士,时任国家科学技术委员会主席,行使苏联部长会议副主席权限(1980—1986)。——译者注

1987 年,阿·帕塔茨卡斯①案件被中止。他是于 1983 年因出版两部名为《立陶
宛的未来》的非法文集而被追究刑事责任的。为此,检察机关通过一项很有特色
的决议。该决议称:本案予以中止,因为"由于苏联社会生活中发生着一些变
化",帕塔茨卡斯本人"已不再构成社会危害,对其施用刑事法律措施,已属不
当"。依据苏联检察院委员会成员 B. И. 安德列耶夫的主张,1988 年年底苏联最
高苏维埃主席团赦免了所有因"从事反苏宣传与鼓动和传播诽谤国家和社会制
度的明显虚假谣言"、因"违反有关教会与国家分离和学校与教会分离的法律并
假借履行宗教礼仪名义蓄意侵害个人和公民权利"而被判刑的人。1990 年 8 月
15 日,亚·伊·索尔仁尼琴的苏联公民权利被恢复。昔日著名的持不同政见者
安·德·萨哈罗夫、列·伊·皮缅诺夫②(1970 年因传播诽谤苏联国家和社会
制度的明显虚假谣言而被判刑)、米·米·莫洛斯特沃夫③(1958 年被列宁格勒
法院依据刑法第 58 款判定有罪)等其他一些人,被选为人民代表。1990 年,为
纪念极权政治的受难者,根据"记忆"④组织的倡议和在莫斯科苏维埃的支持之
下,人们将一方"索洛韦茨之石"⑤安放在卢比扬卡广场中心花园。

　　1991 年 12 月 25 日,苏维埃社会主义共和国联盟国旗从克里姆林宫穹顶的
旗杆上降落下来。若是以反苏的持不同政见者的心态看待这一事件,这便是意
味着昔日苏联党政领导阶层的主力实质上已经转移到持不同政见者运动的立场

---

　　①　即阿尔吉尔达斯·帕塔茨卡斯(Патацкас,Альгирдас,1943—　),化学家、民族学
家,现为立陶宛社会政治活动家。——译者注
　　②　即列沃尔特·伊万诺维奇·皮缅诺夫(Пименов,Револьт Иванович,1931—1990),
数学家、历史学家,持不同政见运动和护法运动的参与者,此前已两度被捕。——译者注
　　③　即米哈伊尔·米哈伊洛维奇·莫洛斯特沃夫(Молоствов,Михаил Михайлович,
1934—2003),哲学家、政论作家,持不同政见者和护法者。——译者注
　　④　"记忆"组织(Мемориал),一个国际性的、从事历史教育、护法与慈善事业的非政府
组织,始建于 1989 年,最初目的为保存对苏联政治镇压的记忆;第一任主席为阿尔谢尼·罗
金斯基(Арсений Рогинский),安·萨哈罗夫亦任过该组织主席;现在德国、哈萨克斯坦、拉脱
维亚、格鲁吉亚、亚美尼亚、乌克兰均有协作组织。——译者注
　　⑤　索洛韦茨之石(Соловецкий камень),取自位于白海索洛韦茨群岛,那里在苏联时期
设有关押政治犯的监狱和劳改集中营。卢比扬卡广场因位于克格勃总部近旁,故已成为克格
勃的象征。——译者注

上来。他们已成为 1991 至 1993 年那场任命制官吏革命的推动力,那时,"发达社会主义"的基础,转瞬之间,以历史性的尺度,从底部被掏空;那幢"牢不可破的联盟"大厦,也被捣毁。存在于党内的自由主义的持不同政见者的奇特现象、他们所运用的方法,被著名的"改革设计师"亚·尼·雅科夫列夫在他那篇被辑入《共产主义黑皮书》的《布尔什维克主义——20 世纪的社会病》一文中很好地勾勒出来。"二十大之后,"关于自己和他的同类们,雅科夫列夫这样写道,"我们经常在我们最亲密的友人和志同道合者的极小圈子内,讨论国家和社会的民主化问题。我们选择了一个极其简单的方法去宣传晚年列宁的'思想'。当时,需要明了、精确、清晰地切除布尔什维克主义这个怪物,将其从上个世纪的马克思主义那里剥离开来。而后来,我们又不知疲倦地谈论起晚年列宁的天才,谈论向列宁的社会主义建设方案——'经由合作化、经由国家资本主义而建设社会主义——的回归,等等'。几位真正的、而非虚假的改革者们,曾制订出(自然是口头上的)如下计划:用列宁的威望来打击斯大林、打击斯大林主义。而接下来,若能成功,再用普列汉诺夫和社会—民主制来打击列宁;用自由主义和'道义社会主义'来打击一般性的革命化主义。对'斯大林个人崇拜'的新一轮的揭露,开始了,但这次采用的方式,不是像赫鲁晓夫那样情绪激昂的呐喊,而是有着清晰的潜台词:有罪的不只是斯大林,体制本身亦是有罪的。"①

　　米·谢·戈尔巴乔夫转入党内持不同政见者一方后,公开承认了苏联垮台这一事实。1999 年,他在美国一所大学的讲台上发表演讲,宣称:"废除共产主义,曾是我整个人生的一个目标。正是为了达到这一目标,我利用了我在党内和国内的地位。当我亲身了解了西方之后,我便明白了,我不能放弃那个既定目标。我应当代替苏联共产党和苏联的整个领导层,以及所有社会主义国家的领导层来达成这个目标。我当时的理想是:走社会—民主国家之路。计划经济不能使社会主义国家人民所具有的潜能得以发挥。我幸运地找到了实现这些目标的战友。在他们之中,亚·尼·雅科夫列夫和爱·谢瓦尔德纳泽,居有特殊的

---

　　① 雅科夫列夫 A. H.:《布尔什维克主义——20 世纪的社会病》,载《共产主义黑皮书:犯罪,恐怖行为,镇压》,库尔图阿 C. 等编撰,莫斯科,1999 年,第 14 页。

位置。"

党内那些持不同政见者们所依据的一种信念是："苏联的极权政治体制,只能借助党的共识和极权主义的纪律来打破;与此同时,还要用完善社会主义之利益的需要,来加以掩饰。"在这一"改革"的最后阶段,他们已经是在无需对列宁有所顾忌的情况下去"完善社会主义"了。那些"真正的改革者们",在更加严格地限制反斯大林的讨论的同时,在"事实胜于原则"的口号之下,开始实施思想上的反革命,用亚·尼·雅科夫列夫的话来说,即是在揭露列宁本人的"滔天大罪"。

自由主义的持不同政见者们,拒绝斯大林式的和后来一些样式的"现实社会主义",他们认为,那里的生活实是被搞得完全与人们先前所筹划的不一样。关于这一点,曾描述过自己国家的约瑟夫·布罗茨基有过非常精确的表述:"那里点缀着一面红旗,相互拥抱着,镰刀与铁锤。//但墙上钉不进铁钉,杂草丛生菜园无人打理。//在那里,说句粗话,那伟大计划被捣鼓得破碎支离。"这说明,那个自 1917 年起开始实施的建设社会主义的"伟大计划",在其进程的某些阶段上被自由主义知识分子们歪曲得完全不成体统。不过,这类知识分子的代表人物们,在持不同政见者运动中,除极个别人之外,大多没有建议按照那个真正的"伟大计划"去建设生活,因为它终归还是个社会主义的计划。令他们感到振奋的,完全是另一些计划或模式,但是公开谈论这些计划或模式,他们尚且做不到。因此,他们一无所有,除了赞同那个被当权者依据每一个适宜的理由加以曲解的"伟大计划"和经常向"进步的"世界舆论发出呼吁之外;而这种世界舆论,显然也无法成为裁定苏联政府是否偏离了某个真正"伟大计划"之争的仲裁人。那种以为"外国会帮助我们"的期望,渐渐滋生出促使苏联接受"文明的世界共同体"的种种"别出心裁的"设计。1991 年 8 月事件之后,民主派教授 B. 科列帕诺夫曾提出一个"将我国交由发达国家来实施一定时间的殖民化"的建议。他认为,对西方来说,"我们作为一个富有原料、人力资源的市场,是具有重要性的……自然应当向西方提出'将个别共和国或地区交由一些发达国家负责'。例如,俄罗斯应交由美国和日本负责;乌克兰应交由英国负责;白俄罗斯应交由法国负责。应当成立一个综合性的殖民地行政管理机构"。

在评价自由主义的持不同政见者运动的历史意义时,持自由主义思想取向的历史学家们,经历了不小的困难。他们暂时还不能做到直言不讳和公开地为20世纪60—80年代之间与"进步的西方"结盟来反对自己的国家和人民的那一批人漂白。然而,逻辑是要求连续性的。因此必然会经常听到这样一些箴言——那些"改革者们",自尼·谢·赫鲁晓夫起,"因其世界观所致而将自由派知识分子视作潜在的对手,而非谋士或助手……在知识界,保守—守旧情结是很强大的。当局依靠的正是他们"(M. P.赛辛娜语)。实际上,当权者被诟病的是,他们没有在以资本主义精神改革自己的国家中领导或是依靠自由主义的持不同政见者,因为自由派持不同政见者们被认定是不可能制订出任何另样的"伟大计划"的。

我们认为,就俄罗斯历史命运而言,至关重要的是,在我们研究的这个时段里,各种民族—爱国主义思潮,也没能蓄积起力量,没能对执政者和社会发展构成重大影响。"亲俄派"中相当大一部分人,无论对待1991—1993年间实行的资产阶级革命,还是对待在此次革命的大浪中在政府中站稳了脚跟的新执政精英们,依旧是持不同政见者。此后,民族—爱国主义者的立场,在一系列关键点上均与俄罗斯东正教教会和对抗现政权的俄罗斯联邦共产党相互贴近。据瓦·尼·加尼切夫①于2002年6月发表的观点所论,在我国过去的历史中,"只有斯拉夫派创立了一个俄罗斯独立自主的杰出理论"。这一理论没有为沙皇政府所利用,"故导致了他们的灭亡";苏联政权也不善于从这一理论中汲取营养,"不愿意对其加以改造,不愿意将之运用于现代环境中,因此我们也目睹了现今的结局"。这位持不同政见运动的宿将,依然生活在这样的期望之中:"我们的执政者们,总有一天会拿起这件武器。"一些昔日最具影响力的持不同政见人士(亚·亚·季诺维耶夫、安·多·西尼亚夫斯基,某种程度上也有亚·伊·索尔仁尼琴),把后苏联时代俄罗斯重大现实事件视为持不同政见者运动所取得的成果,

---

① 即瓦列里·尼古拉耶维奇·加尼切夫(Ганичев, Валерий Николаевич, 1933—　),历史学博士、教授、作家,曾任《青年近卫军》杂志主编、青年近卫军出版社社长(1968—1978)、《共青团真理报》主编(1978—1980)、俄罗斯作协主席(1994)、全世界俄罗斯人民大会副会长等职。——译者注

无论对自身参与的运动,还是对整个运动的历史作用,均基本上作出过高的评价。

持不同政见者运动中的自由派民族—爱国主义者、民族—共产主义者和"异教徒们"。20 世纪 60—80 年代期间,持不同政见者运动中的俄罗斯自由派民族—爱国主义思潮,变得越发引人注目。它主要是通过自行印制出版的政论文章而使世人对其有所了解。这些政论文章是对自由派世界主义化的和亲俄主义言论的自行印制出版物所作出的一种独特回应。据尼·亚·米特罗辛①所著《"俄罗斯党":苏联俄罗斯民族主义者运动(1953—1985)》(莫斯科,2003)一书中提供的资料,本章中所采用的那份名为"民族之语"、日期标注为 1970 年 12 月 31 日的文献,是第一份为广大公众所知晓的俄罗斯"民族主义者"文本。它是由阿·米·伊万诺夫(斯库拉托夫)②执笔写成,并曾与在劳改营中接受了俄罗斯思想的那些昔日的政治犯们(弗·尼·奥西波夫、И. В. 阿夫杰耶夫、В. В. 伊利亚科夫)、神甫德米特里—杜德科③和保护文化遗产青年运动的积极参与者维·阿·维诺格拉多夫④进行过讨论。《民族之语》是对出现在 1969 年的自行印制

---

① 即尼古拉·亚历山德罗维奇·米特罗辛(Митрохин, Николай Александрович, 1972—   ),历史学家、护法中心"记忆"和信息研究中心"全景"的研究员,东正教历史与现状、独联体宗教与民族问题研究专家,著有《俄罗斯东正教会的主教和主教辖区》《俄罗斯东正教会》《俄罗斯东正教会的经济活动及其背后状况》等。——译者注

② 即阿纳托利·米哈伊洛维奇·伊万诺夫(斯库拉托夫)[Иванов(Скуратов), Анатолий Михайлович, 1935—   ],持不同政见者,1957 年因参与地下组织而被莫斯科大学开除学籍,后积极参与持不同政见者运动及俄罗斯民族主义运动,在多种地下出版物上发表文章,数度被捕并受到刑罚。现为欧洲协作协会莫斯科分会主席。——译者注

③ 即德米特里·谢尔盖耶维奇·杜德科(Дудко, Дмитрий Сергеевич, 1922—2004),1948 年因曾在敌占区报纸上发表诗作而被以从事反苏宣传罪逮捕并获刑 10 年,1960 年成为神甫,1980 年其布道演讲在境外发表,因此再度被控从事反苏活动并被捕。其布道演讲有相当大的影响力,著有《内心之敌》《俄罗斯大地上有圣餐》等,曾称赞斯大林"像父亲一样关爱俄罗斯"。——译者注

④ 即维克多·阿列克谢耶维奇·维诺格拉多夫(Виноградов, Виктор Алексеевич, 1944—   ),建筑、古迹修复专家,曾为全俄历史与文化古迹保护协会总建筑师(1969—1982)、俄联邦文化部文化遗产处处长(1999—2000),被授予"三级国家顾问"称号。——译者注

出版物中的"苏联民主运动纲领"①作出的匿名回复。

《民族之语》尽管矛盾重重且具有乌托邦性质,但无论作为一份历史文献,还是一份符合俄罗斯现实政治形势要求的文献,都是具有重要作用的。依《民族之语》所论,西方世界正在生物学意义上发生着退化。生物性先于社会性,故,民主与人权已没有意义。只有仰仗民族传统的强势政府,才有能力对抗这一退化进程。所有意欲依照西方样式再造俄罗斯的尝试,均由于人民的政治抉择——期望拥有一个强势政府以免除外部危险——而招致了失败。民族是第一性的,而所有其余之物,均是它的产儿。民族亦是特殊的精神性的共同体,其独特性具有深刻的神秘的含义。民族的基本特征是:种族类型(心理气质)、语言(思维方式)和思想体系。

在《民族之语》中,民族问题被描述成俄罗斯的根本问题,因为俄罗斯民族在国家生活中扮演着一个不成比例的小角色,而犹太族人常常声称自己扮演着被俄罗斯族人压迫的少数民族的角色,同时却几乎垄断着科技与文化。应当在"统一的不可分的俄罗斯"的口号之下,实施一场民族革命。俄罗斯民族应当成为一个统治民族。在这个一度是必须要建成的民族国家中,传统的俄罗斯宗教应当占据其理应占据的荣耀地位。除了所有这些之外,还建议废除联合国这个软弱无力的组织,代之以由俄罗斯和美国为首的诸文明国家的联盟。

俄罗斯自由派爱国主义运动中一个重大的事件,是杂志《卫切②》的出现。它亦是对持不同政见者的自由和民族出版物的一种独特回应。该出版物的首创者是昔日的政治犯弗·尼·奥西波夫。他因于 1960 至 1961 年在莫斯科马雅可夫斯基广场组织"反苏的聚众闹事"而坐了 7 年强制监管的牢并于 1970 年被安置在亚历山大罗夫(即位于环莫斯科百公里区域界线之外)。早在被囚禁于摩尔多瓦的政治隔离室时,奥西波夫便有了开始出版一本俄罗斯爱国主义杂志的念

_____

① 即"苏联民主运动宣言",由谢尔盖·索尔达托夫(Сергей Солдатов)执笔。——译者注
② 卫切,俄语 Вече 一词的汉语音译,其本意为"市民议会",系决定战争或媾和、延请或驱逐王公、制定律法等关涉城邦重大事务的合议组织,盛行于 10—14 世纪的古代罗斯地区,普斯科夫、诺夫哥罗德、维亚特卡等地的卫切制度颇为典型,1478 年伊万三世废诺夫哥罗德共和国的自治,卫切制度随之废去。——译者注

头。在那个隔离室里,他从一个被捕前自认系无政府—工团主义者转变成东正教的俄罗斯君主制拥护者。获释后,他恢复了旧有的交往,首先是在昔日积极参与马雅可夫斯基广场活动的那些人中恢复了交往。最终作出出版该杂志的决定,是在与东正教神甫和就其信仰而论系君主制拥护者的德米特里—杜德科,就读莫斯科大学历史系时的同窗好友和患难之交阿·米·伊万诺夫(斯库拉托夫),建筑师、古迹修复家米·彼·库德利亚采夫①交谈之后。该杂志曾考虑到如何表示忠诚于政府的问题,印制在杂志封面上的编辑姓名和地址,可以证明这一点。

　　该杂志第一期于 1971 年 1 月 19 日出版。自由广播电台将其作为一种沙文主义的反犹出版物介绍给自己的苏联听众,因此,杂志编辑部于 3 月 1 日发表声明,称:"我们完全拒绝将本杂志视为'极端沙文主义'的界定……我们绝对不打算贬低其他民族的优点。我们只想做一件事——加强俄罗斯民族文化、斯拉夫派和陀思妥耶夫斯基精神实质的爱国主义传统;主张俄罗斯的独特性与伟大。至于政治问题,它们不会成为我们杂志的选题。"

　　《卫切》第一期中刊登了阿·斯库拉托夫的《俄罗斯自觉之源》;米·安东诺夫②的《斯拉夫派学说——列宁时期之前俄罗斯民族自觉的最高起飞》;一篇未署名的长文《俄国首都之命运》(谈及莫斯科遭到一些有着犹太人姓氏的建筑家们的破坏,作者为米·库德利亚采夫);未署名的《俄罗斯基督徒笔记》;弗·奥西波夫的《斯芬克斯问题》(因列·连杰尔③自行印制出版的历史著作《论俄罗斯历

---

　　① 即米哈伊尔·彼得罗维奇·库德利亚采夫(Кудрявцев,Михаил Петрович,1938—1993),全苏历史与文化古迹保护协会和俄罗斯爱国主义运动的积极活动家(1960—1980),参与过喀山大教堂、红场、救世主耶稣教堂等的修复工作。——译者注

　　② 即米哈伊尔·费奥多罗维奇·安东诺夫(Антонов,Михаил Фёдорович,1927—　　),作家、政论作家、社会学家,1968 年因散发揭露政府蜕变的传单而被捕,史称"费季索夫—安东诺夫案",1977 年起任职于苏科学院世界经济与国际关系研究所。有《俄罗斯民族主义的危险何在》等著述。——译者注

　　③ 即列昂尼德·阿布拉莫维奇·连杰尔(Рендель,Леонид Абармович,1925—　　),1957 年被控从事"反苏宣传"并获刑 10 年,史称"连杰尔—克拉斯诺佩夫采夫案"。——译者注

史的斯芬克斯现象》而作）；И. 阿夫杰耶夫、М. 沃洛申和 О. 布拉托夫的诗歌；
根·什曼诺夫①为 Ю. 别洛夫的自行印制出版的宗教著作《宗教与现代意识》
（1967）所写的书评；对近两年的《新世界》的述评；还有一个《大事记》栏，报道了
东正教牧首逝世和《青年近卫军》杂志主编易人的消息。

　　《卫切》第 1 期对所刊载资料的选择，对该杂志随后 9 期而言，也是具有影响
的。杂志刊载的政论作品，其主要作者是奥西波夫本人、伊万诺夫（大多以笔名
斯库拉托夫写作，且在全部刊出材料中约三分之一出自他的手笔）和神父德米特
里·杜德科。自第 3 期起，伊万诺夫和奥西波夫因马雅可夫斯基广场事件而结
识的物理学教师 С. А. 梅里尼科娃也被吸收到杂志出版工作中来。梅里尼科娃
实际上成了该杂志社的合作编辑。她与瓦·舒克申②、Л. 安宁斯基、В. 叶罗菲
耶夫、Л. 鲁斯兰诺娃、诗人阿·马尔科夫、画家 К. 瓦西里耶夫相识。她曾将奥
西波夫介绍给伊·戈拉朱诺夫③（该画家曾为杂志提供过资金，而在奥西波夫被
捕后，还曾帮助过他的妻子）、亚·索尔仁尼琴、列·古米廖夫④认识。梅里尼科
娃还与原全俄罗斯基督教人民解放联盟成员列·鲍罗廷（他于 1973 年初作为一
位已经定型的文学家而来到莫斯科，他那篇论及俄罗斯知识分子的文章曾被刊
载在杂志的第 8 期上）和根·什曼诺夫有着良好的关系。梅里尼科娃在莫斯科
自己家中制作《卫切》各期的样稿，对送来的材料进行编辑处理。她还负责监督
杂志的发排和大约每期印数一半（20—30 册。1973 年年底，这个数量缩减了）的

---

　　①　即根纳季·米哈伊洛维奇·什曼诺夫（Шиманов, Геннадий Михайлович,
1937—　），20 世纪 60—70 年代俄罗斯民族复兴思想家之一、政论作家，认为背离基督教的
西方文明是世界恶之源，而在俄罗斯精神基础之上传统精神价值能得到复兴。有著述《红楼
笔记》《面对死亡》《关于俄罗斯的信件》《关于俄罗斯的争论》等。——译者注

　　②　即瓦西里·马卡罗维奇·舒克申（Шукшин, Василий Макарович, 1929—　），作家、
电影导演、编剧、演员；剧本和电影《您的儿子和兄弟》获 1967 年俄罗斯国家奖；电影《红莓》获
1974 年全苏电影节奖等。——译者注

　　③　即伊利亚·谢尔盖耶维奇·戈拉朱诺夫（Глазунов, Илья Сергеевич, 1930—　），俄
罗斯艺术研究院院士，祖国俱乐部的创办者。——译者注

　　④　即列夫·尼古拉耶维奇·古米廖夫（Гумилёв, Лев Николаевич, 1912—1992），历史
学—民族学家、诗人；"民族发生学罹难论"创立者；著有《古罗斯与大草原》《古代吐蕃》《古
代突厥人》等。——译者注

发行工作。部分杂志通常是以每本 5 卢布的价格卖给富裕的爱国主义者。

《卫切》的第二个小圈子形成于亚历山德罗夫市,主要是由昔日的政治犯们组成。他们很少向杂志供稿,但却是积极的读者,并会形成一种"社会舆论"。按照奥西波夫的话来说,"杂志通常被分发给俄罗斯爱国主义者、适宜的东正教徒、适宜的君主制拥护者——大体上就是俄罗斯爱国主义者"。该杂志的稳定读者数量,约为 200—300 人。杂志分发到俄罗斯 14 个城市,以及基辅和尼古拉耶夫。《卫切》的第三个小圈子是"青年近卫军们"、"俄罗斯俱乐部"的成员们。这是阿·伊万诺夫把奥西波夫介绍给他们认识的。他们参与杂志出版的程度,仅限于提供保卫历史和文化古迹的题材和给予一些财务方面的支持。这种财务支持,曾使谢·尼·谢曼诺夫失去了《人与法》杂志主编之职,使作家德·阿·朱可夫①因女儿施洗而蒙受不快。

适应于新环境的俄罗斯思想,其最为突出并始终如一的表述者,是于 1971 年在西方出版《红楼笔记》(Записки из красного дома)一书的根·米·什曼诺夫。这位政论作家对世界之恶(及俄罗斯悲剧)的根源进行了揭露。他认为,实质上否定基督教和用虚假的物质富足来取代充实精神生活的西方文明,其毁灭性的绝境,便是这一根源所在。"我要说,"什曼诺夫写道,"现如今,在将人类驱入难以承受之绝境的千年尝试之后,难道还不明白,只有真正的、复兴的基督教才是摆脱这一绝境的出路吗? 难道还不明白,必须要有另一种新型的、不是异教的、资产阶级式的,而是禁欲的、精神上的文明吗?"这样的文明可以在俄罗斯精神基础之上诞生。俄罗斯的命运——这不仅是它的命运,也是全人类的命运。人类仰仗俄罗斯民族传统精神价值才能走出这一绝境。俄罗斯人需要在自己的精神基础之上联合起来,以便完成祖国和世界托付的使命。且在这种联合中,无神论的苏联政权并不是一个障碍,因为它亦是可以从内部被改造成完全另样的品质,最重要的是,要复兴其自身中所固有的俄罗斯自我意识。"我们应当回忆

---

① 即德米特里·阿那托利耶维奇·朱可夫(Жуков, Дмитрий Анатольевич, 1927—   ),作家、翻译家、社会活动家,20 世纪 60—70 年代"俄罗斯俱乐部"的主席,在唤起俄罗斯民族自觉运动中作用显著,捍卫祖国文化题材的小说《弗拉基米尔·伊万诺维奇》为其代表作。——译者注

起来，"什曼诺夫宣告道，"我们是俄罗斯人；应当回忆起来，不是为了过一分钟后又把它忘记，而是为了要永远将自己的心与人民的心连接在一起，将自己的命运与祖国的命运连接在一起，将我们的期望与那些最优秀的俄罗斯人们关于俄罗斯宗教—民族复兴的期望连接在一起……但是，我们应当用冷静的，我们应当用东正教的眼光看待事物。最大之恶——是不去寻觅上帝的真理和不依照这一真理去创建自己的生活。去寻觅，去创建吧——在这方面，任何当权者都将无法阻止你。苏联政府——它不仅是不信神，亦是世间最大之不幸；它也是上帝制造的某种奥秘和工具——俄罗斯精神自我复苏的过程、俄罗斯自我意识复兴的过程，已经开始，且任何事物也无法阻止它。现在对我们来说，重要的是重建健康的、真正东正教式的对待自己国家的态度。因为这个国家现今无论从官方角度而言还是从无神论的角度而言都感到困窘，我认为这是不需要的（众所周知，保罗在改变信仰之前还是扫罗呢①）；而需要的是要信教，并为教会的福祉、为俄罗斯社会和苏联国家的福祉去工作。东正教徒应当是我们祖国最优秀的公民，对此不应有任何的怀疑——在现今内心空虚、内心狂野的环境下，他们应当是我们俄罗斯民族和我们国家的真正的力量、真正的健康、真正的支柱；如此一来，国家无疑亦将会使上帝荣耀，使我们的东正教会隆盛！"

该杂志存续的时间不长。1974 年 2 月，编辑部发生分裂，据局外人观察，是因为一起"村妇之争"。此事发生在奥西波夫娶昔日的政治犯瓦连吉娜·马什科娃为妻之后；结局是 C. A. 梅里尼科娃和昔日的政治犯、翻译伊·瓦·奥夫钦尼科夫②于 4 月份出版了《卫切》的第 10 期并于 1974 年 7 月 9 日停办了该杂志。在《卫切》杂志编辑部发布的停刊通知中，他们写道："针对本俄罗斯爱国主义杂

---

①　保罗（Павел），《圣经·使徒弟行传》中人物，原名扫罗（Савло），本为犹太教的法利赛派成员，在迫害基督徒时受到耶稣的惩戒，双目突然失明，三日后耶稣使其复明并皈依基督教。（详见《使徒行传》第 9 章）此后保罗凭借坚定的信念，成为传播基督教的重要使徒。——译者注

②　即伊万·瓦西里耶维奇·奥夫钦尼科夫（Овчинников, Иван Васильевич, 1929—　　），曾任驻德苏军翻译官，因 1955 年版逃西德而被缺席审判处以枪决；1956—1958 年在西德"解放"电台从事反苏宣传工作，1958 年返回东德后被捕并获刑 10 年，1965 年提前获释，1966 年复以"企图叛国罪"被捕并获刑 3 年，获释后在教堂做杂役。——译者注

志提起的刑事诉讼案……可能仅仅是那些期望在这个国家中消灭一个伟大民族、消灭一种伟大文化的秘密的憎俄派力量加强的结果。"奥西波夫则与昔日的政治犯 B. C. 罗季奥诺夫出版了一种新的自行印制发行的杂志《大地》,以此表明,俄罗斯复兴的大旗依旧掌握在他的手中。

　　就在那时,克格勃开始了对杂志出版实际情况的侦查。对《卫切》杂志编辑弗·尼·奥西波夫提起的刑事诉讼案,是依据安德罗波夫本人的指示进行的。1974 年 11 月 28 日,奥西波夫被捕。在他被审讯期间,B. C. 罗季奥诺夫和马什科娃出版了《大地》的第二期(1974 年 11 月),这本杂志的历史便就此终结了。对奥西波夫案的起诉书称:"奥西波夫从所谓的合法立场出发,以虚假的忠诚于苏联国家的宣誓及其似乎爱国主义性质的取向作掩饰,依靠那些过去曾因特别危害国家的罪行而被判刑的人(指 Л. И. 鲍罗金、O. B. 沃尔科夫、神甫德·谢·杜德科)和外国反苏组织及资产阶级宣传机构的支持,于 1970—1974 年间,以破坏苏联政权、网罗反苏分子为目的,在苏联境内外从事出版、复制、传播非法印制杂志《卫切》和《大地》的犯罪活动。两杂志的个别文章含有诽谤苏联国家和社会制度的谣言,反动的、沙文主义的和斯拉夫主义的观点。"1975 年 9 月 26 日,奥西波夫被弗拉基米尔州法院依据俄罗斯苏维埃联邦共和国刑法第 70 条的规定,以出版《卫切》和《大地》罪判处 8 年强制监禁。1961—1983 年,奥西波夫共在监狱和流放中度过 15 年时光。这一时段反映出国际主义—世界主义制度面对"反动的斯拉夫主义"观点的公开宣传所产生的恐慌程度。

　　1974 年,原全俄基督教人民解放联盟成员列·伊·鲍罗金开始出版《莫斯科文集》杂志,专门讨论民族和宗教问题。在其出版活动中,他依靠的是聚集在格·米·什曼诺夫和德米特里·杜德科(以及工程主任 B. 布尔久格、诗人 C. 布达罗夫、瓦·罗扎诺夫①等人)周围的和与其他具有自由派爱国主义取向的持不

————————

　　①　即瓦西里·瓦西里耶维奇·罗扎诺夫(Розанов, Василий Васильевич, 1856—1919),作家、政论家、宗教哲学家、文学批评家,主要著作有《论理解》、《落叶》、《Ф. M. 陀思妥耶夫斯基关于宗教大法官的传说》等。——译者注

同政见者（如奥西波夫、雅库宁、沙法列维奇、奥戈罗德尼科夫①、卡皮坦丘克②）有着良好关系的那些青年基督徒的帮助。

该杂志第一期问世于 1974 年 9 月。其中刊载了尼古拉·别尔嘉耶夫的儿子对父亲的回忆录、哲学家列娜塔·加利采娃③的一篇文章、伊万诺夫—斯库拉托夫那篇论及"大恐怖"年代的《自杀的辉煌》一文（始载于《卫切》第 9—10 期）的续篇，以及鲍罗金的一些资料——他与教会历史学家克拉斯诺夫—列维京④博士的论辩、一篇关于民族问题的文章和长篇小说《天鹅之歌》的部分章节。在第 2 期中，除鲍罗金的两篇文章外，还刊登了戈列鲍夫（哲学家 C. 霍伦日的笔名）的作品《卡尔萨文·传记特写》。第 3 期中刊登的是全俄基督教人民解放联盟成员瓦金的未署名文章《哲学家费德罗夫》、一篇关于车尔尼雪夫斯基精神病学的文章、布达罗夫的一篇文艺学文章。杂志中还刊载了什曼诺夫的作品。该文集的印数为 20—25 册。

1975 年 4 月，杂志第 3 期样稿在布达罗夫住所被查抄后，鲍罗金被送交检察院并受到"依据 1972 年苏联最高苏维埃主席团令作出的"警告处分。鲍罗金立即脱离了杂志出版工作，将其交于助手，只身返回西伯利亚。在那里，他当了一名林业工人，并从事文学活动。1978 年，他的第一本书《可怕时代的故事》在

---

① 即亚历山大·奥戈罗德尼科夫（Огородников, Александр, 1950— ），1974 年组织俄罗斯精神复兴问题的基督教研讨会并于 1978 年自行印制出版《协会》杂志，1978—1987 年间数度被捕并获刑，罪名为从事"反苏宣传"，1987 年创办《基督教社会通讯》并在此基础上于 1987 年成立俄罗斯基督教联盟，1992 年与联盟一道并入新俄罗斯联盟。——译者注

② 即维克多·阿法纳西耶维奇·卡皮坦丘克（Капитанчук, Виктор Афанасьевич, 1945— ），化学家，曾就职于苏科学院物理化学研究所，1965 年受洗，1976 年一度参与基督教信众权利保护委员会活动，后脱离持不同政见者运动，有《东正教信仰中的俄罗斯选择》等著述。——译者注

③ 即列娜塔·亚历山德罗芙娜·加利采娃（Гальцева, Рената Александровна, 1936— ），现为俄联邦科学院社会科学信息研究所研究员，有《20 世纪的俄国乌托邦思想》等著述。——译者注

④ 即阿纳托利·埃马努伊洛维奇·克拉斯诺夫—列维京（Краснов-Левитин, Анатолий Эммануилович, 1915—1991），犹太族，教会革新派运动活动家，自称基督教社会主义者，在自行印制刊物上发表多篇文章，1949 年被捕并获刑 10 年，1971 年被捕并获刑 3 年，罪名为违反国家宗教法规和从事反苏宣传等，1974 年被逐出境，先后侨居以、德、法等国。——译者注

播种出版社出版。随后他又写出了《诡异与忧伤之年》、《第三条真理》、《离别》。1982 年,鲍罗金被捕。依据俄罗斯联邦社会主义共和国刑法第 70 条规定,他因在西方出版自己的作品而被判定有罪,并一直服刑至 1987 年 6 月。布尔久格、罗扎诺夫和布达罗夫已筹划好《莫斯科文集》第 4 期的出版事宜,但是没有得到神甫德米特里·杜德科的祝福,出版工作中止了。

20 世纪 70 年代中期,大数学家、持不同政见者、萨哈罗夫人权委员会成员伊·罗·沙法列维奇(1958 年起为苏联科学院通讯院士、1991 年起为院士,莫斯科数学协会主席)的思想取向发生转移。他撰写了一系列批评极权政治体制的文章。其中获得特别广泛知名度的文章有《特殊化,还是亲近?》、《俄罗斯有前途吗?》(已辑入文集《走出封锁》,由亚·伊·索尔仁尼琴编辑,1974 年出版于巴黎),还有著作《作为世界历史现象的社会主义》(1977 年首次出版于巴黎)和《仇俄情结》(写于 1980 年,以自行印制出版方式流传。1998 年起多次再版)。这些著述为作者营造出民族—爱国主义运动思想家的声望,也立即在具有民主主义情结的知识分子、专业历史学家和民族学学者范围内引起批评。他们在他的那些著述中发现了各种各样的牵强附会和不实之处。然而,由沙法列维奇继法国历史学家奥·科钦①之后发展起来的"小民族"理论,却在爱国主义者圈子内获得广泛的承认。依据这一理论,那些将自己与其他所有民族对立起来、以轻蔑的态度对待其他民族的传统并进而断言自己有权支配这些民族作为本民族创造活动素材的人,是要受到谴责的。在俄罗斯,这种"小民族"的核心,是由犹太族人构成的。随着这一理论的发表,它的发明者自然便被谴责为反犹太主义。

20 世纪 70 年代下半叶,自行印制出版物中出现了一种日后被称之为"民族—共产主义"的思潮。该思潮的主张是,与政府一道,为独树一帜的俄罗斯国家而同犹太复国主义作斗争。此类"共产党人"曾有两个小派别:由格·米·什曼诺夫和 Φ. B. 卡列林为首的东正教派和以阿·米·伊万诺夫(斯库拉托夫)、

---

① 即奥古斯丁·科钦(Кошен, Огюстен, 1876—1916),代表作《雅各宾主义精神》、《革命与自由思想》。——译者注

瓦·叶梅里扬诺夫①、瓦·斯库尔拉托夫②为首的异教派。两个派别均主动与自由派的持不同政见者划清界限,经常对莫斯科赫尔辛基小组、工人委员会、基督教信众保护委员会和索尔仁尼琴基金会的活动提出批评。

第一个派别的领袖人物格·米·什曼诺夫,自1962年起便是神甫德·杜德科的教民,并且于20世纪60年代末时就已在持不同政见者圈子内小有名气。那时,他还是个普普通通的、积极的东正教新教徒,时常写一些法律题材的文章,去散发其他作者的作品,做教堂参观的导游,也曾受到当局的迫害:曾被开除和被送去精神病院接受两个星期的治疗。关于自己在这家精神病院的经历,什曼诺夫曾写过一个中篇小说《红楼笔记》(1971)。该小说在境外的发表,给作者带来了持不同政见者运动杰出政论家的声誉。从那时起,这位没有其他职业的政论作家,便开始从事随机而且稿酬低微的著述活动。

1972年,格·米·什曼诺夫逐渐断绝了与自己昔日那些谙熟的西方派持不同政见者圈子的关系,慢慢成为一个具有"民族主义"倾向的政论作家。1973年,具有了这一新气质的他,因向巴黎的《俄罗斯大学生基督教运动通讯》杂志编辑尼·阿·斯特卢威③发去3封信件而引起世人对他的关注。起因是该杂志第97期上发表了据什曼诺夫评判系"反俄"的文集《反思》。这些信件被收入自行印制出版的文集《关于俄罗斯的来信》(1973)中。其中还有他专门为该文集撰写的文章《相信奇迹》和很早便参加了一些地下宗教组织的Ф. В. 卡列林(笔名为H. 拉杜金)的作品《请你唤醒,现在就唤醒》、医学候补博士 В. И. 普利卢茨基(笔名为 Л. 伊布拉希姆)的文章、德·杜德科的文章,以及其他一些资料。该文集印出10册,悉数卖给熟人。对《反思》的批评,使什曼诺夫在自由派眼中成了俄罗斯沙文主义极端表现的化身。

---

① 即瓦列里·尼古拉耶维奇·叶梅里扬诺夫(Емельянов, Валерий Николаевич, 1929—1999),记忆协会主席,积极的反犹太主义者。——译者注

② 即瓦列里·伊万诺维奇·斯库尔拉托夫(Скурлатов, Валерий Иванович, 1938—　),是时任职外交部外交研究院发展中国家部秘书,积极参与全俄历史与文化古迹保护协会、巴勒斯坦协会、纪念协会等社会活动;1988年与他人组建"俄罗斯人民阵线"。——译者注

③ 即尼基塔·阿列克谢耶维奇·斯特卢威(Струве, Никита Алексеевич, 1931—　),巴黎俄侨后代,是时亦任"基督教青年会"巴黎俄文出版社社长。——译者注

1974 年什曼诺夫转向"民族—共产主义"立场。他开始认为,苏维埃政权与东正教的结合,对俄罗斯民族而言,应是一种理想的国家体制。这一思想,他曾在《致娜塔利娅·谢尔盖耶夫娜的信》一文中作过阐述。该文章的基础是写给护法者鲍·约楚科尔曼①妻子的那封信,她已于此前同丈夫一道去了以色列。奥西波夫给什曼诺夫发去一封公开信,开始了对什曼诺夫的抗辩。而回复他的,则是更为强硬的一篇文章——《如何对待苏联政权》。这场论辩因奥西波夫的被捕而中断。后来,格·米·什曼诺夫的一些文章收录于列·鲍罗金的《莫斯科文集》中。

1980—1982 年,什曼诺夫曾出版了 5 期自行印制的杂志《愿上帝保佑长寿与平安》。除编辑什曼诺夫外,该杂志的主要作者还有 Ф. 卡列林和 B. 普利卢茨基。在他们周围聚集着一个十余人的志同道合者。每一期杂志的容量,约为 200 页打字纸,印数为 10—15 份。部分期号的杂志是用当时刚刚出现的复印机印制的。该杂志的基本思想,是说服苏联政权采取"合理思维"政策,依靠按亲缘和宗教特征联合起来的公社来巩固政权。1982 年,受到克格勃的恫吓后,什曼诺夫中止了该杂志的出版。随着该刊物的关闭,俄罗斯持不同政见者民族运动的组织结构不复存在。

在俄罗斯民族—爱国主义运动中,宗教层面不仅有基督徒,近 70 年代中期时,还形成了一些规模不大但却很稳定的"新异教者"派别。他们号召回归到前基督信仰中去。这些"新异教者们",把东正教徒和古代的斯拉夫人视为被居住在从印度到西班牙这一空间的、具有共同文化和宗教的古代雅利安人所俘虏的一部。"新异教者"中出现了 3 位领袖人物。其一是前文曾提到的政论作家阿·米·伊万诺夫(斯库拉托夫);第二位是莫斯科大学物理学系毕业生、哲学候补博士、昔日的共青团干部瓦·伊·斯库尔拉托夫;第三位是莫斯科东方学研究院毕业生、经济学候补博士、阿拉伯语和英语翻译、莫斯科外国语言学院和苏共中央高级党校教师瓦·尼·叶梅里扬诺夫。

----

① 即鲍里斯·约瑟福维奇楚科尔曼(Цукерман,Борис Иосифович),民间护法组织苏联人权委员会的创建人之一。——译者注

阿·米·伊万诺夫(斯库拉托夫)为了查明古代雅利安人宗教的根源,曾转而研究古印度语和古波斯语专著和用欧洲各种语言撰写的关涉历史、哲学、语言学、宗教学的科研著述(而他本人是专职翻译)。一些关涉对基督教的揭露的著述,便出自他的笔下:《两源之秘》(论及基督教的起源,1971)和《基督教的鼠疫》(1979)。在他的其他一些著作中,有关雅利安诸民族世界观的著述也很著名:《查拉图斯特拉如是说》(尼采批判)和《雅利安人世界观基础》(1981)。伊万诺夫不认为自己是新异教派。他常说,他有自己的、近似于祆教的宗教。他对叶梅里扬诺夫和斯库尔拉托夫所宣扬的《韦列斯书》[①]提出反驳,认为它在历史学上是不可信的。关于这一点,他撰写了专著《作为种族灭绝工具的历史。说几句为文德人辩护的话》(1981)。

瓦·尼·叶梅里扬诺夫的活动是多样性的。他第一次发表言论,是在1973年。当时《卫切》杂志编辑部收到了他的一篇文章——《一个俄罗斯人对爱国主义杂志〈卫切〉的评说》。在他的评说中,《卫切》被描述成"犹太复国主义的澡堂更衣间";同时,依据他的信念,作为这一家真正的俄罗斯人的杂志,是应当"发表论述犹太复国主义伪科学家科研著作毫无意义的文章资料"。这位作者批评基督教和伊斯兰教系为了征服"非犹太人民"而创造出来的"犹太教子公司"。叶梅里扬诺夫还有一种议论,不仅在国内,亦在境外引起巨大的反响。

这便是瓦·尼·叶梅里扬诺夫于1979年2月14日发表在有800万份印数的《共青团真理报》(主编为瓦·尼·加尼切夫)上的那篇概述西方世界政治形势的文章。该文断言:"卡特政府是美国前所未有的犹太人和共济会会员的最大巢穴。"美国的一些报纸和外国的一些俄文出版物,都刊登了对这篇文章的评论。B.乌什库依尼克(是尤·罗·拉利科夫少将的笔名。此人系炮兵出身,曾参加

---

① 《韦列斯书》(Велесова книга),1950年俄国侨民 Ю. П. 米罗留勃夫和 A. A. 库列科夫在旧金山公布的一本斯拉夫文古书,内容为涉及公元前6世纪至公元9世纪古斯拉夫人的传说、祈祷文、传奇故事,成书时间为9世纪。学术界大多认为系伪造。——译者注

过国内战争,后在蒋介石军队服役,任总参谋部军官和军事技术学院院长①),在他那本讲述俄罗斯境内犹太人和共济会会员负面作用的著名的《一位俄罗斯人的纪念碑》(1979)一书的结尾,曾写道:"我是怀着一种极度的愉快和满足感阅读完叶梅里扬诺夫教授的文章的。"

叶梅里扬诺夫渐渐走进揭露犹太复国主义反动本质和从理论上论证苏联反以亲阿政策的作者圈中。进入这个圈子的还有《小心:犹太复国主义!》(1969、1970)一书的作者尤·谢·伊万诺夫②,《犹太复国主义效力于反共主义!》(1972)一书的作者 B. B. 鲍里沙科夫,《蓝星之下的法西斯主义》(1971)和《蓝星之下的种族主义》(1981)两书的作者叶·谢·叶夫谢耶夫③,《没有武器的入侵》(1973、1979)、《肤浅的反革命》(1974)、《一位寡妇的孩子们的故事》(1986)三本书的作者 B. Я. 别贡,《犹太复国主义与种族隔离》(1975)一书的作者瓦·伊·斯库尔拉托夫(该作者自 1989 年起,仅从事政治活动,曾是自由派爱国主义"复兴党"④理事会执委会主席和其他一些组织的参与者),《犹太复国主义是种族主义和种族歧视的一种形式》(1979)、《服务于帝国主义反动派的国际犹太复国主义》(1984)二书的作者利·阿·莫乔里安⑤,《民族主义的狂妄》(1976)一书的作者 B. A. 谢缅纽克,等等。

1979 年,瓦·尼·叶梅里扬诺夫写出《去犹太复国主义化》一书并使用胶印

---

① 即尤里·罗曼诺维奇·拉利科夫(Лариков, Юрий Романович, 1896—1989),其笔名"乌什库依尼克"(Ушкуйник),意为"水上强盗",后随蒋"政府"退入台湾,至 1968 年前主持蒋"军部科研院"。——译者注

② 即尤里·谢尔盖耶维奇·伊万诺夫(Иванов, Юрий Сергеевич, 1930—1978),历史学家、政论作家,曾任职于苏共中央国际部。——译者注

③ 即叶甫盖尼·谢苗诺维奇·叶夫谢耶夫(Евсеев, Евгений Семёнович, 1932—1990),历史学家、社会活动家,苏科学院哲学所研究员、俄国巴勒斯坦协会副会长,曾任赫鲁晓夫、勃列日涅夫的阿拉伯语专职翻译。——译者注

④ 复兴党(Возрождение),具有自由主义取向的政党,斯库尔拉托夫于 1991 年在俄罗斯人民阵线基础上创建并任理事会 9 执委之一,1993 年任主席时因改革而致分裂,后另立一党并更名为"大国复兴党"、"自由—爱国复兴党"。——译者注

⑤ 即利季娅·阿尔捷米耶芙娜·莫乔里安(Моджорян, Лидия Артемьевна, 1911—1996),著名国际法学家,曾任教于莫斯科国际关系学院、外交部外交学院。——译者注

机印制,其印数不大。这本书除了描述"犹太复国—共济会联合组织"的历史、组织结构和运作方法之外,还公布了全球反犹太复国主义和反共济会阵线(ВАСАМФ)[①]的章程。这是一个抵抗犹太纳粹主义,将世界人民,首先是将斯拉夫人民从其占领中解放出来的组织。1980 年年初,这位作者将此书寄给政治局的所有成员;但后者并不认同作者的主张。非但如此,叶梅里扬诺夫还被解除了职务,而到了当年的 3 月 26 日,他又被开除出党。开除的主要理由是:拒绝说出曾帮助他出版据专家认定系"反苏和反犹太主义"书籍的那些人的名字。1980 年 4 月 10 日,叶梅里扬诺夫被捕并因被指控犯有杀妻罪而被送去列宁格勒特别精神病院住院 6 年(他的妻子被用斧子杀死并被肢解。叶梅里扬诺夫坚称,是某些人把已经被杀害并肢解了的妻子装在口袋里送到他那里的)。1986 年获释后,他加入了德·德·瓦西里耶夫[②]的爱国主义联合会——"记忆"。1987 年他脱离该联合会,创立了自己的组织;自 1992 年起,自称是"全世界俄罗斯人政府主席"。叶梅里扬诺夫在莫斯科那些自视为俄罗斯爱国主义者的异教派圈子中,一直受到敬重,直至 1999 年去世。大概在已经提到的和其他一些持不同政见者运动积极分子中,还有其他一些即便动用了及时的医疗救治手段也无从阻止其活动的人物。

民族—爱国主义协会"记忆"的诞生。谢·库·茨维贡于 1981 年发表了关于已"肃清"国内所有反社会分子的著名声明,这意味着,绝大多数持不同政见者已被置于囚禁之地而与社会隔离,或是处在克格勃和内务部的公开监视之下。在此之后,俄罗斯的民族—爱国主义运动,便由记忆协会来代表了。该协会取名

---

① 全球反犹太复国主义和反共济会阵线（Всемирный Антисионистский и Антимасонский Фронт）,与"记忆"协会分道扬镳后,叶梅里扬诺夫自创的一个组织。——译者注

② 即德米特里·德米特里耶维奇·瓦西里耶夫（Васильев, Дмитрий Дмитриевич, 1945—2000）,政治活动家,民族爱国主义基金会"记忆"的创立者和主席。——译者注

于弗·阿·齐维利辛①的两卷本历史—政论文集《记忆》(1979、1981 年版)。此文集从爱国主义立场出发,讲述了俄罗斯的历史与文化,展示了俄罗斯的伟大、它的英雄们和具有献身精神的人物们。该协会是由航空工业部电影爱好者协会(1979 年成立,领导者是工程师 Г. И. 弗雷金)和为筹备庆祝库利科沃战役 600 周年纪念活动而于 1978—1979 年组建的协会"勇士"(由全俄历史与文化古迹保护协会莫斯科市分会的领导人、记者 Э. Н. 季雅科诺夫领导)衍生出来的。1980 年 4 月 16 日为纪念库利科沃战役 600 周年而在综合技术博物馆中央演讲大厅举行的庆祝晚会、1982 年 6 月 17 日为纪念博罗金诺战役 170 周年而举行的庆祝晚会,成为该运动历史中显著的里程碑。协会名称诞生于 1982 年 11 月举行的一次思考弗·阿·齐维利辛那本书的晚间聚会之后。会间决定请求齐维利辛来领导这个联合会。然而,由于这位作家生病和逝世,这个设想没能实现。

1984 年年底之前,领导该协会的是 Г. И. 弗雷金和 Э. Н. 季雅科诺夫。后来,至 1985 年 10 月遭到强盗式袭击之前,Е. С. 别赫杰列娃一直是这个历史—文学联合会("记忆"协会的新身份)理事会的工作积极的主席。协会的参与者们不仅是纪念祖国历史光荣日庆祝活动的倡导者,他们还经常组织一些古迹修复的星期六义务劳动、与国内作家或历史学家的见面会、昔日诗人和画家创作讨论会,发起反对北方河流的改道、保护贝加尔湖的运动,以及禁酒运动。1983 年,"记忆"协会理事会获得正式的协会注册,挂靠在隶属于赫鲁尼切夫工厂的戈尔布诺夫文化宫的名下。记忆协会 1982—1984 年的工作具有温和的性质,为始于"公开性"时期的较为激进的表现奠定了基础。该协会历史的这一新时期,与摄影家德·德·瓦西里耶夫自 1985 年 10 月起出任协会领导有关。在爱国主义者圈子内,自 1969 年起,他便是个知名人物了。那时,作为一家名为"新曙光"的化妆品工厂俱乐部经理,他曾组织了一场引起争议的伊·谢·戈拉朱诺夫画展。当画展被关闭时,瓦西里耶夫也被解雇了。后来,他成了这位画家的合作者。

① 即弗拉基米尔·阿列克谢耶维奇·齐维利辛(Чивилихин, Владимир Алексеевич, 1928—1984),《记忆》获得 1982 年度苏联国家奖,另有小说《绕纱机式的枞树》(获 1966 年度列宁共青团奖)、特写集《城乡处处》(获 1977 年度俄罗斯联邦国家奖)等。——译者注

20世纪60—80年代社会生活中的"俄罗斯俱乐部"和"俄罗斯党"。始建于1965年的全俄历史与文化古迹保护协会,开启了捍卫俄罗斯民族利益的全俄性组织和运动的先河,成为诸俄罗斯民族力量的中心。该运动最初的精神领袖是一些著名的爱国者:考古学家和历史学家鲍·亚·雷巴科夫①院士,物理化学家伊·瓦·彼得利亚诺夫—索科洛夫②院士(全世界都在享用的一些发明的发明人,其中就有"彼得利亚诺夫过滤器"、现代防毒面具原理),画家帕·德·科林③和伊·谢·戈拉朱诺夫,作家列·马·列昂诺夫、弗·阿·索洛乌辛和瓦·德·伊万诺夫④,莫斯科克里姆林宫博物馆领导人 B. H. 伊万诺夫(该协会中央理事会实际上的第一任主席)。建筑古迹修复师彼·德·巴拉诺夫斯基与自己的那个年轻的俄罗斯爱国主义历史与文化古迹爱好者俱乐部"祖国"(1964—1972年)的战友们——Л. И. 安特罗波夫、Г. И. 昆尼金和弗·亚·杰夏特尼科夫⑤合作,进行了全俄历史与文化古迹保护协会的整个筹备与组织工作。

1968—1969年,该协会,以其俄罗斯历史与文化综合研究部为基地,活动着一个不公开的俄罗斯民族知识分子联合会——"俄罗斯俱乐部",在这个俱乐部内,多年来首次开始讨论俄罗斯文化和精神性的形成这些极为重要的问题。民族瑰宝中,正在获得越来越重大地位和意义的,是那些杰出的俄罗斯活动家和思

---

① 即鲍里斯·亚历山德罗维奇·雷巴科夫(Рыбаков, Борис Александрович, 1908—2001),主攻斯拉夫和古罗斯考古和文化史,曾任苏科学院考古研究所所长(1956—1987)、历史研究所所长等。——译者注

② 即伊戈尔·瓦西里耶维奇·彼得利亚诺夫—索科洛夫(Петрянов-Соколов, Игорь Васильевич, 1907—1996),曾任卡尔波夫物理化学研究院院长、《化学与生活》杂志总编等,自1945年起参与原子能计划筹备工作。——译者注

③ 即帕维尔·德米特里耶维奇·科林(Корин, Павел Дмитриевич, 1892—1967),艺术科学院院士,代表作《亚历山大·涅夫斯基》,有俄国最丰富的圣像收藏。——译者注

④ 即瓦连京·德米特里耶维奇·伊万诺夫(Иванов, Валентин Дмитриевич, 1902—1975),代表作为《原初的罗斯》(3卷)。——译者注

⑤ 即弗拉基米尔·亚历山德罗维奇·杰夏特尼科夫(Десятников, Владимир Алексадрович, 1931—),艺术理论家、社会活动家,曾任职于苏文化部,1965年筹划出版文集《祖国文物》,其中所论及的俄国文物有80%毁于苏联时期。此书被禁,他被开除公职。著有20余部俄国文化方面的著述,现为国际斯拉夫科学、教育、文化与艺术学院副院长。——译者注

想家的声誉及他们的遗产。他们是尼·雅·丹尼列夫斯基、米·尼·卡特科夫①、喀琅施塔得的约安②、康·尼·列昂季耶夫③、康·彼·波别多诺斯采夫④、拉多涅什的谢尔吉、瓦·瓦·罗扎诺夫、萨罗瓦的谢拉菲姆,等等。该俱乐部的领导者是作家、南斯拉夫专家德·阿·朱可夫,历史学家、青年近卫军出版社《杰出人物生平》丛书负责人谢·尼·谢曼诺夫和批评家、文艺学家彼·瓦·帕利耶夫斯基⑤。

　　该俱乐部的会议,经常在莫斯科、在大彼得罗夫修道院内举行。"我们曾采纳了教会式的组织结构,"俱乐部的一位成员、散文作家亚·因·巴依古舍夫⑥写道,"修道院,彼得罗夫卡,28 号,曾是我们的炼狱。这里犹如一个开放式的教堂,可以自由出入,随便哪一天、随便什么时刻,都可以去那里……以任何方式、参加任何有创意的晚间聚会都行;去的都是俄罗斯信徒。在这里,我们时常会对一些新面孔进行仔细观察,选择应以何种兴趣把谁吸引过来……常来常往并经过检验的人……会获得被宣召者的秘密身份……这些被宣召者中的优秀人物,

---

　　① 即米哈伊尔·尼基福罗维奇·卡特科夫(Катков, Михаил Никифорович, 1818—1887),政论作家、文学批评家,《俄罗斯通讯》杂志和《莫斯科新闻报》出版人,初为温和的自由主义者,推崇英国式的政治制度,后为反对改革的鼓动者。——译者注

　　② 喀琅施塔得的约安(Иоанн Кронштадтский, 1829—1908),俗名伊万·伊里奇·谢尔吉耶夫(Сергиев, Иван Ильич),1906 年起为政教院成员。具有右倾保守君主制思想的宗教作家与社会活动家,曾激烈批评过列·托尔斯泰,著有《我的基督教一生》等。——译者注

　　③ 即康斯坦丁·尼古拉耶维奇·列昂季耶夫(Леонтьев, Константин Николаевич, 1831—1891),作家,政论作家、文学批评家,亲斯拉夫主义者,反对资产阶级自由主义,推崇"拜占庭主义",认为俄罗斯与东方国家的结盟是免受革命震荡的自保之方。著有关于托尔斯泰、屠格涅夫的文学评论。——译者注

　　④ 即康斯坦丁·彼得罗维奇·波别多诺斯采夫(Победоносцев, Костантин Петрович, 1827—1907),沙俄政要、法律学家、政教院总监,对亚历山大三世有特别影响,有法学史方面的著述。——译者注

　　⑤ 即彼得·瓦西里耶维奇·帕利耶夫斯基(Палиевский, Пётр Васильевтч, 1932—　　),著有《俄罗斯经典作家》及俄罗斯哲学方面的著述。——译者注

　　⑥ 即亚历山大·因诺肯季耶维奇·巴依古舍夫(Байгушев, Александр Иннокентьевич, 1933—　　),作家,曾为苏新闻社记者、现代人出版社副总编等,并任苏斯洛夫的情报助理和勃列日涅夫的个人战略情报助理。著名历史小说家,著有《不理智的哈扎尔人的哀歌》、《苏共内的俄罗斯党》、《俄罗斯俱乐部的偶像诗人瓦连京·索罗金》等。——译者注

会成为'可靠者',并且已经可以参加我们'俄罗斯星期二'举办的活动。在这些
活动中,会开展基本的精神建设工作。在这里,由'俄罗斯俱乐部'最积极的成员
每人轮流就他们自己提出的俄罗斯主题做报告。……静默(即 исихазм)和高雅
的'拜占庭气度',立即成为我们'俄罗斯俱乐部'的精神旗帜。瓦连京·季米特
里耶维奇·伊万诺夫,著名历史题材作家,《古罗斯》和《伟大罗斯》的作者,从这
个'大俄罗斯修道院'起步时起,便是它的神甫。历经多年的折磨与迫害之后,他
以特别的热情投身于俱乐部的活动,在这里寻觅到最高尚的、屏息聆听他演讲的
听众。关于奥列格·瓦西里耶维奇·沃尔科夫①,也可以给予这样的评说。这
位没有被多年的古拉格经历所摧毁的政论作家、有着最高贵血统的贵族,突然高
兴地发现,俄罗斯还活着;年轻、健康的接班人正在走来;在他们那里,俄罗斯精
神没有被共济会式的国际主义所扼杀。"(1987 年出版的奥·瓦·沃尔科夫自传
体长篇小说《堕入黑暗》,展示了作者个人 28 年苏联监狱、劳改营和流放地经历
的许多事情。它是一座俄罗斯人不屈不挠精神的极具艺术力的丰碑和俄罗斯近
代史最具价值的一部文献。)

　　成为"俄罗斯俱乐部"成员的,有随着时间推移不仅仅在专家圈内已广为人
知的那些人,如文艺学家和历史学家、经典作品——关于莫斯科东正教堂的《教
堂林立》的作者彼·格·帕拉马尔丘克②,文艺学家、数部历史长篇小说的作者
奥·尼·米哈伊洛夫③,文艺学家、文学批评家和历史学家瓦·瓦·科日诺

---

　　① 奥列格·瓦西里耶维奇·沃尔科夫(Волков,Олег Васильевич,1900—1996),原为地
质工作者,自 1929 年起曾三度被捕并获刑 13 年。《堕入黑暗》获 1991 年度俄联邦国家奖,另
有《期望与毁灭的世纪》等。其母为俄罗斯古老贵族拉扎列夫后裔。——译者注

　　② 即彼得·格奥尔吉耶维奇·帕拉马尔丘克(Паламарчук, Пётр Георгиевич,1955—
1998),亦为历史学家、法学博士;另有《莫斯科,或第三罗马?》等著述。——译者注

　　③ 即奥列格·尼古拉耶维奇·米哈伊洛夫(Михайлов,Олег Николаевич,1933—　　),
亦为俄国早期侨民文学研究者,另有小说《苏沃洛夫》(获 1980 年度国防部文学奖)、《叶尔莫
洛夫将军》(获 2005 年度全俄亚历山大·涅夫斯基文学奖)等。——译者注

夫①,记者和文艺学家阿·彼·兰希科夫②,自行印制出版文章的作者阿·米·伊万诺夫—斯库拉托夫,电影导演鲍里斯·卡尔波夫③,文学中的"拉普"运动史学家斯·伊·舍舒科夫④。俱乐部成员中的积极分子有作家亚·因·巴依古舍夫、弗·阿·齐维利辛,诗人伊·伊·科布泽夫、斯·尤·库尼亚涅夫、根·维·谢列布利亚科夫⑤、瓦·瓦·索罗金⑥(《现代人》出版社主编),批评家和文艺学家维·安·恰尔马耶夫⑦、尤·利·普罗库舍夫⑧(《现代人》出版社编辑),记者

---

　　① 即瓦季姆·瓦列里阿诺维奇·科日诺夫(Кожинов, Вадим Валерианович, 1930—2001),其有关黑帮与革命、有关 1937 年的镇压及犹太人在苏联历史中的作用的著述曾引起自由派的否定,另著有《斯大林镇压真相》、《20 世纪俄国史》(2 部)、《黑帮与革命》、《论俄罗斯民族自觉》等。——译者注

　　② 即阿纳托利·彼得罗维奇·兰希科夫(Ланщиков, Анаторий Петрович, 1929—　　),其首部文集《时代的崇高联系》,便招致世界主义者的抨击,另著有《俄国民族问题》等。——译者注

　　③ 即鲍里斯·列昂尼多维奇·卡尔波夫(Карпов, Борис Леонидович, 1936—1997),其创作主题为东正教及其历史与现实,开"东正教电影"流派先河,曾执教于国立全俄电影大学,另任东正教电影中心主席。——译者注

　　④ 即斯杰潘·伊万诺维奇·舍舒科夫(Шешуков, Степан Иванович, 1913—1995),代表作为《狂热的支持者。20 世纪文学斗争史》(1970),述及犹太复国主义在俄文学界的影响。——译者注

　　⑤ 即根纳季·维克多罗维奇·谢列布利亚科夫(Серебряков, Геннадий Викторович, 1937—1996),曾任职于莫斯科《共青团真理报》和青年近卫军出版社,有诗作《我站在库利科沃战场上》、《马麦》、《俄罗斯被钉在十字架上出售》、《并非一切都能卖钱》和小说《丹尼斯·达维多夫》等。——译者注

　　⑥ 即瓦连京·瓦西里耶维奇·索罗金(Сорокин, Валентин Васильевтч, 1936—　　),任该职时间为 1970—1980;其诗作多次获奖;苏联解体后曾任作协副主席等。——译者注。

　　⑦ 即维克多·安德列耶维奇·恰尔马耶夫(Чалмаев, Виктор Андреевич, 1932—　　),其论文《伟大的求索》、《必然性》谈及俄罗斯民族性格中的贵族习性和古风,曾遭到世界主义者和官方的严厉抨击。——译者注

　　⑧ 即尤里·利沃维奇·普罗库舍夫(Прокушев, Юрий Львович, 1920—2004),马雅可夫斯基和叶赛宁研究专家,主要著述有《马雅可夫斯基论稿》、《谢尔盖·叶赛宁》、《叶赛宁的探索和发现》、《论叶赛宁创作的形象、诗和时代》(获 1977 年度俄罗斯国家奖)等。——译者注

瓦·德·扎哈尔琴科①(《青年技术》杂志主编)、阿·瓦·尼科诺夫②(《青年近卫军》杂志主编)、叶·伊·奥谢特罗夫③(文艺学家、《藏书家集刊》出版社主编),翻译家 C. Г. 科坚科,画家伊·谢·戈拉朱诺夫,古迹建筑修复家维·亚·维诺格拉多夫、奥·伊·茹林④,艺术理论家米·彼·库德利亚采夫,等等。

1968 年 5 月由全俄历史与文化古迹保护协会在诺夫哥罗德组织召开的"俄罗斯文化千年之根"学术会议,成为祖国自觉意识复苏进程中一座引人注目的里程碑。数十位著名的俄罗斯文化活动家在这次会议上发表了演讲。1969 年,"俄罗斯俱乐部"一些成员参与了在《文学问题》杂志上开展的关于斯拉夫主义在历史中的地位与作用的讨论。阿·米·伊万诺夫(斯库拉托夫)和瓦·瓦·科日诺夫在该杂志上发表了文章,为是时在苏联史学中仍背负着极端反革命恶名的斯拉夫派平反。"斯拉夫派所推崇的俄罗斯人民的主要性格特点,完全不是恭顺,而是一种村社精神,如同时下的表述,是一种与资产阶级西方的个人主义和利己主义相悖的集体主义情感。"伊万诺夫文章中提出的这一论点,纠正了先前存在的对斯拉夫派的那些否定性评价。

有些研究者认为,可以把围绕全俄历史与文化古迹保护协会形成的这一运动,作为一个"俄罗斯党"来描述。按照 H. A. 库岑科的意见,可将这个俄罗斯党组织形成的时间定为 1966 年。该党的骨干是奥·瓦·沃尔科夫、彼·瓦·帕利耶夫斯基、瓦·瓦·科日诺夫、阿·彼·兰希科夫、谢·尼·谢曼诺夫、德·阿·

---

① 即瓦西里·德米特里耶维奇·扎哈尔琴科(Захарченко, Василий Дмитриевич, 1915—1999),曾任该职 40 余年,亦为诗人、散文作家、政论作家。——译者注

② 即阿纳托利·凡西里耶维奇·尼科诺夫(Никонов, Анатолий Васильевич, 1923—1983),任该职时间为 1963—1970 年——译者注

③ 即叶夫盖尼·伊万诺维奇·奥谢特罗夫(Осетров, Евгений Иванович, 1923—1993),曾任职《真理报》(1953 年起)、《文学与生活》周刊副主编(1958 年起),1968 年苏共中央社会科学研究院毕业后被派任《文学问题》杂志第一副主编,著有《伟大安德列的故事》等。——译者注。

④ 即奥列格·伊戈列维奇·茹林(Журин, Олег Игоревич, 1939—),彼·德·巴兰诺夫斯基的弟子。——译者注

朱可夫、伊·瓦·彼得利亚诺夫—索科洛夫、马·尼·柳博穆德罗夫①。俄罗斯党于 1960—1980 年在苏联复兴往昔的爱国主义传统之后,曾处在转入广泛的民族运动的边缘;然而,由于民族思想活动家被清洗出社会,这一转折没能发生。

自 20 世纪 60 年代下半叶起,对大众传媒、文化部门的思想监控大大加强。此举的依据是 1969 年 1 月苏共中央发布的《关于提高出版业、无线广播电台、电视台、电影业、文化和艺术机关领导人对制作的材料和节目的思想—政治水平所承担的责任性》的决议。书刊检查机关经常对一些文艺和政论作品的出版、电影的发行和艺术展览的举办予以封杀,而那些涉及革命史、军事爱国主义或生活题材的作品,却时常会被给予优先权。

文学与社会—政治进程的多元化主义,在一些杂志的经营活动所展示的种种倾向中表现出来。自由派有自己的杂志——《新世界》;斯大林主义派的杂志是《十月》和《星火》;乡土派的是《青年近卫军》和《我们同时代人》。官方竭力不使他们极端化。1970 年官方对自由主义和亲俄派,均予以了打击。

1970 年,作家协会书记处在一次工作会议上,对《新世界》杂志编辑部进行了尖锐的批评。此事的起因是亚·特·特瓦尔多夫斯基的长诗《依据记忆的真实》在境外发表。文学界人士试图保护这位杂志主编的种种努力,均无功而终。特瓦尔多夫斯基离开了主编的职位,该杂志所奉行的党的二十至二十二大的路线,亦被中断。不过,"新斯大林主义"和"停滞"时期的思想体系,客观上也遭遇了那些"农村题材作家"们的抵抗。他们是费·阿布拉莫夫、瓦·别洛夫②、鲍·

---

① 即马克·尼古拉耶维奇·柳博穆德罗夫（Любомудров, Марк Николаевич, 1932— ）,作家、戏剧理论家,国际斯拉夫书写文字和文化基金会副主席。——译者注

② 即瓦西里·伊万诺维奇·别洛夫（Белов, Василий Иванович, 1932— ）,作家,主要作品有小说《凡人琐事》《木匠的故事》,特写《莫兹多克集市》(三部合集,获 1981 年度苏联国家奖)等。——译者注

莫扎耶夫①、瓦·拉斯普京②、弗·田德里亚科夫③。他们在自己的作品中揭示
出集体化给俄罗斯农村的命运造成的负面后果。抵抗这一路线的还有《我们同
时代人》杂志(1968—1989 年的主编是谢·瓦·维库洛夫④)和俄罗斯文化杂志
《莫斯科》(1968—1990 年的主编是米·尼·阿列克谢耶夫)。

　　1970 年 11 月 5 日,党中央书记处召开了一次工作会议。共青团中央书记
鲍·尼·帕斯图霍夫⑤应邀出席了这次会议。《青年近卫军》杂志主编、退役的
歼击机飞行员阿·瓦·尼科诺夫,因发表了恰尔马耶夫和谢曼诺夫的文章而被
解职。表面上的辞职理由是应一些著名作家(成·艾特玛托夫⑥、弗·伊·阿姆

---

　　① 即鲍里斯·安德列耶维奇·莫扎耶夫(Можаев, Борис Андреевич, 1923—1996),散
文作家、剧作家、政论作家,主要作品有小说《农夫与农妇》、《土地等待着主人》等。——译者
注

　　② 即瓦连京·格里戈里耶维奇·拉斯普京(Распутин, Валентин Григорьев, 1937—　),
农村题材作家代表人物,主要作品有小说《玛丽娅借钱》、《活着,但要记住》(获 1977 年度苏联
国家奖)、《别了,马乔拉村》等。——译者注

　　③ 即弗拉基米尔·费奥多罗维奇·田德里亚科夫(Тендряков, Владимир Фёдорович,
1923—1984),作家,主要作品有小说《伊万—楚普罗夫的堕落》、《蜉蝣短命》、《不称心的女
婿》、《三袋杂麦》等。——译者注

　　④ 即谢尔盖·瓦西里耶维奇·维库洛夫(Викулов, Сергей Васильевич, 1922—2006),
诗人,主要作品有诗集《争得的幸福》、《犁和垄沟》(获 1974 年俄罗斯国家奖)、《农村来信》
等。——译者注

　　⑤ 即鲍里斯·尼古拉耶维奇·帕斯图霍夫(Пастухов, Борис Николаевич, 1933—　),
苏俄政要,任该职时间为 1977—1982,后历任国家出版、印刷、图书贸易委员会主席,驻阿富
汗特命全权大使,俄联邦独联体事务部部长等职。——译者注

　　⑥ 即成吉思·托列库洛维奇·艾特玛托夫(Айтматов, Чингиз Торекулович, 1928—
2008),吉尔吉斯族作家,曾任苏作协书记,成名作为小说《查密利雅》;还有《草原和群山的故
事》(获 1963 年度列宁奖)、《别了,古里萨雷!》(获 1968 年度苏联国家奖)、《白轮船》(小说改
编电影,获 1976 年第 9 届苏联电影节大奖,其剧本获 1977 年度国家奖)、《早仙鹤》(获 1976
年度吉尔吉斯国家奖)等著述。——译者注

林斯基①、弗·德·齐宾②,等等)的请求。此外,1970 年,该杂志还曾因发表伊·安·叶弗列莫夫③的"反苏"小说《公牛时光》而遭到批评。中央指导员 Ф.奥夫恰连科被委任为该杂志的主编,取代那位自 1963 年 3 月起主持《青年近卫军》的领导工作并已将共青团出版社变成了正在兴起的俄罗斯爱国主义运动中心的尼科诺夫。1972 年 Ф. 奥夫恰连科去世后,前任主编的学生和志同道合者、著名长篇小说《阴影在中午消失》(1963)和三部曲长篇小说《永恒的召唤》(1970—1976)的作者阿·斯·伊万诺夫④占据了这个职位。

　　1973 年之前由著名作家弗·阿·科切托夫领导的《十月》杂志,其编辑部工作也遭到当局的阻挠和自由派的批评。公众对这位主编首次在该杂志上发表的那些长篇小说,总是感到久久不安。这些小说是《倾角》(1967)、《你到底要什么?》(1969)和在作者去世后发表的未完成的长篇小说《闪电击中树梢》(1979)。遭遇到形式雷同却用意各异的这类对待的,还有伊·米·舍夫措夫的那些长篇小说——《爱与恨》(1969)、《为了父亲与儿子》(1970)和晚些时候出版的《警报》(1979)。这些将苏联自由主义知识分子描写成帝国主义渗透的代理人的小说,尽管它们原则上是反对自由主义文化政治方针的,但仍被当局作为过于暴露的作品而视为不合时宜。小说《你到底要什么?》,充斥着对党代会上揭露过去的厌恶和对西方影响我国的危害性的深信不疑。它不仅被用来反对自由主义知识分

---

　　①　即弗拉基米尔·伊里奇·阿姆林斯基(Амлинский, Владимир Ильич, 1935—1989),作家,擅长青年题材的创作,主要作品有《第一次失眠》、《埃尔恩斯特·沙塔洛夫的生活》、《有趣的花园》等。——译者注

　　②　即弗拉基米尔·德米特里耶维奇·齐宾 (Цыбин, Владимир Дмитриевич, 1932—2001),作家、文学批评家,曾任莫斯科作协书记,成名作诗集《草原——母亲》,另有诗集《密酒》、《脉波》,散文《涛声》,小说《和音》、《心脏不停地跳动》及短篇小说集《黑色根块》等。——译者注

　　③　即伊万·安东诺维奇·叶弗列莫夫(Ефремов, Иван Антонович, 1908—1972),科幻作家、古生物学家(化石埋藏学创立者)、社会思想家。——译者注

　　④　即阿纳托利·斯杰潘诺维奇·伊万诺夫(Иванов, Анатолий Степанович, 1928—1999),作家,曾任《西伯利亚星火》杂志副主编。《阴影在中午消失》涉及社会伦理道德问题;《永恒的召唤》描写一工人家庭自十月革命后 50 年间的生活变迁,获 1971 年度国家奖;另有《牵牛花》、《冤仇》等。——译者注

子,也反对乡土主义者,即"斯拉夫派民族主义者"。舍夫措夫的那些小说,对西方特务机关的活动和我们国内的犹太复国主义的地下活动进行了揭露。知情的读者很容易便猜中,伪装在透明的人物脸谱之下的,是那些国内的著名人物们——米·安·苏斯洛夫、伊·格·爱伦堡和阿·伊·阿朱别依①,等等。

报章中人们很少谈到舍夫措夫。总的说来,他的那些小说是被作为歪曲国家的政治和文化生活、"犯有思想错误的"作品而遭到批评的。在具有自由派观点的自行印制出版物中,这些小说时常遭遇特别尖刻的敌意和讥讽。苏共中央那些从事鼓动与宣传的工作者们,曾试图不准舍夫措夫的小说发表;而当此愿未遂时,便又转而支持对这些小说发动谴责之战。伊·伊·科布泽夫在《苏维埃俄罗斯报》上撰文支持舍夫措夫的小说,这成为该报主编及其副手,还有中央的一位责任人——持有爱国主义取向的 A. H. 德米特留克被依据苏斯洛夫和雅科夫列夫的指示而被解职的原因。舍夫措夫的长篇小说《警报》的发表,也是以遭到种种惩罚而告终的。在这部小说中,犹太问题被尖锐地提出来;犹太复国主义的地下活动及其在党中央的庇护者受到批评。小说中有一位被称作"大国务活动家"的名叫米隆·安德列耶维奇·谢洛夫(这是米·安·苏斯洛夫姓名的一种密写)的人物。接下来,小说中出现了他的夫人(用的是苏斯洛夫妻子的名字),一家医学院的校长。她对"犹太复国主义分子"给予庇护。现实中的苏斯洛夫夫人,多年来一直是一家口腔医学研究所的领导。出版社的主编瓦·索罗金因出版这部小说而被解职;一次针对他的下流的污蔑行动也被发动起来。然而,尽管有严格的书报检查制度,一些反映俄罗斯思想探索与发展的著述依然不时出现。费·费·涅斯杰罗夫②那本充满爱国主义精神的著作——《时光联系》(1980),用圣彼得堡和拉多加的约安都主教的话来说,已成为民族—布尔什维克主义的

---

① 即阿列克谢·伊万诺奇·阿朱别依(Аджубей,Алексей Иванович,1924—1993),作家,赫鲁晓夫之婿,曾任《共青团真理报》主编(1957—1959)、《真理报》主编(1959—1964);赫鲁晓夫下野后,被贬至《苏联》杂志社。——译者注

② 即费奥多尔·费奥多罗维奇·涅斯杰罗夫(Нестеров,Фёдор Фёдорович,1935—   ),历史学家,曾任职于莫斯科民族友谊大学,讲授俄国史 35 年,后任职于俄科学院非洲研究所文化与宗教研究中心;此书获 1981 年度"知识"协会举办的全苏科普著作征集活动优秀图书一等奖。——译者注

一种独特的宣言,被用来强调"俄罗斯的民族—历史特殊性"、与仇俄情结进行斗争和揭露"俄罗斯历史的虚无主义概念"的真相。①

在伊·米·舍夫措夫周围,曾一度形成了一个被爱国主义的精神追求所团结起来的志同道合者联盟。自 1964 年起,在距圣三一谢尔吉修道院 5 公里的拉多涅什的谢姆霍兹车站周围,开始有一些俄罗斯爱国主义作家定居下来。莫斯科一些著名的诗人伊·科布泽夫、斯·库尼亚耶夫、格·谢列布里亚科夫、弗·索罗金、B. 费尔索夫、菲·丘耶夫②,散文作家伊·阿库洛夫③、谢·维索兹基④、阿·伊万诺夫、H. 卡姆比洛夫、伊·拉祖京⑤、Б. 奥尔洛夫,批评家维·恰尔马耶夫,等等,都成了"拉多涅什人"。BBC 广播电台在一档广播节目中"报道"说:"黑帮分子舍夫措夫在扎戈尔斯克附近的谢姆霍兹村建立了一个佩列杰尔基诺村⑥的对立体。"

1971 年 11 月 8 日,俄罗斯苏维埃联邦共和国作家协会书记处在其工作会议上,就《十月》杂志上发表"不真实的和混乱的"社会—政治观点一事,对该杂志编辑委员会提出批评。会议决议指出,书记处曾多次指出《十月》杂志社编辑工作中存在着"不良状况",阻碍着"文学界正常氛围的建立";故要求在杂志社的领

---

① 转引自普拉托诺夫 O. A.:《俄罗斯的荆冠。20 世纪俄罗斯民族史》,第 2 卷,第 436 页。

② 即菲利克斯·伊万诺维奇·丘耶夫(Чуев, Феликс Иванович, 1941—1999),政论作家,著有《与莫洛托夫的 140 次谈话》《卡岗诺维奇如是说》《帝国士兵》等。——译者注

③ 即伊万·伊万诺维奇·阿库洛夫(Акулов, Иван Иванович, 1922—   ),著有小说《施洗》等。——译者注

④ 即谢尔盖·亚历山德罗维奇·维索兹基(Высоцкий, Сергей Александрович, 1931—   ),著有小说《白日梦》《巴比伦河》等。——译者注

⑤ 即伊万·格里戈里耶维奇·拉祖京(Лазутин, Иван Григориевич, 1923—   ),主要作品有小说《中士警员》《审判正在进行》《陡岸》等。——译者注

⑥ 佩列杰尔基诺(Переделкино),位于莫斯科州列宁区的作家别墅区。沙俄时代这里曾是贵族庄园,因四周松林绕,小气候宜人,故曾开设官办肺结核疗养所,革命后逐渐废弃;1934 年在高尔基的建议下,政府出资建造 50 栋两层木结构别墅群,无偿提供作家创作之用,许多著名作家居住其间,遂使那里一度成为苏联文学界中心的象征,故有此说。——译者注

导层中进行干部调整。随着阿·安·阿纳尼耶夫①于 1973 年被任命为杂志社主编,《十月》又回到相对自由主义的路线上来。

那些来自党中央的苏联作家的监护人们和经常表达着这些监护人意愿的文学批评家们,在 20 世纪 60—70 年代曾竭力阻挠文学生活中心由《新世界》和《十月》杂志向《青年近卫军》、晚些时候又向《我们同时代人》和《莫斯科》杂志及《现代人》出版社的转移。然而,此事并未得手。给许多俄罗斯人带来启发与震动的,是弗拉基米尔·索洛乌辛的《来自俄罗斯博物馆的一封信》和《黑板》、拉斯普京的《告别母亲》、别洛夫的《习以为常之事》、索尔仁尼琴的《母亲的院子》、米哈伊尔·阿列克谢耶夫的《好斗的小公鸡们》、鲍里斯·莫扎耶夫的《农夫与农妇们》;由德米特里·巴拉绍夫②、弗拉基米尔·齐维里辛、瓦连京·皮库尔③创作的有关俄罗斯伟大往昔的历史长篇小说;以《著名人物生平》丛书形式出版的苏沃罗夫、马卡罗夫、陀思妥耶夫斯基、岗察罗夫、阿克萨科夫、杰尔查文的文学传记。所有这一切,曾引起社会的极大兴趣,亦成为苏共中央和克格勃采取特别应对措施的原因。

刊载在 1972 年 11 月 13 日《文学报》上的那篇题名为《反对反历史主义》的文章,是在欲使文学发展进程倒退、阻止社会意识"俄罗斯化"的企图驱使之下撰写出来的。该篇文章出自苏共中央宣传部几位指导员之手,并由时任该部副主任的历史学博士阿·伊·雅科夫列夫签字批准发表。这位雅科夫列夫,曾是保护俄罗斯文化遗产和建立全俄历史与文化古迹保护协会运动的积极反对者之一。据弗·亚·杰夏特尼科夫证实,在与苏共中央政治局中的俄罗斯联邦共和

---

① 即阿纳托利·安德列耶维奇·阿纳尼耶夫（Ананьев, Анатолий Андреевич, 1925—2001）,作家,曾任《旗》杂志主编、俄罗斯联邦作协书记、苏联作协书记等职;主要作品有小说《维尔宁斯克的故事》、《坦克成菱形前进》、《爱情的历程》（获 1978 年俄罗斯国家奖）、《没有战争的年代》等。——译者注

② 即德米特里·米哈伊洛维奇·巴拉绍夫（Балашов, Дмитрий Михайлович, 1927—2000）,历史小说家,代表作有历史小说丛书《莫斯科的国王们》（10 册）等。——译者注

③ 即瓦连京·萨维奇·皮库尔（Пикуль, Валентин Саввич, 1928—1990）,历史和军事题材作家,代表作有小说《巡洋舰》（获俄联邦高尔基文学奖）、《走出绝境》（获苏联国防部奖）、《魔鬼》（获肖洛霍夫文学奖）等。——译者注

国官员们讨论有关建立全俄历史与文化古迹保护协会问题时,雅科夫列夫曾因他提交的那份关于俄罗斯国内古迹状况恶劣的报告而大为光火,高声喊叫道:"他这是在说些什么,应当把他从苏共中央赶出去!"

《反对反历史主义》这篇文章,对俄罗斯的所有事物,都是以仇视的口吻在谈论。依雅科夫列夫所见,俄罗斯人(在文章的上下文中被称之为"富裕的农夫")通常是反对"仁爱和自由"的。雅科夫列夫完全赞同消灭这类人的生活方式。他写道:"他(即俄罗斯人)的生活、他的生活方式,已经在革命年代与令他感到心爱的那些圣物一道被清除掉了,且这样做,不是出于恶意的图谋和无知,而是完全意识到……应当清除这些'富裕农夫'。"雅科夫列夫在对那些捍卫独特的俄罗斯文化的俄罗斯作家和批评家们——米·彼·洛巴诺夫、维·彼杰林①、维·恰尔马耶夫、瓦·科日诺夫进行抨击的同时,还与那些"无前途农村"迁徙方案的设计者们的主张,保持一致的步调,声称:"如今,那些热衷于宗法制度的人们,迷恋于他们营造的虚幻世界,正在为现代化的集体农庄庄员毫无遗憾地与之告别的农民昔日生活而辩护。"

对爱国主义者们说来幸运的是,该篇文章及文中的指摘,构织得实在是拙劣,不啻在向全体俄罗斯知识分子发出挑衅。人数众多且有影响力的一批俄罗斯作家在米·亚·肖洛霍夫的支持下,对这篇文章提出抗议。他们的抗议信递交到苏共中央领导层那里。一向谨慎的勃列日涅夫也不欣赏那篇文章。读过那篇文章之后,他曾恼怒地表示:"这……是想让我们与俄罗斯知识界反目。"结果,雅科夫列夫被派去加拿大当了大使。

但是,在20世纪70—80年代之交,曾进行过一场将"俄罗斯分子"从大众信息传媒中大规模清洗出去的运动。被解职的有数家杂志社和报社的社长和主编——《莫斯科工人报》的尼·叶西列夫②、《青年近卫军》的阿·尼科诺夫、《共青团真理报》的瓦·加尼切夫、《人与法》杂志的谢·尼·谢曼诺夫、《现代人》出

---

① 即维克多·瓦西里耶维奇·彼杰林(Петелин,Виктор Васильевич,1929—　),文学批评家、历史题材作家,著有《德米特里·米留京伯爵生平》、《阿列克谢·托尔斯泰生平》等。——译者注

② 即尼古拉·叶西列夫(Есилев,Николай)。——译者注

版社的尤·普罗库舍夫和瓦·索罗金、《我们同时代人》杂志社的尤·谢列兹尼奥夫①、《伏尔加》杂志社的尼·帕利金②、《青年技术》杂志社的瓦·扎哈尔琴科。是时的书报检查机关、苏共中央的鼓动与宣传机关、克格勃,如同 20—30 年代一样,认定俄罗斯沙文主义的表现是主要危险,并通过具有自由—民主倾向的《新世界》《旗》《十月》等杂志对这类"表现"进行了百般抨击。

在这方面,党的领导层对米·亚·肖洛霍夫于 1978 年写给列·伊·勃列日涅夫的那封信做出的反应,是很能说明问题的。这位大作家鼓足勇气要使党的总书记注意到,有人正借助电影、电视和出版业散布一些诋毁我国历史与文化的反俄罗斯思想、将俄罗斯的与社会主义的对立起来,这样的局面是不能容许发展下去的。"迄今为止,许多关涉我们民族过去的主题,一直遭到禁止,"肖洛霍夫写道,"要举办一位具有爱国主义倾向的、以俄罗斯现实主义流派传统进行创作的俄罗斯画家的画展,极其困难,甚至常常是不可能。尽管有政府的种种决定,对俄罗斯建筑古迹的破坏却仍在继续。"这位作家以为,就他的来信中所列举的事实与理由而论,"显然有必要再次提出关于更为积极地保护俄罗斯民族文化免遭反爱国主义、反社会主义势力的破坏;在出版、电影和电视中对这一文化的历史予以正确的阐释;揭示其在俄罗斯国家的创立、巩固与发展中的进步性和历史作用的问题"。③

1978 年 3 月 14 日,列·伊·勃列日涅夫做出书面批示:"致中央书记处。请在政治局内对此做后续研究。"然而,政治局内的那些"国际主义者们",无视这个极其尖锐的问题,没有如某些时候那样,将其定义为一种"倾向",而是认定它是一个"思想—政治错误"。尤为重要的是,决定在任何情况下也不准对该作家提出的这个问题予以广泛的讨论。这项集体决定是绝密的。决定认为:"应向肖

---

① 即尤里·伊万诺维奇·谢列兹尼奥夫(Селезнёв, Юрий Иванович, 1939—1984),时任该杂志社副总编,亦为文学理论与批评家、政论作家。《名人生平》丛书主编。——译者注

② 即尼古拉·叶戈罗维奇·帕利金(Палькин, Николай Егорович, 1927—　),诗人,曾任萨拉托夫作协领导人,有诗集《金色田野》、歌曲《我俄罗斯的蓝眼睛》等。——译者注

③ 《М. А. 肖洛霍夫致 Л. И. 勃列日涅夫的信》,载《莫斯科晚报》,1993 年 11 月 15 日(《城市消息附刊》第 2 版)。

洛霍夫同志说明国内和俄罗斯联邦境内文化发展事业的真实状况和为了俄罗斯和苏联人民的最高利益而应较为深刻、准确地对待他所提出的那些问题的必要性；不要对他所提出的有关俄罗斯文化问题展开任何公开的讨论。"①

1981 年的独特之处是：政府加强了对俄罗斯爱国主义力量的进攻。3 月 28 日，尤·弗·安德罗波夫向政治局递交了一份书面报告，其中提及"俄罗斯语文学家"运动在知识分子中的形成。非俄罗斯民族语言的俄语化主张，在这份报告中被视为一种所谓"必须为保卫国内俄罗斯文化与古迹而斗争、为'拯救俄罗斯民族而斗争'的蛊惑宣传"。这一蛊惑宣传，"常常被苏联制度的公开敌人用来掩盖他们的破坏活动"。克格勃的这位首脑报告说，在捍卫俄罗斯民族传统的口号之下，那些俄罗斯语文学家们"实质上是在从事积极的反苏活动"。安德罗波夫提出了尽快清除这个运动的问题。依他所见，较之所谓的持不同政见者，该运动对共产主义制度更具威胁。

"对我们来说，当务之急是俄罗斯民族主义；而持不同政见者，次之：我们一夜之间就能把他们拿下。"尤·弗·安德罗波夫的这番表述，最为精确地反映出苏联体系最后存续阶段执政体制中的憎俄情结。按照安德罗波夫报告中的逻辑，许多曾提出有关俄罗斯的永恒价值问题、有关俄罗斯人的精神本质问题、有关必须还东正教以应有之一切的问题、有关祖先的伟大功业问题的著名俄罗斯作家们，均可以被计入俄罗斯民族主义者的帮凶之列。在这些其创作已经成为俄罗斯文学真正骄傲的作家中，除经典作家列昂诺夫和肖洛霍夫之外，还有"雄浑、严肃、庄重的费多尔·阿布拉莫夫，富有崇高诗意的瓦西里·别洛夫，锐利的、令人愁楚的维克多·阿斯塔菲耶夫，悲剧式的瓦连京·拉斯普京，曼柔的、抒情的……叶夫盖尼·诺索夫，精致而聪慧的谢尔盖·扎雷金，杰出的随笔作家弗拉基米尔·索洛乌辛"。而尼古拉·鲁布措夫——他的诗作"我们应当恭敬地珍

---

① 转引自奥西波夫 B.：《米哈伊尔—肖洛霍夫：雪藏于档案中的岁月》，载《小说报》，1995 年第 3 期，第 85 页。

藏！……他是唯一且绝无仅有的！"（见格·瓦·斯维里多夫①:《音乐机缘》,莫斯科,2002）

作为清除非俄罗斯民族语言俄罗斯化现象的具体措施,1981 年,安德罗波夫建议"对阿·米·伊万诺夫追究刑事责任。至于谢·尼·谢曼诺夫,则认为有必要仔细研究解除其《人与法》杂志社主编之职的问题。关于他的刑事责任的认定,将视伊万诺夫案侦办进程而定。同时拟定对他们的志同道合者、无意解除武装者以及误入歧途者,采取一些预防性的措施"。

这场对"俄罗斯语文学家"的进攻,其结果是,谢·尼·谢曼诺夫于 4 月份被解除了《人与法》杂志社主编之职。与他同时遭殃的是杂志社的同仁 Г.В.雷日科夫:他经手编辑过一系列文献。在这些文献中,他曾提出对"充斥着犹太复国主义者及其同情者"的党的最高机关进行"清洗"的请求。8 月份,政论作家阿·米·伊万诺夫,这位刊载在《卫切》杂志上的那些闻名于爱国主义者圈子内的文章、《噩梦的逻辑》和《形象模糊的骑士》两著作的作者,被逮捕了。在这些作品中,他把共产党的历史描写成那些只是幻想保住自己个人权力的人们所构织和实施的一连串阴谋、政变和粗野的暴力。1981 年年末,《我们同时代人》杂志社的编辑部遭到猛烈抨击。那一年在该杂志的第 11 期,刊载了几篇"战斗性的"文章,这些文章立即引起一场闹剧。受到指责的作者有四位:瓦·瓦·科日诺夫、阿·彼·兰希科夫、谢·尼·谢曼诺夫、弗·尼·克鲁平②。他们被相当快地"审查清楚"。对这几位作者的谴责是公开的。该杂志的主编谢·瓦·维库洛夫,受到相应的训斥后,仍被留任原职,但他那两位副手却被双双开除。其中的一位是杰出的俄罗斯政论作家尤·伊·谢列兹尼奥夫,他此后不久便去世了。在中央的一些会议上,类如瓦·伊·别洛夫的《和睦》和弗·亚·齐维利辛的《记

---

① 即格奥尔吉·瓦西里耶维奇·斯维里多夫（Свиридов, Георгий Васильевич, 1915—1998）,作曲家、钢琴家,德·肖斯塔科维奇的弟子。曾任苏作曲家协会书记（1962 年起）。——译者注

② 即弗拉基米尔·尼古拉耶维奇·克鲁平（Крупин, Владимир Николаевич, 1941—　）,散文作家、诗人,曾任俄联邦作协书记、《莫斯科》杂志主编,1998 年起任基督杂志《天惠之火》主编。代表作有小说《活水》、《41 天》等。——译者注

忆》这样的俄罗斯作家的优秀著作，也遭到批评。

1982 年，亲俄的萨拉托夫杂志《伏尔加》遭到毁灭性的打击。米·彼·洛巴诺夫的那篇文章——《解放》，成为此事的导火索。撰写该篇文章的起因，是米·尼·阿列克谢耶夫的长篇小说《好斗的小公鸡们》。书中讲述了 1933 年伏尔加河中下游地区闹饥荒的真实故事。在洛巴诺夫的文章中，那场农民分化的民族悲剧，其规模和起因所蕴含的意义，首次在苏联境内的俄罗斯政论作品中得到体现。诚如一位当代人所描写的那样，"该文章引发的效应，是令人震惊的，犹如一方巨石突然从天而降，结结实实地砸在被太阳晒得暖洋洋的一处小泥坑上"（《莫斯科文学家》，1989 年 4 月 21 日）。苏共中央书记处专门做出决定，对这篇政论作品进行谴责。主编尼·叶·帕利金被解职；该杂志从此一蹶不振。

1983 年秋，《文学报》和杂志《文学问题》，开始了对那些研究弗·谢·索洛维约夫、尼·费·费奥多罗夫①、帕·亚·弗罗连斯基等俄罗斯哲学家创作的学者们的攻击。杰出的俄罗斯哲学家阿·费·洛谢夫②著作的出版者，受到严厉的处罚。很能说明问题的是，在迫害"俄罗斯语文学者"的同时，政府却对一年前逮捕的世界经济与国际关系研究所的那几位持不同政见的"欧洲共产党人"（安·法金、帕·库久金、尤·哈夫金等人）给予了赦免（1983 年 4 月）③。领导这家研究所的，曾是自由派的尼·尼·伊诺泽姆采夫④院士，而在 1983—1985

---

① 即尼古拉·费奥多罗维奇·费奥多罗夫（Фёдоров, Николай Фёодорович, 1828—1903），俄国宗教乌托邦思想家，有著作《共同事业的哲学》等。——译者注

② 即阿列克谢·费奥多罗维奇·洛谢夫（Лосев, Алексей Фёодорович, 1893—1988），1930 年因在其撰写的《神话的辩证法》一书中攻击马克思主义，称"马克思主义就是典型的犹太主义"而被捕并获刑 10 年，后于 1932 年在马·高尔基第一位妻子的斡旋下获释，但被禁止教授哲学；其《古希腊美学史》（8 卷）被认为具有颠覆传统观念的重要意义。——译者注

③ "欧洲共产党人"（еврокоммунисты），又称"青年社会主义者"，1977—1982 年间由安德列·法金（Фадин, Адрей Васильевич）、帕维尔·库久金（Кудюкин, Павел Михайлович）等人组建的地下团体，先后打印散发文集《方案》、杂志《右转》和《社会主义与未来》等，骨干成员约为 50 人，除莫斯科外，在明斯克、弗拉基米尔、喀山等地亦有组织，涉及 300 余人。——译者注

④ 即尼古拉·尼古拉耶维奇·伊诺泽姆采夫（Иноземцев, Николай Николаевич, 1921—   ），苏联政要、经济学家、历史学家，曾任苏共中央候补委员（1971 年起）、苏联最高苏维埃主席团成员等。——译者注

年,则是那位"改革设计师"阿·伊·雅科夫列夫。

当局对全俄历史与文化古迹保护协会采取攻势,成为 20 世纪 80 年代初的标志。在 2—3 年的时间里,该协会活动的物质基础受到粗暴限制:1981 年 12 月,协会被迫放弃收取会员费——这曾用于协会古迹修复工作的费用支出;1983 年,协会的一些工厂被取缔;1984 年,全俄历史与文化古迹保护协会被剥夺了独立进行知识宣传工作的权利。该权利被移交给《知识》协会。

改革前夕的民族冲突。1981 年年初,北奥塞梯首府发生了多起重大骚乱事件。骚乱始于 10 月 24 日的奥尔忠尼启泽市,当时人们正在为被两名印古什人杀害的奥塞梯出租车司机举行葬礼。杀人凶手因缴纳了 100 万赎金而于犯罪后的第三天被释放了。参与出殡的人们,组织群众集会并占领了州委会大楼。近傍晚时分,广场上的秩序因动用了当地一所军校学员的力量而得以恢复。次日,州委大楼前的广场上,再次云集万余人。从莫斯科赶来的数位领导人,参加了群众集会,但集会很快失控。内务部大楼的玻璃被打碎。为了对抗集会的人群,政府曾动用了配备装甲运兵车和催泪瓦斯的部队。争论与肢体冲突持续至傍晚,稍后在全城蔓延开来,有数人伤亡。尽管出动了特警部队,次日一整天冲突仍在继续,只是近傍晚时分,对抗方被中止。3 天的骚乱中,共有 800 余人被拘捕,其中 40 人被判刑。州委第一书记比·叶·卡巴洛耶夫①被撤职。

本研究时段末期,在相当平静的几年之后,塔吉克斯坦首都杜尚别发生了一次重大的种族骚动。

1985 年春季,早已被人们遗忘的骚乱,在运送苏军入伍新兵的车队中再度出现。两天时间里,被酒精刺激的穆斯林新兵,一直想要弄清楚与非穆斯林新兵的关系。这一事件,开启了在已经到来的"改革时代"民族主义背景之下的尖锐冲突时期。发生在北高加索的这些事件,在苏共中央书记处工作会议上受到专门的研究。民族领域不安宁的原因,依旧被认为是道德和国际主义教育有缺陷

---

① 即比拉尔·叶马扎耶维奇·卡巴洛耶夫(Кабалоев, Билар Емазаевич, 1917—2009),自 1961 年起便任该职。——译者注

及宗教的有害影响。中央也依旧要求进行那种使苏联人感觉到自己首先是苏联公民、而后才是某一民族人士的教育。

那本已成为培养了许多代中学毕业生和苏联军队应征新兵世界观依据的《社会学》教科书(1983 年时,该书已经再版 21 次),曾以极其乐观的语言作为结语:"我们现在不是在预言人类历史黄金时代的到来,而是满怀着马克思列宁主义科学和社会实践所给予的信心来述说它的到来。就在今日的苏联,诸共和国的边界已失去旧有的意义;当我们从我们辽阔祖国的一端向另一端旅行时,有谁的脑海里会注意到已越过了几道边界? 那些民族间的差异,也正在渐渐地消失;也许仅剩下一些姓氏成为往事的记忆。联合成一个兄弟般友好大家庭的人类,将能够登上自身强盛的顶峰,实现征服大自然的大胆构想。"然而,数年之后,历历往昔令人回想到,事情完全不像人们所期待的那样;而苏联领导者们的所思所想,则是完全不曾被预言过的"革新了的"思维,它们将一个伟大的国家引向出人意料的崩溃。

新共同体形成过程的未完结——苏联灭亡的原因之一。这一共同体的形成过程,在各不相同的历史阶段中,均遭遇到表现在社会所有层面上的特别的对抗。与此相应的是,在 20 世纪 30—50 年代期间,关涉这种超民族的人类共同体的种种观点,在苏联曾经历了重大的变化。由于来不及形成任何程度上的完整的世界社会主义共同体概念体系,故在 30 年代,这类概念便开始具体化为将苏联人民视为一种新型的、社会的和国际主义的共同体的见解。试图建立起一个详尽的该共同体概念体系的尝试之一,当属尼·伊·布哈林。他是那个取传统的民族和人民概念而代之的"英雄的苏联人民"概念的发明人。这位发明人,没有在 1917 年之前的历史层面纵深中发现这一共同体的历史根源;在这一共同体中,不存在任何与俄罗斯民族共通的特点,更确切地说,它常被视为俄罗斯民族的对应物。

这些概念,依我们所见,复活了——尽管是以变化了的形态——革命前那些有关"官定民族"的观点。这种官定民族,众所周知,既不能被等同于大俄罗斯族人,也不能被等同于广义的俄罗斯族人。沙皇政府对待未经认可的俄罗斯民族主义,同对待非俄罗斯民族的民族主义一样,也是持怀疑态度的。在那个著名的三位一体论——"专制制度、东正教、国民性"中,最后一个概念通常被理解得"模糊不清,且完全不是从民族学意义上去理解,而更多的是理解为一种心理活动"。著名的俄罗斯侨民历史学家尼·伊·乌里扬诺夫于1962年在其著作《俄罗斯历史经验》中这样写道:"所有效忠于皇权的事物,均被划归此列,无论其民族面貌与信仰如何。"政府亦通常认为,自己的职责所在,不是使民族的要求得到满足,而是要照管臣民"过好日子"。民族遭到压迫,"不是因为他们属于异族,而是因为他们是一个理应只有一项义务——服从的'社团'"。这一义务,首先是要求俄罗斯民族去履行。乌里扬诺夫认为,瓦·阿·马克拉科夫[①]的见解是正确的,即"纯粹的专制制度"不理解民族问题的意义,因为在它看来,所有民族均是平等的。[②]还有更为重要的一个理由,可以将这类观点划归于苏联政府于十月革命之后用俄国的多民族居民构建起来的那个"新历史共同体"名下。

这之中最具生命力的,是那种未将苏联人民共同体作为昔日沙俄的俄罗斯民族和其他民族的对应物,而是作为苏联诸民族且首先是人口最众的俄罗斯民族诸多优良特征发展与聚合的结果而作出的诠释。此类有关新共同体的概念,其萌芽中包含着斯大林的理论遗产。它们在许多方面是30—40年代民族政策结果的特有衍生物。这一民族政策,使苏联各民族的社会—经济和文化—政治发展水平得到相对的均衡,使俄罗斯民族无论在社会主义改造还是革命前的祖国历史中所具有的特殊作用获得承认。这些因素在许多方面成为苏联社会中政治、科学和创作精英的民族构成发生变化的前提条件(40年代及稍晚些时候,犹太族公民在这一新共同体精英阶层构成中所占的比重,曾发生过相对的缩减)。将苏联人民联合成一个新共同体的进程没有完结,加之缺乏有效的政治教育工作,没有在广大民众意识中树立起全苏统一的优越性和全民价值观与民族价值观就其重要性相比具有优先权的信念——这便使克服各种离心倾向的增长和避

---

① 即瓦西里·阿列克谢耶维奇·马克拉科夫(Маклаков, Василий Алексеевич, 1869—1957),立宪民主党领袖之一,律师,俄国第2—4届国家杜马代表,1917年时任驻法大使,有俄国社会思想史和自由主义运动史方面的著述。——译者注

② 乌里扬诺夫 Н. И.:《俄罗斯历史经验》,纽约,1962年,第20、21页。

免苏联瓦解的路障,没有得到很好的加固。

斯大林时期调定的民族关系体系,阻碍着民族地区自给自足和自我再生的地方精英的产生;而这类精英,是有能力使自己的民族脱离一体化进程,引导他们走上自给自足之路,甚至是走上分离主义之路的。这种阻碍通常是借助于学校教育、政治教育、培训、领导干部经常性的任职轮流制度,以及不是最后一次的对现实中的或潜在的民族向心运动领袖的镇压等手段来达到的。随着民族政策去斯大林化的发展,要建立一个更为有效的、能保障一体化进程在这个多民族社会中得以实施的新体系,已是不可能。对地方精英的控制被削弱;随着由国民经济委员会向新的管理体系的过渡,他们的自主性和权限得到急剧的扩张。

于 20 世纪 60 至 80 年代中进行的一体化进程,因早些年间积累的惯性作用而发展得较快,但随着时间的推移开始变得缓慢下来。在勃列日涅夫时期,对各共和国的局势的控制,几近丧失殆尽。地方上的领导者们和他们周围的人,开始在民族地区建立起自己的且只为他们所谙熟的秩序。"新历史共同体"正式存在时期那些有关统一和友谊的誓约,已丧失其真实内涵,越来越变成一种常规性的仪式。

1977 年的苏联宪法,尽管确认新的历史共同体——苏联人民(就其实质而言,是个多民族的新型现代民族)的形成过程已经完结,却依然保留了将民族性作为国家构成主要原则之一的民族国家建制的联邦制。1945—1953 年,确实存在,却被错过了的向区域联邦制过渡的机遇,被彻底断送了。斯大林去世后立即开始的新一轮的各共和国管理干部"本地民族化",仅仅保证了"主体"民族代表人物的优先权。民族精英(除俄罗斯的之外)在勃列日涅夫时代的强化进程,发展到令中央政府已无力染指地方精英们的权力与利益的程度。随着戈尔巴乔夫"改革"的开始,这一点在 1986 年 12 月的阿拉木图事件中充分显现出来。当时,中央政府曾试图让俄罗斯族人根·瓦·科尔宾①接任哈萨克斯坦共产党中央第一书记丁·艾·库纳耶夫的职务,这引发了哈萨克人有组织的、动用武力的反抗。中央政府被迫做出让步,表现出完全没有能力贯彻执行自己作出的那个"国际主义的"决定。②

在 1989 年 9 月召开的苏共中央全会上,边疆民族地区的加速发展、多种行业结构的建立和我国民族地区社会—经济发展水平的接近,被作为民族政策所取得的成果而得到表彰。"若是说,1926 年时,"戈尔巴乔夫说道,"老工业区与民族边疆地区之间人均工业品生产的最大差额为 38 倍,那么,1941 年时它已缩小到 4.1 倍,而如今,它大致为 2.3 倍;若是说,在 50 年代末时,工人的数量还只是在俄罗斯联邦、哈萨克斯坦、爱沙尼亚和拉脱维亚占优势,那么,到了 70 年代末,在所有加盟共和国内实际上都已是这般景象;若是说,战前,许多民族没有经过培训的干部,那么如今,这一状况发生了根本性的改变:他们都拥有这样的干部,包括具有高等技能的专家。"然而,这种惯常的、对"列宁民族政策"的赞美之词,其实并没有触及苏联社会生活中民族领域内的现实矛盾。动员人们把苏维埃联邦建设得丰富多彩、树立在族际交往中相互尊重各民族历史传统和民族特色的态度、完善民族关系文化——这些空洞的号召对解决这一领域内积累起来的各种矛盾,显然是不够的。在"改革"时期,各共和国的领袖型精英们,已经公开显露出他们在煽动分离主义、损害苏联和社会主义体系之类的活动中的团结一致和相互帮助;而在后苏联时期,他们则公开地表现出他们所素有的反民主主义和沙文主义。这一点反映在新的当权者们急欲保持住"自己的"新国家对处在他们国境内的异族居民及其所居住地区的统治(例如,在纳戈尔诺—卡拉巴

---

① 即根纳季·瓦西里耶维奇·科尔宾(Колбин, Геннадий Васильевич, 1927—1998),苏联政要,历任斯维尔德洛夫斯克州委第二书记(1971—1975)、格鲁吉亚党中央第二书记(1975—1983)、乌里扬诺夫州委第一书记(1983—1986)、哈萨克斯坦第一书记(1986)等职。——译者注

② 指 1987 年初苏共中央对哈萨克斯坦的"12 月事件"作出决定,认定其为"哈萨克民族主义表现",但出于政治考虑,又于 1989 年决定任命一位哈萨克族人出任哈中央第二书记,以平息哈族人的不满情绪。同年 11 月,由作家穆合塔尔—沙汗诺夫为首的请愿团诉诸苏最高苏维埃,要求撤去对 12 月事件的"民族主义"认定,苏共中央最后亦作出让步。——译者注

赫、阿布哈兹、南奥塞梯、第聂伯河沿岸地区）。后苏联时代族际冲突和战争的根本原因，正寓于此。

在同样没能避免民族主义和分离主义破坏性影响的俄罗斯（例如，在车臣），现如今已经开始探寻能够使国家免于分裂并在社会生活中顺利履行国家统一职能的思想与机制。在此种情势之下，政治家和研究者们的注意力，最经常的是会投向在这方面能够发挥作用的俄罗斯民族历史传统、俄罗斯民族的或俄国的民族思想。

第四章

苏联各民族共同体的
崩溃与俄罗斯民族

后苏联历史始于统一俄罗斯民族的宣传。似乎永远地告别了列宁、托洛茨基、布哈林、斯大林、勃列日涅夫和"苏联人民"之后，不论多么令人诧异，后苏联时期的思想家们却是从着手使这一共同体观念适应于新的历史局势而开始工作的。原来，在昔日苏联土地上诞生的那些国家里，我们要与一些新的民族打交道。这些新民族，在某些情况下已经定型，而在另一些情况下，则正在形成。例如，俄罗斯联邦民族事务国家委员会领导人瓦·亚·吉什科夫①曾于 1992 年首次宣称，应当将俄罗斯居民视为统一的俄国民族，即"国家民族"，而在护照上应将民族属性标记为"俄国公民"。② 拥有主权的乌克兰第一任总统则认为，"一个乌克兰国家民族正在形成"，加入这一民族的，除乌克兰族人之外，还有俄罗斯族人、犹太族人、波兰裔人，以及所有生活在这个共和国的各族人民（《俄罗斯报》，1992 年 10 月 3 日）。稍晚些时候，类似的立场也出现在原俄罗斯副总统那里。"我所领导的社会—爱国主义的'强国'运动，其根本性的战略目标之一便是：将各民族和部族联合成一个统一的民族，使民族问题一劳永逸地得到解决！"亚·弗·鲁茨科依③在 1994 年 9 月召开的一次新闻发布会上如是宣称道，并对他是如何看待这一统一民族作出一番解释："我们希望生活在伟大俄罗斯的每个人都能够这样说：我是俄国人，并且是俄国的布里亚特人；我是俄国人，并且是俄国的巴什基尔人；我是俄国人，并且是俄国的鞑靼人；我是俄国人，并且是俄国的犹太人！"④在过去，类似的主张往往被视为同化主义或大国民族主义的表现。

　　这种将俄国民族作为有着共同国籍的国民来看待的建议，没有为类似的指

---

　　① 即瓦列里·亚历山德罗维奇·吉什科夫（Тишков, Валерий Александрович, 1941—　　），历史学家、社会人类学家、教授，曾任俄科学院民族与人类学研究所所长、俄罗斯国立人文大学校长等。著有《民族学与政治学》等。——译者注

　　② 吉什科夫 В. А.：《俄罗斯发展进退维谷》，载《民族政策》，1992 年第 1 期，第 77、84 页。

　　③ 即亚历山大·弗拉基米罗维奇·鲁茨科依（Руцкой, Александр Владимирович, 1947—　　），俄政要，历任俄联邦副总统（1991—1993）、库尔斯克州长（1996—2000）等。——译者注

　　④ 鲁茨科依 А. В.：《大俄罗斯的复兴只有在民族问题获得解决的情况下才是可能的》，载《犹太人报》，1994 年 9 月（第 17 期），第 1 版。

责提供口实。不过,提出这样一个问题也是适当的,即建议采纳这一民族观点来替代民族问题的消除,这不会激活民族问题吗? 在我们看来,考虑到这是一种真正的历史倒退,这样的危险还是存在的,特别是在推出这一观点之后,若是不能对如何才能看到民族问题在新原则基础之上得到解决这一自然而然会产生的问题作出回答。

源自历史的思想。在我国苏联时期的社会学传统中,国家极其经常地被理解为民族(或族类共同体)发展中的一定阶段、一种历史共同体,理解为资本主义关系发展的结果。这种关系导致一定的人群集合体在经济、地域、文化、语言和社会—心理上达成统一。此类人群必定要借助一个分立出来的民族国家之力来力求确保其进一步独立发展的利益。这就是19—20世纪历史中民族原则的理论与实践的意义所在。在苏联、南斯拉夫和捷克斯洛伐克,这一原则实质上构成了其民族国家式的(即联邦制的)内在体制的基础。

在西欧诸国,1789—1799年的法国革命之后,"国家"概念广泛进入到政治词典之中。不过,在这里被确定下来的这一概念,仅仅承认作为公民身份的国民籍属的界定是合法的,而其余所有的民族识别方法,则均属于每一个体的私人权限。作为具有共同国籍(即民族国家)的国家民族的概念,这里所指的是民主治理自己国家和不计肤色、语言、宗教信仰、出身或日常行为习惯,均拥有平等权利的公民集合体。臣服之民(即纳税之民),当然不会因为国家民族概念的改变或国家首脑的指令而转变成作为拥有共同国籍的同胞的国家民族。此类国家民族的形成,是与公民社会的建立相吻合的。在这一过程的进程和结果中,一个统一国家的臣民间的族类差异,渐渐变成其意义较之诸如经济和地理差异要微弱的一个因素。国家民族,作为同属一国之人民,在一定意义上是不可分的;这种国家民族的出现,使国家和领土界限具有了一种新的地位。消除国内隔阂与加强外部边界,这便是与"多民族"国家相对立的民族国家的原则。依那些将国家民族理解为同一国籍之民的人的观点看来,所谓的多民族国家,乃是一派胡言,是自相矛盾之说;它们只能算得上是些多民族、多族类的国家民族体。

被理解为同属一国之民的国家民族,其国家体制可以有一系列的版本,但是,正如世界经验所示,它并不要求必须以按照民族特征组织起来的行政—地域构成组分作为先决条件。仅此一点便可以肯定,俄罗斯总统致联邦人民代表大会的关于俄国公民的咨文(1994 年 2 月 24 日)所阐述的论点是十分有意义的。不过,依我们的观点,它仅仅开启了一些新的可能,但绝对没有使民族问题的解决变得轻而易举。因此,应当提醒人们注意早些时候俄罗斯已在着手进行的确立民族新概念的种种尝试的命运,这会使得能够更好地弄清国家民族作为同一国籍之民所具有的有价值的内涵,并最有效地去利用这一历史经验。因为,在过去,国家民族这一新概念的提出,亦是出自良好的目的,即为了尽可能更精确地在其中表述出国家形态的人民共同体的真正性质,并有助于民族差异和矛盾所致问题的解决。

1905 年诞生的立宪民主党,认为本党活动的意义便在于创造条件,以便能使距 1917 年很久之前就已开始的"共同的俄国国家之'民族'"①的形成过程变得简便易行。这一国家民族形成过程的独特之点,在立宪民主党人的理论家们看来,是这一新共同体的成员们会立即自我感觉到或活动在两种民族范畴之内,即在他们"被造就成俄国人"的俄国范畴内和在他们依然是大俄罗斯人、乌克兰人、鞑靼人族等的民族范畴内。符合这一民族发展趋势与未来梦想的最为适宜的国家体制形式,被认为是这样一个共和国——它能保障所有公民拥有充分的公民与政治平等、自由的文化自治权;能确保在公共生活中(在有统一国语的情况下)使用各种语言或方言的自由和为保护与发展每一民族语言、文学和文化之目的而组织各种类型集会、结盟或机构的自由。② 在一些特别情况下,也曾预见到会在国家个别地区(如波兰、芬兰)施行能保证其具有特别的国家地位的自治体制的可能性。③

此类方案的实施,已被历史进程排除于日程之外。不过,那些侨居海外的知

---

① 米留可夫 П. Н.:《民族问题(民族起源与俄国民族问题)》,布拉格,1925 年,第 174 页。

② 斯拉文斯基 M. A.:《苏联民族国家问题》,巴黎,1938 年,第 33 页。

③ 见《十月革命前俄国各政党纲领性文献》,莫斯科,1991 年,第 158—180 页;另见科科什金:《自治制与联邦制》,彼得格勒,1917 年。

名的立宪民主党人们,在依然捍卫他们解决俄罗斯民族问题方法的正确性(亦因历史发展进程中布尔什维克的妨碍而致使这些解决方法不得实施)的同时,曾提议过更为激进但路数相同的解决方法。例如,亚·谢·亚先科曾于1923年号召作出有利于"普济主义和世界主义"的抉择和"为了人类利益而拒绝祖国",号召克服有害的"民族利己主义原则"。①

　　俄国侨民中的另一位教授 A. M. 曼德尔施塔姆,晚些时候曾证明说,完全的、绝对的主权国家概念,正日益从国际法专家们的术语中退出和被各民族弃之不用,并由相对主权概念取而代之。这一取代,似乎是在 1919 年召开的国际联盟和一些以共同保护个别大国集团利益为目的的运动的影响之下完成的。据此推测,随着时间的推移,这个管理全人类共同利益的所有民族的联盟(即国联),将会含有一个世界性的体制;处在这个联盟范围内的,是一些被共同利益联系在一起的大型国家集团(如欧洲的、美洲的、英国的、俄国的,等等);最后,处在每一民族集团范围内的,则是一个个自治的国家。保护纯粹地方性的利益,是这些国家的权限。② 这些俄国侨民们做好了准备,要根除那种认定自己的民族国家是其臣民的最高支配者的习惯观念,接受关于拥有主权的超国家的思想。这种超国家应当成为唯一有效能的、能将民族国家降格为国际体系中的第三等级角色的世界国家。然而,现实生活中的事实和有利于世界国家—国际都市的那些论证,能够吸引的只是俄国侨民中微不足道的一小部分人及苏联境内更少一部分人。

　　能够获得较为广泛响应的,是有关苏联各民族的超族类统一的观念。这一观念是由欧亚主义者,即 20 世纪 20—30 年代俄国侨民中的一种哲学思想思潮的代表人物发展起来的。关于这些人物的最为清晰的概念,依据尼·谢·特鲁别茨科伊的文章《论真实与虚伪的民族主义》(1921)、《俄国问题》(1922)、《全欧亚民族主义》(1927),便可以形成。[这些文章曾在文集《欧洲与亚洲之间的俄罗斯:欧亚的诱惑》(1993)中再版。]据他所见,布尔什维克革命导致俄国历史发生

---

① 　亚先科 A. C. :《欧洲暮色》,载《俄语新书》,柏林,1923 年第 2 期,第 2—5 页。
② 　见马尔科夫 H. E. :《黑暗势力之战》(2 册),第 2 册,巴黎,第 77 页。

了不可逆转的负面变化。甚至布尔什维克党人所期望的世界革命,也无能为力于这种局面的改观:"不发生这场革命,俄国将成为资产阶级的罗曼—日耳曼国家的殖民地,而有了这场革命后,它则成为共产主义欧洲的殖民地。"① 任何文化上的世界主义和国际主义,作为一种新型世界观的基础,在特鲁别茨科依看来,均应被坚决地抛弃。应当成为新世界观基础的,乃是"绝对正当的民族行为准则"的民族主义。② 不过,这可能已经不是俄罗斯的民族主义,不是俄国任何一个民族的民族主义,而是于后革命年代在苏联境内形成的一个新型的多民族欧亚国家民族的民族主义。

依特鲁别茨科依所见,革命前,俄国曾是一个俄罗斯民族被承认系官方当家人的国家。在革命时期举国上下一片无政府状态的局面之下,俄国面临着四分五裂的危险,是俄罗斯民族拯救了国家的统一,为此牺牲了自己作为国家主人的地位。革命过后,它变成了只是平等的俄国诸民族中的第一民族。在环境发生了变化之下的俄罗斯民族主义,只能导致期望国家出现新的分裂的俄罗斯分离主义。在 20 年代的形势下,抗分离主义的良药曾是无产阶级的阶级团结精神。因此,在加入苏联的每一个民族中,只有无产者被承认拥有充分的公民权利;而苏联本身可以被视为与其说是被组织起来的诸民族,不如说是被组织起来的只是各民族中的无产阶级。但是,随着时间的推移,每个民族中的阶级隔阂正在逐渐消失并渐渐形成着发展各自的具有分离主义倾向的民族主义的条件。昔日俄罗斯帝国个别地区能被国家的这一阶级性的基质所统一起来,但这只是暂时的。牢固而稳定的统一只有当存在国家民族性基质的条件之下,才是可能的。无论是俄罗斯民族还是其他任何一个民族,现在均已不可能独自扮演这一基质的角色了。"因此,"尼·谢·特鲁别茨科依总结道,"那个从前被称之为俄罗斯帝国,而现在名为苏联的国家,其国家民族性的基质只能是居住于这个国家的各民族的总合。这一各民族的总合,被视为一个特别的多民族的国家,并且,作为这样

---

① 特鲁别茨科依 H. C.:《俄国问题》,载《欧亚之间的俄罗斯:欧亚的诱惑》(文选),莫斯科,1993 年,第 52 页。

② 特鲁别茨科依 H. C.:《论真实与虚伪的民族主义》,载《欧亚之间的俄罗斯:欧亚的诱惑》(文选),莫斯科,1993 年,第 42 页。

一个国家,它便拥有自己的民族主义。我们把这一国家称为欧亚国家,把它的领土称为欧亚之地,把它的民族主义称为欧亚主义。"依特鲁别茨科依所见,将苏联各民族联结成一个欧亚兄弟友好联盟的,是他们的历史命运的共同性,且能够确保民族问题的解决和俄国未来的,只有"对这一多民族欧亚国家民族的统一与独特性的清醒认知和全欧亚的民族主义"。①

路标转换派——这一受到苏维埃国家即将发生资产阶级蜕变思想鼓舞的海外侨民政治派别,其思想家们所谓的国家民族,是指那些分离的、相互对立的社会—国家综合体。此类综合体的形成,似乎是民族精神、民族精神传统、民族精神文化的体现(或称具体化)的结果。这外在地表现在执政者的行为之中,表现在他们对居住在一定领土内之人民的民族精神与意志的洞察能力中。"正是领土,"尼·瓦·乌斯特里亚洛夫②曾于1921年写道,"才是国家本质中最为重要和珍贵的部分。"③此时的国家,如同头等重要的国家民族化要素;而国家则是"整体性的",尤其是意识形态化的。④

据路标转换派们所见,布尔什维克党人与被他们推翻的那个政权不同,实是有能力成为俄国的一支民族力量,已经将分裂了的俄国重整起来。布尔什维克党人的国际主义高调,没有令乌斯特里亚洛夫分子们感到不安。他们不认为国际主义会对俄罗斯文化构成威胁。在竞赛中,"俄罗斯文化总归是会发挥自己的作用的,且正在发挥着"。乌斯特里亚洛夫于1926年这样写道。按照路标转换派们的观念,国际主义与俄罗斯民族自觉,并不相互抵触。正相反,路标转换派

---

① 特鲁别茨科依 H.C.:《论真实与虚伪的民族主义》,载《欧亚之间的俄罗斯:欧亚的诱惑》(文选),莫斯科,1993年,第95,99页。

② 即尼古拉·瓦西里耶维奇·乌斯特里亚洛夫(Устрялов, Николай Васильевич, 1890—1938),俄国政治活动家、政论家,立宪民主党东方局主席,曾在高尔察克政府任职,主管宣传与出版事务,流亡哈尔滨后成为路标转换派理论家之一,曾对布尔什维克执政党发展趋势作出独到的判断与预测;1935年回国,1938被以勾结日本间谍叛国罪判处枪决。1989年获得平反。主要著述有政论文集《为俄罗斯而斗争》、《以革命的名义》等。——译者注

③ 乌斯特里亚洛夫 H.B.:《爱国主义》,载《路标转换(文集)》,布拉格,1921年,第49页。

④ 乌斯特里亚洛夫 H.B.:《我们的时代》,上海,1934年,第35页。

尤·尼·波杰欣①断言："苏维埃政权的国际主义,究其精神实质,乃是民族性的,是与俄罗斯气质中的'普世性'相符合的。这一'普世性',早已被陀思妥耶夫斯基赞誉为真正伟大民族的最典型特征。"这位作家继续指出,围绕苏维埃政权这个核心而进行的国家形成过程,之所以能够启动,也是因为:"共产主义和国际主义的口号,是与俄罗斯精神基本诉求之一相符合的,即对社会和国际正义的渴望。"②

　　尼·瓦·乌斯特里亚洛夫这位最为著名的路标转换派人物之一曾写道,革命的红旗,随着时间的推移,必定"将会开出民族之花"③;俄罗斯将会从国际主义革命中"成长为民族上成熟起来的、具有极其坚定的民族自觉的国家"(1926)。"十月革命民族化"过程的发生,将不取决于国家经济表现为何种形态、联邦制度发展到何种程度。④　乌斯特里亚洛夫认为,随着时间的推移,国际主义的概念本身在苏联也将会顺应生活现实的逻辑,并将意味着"不是要消灭诸民族,而只是在他们之间确立起一种稳定且良好的关系"⑤。在历史预见(即便尚是相当遥远和渺茫)所及的范围内,乌斯特里亚洛夫想见到的是世界性的联邦,而不是一个没有了种族或民族隔阂的统一的人类。⑥　1930 年,他曾将最近将来的俄罗斯看成是一个"俄罗斯思想也将在苏联其他各民族文化中兴盛起来"⑦的国度。稍晚些时候,考虑到两个新的重要情况——苏联开始实施完全消灭阶级差异的任务[联共(布)于 1932 年 2 月第 17 次代表会议上提出的任务]和战争威胁的出现——大大加速了苏联的社会和道义凝聚,乌斯特里亚洛夫认为,在苏联,"我们亲眼目睹着正在出现一个可称之为'苏联民族'的有趣的现象。无论这个词组多

---

　　①　即尤里·尼古拉耶维奇·波杰欣(Потехин, Юрий Николаевич, 1888—1937),立宪民主党人,曾为路标转换派核心刊物《前夜》的编辑成员之一。——译者注
　　②　波杰欣 Ю. Н.:《俄国革命的物理学与形而上学》,载《路标转换(文集)》,布拉格,1921 年,第 150 页。
　　③　乌斯特里亚洛夫 Н. В.:《以革命的名义》(文集),哈尔滨,1925 年,第 49 页。
　　④　乌斯特里亚洛夫 Н. В.:《车窗外的俄罗斯》,哈尔滨,1926 年,第 41 页。
　　⑤　乌斯特里亚洛夫 Н. В.:《以革命的名义》,(文集),哈尔滨,1925 年,第 147 页。
　　⑥　乌斯特里亚洛夫 Н. В.:《以革命的名义》,(文集),哈尔滨,1925 年,第 147 页。
　　⑦　同上;《在第一阶段》(第 2 版),哈尔滨,1930 年,第 21 页。

么新鲜和多么怪异,它却是一个正在形成的社会—历史现实的精确标记"①。据乌斯特里亚洛夫所见,这一苏联民族,"是由多种肤色、多种语言、相貌各异的民族材料构成的。它含括着整整一个巨大的民族世界,一个'陆地—海洋'。但是,它是由一个统一的国家紧密连接在一起的,深受共同的历史—文化取向和主导思想影响的浸染"②。

可见,路标转换派们并不认为布尔什维克党人关于民族拥有自决直至分离的权利的高调宣传有任何意义,而是将其视作革命的乌托邦主义。正在向愈发实用主义的民族政策方向蜕变的政府,将会不得不从这种乌托邦主义中挣脱出来。尼·瓦·乌斯特里亚洛夫于 1935 年返回苏联并随即遭到逮捕,此后,便不得不承认自己观点的"谬误";然而,他的那些观点对社会思想史所具有的意义,因其准确洞察出一些发展趋势,故并未由此而有所消减。

对亚·德·戈拉多夫斯基③早在 19 世纪便一直捍卫着的每一民族可分立为一个独立国家的权利,以及这一主张的较为温和的变体,即米·谢·戈鲁舍夫斯基曾经常论证的每一民族应拥有其区域自治的权利,著名的俄罗斯社会活动家、"经济主义"思想家谢·尼·普罗科波维奇④在其著作《论民族问题的经济基础》(1927)中,给予了具有说服力的批评。他在著作中指出,若要彻底实施戈拉多夫斯基和戈鲁舍夫斯基的主张,便需要建立数千个独立自主的政治单元,以取代 1925 年已存在的 68 个独立国家。普罗科波维奇提醒说,据 1897 年的人口普查,仅在俄罗斯一地,便有 150 余个民族;而据一些俄罗斯民族学者更晚一些时候的统计,则有 311 个民族。这便意味着,俄国面临着起码可能会分裂为 300 个拥有各自民族语言的民族区。作者继续写道,这一主张的支持者们,"头脑中没

---

①　乌斯特里亚洛夫 Н. В.:《我们的时代》,第 35 页。

②　乌斯特里亚洛夫 Н. В.:《我们的时代》,第 35 页。

③　即亚历山大·德米特里耶维奇·戈拉多夫斯基(Градовский, Александ Дмитриевич, 1841—1889),俄国国家学派历史学家,具有自由主义倾向的政论作家、教授,有俄国法律与国家机关史、西欧国家法律史方面的著述。——译者注

④　即谢尔盖·尼古拉耶维奇·普罗科波维奇(Прокопович, Сергей Николаевич, 1871—1955),政治活动家、经济学家,1917 年时任临时政府的贸易与工业部长、食品部长;十月革命后任莫斯科大学法学系主任,1922 年被以从事反苏活动罪驱逐出境。——译者注

有形成一个简单的推测，即，在这种建造巴比伦塔式的纷乱状态下，俄国将变得无法畅通无阻；每个民族都一定会被各自的民族区域界线限制在自家的文化与经济活动中"；而这将使经济发展的能力大为降低。对常见于整个世界历史进程中的"民族在经济和政治因素影响下发生蜕变的过程"，亦不可忽略："诸伟大欧洲民族中的任何一支，千年之前均不曾存在"；"除少数的例外，西、中欧地区所有国家，均是于最近 5—6 个世纪间由数个种族型民族整合为一的"。解决民族问题的此类路径，即"民族和解和将诸种族型民族有组织地融汇成一个国家的路径"，在谢·尼·普罗科波维奇看来，对俄罗斯而言，亦是合乎规律的。[①] 卡尔·马克思本人也没有排除这一路径，他曾写道，"俄国有意要成为一个资本主义国家"，并且是在要先行将本国数量巨大的一部分农民转变为无产者之后，才能达到这一目的。[②]

　　我们注意到，在革命前的俄国，对国内居住的人民或民族的数量作出具体的说明，其本身是件不重要，甚至多余的事；"因为他们中许多人的民族面貌的界定，尚处在发展过程中"（K. 扎列夫斯基语）。人们曾认为，"似乎俄国现在拥有的 142 个民族中，大概并非全部都能发展成现代民族。它们中的大部分，例如奥塞梯人、沃古尔人[③]、切列米斯人[④]、卡尔梅克人、萨莫耶德人[⑤]，等等，均将走上巴斯克人[⑥]和布列塔尼亚人[⑦]的道路"[⑧]，也就是说，他们将构成更大的族类联盟

---

　　① 见普罗科波维奇 C. H.：《论民族问题的经济基础》，布拉格，1927 年，第 9—10 页。

　　② 《马克思恩格斯全集》，第 19 卷，第 120 页。

　　③ 沃古尔人（вогулы），即曼西族人的旧称，详见译者注"汉特—曼西民族自治区"。

　　④ 切列米斯人（черемисы），1918 年之前马里人（мари）的旧称，大部居住在现今的马里埃尔共和国及伏尔加河沿岸和乌拉尔地区，人口约 30 万，马里语属乌拉尔语系乌戈尔—芬兰语族伏尔加语支。——译者注

　　⑤ 萨莫耶德人（самоеды），涅涅茨族人旧称，详见译者注"涅涅茨民族自治区"。

　　⑥ 巴斯克人（баски），这里指居住在法国西南部、与西班牙交界地区的一个古老民族，其语言是欧洲最古老的语言之一，但不属于印欧语系，人种亦与周边民族不同，信奉天主教。城市化已使其民俗与语言走向消亡。——译者注

　　⑦ 布列塔尼亚人（бретонцы），这里指居住在法国西北部的布里索尼凯尔特人后裔，其民族语言在法语优势地位压迫下，使用人数日见稀少。——译者注

　　⑧ K. 考茨基：《民族问题》，彼得格勒，1918 年，第 124 页。

之一部。俄国诸民族间的同化过程,曾为知识界理解为"文明的必然结果"。依据这一观念,"再过半个或一个世纪,整个俄国便都能用俄语来阅读普希金的作品(《记忆》就是这样被理解的),并且所有的民族遗存,也都将成为博物馆和专业杂志的财富"(格·彼·费多托夫语)。在这方面,布尔什维克党人无论是在"先进的"俄国知识界的一般民众中还是在"进步的"政党领域内,均没有什么实质性的与众不同。他们完全不反对被国际主义称之为特别的、"红色"版本的世界主义。

帕·伊·诺夫格罗德采夫①,这位杰出的俄国法学家和哲学家、新自由主义理论家、1922—1924 年间布拉格俄罗斯法律系创办人与领导人,侨居海外时,曾对俄国政治经验进行了重新评价并号召重建俄罗斯民族圣地。他在其《重建圣地》(1923)一文中苦涩地指出,革命前的俄罗斯,"没有一个进步的政党决心将自己称作俄罗斯民族党……这样的称谓,曾被视为应受到谴责和声名狼藉的";在那时的"先进"人士的思想倾向中,占主导地位的是形形色色的不现实的世界主义、反民族主义和超民族主义。那些自视为系全国性的或超阶级的政党,亦认为自己的功绩在于,它们不是民族性的,而是超民族的,它们超越于民族特征和民族划分之上。此类侨居海外的组织,羞怯地用"俄国的"这一纯粹的地理符号来遮掩自己的俄罗斯民族属性。至于那些俄国社会主义的和国际主义的政党,则一致认为:"民族的乃是旧时的残余。"②作为此类政党之一,布尔什维克党人只是为了取得并巩固政权才利用过民族爱国主义,换句话说,是利用了民族主义(即一个人对于自己的民族、它的传统和价值观的忠诚)。然而,民族爱国主义不可能成为布尔什维克党人的社会理想。相反,为了自己的理想,他们时刻准备着促成民族差异的克服,并为达到这一目的而利用任何可以接受的手段与形式。苏联以及构成苏联的诸民族—国家建制,便属此列。

关于各民族(作为一个民族单位)的命运问题,布尔什维克党人是依据《共产党宣言》中的那一论点来解答的,即"随着资产阶级的发展、随着贸易的自由化和

---

① 即帕维尔·伊万诺维奇·诺夫格罗德采夫(Новгородцев, Павел Иванович,1866—1924),教授、立宪民主党人,1921 年移居国外。著有《法哲学导论》等。——译者注

② 诺夫格罗德采夫 П. И.:《圣地重建》,载 П. И. 诺夫格罗德采夫:《论社会理想》,莫斯科,1991 年,第 573、574 页。

世界市场的建立,随着工业生产以及与之相应的生活条件的一致化,各国人民之间的民族孤立性和对立性日益消逝下去"①。布尔什维克党人认为,随着向社会主义和共产主义过渡,这些过程还会更为加速,民族将逐渐消亡。弗·恩格斯曾在《共产主义信条草案》中写道:"按照公有制原则联合起来的各民族的民族特征,正是由于这样的联合而必然会相互融合在一起,且如此一来,随着它们存在的基础——私有制的废除而将会消失……"②此外,马克思主义的导师们坚信:"甚至天然形成的物种的差别,例如种族差别……也都可能并且必须通过历史的发展加以消除。"③

因世界革命而使普天下的私有制均被废除,这或许会使共产党人可以着手缔造一种世界性的地球人民族或是具有共同国籍的、统一的世界社会主义共和国的国民。分阶段地完成这一任务(即先行在一国或数国内确立社会主义),必然要求要有目的地造就新型的"社会主义的"民族来取代旧有的"资产阶级的"民族,并且,作为他们亲近与融合的表现,还要造就超民族的集团——各社会主义国家自己的国家民族。因此,国家民族的思想被很好地"写入"布尔什维克党人关于社会主义改造进程的观念之中;且在这方面,在苏联的民族学中显现出不少与欧亚主义相通的成分,特别是在描述卫国战争时期和战后与所谓的崇外习性及世界主义进行斗争时期的苏联人民时(此时的苏联人民曾不得不如尼·谢·特鲁别茨科依于1922年所要求的那样,几近完全"习惯于有关罗曼—日耳曼世界及其文化是我们最凶恶的敌人的思想"④);在后斯大林时期新历史共同体的所有变体中,亦是如此。

在布尔什维克党人的(即苏联的)社会思想发展中,起码可以区分出4—5种"现代民族(нация)乃是具有同一国籍之民"[即国家民族(нация-государство)]思想的变体,其中包括与其十分接近的"新历史共同体"和"俄国民族"思想。关于这些思想的种种具体观念的产生,是人们在这些思想的具体历史表述中对现

---

① 《马克思恩格斯全集》,第4卷,第444页。

② 《马克思恩格斯全集》,第4卷,第360页。

③ 《马克思恩格斯全集》,第3卷,第426页。

④ 特鲁别茨科依 H. C. :《俄罗斯问题》,载《欧亚之间的俄罗斯》,第57页。

实社会过程意义的理解和欲使这些过程沿着一定轨道走向一定目标的期望所致。依我们所见,现在可以论及的,起码是那些新型的、超民族的、具有同一国籍之民的各种变体。这类变体曾是应当取代下述各种变体的族类共同体式民族(нации-этносы),即托洛茨基式的(20 世纪 20 年代是构建这类观念最活跃的时期)、布哈林式的(构建于 30 年代中期)和斯大林式的(构建于 30—50 年代);取代于赫鲁晓夫时期制定的、勃列日涅夫时代定型的新历史共同体观念中的族类共同体式民族。而如今正在被宣传着的,诚如已经指出的那样,则是同一国籍之俄国国家民族的思想。

探索俄罗斯国家民族政策新原则的需求,其动因首先是:有关民族本质的观念明显没有得到仔细的研究。这一点,在共产党失去影响力之后,立即清晰地暴露出来。先前他们曾利用自己不容置疑的权威断言马克思列宁主义民族理论"正确无误"。诚如圣彼得堡和拉多加的约安都主教于 1994 年写道,一种没有成见的观点发现:居然没有任何一位学者能够对诸如"民族"、"人民"、"文化"、"文明"这类常常被极为任意地运用于专业性文献中的观念,给出完备、具体和实用的定义。

民族概念的界定缺乏精确性,曾使斯大林可以完全随意地确定俄国和苏联境内的民族或人民的数量。例如,1921 年时他曾指出,十月革命的口号将俄国境内 20 余个民族的农民集合到俄国无产阶级的旗帜之下[1],尽管当时我国境内民族数量分明是多于 20 个。1897 年俄罗斯帝国全民人口普查查明,是时存在着 146 种语言和方言。1922 年年底,斯大林又计算说,时下组建苏联的各独立共和国,正在将不少于 30 个民族联合在一起。[2] 1925 年,他又突然判定,沙皇俄国曾拥有不少于 50 个民族或民族集团。[3] 最终,他于 1936 年最后认定,"加入苏联的,众所周知,约为 60 个民族、民族集团或部族"[4]。尽管据 1926 年的人口普查资料已知,我国当时存在着最少 185 个民族。在这样的情形之下,自然会出

---

① 《约·维·斯大林文集》,第 5 卷,第 113 页。

② 《约·维·斯大林文集》,第 5 卷,第 150 页。

③ 《约·维·斯大林文集》,第 7 卷,第 139 页。

④ 斯大林 И. В.:《列宁主义问题》,莫斯科,1952 年,第 551 页。

现类似的现象……

斯大林去世之前,他对苏联民族、民族集团和部族数量所作的那些表述,未曾受到过质疑。然而,在他死后,亦没有人对这一问题作出界定。后斯大林时期的苏联科学文献表明,在有关可以归入民族范畴的我国诸民族的表述中,存在着惊人的混乱。在不同的时期、经由不同的学者论证(且更经常的是在没有特别证据的情况下宣称),苏联先后被计有民族 18 个、20—25 个、21 个、30 个、34 个、36 个、37 个、42 个、43 个、44 个、45 个、49 个、52 个、74 个,或更多。在这些统计中,一端是依据民族是否具有加盟共和国类型的国家形态来认定的;而另一端,则是把语言作为一个民族的标志而绝对化,于是,我国有多少文学语言在使用,便有多少民族存在。

那个著名的关于在苏联生活着百余个民族和部族的说法,亦不外乎是一种有条件的推定。在已经公布的战后全苏人口普查数据研究中,被标定出来的民族的数量发生了很大变化。在官方公布的 1959 年人口普查结果出版物中,曾称有 126 个民族。1970 年的人口普查结果为 122 个民族;1979 年的为 123 个民族;1989 年的为 128 个民族。所有这些数字,均与 1926 年人口普查指数相去甚远:在已公布的此次人口普查资料中,共有 190 个民族和 154 种语言被提及。

曾对这些官方出版物进行过分析的专家们断言,苏联境内民族和部族总数,不会超过 57 个(据 А. 塔巴尔季耶夫和 С. 努罗娃的统计),或 68 个(据 М. И. 库里琴科的统计),或 89 个(据 И. П. 察梅良的统计)。据 Э. В. 塔捷沃先的说法,苏联共有 119 个民族、部族、民族或部族集团;其中民族约为 40 个,部族约为 50 个,民族或部族集团约为 30 个。有人曾认为,现今俄国境内,有权在政权结构中享有一定比例代表权的,正是这 176 个民族和部族(这一数字是依据对 1994 年进行的微观人口普查资料的分析确定的)。这一主张也未必可以被视为是终结性的。

请注意,依照斯大林的看法,“民族是人们在历史上形成的有着共同语言、共同地域、共同经济生活以及表现在共同的民族文化特点上的共同心理素质这四个基本特征的稳定的共同体"①。对这一定义进行分析会发现,民族在这一定义中实质上并未被界定出来。这里被列举的,是那些诸如氏族共同体、部族或民族之类的人类社会——民族共同体所特有的族类共同体特征或特点,并且,任何可将氏族共同体或部族与民族区别开来的民族特征,却完全没有指明。斯大林关于"只有当所有这些特征都具备时,才算是一个民族","这些特征只要缺少一个,民族就不成其为民族"②的论点,并不会使事实发生改变。因为即便是那些特征均存在,若是遵循斯大林的定义,那也只是会构成产生民族的基础,而不是民族本身。

这项没有成见的分析继续指出,列宁对斯大林的这个民族定义没有表示过赞同。他从未在自己的著述中使用过,甚至是提及这一定义,显然,简直就是没有注意到还有某种独立的斯大林民族理论的存在。斯大林的文章发表之后,列宁曾指出,在民族问题方面存在着两种马克思主义理论:一种是鲍威尔的唯心主义的民族理论,在这一理论那里,民族性格是主要的;一种是考茨基的历史—经济理论,在这一理论看来,语言和地域是主要的。③ 列宁所赞同的,只涉及斯大林文章中对党关于民族问题纲领内容所作的宣传和浅显说明、有助于布尔什维克党人——如列宁所说——"在反对崩得混蛋的原则立场上不作出丝毫让步"④的那部分章节。斯大林这一民族定义的实用价值在于:这一定义将某些限制导入民族自治主体的概念之中,有助于例如"将犹太族人从民族之列中驱逐出去"(而这也意味着,亦是将其从拥有国家自治权力的民族主体之列中驱逐出去)。斯大林将人民划分为民族或部族,也是服务于这一目的的。将一些人民划归为部族之类(即不具备民族所有特征之民),在十月革命后一段时期曾一度被用来限制那些可能试图获得加盟共和国地位之民族的数量。

这一理论的不精密性,不可能不在依据社会生活中民族领域内具体形势所采取的政治决定的质量方面表现出来。在这种情况下,唯意志论和独断专行似

---

① 《约·维·斯大林文集》,第 11 卷,第 333 页。

② 《约·维·斯大林文集》,第 2 卷,第 297 页。

③ 《弗·伊·列宁全集》,第 24 卷,第 386—388 页。

④ 《弗·伊·列宁全集》,第 48 卷,第 169 页。

乎被程序化了。曾以相当大程度的玩世不恭的态度承认这一点的，就有托洛茨基。"民族性，"他曾在党的第十二大上说道，"完全不是一种逻辑现象，很难将其用法律语言转译出来。"因此，必须使"党以一个优秀的提台词者身份立于"调节民族关系的机构之上。"党将通过这个机构去探明何地发生着何事、何人何处有病痛。假若在财政等问题方面出现极其尖锐的冲突，那么，最终作为最后仲裁者出面调停的，将是党。"①

　　苏联的民族政策，在许多方面决定于有关苏维埃联邦制度的观念。联邦制从一开始，便在这里被形容为犹如处于不同的经济和文化发展阶段的各族人民向各民族完全的国家统一、向统一和不可分的、不以民族特征划分其构成组分的社会主义共和国过渡的一种形式。与此同时，这一联邦制还被想象为能够确保各民族分阶段地亲近与融合的一种形式。始于苏联的建立并自 20 世纪 30 年代起明显提速的对这一过程的加速推进，可以证明：对联盟各民族实施的是一种去民族化的政策。20 年代和 30 年代初期，列宁那个著名的关于大民族的国际主义的论点②，曾是这个超国际主义政策的依据。30 年代中期，在战争逼近和宣告社会主义胜利的环境下，曾宣布各民族间的不信任已被克服、民族友谊已经获胜，这是对现实作出的明显过高的估计。战争时期和战后斯大林统治年代，苏联民族政策中的矛盾性更为增强。这一时段的特征是：在民族政策领域内的粗暴的任意胡为。居住在伏尔加河中下游地区、高加索和克里米亚的一些民族，因其个别人士切实的或被捏造出来的犯罪行为而被从自古以来的居住之地，悉数迁移他处；他们的民族国家亦遭废除。

　　民族政策的去斯大林化，曾经半途而废。1953 年后新上台的执政者们，甚至对斯大林体制的那些明显错误都不能予以纠正。原居于伏尔加河中下游地区的日耳曼族人、克里米亚的鞑靼族人、土耳其—麦斯赫特族人的问题，均没有得到及时解决。20 世纪 20—30 年代所特有的民族国家发展的勃勃生气（即一些

---

　　①　托洛茨基 Л. Д.：《在俄共（布）十二大民族问题分组讨论会上的发言》，载《苏共中央通讯》，1991 年第 5 期，第 171 页。
　　②　详见《弗·伊·列宁全集》，第 45 卷，第 359 页。

新的民族国家的不断成立、令所有各民族欣喜的其国家地位的提升），在战后年代，已是荡然无存。除此之外，令体制接近自身最适度的机会也消失了。民族关系理论没有获得任何发展，它的基础依然是斯大林式的。的确，官方的民族问题理论家们不再动用民族完全融合的前景去吓唬各民族，然而，这一目标并没有从政治军火库中被取消。

60—80年代间，我国历史文献中有大量的将苏联人民作为一种新型的人类历史共同体来论述的著作。这一共同体观念，与1929年斯大林《民族问题和列宁主义》一文中所表述的关于在一定历史阶段内于一些区域经济中心周围联合起来并在使用本民族语言的同时还使用一种族际交际语的民族共同体思想[①]，有着密切的亲缘关系。然而，关于这一历史现象的观念，其发展在许多方面受到传统的阻滞。由于这些传统，这样的国家民族理应被归入族类共同体之列。同时，世界科学界尚不了解这种局限，这便使其避免了民族问题的全面的族类共同体化。最终，我国的国家民族科学（即国民学，如A. Г. 阿加耶夫于1992年所建议的对这一学科的称谓[②]）的这些定理，既于这门学科本身无益，亦于我国各族人民无益。这些定理，恰恰对苏联人民这一共同体的探讨构成了最具负面意义的影响。从国际术语角度来看，"苏联人民"——这并不是一个较之"美国人民"、"法国人民"或其他所有表明国籍和以国籍为先决条件的相应的人类集团共同体的"人民"更少合法性的概念。使用"苏联民族"作为"苏联人民"这一国家主义术语的同义语，亦应是没有错误的。在苏联，这个术语没有被采用，是由于顾虑到它可能会意味着那些作为族类共同体的民族会被"废除"。结果是，对斯大林民族定义的尊奉不移，在国家分裂中发挥了其负面作用。由于没有自己的"国家民族"或与这一概念等值的"苏联人民"，苏联在许多对它不怀善意的人眼中（无论境外还是境内的），一直不过是个必定会因历史规律而退出世界舞台的殖民帝国。

---

① 见《约·维·斯大林文集》，第11卷，第348—349页。

② 见阿加耶夫A. Г.：《国家民族学：民族生存的哲学》，马哈奇卡拉，1992年。

最新的革命者们重复着民族问题中的旧错误。赫鲁晓夫—戈尔巴乔夫时期向"列宁主义民族政策原则"的回归,在实际中常常简化为恢复20世纪20年代的那些观念与实践的尝试。列宁主义的民族原则仿佛在20年代得到了最为彻底的实施。那些对列宁的构想似乎有着精深领悟的斯大林民族政策的反对者们,其名字又被重新提及。此类去斯大林化的举措,并未取得,且据我们所见亦不可能取得任何好效果。因为,这种向列宁的回归,意味着要复活可以在一个具体的国家中继续并加速向无民族的共产主义社会推进的幻觉。这个具体的国家,是以诸伪主权民族国家联盟的形式存在着的,但俄罗斯族人在那里却没有自己的国家组织。欲使这个假借弗·伊·列宁的声望而使之神圣化的关系结构达到最佳化,那是不可能的。苏联领导人以及各种各样的民族国家建制的领导者们,均不曾有能力意识到这一点,同时也没有能力意识到必须制定出一个原则上系新型的国家体制体系;在这一体制中,各族人民应能保持住管理民族自治生活的正常权力并在这一层次上珍重全民国家的统一。因此,解决俄国民族问题新路径的探索,已经是在没有他们参与的情况下继续着。

在寻找这样的路径时,学者们和政治家们时常会探寻到一些能有助于民族自珍自重和相互尊重精神的发展而不是滋生纷争与猜疑的新的原则。在复活统一国家的多族类、同国籍之民族观念(显然,这方面的优先权,当属立宪民主党人)的同时,现今活跃着的,是有关作为族类共同体特别集合的国家民族的一些观念。以此类观念为出发点的,有诸如革命前的一些学者们,他们断言,俄国国家民族含括大俄罗斯族、小俄罗斯族、白俄罗斯族,并因俄国其他一些民族人士皈依基督教和被同化而正在扩大。

皮·亚·索罗金[①],这位彼得堡大学社会学教研室的教授,对这类观念笃信不疑,直至生命的最后。他于1922年被逐出俄国并在美国赢得了现代科学社会学奠基人之一的荣耀(1964年他成为美国社会学学会主席,这是对这位学者的

---

① 即皮季里姆·亚历山德罗维奇·索罗金(Сорокин, Питирим Александрович, 1889—1968),社会分层和社会动员理论创始人之一,文化学家,社会革命党人;著有《社会动员》、《社会和文化进程》等。——译者注

功绩所作出的最高褒奖）。"俄罗斯国家民族，"他在 1967 年写道，"是由俄国国家民族的 3 个主要分支——大俄罗斯人、乌克兰人和白俄罗斯人——构成的，再加上'已被俄罗斯化的'或已被同化了的、于革命前加入俄罗斯帝国和现今加入苏联的那些族类集团。"①在俄罗斯人这一广义词义之下，其人口数量据 1897 年人口普查数据所示，占俄国人口总数的 65.5％。被同样广义地称之为"异族"的，是当时所有的"非斯拉夫民族的臣民"（占 28％）；而在更为准确的、法律意义上来说，被划归于此类的，是"不多的几个民族，主要为蒙古、突厥和芬兰族类。无论就社会地位权利还是行政管理而言，他们被置于一种特别的地位"。他们总共占俄国人口的 6.6％。与臣民的主体部分不同，对异族征缴的国家赋税用特别捐税来替代（即实物税、牲畜税、账户税）。异族人还享有"依据本族习惯法自我管理和行使诉讼的特别权力、自行选举氏族族长或首领的权力；而划归一般法院管辖的，仅是那些较为重大的犯罪"②。

在俄国侨民中，将俄国国家民族作为战后俄国国家所有民族的超阶级集合来看待的，是孟什维克们。著名的孟什维克活动家所·梅·什瓦尔茨③在 1945 年曾写道："俄国的民族问题，不是要将各民族熔化成一个统一的、逐渐丧失了它们的文化与民族个性的苏联人民的问题，而是确保各民族在一个统一的国家民族框架内自由发展的问题。"④据科学技术委员会的纲要（1948）称："国家民族乃是人民（即一个或数个民族）的有组织的联合体。他们对自己的统一有清醒的认识，是要创造出一种共同的文化；他们是被文化的共同性，被精神追求、国家和经济利益的共同性，被共同的历史经历，更重要的是，被对未来的一致志向所紧密

① 索罗金 П. А.：《俄罗斯国家民族：俄国与美国（民族问题理论）》，莫斯科，1994 年，第 24 页。

② 见《百科辞典》"异族"条，布罗克豪斯、叶夫龙编，第 25 卷，彼得格勒，1894 年，第 224 页；同上，"俄国"条，补卷 4，圣彼得堡，1907 年，第 19 页。

③ 即所罗门·梅罗维奇·什瓦尔茨（Шварц Меерович Соломон，1883—1973），工会和革命运动家，1922 年被逐出境；先后侨居德、法、美，亡故于以色列。著有《第二次世界大战开始之后的苏联犹太人》等史书。——译者注

④ 什瓦尔茨 С. М.：《苏联民族问题》，载《社会主义通讯》，1945 年 9 月 6 日，第 15—16 期，第 162 页。

凝聚在一起的。国家乃是一个国家民族的组织。国家民族会在那里获得自身的最为充分的表现。加入国家民族的任何一个民族,均不会在那里失去自己的富于创造力的独特性。"①

俄国侨民中诸如俄国法西斯分子之类的那部分怪人们,也赞同关于俄国国家民族含括俄国所有民族的类似观念。从远东俄国侨民中心之一——哈尔滨的大学生圈子中分离出来并改换了几个名称之后,这支力量曾试图提出自己的令俄国摆脱困境的方案(依他们所见,将俄国引入这一困境的,是布尔什维克党人的专政)。《法西斯主义原理》(1934)一书宣称:"俄国的法西斯主义者认为,尽管俄国国家民族的主体成分是大俄罗斯人、小俄罗斯人和白俄罗斯人……加入俄国国家民族的,还有俄国其他一些亦曾参与过该国历史生活的民族。"《法西斯主义原理》的作者们继续写道,只有当俄国所有各民族成为"紧密凝聚在一起的一家人,意识到牢固的统一与团结的必要性时,一个强大的民族国家方能够建立起来"。这个国家将不仅能够对抗任何来自外部的压力,亦能"确保国家民族整体的和加入这一国家民族的民族个体的安宁与繁荣"。②

当今之世,关于国家民族的超民族性质的公设,常见于有着不同政治取向的运动或政党的纲领性文献中。例如,由谢·叶·库尔基尼扬③领导的"后改革"俱乐部的思想家和理论家们,就时常断言,只有国家民族,才可能成为国家建设的主体。这个主体有能力使俄国核心得到保全和巩固,并随后在这一核心周围建设一个宏大而伟岸的俄罗斯。此时,这一国家民族被理解为是"建立在对一定文化的自我认同、对这一文化所缔造的国家价值的承认,建立在共同的历史命运

① 转引自阿尔乔莫夫 A.:《民族主义的鬼脸》,载《播种》,1994 年第 4 期,第 34—35 页。
② 《法西斯主义原理》,载《红星与万字符:布尔什维克主义和俄罗斯法西斯主义》,莫斯科,1994 年,第 229,279 页。
③ 即谢尔盖·叶尔万多维奇·库尔基尼扬(Кургинян,Сергей Ервандович,1949—   ),原为地球物理学者(1986 年前),后从事戏剧创作并积极涉足政治,与政府高层有密切关系,曾受苏共委派赴"热点地区"处理政治事务,做过鲁·伊·哈斯布拉托夫的顾问。1992 年创立"后改革"俱乐部,汇集各种政治取向的知识分子;现任从事社会政治分析的"实验创作中心"国际社会基金会主席;有《俄罗斯:政府与反对派》、《流血十月的教训》等政论著述。——译者注

之上的多民族文化与历史共同体"。依据这些理论家的论点,占俄国人口 85％
以上的俄罗斯国家民族,在行使自决权时,有权要求建立一个统一的、给予少数
民族文化自治权的俄罗斯民族国家。不过,考虑到俄国传统性的保护其他文化
或民族的政策,俄罗斯国家民族可以向居住在该领土上的其他民族推荐不具有
脱离俄罗斯构成之权力的强制性的联邦制。"后改革派"理论家们则断言,这一
公式对所有此类民族均是有益的,因为,若是使俄罗斯居民从他们的领土上退
出,若是将他们历史和文化中的俄罗斯成分剔除,等待他们的会是不可避免的文
化退化,或是被更为强大的近邻所吞噬。① 因此,"多民族的俄罗斯国家民族"在
这里被视为与其他(多民族的?)国家民族和(或是)少数民族一样,是俄国居民民
族结构的一分子。此类观念遗留了不少模糊不清的问题,尽管显而易见,这些作
者们实际上谈论的是两类民族范畴的存在。其中的一类(此时常常会是一个民
族),可以成为国家建设的主体,而另一类,则只是由于它们之间存在着人口数量
上的差异而不能成为这样的主体。依我们所见,这样的理论不具备足够的说服
力。让我们回忆一下,斯大林当年亦曾把数量标准纳入其有关国家民族是国家
建设主体的论断之中,称一个民族共和国是可以期望独立存在于苏联之外的,假
若其人口"不少于,而是多于至少一百万"②。"后改革派"理论家们并没有做到
这一点。不过,与斯大林不同,他们不可能指望他们的理论不经过严肃的理论论
证便会被当作真理而接受。

　　出席俄罗斯联邦共产党列宁格勒州第三次代表大会的共产党人们,曾注意
到俄罗斯国家民族中极为独特的多民族性。他们在通过的一项决议案中宣称:
"俄罗斯人的国家作为俄国和相邻诸共和国所有民族生存之保障,具有其历史继
承性和自身价值。"这里的"俄罗斯人"一词,被建议应当理解为"指称的不是具体
的民族属性,而是一个巨大的、被共同的历史命运和共同的超级文化联成一体的
超级族类共同体的概念。此时,俄罗斯人——这便既是大俄罗斯人,也是白俄罗

---

　　① 见库尔基尼扬 C. E.、巴拉基列夫 A.、比亚雷 Ю. 等:《回应行动范围:"后改革派"俱
乐部关于民族—国家反对派问题的主题研讨会提纲》,载《21 世纪俄罗斯》,1993 年第 4 期,第
16,17 页。

　　② 斯大林 И. B.:《列宁主义问题》(第 11 版),莫斯科,1952 年,第 567 页。

斯人，亦是乌克兰人、巴什基尔人、摩尔多瓦人、犹太人、布里亚特人、鞑靼人……也就是说，俄罗斯人们，这就是那些被共同的国家领土、一如既往地也是被共同的经济、共同的文化联系在一起的那些人"（《真理报》，1994 年 2 月 11 日）。这一议论相当出人意料，完全不同于先前"列宁式的"和"斯大林式的"对国家民族和族际共同体本质的理解，且多半是表明部分共产党人对传统的民族定义的不满，不满足于承认这一定义不足以用来分析新的历史形势。为了标记俄国各民族共同体，许久以来便一直使用着"俄国人"这一概念。试图不加任何论证便否定这一概念，显然是不成的。

　　以超族类的国家民族观念为依据的，是《俄罗斯复兴宣言》的作者们。该宣言是根据俄罗斯复兴联盟和俄罗斯诸社团代表大会的提议制定出来的，声称要对民族和国家建设的一些关键问题作出"俄罗斯人的具有民族特色的解答"。《俄罗斯复兴宣言》不是某个独立的政治组织的文献；它诉诸的也是整个国家——爱国主义运动。宣言的主要目的，是论证俄罗斯人民联合的思想体系和探讨现代民族思想。这方面的内容我们将在后面作较为详尽的阐述，而在这里，还是让我们特别关注一下这些作者们为清除现今使用的一些概念的多义性所作出的尝试。这类概念均与俄国的国家民族和族类共同体问题相关。族类共同体（即民族）被宣言的作者们理解为是在部族血亲、语言一致性和领土现存（或曾经存在过的）一致性基础上形成的一种稳定的社会群体。他们将这一概念用于指称那些尚未达到高级发展水平的民族。与他们不同，那些表现出有能力构建高级文化的民族，造就出在立国和巩固高度发达文化过程中渐渐形成的国家民族。进而断言，"国家民族，是以承担国家建设和统一文化空间创建之主要重负的族类共同体（即亲缘族类集团）为中心而形成的"①。

　　不难看出，此类观念在现代俄国现实生活中的反映，究其实质，便是单向度地剥夺俄国境内各非俄罗斯民族要求获得国家民族身份的权力，这未必是正当的。在了解了宣言作者们所诠释的"俄罗斯国家民族"和"俄罗斯人民"概念之

---

　　① 《俄罗斯复兴宣言》（第 2 版），载《俄罗斯诸社团代表大会（宣言）》，杜布纳，1994 年，第 8 页。

后，这一印象会更为强化，即"俄罗斯国国家民族——这是一个以大俄罗斯、小俄罗斯和白俄罗斯各族类共同体为中心而形成的并包含着为数众多的与俄罗斯文化、精神和国家传统紧密关联的一些人民的国家民族"；而俄罗斯人民，则是"成就俄国民族传统、国家传统和文化传统的各族类共同体之代表"。宣言中另有一处指出，"俄罗斯国家民族正在将大俄罗斯人、小俄罗斯人、白俄罗斯人、尚于不久之前形成的新的非俄罗斯族类共同体（哥萨克人、乌拉尔人、西伯利亚人等等），同时还有其他一些自认为是俄罗斯人的俄国土著部民，联合起来"。如此一来，宣言作者们便将俄罗斯族人与非俄罗斯族的俄国人混为一谈，从而引发了一些只有在注意到作者对俄国境内俄罗斯民族和非俄罗斯民族发展前景的预见之后才可能得到答案的问题。"俄罗斯国家民族形成的完成，"宣言宣称，"将决定着这些族类共同体的历史命运：或者是永远与俄罗斯民族在一起，或者是转化为……向往俄国境外其他的（即非俄罗斯的）文化传统和国家构成的操俄语的族类共同体集团。"[①]宣言的作者们在号召清除政治上的极端主义和目空一切的民族独特性的同时，正如可以想象到的那样，其自身亦染上了此类病症。若要剥夺俄国境内非俄罗斯民族获得国家民族身份的要求并把这一身份只保留给俄罗斯民族，那便亦应当对那些与此针锋相对的主张的存在有思想准备。结果便是出现了一些荒谬的论点，认为无论是俄罗斯国家民族还是俄罗斯人本身，以及俄国其他国家民族，都是不存在的。

亚·叶·扎尔尼科夫[②]对此种具体情形进行了仔细研究，他揭示出产生这一谬误的原因之一。问题的关键所在是，地球上的所有民族，不仅仅是按照自己的方式生存于各自的国家中或民族疆域内，亦总是会群聚于一个被历史学家们称之为"文明"的共同体内；而民族学家则将这一共同体命名为"超族类共同体"。"譬如说，"扎尔尼科夫曾于1994年阐述道，"德国人、法国人、英国人、奥地利人和其他一些西欧人民，早就已经在构建一个统一的、超族类的、依照自身法则发

---

① 《俄罗斯复兴宣言》（第2版），第9、10页。

② 即亚历山大·叶甫盖尼耶维奇·扎尔尼科夫（Жарников, Александр Евгеньевич），俄联邦总统俄国国务研究院民族和联邦关系教研室教授，著有《政治精英斗争中的民族因素》、《民族发生学与社会——政治过程》、《俄国民族政策：三种方案之优劣》等。——译者注

展着的整体。因此,您若是想要证明,比方说,德国人不存在,那就请将西欧超族类共同体的特征(即判断标准)用之于德国人,您便会得到同我们这位作者研究俄罗斯人时所得出的同样的结果。但是,若将'俄国超族类共同体'和其构成之一部的'俄罗斯民族'这类事物,界分开来,则一切都是存在的。且所有意欲尝试证明'俄罗斯族人——这是一个包含世间一切的神话'之举,都将是无稽之谈,是个儿童智力游戏。"①依我们所见,《俄罗斯复兴宣言》的作者们因犯下这种错误和处理事情有点简单化,便过早地将另一序列的共同体——斯拉夫超族类共同体那个众所周知的一部宣布为俄罗斯国家民族。

尤·梅·鲍罗达依②的文章《由帝国走向民族统一》(1994)中,提出了解决国家民族与族类共同体相互关系问题的别出心裁且在许多方面令人信服的办法。这位作者断言,民族理论的根本性缺陷,其根源在于混淆了"族类共同体"与"国家民族"的概念,直至将它们完全视为同一。这在列·尼·古米廖夫的那些著述问世之后,已经成为一种常态。鲍罗达依与他不同,认为国家民族(нация)和族类共同体(этнос),是两个虽然近似,但同时亦有着原则性差异的概念。国家民族,就其本质而言,最初是多族类共同体的,或者更准确地说,是超族类共同体的。可能成为健康的国家民族基础的,只是诸不同族类共同体的和谐组合。地球上数百个族类共同体得以保存至今,正是因为它们没有开始向国家民族的演进。族类共同体通常不要求拥有一个国家组织;而国家自决——这是国家民族且只有国家民族才有的神圣权力。③

在族类共同体基础之上建立起来的国家组织与在国家民族基础之上建立起来的国家组织,据鲍罗达依所见,其相互之间亦有着原则性的差异。多民族的国家组织,只能以种族隔离的形式存在。其唯一的任务,常常是镇压异族,甚至镇压那些就血缘而言亦为同类但却有着另类习俗的族类。这样的国家组织,在鲍

---

① 扎尔尼科夫 A. E. :《俄罗斯族人存在否?》,载《俄国公民》,1994 年第 21 期,第 7 页。

② 即尤里·梅福季耶维奇·鲍罗达依(Бородай, Юрий Мефодьевич, 1934—2006),哲学家、政论作家,有"俄罗斯第三条道路理论家"之称,著有《从幻象到现实》等。——译者

③ 鲍罗达依 Ю. M. :《由帝国走向民族统一》,载《新俄罗斯》,1994 年第 3—4 期,第 78、81 页;另见其《民族统一形成之路》,载《我们同时代人》,1995 年第 1 期,第 112—132 页。

罗达依看来,正是一些新邻国的领导者们所试图确立的。正在踏上立国之路的族类共同体,通常会放弃对某些特别权利的要求。民族的自我割舍、自我约束,这是族类共同体这个超族类类型国家组织的建设者的命运。这种族类共同体,会在平等的基础上与其他族类共同体联合起来并与其一道在超族类的国家民族中终结自己的族类共同体的存在。例如,曾给了法兰西人名字的金发碧眼的法兰克人,如今何在? 现代英国人又是些什么人呢? 最初,他们是被罗马化的、与盎格鲁族人和撒克逊族人混血而成的凯尔特人,后来又被法兰西化的挪威人,即诺曼人所征服。关于意大利人、德国人,也可以道出类似的情形。从族类共同体这个国家的创立者那里,最经常地会遗留下来两个纪念物:已成为国家民族之名的民族专用词和全民族语言的语言结构。①

依据这种观点,俄国人——这就是一个跨度巨大但尚未成熟的、远未完成其建构的年轻的欧亚国家民族。解除曾使昔日苏联蒙受损害的民族危机的密钥,按照鲍罗达依的意见,应当在处于新俄罗斯形态中的苏联大部分地区的再度一体化中去寻找,应当在继续进行具有创建意义的全体国家民族性的工程中去寻找。此项工程,目前已清除了有悖于民族原则的共产主义——乌托邦式的和帝国式的建构。该作者期望,最先踏上这条道路的,将是尝到了独立苦头的我们的哈萨克兄弟、白俄罗斯人、乌克兰人。他们将会自行摆脱那些地方性的政客并开始对莫斯科中央施压,要求联合起来。②

与那些依然相信苏联政权时代在我国形成的新的历史共同体会"继续存在并早晚会重建一个完全符合自身属性的国家"③的人们不同,鲍罗达依认为,未来俄国的疆界与昔日苏联的疆界并不吻合。俄罗斯帝国和它的继承者苏联的疆界,显然曾是大于民族的疆界;而今日俄国的疆界,则已是较为狭小得多。国家民族和民族国家与一个帝国的不同之处是,组成国家民族和民族国家的族类共同体具有精神上的民族兼容性(即自发使然的或历史造就的"互补性")。因此,

---

①　鲍罗达依 Ю. М. :《由帝国走向民族统一》,载《新俄罗斯》,1994 年第 3—4 期,第 78、81 页;另见其《民族统一形成之路》,载《我们同时代人》,1995 年第 1 期,第 79、80 页。

②　鲍罗达依 Ю. М. :《由帝国走向民族统一》,第 80 页。

③　库拉什维利 Б. П. :《俄罗斯何去何从?》,莫斯科,1994 年,第 190 页。

俄国若是提出把白俄罗斯、乌克兰东部、新俄罗斯、克里米亚和哈萨克斯坦的俄罗斯地区诸民族联合成一个统一的俄国国家民族的原则作为本国政策的主要目标，它便会被视为一个稳定的和永久性的国家。鲍罗达依认为，也许，为了实现这一目标，俄国方面只需发布一个宣言便足矣，其余的事情，我们那些"境外的"兄弟们自己就可以搞定。①

对尤·梅·鲍罗达依所描述的这个再度一体化过程来说，一个严重的障碍可能是近来在俄罗斯族人心中已被唤起并正渐渐成为一种担心的疑虑，即任何形式的再度一体化，事实上都可能会再次演化成对俄罗斯族人在其民族发展中的单向度的制约，和像从前一样企图依赖他们来确保其他民族的相对安康。为了不重蹈覆辙，克·格·米雅洛②、娜·阿·娜罗齐尼茨卡娅（1994 年时）曾认为有必要声明，必须要竭力去重建的那个国家，应当不是苏联，不是独联体，也不是欧亚联盟之类，而正是一个统一的、不可分的、能确保将已被肢解的俄罗斯人民在其所有历史领土之上重新联合起来的拥有绝对权力的俄罗斯。若是先前曾加入苏联的那些民族如今无意于重新联合，却倾向于与俄罗斯建立一个紧密的联盟，那么，这个联盟则应当以俄罗斯友好联邦的形式来实现。两位作者认为，对待那些不久前还在对俄罗斯人出言不逊，而现在只是把俄罗斯当作一个经济蓄能器或国家大难临头时的避难所的人，俄罗斯人并不热心于为他们重新背负起大包大揽的责任。与尤·梅·鲍罗达依不同，这两位作者号召俄罗斯人不要自我限制、不要摈弃自己独特的民族品质，而是要首先专注于自身建设，即在人口方面加以强化，且重要的是要使自己重新成为一个精神上的民族共同体。③

主张构建一种其间没有俄罗斯族人自决权和处世原则立足之地的"俄国认

---

①　鲍罗达依 Ю. М.：《由帝国走向民族统一》，第 82—83 页。

②　即克谢尼娅·格里戈里耶芙娜·米雅洛（Мяло，Ксения Григорьевна，1936—　），历史学博士、政治学家、政论作家。《我们同时代人》杂志的撰稿人，另著有小说《俄罗斯与 20 世纪的最后的战争》、论文《论俄罗斯的"农民文明"》等。——译者注

③　米雅洛 К. Г.、娜罗齐尼茨卡娅 Н. А.：《俄罗斯的重建与欧亚的诱惑》，载《我们同时代人》，1994 年第 11—12 期，第 218 页；《论历史俄罗斯重建之路》，载《文学俄罗斯》，1994 年 10 月 21 日，第 2—3 版。

同"思想,也不为德·奥·罗戈津①所接受。他曾于 1994 年号召拒绝同一国籍之国家民族的定义,因为在他看来,这一举措是在"剥夺俄罗斯族人的主体性,从而会为各式各样的反俄政治观念铺平道路"。这位作者提醒人们注意那个在他看来系实施这类构想的失败的经验:"我们已经尝试过建立一个新的历史共同体——'苏联人民',并且如今我们已经看到它所产生的结果。"由于我们现在已经不是使"俄罗斯性"重新消溶于苏联人民,而是消溶于同样抽象的"俄国人民"中,因此我们是在冒着彻底丧失一个民族的族类文化独特性的危险。为了不使这种危险发生,俄罗斯民族,依罗戈津所见,应当被认定为一支能够将自愿向往俄罗斯文化的其他民族和部族的能量蓄积起来的国家建构力量。然而,认为这与也是在这里提出的那个论点——"民族或民族集团的利益和好恶的和谐平等,是族际协调一致的唯一准则"——并不矛盾。② 这在我们看来恐怕是不正确的。

不过,在这样的情形下谈论诸民族之间利益的和谐、平等,是不可能的。因为,就实质而言,在俄国境内被承认系国家民族的,仅有俄罗斯民族,而所有其他民族,均被归入少数民族之列。鲍·谢·霍列夫③从这一立场出发对俄国居民的结构进行了仔细研究,认为,"依据国际标准(这里指的是,这个主体民族人口占 80％以上,而承认俄语是母语,特别是讲俄语的人口,其比例还要高),俄国根本不是一个多民族国家"。根据这些标准,俄国乃是俄罗斯民族这个主体民族之国,"但却有着极其多样的少数民族,即有着语言、宗教信仰、文化的多样性"(《真理报》,1994 年 3 月 11 日)。维·伊·科兹洛夫亦从这一立场看问题,认为在俄国宪法中反映出俄罗斯族类共同体的历史作用和主导意义,直截了当地将俄国

---

① 即德米特里·奥列戈维奇·罗戈津(Рогозин,Дмитрий Олегович,1963—　　),政治活动家,哲学博士,俄罗斯复兴联盟和俄罗斯社团代表大会的创立者和领导人,后历任俄常驻北约代表(2008 年起)、祖国党主席(至 2006 年)、国家杜马国际事务委员会副主席(2000—2003)等。——译者注

② 见罗戈津 Д. О.:《故乡上的外国人》,载《莫斯科》,1994 年第 7 期,第 118 页;《观察家》,1994 年第 18 期,第 187—188 页。

③ 即鲍里斯·谢尔盖耶维奇·霍列夫(Хорев,Борис Сергеевич,1932—2003),经济地理学家、人口学家,曾任俄联邦国家计划专家委员会成员、反对俄国诸民族分离联盟主席,著有《俄罗斯的民族分离》《可恶十年的痛苦总结》等。——译者注

称为俄罗斯民族(即俄罗斯族类共同体)国家,是完全适宜的。该民族允许在这个国家境内有少数民族区域自治的存在。(《青年近卫军》,1998年第9期)

对最近一时期俄国社会思想主要倾向所做的分析,使得可以得出结论,即尽管将具有同一国籍的俄国人作为国家民族来理解令人有某种不快,但其支持者的圈子却是随着时间的推移而扩大开来,含括着各式各样的科学流派和政治运动的代表性人物,其中亦有用俄罗斯民族色彩粉饰起来的。在我们看来,在这方面最有意义的是下述事例。

俄罗斯自由民主党领袖[1]在《莫斯科大学学报》(第18集,1998年第2期)中写道:"可以设定,俄国是俄国民族的国家;俄罗斯民族是这个国家的脊梁。"他认为,应当拒绝"对民族属性作狭隘的、种族式的理解,而应转而将国家民族作为一个统一和不可分的祖国之同胞的观念来诠释。俄罗斯人没有对爱国主义的垄断权。热爱俄国的人,可以是鞑靼人,也可以是巴什基尔人、雅库特人。俄国所有民族对各自命运所具有的共性的了悟、对系本民族文化特性保障的大俄罗斯国家主张的了悟,应当成为他们精神统一和团结一致的保证。俄罗斯——这是我们共同的祖国。因此,这一民族自觉必定应当是复合性的,即大俄罗斯化的、全俄罗斯式的(东斯拉夫式的)、俄国式的"。

"精神遗产"运动领袖阿·伊·波德别列兹金[2]断言,"有关国家—爱国主义思想意识、有关可能成为民族和国家发展战略的当代全民思想,其形成与社会意识"问题,如今已成为一个中心问题。故特别强调指出,"民族—国家"模式最为可靠。这种国家被理解为"拥有被牢牢聚合在一起之居民的全民性的一方领地。

---

① 即弗拉基米尔·沃尔福维奇·日里诺夫斯基(Жириновский Владимир Вольфович,1946—),俄政要,1986年创立俄罗斯自由民主党,1991年参加俄国首次总统大选,得票率位居第三。1993年议会选举中,该党得票位居榜首。现为国家杜马副主席。——译者注

② 即阿列克谢·伊万诺维奇·波德别列兹金(Подберезкин, Алексей Иванович,1953—),政治活动家,曾任俄联邦莫斯科国际学院副院长、俄联邦副总统亚·鲁茨科依的顾问、国家杜马国际事务委员会副主席、社会正义党副主席;2000年曾竞选俄总统;1994年发起全俄社会政治运动"精神遗产",2001年前任该组织中央理事会主席,后为社会统一党"精神遗产"的领袖之一;2005年当选社会正义党副主席,现为独立组织"公民社会"主席团成员。——译者注

他们是被共同的历史,被争取生存的斗争,被多方面的生存和再生产的价值观所联合起来的"。改造俄罗斯的终极目标,被视为要建立一个"单一制的、超民族的、族际性的国家;在那里,民族自身的特征,仅在文化、教育的范畴内得到体现"。①

亚·伊·索尔仁尼琴,这位俄罗斯思想的最耀眼的信徒之一,也对俄国爱国主义赋予了重大意义。"一个多民族的国家,"他曾在 1998 年写道,"在历史的困难关头,应当在支撑和鼓舞本国所有公民方面有一个支点。每一个民族均应当有这样的信念,即对国家共同利益的一致捍卫,亦是它所迫切需要的。"这位作家抱憾地指出:"这样的国家爱国主义,在今日的俄罗斯,根本无人提及。""新俄罗斯没有使自己像个祖国。"②

对"民族"、"人民(即族类共同体)"和"国民(即具有同一国籍之民)"相互关系问题的历史所做的这一简略的附带论述,使得可以得出一个结论,即政治活动家们(在科学界则是历史学家、国家学家、政治学家、民族学家们)早已注意到,将国家民族(即诸族类共同体)和与之相应的单一民族国家作为人类生活的最通用形式的观念,存在着缺陷。人们的社会—文化的和政治的取向,在不小的程度上取决于他们对另一些同一性(即社会的、文化的、宗教信仰的同一性)的归属,且首先是对国家同一性(即同一国籍、同一国民)的归属,这类属性在一体化、聚合化、同化等族类联合过程中、在后民族政治性的和后民族性的(即超族类的、超民族的)建构形成过程中,发挥着极为重要的作用。在分析当今的族际关系和民族政策时,令人感到特别重要的是,不要把作为百姓的一族之民与作为拥有共同国籍的一国之民之间的相互关系问题作片面的诠释;不可忽略"族类共同体与超族类共同体"、"民族与超民族的同一国籍之民"系统构成中的任何一个组元。

今日之俄罗斯,作为一个多民族国家,决定着其特殊性的,是它系昔日苏联之一部,即为过去那个系统的一个组分。这一组分已经获得独立存在的机遇,但

---

① 见波德别列兹金 А. И.:《俄罗斯之路:跨出一步!》,莫斯科,1998 年,第 17、222、224 页。

② 见索尔仁尼琴 А. И.:《崩塌中的俄罗斯》,莫斯科,1998 年,第 153、154 页。

依然保留着先前系统的所有缺陷,继承着它的所有负面特性。众所周知,苏联名为联邦制国家并在许多方面已是一个独一无二的国家构成。它的内部结构,既不是为传统意义上的统一民族所预设,亦不是为后民族式的社会状态即作为同一国籍之民的国家民族所预设。苏联是一个形形色色的、"国家化的"和"非国家化的"诸民族的联合体。这些民族构建出一个国中之国的混乱体系(即加盟共和国和各种等级的自治化建构)。

　　苏联的联邦体制的独一无二性,常被从两个方面加以说明:其一,通过对昔日统一的沙皇俄国的民族—区域的分解,布尔什维克党人得以轻易地夺取了政权并巩固了自己的地位。非俄罗斯民族将这种分解理解为新政权向他们的民族诉求做出的某种让步。其二,用来证明实行联邦主体等级制的联邦制联盟为正确之举的,是这一联盟不仅被描绘成,且亦切实成为由较为发达的民族向少数和落后民族提供帮助的媒介。① 在苏联,落后民族"最为珍贵的权利",曾被视为他们对要求积极帮助所拥有的权利。"且与这一权利相应的是,'大民族'(державная нация)负有提供援助的义务,而这一援助,仅是还债而已。"格·谢·古尔维奇的著作《苏联宪法原理》一书(1929 年第 7 版)曾如此断言道。于20 世纪 30 年代初期之前在苏联形成的这个等级制联邦体制,曾是完全以这种"援助之权"及援助规模作为先决条件的。在 1926 年版的《苏联大百科全书》中,自治州被描述成"苏联一些民族的一种政治自治形式,那些民族由于已经形成的不利的历史的及其他的条件……特别需要中央政府的持久支持"。进而指出,"自治共和国,则是较之自治州更为高级的民族自治类型;但这仅仅意味着一点,即与自治州相比,自治共和国需要中央的支援和指导会少一些"。苏联各民族之间经费分配的规则是"弱者多得"。② 此类主张,日后一直沿袭未变。这种慈善式的、家长作风的民族政策,其追求的终极目标没有被掩饰起来。人们宣称,苏联类型的这一联邦制联盟,开启了一条通往民族事实上的平等和政治上的完全

_____

　　① 见《苏联大百科全书》,第 1 卷,莫斯科,1926 年,第 380、382 栏;《苏联国家与法》,1959 年第 3 期,第 34 页。

　　② 见《苏联大百科全书》,第 1 卷,莫斯科,1926 年,第 380、382 栏。

统一,进而达到他们分阶段地亲近和融合为一个统一整体的最便捷之路。①

　　在国家的超民族的领导者们看来,联盟中不设立俄罗斯共和国,这些目标更易于达到。因为这使得可以不受监督地利用这个"大民族"的资源去援助和拉平加入联盟的各个民族。那个已布告天下的、让所有民族在社会主义条件下均获得繁荣发展的方针,曾要求各级中央政府推行干部的本地民族化和兴办各种慈善事业。为了不使这一方针与各民族亲近和融合的方针发生抵触,中央曾对所有可能被怀疑为资产阶级民族主义和有民族主义倾向的人,广泛采取了惩罚措施。在对民众进行宣传教育的配合之下,这一举措也按照自己的方式促进着新历史共同体的形成。因为没有了斯大林和独特的斯大林式的社会凝聚手段,这一过程便没能完结。相反,在联盟瓦解中发挥了各自作用的地方民族主义和分离主义,却开始加速表演起来。

　　因此,著名政治活动家阿·伊·卢基扬诺夫②所阐释的那个结论和论证这一结论的过程,便值得关注。他曾断言:"在我们俄罗斯,长久以来盛行一条原则,依照这一原则,大民族永远应当向小民族让步。只要稍有异议,你就会被指责为沙文主义,这是昔日非常严重的扭曲。它们产生的原因,是许多地区领导机关成员的民族构成以及我们在各共和国境内曾有意识地在选举中提升当地民族的比例和人为地降低俄罗斯族人的人数所致。但是,当开始进行差额选举时,在一系列共和国中并没有出现任何比例匀称现象,被提升的仅仅是民族干部。俄罗斯族的领导人物总是会遭到扼杀。我们联盟的瓦解,便是始于这一点,始于地方领导获得了借主权口号作掩饰、不服从联盟国家的能力。而莫斯科若是开始予以压制,所有人便都会大谈起帝国主义和俄罗斯大国主义的话题。"(《日子》,1993 年第 8 期)我们认为,苏联的垮台证实着一个重大问题:其他姑且不谈,它鲜明地暴露出布尔什维克党人国家思想体系的种种负面思想和这一思想体系的

---

　　① 见古尔维奇 Г.С.:《论苏联》,莫斯科,1931 年,第 33 页;切利亚波夫 Н.:《党与民族问题》,载《苏联国家和法律革命》,1930 年第 5—6 期,第 118 页;等。

　　② 即阿那托利·伊万诺维奇·卢基扬诺夫(Лукьянов, Анатолий Иванович, 1930—　),莫斯科大学法学系教授,曾任最高苏维埃主席(1990—1991)、国家杜马代表(1993—2003)等。——译者注

基础,即所谓的"真正国际主义"及其必然的伴生物——仇俄情结、民族虚无主义、世界主义——的根据不足。

"新共产党人"的一位具有影响力的领导人,曾对似乎是真实的、真正的(依照不久前党正式诠释的)国际主义表达了否定态度:"那个无人理解的无产阶级国际主义和与人民世界观相去甚远的新政治思维的世界主义及其'长入'世界文明的种种荒谬定位,是不可能成为俄罗斯改革的思想和实践的原则的。"这种真实的国际主义,实际上与托洛茨基关于这一主义的观念最为相符。因此,根·安·久加诺夫所作出的那个结论,便显得离真理相去不那么遥远:改革的"建筑师们"和"工头们",原来是些"最彻头彻尾的新托洛茨基分子"。[①]

将戈尔巴乔夫与托洛茨基作一比较,这并不是没有道理的。诚如尤·帕·别洛夫[②]所描写的那样,苏联共产党和苏联这个最后一位领导者,其不光彩的结局,便始于"革命的"世界主义:"革命在继续!"此后,随之而来的是"全欧大厦"的主张。最后是"我们所有人都坐在一条船上漂流"。"革命的"世界主义成了自由主义的世界主义的掩护。我们终于漂流到联盟的瓦解——漂流到俄罗斯的崩溃(《苏维埃俄罗斯》,1994年10月20日)。据此观点而论,久加诺夫于1993年宣布向自古以来的民族价值观念回归,承认还原国家历史发展继承性的必要性,拒绝好斗的无神论,否定以"无产阶级国际主义"口号为伪装的、只是对俄罗斯诸民族命运所采取的冷漠态度,拒绝随时准备把他们世代相传的独特性和民族利益拿去作为敬奉"世界革命"的莫洛赫[③]的牺牲[④],这些看来是完全正确的。

造成现今这场"革命"悲剧的原因,在我们看来,大多正是因为那些新革命派们重蹈了布尔什维克党人在民族问题上的覆辙。全球政府主义(Мондиализм),作为被臆想出来替代共产主义的国际主义的"光明未来",诚如娜·阿·娜罗齐

---

① 见久加诺夫 Г. А.:《政府的悲剧:政治自传之页》,莫斯科,1993年,第192、55页。

② 即尤里·帕夫洛维奇·别洛夫(Белов, Юрий Павлович,1938—　　),政治活动家,曾任第二届国家杜马成员、苏共列宁格勒州委书记(1990—1991)、俄联邦共产党中央主席团成员(1993—2004)等。——译者注

③ 莫洛赫(Молох),腓尼基人信奉的神,常以儿童向它献祭。——译者注

④ 见久加诺夫 Г. А.:《大国》,莫斯科,1994年,第127页。

尼茨卡娅在《国家由世世代代构建而成，而国界常由流血来划定》一文中所正确表述的那样，它依旧意味着"庸俗地、唯物主义式地和欧洲中心论式地幻想着世界正走向一个统一的范式，而没有看到它的文化与文明的多样性。在坦白的马克思主义者和托洛茨基分子那里，这曾经是共产主义，而在他们那些现代的近亲兄弟们——全球政府主义者们那里，这便是全球西方化。在这条道路上，一些国家似乎已经取得了成就，而另一些暂时尚'不文明的'国家，因'沙文主义'、'帝国的妄自尊大'和不肯接受'全人类的价值'而落后于人"①。民族的因素，那些新革命派与当年的布尔什维克党人一样，眼下仅仅是将其用之于实现战术目的，用之于夺取和掌控政权。

由此，便有了对民族的和国家的爱国主义（即能确保寻找到被公认能保障各民族公正生存与共存的最佳国家体制形式的强大要素）的熟视无睹，亦出现了新、旧政府竞相将俄罗斯自家的主权拿去分送他人之举，还有他们动手肢解昔日统一国家时所表现出的那种轻举妄动。鲍·尼·叶利钦在其《总统札记》一书中承认，曾经有过是否捣毁苏联的抉择。譬如，他也许可以"尝试合法地占取戈尔巴乔夫的位子。成为苏联首领之后，再重新开始他的'自上而下的'改革……这种机会是有过的"。但是，这位总统继续写道："占据戈尔巴乔夫的位子——我在心理上做不到。"②白俄罗斯总理维·弗·科比齐③，也是1991年12月别洛韦日密林那次著名会晤的参与者之一，后来曾谈起过那一时刻占主导地位的情绪："那时曾经有过一种精神上的愉快，谁也没有想象到我们将走到哪一步。只有一点：赶走戈尔巴乔夫。尽管已经在那里，在维斯库利，白纸黑字，一切都交代得明明白白。但是，那些文件并没有起作用。"（《共青团真理报》，1993年7月13日）原来，诚如万达·瓦西列芙斯卡娅当年曾描写的那样，这正是"强盛烟消云散、伟大轰然倒地"的原因。

---

① 见娜罗齐尼茨卡娅 H. A.：《国家由世世代代构建而成，而国界常由流血来划定》，载《麻花钻》，1994年第1期，第4页。

② 见叶利钦 Б, Н.：《总统札记》，莫斯科，1994年，第154—155页。

③ 即维雅切斯拉夫·弗兰采维奇·科比齐（Кебич, Вячеслав Францевич, 1936— ），任该职时间为1991—1994年，此前为白俄罗斯部长会议主席。——译者注

俄罗斯民族—国家体制中的主要矛盾。新政权依旧保留着我国民族—国家体制中那个根本性的矛盾——俄罗斯与其他民族在这个统一国家中地位的差异。过去,这个根本性矛盾的表现之一,便是俄罗斯中央所属各部与联盟中央所属各部之间日益增长着的对立。这一对立的原因与实质,在苏联最后一届政府成员米·费·涅那舍夫①所著的《岁月的人质》一书中,得到清晰的解释:"这一对立形成的根源所在,当然是俄罗斯与其他加盟共和国相比,长期所处的无权地位和中央所属诸部依赖俄罗斯解决联盟许多问题的政策。这一由来已久的对立,当俄罗斯中央所属各部拥有了充分权力时,便转而成为对那些在中央各部门工作的人们的公开的不友善,并促使了对那里所做的一切均予以否定的态度。"②尼·伊·雷日科夫③注意到了叶利钦的主张之力量所在——他反抗联盟中央的斗争不可能不获得俄罗斯人的支持。个中缘由极其简单,且已是世人皆知。这位苏联部长会议主席在 1990 年 10 月召开的主席团会议上讲道:"俄罗斯确实曾受到限制。仅铁路一事,就足以说明问题——你驶离莫斯科 60 公里都不行。人民现在认为,这下可来了位能拯救我们的沙皇。俄罗斯人被压迫了 70 年,他们的一切都遭到剥夺,为的是把我们财富的三分之一奉送给他人;鲍利斯将会使这种掠夺终结。"④1994 年 6 月 18 日,雷日科夫在一次演讲中再次重申自己那个由来已久的信念:"俄罗斯民族不是一个帝国民族……从 1917 年起便不是了。俄罗斯一贯是贡献的多,而从其他共和国那里得到的少。"⑤

随着联盟中央与诸加盟共和国之间的矛盾的"解决"(即苏联的分裂),在今

---

① 即米哈伊尔·费奥多罗维奇·涅那舍夫(Ненашев, Михаил Фёдорович, 1929—　　),历史学家、政论作家,曾任《苏维埃俄罗斯报》总编,苏联国家出版、印刷和图书贸易事业委员会主席(1986—1989),苏联电视广播国家委员会主席(1989—1990)等职。——译者注

② 涅那舍夫 М. Ф.:《岁月的人质:发现·思考·见证》,莫斯科,1993 年,第 240 页。

③ 即尼古拉·伊万诺维奇·雷日科夫(Рыжков, Николай Иванович, 1929—　　),苏俄政要,1985—1990 年任苏联部长会议主席,同时兼任苏共政治局委员,现为国家杜马代表。——译者注

④ 转引自沙赫纳扎罗夫 Г.:《自由的代价(戈尔巴乔夫助手眼中的戈氏改革)》,莫斯科,1993 年,第 165 页。

⑤ 《国际论坛"论新的和谐"(欧亚共同体:多样化中的共性)资料和发言汇编》,莫斯科,1994 年,第 15 页;雷日科夫 Н. И.:《大动荡的十年》,莫斯科,1995 年,第 266 页;等。

日的俄罗斯联邦中,同样的矛盾又在新的联邦中央、俄罗斯诸边疆区和州的管理机关、诸共和国和民族自治州及区的管理机关这三方之间"运作着"。

新革命者的新布尔什维克主义,在我们看来,不仅清晰地表现在米·谢·戈尔巴乔夫及其同道们在"改革"年代的活动中,亦表现在他们后来的活动中。作为这一革新的思想与实践的基础的,依然是那个国际主义(可以更精确地说,更像是布哈林和托洛茨基式的国际主义),依旧是那种与各民族的迫切的民族利益相去甚远的世界主义式的急迫心态,即急欲在接受西方价值观、接受那里的社会和生产组织原则的基础之上将我国整合于世界文明之中的心态。确实,现今的执政者与布尔什维克党人和改革之初的戈尔巴乔夫不同,他们摆脱了对独特性和弥赛亚主义的诉求,摆脱了意欲通过指明通往所有地球人的新的"光明"生活之路来造福世界的愿望。但是,戈尔巴乔夫就像在他的一篇文章的题目中所表述的那样,依然继续笃信:"在进入 21 世纪时,智人应意识到自己依然是地球人。"(《独立报》,1994 年 4 月 13 日)然而,可以想象,当社会学研究结果表明,70%的应征加入俄国军队的人声称没有必要服兵役,超过 35%的应征入伍者声称时刻准备离开祖国,而有 50%的应征入伍者认为"军人义务"、"荣誉"、"爱国主义"已经失去意义(《红星报》,1994 年 4 月 12 日)时,在这种景况之下,迫切需要关注的,当是应当如何更快地克服这种形成于改革年代的、与爱国主义相悖的新情结。

1994 年,俄罗斯总统在致联邦会议的那份咨文中,曾公正地指出,若是我们今后依旧把俄罗斯居民划分为所谓的"土著居民"和"非土著居民",民族和睦便不可能达到。文中认为,可以借以切实达到这一目的的方法,与其说是不容许进行此类划分(这一划分反映出各民族集团间的客观差异),不如说是应在组建区域政府机构时,以及在设立保障这些民族集团的民族—文化发展和负责此项工作的机构时,赋予它们平等的权利与机会。

我们认为,与有关所谓"土著"和"非土著"居民的立论存在着明显矛盾的,是一个与之并存的观点——必须划定出"少数民族"(相应地,亦要划定出多数民族)并制定出关涉少数民族的专门法律。在这种情况下,由这些概念的相互关系所衍生出来的种种困难,通常没有被考虑到。每一个土著民族集团(除了最大的和最小的之外），均可能同时既是个少数民族，又是个多数民族。将人民划分为土著的和非土著的、大民族和少数民族，这正是属于那个过去无论如何也未能摆脱掉，而现今应当坚决予以拒绝的遗产。同时，这一遗产在很大程度上是与从前的联邦体制的实质相符合的，恰恰是这种联邦体制的消极一面和依然被保留下来的民族关系不公正性的反映。它们与国家民族乃具有同一国籍之民的思想，是完全相悖的。

俄罗斯问题——当代俄国的根本问题。当代俄国及其民族关系的一个最为重大的问题，便是俄罗斯问题。在现阶段，这一问题是作为那个憎俄的、本质上系超民族的苏联政权的遗产而存在的。那些要在世界范围内取得社会主义的胜利和利用俄罗斯人民作为世界革命的突击队和后备力量的种种定位，那个将俄罗斯民族视作依弗·伊·列宁看来有责任历史性地消除因她的罪过而产生的不平等、依约·维·斯大林看来有责任确保苏联各民族的"亲近与融合"的民族的政府观念，是能够将任何一位一旦步入了这个国家的最高层、置身于权力最高端的同情俄罗斯人的亲俄者，转化为憎俄者的。此类转化的机制，运作可靠无误；该联邦制奉行的那些原则的反自然性，为其制定出运行程序。在这个联邦内，过去和现在，除俄罗斯民族之外，所有规模略大一些的民族，均有其民族国家建制。与联邦制自身概念的逻辑相背，俄罗斯族人没有自己的共和国，而与此同时，仅占俄国人口总数 7.02%（据 1989 年人口普查数据统计）的非俄罗斯民族集团，却有 21 个民族共和国、1 个民族自治州和 10 个民族自治区。这一局面，不是如今被赋予了权力的活动家们所实行的政策所造成的后果，而是他们的前辈们所采取的政策造成的后果。那些前辈们曾允诺，执政后将确保似乎过去曾受到俄罗斯族人这个压迫民族阻滞的各"异族"民族文化的"繁荣"，尔后还要通过某种融合办法来造福于这些民族。似乎，在执政者们看来，对实施这一虚幻方针构成的威胁，首先来自俄罗斯民族及其可能创立的俄国国中之国。一些非俄罗斯族的民族精英代表人物们，似乎亦不期望建立一个俄罗斯共和国。的确，更确切地说，他们所凭依的是另样的，但亦不是很有远见的考量。俄罗斯共和国若是存在,弗·伊·列宁承诺给予"弱小和被压迫"民族的那种"对不平等的补偿"①,便很有可能受到质疑;它的条件、形式、期限、规模,无论如何都可能会是完全另样的。

　　当局对俄罗斯民族在自己的俄罗斯共和国内实行自治所持有的否定态度,由来已久——可以追溯到苏联建立前夕。众所周知,将各独立的苏维埃共和国纳入俄罗斯苏维埃联邦社会主义共和国,借此把它们联合成一个统一的国家——这个建议,早在1919年中期便已由共和国军事革命委员会提出来了(即由埃·马·斯克良斯基②,列·德·托洛茨基的革命军事委员会主席助理提出)。③ 1922年年初,外交人民委员列·鲍·克拉辛④、格·瓦·齐切林⑤也曾提出同样的建议。⑥ 1922年8月11日,斯大林亦建议实施这一计划,但仍然没有得到支持。列宁当时站到格鲁吉亚和乌克兰的"独立分子"一边。在那个著名的1922年12月30日的关于民族问题的口授记录中,弗·伊·列宁曾指出:"可见,整个这个'自治化'的想法,是根本不正确的,是根本不合时宜的。"⑦这一评判的最后一句话的语调,与列宁那个著名的"斯大林有些操之过急"⑧的话一道,使人们可以断定:实际上,这番话,与其说是在表述列宁对自治化主张(苏维埃时期准确表述这一主张的第一人的殊荣,应归于托洛茨基,而完全不是像自20世

---

　　① 《弗·伊·列宁全集》,第45卷,第359页。

　　② 即埃夫拉依姆·马尔科维奇·斯克良斯基(Склянский, Эфраим Маркович, 1892—1925),苏联政要,彼得堡十月革命参加者,后历任共和国军事革命委员会主席助理(1918年起)、劳动与国防委员会成员(1920—1921)等。——译者注

　　③ 见吉利洛夫 С. С.:《弗·伊·列宁——苏联多民族国家的组织者》,莫斯科,1972年,第82页。

　　④ 即列昂尼德·鲍里索维奇·克拉辛(Красин, Леонид Борисович, 1870—1926),苏联政要,历任俄联邦外贸人民委员(1920—1923)、苏联外贸人民委员(1923—1925)等。——译者注

　　⑤ 即格奥尔吉·瓦西里耶维奇·齐切林(Чичерин, Георгий. Васильевич, 1872—1936),苏联政要,历任俄联邦外交人民委员(1918—1923)、苏联外交人民委员(1923—1930)等。——译者注

　　⑥ 见《苏联建立史料》,载《苏共中央通讯》,1991年第3期,第180页。

　　⑦ 《弗·伊·列宁全集》,第45卷,第356页。

　　⑧ 《弗·伊·列宁全集》,第45卷,第211页。

纪 50 年代起便大加灌输的那样归于斯大林)本身的反感,不如说是在谈论在"独立分子"积极反对和国家机关工作人员不可靠的条件下实施这一主张的不合时宜。是时,苏维埃国家机关的大多数工作人员,正如列宁所写道的那样,"由于不可避免的原因,染上了一些资产阶级的观点和资产阶级的偏见";而依据他另外的一种表述,他们则是"沙文主义的大俄罗斯糟粕的渊薮"。① 正因为这一点,弗·伊·列宁才于临终之际嘱咐应暂缓施行自治化,"直到我们能够说:我们担保自己的机关是自己的"②。

为了捍卫自治化方案,斯大林曾使中央委员会政治局成员们注意:依据"共同与平等原则"③组建一个诸民族共和国联盟式的统一国家,但其中却没有俄罗斯民族共和国,这是不合逻辑的。他认为,"按列宁同志修改意见所制定的解决方案,应当是必须组建一个俄罗斯的中央执行委员会,撤去俄罗斯的 8 个自治共和国",并宣布它们为与其他共和国一样的独立的共和国。④ 不过,斯大林的这些论证并没得到考虑。列·鲍·加米涅夫依照列宁的请求提出一个详尽的苏维埃各共和国联盟构成方案。该方案中没有关于俄罗斯共和国的规定(《苏共中央通报》,1989 年第 9 期)。被迫同意列宁方案的斯大林,后来曾不得不公开论证将俄罗斯苏维埃联邦社会主义共和国分解为若干组分和组建俄罗斯共和国的不适宜性。他在 1922 年 12 月 26 日谈到,这可能会导致"在走向诸共和国联合过程的同时,我们可能会有一个将已经存在的联邦建制解体的过程,即将已经开始了的诸共和国联合的革命过程倒置过来的过程"⑤。

关于组建俄罗斯共和国的建议,在苏联建立之后,依然继续有人提出。1923 年 2 月,为了加强反对建立这一共和国的论据,斯大林曾提出了不允许这一建议变为事实的另一个有力理由。他写道,这一共和国的出现,"将会迫使我们将俄

① 《弗·伊·列宁全集》,第 45 卷,第 352,357 页。
② 《弗·伊·列宁全集》,第 45 卷,第 357 页。
③ 《弗·伊·列宁全集》,第 45 卷,第 211 页。
④ 《约·维·斯大林致弗·伊·列宁和政治局成员的信(1922 年 9 月 27 页)》,载《苏共中央通讯》,1989 年第 9 期,第 208 页。
⑤ 《约·维·斯大林文集》,第 5 卷,第 152 页。

罗斯族居民从俄罗斯共和国构成中的诸自治共和国构成中分离出去。并且,诸如巴什基尔、吉尔吉斯、鞑靼、克里米亚之类的共和国,将有失去各自首府(那是些俄罗斯族人的城市)的风险,且无论如何都将会被迫对各自的疆界作出重大的修改,这又会使组织改造工作的力度更为加大"①。对这位恰恰亦曾提出过不同的重建建议的民族自治拥护者来说,这真是个奇谈怪论。

1925 年,俄罗斯民族的民族组织问题,因俄共(布)改建为联共(布)而显现出来。12 月 15 日,中央全会曾提出通过依照其他民族共和国类似组织样式组建俄罗斯的或俄国的党组织的办法来保留俄共(布)的建议。如果说,斯大林逃避对这一问题的正确解决,其理由是:这会是个"政治缺陷";那么托洛茨基则是直截了当地宣称,无论设立俄罗斯的还是俄国的党组织,都可能会使与工农"民族偏见"的斗争变得复杂化,并可能会成为整个布尔什维克实验的一个"最大的危险"。②

1926 年 11 月,在全俄中央执行委员会和苏联中央执行委员会会议上,一些与会者直接提出关于让一些自治共和国从俄罗斯苏维埃联邦社会主义共和国中分离出来、关于以"俄罗斯苏维埃联邦社会主义共和国的俄罗斯部分"为基础组建俄罗斯共和国及这些共和国直接加入苏联的问题。阻止这项建议通过的,不仅是那个"铁定不移的"惯常理由——这会加强大俄罗斯沙文主义。还有一些顾虑也时常被人们提及,即"留居于诸民族共和国内的俄罗斯族人士,将会竭尽一切可能与被分离出去的那个核心部分再度连成一体并将使诸民族共和国的机体内发生国家或领土性的分裂;而在这些民族共和国中,其俄罗斯族居民人口成分所占比重颇大者(如巴什基尔、鞑靼),将会陷入一种难堪的境地"。也就是说,俄罗斯人民的民族自决,通常被当作沙文主义来评判,而其他民族的民族自决,则被视为其民族发展的必备条件。生活在诸自治体中的俄罗斯族人,其民族利益实是被漠然视之,甚至在谈及俄罗斯族人时,好像是在谈论某种无生命之物,将其称之为"因素"或"成分"。

---

① 转引自《我们的祖国:政治史经验》,第 2 卷,莫斯科,1991 年,第 154—155 页。

② 转引自《我们的祖国:政治史经验》,第 2 卷,莫斯科,1991 年,第 155—158 页。

　　1927 年 1 月，应隶属于俄罗斯苏维埃联邦社会主义共和国全俄中央执行委员会主席团的民族部倡议，召开有全俄中央执行委员会和中央执行委员会"民族"成员、各边疆民族地区其他一些代表参加的第一届全俄少数民族工作会议。这次会议，提出了提高各自治共和国在俄罗斯苏维埃联邦社会主义共和国政府中央机构中的代表地位问题，也曾谈及了俄罗斯民族的地位。然而，正如历史学家谢·瓦·库列绍夫①依据俄罗斯联邦总统档案资料对此事所作的描述那样，一位与会者说出的"破马车万卡"②这句话，成了此次会议的独特的副歌。当时提出了"与俄罗斯破马车进行斗争"的任务。关于设立俄罗斯共和国问题的提议，被认定为不合时宜，因为，这可能会产生一些"不会令少数民族感到更好些"的后果。至于俄罗斯人民自己是否需要这个共和国，却没有人谈及。因此，这位研究者得出这样的结论："俄罗斯族人没有成为民族政策的一个独立的主体，而多半是布尔什维克党人实验的对象。"（《祖国》，1994 年第 8 期）

　　列举的这些资料，揭示出一旦设立俄罗斯共和国将会对中央和"诸民族"构成危险的真正原因。显而易见，这一共和国的俄罗斯族领导人，可能会搅乱已经在首都政府里站稳了脚跟的那些无民族的国际主义者们以及正在诸加盟共和国内形成的民族精英们的所有牌局。因为俄罗斯族人政府的利益，据说，并不总是会与其他民族的利益相符。正因为这个原因，俄罗斯共和国的创立以及任何俄罗斯政权萌芽的出现，常常会受到一党专制制度的封杀。亦因为如此，不惟列宁和加米涅夫在 1922 年，斯大林和托洛茨基在 1923 和 1925 年，斯大林、贝利亚和马林科夫在 1949 年那个以悲惨著名的"列宁格勒事件"中，均反对创建俄罗斯苏维埃联邦社会主义共和国的共产党，反对俄罗斯拥有作为一个加盟共和国的完

---

①　即谢尔盖·瓦西里耶维奇·库列绍夫（Кулешов，Сергей Васильевич），著有《未被顾及的伟大民族》、《为〈红星与万字符：布尔什维克主义与法西斯主义〉所作的跋》、《19—20 世纪的俄罗斯现代化》等。——译者注

②　破马车万卡（Ванька），旧俄时人们对驽马所拉破旧载客马车的俗称，赶车人多半为农民进城打工者。——译者注

整地位；不久之前的戈尔巴乔夫（若是采用他的助手阿·谢·切尔尼亚耶夫①的证言来表述）亦是"铁定不移地"地反对。米·谢·戈尔巴乔夫曾在政治局中直言不讳，称"那就是帝国的终结"②。

这一担心，仅在一个方面是公正的，即由于俄罗斯苏维埃联邦社会主义共和国具有巨大的"体重"，置身于加盟共和国等级中的俄罗斯所享有的充分权力，恐怕将会自然而然地确保它的领导人在诸民族行政建制领导者之间处于首位，故而意味着苏联首脑所享有的无约束权限的实际终结。而那时的总统用来吓人，却令他自己感到最为可怕的那个帝国的终结，便仅仅标志着他作为一个"帝王"的终结了。那位权力无限的"俄罗斯爱国主义的国际主义者"，顾虑的也是这一点。这特别鲜明地表现在斯大林对那些"俄罗斯民族主义分子"的枪杀中。他们就是：联共（布）中央政治局成员、苏联部长会议副主席尼·阿·沃兹涅先斯基，组织部成员、中央书记阿·亚·库茨涅措夫，中央组织部成员、俄罗斯苏维埃联邦社会主义共和国部长会议主席米·伊·罗基奥诺夫，候补中央委员、联共（布）列宁格勒州委和市委第一书记彼·谢·波普科夫和其他数百名"列宁格勒分子们"。他们曾对领袖在1945年5月24日为红军部队将领举行的招待会上"为俄罗斯人民健康干杯"的著名祝酒词信以为真，并将这一民族观念视为现实生活的目的和指导行动的明确准则而不是一种当前的策略手段。

指控的实质并不复杂。据阿·伊·米高扬在其《曾如是。沉思既往》（1999年版）一书中提供的证据，"列宁格勒分子"似乎是"对高加索人在国家领导层中占据统治地位不满，并期待着斯大林的自然谢世，以便去改变这一状况；而眼下他们希望将俄罗斯苏维埃联邦社会主义共和国政府迁移到列宁格勒，为的是使其摆脱莫斯科的领导"。彼·谢·波普科夫被记恨的是，他在与"所有各色人等"的交谈中，都在"煽动"应按照其他加盟共和国的样式创建一个俄罗斯共产党，其

① 即阿纳托利·谢尔盖耶维奇·切尔尼亚耶夫（Черняев, Анатолий Сергеевич, 1921—　），戈尔巴乔夫的国际事务助理（1986—1991），英国史专家；原为莫斯科大学教授，后调入苏共中央国际部（1961—1986）。——译者注

② 转引自切尔尼亚耶夫 А. С.：《与戈尔巴乔夫在一起的6年》，莫斯科，1993年，第279页；另见戈尔巴乔夫：《生活与改革》（2册），第1册，莫斯科，1995年，第492—525页。

总部设在列宁格勒,并应将俄罗斯苏维埃联邦社会主义共和国政府也迁移到那里。沃兹涅先斯基被说成是俄罗斯苏维埃联邦社会主义共和国未来的部长会议主席,库兹涅措夫则被说成是俄罗斯苏维埃联邦社会主义共和国党中央第一书记,日丹诺夫是总书记。这些被告们还犯有其他一些过失,但最主要的是,"无论那些'高加索人',还是欲使俄罗斯领导权疏离苏联领导权的那种期待,均寄期望于斯大林:'他嗜好在这类事情上较劲。'并且这时他很容易屈从于一种暗示——若是俄罗斯共产党和俄罗斯国家脱离他的掌控,那他便会成为一个光杆司令。"

很遗憾,今日俄国的首脑,正置身于令人回想起斯大林和戈尔巴乔夫所处的那种状态。他并不认为,在不丧失被提名为"俄国人总统"的权力的风险之下,便可能成为"俄罗斯人的总统"。而当处在俄国人总统的身份时,他亦不会对在自己身边、除自己之外还有一个俄罗斯民族利益的官方代言人而感到有什么益处。这种进退两难的处境,正说明为什么今日俄国最高当局会将昔日政权那个最为严重的不良特质保持下来并正在为自己的"俄罗斯性"而感到拘谨不安。这也正是那种常态之下完全不可思议的反俄情结,竟能在俄罗斯族居民占绝大多数的国度中轻易存在的真正原因。

这种轻易,不时会造成简直如同悲喜剧式的局面。例如,艾米尔·帕因[①],作为俄罗斯联邦总统分析局副局长,曾对有关俄罗斯民族于苏联解体之后四分五裂的论点表述过原则上的反对意见。"这是世界上联系最紧密的一个民族,"他言道,"在一个国家的对外政策中,民族分离的主张,一贯用来进行土地的重新归并。俄罗斯现在没有这样的政策。"(《俄国消息周刊》,1995 年 12 月 16 日)似乎这一见解是有道理的,然而,它却是在强迫人们不承认显而易见的东西。另一个事例是:1991 年 11 月 13 日,是时的俄罗斯苏维埃联邦社会主义共和国副总

---

① 即艾米尔·阿布拉莫维奇·帕因(Паин, Эмиль Абрамович, 1948—　),政治学家、民族学家、教授;任此职时间为 1994—1996,此后任总统顾问(1996—1999);著有《俄国民族政策:历史与现实》《俄罗斯中央与地方相互关系的演进:由冲突至寻求和谐》等。——译者注

统在"白宫"会见记者时声称:"我完全不同意加·哈·波波夫①在'民主俄罗斯'代表大会上的那个主旨为应当解散俄罗斯苏维埃联邦社会主义共和国的发言,因为我是与他有别的俄罗斯人。我希望看到一个诸自由民族的大俄罗斯。"②这一声明立即引起媒体的关注。但是,受到指摘的,不是那个提出以自己的国家作为牺牲的建议,而是这位副总统的俄罗斯民族观点:想来就令人可怕,是谁"正占据着那个一旦出现什么问题便可以接替譬如说生病的叶利钦的位置!""如此高级别的行政长官无所顾忌地发表如此引人关注的论点,这还是第一次!""副总统……如同一个天生的沙文主义者一样在发表着自己的意见,"列·米·巴特金③如此申明,并要求副总统作出公开道歉。(*Megapolis-express*,1991年11月21日)由此可见,随时准备拿来作牺牲的正是那个国家,即俄罗斯联邦,而不是"真正的国际主义"的那些原则和遗产。加·哈·波波夫还针对苏联发表过更为明确的意见:"那个所谓的苏联,"他在1991年12月谈到,"一直是俄罗斯民族在其所居住国家的组织中占据统治地位的一种形态。这是一种制度形态,并且它应当被捣毁。"④很难不同意1995年2月14日国家杜马代表谢·尼·巴布林⑤在"关于预防法西斯主义危险在俄罗斯联邦境内的出现"的议会听证会上对这种见解所作的语气强烈的比喻式评判:"50年前的希特勒政治体制给自己制

---

① 即加夫利尔·哈里托诺维奇·波波夫(Попов, Гавриил Харитонович,1936—　),经济学家,政治活动家,苏俄民主运动著名领导人,苏联解体后莫斯科的第一任民选市长(1991—1992)等。——译者注

② 转引自科诺年科 В. А.:《鲁茨科依:我们表现出无政府状态》,载《消息报》,1991年11月14日,第2版。

③ 即列昂尼德·米哈伊洛维奇·巴特金(Баткин, Леонид Михайлович,1932—　),历史学家、文化学家、持自由派立场的社会活动家,曾任教于莫斯科历史档案学院等多所学校,专攻历史、文化史、文艺复兴史,曾参与自行印制出版物活动,"莫斯科讲坛"俱乐部领导人之一,曾参与"民主俄罗斯"运动和"普京应下台"签名运动。——译者注

④ 转引自《关于预防法西斯主义危险在俄罗斯联邦境内的出现:1995年2月14日议会听证会资料》,莫斯科,1995年,第45页。

⑤ 即谢尔盖·尼古拉耶维奇·巴布林(Бабурин, Сергей Николаевич,1959—　),俄政要,法学家,历任第二、四届国家杜马副主席,俄罗斯全民联盟领袖等。——译者注

定的那些目标,在许多政治家看来,是崇高的。"①

今日的憎俄情结。这一现象的表现形式是多样的。其中多始见于 20 世纪 20 年代前或更早些时日。对那个著名的论点——"那些俄罗斯化了的异族人总是会在表现俄罗斯人情绪方面做得过火"②——的绝对化,渐渐获得了一些异乎寻常的特点。这种观察的演进,衍生出例如格·波梅兰茨那样的概括:"每个登上俄罗斯舞台的人,都会开始扮演起俄罗斯人的角色。无论是谁,法尔康涅③、冯维辛④、列维坦⑤、本肯多夫、弗伦克尔⑥,或是托洛茨基,均是如此。被俄罗斯文化同化了的人,可能会成为受害者;而被俄国政治同化了的人,则可能会变成害人者。"(《诺亚》,1993 年第 4 期)这是一个为任何一位"俄罗斯化了的异族人"从事各种政治勾当提供避罪借口的奇异"理论",并且它是多么的适用:你只要宣称自己"已经俄罗斯化了",于是,所有的罪过便可以记在俄罗斯人的账上。

人们花费不少气力进行各式各样的"论证",以确定俄罗斯国家民族就其本身而言并不存在;或者是因某种原因它还没有形成——"我们这里没有发生过文

---

① 转引自《关于预防法西斯主义危险在俄罗斯联邦境内的出现:1995 年 2 月 14 日议会听证会资料》;亦见巴布林 C. H.:《俄国之路:21 世纪前夕俄国地缘政治的确立(1990—1995 年论文、演讲、访谈)》,莫斯科,1995 年,第 159、160 页。

② 《弗·伊·列宁全集》,第 45 卷,第 358 页。

③ 即艾蒂安·莫瑞斯·法尔康涅(Фальконе, Этьен Морис, 1716—1791),法国著名雕塑家,其巴洛克古典风格成为路易十五时期的艺术典范,代表作《浴女》(现藏罗浮宫);1776—1778 年间应叶卡捷琳娜二世之请赴俄为彼得大帝雕塑纪念像,即现今圣彼得堡市内的《青铜骑士》。——译者注

④ 即丹尼斯·伊万诺维奇·冯维辛(Фонвизин, Денис Иванович, 1745—1792),叶卡捷琳娜时代的文学家,祖籍为立陶宛骑士家族,伊万雷帝时代来俄,数代服务于宫廷。——译者注

⑤ 即伊萨克·伊里奇·列维坦(Левитан, Исаак Ильич, 1860—1900),俄国著名巡回展览派画家,立陶宛犹太族人,主要作品有《金秋》、《深渊旁》、《在永恒的安宁之上》等。——译者注

⑥ 即纳夫塔利·阿罗诺维奇·弗伦克尔(Френкель, Нафталий Аронович, 1883—1960),苏联政要,国家安全机关中将级工程师,内务部铁路建设劳改营管理总局第一任局长(1941—1947);以最低的费用、最大限度地利用劳改犯劳动系他首创。据 A. 索尔仁尼琴称,他出生于土耳其犹太人家庭。——译者注

艺复兴,正因为如此,我们至今还没能结成一个国家民族。"克·卡西亚诺娃①的《论俄罗斯民族性格》一书(1994)中如是描述道。或者是它已经不再是一个国家民族——俄罗斯族,"作为一个具有统一的、独特的国家—民族自觉的现实共同体,已经不存在",因为在自己的政治—心理上的远祖时代,早自传说中的"罗斯"部落时期起,这一共同体所走的"就不是标定自我之路,而首先是一条界定他人之路"。(《独立报》,1992 年 1 月 16 日)某些"研究者"认定这一问题较为事关重大,他们想方设法要证明:现今俄罗斯人的祖先——斯拉夫人们,与其说是自行来到这个世间,不如说是"因为那些笨拙的伪爱国主义者的努力所致"。穆·阿德日耶夫②那本名为《波洛韦茨原野上的艾蒿》的书,据一位异常欣喜的评论家所见,似乎揭示出"御用学者和政客们是如何使维普斯人③、切列米斯人、克普察克人④和俄国其他一些原住民族变成了'斯拉夫人';一些异族文化曾是如何被整个地转移给了斯拉夫人"⑤。然而,不应忘记,对俄罗斯国家民族持否定态度的人,无论采用何种另样的手法将俄罗斯人排斥于一般性的历史规律之外,他都总是会拒绝俄罗斯人享有民族自决和建设自己的民族国家的权利。

那些把俄罗斯的过去和现在所有不幸产生的原因,均"解说"为源于其自古以来的"落后性"、源于其文明的"追赶式"类型的种种理论,又在革旧出新。在这其中有一种理论,将俄国社会描写成卡在两种主要文明——传统文明和自由主

---

① 即克谢尼娅·卡西亚诺娃(Касьянова, Ксения, 1934—2010),原名瓦连京娜·费奥多罗芙娜·切斯诺科娃(Чеснокова, Валентина Фёдоровна),著名社会学家,另有《社会学语言》等著述。—— 译者注

② 即穆拉特·艾斯肯德罗维奇·阿德日耶夫(Аджиев, Мурад Эскендерович, 1944—   ),原为经济地理科研人员,后著有一系列有关古代突厥人"民族大迁徙"故事的小说,在俄境内突厥语族人中产生广泛影响。——译者注

③ 维普斯人(вепсы),大多居住在今圣彼得堡、沃洛格达州、卡累利阿共和国一带,人口约 1 万,维普斯语属乌拉尔语系乌戈尔—芬兰语族波罗的—芬兰语支。——译者注

④ 克普察克人(кипчаки),即 11—13 世纪游牧于南俄草原地区的一支突厥语民族,又称波洛维茨人(половцы),13 世纪时为蒙古入侵者征服,其大部后来迁去匈牙利。——译者注

⑤ 见斯列布尼茨基 А.:《共同之根:论往昔的"空白点"问题》,载《独立报》,1994 年 12 月 6 日,第 8 版;卡日达娅 В.:《哪只手知道? 与 А. 斯列布尼茨基论辩》,载《独立报》,1994 年 12 月 31 日,第 8 版。

义文明——之间的一个中间类型的社会。那么原因何在？就在于缺乏向自由主义文明过渡的创造力，且人们时刻准备着"清除所有破坏（或似乎是在破坏）习以为常的生活方式和将这类方式从适意的改变为不适意的那些人"。俄国社会中，似乎缺乏一种仅仅有助于确保文明的社会功效不断提升的"中介逻辑"。[①] 但是，这一缺陷原来并不是俄国所有民族所固有的。列·戈兹曼[②]和亚·爱特金德[③]断言："实际上，整个最近这一百年间，犹太族人在俄国扮演着一个文化中介的重要角色。这位中介人接受西方文明的经验并跨越阻力使它们在祖国的土壤里生根发芽。"（《祖国》，1990 年第 2 期）弗·爱·舍列吉[④]则"发现"，现今环境下，"俄罗斯民族再一次被迫诉之于曾被恰达耶夫辛辣谴责过的那种历史实践，即国家体制的模式取自处在现代文明发源地附近的另一个（即犹太人的）族类共同体"（《俄罗斯科学院通讯》，1995 年第 65 卷第 1 册）。关于那些在境外躲避现今俄国动乱的犹太人们，有人写道："正在被从我们国家驱赶出去的，不是犹太人，而是有着正常文明生活和欧洲文化的人们。"于是得出一个令人可怕的结论："被犹太人所离弃的这个俄罗斯，是一个正在走向国家—社会主义的俄罗斯。"（《俄罗斯思想与犹太人》，莫斯科，1994）

　　与此同时，一些"中介人们"，虽然留在俄罗斯并积极参与近些年来的政治事件，却常常是目光短浅地"没有注意到"伴随着"俄罗斯民族主义"而发生在这里

---

　　① 阿希耶泽尔 А. С.：《俄罗斯发展的社会文化问题：哲学视野》，莫斯科，1992 年，第 13、65 页。

　　② 即列昂尼德·雅科夫列维奇·戈兹曼（Гозман Леонид Яковлевич，1950—　），政治家、正义党副主席，犹太族；任教于莫斯科大学心理学系，曾任叶·盖达尔的顾问、俄联邦政府主席 А. Б. 丘拜斯第一助理（1995—1998）等。——译者注

　　③ 即亚历山大·马尔科维奇·爱特金德（Эткинд，Александр Маркович，1955—　），心理学家、文化史学家，曾任职于苏俄科学院自然科学与技术研究所、心理研究所；著有《不可能的爱情：俄国心理学史》《鞭笞教派：教派、文学与革命》等。——译者注

　　④ 即弗朗茨·爱德蒙多维奇·舍列吉（Шереги，Франц Эдмундович，1944—　），社会学家，曾任职于苏共青团中央科研中心社会舆论研究部，现任私营独立社会预测中心主任。——译者注

的种种显而易见的咄咄怪事。著名哲学家瓦·伊·托尔斯特赫①在论及俄罗斯的"犹太人问题"时写道："波罗的海沿岸的人们或中亚居民们主要针对俄罗斯人的公开的民族主义,没有在任何人那里引起特别的激动和非议。这本身似乎是不言自明的,可是还存在着令人不能容忍的民族主义和无耻的反民主主义。俄罗斯民族主义刚一露出最初的萌芽,马上便会被定性为'俄罗斯法西斯主义'。同时,人们从不讳言:如此'改换称谓'的唯一理由,就是这些运动中的某些思潮具有反犹性质……我想提出这样一个问题:为什么那些捍卫'自己的'犹太国家主张——而这是整个犹太复国主义思想体系的基础——的犹太族人,对这一主张没有给予任何谴责——既不谴责它是沙文主义,也不谴责它是种族主义,等等? 为什么他们不能理解正经历着自身身份认同的严重危机和期望保全、捍卫自己的俄罗斯国家的俄罗斯人? 要知道,我们那些曾经把极权主义和共产主义作为攻击目标、把'爱国主义'变成了一句骂人话的'民主派们',从不讳言,他们不会为'这个国家'感到吝惜,哪怕它被分裂成 40—50 个国家、公国或王国。此时的俄罗斯人又当如何呢? 对他们来说,这是个生与死的问题,是一个国家和民族的生与死的问题。"(《真理报》,1994 年 11 月 19 日)

　　此类"中介人"问题,通常没有引起人们的关注,且关注亦是徒劳无益。值得注意的是,"中介"并不会担保不犯错误。例如,德·叶·富尔曼②提醒人们注意,犹太族人在十月革命中给予布尔什维克党人的那种支持,"尽管是自然而然的和在情感上是易于理解的,但却完全不是深刻领悟了民主价值的结果,而是一个错误,假若一般说来在评判这场广泛的人民大众运动时可以使用这个术语的话。依我所见,1989—1993 年,我们也在大部分犹太族人对待政治的态度中看到处在被变得非常软化了的形态中的……上述那种逻辑"(《自由思维》,1994 年

---

　　①　即瓦连京·伊万诺维奇·托尔斯特赫(Толстых, Валентин Иванович, 1929—　),俄科学院哲学所主任研究员、"自由言论"俱乐部创始人、戈尔巴乔夫基金会文化问题研究中心主任;著有《真正的未来:除去乌托邦和回归往昔》《俄罗斯的选择:在真实历史的语境中》等。——译者注

　　②　即德米特里·叶菲莫维奇·富尔曼(Фурман, Дмитрий Ефимович, 1943—　),著名历史学家、政治学家、教授,俄科学院欧洲研究所俄罗斯和独联体国家与欧洲相互关系问题研究中心主任,主要著述有《仅此而已》《哈萨克斯坦的后苏联政治体制》等。——译者注

第9期）。这位历史学家担心俄国的犹太族人们会再度落入"1917年的那种圈套中去"，这种担心被认为不是没有理由的。无意于弱化"中介人错误"的著名政治学家谢·格·卡拉—穆尔扎指出，如今，这一中介为世人所知的程度，"并不比1917年低，尽管他们不是以身穿皮夹克、腰插左轮手枪的契卡工作人员的形象出现，而是以银行家、专家和思想家的身份出现"。激进的犹太自由主义政治家们，承担起捣毁"旧制度"的冲击锤的功能。他们是一些奋不顾身的现代化派和西方派，是一项在大多数俄罗斯人看来极其危险的计划的执行者。（《苏维埃俄罗斯报》，1995年1月6日）当这些"中介人们"特别起劲地开始向俄罗斯人作出如下"解释"时，他们也正是在犯下一个并不小的"错误"：俄罗斯人的"落后性"和俄国现实生活中所有的恶产生的原因，是"俄罗斯文化和俄罗斯民族性格中的缺陷"，是俄罗斯精神中那些独特本性。原来，俄罗斯精神，这就是一个"硕大的奴仆"，"在每个俄罗斯人的灵魂深处，都跳动着一颗奴仆的心"。"中介们"没有注意到，在这类启示中，那种再肤浅不过的种族主义——将一些负面特性（不自由、奴仆心灵，等等）不是归入个人名下，而是说成为整个民族所有——便自我暴露了出来。

与那些又一次为俄罗斯开出医治其落后性药方的"中介人"和改革者们不同，著名的俄罗斯哲学家亚·亚·季诺维耶夫，试图遏止西方和西方派按西方社会制度模式改造俄罗斯的种种努力，他笃信这类努力纯系徒然。这位著名作者判断此事的出发点是："共产主义曾经是俄罗斯社会组织样式的一个独特情形和顶峰，这一模式能首先存在于俄罗斯并且曾是所有可能模式中的最佳者，那是因为它最符合俄罗斯人民的天性，最符合它的民族特点。"在季诺维耶夫看来，共产主义在俄罗斯受到欢迎，是因为俄罗斯人民所固有的"软弱的自我组织能力、团结一致性和集体主义精神、对最高权力的奴性的顺服、易于受到各种蛊惑者和骗子影响的天性；喜欢把生活幸福视为命运或上帝的赐予，而不是个人的努力、创造活动、主动精神、冒险精神的结果。"（《社会学研究》，1994年第10期）

这位哲学家继续肯定地说："因本民族特点之故，俄罗斯族人没能利用自己那场伟大革命的成果和在战争中战胜德国的成果；没能在自己的国家中赢得享有特权的地位；在为争取社会地位和福祉的斗争中，竟然成了没有竞争能力的民族。俄罗斯人不曾给予自己那些最具天赋的同族人们以支持，而是相反，曾千方百计地阻挠他们被发掘、擢拔和获得承认。俄罗斯人从未认真起来反抗来自其他民族人士对自己的挖苦嘲弄，任凭他们在挖苦嘲弄俄罗斯人的同时，依然仰赖俄罗斯人过着小康的生活。"尽管共产主义，作为一种社会组织类型，似乎最适合俄罗斯人，但它——无论这是多么怪异——却是"强化了俄罗斯民族的那些负面品质"。季诺维耶夫写道，苏联政权时代，"这一特点，就其强度和粗俗化而言，在许多方面均发生了衰减。反爱国主义，妄自菲薄，失败主义，对西方的奴颜婢膝，对西方制度的羡慕，对西方所有事物、特别是弊端的模仿，两面派行为和直接的背叛——始于 1985 年之后的如此大规模的流行病，恐怕任何一个欧洲民族都不会听任其泛滥"。后苏联时代的俄罗斯人，摆脱了那个无所不包且应当认为是有益的规范人们操行的组织体系（即党和共青团组织、劳动集体、惩治机关、中小学和大学、意识形态的说教、文化、家庭）的束缚，亦听任有伤风化的宣传，于是，诚如季诺维耶夫描写的那样，"便充分暴露出自身那些多半会招致仇恨、极端厌恶和蔑视的天性"。

作者请求人们将他的见解理解为"非种族主义的"，而那些见解的用意何在，确实很难弄懂。不知是为了阻止西方和亲西方的"中介者们"不要再做教化俄罗斯人的无望尝试，还是想用一种独特的休克疗法在俄罗斯族人心中激发起自己的尊严感和民族主义，或是在向新的执政者们暗示何种专政适用于"这个国家"和"这个民族"。不过，并不排除一种可能，即这位哲学家会认为，自己的那些有关缺乏理性的俄罗斯人的思考，较为具有建设性意义，因为他指出了俄罗斯人可以以何种方式在世界各民族之间和本国诸民族间占据一个应有的位置。

同时，就在俄罗斯，亦存在着为数不少的作者，时刻准备将我国的非俄罗斯民族描写成俄罗斯人的牺牲品，描写成早自 20 世纪 20 年代起莫斯科奉行的大国主义和亲俄政策的受难者；时刻准备着为回归到苏维埃政权最初年间那种公开憎俄意义上的"真正国际主义"政策而进行斗争。列宁在这时，通常被描述成创立自治建制与加盟共和国的实际平等条件的拥护者；而斯大林则似乎是在刚愎自用地歪曲和伪造列宁的民族政策，故意过分突出或强调一个民族的"历史"作用和它在这个国家的所有民族和人民之间的首要地位。

对这一思想的独创性探讨,当归于那位将世界主义而不是国际主义视为解决民族关系所有纷争的较为可靠的办法的波爱尔·卡尔普①。他正是在对世界主义的背叛中看到了战后苏联的"憎俄情结,即对俄罗斯族人和所有俄罗斯事物的敌意正在增长"的原因所在。作者在着手探寻产生这一现象的原因之后,便发现它寓于对世界主义的否定之中。这一主义似乎自远古时代起,便为俄罗斯文化本质所素有,其程度较之其他任何欧洲文化都更大。依卡尔普所见,"罗斯受洗标志着与狭隘的部族意识的决裂和向世界主义意识的过渡"。俄罗斯境内的世界主义,似乎"既是统治阶级对吸收境外文化的渴望所促成,亦是俄罗斯国家的多民族性所致"。1917 年的革命,是作为一场世界革命而开始的,结果便是使在前一历史阶段被"统一和不可分割的俄罗斯"的说教所损害的那个"世界主义精神得以复活"。这位作者说服人们相信,当这种"世界主义精神尽管是打着另样的旗号"仍存续于革命后的苏联时,"任何憎俄情结均是不可能存在的,且这样的词语也不曾存在过"。向更坏情形的转变发生于与世界主义进行斗争的运动中。这场运动,按波·卡尔普的话说,意味着不仅是对犹太族人的压制,"它在不小的程度上是被用来根除俄罗斯人民那时尚且活跃的世界主义意识的"。同时人们发现,斯大林把俄罗斯民族宣布为平等的诸民族中的第一民族,那便是将"她优越于其他民族的思想"暗示于她。结果,据波·卡尔普所论,曾经居住在俄罗斯苏维埃联邦社会主义共和国境外并自称为国际主义者的那些俄罗斯族人,便"放弃了由来已久的俄罗斯世界主义传统",不愿意"对定居其间的那个民族给予最低限度的尊重。这是他们的国际主义与必须以公共性和影响的相互性为前提的世界主义的不同之处"。与此同时,开始于斯大林时代的这一转变,如波·卡尔普所"判定"的那样,尚未完全占据优势,故会发生"逆转"。当然,是向世界主义的逆转。那样一来,据说憎俄情结亦将再度消逝。

在实际层面上,波·卡尔普常将苏联向世界主义的这一新转向与下述一事联系起来,即"在每个共和国——加盟或自治共和国内,对其常住居民而言,交际

手段的角色首先应由这个共和国的语言来承担"(《书评》,1989 年 4 月 14 日)。而关于在一个居住着 150 多个民族的国家里应有多少语言可以行使族际交际语的功能,作者却宁愿保持沉默。然而,不难想象,世界主义乌托邦的这一方案,意味着要对居民实行全民性的通晓多语言化。例如,为了完全符合本国世界主义者的标准,居住在阿布哈兹的乌克兰人便应通晓乌克兰语(即母语)、阿布哈兹语(即自治共和国的交际用语)、格鲁吉亚语(即加盟共和国的交际用语)、俄语(即苏联的族际交际语),还要加上至少一种外国语。5 种语言,这还是在这位世界主义者若是不打算移居纳戈尔诺—卡拉巴赫的情况下:在那里,他可能还不得不另外掌握亚美尼亚语和阿塞拜疆语。

然而,反对大国民族主义的斗士们,大多是期望利用那个熟习的和经过检验的武器——国际主义来战胜民族主义。例如,据信,斯大林对列宁的直接指示置若罔闻,却将防止所谓的地方民族主义,即少数民族的"民族主义"的危险宣布为正式的国家政策;与此同时,列宁所理解的那种真正的国际主义——"压迫民族,即大民族要处在不平等地位,以抵偿现实生活中实际形成的不平等"[1],应依然是唯一可以接受的。崇拜这样的列宁的人,常常没有注意到,在上面引用的那个论点中,大民族是被永远地和完全不合理地(因为两个人数不等的民族中,总会有一个是大民族)与压迫民族等量齐观了。在这种情况下,"真正的国际主义"多半是被作出布尔加科夫的沙利科夫式的理解。这位沙利科夫在研究了恩格斯和考茨基的通信之后,发现了一个解决所有社会问题的万能方法:"把一切都拿来分享!"[2]在此种情况下,人们通常没有考虑到,这种被热切盼望的"抵偿"(即瓜分),依列宁所见,应是不会导致诸民族在社会主义条件下的"繁荣"的(而斯大林所允诺的正是可以),而是要使各民族均衡、亲近和融合。当然,人们也没有考虑到,"拉平"各民族、在他们亲近和融合过程中将民族的拿来"分享",这在很多方面简直就是不可能的。真正民族的东西是不可分享的。

---

① 《弗·伊·列宁全集》,第 45 卷,第 359 页。

② 布尔加科夫 M. :《狗心》,载《M. 布尔加科夫选集》(2 卷),第 2 卷,1991 年,第 313页。

对"真正的国际主义"政策的去民族化一面，这类作者通常无意关注。至于说到"真正的国际主义者"似乎对俄罗斯人民具有特别的爱，"据判定"，这种爱据说是不可能存在的。那些最为重要的国际主义者们的憎俄情结，便是一个广为人知的事实，这也正是他们作为历史人物所经历的悲剧所在。"若是一定要实话实说，"亚·谢·齐普科写道(1990)："那么列宁的不幸便在于，他缺乏俄罗斯性；无论与俄罗斯生活，还是与俄罗斯历史，他都缺乏内在的关联。他没有下意识的、本性上的俄罗斯归属感……他的悲剧在于，他对悠久的俄罗斯生活传统、东正教传统完全不屑一顾，从未认真地、具体地思考过它们。索尔仁尼琴较之戈罗斯曼①更接近真理，他指责列宁缺乏普通人的人类爱国主义，缺乏因他人而生发的普通人的痛苦。"②高尔基曾描写过另一位"真正的国际主义者"："托洛茨基是与俄罗斯民族、俄罗斯历史最为格格不入之人。"③米·帕·卡普斯京④继续发展这个"极其重大的思想"，他在自己那本《乌托邦的终结?》(1990年)的书中，用下面这个也是有关一位确定无疑的"国际主义者"的见解对其加以补充道："斯大林也是一个与俄罗斯民族和俄罗斯历史极其格格不入之人，尽管他观察到并厚颜无耻地利用了它的民族特点。"遗憾的是，苏维埃国家的这些奠基之父们正是如此。菲·丘耶夫关于斯大林的那句著名诗文——"这位格鲁吉亚人是位伟大的俄罗斯人"——令我们感受到，起码是一种诗歌式的言过其实。这些"奠基之父们"和他们那一代代模范的"国际主义者"学生们对俄罗斯民族因素所作出的无正当理由的否定诠释和恐惧，依我们所见，正是使俄国民族问题的解决复杂化了的最大难关之一。

所有这一切，使我们可以同意格·米·波波夫在其《俄罗斯将会有第二个千

① 即瓦西里·谢苗诺维奇·戈罗斯曼(Гроссман, Василий Семёнович, 1905—1964)，作家，代表作有小说《为了正义事业》(曾受到官方批评)、《生活与命运》(曾遭禁)、《一切都在流逝》等。——译者注

② 齐普科 A. C.：《我们的原则好吗?》，载《新世界》，1990年第4期，第179页。

③ 转引自切尔诺乌参 И.：《列宁遗训(党领导艺术的列宁传统和文艺批评方法论)》，载《文学问题》，1975年第1期，第27页。

④ 即米哈伊尔·帕夫洛维奇·卡普斯京(Капустин, Михаил Павлович, 1936—   )，哲学家、教授。——译者注

年吗?》(1988)一书中所得出的诸结论之一。这位作者断言,因行政体制之故而"蒙受磨难最深重者,为俄罗斯族人"。执政当局似乎把"强制国际主义化"、压制和破坏我国所有民族的真正的民族文化的"第一主角预先指派给了他们"。这一体制特别尽心竭力地试图压制俄罗斯文化、漠视俄罗斯人民的过去,为的是"使俄罗斯人变得残酷无情,使他们摆脱掉自己的记忆",因为"一个摆脱了自己过去的人,更适于领导其他民族"。不过,正是这最后一点,不能使我们同意已经援引的同一作者的那个论点,即苏联曾是在其结构中"俄罗斯民族居统治地位的一种形态"。乐于扮演苏联社会执政精英中的领导者角色的,是一些"国际主义者",即来自各个民族的外来者(就这一词汇的字面意义而论)。

这些"国际主义者们"的政策给现今造成的结果是这样的:俄罗斯境内1 800万非俄罗斯族人在这里拥有以自己的民族称谓作为"封号"的国家组织,而独联体诸新国家内和波罗的海诸国家中的2 500万俄罗斯族人,不仅被剥夺了这样的机会,且在上述许多国家中正跌落为二等公民。类似的情形,亦已经在俄罗斯本土的一系列昔日的自治体中形成。在注意到所有这些事实后,便应当强调指出,瓦·阿·佩切涅夫①于1994年所阐述的那一结论,具有特别的意义——这一局面,"无论从道义的还是政治的观点来看,均未必是可以容忍的,且无论如何都是危险的"②。

所有这些,毫无疑义,均是1917年之后根植于布尔什维克社会环境中的国家化憎俄情结的后果。布尔什维克政权因奉行自己的民族政策方针——而人们以最简洁的形式将其准确地定义为"民族虚无主义政策"(鲍·米·普加乔夫③语)——故不可能对俄罗斯民族的状况和问题进行客观和全面的研究。"我可以

---

① 即瓦季姆·阿列克谢耶维奇·佩切涅夫(Печенев, Вадим Алексеевич, 1940—　),哲学家、政治学家、教授,俄联邦一级国家顾问,曾任俄联邦民族政策部第一副部长(1998—1999);著有《社会主义理想与现实社会主义》、《"后共产主义"俄国和世界命运中的俄罗斯问题》、《多民族俄罗斯又置身于十字路口?》等。——译者注

② 佩切涅夫 B. A.:《大难的考验,或20世纪逝去中的俄罗斯民族》,载《昔日苏联文明——文化空间的变形》,莫斯科,1994年,第131页。

③ 即鲍里斯·米哈伊洛维奇·普加乔夫(Пугачёв, Борис Михайлович, 1940—1995),有著作《现代俄罗斯政治进程》等。——译者注

证实:要出版一本关涉俄罗斯民族的书,这在不久之前还是一件简直不可能的事……"谙熟此事的拉·哈·阿布杜拉吉波夫①写道。"'俄罗斯'题材是被禁止的,尽管涉及其他民族生活的类似题材正常地出版着。关涉俄罗斯民族的纯粹民族学的和民族文化的著述,不时有所出版,但是,对那些有关俄罗斯民族的社会学和政治学的有重大价值的著作,却是被禁止的。俄罗斯族人的民族自觉的任何表现,不知何故总是会引起恐慌,会立即传来声讨俄罗斯'沙文主义'的声嘶力竭的责难。"②

现如今,不得讨论关涉俄罗斯话题的禁令,已不复存在。然而,发表出来的一些文章,往往"不是建立在深入的科学研究基础之上,而是基于一些常见的陈旧模式"。公正地指出这一点的,还是这位作者。应当补充一点,这些模式是在憎俄政策所控制的那个年代定型的。1990 年秋,我国托派分子的立场在《斯巴达克盟员通报》上得到阐释,这不是因为对可能回归到"唯一正确的"列宁—托洛茨基道路上来抱有期望所致,而是另有它故:"只有在反对大俄罗斯沙文主义的无情斗争的进程中,一个经过重新锻造的国际主义的共产党,才有可能在苏联建立起来。首先,这意味着要保护犹太族人免遭正在高涨的反犹恐怖浪潮之害,借助无产阶级的直接行动……肃清新生的黑帮分子。甚至那些藏匿于极其'精巧的'俄罗斯民族主义背后的人,亦是通往……解决民族对抗之路上的具有致命危险的伏兵。"(《斯巴达克盟员通报》,1990 年第 1 期)

与国际主义者—共产党人结盟一道反对俄罗斯民族主义和俄罗斯民族思想的,也有今日那些激进民主派们。"民族主义的基本主张,就是自治和独立。民族主义就是被用来反对帝国的或反对相邻的民族的。"他们中的一位如此议论道。他们完全理解并接受那些"从长兄怀抱中挣脱出来"的波罗的海沿岸人民、

---

① 即拉马赞·哈吉穆拉多维奇·阿布杜拉吉波夫(Абдулатипов, Рамазан Гаджимурадович, 1946—　　),哲学家、教授、议会政治活动家,曾任苏共中央民族政策部秘书长(1988—1990)、俄联邦最高苏维埃民族委员会主席(1990—1992)、俄联邦民族政治部部长(1998—1999)等;著述丰富,有《民族与民族主义》《俄罗斯的少数民族》等。——译者注

② 阿布杜拉吉波夫 Р. Г.:《政权与良心:混乱年代迷宫中的政治家、人们与民族》,莫斯科,1994 年,第 147 页。

乌克兰人和其他一些民族的民族主义,却不能接受俄罗斯人的民族思想。似乎这一思想"是不可以被纳入民族自治、争取民族解放和文化自决斗争这一全球性问题的语境之中的"。因为,这一思想"不是解放性质的,而是侵略性的、好战性的……是与强权思想、大国思想同流合污的,且仍旧是带着他们那副侵略面孔";因为"帝国和使命思想已与它死死地共生在一起"(《俄罗斯思想与犹太族人》,莫斯科,1994)。在这些议论中,可以轻易辨识出卡尔·马克思和弗·恩格斯昔日针对俄国和俄罗斯人所作出的那种狄摩西尼式的猛烈抨击,但是这些猛烈抨击却因作者那个无论如何也不可能有合理解释的"死死地"一说而遭到贬值。

　　没有被指出错误的,还有上述那本书的其他作者的一些观点和议论,即称强国思想本身并没有什么不好,若是在例如"美国民主主义者"的强国主张里,"强国思想服从于某些最高价值……服从于人权、法律、自由、人类团结,等等"。但是他们称,在俄罗斯民族思想中完全不是这样:"俄罗斯强国论,作为一个常常是由一些右倾取向的政治家们强加于我们的终极目标,乃是一个不止一次地给我们带来众多灾难的陈腐的俄罗斯异端邪说。'俄国的法西斯主义'不是凭借自身之力而是靠着这一邪说的支撑,多半也能获得成功。要知道,在 50 年代初期的斯大林强大国家中,俄国的法西斯主义就曾经兴盛起来过,尽管当时有整个官方的马克思主义国际主义的存在。"然而,如果我们放下"50 年代的俄罗斯法西斯主义"留作专门讨论,那么,对俄罗斯民族思想为何不能成为民主思想的答案,在这里便仍不可能获得。

　　亚·尼·雅科夫列夫在回答"您如何定义布尔什维克主义?"这个问题时,曾宣称:"它是法西斯主义。是一种惯常的法西斯主义。"(《莫斯科新闻》,1994 年第 5 期)并且,这位身居高位的昔日布尔什维克(因此亦是法西斯分子),至今依然对斯大林关于民族问题领域中的主要危险的遗训,保持着忠诚。他感到很惋惜,他欲"将社会舆论的注意力吸引到正在增长着的大国沙文主义、地方民族主义、反犹主义的危险上去的种种尝试",均没有达到目的。而他那篇着手进行这些尝试的文章(指其 1972 年 11 月 15 日发表于《文学报》上的那篇引起轰动的文章——《反对反历史主义》),据作者自己的评价,"在某种程度上是有先见之明的"。国家杜马代表阿·叶·格贝尔①于 1995 年 1 月 11 日在一档名为"独白"的电视节目中谈到自己的祖国："我们,总而言之是曾经生活在一个法西斯国家里。所有人都一道生活在那里,所有的朋友和兄弟——这是一件显而易见的事。"(《工人论坛》,1995 年 1 月 28 日)然而,看起来,"这一场同法西斯主义斗争"的真实内幕,似乎与这一危险本身并没有多大关联。这场斗争的发动者们(即最新改型的"红—褐衫队员们")建议将法西斯主义这个用来吓人之物,首先作为与那些不赞同"民主主义"观点的人进行论战的有效工具而加以利用。"战争已在全体居民那里培养出抵御法西斯主义的巨大免疫力,"格贝尔在"莫斯科论坛"俱乐部会议上谈道,"因此在电视中,在所有信息传媒中应当说明:我们的论敌,就是法西斯分子。"(《公开性》,1992 年 2 月 6—12 日)遵循类似逻辑的,显然还有《西方派与民族主义者。可否对话?》一书(莫斯科,2003 年)的编写者们。看到此书封面的人,应是会立即"揣度出":所有不是西方派的人,均系民族主义者。

而在我们看来,亚·伊·索尔仁尼琴的观点更接近真理。他在将爱国主义定义为"纯洁而坚定地热爱本民族并真诚地为之效力、不支持其非公正的诉求而能在评价其缺陷与过失并为之悔过时拥有襟怀坦荡的情感"之后,合乎逻辑地作出结论:"这样的民族主义,任何民族都有拥有的权力,且俄罗斯民族无论如何不会落后于他人";而"悲剧在于,现今俄罗斯民族意识尚未定型,俄罗斯族人对自己的民族属性有着愚昧无知的冷漠,以及对落难同胞有着更大的冷漠"。在祖国历史中曾经起过特别有害作用的,是在布尔什维克党人的培植下已经根深蒂固的那个"传统",遵照这种传统,"昔日任何一个边陲共和国的爱国主义,均被视为是'进步的';而那里的激烈、好战的民族主义,则没有任何人敢于将其称作'沙文主义'或——上帝保佑——'法西斯主义'"。然而,早自 20 世纪初的革命民主主义者起,俄罗斯族人的爱国主义就已被贴上了"反革命"的标签,且一直保留下来。而现今,俄罗斯民族意识的任何表现,均会受到粗暴的谴责,甚至会被急不

① 即阿拉·叶夫列莫芙娜·格贝尔(Гербер,Алла Ефремовна,1932—   ),作家、社会政治活动家、护法运动人士;律师出身,第一届国家杜马代表。——译者注

可待地划入"法西斯主义"之列（这一主义在俄罗斯从未存在过，且在没有种族基础、不是单一种族国家的情况下，它是完全不可能存在的）。（亚·伊·索尔仁尼琴：《20世纪末的俄罗斯问题》，莫斯科，1995）

　　这便是为什么如今时而听到的一些判断或建议，是那样地令俄罗斯族人感到不顺耳（若不说是"荒唐"的话）。"请注意一下问题的关键所在，"车臣分离主义者领导人乔·穆·杜达耶夫①说道，"武装力量——这对俄罗斯的政治家们来说是灾难。现在不知是谁在支配它。领导国会的是个非俄罗斯族人。请把所有非俄罗斯族的人统统从那里赶走。也从政府机关中赶出去。只要这些败类还待在政府里，就不要指望会有什么好事。"（《莫斯科共青团员报》，1994年8月4日）对车臣、对那些崛起于昔日苏联国土之上的新兴"民主"国家来说正渐渐成为"准则"的那类事物（即政府成员的单一民族构成和要求"异族"绝对忠诚），幸运的是，在莫斯科，一如既往地被视为不可饶恕的罪孽。

　　民族主义、帝国乃是仇俄者用来吓人之物。对待民族主义的态度，看来应当改变。俄罗斯差不多是世界上唯一一个在官方层面上继续保留着对这一民族政治现象持有否定态度的国家了。在世界科学传统的语境中，"民族主义"这一术语并不具有先天性的否定意义，也不像我国传统中的那样，被与"沙文主义"视为同义。民族主义的性质与取向，会是形形色色，其中亦有极富肯定意义的。

　　极其著名的俄罗斯侨民思想家伊·亚·伊里因，正是如此理解这一现象的。他写道，真正的民族主义，是对本民族精神的热爱。那种爱会使一个人也能注意到其他民族的独特之处，学会不是鄙视而是尊重他们的精神成就和民族感情。如此清醒的民族主义，有能力克服自身的沙文主义倾向，因为，对自己人民的爱并不是对其他民族的恨；自我肯定并不是必然要进攻；捍卫自己并不意味着要征服他人。如此说来，无民族性，便是精神上无根基和精神上的荒芜不毛；而国际

————————————

　　①　即乔哈尔·穆萨耶维奇·杜达耶夫（Дудаев，Джохар Мусаевич，1944—1996），原为车臣籍苏空军少将，1990年退役后成为车臣独立运动领袖并出任未经叶利钦政府认可的车臣共和国总统（1991—1996），由此引发俄车战争；1996年4月21日被俄军导弹击毙。——译者注

主义,则是一种精神病患和诱惑之源。超民族主义,依伊里因之见,只有真正的民族主义者方能达到,因为,能为所有民族创造某种美好事物的,只有那种在本民族的创造性活动中站稳了脚跟的人。真正的世界性的英雄人物,总是,且首先是民族性的;而"试图由国际主义成长为'伟人'的尝试,已经造就和将会造就出这个星球上的恶棍"。①

对民族主义的这种理解,如今正在征服生活在昔日苏联境内的人们的头脑与心灵。例如,白俄罗斯的政治活动家斯·斯·舒什克维奇②指出:"我们曾习惯于认为,民族主义,这很可怕。给这一概念造成这种阴影的,是布尔什维克党人。而民族主义实在是没有什么不好的。在我看来,有一个很简单的准则:如果我们的民族主义是被用来加强白俄罗斯民族的,这很好;若是它被用来贬低某一其他民族,贬低任何一个民族,无论其大小,这就很可怕。"(《民族友谊》,1994 年第 2 期)在这一问题上持有类似立场的,还有一位格鲁吉亚领导人。在回答如何理解"民族主义"这个词时,爱·阿·谢瓦尔德纳泽曾强调指出:"苏联政权时代,这个词曾被曲解。民族主义,就其实质而言,是个崇高的概念。但是也有极端形式的民族主义。我把它们称之为地方沙文主义,正是这种地方沙文主义会接纳法西斯主义的种种特征……在健全的理智中,民族主义,这是人类的一种正常的情感、正常的状态。我所遵奉的那种民族主义,完全不允许在一个多民族的国家中对其他民族和人民采取歧视态度。"(《公共周报》,1994 年 10 月 7—13 日)在权威性的俄罗斯思想家中,可以对作家瓦连京·拉斯普京予以特别的关注。他不仅没有发现因民族主义而感到惭愧的特别原因,且号召应将其作为一种曾经在卫国战争中鲜明地展现出力挽狂澜之力的武器来加以利用。他写道:"在俄国,俄罗斯族人口占 80%。应当不惧怕民族主义,而是要诉诸他们的民族情感。文明的、注重用优秀的(是用优秀的!)民族传统来滋养的民族,其民族主义不可能对任何人构成危险。"(《真理报》,1993 年 12 月 19 日)

---

① 见《伊·亚·伊里因文集》(10 卷),第 1 卷,莫斯科,1993 年,第 196、215、327 页。

② 即斯坦尼斯拉夫·斯坦尼斯拉沃维奇·舒什克维奇(Шушкевич, Станислав Станиславович,1934—　),苏、白政要,数理教授,1991 年别洛韦日协议的白方签字人,后任白俄罗斯共和国最高苏维埃主席(1991—1994)等。——译者注

　　在苏联的意识形态化了的社会学中,有意将"民族主义"与"沙文主义"两个概念混为一谈,依我们之见,是为了便于宣传民族亲近与融合的益处之需,最终的目的是为了达到全民性的去民族化。"事物之名就是事物之本……物由名出。"帕·亚·弗洛连斯基如是写道。对"民族主义者"、"民族主义"词语所含积极意义的否定,既意味着对两个词语的词源——"民族"、"民族的"所含积极意义的否定,亦意味着对这些词语表示的实际事物所具有的积极意义的否定。如今,由于苏联的垮台,对民族予以去差异化的倾向和为迎合世界主义而对民族所进行的侵蚀,均已受到威胁;故无论国际主义者,还是世界主义者,均对此表露出一种有理由的、意见一致的不安,其中也包括那位著名的乔治·索罗斯[①]在内。他写道:"依我所见,俄罗斯的民族主义,可能会对世界构成较之共产主义更大的危险。"(《今日》,1994 年 3 月 15 日)

　　也没有任何必要把苏联的瓦解赞美成英勇地摆脱了似乎世间最后一个具有国家继续分裂前景的帝国——据称,这种分裂将是多中心式的和持续不断的——这不仅仅是因为,如今仍福星高照的那些帝国(如英国、日本等等),并没有表现出任何行将寿终正寝的征兆。毫无疑问,苏联自身曾经有过大量的缺陷,但终归不是个帝国。这一概念只适用于古代世界和近代的那些君主制国家。苏联曾经是个强大且与众不同的统一国家,这是个具有独特特征和结构类型独一无二的独特的超民族机体。尼·尼·莫伊谢耶夫院士在对其进行描述时指出,似乎显而易见:"一个帝国,通常是以拥有一个宗主国和为本国利益而实施国家管理的统治民族的存在为前提条件的。可是在我们这里,纯粹的俄罗斯宗主国从未存在过;而对国家的管理,则一直是由一个个国际主义者团队来实施的:起初是列宁的、托洛茨基的,接下来是朱加什维利—贝利亚的,再后来是赫鲁晓夫的和勃列日涅夫的。只有苏联总统周围的那些人,大多是由俄罗斯族人组成。且这伙人制定的整个民族政策,完全不是为了某一民族的利益。它听命于体系意志的指使,即要确保这一体系的执政精英们享有必不可少的福利和生存的稳定性。而维系稳固的基石,就是政权;结果便是———一元化、集中化、语言的划

---

　　① 乔治·索罗斯(Сорос,Джордж,1936—　　),美国金融投资家、慈善家。——译者注

—……"(《社会—政治杂志》,1994 年第 3—6 期)

　　想必因此现今的许多作者,在把脱离苏联描写成从某个"罪恶帝国"中,或径自说成是从"苏联帝国"中摆脱出来之前,还不得不先在自己的想象中构建出具有所有否定性的帝国弊端的苏联。他们中的某些人在这种情况下非常投入——他们不认可任何式样的帝国,无论是昔日的苏联还是未来的俄罗斯,因此便亦立即使自己的那些构建贬值了。例如,著名的美国教授兹·布热津斯基[①] 1993 年在阿拉木图发表演讲时,曾道出一个令听众相当意外的坦白——"他的国家,就其实质而言,也是一个帝国;但是个非常新式和'异常幸运'的帝国"(《独立报》,1993 年 12 月 11 日)。

　　而我国那些从事这一问题研究的严肃的学者们,由于把"帝国"(该词转义意义上的)理解为"一个地缘政治性的社会空间组织形式——这一社会空间是建立在超民族、超国家(即多民族、多国家)的政权与行政管理结构之上;或是建立在超民族、超国家的影响作用机制(政治的、经济的、军事的、技术的、文化—意识形态上的影响)之上,并伴有被明确标示出来的、至关重要的诸超级大国地缘政治利益范围"——故得出不具有任何意识形态化的科学的判定:现今美国、俄罗斯、中国、日本、欧共体,均是灵活的"一体化了的帝国"形式,有着"绝对多序列的内外联系和本'帝国的'势力范围"(鲍·米·普加乔夫语)。至于说到政治学中的大国,这一学术立场也在这里发现:"任何一个大民族,任何一个大国,其政治都是大国主义式的:俄罗斯的政治、苏联的政治、作为宗主国的英国和法国的政治,都曾是大国主义式的;美国的政治,亦是大国主义政治。"(《民族主义:理论与实践》,莫斯科,1994)有鉴于此,可以预料,维持未来世界文明的统一与均衡的,将是 4—5 个地缘政治型的、民族宗教型的中心,即帝国。中国、俄罗斯、日本、德国、近东或中东诸伊斯兰国家中那个国土面积大为增加的国家,多半将会属于

---

　　① 即兹比格涅夫·布热津斯基(Бжезинский, Збигнев Казимеж, 1928—),美国卡特政府的国家安全事务助理(1977—1981),波兰裔政治家、社会学家。著有《大棋局》等。——译者注

此列。①

　　某些作者在把帝国作为一个概念和作为一个客观实际来思考时,常常会得出这样的结论,即帝国——这是一个组织复杂、自给自足类型的民族社会体系;作为一个理想的结构,就这个意义而言,它"没有在任何地方具体存在过",但作为一个原则,"作为千百万人的主张与意愿",它存在着,并且完全没有考虑到消亡。秉持这一观点的弗·普·布尔达科夫②认为(1994),其实,差不多任何一个民族国家都是一个帝国。据他所见,第一次世界大战之后西欧的一些民族国家,实际上都是最新的工业殖民主义类型的帝国;那次战争之后,在昔日"传统帝国"原地建立起来的那些国家,实际上是那些旧帝国的残余,承袭了旧帝国的所有遗传疾病。这位作者亦将俄罗斯的命运与注定要与现实中的帝国对抗的超级帝国思想的不会泯灭性(也许是不可灭绝性)联系起来。他认为,昔日的苏联帝国会以一种柔和形态,即以诸民族友好联盟的形态,在故地重生,这不仅是人们所希望的,更是完全可能的。③

　　这一见地,不同凡响;但就我国学术和政论文献而论,亦绝非独一无二。我们认为,未必可以视其有足够的根据。毫无疑问,这一见地所论及的,仅是一点,即问题的关键不在于标签,而是要使俄罗斯无论对自己的人民还是对自己的邻国来说,都不会再度成为一个"邪恶帝国"。至于俄罗斯和昔日苏联的诸民族,不知何故,即便在顾及最近的经历的情况下,竟然也不承认伟大的美国总统亚伯拉罕·林肯在类似的历史情势下曾说过的那番言简意赅的话语中所蕴含的真理:"当我们联合一致时,我们便会挺身而立;当我们被分化时,我们便会倒下。"俄国诸民族的理智,应是会引导他们意识到他们休戚与共的举国利益:将来的俄国,会像在它的整个历史进程中一样,亦应继续是个多民族的国家,也可以说是个

---

　　①　波兹尼亚科夫 Э. A. :《民族、民族主义、政治》,载《民族主义:理论与实践》,莫斯科,1994 年,第 77 页;《今日俄罗斯:现实的机遇》,第 101 页。

　　②　即弗拉基米尔·普罗霍罗维奇·布尔达科夫(Булдаков, Владимир Прохорович, 1944—　),俄科学院俄国史研究所研究员,著有《红色之乱:革命暴力的性质与后果》《通往十月革命之路》等。——译者注

　　③　布尔达科夫 B. Π. :《俄国历史中的 20 世纪:帝国算法?》,载《俄罗斯与独联体国际关系(莫斯科卡内基中心研讨会)》,莫斯科,1994 年第 1 期,第 126、127、128、140 页。

"帝国";但有一点不同于其他曾经的和现今的多民族国家,即会有一个被共同锻造、调整和永远被奉为神圣的非剥削者的族际关系系统。

显而易见,只有在评价自己的和他人的爱国主义、民族主义时,在评价自己的和他人的民族国家、帝国时,摈弃双重标准,方能有助于俄罗斯民族问题的解决。

除俄罗斯之外,所有共和国都是好的? 今日俄罗斯民族问题的解决,实是与有关在俄罗斯联邦建构中设立俄罗斯共和国的合理性问题有着直接的关联。然而,在此类商讨中,"反对"的论据最经常的是援引自昔日斯大林—戈尔巴乔夫的武器库。我们很乐于同意:不一定非要成为设立这一建制的拥护者,因为其他一些能使俄国的俄罗斯民族和其他所有民族的国家利益得以实现的办法,也是可行的,或者可能实际上会是更为适宜的。但须知,这完全不是要求在探讨提出设立俄罗斯共和国问题的合法性时采取双重标准。类似建制在俄国其他民族那里的存在,这个事实本身似乎亦是正确解决俄罗斯问题的一个充足的理由。反对设立俄罗斯共和国,依照逻辑推论,应是意味着其他所有共和国亦是不需要的。同时,对待俄罗斯族人和非俄罗斯族人采取双重标准,这作为布尔什维克主义在这一问题上的遗产,依然是当今之世的一个事实。

让我们来列举一些典型事例。我们来读一下这段文字:"大多数俄罗斯人意识到,正是俄国,而不是某人人为设计出来的俄罗斯共和国,才是俄罗斯民族的国家化的自我表现,才是这个民族的利益,也是其他所有俄国人——鞑靼人、楚瓦什人、乌德穆尔特人、奥塞梯人、印古什人及其他民族的利益的表达者。"(《独立报》,1994 年 3 月 15 日)这很好,但须知,这里并没有解释,为何对俄罗斯族人来说,一个俄国便足以用来表现自我,而对其他民族来说,这却不够,还另外要求拥有,或已经拥有且现如今依然允许他们享有"自己的"民族国家建制。

让我们继续往下读:"设立俄罗斯共和国,可能会导致俄罗斯联邦的实际分解、导致俄国的去一体化。"(《独立报》,1994 年 3 月 1 日)按照 1989 年的数据,在俄罗斯,其人口的 81.53% 是由俄罗斯族人构成的;认定俄语为母语者为86.59%;能自如讲俄语者,占俄罗斯总人口的 97.76%——若是如此,俄罗斯难道真的会立即"解体"吗？在国家语言方面，"俄国国民"的统一程度较之美国国民更高。据美国人口普查局的数据，在美国，仅有 56％的人口精通英语；良好掌握的为 23％；不完备掌握的为 15.2％；完全没有掌握英语的为 5.8％。据同一组数据所示，3 200 万土著美国人（占年龄 5 岁以上的美国人口的 14％），在家庭圈内不使用英语交际，而是使用世界上其他 329 种语言。在这种情况下，最流行的"家庭语言"是西班牙语、法语、德语、意大利语和汉语。在家庭圈子内使用西班牙语的人口有 1 700 万（占相互间不讲英语的美国公民总数的 54％）。俄语在该统计表中排名第 15 位（该统计表所统计的人数为 24.178 9 万人）。同时，众所周知，有 33 种美国土著居民语言已经被断送（《红星报》，1993 年 9 月 25 日）。这些数字对比说明，在俄罗斯联邦这种"多数"与"少数"的对比关系之下，只有在极其衰弱的联邦政府眼中，不仅去一体化，还有邦联制、不对称的联邦制，才有可能会是一种危险，且最为可悲的是，这种危险会发生在缺乏能够将俄罗斯族人与其他民族的同胞们团结在赞同强势国家的理由周围的国家意识形态的情况下。而这样的强势国家，是能够保障民族关系的公正性、民族发展的自由和它的所有民族的相互充实的。

　　让我们再举一例："人们反反复复地述说着俄罗斯族人没有自己的国家组织，这已经是那些拆自家墙脚的沙文主义者们的玩世不恭。"（《独立报》，1994 年 3 月 22 日）但仅仅是沙文主义者们应该被怀疑为玩世不恭吗？须知还有与之截然相悖的见解："是现实生活本身，是历史，引导我们走到有必要在所有边疆区和州的基础之上创立罗斯共和国这个问题上来。"（拉·哈·阿布杜拉吉波夫、柳·费·博尔坚科娃①语）对这番话我们要说，所谓"沙文主义的玩世不恭"，这远非是针对那些喜欢因俄罗斯联邦构成中国家林立却没有其"自己"的民族国家而发泄不满的俄罗斯人所作出的最"令人信服的"表述。在讨论这个问题时，如此这般的"珠玑妙语"，时有所见。

---

　　①　即柳鲍芙·费奥多罗芙娜·博尔坚科娃（Болтенкова，Любовь Фёдоровна，1943—　　），法学家、教授，俄联邦国家事务研究院民族与联邦关系教研室主任，曾任俄联邦最高苏维埃民族委员会立法活动保障部主任，参与过联邦宪法的制定。——译者注

例如,在已经发表的两位哲学候补博士在 1993 年 9 月喀山国际学术会议上的演讲中,可以读到逐字转述如下的话语:"在我们这里,响应建立俄罗斯共和国号召的,只有法西斯分子。"①社会预测与市场营销中心主任在《科学院通报》(1995 年,第 65 卷第 1 号)中报道了他所"发现"的一些趋势,即"居欧洲地区的那部分俄罗斯族人,可能会结成一个以种族为中心的民族国家。这个国家在捍卫自己的民族市场的残酷斗争环境中,将会退化成一个法西斯类型的国家"。当然可以假设,在这种情况之下,如同在其他已经提到的那些情况下一样,作者们的语感,或是分寸感,不过是发生了阻碍。因为,若是对此信以为真,那么,那些既不是俄罗斯族人,亦不是法西斯分子,却是俄罗斯构成中的"自家的"民族共和国的真诚拥护者的俄国人,又将如何? 或者说,可以(即不被禁止)推举出来作为法西斯分子"头衔"唯一申领者的,依然只是俄罗斯族人?

亦时常会有这样一些反对设立俄罗斯国家的"论据"被列举出来:"因为俄罗斯联邦境内没有俄罗斯共和国或罗斯共和国,便断言俄罗斯族人的权利受到限制,这是经不住批评的。"两位尊敬的科学博士如是写道,"创立俄罗斯共和国之路,对国家来说是毁灭性的。同一个国家民族之一部,不可以在以它的族名命名的国家构成中行使民族自决权。不得由较高级的国家组织形式走向比较不高级的。"(《俄国报》,1994 年 8 月 31 日)这里所谈及的,显然是有关斯大林及其同伙们于难忘的 30—40 年代加封给俄罗斯族人的那个"头衔"——"长兄"、"领导民族"。不过,现如今,这类称号未必可以令谁心驰神往。它们的真正价值,已为众人所熟知。与其他民族不同——他们的族名被用来称谓俄罗斯联邦构成中的诸共和国,而俄罗斯民族国家组织的那个"较高级的形式",却与那个著名童话中的人物——没穿衣服的皇帝——"被穿上的"那件衣衫完全相似。

最后一例:"欲为新俄罗斯共和国划定疆界的企图,其结果将是:这一疆界不仅将要穿越各地,还会划在人们的心灵里,划在我们的家庭中。这是一条绝对行不通的和充满血腥之路。"(《独立报》,1994 年 3 月 5 日)可以同意这个情感充沛

---

① 别里亚耶夫 B. A.、海鲁丽娜 IO. P.:《俄罗斯联邦的变形与退出的权力》,载《国际科学—实践代表大会:联邦制——全球的和俄国的变化》,喀山,1993 年,第 249 页。

地表述出来的观点,但这只是情感。其他一些共和国已经建成和在建,且并不都是在内战环境下建立起来的。再说,莫非 7％的人口(居住在俄罗斯构成中的 32 个民族国家建制的"主体民族"人口的总和,即鞑靼的鞑靼族人,巴什基尔的巴什基尔族人,等等)真的会没有能力理解提出成立俄罗斯共和国问题的公正性,尽管他们拥有"自己的"共和国? 若是他们能够理解,那么,所谓的血腥又从何而来呢?

此类观点的清单可以持续不断地开列下去,但是,依我们所见,前面援引的,已足以使人确信:这类见解,现在没有、将来亦不会将俄罗斯问题从日程中删去,因为那些论证没有说服力。这也就是说,为了解决这一问题,总归还是要提出一些更为具体而有效的建议,因为,诚如总统致联邦会议的咨文(1994)所认定的那样:"联邦国家的维持和巩固,直接取决于俄罗斯族人的民族自我感受。"不过,在这份咨文中承诺的"通过在俄罗斯族人占少数的地区成立区域文化联合会的方式"给予民族文化自组之权、对俄罗斯民族文化区域多样性复兴计划给予国家支持、对俄罗斯移民给予支持——所有这一切,在存在着俄国其他诸民族的共和国,却没有俄罗斯民族共和国的情况之下,令人觉得显然是不足以使民族自豪感得到培养,不足以使在表述俄罗斯民族合法利益的同时亦不限制俄国其他诸民族权利的"健康的国家—民族爱国主义"的形成。可以将针对俄罗斯联邦体制改革和为俄罗斯多民族人民、每一个别民族最佳的自我实现条件的创造所提出的所有各种各样的建言,归纳为几个在深度和原则性方面互不相同的类别。第一类关涉的是,试图构建联邦新大厦,同时又不使 20 世纪 20 年代初时奠基的联邦基础发生实质性的改变;第二类集中了基于承认将民族与国家分离和在其他的、非民族原则基础之上建立多民族俄罗斯联邦国家大厦的必要性的建议;第三类汇集了出自一个共同主张的建议——变俄国为俄罗斯民族的国家,并以这个民族的名义、以它的政府的名义,担保其他所有民族的人们均享有公民平等和民族发展自由。

最后一种观点,曾被俄罗斯东正教会主教之一、很遗憾已经离开了我们的约安都主教作过清晰的表述。他在 1993 年 4 月写道:"应当公开地承认,俄罗斯就是俄罗斯人民的国家。在这个明了无疑的历史事实的简单语境中,对谁也不会构成任何的屈辱。"正是俄罗斯族人，按照这位都主教的话来说，"才是连接俄罗斯国家结构的黏合剂：维系着雅库特人和列兹金人、鞑靼人和威普斯人的共性的，仅是他们系被一律平等地纳入罗斯的强大机体"。根据这一点，为了调整好现阶段的族际关系，建议回归到正确的实践中去。这一实践"要求必须有充分的（真正的、而不是表面的！）地方民族自治自由作为前提，再配之以果断地、以有利于莫斯科为取向地解决所有具有全国意义的问题"（《苏维埃俄罗斯》，1993 年 4 月 30 日）。的确，若是承认俄国是俄罗斯人的国家，那么，非俄罗斯族人民的民族自治机关，便会获得中央政府一级的俄罗斯国家民族全权负责代表的资格，而不是某种如现今这样的超民族的、究其实质是令诸民族之间不可能在政府层面上进行对话的机构。

　　这种思想的积极支持者，是联邦委员会代表 E. A. 帕夫洛夫。他曾写道："所有最为发达的现代国家，均是民族国家。俄罗斯亦应当成为一个民族国家。"这位代表将我们现今所面临的种种困难产生的原因解释为：俄罗斯族人与俄国其他民族不同，没有民族代理机构，没有一个国家机关像保护民族利益那样保护他们的利益。尽管有一个宣告联邦诸民族和联邦主体平等的宪法，与那些系俄罗斯人民的民族国家建制的州和边疆区相比，诸共和国还是在许多方面被置于优越的地位。这些区域的行政机关，自民族事务人民委员会时代起，就一直是实际上被去民族化了的行政机关，而俄罗斯族人则被视为被去民族化了的人民。帕夫洛夫在号召对我们的整个民族政策进行果断修正的同时，建议在现今的俄国政府构成中设置一个不仅能赋予俄罗斯族人以必要的威信与重要性，亦有助于切实使我国的民族关系和谐的全俄事务部。（《爱国者》，1995 年 1 月第 3 期）

　　让我们注意，构建俄罗斯共和国的可能性，早在二月革命初期便已为列宁所预见到。在建议对党纲进行修改的同时，他便自然而然地描写到关于未来的俄罗斯人民共和国问题。在他的想象中，这个新国家的标志性特征是："俄罗斯人民共和国应当不是用武力，而仅仅是用自愿协议吸引其他民族或部族来建立一个共同的国家。"①稍晚些时候，列宁便偏离了这一立场。结果，昔日的俄国没能

---

① 《弗·伊·列宁全集》，第 32 卷，第 154 页。

成为俄罗斯人民的共和国,而苏联最终亦没有设立俄罗斯共和国。现如今,变俄国为俄罗斯族人国家的可行性,再一次地令人觉得完全可以成为现实,且不仅仅令俄国人有这样的感觉。著名的英国历史学家杰·霍金斯①在其《苏联史(1917—1991)》(莫斯科,1994)一书中曾推测道:"也许,俄罗斯联邦成为俄罗斯族人的民族国家的时日将会到来。在那里,这个民族将为自己创造一种自由的政治生活,将不会去压迫任何人。"

把这种向"光明未来"的过渡,想象为一种通过全面摧毁俄国来达到摆脱"帝国的过去"和"大国沙文主义"的方法——这些观念,显而易见,与俄国国家体制的变革(即完善)和俄罗斯问题的解决,没有任何共通之处。现如今,似乎未必能找到多少头脑简单的人会认真接受不久前喊出的那些号召——"要始终不渝地"和为了全面友好的来临而"向日本人归还他们所要求的千岛群岛和其他岛屿;向德国人归还东普鲁士……归还所有夺来的土地,如果其他民族对这些土地提出要求"(《老兵》,1990 年第 39 期)。不过,报刊上却出现了一些因苏联的崩溃和出现可以公开侮辱俄国历史的机会而体验到某种类似于施虐受虐狂般地极度兴奋的作者们的启示。"俄罗斯千年大国一败涂地,"瓦·伊·诺沃德沃尔斯卡娅在其《我的犹太人式的疑惑》(《星火》,1993 年第 13 期)一文中写道:"不是因为它软弱,而是因为它卑鄙。它是一个历史的污点,一个毫无意义的东西,一次没有通过的考试。我们的历史——这是一个草稿,应当将它抛弃并重新地、清清爽爽地生活。"与俄国的未来被捆绑在一起的,仅仅是"国家总体实力的下降、国土的进一步分裂",许多小国家在俄国原址上形成。在那里,"民族爱国主义者们"将会变得没有可以"用武之地",那些国家将会较容易地转身"面向全球化政府主义的太阳"。

类似的迷惑,不仅为现今的超级革命者所特有。其实,加·瓦·斯塔罗沃依

---

① 即杰弗瑞·霍金斯(Хоскинг,Джеффри,1942—　　),俄国史专家、教授,著有《俄罗斯:人民与帝国》、《俄罗斯与俄罗斯族人》等。——译者注

托娃①类型的政治家们,亦受到此类观念的鼓舞。她认为,那些昔日苏联的诸民族们,在其悉数经历过一个必然的"完全主权阶段"之后,将会置身于"一个新的、正在欧洲形成的那样的联盟之中"(《文学报—大事记》,1992年第2期)。我国"西方派"中的世界主义者那部分人,其看问题的出发点是:在我们这个时代,地方自治权限的大大加强、大陆性的或世界性的管理组织的同时形成,真真切切地发生在眼前。再过大约15—20年,民族国家将开始消亡。因此,他们认为,甚至没有必要试图维持住某些联盟、共同体、帝国:到处都在走向单一的政治—经济结构。在这一结构中,所有人都将会找到自己的位置:或是共同奔向富裕,或是死亡。死亡会在这样的情况之下发生,即人们若是不能应对人类所面临的那些全球性问题(生态状况、恐怖主义,等等)时。看来,在这些见解中,"变革"的真正目标,得到了表述。这一目标,被"民主派"中最为激进的那部分人视为是为了——如约安都主教所描写的——"将已经耗尽其力的国际—共产主义学说替换为新的、应能够将毁灭历史上的俄国进行到底的国际—民主主义学说"(《青年近卫军》,1994年第3期)。

不过,若是不急于转而讨论现代世界主义的立场,并且更为仔细地厘清上述各类有关俄国国家体制变革路径观念的优劣、利弊,那么,便可以注意到如下问题:第一类建议的大部分,其基本思想取决于关于有可能对我国的国家体制模式予以完善的构想。这一模式已成为由我国前70年历史传承下来的一份遗产。俄罗斯(总体说来同苏联一样)在苏联政权时代实是个伪联邦,是一种形式上独立和平等的各民族的联盟。然而,这些民族的生活现实的所有主要层面,均是由莫斯科来定夺。在这种情况之下,这种不对称的联盟,应当是朝着国家越来越统一化和各民族间的民族差别被克服(即所谓的"民族接近")的方向发展(且已经发展了),这一点从来没有被掩饰起来。

布尔什维克党人宣告的那个国家体制内的(亦是整个民族生活的)基本原

---

① 即加林娜·瓦西里耶芙娜·斯塔罗沃依托娃(Старовойтова, Галина Васильевна,1946—1998),俄政要、民族关系专家,曾任职于科学院经济研究所、民族关系研究中心(1971—1991)等;系苏联人民代表(1989—1991)、国家杜马成员(1996年起);1998年起任民主俄罗斯党主席,1998年被暗杀。——译者注

则——自决直至分离的权利,实际上表现在自发性的、无序的国家主义的形成过程中。这一过程大多数受到来自上面的(即来自中央政府的)鼓动,少数受到来自下面,来自民众的鼓动。苏联瓦解(这亦应记入这一原则的账下)后,这后一种过程,便在与车臣和鞑靼相关的诸事件中表现出来。在第一种情况下,出现了俄罗斯解体的趋势。在第二种情况下,出现了变俄罗斯为一个中央政权被弱化了的邦联的趋势。

现如今,通篇诅咒时下被称之为俄罗斯联邦的那个帝国和预言它必亡的书籍,已非稀罕之物。例如有人断言,"世间所有帝国均已崩溃,历史亦不会让俄罗斯帝国的残余——我们这个时代的畸形的残遗物、社会—政治的突变体成为例外"。在这种情况之下,除了"摆脱俄罗斯人的压迫、为俄国诸民族重建或创建独立国家"之外,"解决社会诸问题的任何其他办法,均不在拟议之中。车臣人的'卓越榜样',正在成为一种范例"(A. 扎基罗夫语)。

"俄罗斯之于其诸自治体及其诸民族,曾是一个帝国,推行过俄罗斯化政策;同时,苏联之于诸加盟共和国,亦曾是个帝国。"一本论及民族主权和民族复兴问题的图书(1994 年)对俄国诸民族的共同祖国作出这样的评判。该书作者认为,对俄罗斯来说,"若是有谁想要保留它的联邦体制,那么邦联关系便应当是最理想的"。必须确保每一个族类共同体均拥有"民族主权之权,这一主权必须能够作为一个民族国家主权而实现";其表现是:在所有共和国内,主体民族代表席位的份额,均应确保不低于 50%,以便"在制定法律,组建政府,选配各部干部人员,选配机关、企业及学校领导人时,土著居民的利益"能得到保护。依据这一论断的逻辑,这些共和国内的其他一些民族居民集团,应当安于这种"被截短了的民族主权",这个主权还附带一个必须条件——要学习新的掌握最高权力的民族的语言。该作者认为,应当为各族类共同体"提供自行安排其复兴事业的最大可能;当然,亦不排除由较具实力的大型族类共同体提供帮助"(Д. Ж. 瓦列耶夫语)。

换言之,完全摆脱"苏联帝国",就这样被想象成是为了向苏联崩溃后"周边近邻"新主权国家中那些处在不享有充分权利的臣民地位上的 3 000 万俄罗斯族人和操俄语的人口之上,再增加 1 600 万俄罗斯族人和操俄语的人(据 1989

年人口普查数据所示,这类人口占原俄罗斯苏维埃联邦社会主义共和国诸自治体居民人口总数的 62.2％)。依据"被截短了的民族主权"法律,他们现在当是已经生活在"国内的外国"之中,正在为总计为 37.8％人口的主体民族集团的"复兴"提供着保障。除此之外,该作者——多半不是因为天真,而是考虑到了那个众所周知的"国际主义"——还寄期望于某些"大型族类共同体"的无私援助,却完全没有注意到,众多有着法定的臣民不平等现象的"小帝国"们,正在觊觎那个昔日"帝国"之位。

所有这些令人觉得是在表明,在一部分俄国人那里,对可能在俄罗斯联邦重新颁行国家性的仇俄政策——它在过去是以"真正的国际主义"面貌出现的——所怀抱的期望,真是经久不衰!这自然不可能不引起回应。因此,如今可以极其经常地听到俄罗斯民族—激进分子的呼声。他们要求变更列宁主义那些"有缺陷的方针",摆脱"与自治区和民族共和国一道已成为我们的遗产的"那个"可恶的民族自决权",宣告自己的俄罗斯民族国家的成立。由于没有自己的国家,普通的俄罗斯族人"曾在 1994 年蒙受了苦难,在自己的民族土地上受到来自一些少数民族和社会少数人中的恶棍们毫无怜悯之心的盘剥"(《莫斯科真理报》,1994 年 8 月 20 日)。

有些作者建议,应克服那些对俄罗斯民族具有破坏作用的列宁—斯大林民族政策及其对非俄罗斯民族的不平等给予补偿的方针所造成的后果,并利用同样的方针服务于俄罗斯族人的利益。例如,弗·列·马赫那奇①就认为,如今,只有接受这种民族补偿主张的政治家,才有可能为人们所接受。他写道:"俄罗斯人应当有切实的能力恢复财力、在一代人的生命进程中恢复生育水平;多年来在文明程度方面对俄罗斯人的歧视所造成的后果,应当在昔日苏联的全部领土上被清除。"O. B. 加曼否认东正教教徒和俄罗斯族人这类教会和民族之敌是苏联时代最受压迫者(《莫斯科》,1994 年第 8 期),他认为,俄国诸民族兄弟那个有

---

① 即弗拉基米尔·列昂尼多维奇·马赫那奇(Махнач, Владимир Леонидович, 1948—2009),著名历史学家、俄国建筑史学家、东正教政论作家、政治哲学家,著有《俄罗斯文化中的社会传统》、《论基督教政治变量》等。——译者注

缺陷的"长兄"、"幼弟"式的群体,在现今的危机环境下表现出自己的全部丑陋。昔日的那些"弟兄们",对待俄罗斯和俄罗斯人是按照"落井下石"的原则行事的,"在拳脚加唾沫的夹击之下"提出越来越花样翻新的荒谬的要求。与此同时,他们却"感到十分惬意地充当着俄国援助受益者的角色。这一援助,从道义的观点看来,除了说它是抢劫之外,很难再给出其他的评价"。在这样一种环境之下,依作者之见,俄罗斯和俄罗斯族人必须要"在自己那种欲将远亲近邻均收纳于俄国雄鹰羽翼之下来抚养的永恒追求中,做一个历史性的休止。眼下最重要的是——中止那种对自己本国国民而言是不可思议的和犯罪的、同时处于两种身份——全世界性的施主和全世界性的乞丐——之中的生存方式。现今,实力的蓄积,显然较之土地的蓄积更为可取……理智的、经过周密考量的,甚至暂时性的孤立主义,是深入思考与聚精会神所必需的"(《俄罗斯现代化的欧亚方案:"赞成"与"反对"》,莫斯科,1995 年)。

此种类型的情结和激进思想,在我们看来,是一个基本问题被忽视的结果。这个问题的实质,早在苏联分裂之前便已被极其清晰地表述过。"苏联最主要的民族问题,"以色列著名政治学家米·萨·阿古尔斯基 1989 年春在苏联科学院哲学研究所的一次讲演中说道,"是俄罗斯问题;不是亚美尼亚问题,不是爱沙尼亚问题,不是犹太人问题,而是俄罗斯问题。俄罗斯人民、俄罗斯文化受到了最大的压制。俄罗斯族人比其他民族生活得差。外高加索、中亚较高的生活水平,仰赖的是俄罗斯。"①

因此,原俄罗斯苏维埃联邦社会主义共和国领导人维·伊·沃罗特尼科夫②的见解,值得被予以特别的关注。直到结束自己在俄罗斯最高苏维埃主席团主席职位上的任期,沃罗特尼科夫始终奉行党在俄罗斯问题上的诸项方针。例如,在 1989 年 11 月 18 日政治局召开的关于俄罗斯问题的工作会议上发言时,他曾号召"揭露那些俄罗斯的'保护者们'、这些在一旁喋喋不休的政客们。

---

① 转引自古雷加 A.:《俄罗斯问题》,载《我们同时代人》,1990 年第 1 期,第 175 页。

② 即维塔利·伊万诺维奇·沃罗特尼科夫(Воротников, Виталий Иванович,1926—2012),该职务任期为 1988—1990 年;此前曾任俄联邦部长会议主席、苏共政治局成员(1983—1988)等。——译者注

他们抱怨我们落后、愚钝并号啕大哭着,实质上是要毒害俄国人的心灵。不错,来自其他一些共和国的民族主义势力,正在使俄罗斯'动荡起来';不错,我们是需要主权之权、需要独立,但仅仅是在联盟框架之内,仅此而已。我们不应忘记,俄罗斯苏维埃联邦社会主义共和国是联盟的轴心。无论如何旋转,它都是'兄长',这正是俄罗斯所承担的重负。我们对联盟统一所负有的责任是最为巨大的……俄罗斯共产党于谁有益? 于我们吗? 不是的。我反对那个东西。这将是迈向分裂的一步"。

　　苏联的破产,迫使维·伊·沃罗特尼科夫对自己的"俄罗斯问题"观点作出根本性的重新审视:"'兄长'观念,如已表明的那样,并没有为俄罗斯的和谐发展提供保障……对有关如何对待俄罗斯族人这个历史主体的态度问题所作的回答——这是对我们现今生活中所有尖锐的个人问题的回答,即是对待民主的态度、对待精神和道德价值的态度……很遗憾,我信奉过在我们这里曾被认可的那些观念。依照这些观念,俄罗斯问题基本上被视为整个苏联诸问题的派生问题。在许多方面,我们的共和国被混同于整个国家,而整个这个大国家的主要趋势,被解释为正在导致它的所有构成组分走向坚定不移的统一和团结。如此一来,不管意识到这一点是多么苦涩,我们身为党的领导者,长期以来是一直低估了'俄罗斯问题'的现代内涵。"沃罗特尼科夫将有积极作用的现代共产主义运动,描述成"仅仅是一支俄国的、民族性的力量。我们的整个历史已经表明,无视俄罗斯的利益、只是将它们视为更为宽泛的国家整体之一部的态度,既给俄罗斯造成了损害,也给那些已经与俄罗斯结为一体的其他民族造成了损害"。[①] 依我们所见,这是特别有价值和特别有教益的坦白。

　　不过,不可以说,在许多方面那些持有似乎与昔日执政者完全相悖立场的俄罗斯新执政者们,已经从数十年来养成的对待俄罗斯问题的刻板公式中摆脱出来。故必须承认,20 世纪 20 年代构建的那个"理论"和那个"拉平"实践,至今依然存续于俄罗斯联邦,并仍在"要求为所有民族——俄罗斯民族除外,但自然还

----

　　① 沃罗特尼科夫 В. И. :《而事情是这样的——摘自一位苏共中央政治局成员的日记》,莫斯科,1995 年,第 316、471—473 页。

是要依靠俄罗斯人——人为地创造优越地位"。上述引文的作者 A. Γ. 库兹明认为,如今,在先前的社会系统已损坏的情况下,俄罗斯 50% 的领土正在被它的1% 的居民企图"私有化",这是完全不正常的。因为,诸共和国国界的划定,并"没有征询过人民的意见,且到处都是靠牺牲俄罗斯人的土地来进行的"。该作者将俄罗斯诸州宣布主权独立一事,视为不得已而为之的举措:"他们别无他法。只有这样,他们才能使自己在权利方面与那些'少数',但却是'高级'民族们保持平等"(《青年近卫军》,1994 年第 1 期)。在现今的俄罗斯联邦中,少数居民,无论如何客观上都是仍在继续将那个按照"另一个主权国家构成中的主权国家"的公式构建出来的民族国家体制强加给所有的人。这种国家,其实早已证明了自己是没有生命力的,且应当被抛弃。

俄国国家重建方案中的俄罗斯共和国。应当关注这样一些方案的存在,它们的设计者们总体上并不否定布尔什维克遗产在对昔日沙皇俄国进行民族国家重建方面所取得的成果,同时,建议借助创建与俄国其他民族国家建制一样的罗斯共和国来清除系统中种种明显的不合理性。早在 1989 年,波爱尔·卡尔普在讨论苏维埃国家中的"宗主国"问题时,便曾断言,俄罗斯和俄罗斯族人所有灾难的根源所在,便是 1922 年组建苏联时,既没有成立一个俄罗斯加盟共和国,也没有成立一个俄罗斯自治共和国。如此一来,俄罗斯人似乎被给予了一种特别的、"在苏联的整体中具体体现自我的国家权力",给予了成为"宗主国人民"的权力;与此同时,其他民族则被强加给了一个不平等的"大民族或少数民族分级自治"的民族身份。依卡尔普所见,对大国主义角色的拒绝,意味着俄罗斯人必须"创建自己的家园,创建俄罗斯苏维埃共和国,独立于鞑靼、雅库特、楚瓦什等其他一些现今为俄罗斯苏维埃联邦社会主义共和国构成的诸共和国之外。这些共和国也到了应当获得与白俄罗斯和吉尔吉斯平等的权利的时候了"。在这种情况下,俄罗斯共和国,同时亦即俄罗斯人民,"将最终变得既在官方层面上不高居于他人之上,亦在实际生活中不比他人贫穷"。阻碍这一目标实现的绊脚石,被认为仅有一个——某些具有影响力的俄罗斯人小集团(瓦·格·拉斯普京因其在人民代表大会上发表的那番著名演讲而被说成是他们的喉舌)不愿失去其在苏联的"特殊地位"和放弃那个傲慢的谬见——"没有他们，其他人将会完蛋。""这很容易证明，不会完蛋的。"波·卡尔普断言道，一边号召应拒绝做这个"不出头的宗主国"，同时一并放弃那些试图教导其他民族的"盲动冒险的奢望"，此外还要关心自己的土地，关照自己的"俄罗斯共和国——不是俄国的、不是联邦的，而正是俄罗斯的共和国"。这曾被视为国内诸民族间平等的保障和苏联巩固的保障之所在。（《书评》，1989 年 7 月 21 日）

政治学家德·瓦·奥利山斯基①也置身于创建俄罗斯共和国的支持者之列。如他自我描述的那样，他是个"俄罗斯人这个词最广义上的俄罗斯人。可以说，是西斯拉夫人和伏尔加河中下游斯拉夫人两源交汇的正宗斯拉夫人"。他认为，俄罗斯族人与俄国其他民族不同，作为一个统一而完整的民族，时而尚"没有那么清晰地形成"，时而又"几乎是已经不存在"。这位作者认为，只有当我们"给予俄罗斯民族自觉的复兴以援助"时，这个问题才有可能变得清晰明了。"让我们摈弃旧世界，即忘却帝国，并开始一砖一石地构建生活之必需"，换言之，就是构建俄罗斯人的共和国。奥利山斯基号召道："让我们构建一个俄罗斯共和国，作为未来的民族防卫中心和未来整个国家族际稳定的中心吧。"这个几乎已经不存在的人民被建议：作为开端，"不必追求领土的大小——拥有一方权作象征的国家领土构成，足矣；即便是在昔日莫斯科大公国的疆域内也成。而接下来，人们，亦即千百万'俄罗斯族人'，将会自行决定什么是他们所需要的以及理由何在"。该作者用一些严格的条件预先约定着这个共和国的出现：这个国家组织之所以需要，不是要作为"爱国主义"的策源地，而是为了使爱国主义者能切实地全面料理好俄罗斯的土地，因为这要好于徒劳无益的"思想"之争，尤其是好于被迁移者、无国籍者、边缘化者和流氓无产者的暴乱。这些人因绝望所激发出来的能量，如该作者所怀疑的那样，正在被一些心术不正的"爱国者"引路人们所图谋利用（《独立报》，1992 的 1 月 16 日；《祖国》，1994 年第 6 期）。不过，那些依据近乎

---

①　即德米特里·瓦季莫维奇·奥利山斯基(Ольшанский，Дмитрий Вадимович，1953—2003)，社会心理学家、政论作家，著述甚丰，如《政治心理学基础》《恐怖主义心理学》《大众心理学》等。——译者注

侮辱民族情感的原创假设所进行的有关俄罗斯共和国问题的讨论,看来似乎是少有成效的,即便是因为身处昔日莫斯科公国领地之外的那些俄罗斯人在这种情况下一定不会被视为俄罗斯族人,并且应当——依作者的逻辑——依旧是另一些民族中心的政治目标。

依我们所见,那些欲克服俄罗斯民族国家体制现今模式内在缺陷并使这一模式适应民族政策新目标的尝试,未必会获得成功。与第二和第三类变革这一体制的建议相关的战略,可能是最为有效的。在对这些建议进行细节研究、对每一种模式的优劣利弊进行全面比较之后,可以在它们之间作出选择。

在如今活跃于俄国政治舞台上的诸种力量中,自由民主党表现出对已经形成的俄国民族国家体制最为一贯的抵制。该党领袖弗·沃·日里诺夫斯基坚决主张快速地、硬性地、通过相应法令裁撤自治共和国和其他一些民族区域建制,立即恢复以省长为首脑的省级建制并且不要再提及这个噩梦般的联邦制。重新组建起来的省,建议完全依据地域特征来命名——"例如,喀山省,而不是鞑靼省。因为若是命名中只有一个民族,那么其他民族便如同是来作客的,是处在没有生存与政治权利保障的地位"(《消息报》,1994 年 4 月 23 日)。晚些时候(1995),他曾一度认为,分阶段地、和平地重建俄国国家,必须要以建构其国家领土结构中的三个层次为前提:① 较之现今疆界扩大了的、按省划定区域的民族俄罗斯。② 俄罗斯联邦。处在已经发生变更的疆界内的昔日苏联诸加盟共和国,可能会成为这一联邦的主体。③ 东欧联盟。可能与俄罗斯联邦一道加入这一联盟的有:塞尔维亚、马其顿、保加利亚、斯洛伐克、罗马尼亚、匈牙利、波兰、芬兰、朝鲜、蒙古、阿富汗。①

将现今的俄罗斯联邦改造成一元国家的必要性,日里诺夫斯基也在其作为申请哲学科学博士学位的学术报告论文《俄罗斯民族的过去、现在与未来(俄罗斯问题:社会—哲学分析)》(莫斯科,1998)中进行了论证。他的出发点是:这样的国家才是"解决俄罗斯国内问题的必备条件,即它是与俄罗斯的民族利益和历

---

① 日里诺夫斯基 B. B. :《俄罗斯自由民主党:思想体系与政策》,莫斯科,1995 年,第70—72 页。

史使命相适应的"，因为，它"将有助于克服由不平衡所引发的有民族背景的利益冲突和碰撞，克服对俄罗斯人以及其他民族的歧视，克服诸共和国间划界时的任意行为，杜绝在一个共和国范围内将历来相互冲突的民族联合在一起的令人不能容忍的行为，杜绝强行驱逐和大规模迁徙人口的行为"。由民族区域式的行政区划原则向纯粹地域化行政区划的过渡，按照这位学位论文答辩者的意见，要求废除有关现今民族建制的主权宣言（因为，主权是不可分割的，并且属于整个俄罗斯国家），同时亦要求通过将小型联邦主体并入较大组织结构的办法来扩大区域行政单位。最佳状态被认为是：一元的俄罗斯"应由大致 50 个权利平等、地位一致的州构成；它们是依据区域原则组建而成，并且没有任何自己的宪法、语言和执政民族"。

尽管俄罗斯自由民主党这位领袖发表的声明，时而方式乖谬，但他论及俄罗斯体制的观点，却有着清醒的内涵。它并不新鲜，自戈尔巴乔夫改革最初之日起，提出来的建议，多如滔滔江水，而它只是其中一粟。许多作者大体上不接受弗·沃·日里诺夫斯基的观点，亦认定 1993 年 12 月 12 日通过的俄罗斯联邦宪法中对民族权利至上模式的承认是错误的，这并非偶然。这种民族权利至上化，作为那些曾渴望自由的各族人民实施的共存政权原则改革，暴露出其"致命的根基不稳"：在独联体中，其中也包括在俄罗斯境内，没有一个阶层因这种革新而获得过任何物质上或精神上的满足；而"官僚阶层和总统那帮人仅仅是无论如何也不习惯这种主权带来的幸福，尽管他们蹂躏着自己的国民"。据在莫斯科出版的《犹太人报》的主编判断，民族区划原则真正是"我国国家结构的大患"。

A. E. 基布里克，这位以民族区划方式解决俄罗斯民族问题的始终不渝的批评者认为，新宪法的最大缺陷是：它包含着一个"俄国地缘政治借以为依据的荒谬的民族权利至上模式"。因此，早在宪法投票表决之前，他便建议"应事先宣布它是临时性的，为的是不必再于两年后动用坦克来摆脱掉它"。他曾预言："任何一个在选举中反对俄罗斯体制的民族权利至上模式的党，都将会在选举中获得一系列社会集团的支持。"①选举结果证实了这个预言。基布里斯再度回到这个话题上来,论证道:"民族区划完全不是一个民主成果,不是对少数民族的保障,而是一个用来在诸民族集团之间播种仇恨的布尔什维克主义遗产。废除民族区划,是俄罗斯政治改革的一个重要因素,其重要性并不低于昔日勃列日涅夫宪法第 6 款的废止。"这"正是民族与国家的分离",是对一些最为明显的事实的判明:"俄罗斯——不仅是俄罗斯族人的国家,就如同巴什基里亚不可能仅仅是巴什基尔人的国家一样。"这位作者虽然不是俄罗斯自由民主党的拥护者,却号召所有民主人士"利用"国家杜马中的"日里诺夫斯基派"来实现设省主张,因为"民族共和国的存在,是与公民社会原则根本对立的"。②

　　总统的科学与高等教育事务顾问、俄国科学院通讯院士尼·格·马雷舍夫③曾表示深信:"我们的国家必将依然是一个种族和民族冲突状况不断的国家,直到我们转而采用美国式的、完全文明化的管理国家的方式。"这一方式与俄罗斯国内现今的没有根据的民族建制边界的保存,是势不两立的。"是谁在地图上划出了鞑靼斯坦的领土?是斯大林?只有斯大林。"马雷舍夫断言道(1994),"在他之前,连沙皇可能都没有想到这一点。同样的,是谁划出了哈萨克斯坦的地图?是谁划出巴什科尔托斯坦的疆界?或者萨哈人④的疆界?这一切都是何人所为?是共产党人干的吗?那就请你们把这些边界清除掉吧!"⑤

　　提出这一要求的,还有亚·伊·索尔仁尼琴。他认为,在未对昔日诸加盟共和国的边界作出重新修订的情况下分解苏联,是错误的。他言道:"有人曾说,我

　　①　基布里克 A. E. :《未待到濒死状态》,载《莫斯科新闻》,1993 年 11 月 14 日(第 46期),第 7 页。

　　②　基布里克 A. E. :《重新划省》,载《莫斯科新闻》,1994 年 2 月 13—20 日(第 7 期),第8 页;《表述混乱将毁掉政府:人民投票反对的不是改革,而是精确纲领的缺失》,载《新时代》,1994 年第 4 期,第 14—15 页。

　　③　即尼古拉·格里戈里耶维奇·马雷舍夫(Малышев, Николай Григорьевич,1945—　　),俄政要,曾任俄联邦科学与高校问题国家委员会主席(1990—1991)、俄联邦总统科技政策委员会书记(1991—1998)等。——译者注

　　④　萨哈人(Caxa,复数作 Caxaлap),雅库特人的自称。——译者注

　　⑤　马雷舍夫 H. Γ. :《俄罗斯:由现今至未来》,载《对话》,1994 年第 4—6 期,第 59 页。

们是承认边界的。哪些边界?! 是那些怀着裁减俄罗斯人民和惩罚所有曾与布尔什维克主义做对的人们的幸灾乐祸的目的而划定的伪造的列宁的边界吗? 惩罚顿河哥萨克、乌拉尔哥萨克、七河哥萨克、西伯利亚哥萨克、伊什姆人民起义——这便是将他们从俄罗斯苏维埃联邦社会主义共和国中切割出去,将他们送予其他民族! 布尔什维克党人夺取了乌克兰……作为交换……5—6 个俄罗斯人的州被弗拉基米尔·伊里奇额外送给了乌克兰……而赫鲁晓夫,则像个喝醉了酒的暴君一样,一挥手便将克里米亚送了礼。"①这位作家认为,乌克兰和哈萨克斯坦现今的领导人们正在犯下一个无法补救的错误,他们"开心地接受了那些伪造的列宁的边界",并不由自主地走上一条"虚假帝国之路"。②

俄罗斯新领导者们的"民族意识的模糊"、昔日苏联和今日俄罗斯那个"所谓的联邦体制"的种种弊端,亦被亚·伊·索尔仁尼琴于 1994 年 10 月 28 日在国家杜马的那次演讲中更为清晰地揭示出来。伪造的行政区划界线,曾被先前的制度强行拿来作为国家分界线;人为造成的并在俄罗斯数十个地区依然保存着的反民主现象(那些地区被宣布为自治共和国和自治区,尽管"主体"民族是明显的少数居民。如此一来,在那里,明显的少数被赋予了支配多数的使命);自治体的独立的国际行动;中央与自治体之间订立的单独的条约;联邦的一些主体(即自治区)包含在其他主体(即"俄罗斯的"州)之中,而他们与中央之间没有相互作用关系的规则——所有这些,从"真正的联邦国家"的观点看来,令人觉得时而像个"疯人院",时而像个"更大的疯人院"。③

在这种情形之下,人们建议以什么取而代之呢? 尼·格·马雷舍夫欲使人们相信:若是不清除所有这些"所谓民族建制"的边界线并将国家分成 12—15 个应当称作省的经济区,以便"恢复公道",那么,"世间正常的管理体制"便不能确

① 索尔仁尼琴 А. И. :《我想自己把所有事情都理清》,载《文学报》,1994 年 7 月 13 日第 3 版。

② 索尔仁尼琴 А. И. :《20 世纪末的"俄罗斯问题"》,莫斯科,1995 年,第 169 页。

③ 索尔仁尼琴 А. И. :《没有比呵护好人民更高的使命:10 月 28 日在国家杜马会议上的讲话》,载《俄国报》,1994 年 11 月 1 日,第 2 版。

立。① 加·特·塔瓦多夫②坚信,俄罗斯将不得不走上基于区域性原则的联邦之路。这一走向中的必不可少的步骤,将是使作为联邦主体的边疆区、州与共和国在权利方面平等——这些主体以后有可能组成新的一体化的建制(即省、州级建制),以及在政府和共和国管理机构中、在关涉体现主体民族和非主体民族的公民"威望"诸领域,实行比例代表制;推行两院立法会议制或在一院制议会内实行代表名额分配制。(《社会—政治杂志》,1995 年第 6 期)在 A. C. 西多罗夫院士《我的星——俄罗斯》一书(1995)中,一个以总统为首脑、依赖俄罗斯国家历史上所固有的分省管理体系并拥有经选举产生的地方自治管理机构的政府系统,作为我国现行民族—行政体制"唯一的替代物"而得到论证。该作者认为,应当是由囊括现今的州及其所属区的 25 个大省级区域构成的系统,取代现今由 89 个主体[其中,21 个昔日自治共和国,每一个通常都在辖区方面与革命前俄国的乡、自治州和 10 个自治区(即县)吻合]构成的联邦。现今的联邦诸共和国级主体,也被设想为省的构成之一部,享有州一级的权利,在教育、艺术、民族交际、个别的法律运用问题方面,保留自己的民族文化自治权利。亚·伊·索尔仁尼琴1994 年时曾说道:"我赞成应使所有的州都平等,使大家都处在权利平等的地位。我赞成应使州较之中央拥有更大的权力——更大的,但是要由法律加以严格界定的权力。必须在法律上明确无误——多少归中央,多少归州里。并且大家都处在一个平等的地位,既不给予任何人优先权,亦不给予任何人补贴,且谁也不要来乞求。而对于中央,则应当予以加强,以使国家得以存续。"③

车臣战争只是使这位作家的正确性更为增强。"无论联盟还是联邦,我们都不需要。"他言道,并认为,俄罗斯从来都不曾是个联邦,因为它不是通过将一些现成的国家组织联合在一起的方法建立起来的。现今俄国境内所有共和国,其主体民族人口共计不足总人口的三分之二。所有这类共和国,索尔仁尼琴将其

---

① 马雷舍夫 Н. Г. :《俄罗斯:由现今至未来》,第 59 页。

② 即加姆列特·特米罗维奇·塔瓦多夫(Тавадов, Гагмлет Темирович, 1935—　　),民族学家、哲学家、教授,任职于俄国国家事务学院,著有《政治学》、《民族学》、《民族和联邦关系问题》等。——译者注

③ 索尔仁尼琴 А. И. :《我想自己把所有事情都理清》,第 3 页。

评价为"列宁的人为发明"。它们"如今已变成了少数人的政权"。就像在切博克萨雷会议上发生的那样,一些"会直接导致俄罗斯解体的完全乌托邦式的设计",被以这类少数人的名义提出来。在重建诸共和国首脑理事会的方案中,作家看出那个时有所见的图谋——使共和国成为第一等级,而使州成为第二等级。他也不能接受俄罗斯人民代表大会。在那里,俄罗斯人民的呼声会被要求须与众多小民族中的每一个民族的呼声同等对待;而与此同时,俄罗斯人却实际拥有占我国所有居民人口五分之四的表决权。(《论据与事实》,1995 年第 1—2 期)

中央于 1992—1993 年在已经为人们所习惯了的那个怪诞的公式——"联邦构成中的拥有主权的自治"——之下向昔日的诸自治体作出政治让步,是没有理由的。按照索尔仁尼琴(1998)的说法,这只会导致"分离的利己主义"的发展。能够有助于扭转这一局面的,当是这位作家所提议制定的《俄罗斯诸民族平等法》。在这部法律中应当可以确定:"在俄罗斯境内,所有属于俄罗斯历史构成的民族,在所有的权利和所有的义务方面,均是平等的……所有民族均有权无障碍地发展自己的民族文化、教育和语言。他们的文化需求,由国家按照民族或部族的人口成正比例地提供资金来解决。"俄罗斯的联邦体制,应当成为"所有'联邦主体'(它们不属于那种对各地区结构亦构成损害的'民族区'之列)公正的、最充分的平衡"[1]。

萨哈林省前省长瓦·彼·费奥多罗夫[2]在思考车臣事件引发的各种后果时,也认为俄罗斯国家体制存在的弊端是那些事件产生的原因所在。这些弊端若是不被清除,便可能再一次导致类似格罗兹尼事件的重演。"我们仅仅从布尔什维克主义的遗产中摆脱出来一半。"这位作者曾在 1995 年写道,"党的专政被废除了,但是它所确立的那个民族区划原则(即取代了先前存在的地域性的、设省区划原则),却依然毫无改变"。而这意味着,俄罗斯继续生活"在火药桶上",

---

① 索尔仁尼琴 A. И. :《崩塌中的俄罗斯》,第 127 页。

② 即瓦连京·彼得罗维奇·费奥多罗夫(Фёдоров, Валентин Петрович, 1936—),经济学家、教授、俄两院院士,历任叶利钦总统委员会成员(1990—1992)、萨哈林省省长(1990—1993)、经济部副部长(1993—1994)、俄罗斯工业家企业家联合副会长(1994—1997)等职。——译者注

依然有"从内部爆炸的危险"。我国的双名状况——俄罗斯联邦和俄罗斯,包含着经常造成分裂的根源,阻碍着诸主体之间——一方面是边疆区和州,另一方面是诸共和国的平等的确立。该作者提醒人们注意:俄罗斯有 89 个主体,其中有21 个共和国。据诸共和国的解释,俄罗斯联邦正是由它们构成,而不是诸边疆区和州;因此它们应当拥有更多的权利。"为什么是更多的,而不是更少,或者不是同历来的俄罗斯诸领土区域规模一样大小?"这个问题应当得到解决,因为"俄罗斯不能成为自己那些共和国们的附庸"。据费奥多罗夫所见,我们的国家不应当成为俄罗斯联邦,而只应是俄罗斯;而它的"诸民族们应当生活在自由的民族文化多样形态之中"。①

俄罗斯著名哲学家阿·弗·古雷加②也一直捍卫着类似的立场。他认为(1955),每一位将自己与俄罗斯的命运联系在一起的人,每一位自认是俄国人而不论其族属、母语和宗教信仰如何的人,每一位于成年之后宣布自己为俄国人的人,都是俄罗斯公民。俄罗斯境内的所有民族,均是平等的。它们中的每一支,"均有权发展自己的文化,拥有使用本民族语言教学的学校、报纸、文学和戏剧。但仅此而已。国家应当是统一的,应当按地区特征来划定(州或者省)"③。俄罗斯思想的拥护者、赞同一元化俄罗斯的 C. A. 萨弗罗诺夫于 1995 年推出一个独特的论证:"昔日苏联仅是个形式上的联邦国家,而实际上正是一个一元的国家,且它的瓦解实际上是因为它试图成为一个真正的联邦……俄罗斯未来的体制,只能是一元化的,是建立在当然会与新环境相适应的俄罗斯思想之上的。"④

似乎很难不同意这些见解。然而,有一点令人关注,即对诸民族本身的利益,它们依然没有触及和给予保障。只有在同时提出俄罗斯联邦民族政治关系

---

① 费奥多罗夫 B. П. :《叶利钦在车臣》,载《莫斯科共青团员报》,1995 年 1 月 24 日,第4 版。

② 即阿尔谢尼·弗拉基米罗维奇·古雷加(Гулыга, Арсений Владимирович,1921—1996),哲学、美学史专家,著有《历史美学》《德国古典哲学》《美学原则》《何为后现代》《俄罗斯基督教运动问题》及大量德国和俄国著名哲学家传记等。——译者注

③ 古雷加 A. B. :《俄罗斯思想与其缔造者们》,莫斯科,1995 年,第 306 页。

④ 萨弗罗诺夫 C. A. :《俄罗斯系一元国家》,载《现代俄国社会:了悟往昔、探寻适宜的未来(科学实践会议报告提纲)》,克拉斯诺亚尔斯克,1995 年,第 329 页。

的调节机制以取代现有机制的情况下,民族国家体制的改革才有可能为人们所接受。而将俄罗斯联邦重新划分为省的办法,很遗憾,是不会使这一问题自行得到解决的。

近来一些事件表明,我国民族—政治关系深度失调引发的种种矛盾,开始越来越充分地被那些依职责负有指导俄国社会生活民族范畴发展使命的国务活动家们所认清。原民族与地区政治事务部部长谢·米·沙赫莱①在确定那些"应当运用解决众多地区性问题的途径、战略和策略来加以排除"的基本矛盾时,将下述矛盾列为最主要的:第一是"国家的民族化模式与地域化模式之间"的矛盾;第二个是"按行业原则发展和管理经济与过渡到通过地区、通过联邦主体直接管理之间"的矛盾。第一种矛盾的实质,被认为是 70 余年来苏联和俄罗斯苏维埃联邦社会主义共和国的功能,便是依据民族原则来组织国家体制的一种尝试。自 20 世纪 90 年代初时起,我国更多的是自发而非自觉地尝试着向内部体制的地域化模式转变。若是俄罗斯诸共和国、边疆区及州,均逐渐转变为实质上的"俄罗斯联邦地域化主体,而完全不再是民族单位",这一矛盾是会解决的。这一矛盾的排除过程,被想象为"漫长的过渡时期;是时,民族化的和地域化的模式实际上应当相互'磨合',造就出俄罗斯国家内部组织的一些新形式"。(《独立报》,1994 年 5 月 12 日)

谢·米·沙赫莱又一次回到这个题目上来,再次强调指出,布尔什维克党人当年所选择的依据民族特征组建国家的方针,具有致命危害性。这一方针所导致的结果是——"俄罗斯 150 个民族中,有 32 个民族拥有自己的行政建制,而 118 个民族却没有。若是继续奉行这类原则,则应当再建设 118 个公共驻扎地。而现今民族政策的任务,是将民族组元与地域组元分离开来。我们必须转向民族—文化自治的方案,是时,民族问题,即文化、教育、族类共同体存续问题,不必借助划定区域(即划出民族自治区、民族共和国)的办法来解决,而首先是在地方

---

①　即谢尔盖·米哈伊洛维奇·沙赫莱(Шахрай,Сергей Михайлович,1956—　),法学博士,俄联邦现行宪法文本起草人之一;1993—1994 任该职,后历任总统驻宪法法院全权代表(1996—1998)、国家安全委员会成员(1993—1996)、俄总理法律顾问(1998)等。——译者注

自治的层面上来解决,即兴办学校、报纸、清真寺和发展语言。对俄罗斯族人的州和边疆区来说,则是需要建立地方自治制度。这是唯一一种政府与个人结合在一起的系统。而所有其他的——联邦性的、地区性的体制,则都是将政府与居民分离开来"。这一解决问题的方法,似乎会在今日俄罗斯所有层面上(联邦的、共和国的、边疆区的、州的和区的)确立所有民族集团平等原则的过程中合乎逻辑地得以实施。其最终目标,是要求事实上基于民族区域原则的联邦制逐渐转型为基于民族——文化自治原则的联邦制。

如此一来,俄罗斯联邦的战略发展方向便被确定为"随着地方自治的发展,将俄罗斯转变为一个真正的联邦制国家"。正是这种"地方自治方案与民族——文化自治方案的结合,才使得可以制定出解决对俄罗斯而言十分复杂的民族问题的实用方式"。用沙赫莱的话来说,拯救国家之路,"这就是地方自治制度,还有作为协调地方利益与中央利益之法的联邦制,以及以社会为取向的经济"(《论据与事实》,1994 年第 41 期)。

曾经多次在报刊上发表将我国改造成俄罗斯合众国建议的尼·尼·莫依谢夫院士,使类似的主张得到发展。这位院士没有将美国理想化,亦不掩饰他"一贯羡慕那个盎格鲁撒克逊人与意大利人、斯拉夫人与斯堪的纳维亚人、日本人与中国人、黑人与墨西哥人同居一地的美国。他们过着各自的社团生活,拥有发展民族文化的权利,一边又丰富和增强着自己国家的创造潜能"。他认为,若是真正承认个人的优先权,"我们谈论的便应当只是地域化的俄罗斯国家,只是所有居住在俄罗斯土地上的那些人的国家。对他们所有人来说,俄罗斯便是祖国,故不可以将人们作土著与非土著之分。这种划分应当为法律所禁止!这是文明发展现阶段的要求。这一点,且只有这一点,才有助于将生活于我国的所有人联合在共同理想的周围,确保民族和睦达到必需的水平。这些完全不意味着漠视或降低族类共同体的利益"。曾经体现过和正在体现于俄罗斯当代国家体制中的那种被隔绝开来的、自立的民族共和国的思想,被莫依谢夫视为自斯大林时代存续下来的危险的乌托邦。(《社会——政治杂志》,1994 年第 3—6 期)

在这位院士看来,用"邦"(штат)一词取代"共和国"一词,其实质在于"邦的宪法不具有凌驾于联邦宪法之上的地位";俄罗斯每一个自治单位——共和国、州、地区、省、邦(如何称谓并不重要),均应当有自己的宪法。其中预先规定出大量的,但务必不得与联邦宪法相抵触的法规。据此,譬如,鞑靼人在莫斯科和在喀山的权利与机会,便应当没有任何不同之处。无论在此在彼,都应当既有清真寺、文化中心,亦有鞑靼大学,若是鞑靼社团有此意愿。只有在此种情形之下,我们方会实现全人类价值中的真正的平等、真正的自由。所有上述言论,自然关涉的不只是鞑靼人,而是俄罗斯的每一个民族。按照邦联原则对任何一个共和国,特别是对在苏联原址上建立起来的大型的和多民族共和国进行组织,这在此位院士看来,"是完全没有选择余地的",且对俄罗斯各民族和新邻国们而言,当是"真正的福祉"。

关于所有邻国,我们不去作断言,但是,就现今的俄罗斯来说,探索的方向似乎令人觉得定位完全正确。沿着这一路径的实际推进,将在许多方面取决于能在多大程度上成功地做到——首先是建立判明和协调俄罗斯联邦现今 89 个主体中每一主体辖区内相互作用的诸民族集团发展利益的机制;其次是建立判明和协调每一民族和所有民族在全俄范围内的发展利益的机制。1996 年 6 月批准的《俄罗斯联邦国家民族政策构想》和《民族—文化自治法》(1996 年 5 月通过),乃是朝着这个方向迈进的第一步。关涉构建调节民族政策关系复杂机制的理论性与应用性课题,无论在俄罗斯联邦各主体层面上,还是在整个联邦层面上,均正在被提到日程上来。

第五章

苏联的覆灭与俄罗斯对新整合思想的探寻

5

覆灭之地——维斯库利。在苏联覆灭前 25 年时,诗人尼古拉·鲁布佐夫[①]似乎预感到 1991 年那场悲剧,于是创造出一辆火车的形象:它"全速疾驰,//动力强劲,//令人不可思议,//也许倾覆就在目前,//在牢不可破的和睦之间"。这场大难,正"在宇宙密林深处的某地"、"在浓雾弥漫的天地间"、"在无名之物之间"酝酿育成。[②]那辆载着"苏联"领导者的火车,驶向覆灭之地——位于一个不知名的白俄罗斯小镇维斯库利(Вискули),它隐匿在距波兰边界 3 公里的别洛韦日密林(Беловежская пуща)深处。就在这里,在维斯库利,1991 年 12 月 8 日,一件不可逆转的事件发生了——苏维埃社会主义共和国联盟不复存在。这一史实被记录在一份文件中。在那份文件下方,有白俄罗斯、俄罗斯苏维埃联邦社会主义共和国、乌克兰三国领导人的签字。他们告知地球上的居民:"苏联,作为国际法的主体和地缘政治实体,已终止了自己的存在。"依据别洛韦日决议,1991 年 12 月 12 日 13 时 28 分,俄罗斯退出苏联,并以俄罗斯议会决议方式宣告 1922 年的联盟条约作废。1991 年 12 月 25 日,米·谢·戈尔巴乔夫在最后一次以苏联总统身份发表的电视讲话中宣布,他"出于原则性的考虑",辞去自己的职务,尽管这一职位实际上已不存在。12 月 24 日,克里姆林宫总务处工作人员已经将戈尔巴乔夫的私人物品从总统办公室的橱柜中清理出去,并于 12 月 25 日深夜将"苏联总统米·谢·戈尔巴乔夫"的标示牌从这间办公室门旁的墙壁上摘除。戈尔巴乔夫发表电视讲话之后不久,即 19 点 38 分,克里姆林宫穹顶建筑物上那面红色的苏联国旗,便被俄罗斯三色旗所取代。

被所有这些事件所震惊的同时代人们,开始采用极其宽泛的概念对它们予以评价,从毁灭性的"崩溃"到生机勃勃的"再生"。别洛韦日决议的参与者们,竭力将这一决议作为摆脱已陷入困境的新联盟条约谈判的唯一解救办法向昔日苏联各族人民兜售。这个新条约是被准备用来取代先前的那个自 1922 年 12 月 30 日以来一直续着的条约。独立国家联合体成立协约所具有的种种益处,在

---

① 即尼古拉·米哈伊洛维奇·鲁布佐夫(Рубцов, Николай Михайлович, 1936—1971),有诗集《最后的轮船》等。——译者注

② 鲁布佐夫 Н. М.:《俄罗斯、罗斯!保护好自己……》,莫斯科,1992 年,第 109 页。

一位参与别洛韦日会晤的俄罗斯代表团成员看来,是如此的无可争议、在各方政治和经济义务方面表现得是如此地清晰,故"仅因为这一点,就应当在街上燃放烟花礼炮"。

循着已发生事件的最新踪迹,人们发表了种种见解,类如"正在垮台的共产主义帝国,有其自己的法则;其中之一便是,这一帝国中的各个国家应当以独立形态存在一定时期";说是在明斯克,"作为帝国瓦解一定时段的自然而然,且符合逻辑的终结,诸共和国的独立"已是确定无疑①;声称存在着一些出乎人们意愿的客观过程,故联盟的不复存在,仅仅是因为"帝国寿数已尽";而别洛韦日协议的参与者们并没有破坏它,他们"不过是抄录了一份此前已经签发的死亡证明",以此帮助那些昔日的加盟共和国们"平静和安宁地散去"。② 然而,所有这类判断,均应当被理解为极其初步的。它们的用意,首先是要使那些"促成规律性"显现出来的政治家的行为能够被说成是合法的,甚至是英雄壮举。这一愿望是完全可以理解的,但是,期望在这个时候做出历史的最后裁决,显然为时尚早,这需要数年或数十年时间才成。只有当目前这个显然非同寻常的事件渐渐成为过去,才会出现领悟它的真正规模、起因和后果的可能。

至于苏联解体后最初几年间的社会舆论,它几乎同 1991 年 3 月全民公决之日的社会舆论别无二致。当时曾有 71.3% 的全民公决参与者投票赞同将苏联作为一个经过革新的联盟国家保留下来。据俄罗斯科学院于 1992 年 3 月进行的询访调查数据显示,70% 以上的受访者表示赞同重建苏联。在 1994 年 6 月 12 日于莫斯科进行的类似询访中,有 68% 的受访者表示,他们对废除苏联持否定态度。

在苏联的废墟之上。出乎人们意料,出现在昔日苏联领土上的诸主权国家的独立存在,尚未给人民的生活带来可以感受得到的向更好方面的转变。至于

---

① 波尔霍缅科 C.:《根纳季—布尔布利斯:政治"杀手"的角色》,载《独立报》,1992 年 1 月 29 日,第 2 版。

② 谢留宁 B.:《总归是一个乐观之年》,载《劳动报》,1994 年 1 月 4 日,第 3 版。

族际关系,这方面的局势依然十分紧张。民族主张似乎被广泛用之于争取权力和获取执政机会的斗争之中,用于新国家和新地方政权所处领土边界线的划定之中,用于为私有化、为争取地区特权、为消除往昔不公正的民族政策所造成的后果而进行的斗争之中。其结果是,自 1987 年起,在昔日的苏联境内,据各种不同的评估,共发生了 100—150 起民族—政治冲突,其中包括 20 起以上的武装冲突。[①] 据一些学者的数据资料显示,在原苏联领土上,总共有近 200 个潜在的冲突策源地,它们与联邦的诸新建国家组织及各主体内的政治权力重新分配相关。[②]

据 1993 年 12 月召开的一次国际研讨会的俄方与会者所提供的数据资料显示:1992 年间,在原苏联领土内,死于民族—政治冲突和地区冲突的人数,共计约 6 万人;1993 年的伤亡人数,估计与此数字相当。据另一些文献资料显示,自 1991 年年末起,仅至 1993 年 4 月止,便有大约 15 万人在武装冲突中丧生。这是 10 年阿富汗战争死亡人数的 10 余倍。但是,我们的社会和世界的反应,却与这场悲剧的规模完全不对称。原苏联克格勃主席在国家安全紧急状态委员会案的诉讼中曾指出,“在不到两年时间里,苏联境内 20 余万人死于武装冲突、国内战争;伤残者达 70 万人”。

总的说来,俄罗斯领土受到民族—政治冲突和地区冲突之害的程度,要小于独联体其他一些国家(如阿塞拜疆、亚美尼亚、格鲁吉亚、摩尔达维亚、塔吉克斯坦)。不过,俄罗斯亦是有数以百计的形形色色的区域—民族冲突和诉求。居住在动乱的车臣的约百万公民,自 1991 年起,实际上已是置身于俄罗斯联邦宪法保护之外。北奥塞梯与印古什之间的冲突,没有得到调解。民族的和宗教内部的战争危险,亦在达格斯坦暴露出来。那里出现了一些反对该共和国国家体制一元化形式的政治势力。在该共和国北部(诺盖族人)、南部(列兹金族人)、中部(库梅克族人),均出现了为争取建立本民族国家而斗争的运动。其他一些较为

---

①　帕因 Э. А. :《民族政治冲突及其起因》,载《俄罗斯与现代世界》,1994 年第 1 期,第 8 页。

②　见佐林 В. Ю. :《车臣:通往和平的崎岖道路(不是写给自己的日记)》,莫斯科,1997 年,第 145 页。

稳定的北高加索共和国,亦处在民族分离的危险之下。并且在这里,一些正在取得自治地位的新国家,常常会出现在领土相互重叠的地区;一些造成紧张局势的策源地,出现在广阔的伏尔加—乌拉尔工业地区,那里还有位于鞑靼斯坦和卡尔梅克境内的、危机程度已经升级了的若干冲突中心;在东西伯利亚南部,图瓦和布里亚特的某些政治势力的分离意向,滋生着一个形成紧张局势的源头;在雅库特,由于"主体"民族的特权得到了巩固,非雅库特族居民的分离情结产生了;在远东,则由于中国和朝鲜移民潮的高涨而出现了紧张局势。[1]

欲动用武力消灭这些不稳定性和分离主义策源地之一的尝试,导致了与车臣的杜达耶夫政治体制的战争。此类军事行动始于 1994 年 12 月 11 日,并且相当迅速地使先前的冲突牺牲人数新增了数万死亡者和数十万的逃亡者。据官方数据资料显示,至 1995 年 1 月 24 日止,仅联邦军队便在车臣蒙受了 553 人被击毙(其中 513 人为军人,40 人为内务部部队人员)和 275 人失踪的损失。在一个月多一点时间内,在移民局登记的车臣逃亡者人数,增加到 14.2 万人。车臣方面也进行了自己的战争牺牲者统计:有 2.2 万人被打死(其中包括平民),2.2 万人伤残,有 10 万逃亡者在达格斯坦和印古什寻找到临时避难地,有 2 万人逃亡到俄罗斯其他地区或邻近国家。据俄罗斯联邦人权全权代表机关的数据资料显示,自 1994 年 11 月 25 日起至 1995 年 1 月 25 日止,有超过 2.4 万名格罗兹尼和平居民死亡;2 个月内逃离这座已被捣毁城市的总人数,约为 40 万。(《独立报》,1995 年 1 月 28 日)

在这场战争中,半年内有 1 375 名俄罗斯军人阵亡,3 872 人受伤,245 人失踪。据车臣方面的资料,参加朱哈尔·杜达耶夫(1996 年 4 月 22 日死亡)一方军事行动的死亡者为 5 400 人,3 000 余人失踪。和平居民的损失,据同一资料显示有数万人之多。始于 1995 年 5 月 25 日的和平解决车臣危机的谈判,使全面大规模军事行动得以中止。1995 年 7 月 30 日,双方签署了一份军事问题协议。这份协议书规定:联邦军队和非法武装部队各后撤 4 公里;联邦军队撤出车

---

① 详见斯杰潘诺夫 B. B.:《国际紧张的策源地:现实与预测》,载《俄罗斯科学院通报》,1994 年第 64 卷第 4 期,第 296—304 页。

臣;非法武装部队解除武装。然而,协议签署之后,这场冲突中的人员生命损失并没有就此中止。据俄罗斯联邦国防部的官方数据资料显示,至 1996 年 8 月 30 之前,在车臣战争中有 2 837 名军人死亡,1.327 万人负伤,337 名军人失踪,432 人被俘。根据国防部的数据资料,内务部队亦有大致相同数字的人员损失。车臣作战人员的损失约为 1.5 万人。由于战争原因,曾经生活在车臣—印古什共和国境内的 130.65 万(1993 年 1 月的数据)人中,到 1996 年 6 月初之前,已约有 45 万人逃离车臣。其中大部散居在达格斯坦共和国(约 14.4 万人)、印古什共和国(约 18.2 万人)、斯塔夫罗波尔边疆区(约 4 万人)及俄罗斯其他一些地区。

2001 年,一项统计学研究成果——《20 世纪战争中的俄罗斯和苏联》在莫斯科发表。这份权威性的出版物引用了有关自 1988 年至 2000 年间参与原苏联境内的民族和地区冲突、维和行动的俄罗斯军人伤亡人数的数据资料。依据这一数据资料,在亚美尼亚—阿塞拜疆(卡拉巴赫)的冲突(1988—1994)中,国防部各部队和分队、内务部内务部队和警察、边防部队以及其他主管部门部队所蒙受的无以挽回的人员损失,共计为 51 人,伤残人员为 830 人;在格鲁吉亚—奥塞梯冲突(1991—1992)中,死伤人数相应为 46 人和 142 人;在德涅斯特河沿岸地区的冲突(1992)中,死伤人数分别为 24 人和 3 402 人;在格鲁吉亚—阿布哈兹冲突(1992—1994)中,死伤人数分别为 73 人和 1 972 人;在塔吉克斯坦冲突(1992—1996)中,死伤人数分别为 302 人和 1 583 人;在奥塞梯—印古什冲突(1992)中,死亡 27 人(该项数据资料中没有伤残人数统计);在车臣冲突(1994—1996)中,死伤人数分别为 5 552 人和 5.138 7 万人;在北高加索反恐行动(1999—2000)中,死伤人数分别为 3 007 人和 8 771 人;在第一次车臣战争中,联邦军队每月的阵亡人数为 190 人,在第二次战争中为 215 人。这一伤亡人数较之阿富汗战争中最血腥的 1984 年还要高。

俄国人这许许多多不幸的原因,隐匿在持久的国家经济危机和生活环境的恶化之中。在 20 世纪 90 年代,俄罗斯国内总产值(国内生产的最终商品和公共服务事业在市场价格中的总价值)缩减了差不多 50%(作为比较,卫国战争年间,它减少了 24%)。近 20 世纪末时,它的人均占有量比"七大国"的平均指数

低五分之四。按总量来计算,俄罗斯为现今美国的十分之一,是中国的五分之
一。市场经济的建设,伴随着"影子"经济的大幅度增长。非法企业的收入,按照
专家们的估算,1973 年时占国内生产总值的 3%;苏联存在的最后一年时为
11%;1993 年时占俄罗斯联邦国内生产总值的 27%;1994 年时为 39%;1995 年
时为 45%;1996 年时为 46%。

　　俄罗斯国家放弃了在医疗、教育、科学、社会范畴内的传统义务和职能。由
苏联继承下来的 1 050 亿美元的国家外债,到 1998 年时又增加了 500 余亿新债
务。国内平均实际收入和生活水平早在 1993 年便较之 1985 年下降了至少
53.5%。这一下降此后仍在继续。1994 年,19 种主要食品价格攀升了 2.5 倍。
1994 年俄罗斯平均名义月薪收入为 100 美元,1997 年时为 164.3 美元。

　　原库兹巴斯煤矿的掘进工人 Т. Г. 阿瓦里阿尼在描述改革年间生活与工作
条件恶化时,列举出如下对比数据:1990—2001 年,一位掘进工的平均月工资增
长了 5.7 倍,矿工的养老金增长了 9.2 倍,大型工厂厂长的平均月收入增长了
124 倍。与此同时,灰色粗面包的价格开始上涨了 40 余倍,牛奶(每升)上涨了
34.7 倍,土豆(每公斤)上涨了 59 倍,白菜(每公斤)上涨了 82 倍,胡萝卜(每公
斤)上涨了 99 倍,洋葱(每公斤)上涨了 15 倍,甜菜(每公斤)上涨了 79 倍,带骨
牛肉的市场价格(每公斤)上涨了 24 倍,猪肉的市场价格(每公斤)上涨了 24 倍,
鸡肉(每公斤)上涨了 21.6 倍,熟香肠(特级、一级)上涨了 40.4 倍,蒜烤猪里脊、
熟猪肉、熏制香肠(每公斤)上涨了 44 倍,鲱鱼(每公斤)上涨了 25.7 倍,鸡蛋(每
十枚)上涨了 13.4 倍,酸奶油(每公斤)上涨了 42.6 倍,酸牛奶(每升)上涨了
45.5 倍,砂糖(每公斤)上涨了 18.2 倍,米(荞麦米、大米,每公斤)上涨了 20.4
倍,黄油(每公斤)上涨了 19 倍,植物油(每公斤)上涨了 20.2 倍,进口女式皮靴
上涨了 79 倍,进口男式皮靴上涨了 79 倍,人造革皮靴上涨了 23 倍,男式进口西
装上涨了 34 倍,3 室一套出租住房的房租(包括电费和所有公共服务费)上涨了
31.2 倍,市内交通费用上涨了 99 倍,克麦罗沃①至莫斯科的机票价格上涨了
62.3 倍。

――――――――――

　　①　克麦罗沃市(Кемерово),克麦罗沃州首府,位于西西伯利亚联邦区。――译者注

俄罗斯金融系统的持久危机,在临近 1998 年夏季时开始变得特别尖锐起来。8 月 17 日,政府无力管理巨大的内、外债务的状况得到官方的承认(是时的总理是谢·弗·基里延科①)。为了预防金融领域出现严重事态,政府实施了国家货币的贬值,此举的结果是,卢布对美元的比值下降了三分之二。在这个祖国近现代史上的黑色之日过后,俄罗斯境内工资水平再度下降三分之二,1999 年时为 61.8 美元,2000 年时为 79.1 美元,实质上没有达到联合国划定贫困国家的依据——100 美元的门槛。

俄罗斯居民生活水平的下降与严重的社会两极分化纠结在一起。关于两极分化的程度,可以依据反映 10% 的最有保障者的收入与 10% 的最少保障者的收入的比例关系系数来进行判断。这一指数在功能正常的社会中的临界值,依据专家确定,为 8.1。据俄罗斯联邦国家统计委员会的数据资料显示,俄罗斯 1991 年这一系数为 4.5,1993 年为 11.2,1998 年为 13.8,2001 年为 13.8,该系数的高位值主要是由失业状况所决定。1992 年,国内失业人数为 390 万(即占有经济活动能力居民人口的 5%),1997 年为 810 万(即为 11.8%)。在众所周知的 1998 年 8 月那次金融雪崩之后,失业人数在 1999 年暴涨至 900 万以上(即为 13%)。这种失业现象在那次"债务违约"危机②之后,继续保持在相当高的水平上。2001 年,国内有 660 万失业者(即占有经济活动能力人口的 9.2%)。

新千年伊始,俄罗斯经济出现了某种稳定倾向。在过去的 3 年中,国家预算盈余,收入超过支出。在这些年间,据俄罗斯总统 2003 年 5 月 16 日致俄罗斯联邦会议的咨文所示,国内总产值增长了 20%。固定资本投资增长了 30% 以上。商品出口量增长了 25%,其中机器、设备、交通工具的出口量增长了 70% 以上。俄罗斯国家外债下降了 25%。所有这些使得国家有望转入更为稳定的经济发展状态和提高俄国人的实际收入。过去 3 年间,俄国人的实际收入增长了 32%;3 年前,养老金的平均额度占养老金享受者最低生活费用的 70%,2002 年

---

① 即谢尔盖·弗拉基列诺维奇·基里延科(Кириенко, Сергей Владиленович, 1962—　),任该职时间仅为 4 个月,现为国家一级顾问、国家原子能公司(Росат)总经理。——译者注

② 即指 1998 年 8 月 17 日俄联邦政府和中央银行因国内金融危机而丧失偿还能力,不得不宣布延期兑付即将到期的国债一事,故有此说。——译者注

时已与最低生活费用持平。不过,尚有四分之一的俄国公民,其收入依旧低于最低生活费用标准。

危机造成的人口学后果,正在引起特别的忧虑。增长着的对未来的担忧、卫生保健体系的崩溃及其他因素,导致了俄国人寿命的大幅缩减和出生率的急剧萎缩。1987 年,我国的出生人口数量为 250 万,1993 年则为 140 万。1991 年年初,俄罗斯居民人口为 14 850 万。而在独立后的第一年,人口自然增长率就发生了下跌 20 万的变化。1993 年下跌扩大了近 3 倍,并有继续扩大的趋势。俄罗斯居民人口因死亡人数超过出生人数而减少了 73.77 万人。1994 年时减少了 92.02 万人。这相当于俄罗斯一年之内便消失了类如沃罗涅什这样一个城市的居民人口。这样的人口减员,比第一次世界大战和内战时的人口指数还要糟糕,可与伟大的卫国战争时期相提并论。移民潮在一定程度上是对这种自然减员的一种"弥补"。

据每年出版的统计学文集(《数字俄罗斯》、《俄罗斯人口学年刊》等)的当前人口数量统计数据显示,2002 年 1 月 1 日,俄罗斯联邦的居民人口为 143 954 400 人(据 1989 年的人口普查数据,是年为 147 021 900 人;1992 年年初为 148 325 600 人)。

2002 年 10 月,曾进行了后苏联历史上的第一次全俄人口普查。2003 年 4 月 24 日的政府工作会议上,通报了此次普查的初步结果。据这一资料所示,以 2002 年 10 月 9 日的状况为准,居住在国内的俄国人口共计为 145 287 400 人,较当年的统计数据多出大约 200 万人。

1989—1992 年,普查间隔期内,俄罗斯人口数量的下降总量为 184 万人。在此间隔期内,我国出生了 2 054 万人,死亡 2 793.98 万人。两个数值间的 739.98 万人差额,就是俄罗斯人口的自然减员。亦在这一时期内,移民增长量为 555.98 万人——移入我国的为 1 097.55 万人,迁出 541.57 万人。迁徙到我们这里的移民,大部分来自昔日的各加盟共和国,并且他们远非全部被当时的统计所计入。人口自然减员量大大高于因移民人口增加所形成的自然增长量,故我国居民人口数量总体下降。

据人口普查数据资料显示,俄罗斯联邦中有 66 个主体的人口数量出现缩减。缩减最大的是楚科奇——缩减了三分之二；马加丹州——缩减了 50％ 有余；科里克自治区缩减了 37％；泰梅尔和埃文基两自治区缩减了三分之一。相反，有 23 个主体的人口数量得到增加。达格斯坦增长了 43％；卡巴尔达—巴尔卡尔增长了 20％。在 7 个联邦区中，人口（主要因移民原因）增长了的有：南部联邦区（由 2 050 万增至 2 290 万）和中央联邦区（由 3 790 万增至 3 800 万）。其余所有联邦区，则出现了人口减员现象：西北联邦区从 1 520 万减至 1 400 万人，伏尔加河沿岸联邦区从 3 180 万减至 3 120 万人，乌拉尔联邦区从 1 250 万减至 1 240 万人，西伯利亚联邦区从 2 110 万减至 2 010 万人，远东联邦区从 800 万减至 670 万人。

20 世纪 90 年代，俄国人生活水平的下降，直接决定了诸如预期寿命之类的人口指数的下滑。1991 年，这一指数平均为 69 岁（即男性 64 岁，女性 74 岁）；1998 年时下降到 67 岁（即男性 61.3 岁，女性 72.9 岁）；2000 年下降到 65 岁（即男性 59.8 岁，女性 72.2 岁）。据国家统计委员会 2002 年当年数据资料所示，男性平均寿命为 58.5 岁，女性为 72 岁。这就是说，如今俄国男性的平均寿命甚至达不到退休申领养老金的年龄。

专家们认为，俄罗斯人口在最近 50 年间将每年减员大约 100 万。据某些预测，在移民差额为零的情况下，至 2050 年，俄罗斯最多将会有 1.1 亿人口，最少将会有 8 000 万人口。要规避俄罗斯的这一命运，诚如"右翼力量联盟"①的领袖们所见，实属不可能。对产生这一现象的原因的解释，一如既往，人们还是在我们那个不久之前的"可恶的过去"中去寻找。据称，全部关键所在，就是那个社会主义工业化模式——是时，"女性在工业发展的最初阶段就被从家庭中、从农村强行拖去工厂，于是，那些女性便在此后同较发达国家的女性一样，开始变得较少生育了"。由于人口学过程有着很大的惯性，故要在最近的历史未来中预防俄罗斯人口数量的缩减，是不可能的。就实质而言，建议应将俄罗斯民族的消亡理

---

① 右翼力量联盟（Союз правых сил），始建于 1999 年，初为独立社会运动和组织——俄罗斯民主选择、共同事业、新生力量、俄罗斯之声联合而成的选举联盟。党首鲍里斯·涅姆措夫；2008 年宣布自行解散并组建新党——正义事业党。——译者注

解为应有之事。对国家来说,出路在于推行新的移民政策,以适应 21 世纪的现实,吸引为俄罗斯所需的外来移民入境和将俄罗斯转变为一个 21 世纪的独特的美国。的确,在这种情况下,俄罗斯应当成为不再是俄罗斯族人的国家,而是俄国公民的国家。"是的。是存在着俄语和俄罗斯文化,但国家却是俄国人的。"叶·季·盖达尔强调指出,应号召人们树立对这一俄国人的国家的相应态度。既然俄罗斯注定要成为类如美国似的移民国家,那么,"为何东正教在中小学中要作为必修课呢?""为什么我们要禁止天主教神甫进入俄罗斯呢? 任何仅仅强调俄罗斯民族在俄国人国家中具有独一无二作用的做法,简直就是在 21 世纪俄罗斯的未来脚下埋炸弹。"从这样的立场来看问题,所有维护俄罗斯人民的努力,均被视为不唯是多余的,且是危险的。"护法者们"致牧首阿列克西二世[①]的公开信中,曾就第 7 次全世界宗教会议期间提出的俄罗斯民族的"排他性"命题提出一些意见。而这是一些早已成熟的建议,即在宪法中加入有关俄罗斯民族的国家创建者地位和俄罗斯东正教的统治地位的条款;创立全球保护俄罗斯人同盟,创建俄罗斯民族东正教电视频道。这些意见亦曾向基里尔都主教[②]提出。这位都主教于 2003 年 1 月 20 日在莫斯科召开的科学—实践代表会议上宣称:"俄罗斯是俄罗斯东正教人民的国家,那里同时生活着一些少数民族和存在着一些少数人的宗教——他们的民族和宗教权利在那里受到保护和保障。在这一主张中,没有任何令人感到侮辱的东西。"

苏联解体后,曾有 2 528.95 万名俄罗斯族人(占 1989 年苏联境内俄罗斯族总人口的 17.4％)和 409.61 万名俄罗斯联邦其他土著民族人士,身处俄罗斯联邦境外。近邻诸国社会—政治形势尖锐化、许多企业破产、工作岗位缩减、社会阶层分化加深、俄罗斯人和操俄语居民的权利受到歧视和破坏、民族冲突区域

---

　　① 阿列克西二世(Алексий Ⅱ,1929—2008),俗名阿列克谢·米哈伊洛维奇·里迪格尔(Ридигер,Алексей Михайлович),1990 年起任莫斯科及全俄罗斯东正教至圣牧首。——译者注

　　② 基里尔(Кирилл,1946—　　),俗名弗拉基米尔·米哈伊洛维奇·贡佳耶夫(Гундяев,Владимир Михайлович),时任斯摩棱斯克和加里宁格勒都主教(1984 年起),2009 年起继任莫斯科及全俄罗斯东正教会至圣牧首。——译者注

扩大——所有这一切，促使这类居民向俄罗斯回归。据联邦移民局 1994 年的数据资料所示，约有 200 万被迫迁移者和经济类型移民迁入俄罗斯。如果说，初期迁入俄罗斯的被迫移民中，主要是亚美尼亚人、阿塞拜疆人、土耳其—梅斯赫特人，那么接下来，这类移民的主体则开始由俄罗斯族人构成。据 1994 年 8 月 1 日的数据资料显示，在所有民族—政治类型的移民中，俄罗斯族人所占比重超过 60％，奥塞梯人、亚美尼亚人和鞑靼人分别为 7％—9％，乌克兰人为 3％，格鲁吉亚人和塔吉克人略微超过 1％。

也有一些俄国人试图去相距远一些的邻国躲避混乱。1987—1993 年，有大约 50 万人由俄罗斯迁出，其中大多为日耳曼族人和犹太族人，同时亦有俄罗斯族人（1993 年，迁出人口的 93％为这些民族）。外迁移民潮的主要流向是德国（1995 年时达到最高值，当年有 7.28 万俄国日耳曼族人迁入该国）和以色列国。与 1990 年相比，当时犹太族人的外迁达到顶峰——有 6.1 万人迁出；而近 90 年代末时，下降到 1.7 万人（如今在以色列国，不久前从俄罗斯或原苏联境内迁来的移民共计百万以上，占以色列居民人口的 20％）。20 世纪 90 年代末，俄国外迁移民也开始扩展到澳大利亚、加拿大、芬兰、意大利和其他一些国家。在这种情况下，有越来越多的俄罗斯族人被吸引到移民国外的轨道上来。他们在移民中所占比例由 1993 年的 24％增长到 2000 年的 41.5％。一些受过高等教育的专家，亦离国而去。例如，1993 年时，在赴美的移民中，有 71％的人具有高级、高级未毕业或中级教育学历；赴以色列的移民中，则有 61％之多。仅以色列一国，在最后这次"移民潮"的第一个 10 年（1989—1998）间，便有 13 275 名原苏联学者移居那里。如此规模的"智力流失"，对俄罗斯来说，意味着每年损失 600—700 亿美元（按照联合国的方法做出的估算）。

与此并行的是涌入俄罗斯的移民洪流。据俄罗斯联邦国家统计委员会的数据资料显示，暂住俄罗斯，但长居境外的登记人口为 25 万人。不过，来自东南亚、远东、非洲的移民，其大部系非法滞留俄罗斯。据联合国的数据资料，俄罗斯境内的非法移民共计为 1 300 万。这是俄罗斯与独联体诸国边界开放引发的后果。主要移民潮经南部边界，由乌兹别克斯坦、塔吉克斯坦以及中国而来。这股移民潮没有给俄罗斯带来任何好处。与真正能够成为人口缺口补充手段之一的合法移民不同,这些非法移民随之带来一些重大问题——从犯罪、贩毒到给基础设施和主体居民造成负担。这类非法移民,正是欧盟拒绝与俄罗斯确立互免签证制度的原因。个中的忧虑所在是:这一巨大的非法移民潮会经由俄罗斯涌入他们那里。

苏联的解体暂时还没有导致人们所期待的俄罗斯境内刑事犯罪发生局势的缓解。2000 年,俄罗斯联邦司法部惩罚执行总局副局长 А. И. 祖布科夫所著《千年之交时的俄罗斯刑罚政策》一书出版。书中内容包括对自 1898 年以来俄国刑罚政策在其历史发展各阶段中的动态、实况和后果的分析。如该书所引用的数据资料所显示,在俄罗斯,最低的在押犯(作者所指的是所有各种程度的被剥夺自由者,其中包括债务监禁和集中营)数量,出现在 1892 年——总共有 8.32 万人;而最高的在押犯数量出现在 1941 年(为 220.44 万人)。上述年间此类人员所占人口比例,若以每 10 万人为一单位来计算,则相应分别为 66 人和 1119 人。并且,若是说革命前这一指数的波动不大(1909 年为 140 人;1917 年为 103 人),那么,在随后一些年间,则出现了相当矛盾的景象。如果说,在 20 年代,20 世纪最初数十年的那种趋势还一直保持着(1922 年俄罗斯苏维埃社会主义联邦共和国境内为 67 人、1930 年苏联境内为 106 人),那么,稍晚些时候则急剧增长。1937 年,苏联在押犯人数与每 10 万居民人口的比例,计为 469 人;1939 年提高了近一倍(为 859 人);1941 年达到顶峰。临近卫国战争结束时,这一系数降至970 人。在随后的一些年,这一指数大大降低:1959 年为 405 人,1979 年为 359人,而 1989 年这一指数是最低的——仅有 280 人。在俄罗斯联邦,全联盟范围内出现的这种趋势,表现得弱一些:1959 年这一系数为 585 人,1975 年为 500人,1979 年为 522 人。自 1989 年起,大为下降:1989 年为 280 人,1992 为 218人。但此后再度开始增高:1996 年为 506 人,2000 年为 728 人。至 2000 年,在俄罗斯,被羁押者(即被怀疑人、被告人、刑事被告人、被判处监禁者)人数与 80年代末整个苏联的被羁押人员总数(医疗—劳改防治所亦计入其中)持平。2000年 1 月 1 日,在刑法执行系统各机构内关押着 106.008 5 万人,其中包括劳改营中关押的 75.643 2 万人,侦讯隔离所羁押的 27.258 9 万人,具有侦讯隔离所功用的拘留所羁押的 9 116 人,劳动教养营(苏联时期设立的收押未成年刑事犯的劳动改造机关)收押的 2.195 7 万人。俄罗斯境内导致刑事犯罪发生的环境很严重,俄罗斯半数居民(据 2002 年春季社会学问卷调查数据资料显示为 53%)都在为国家政权可能会落入有组织犯罪团伙手中而感到担心。

正如我们所看到的那样,人们并没能做到平静、安宁地从苏联中分离出去。为了弄清已发生事件的原因和寻求稳定、改善局势,在原苏联和现今俄罗斯联邦空间内调整好民族的和民族国家的诸多关系,也还需要付出不少的努力。与此同时,俄国各族人民目前依然完全不相信,苏联的解体不会在俄罗斯的解体中得到延续。据 2002 年春季依照国际共和政体研究院的要求进行的一项社会学研究资料显示,俄罗斯居民中有四分之一(26%)的人认为,俄罗斯解体的危险是完全可能的。在西伯利亚和远东地区,有三分之一(35%)的居民感受到这种危险的存在。受访者中有三分之二(62%)的人认为,俄罗斯现在不是一个强大的国家。在社会舆论中,促进统一作用的中央集权一体化联邦制模式,被认为关系到国家的巩固(30%的受访者属意于这一模式)。同时,有 20%的俄国人表示赞同条约型的联邦制模式(此时的联邦被视同于依据条约将某些权利转交中央权力机构的诸国家的联盟);有 14%的受访者表示赞同合作型的联邦制模式(即赞同联邦中央与地方在社会—经济合作基础之上的联邦制);亦有 14%的受访者赞同联邦主体拥有独立性。支持地区分离主义(即地方与中央的脱离)的有 22%的受访者。在远东联邦区,这一数字上升到 35%。这类情结在楚瓦什人和摩尔多瓦人中(为 27%)和在鞑靼人中(为 42%),亦很强烈。有 11%的受访者认为,中央集权式的联邦制模式是理想模式(即国家个别地区的全部社会—经济和政治生活,均应以联邦中央决定为依据)。据此项询访调查资料显示,俄罗斯境内人口最多的斯拉夫民族——俄罗斯族人和乌克兰族人中,相信俄罗斯会保留下去的人比相信俄罗斯会解体的人,平均多出近 1 倍(即相应为:俄罗斯人中的"乐观派"占 50%,"悲观派"占 26%;乌克兰人中则分别为 50%和 21%)。不过,俄国一系列民族人士却认定俄罗斯解体的可能性十分高。他们中有与独联体诸国家有边界接壤地区的居民(占 32%)、亚美尼亚人(46%)、犹太族人(53%)、中亚人(69%)。受访者认为,俄罗斯可能解体的主要原因,寓于外部国家的作用(32%)、地区领导者的作用(31%)和执政者的活动(32%)。

苏联解体的原因。文献资料中提出不少有关苏联解体原因的假说,亦可以见到论及这一事件发生的偶然性的一些引证。据称,假若尤·弗·安德罗波夫总书记拥有健康的肾脏,导致国家解体的那一连串事件也许就不会发生;假若鲍·尼·叶利钦与米·谢·戈尔巴乔夫之间没有个人恩怨,联盟也许就保存下来了。如此一来,那些事件也许便会另有转机。以所谓大国效率低下的法则作为依据而作出的那种解释,主张的是一种通则。依据这一通则,不仅苏联解体了,俄罗斯也正在解体;美国、加拿大、中国、澳大利亚都将会解体。(《绿色世界》,1997 年第 8 期)而依我们所见,那些认为苏联解体的主要原因寓于其构建计划中存在着种种弊端的研究者们,其观点十分接近真理。苏联的奠基之父们,在推翻了那个众所周知的"自治化"方案之后,便确认了一个诸加盟共和国"自愿"加入(如若愿意,亦可退出)苏联的计划。国家的连接环节角色,没有被赋予组建国家的那个民族来担当,而是赋予了一个政党来担当。当这个政党遭到清除时,国家亦易于遭到破坏,此事于 1991 年发生了。

与此同时,还有这样一些观点,即坚信:就苏联崩溃而言,不存在任何重大的客观原因。[1] 它的崩溃,就是"那些政治家们的拙劣失算与错误,就是具有破坏性的政治势力和政治活动家们的所作所为"造成的后果。[2] 在这种情况下,这一偶发事件的肇事者,最经常地被说成是戈尔巴乔夫,国家紧急状态委员会成员们,第五次苏联人民代表特别大会的那些代表们——他们以自己的决议大大预先决定了联盟的毁灭,那些使别洛韦日森林成为在政治活动中任意而为和不负责的象征的国务活动家们,那些曾赞成解散苏联的原加盟共和国的议会,所有"民主派"们,或者某些在政治上妄自尊大和追逐私利、指望借此为自己扫清通往

---

① 　舍宁 O. C. :《我没有出卖祖国,但却被指控叛国》,莫斯科,1994 年,第 42 页;扎图林 K. :《苏联解体的后果和友好联盟的未来》,载《独立报》,1996 年 12 月 15 日;利加乔夫 E. K. :《预警》,莫斯科,1998 年,第 401、425—433 页。

② 　哈斯布拉托夫 P. :《苏联解体并非不可避免》,载《真理报》,1992 年 12 月 29 日,第 2 版。

政权之路的那伙人们。①

　　关于民族精英是苏联掘墓人的判断，含有很大的真理成分。这些精英，一方面是由莫斯科催生出来的，而另一方面，却一直在暗中期盼着获取没有监督的权力，并时常因莫斯科的羁绊所苦恼；在联盟国家出现危机的关头，他们感觉到那羁绊已松弛无力，于是便"脱缰而去，获得了自由。所有人尚在感到不妙时，他们却已是感觉良好"，亚·叶·鲍文②曾这样写道（1998）。在这种情况下，大部分罪过都被归于昔日诸加盟共和国的那些民族精英们。他们曾怀着很大的疑虑对待 1989—1990 年那次众所周知的欲使加盟共和国与自治共和国权利平等的尝试。这次尝试被理解为不是要使自治权利提升到加盟共和国的水平，而是相反，是要将加盟共和国的地位降至昔日自治权限的水平。这尤为触怒了那些最大的加盟共和国——乌克兰和哈萨克斯坦的精英们。它们的身份若是 15 个加盟共和国的联盟成员之一，那是一种情景；若是 50 个或更多的加盟共和国的联盟成员之一，那便是另一番情景了。公开表示反对这种平权举措，在当时是难以为之的——这可能会被理解为反对各民族的平等，被理解为追随斯大林主义。因此，这个问题获得了另一种方式的解决：国家的这次现代化，起先不过是遭遇到消极抵抗，而后来则因纷纷宣示主权与独立而被中断。（《独立报》，1998 年 7 月 28日）正是在民族精英之间，人们如同笃信赎罪券一样，心甘情愿地采信了那个可疑的假设作为武器——"人类的历史认识到一条真理：帝国不能改建，而是要被解体"（阿·阿卡耶夫③语）。

　　使苏联分裂的罪责，也时常差不多完全被转嫁于西方。在这种情形之下，这

---

　　① 季什科夫 B. A.：《中央的自杀与联盟的末日（叛乱政治人类学）》，载《苏联民族学》，1991 年第 6 期；谢苗诺夫 B. C.：《戈尔巴乔夫为何捣毁国家，他是谁？》，载《ИЗМ》，1992 年第 1 期；等。

　　② 即亚历山大·叶夫盖尼耶维奇·鲍文（Бовин, Александр Евгеньевич, 1930—2004），著名记者、政治家，曾任《消息报》政治观察家（1972—1991）、苏（俄）驻以色列特命全权大使（1991—1997）；1997 年后主持"中央电视"台的"实话实说"节目。——译者注

　　③ 即阿斯卡尔·阿卡耶维奇·阿卡耶夫（Акаев, Аскар Акаевич, 1944—　），吉尔吉斯科学院院士，教授，俄联邦科学院外籍院士；曾任吉尔吉斯共和国总统（1990—2005）。——译者注

一崩溃的发生，便成了由美国倡导，并由美英代理人们在类如赫鲁晓夫和戈尔巴乔夫之流的协助下在苏联实施的资本主义复辟计划的结果。[①]

时至今日，在美国制定的旨在捣毁苏联、肢解其领土、消灭俄罗斯人民的一系列计划，其细节已为世人所知。例如，阿·杜勒斯（1953—1961 年美国中央情报局局长）早在第二次世界大战结束时，便提出了战后与苏联抗争的计划。在这一抗争进程中，"一场地球上最不驯服的民族的消亡，它的民族自觉地、彻底地、不可逆转地消失的规模巨大的悲剧，将一个情节接着一个情节地激情上演"[②]。那个借助破坏手段和瓦解方法以及与世界同样古老的挑唆一些民族迫害另一些民族的种种伎俩从内部爆破苏联的方针，成为这项计划和所有后来实施的反苏"冷战"计划的基石。1948 年 8 月 18 日，美国国家安全委员会批准了一项旨在推翻苏联政权并借助"将取代苏联政权的任何地方政权"之力来使这一国家去共产主义化的《美国对俄关系宗旨》训令。1959 年 7 月 9 日，美国国会通过一项关于被奴役民族的决议案。其中断言："自 1918 年起，俄国共产主义的帝国主义侵略政策，导致一个辽阔帝国的建立。该帝国是美国和世界所有自由民族安全的可怕危险。"该决议案要求解放一系列国家和民族（其中包括一些臆造的民族）并还他们以独立。这些被提及的民族中有波兰人民、匈牙利人民、立陶宛人民、乌克兰人民、捷克斯洛伐克人民、拉脱维亚人民、爱沙尼亚人民、白俄罗斯人民、罗马尼亚人民、东德人民、保加利亚人民、中国人民、亚美尼亚人民、阿塞拜疆人民、

[①]　科索拉波夫 P. 、朱赫莱 B. :《及时停下来不是更好吗？（致俄罗斯崩溃战略家们的公开信）》，载《俄罗斯真理报》，1997 年 2 月 25 日，第 3 版；另见普拉托诺夫 O. A. :《俄罗斯的荆冠：20 世纪俄罗斯民族史》，第 2 卷，莫斯科，1997 年，第 502—624 页等。

[②]　详见克拉斯尼科夫 A. :《我们是如何被出卖的——"第五纵队"超前于杜勒斯的行动计划进度表》，载《苏维埃俄罗斯报》，1995 年 5 月 9 日，第 13 版；希罗宁 B. C. :《克格勃——中情局：改革的秘密动力》，莫斯科，1997 年，第 77 页等。

格鲁吉亚人民、北朝鲜人民、阿尔巴尼亚人民、伊德尔—乌拉尔①人民、哥萨基亚②人民、突厥斯坦人民、北越人民。并规定,在美国境内将每年 7 月第 3 周作为"被奴役民族周"来纪念,直到"世界所有被占领民族获得自由和独立为止"。乔治·布什政府于 1989 年通过的那个以瓦解"苏联帝国"为追逐目标的"解放理论",也不是什么秘密。这个理论提出分阶段地夺取"帝国"的 4 个国家圈:印度支那和社会主义取向的诸国家(为第 4 圈)、东欧诸国和古巴(为第 3 圈)、苏联诸加盟共和国(为第 2 圈)、实际上被切小了的俄罗斯诸共和国和地区(为第 1 圈)。一些十分著名的美国国务活动家和社会活动家断言,"美国在冷战中获胜,是美国有目标、有计划和多方位摧毁苏联之战略所取得的成果"。他们的一系列开诚布公的坦白,已是众所周知(详述请见《俄罗斯通报》,1998 年第 33—35 期)。其中包括乔治·布什在核准由他出任中央情报局局长的参议院听证会上发言时谈及原苏联的那番言辞:"是的,是我们结果了那条巨龙。"

对苏联解体原因作出一种独特解释的,是原苏联情报人员米·彼·留比莫夫③。他曾经以一个有关秘密改造计划的传说为蓝本,构建出自己那本名为《各各它计划》的回忆录式长篇小说。这一改造计划是要通过消灭苏联现存的社会主义和将我国拖入野蛮的、无法控制的、盛行弱肉强食法则的资本主义的办法来实施。依照这个传说的说法,这种混乱无序状态,最终应当会动员起民众在社会主义口号之下与政府进行斗争,会形成一场革命、消灭买办资产阶级并重建真正的社会主义。该小说的片断曾在《绝对秘密》报《奇闻》专栏中刊出(1995 年第 2号),并且许多人都把这个传说视为完全真实的。"我不相信,"A. 吉列于 1997

---

①　伊德尔—乌拉尔(Идель-Урал),1918—1920 年间穆斯林民族主义者意欲创立的一个共和国,其地域拟定为伏尔加河、乌拉尔河沿岸地区,故又称"伏尔加—乌拉尔共和国",其居民拟定包括鞑靼人、巴什基尔人、马里人、摩尔多瓦人、楚瓦什人等。二战时希特勒曾利用这一民族情结建立伊德尔—乌拉尔军团。——译者注

②　哥萨基亚(Козакия),顿河地区分离主义者意欲创立的哥萨克人国家的称谓。——译者注

③　即米哈伊尔·彼得罗维奇·留比莫夫(Любимов, Михаил Петрович, 1934—　　),曾任克格勃 3 处副处长(1974—1980),退休后从事间谍题材的文学创作,另有小说《他身后是地狱》等。——译者注

年时写道,"俄罗斯人的脑子里会产生这样极其残暴的计划……而在中央情报局那里,这样的计划,是能够被制订出来,并且现在已经有相当多的资料说明,这样的计划确曾有过。"①

　　一种广为流行的对苏联覆灭原因的解释是:苏联在冷战中因技术落后和竞争水平下降而遭到失败;②在更广阔的层面上,则是社会主义与自由主义数百年来的竞赛中的失利。③ 亦出现一些与此相悖的观点,完全否定外部势力的毁灭性作用,而只是认定,导致苏联垮台和解体的内部因素,首先是苏联国内数十年间蓄积起来的经济危机,具有决定性意义。④ 将这些国内因素之一绝对化的结果,出现了这样一种观点:"对苏联覆灭负有罪责的,是俄罗斯民族主义;它才是俄罗斯的主要危险。"⑤同样令人觉得不稳妥的,还有如下判定——"最终,共产主义制度的被推翻,实为俄罗斯民族意识对共产主义意识的胜利";而苏联的解体,应被理解为"俄罗斯人民和俄国民主主义者最伟大的成就"。⑥

　　俄国历史科学的个别代表人物(他们中有俄罗斯科学院诸历史学研究院所的领导者们),坚持那个独特的"总路线",依据这条总路线而论,联盟的崩溃乃是反映着一个具有全球性质的客观过程。通史研究所所长亚·奥·丘巴利扬⑦认为,这"一方面是民族自觉增长的结果,另一方面是苏联曾赖以建立和生存的那

---

　　① 吉列 A.:《俄罗斯能否存续到 2000 年》,载《苏维埃俄罗斯报》,1997 年 1 月 23 日,第 3 版。

　　② 纳扎尔巴耶夫 H. A.:《新巴比伦之塔何以未能建成》,载《俄罗斯与现代世界》,1996 年第 4 期,第 79 页;施威策尔 П.:《胜利》,明斯克,1995 年;等。

　　③ 阿法那西耶夫 Ю. H.:《不确定的过去》,载《苏联社会:形成、发展与结束》(2 卷),第 2 卷,莫斯科,1998 年,第 645 页。

　　④ 梅德韦杰夫 Ж. A.:《不是军备竞赛毁了苏联》,载《国际生活》,1998 年第 1 期。

　　⑤《Г. Х. 波波 1994 年 5 月在电视节目〈对话〉中声明》,转引自科尔耶夫 A.:《谬论思想体系》,莫斯科,1995 年,第 31 页;另见安德列耶夫 Г.:《帝国的终结》,载《开放政治》,1998 年第 1 期,第 65 页。

　　⑥ 科尔图诺夫 C. B.:《俄国共产主义的命运》,莫斯科,1988 年,第 65、68 页。

　　⑦ 即亚历山大·奥加诺维奇·丘巴利扬(Чубарьян, Александр Оганович,1931—　　),欧洲近现代史专家,外交学院教授,著述甚丰,有《国际关系中的欧洲(1917—1939)》等。——译者注

些方法破产的结果"①。俄罗斯历史研究所所长安·尼·萨哈罗夫②安慰同胞们道:"现在发生的,正是应当发生的……俄罗斯不过是正在大大延迟地经历着其他发达国家亦曾经历过的那些文明进化阶段。"③他称,60—70年代文明的发展和政治生活,"实际上是为苏联的解体做好了准备",且人们只能听任其发展而别无他法。④

鲁·格·皮霍亚⑤在其《苏联何故解体》(2002)一文中强调指出,苏联尽管"没有任何有组织的和大规模的政治反对派",但还是解体了。他还认为,"苏联崩溃的唯一的、最重要的原因,过去和现在均不存在"。然而,在文章结尾时,作者实质上还是指出了这种原因。他写道:"苏联体系实是一个原则上不可被变革的体系。它只能作为一个被党—政—条线的干部上级任命制从上到下拧螺钉式地'拧紧'的中央集权体系而存在,并利用着国家财产、巨大的自然资源和被调动起来的经济潜能作为自身生存的资源。"外部危险构成的威胁、国家的稳定性、对苏联公民的一定的社会保障、对'光明未来'的期望,构成了苏联体系的内在本质。由于是不可变革的,故这一体系实是没有生命力的。"

现代西方思想意识和宣传的基本命题,亦是如此。依照这一命题,苏联,即苏维埃社会主义制度,其轰然倒塌,似乎是因为自己内部根基不稳;似乎它气数已尽;似乎是苏联人自己(凭着自己的生活经验)意识到了必须既要否定自己的"帝国"国家,亦要否定社会主义。

不赞同这一观点的,大有人在。关于这一过程的客观性,无论谈及什么,他

---

①　转引自波利亚科夫 Ю. A.:《我们那未曾被预判到的过去:论辩笔记》,莫斯科,1995年,第160页。

②　即安德列·尼古拉耶维奇·萨哈罗夫(Сахаров, Андрей Николаевич, 1930—　　),任该职时间为1993—2010年。此前曾任苏联国家出版社总编,著有《俄国近代史》《俄国通史》等。——译者注

③　萨哈罗夫 A. H.:《历史会在自己那里安排好一切》,载《俄罗斯与现代世界》,1995年第4期,第23页;另见其《论苏联解体原因问题》,载《苏联与冷战》,莫斯科,1995年。

④　萨哈罗夫 A. H.:《论苏联自毁的原因》,载《苏联社会:形成、发展与终结》,第2卷,第615页。

⑤　即鲁道夫·格尔曼诺维奇·皮霍亚(Пихоя, Рудольф Германович, 1947—　　),著名俄国档案学家,曾任俄罗斯国家档案馆馆长(1993—1996)。——译者注

们都坚决主张:事实不容置疑地证明,蓄意捣毁苏联是"民主派"目的明确的政策所造成的后果;别洛韦日密林中的那番所作所为,"将被谴责为是对俄罗斯国家整个历史犯下的最骇人听闻的大错"(费·米·布尔拉茨基语)。俄罗斯联邦国家杜马于 1996 年 3 月 15 日通过的《关于深化曾统一于苏联的诸民族的一体化》的决议和关于废除 1991 年 12 月 12 日俄罗斯苏维埃联邦社会主义共和国最高苏维埃作出的《关于废除组建苏联条约》的决议和《关于 1991 年 3 月 17 日保留苏联问题苏联全民公决结果对俄罗斯联邦的法律效力》的决议,便是这种倾向的反映。晚些时候,俄罗斯议会下院成立了一个审查有关罢免俄罗斯联邦总统问题的专门委员会。该委员会对他提出的指控中,第一项便是"导致人民和国家遭受大难"的瓦解苏联和参与别洛韦日协议的签订。(《苏维埃俄罗斯》,1998 年 7 月 30 日)

苏联最后一位领导人曾秘密作出决定,"承认社会—政治制度本身的不适宜性;它早在革命之后便不只一次地暴露出自己没有历史前途,而这便意味着它亦显露出其反人民性、不道德性"(阿·谢·切尔尼亚耶夫语)。这一决定,在任何情况下都很难不被理解为对苏联作出的一纸判决。依据这种见解,苏联解体的原因,便被解释为"社会主义思想本身在其马克思主义者的方案中存在着缺陷和盲动性"(雅·亚·佩夫兹纳[1]语);而解散苏联,则被形容成如同出现了一个从"已经腐朽透顶的帝国同盟"中摆脱出来的幸运机会(努·纳扎尔巴耶夫语);或是恰如某种拯救性的、先发制人的举措,预防了发生更大的不幸——"大规模的、民族解放式的(抑或是帝国重建式的)杀戮"(丹·德拉贡斯基[2]语)。目前尚需要对所有这些假说予以检验并构建出苏联解体的全景式具体的历史画面。对解体原因作多因素分析、将解体作为内在矛盾发展和外部因素作用的结果来评说,

---

① 即雅科夫·亚历山德罗维奇·佩夫兹纳(Певзнер, Яков Александрович, 1914—2003),经济学家、政治学家、日本学专家。1941 年曾被作为海军情报人员派往中国上海,公开身份为苏联木材出口公司经理,后任职于苏科学院经济研究所。主要著述有《日本经济中的国家》《共产主义破产和现代社会关系》等。——译者注

② 即丹尼斯·维克托罗维奇·德拉贡斯基(Драгунский, Денис Викторович, 1950—   ),语言学家、政治学家、作家、记者,正义力量联盟党理论家、《正义事业报》主编等。——译者注

才可能是有说服力的。

对有关苏联解体的文献资料的分析表明,自 1922 年起至不久前的过去为止存续于苏联地缘政治框架中的俄国文明社会,现如今正在获得一个新的面貌。此间正在发生着的这种变形,在许多方面是因民族问题,即统一国家中人口众多、在历史不同阶段表现各异的各族人民之间的关系问题,尚未解决所致。其中最为重要的一些问题,是因各民族社会—经济和文化发展水平的不协调,他们在民族国家构成中的地位的不同,民族语言与文化发挥功能的条件的差别所造成的。每一位苏联公民同时隶属于两个共同体——本民族(或部族)共同体和公民共同体(即超民族的、全国性的人民共同体),这就造成了一定的矛盾。这些相互关联的共同体的无冲突的发展,要求国家管理进行得特别温和和具有高超的艺术。显然,伴随着种种失误和任性胡为的加速克服民族差异的举措,亦成为苏联解体的原因之一。

俄罗斯民族问题将在把民族作为具有共同国籍者的理解中得到解决。俄罗斯联邦总统在其 1994 年 2 月 24 日致联邦会议的咨文《关于俄罗斯国家的巩固》中提出一个观点——当代俄罗斯民族问题"将依据国家民族乃是具有共同国籍者这一全新的、写入宪法中的理念得到解决"。在现行民族政策缺乏理论基础的情况下,这一观点值得被予以特别关注,因为它可能会导致有关俄罗斯民族国家建制的性质和这些建制以先前形态存在的合理性的基本观念的改变。

对民族政策的新原则加以探索,这是必然之事。这类新原则是建立在对社会生活中民族范畴内正在发展着的那些过程的全新理解之上的;这种探索早已开始,并且在最近进行得尤为强劲。列·亚·拉德济霍夫斯基[①]在一些文章中,描述了检视这一过程的方法之一。他在将俄罗斯现今一些事件描述为走出社会主义的死胡同、踏上有着无限的自我完善潜能的文明资本主义之路的过程时,曾于 1993 年写道,应当谈论的不是民族的消亡,而是民族的诞生——一个新的俄

---

① 即列昂尼德·亚历山德罗维奇·拉德济霍夫斯基(Радзиховский, Леонид Александрович,1953—　),心理学家、自由记者、作家。——译者注

罗斯资产阶级民族的诞生。这一始于 19 世纪末的过程,没有获得终结:"刚刚诞生,尚很羸弱的"俄罗斯资产阶级民族,便折损受伤、轰然倒下,"溺水身亡于野蛮的革命洪流之中"。在戈尔巴乔夫改革末期,一个已是新型的体系,在作者看来是在人民完全理解的情况下,亦于顷刻之间被捣毁,"俄罗斯人民相当冷漠地对待那个俄罗斯—苏维埃帝国(即苏联)的死亡";"此事没有引起……愤怒的爆发——既没引起全体俄罗斯人民的愤怒,也没引起青年人的愤怒,更没引起军人们的愤怒"。"对帝国肿瘤的必不可免的切除"也是如此平静地实施的。俄罗斯人民在摆脱了"强加给他们的那个帝国麻醉剂"之后,对那些身处近邻诸国、任由命运摆布的俄罗斯人,表现得似乎全然漠不关心。①

这位记者仔细观照现今俄罗斯革命这面镜子,在那里看见了俄罗斯人民的一副新面孔,并在它的身上看到了"一个饥饿的小资产者典型,一个正处在上风的、有着决定性意义的民族典型"。原来,俄罗斯人民,就是这世间的一个资产阶级民族;它着了魔似地渴望"向西方和平挺进",并准备好要"以俄罗斯人的无限的耐心",为此付出在资产阶级世界里尚不曾见过的代价。现今的俄罗斯总统,看起来像是俄罗斯民族性格本质的表达者,"一个外表是俄罗斯人、本质上是资产阶级—民主主义者的人"。他不需要咨询社会舆论,没有它,他也知道:人民希望生活在一个"文明的世界"里,只会接受"向资本主义演进的思想",并且也会赞同当最好的不可能出现时,就初始期而言,也接受"相当畸形的,但却是和平的、名义上的资本主义"。②

依照这种如今时髦的解析祖国历史的文化学方法,拉德济霍夫斯基发现,苏联体系崩溃之后,在其断裂处,"谁也不晓得从哪里钻出一些新人来——俄罗斯的、俄国的、后共产主义的资产阶级",即所谓俄罗斯或俄国新资产阶级民族的萌芽或基体。这位作者建议对这个过程所产生的不可避免的耗费持容忍心态,提醒说,通常,"资产阶级民族都是在污泥和血泊之中诞生的。过去到处均是如此,

---

① 拉德济霍夫斯基 Л. А.:《民族的诞生》,载《莫斯科真理报》,1993 年 1 月 30 日,第 4 版;《为新生而死亡》,载《火星》,1993 年第 7 期,第 10、11 页。

② 拉德济霍夫斯基 Л. А.:《鲍里斯·叶利钦是俄罗斯革命的一面镜子》,载《火星》,1992 年第 24—26 期,第 2,3 页。

现在也同样发生在俄罗斯"。这实在是不应令任何人感到难为情，因为污泥和血泊不是始终存在的。接下来，作者引用了"当代改革的总设计师"之一根·爱·布尔布利斯①的话，勾勒出这一俄国民族生成的前景。在未来 20—40 年，"拉美之路"看来是十分切合实际的：权力在由黑社会操控的专家治国背景之下得以实施；赢得选举的，是那些有更多钱财的人；社会两极分化会持续数十年；在与世界性共同体的关系中，"为了取得暂时的经济成就而维系一种最基本的、平民式的对伙伴的依附关系"。这一历史发展的样式，据拉德济霍夫斯基和布尔布利斯所见，"当然是非常可怕的"，然而"它却是可行的，并且它要好于我们曾经有过的样式"。应当接受它，学会按照这种样式去生活；应当适应、理解这只是个适用于数十年而不是数百年的发展样式。且所有这一切，当然都是为了新俄罗斯资产阶级民族。这一民族，同其他现代民族一样，亦将会褒奖诸如勤劳、诚实、节俭、正派这样的美德。"到那时，"作者总结道，"一种资产阶级式的民族自尊、一种资产阶级式的俄罗斯爱国主义，便会自然而然、不狂不躁地出现。"②

　　尽管对即将到来的种种暂时性的困难描述得极其坦白，布尔布利斯—拉德济霍夫斯基的这种"观点"却没有使当前俄国族际发展过程的性质问题明朗起来。并且，两位作者明显夸大了人民对国家命运的"冷漠"。这一点，早在 1993 年 12 月的选举之前，便已是显而易见的了。此次选举特别清晰地表明，那些忽视现今的民族自尊和爱国主义而允诺将来，且只是将其作为新资产阶级的爱国主义来尊重的政治家们，是在冒行将失位赋闲之险。所有这些，均显示出对于在分崩离析的俄罗斯能使全民和睦得以尽快变为现实的较具感召力的新思想的巨大的需求。

　　弗·菲·舒梅科③曾为国家从事过新意识形态体系的创制工作，并依据这

---

　　①　即根纳季·爱德华多维奇·布尔布利斯（Бурбулис，Геннадий Эдуадович，1945—　），曾任俄联邦第一副总理(1991—1992)、总统第一国务秘书(1991—1992)，叶利钦的亲信，对是时国家政治影响巨大。——译者注

　　②　拉德济霍夫斯基 Л. А.：《为新生而死亡》，第 11 页；《民族的诞生》，第 4 页。

　　③　即弗拉基米尔·菲利波维奇·舒梅科（Шумейко，Владимир Филиппович，1945—　），叶利钦的亲信之一，曾任俄联邦第一副总理(1992—1994)、出版与信息部部长(1993)、联邦会议联邦院议长(1994—1996)等。——译者注

一领域内一些领先性的探索于 1993 年 11 月作出如下概括和设想。他写道:"近来,在探寻全俄性的超民族价值观、探寻复兴俄罗斯国家的一致立场的种种尝试中,已经有许多学者、艺术活动家、思想纯朴的人们,表达出一种……(按照与美国类同的样式)缔造出一个能将居住于俄罗斯联邦境内的所有民族的子孙后代悉数吸纳其中的统一的俄国民族的主张。也许,这种统一民族的思想,也将会把俄罗斯各民族所有精神与文化财富和民族传统悉数吸纳其中,并将它们与西方积累起来的那些人道主义的和民主主义的有价值的东西结合在一起……这将耗费不少时日(也许是数十年之久),但时下已是一分钟也不可再等待。今日就需要建立起新的俄罗斯思想意识形态体系……就组建一个统一的俄国民族而言,依我所见,现在有着足够的历史先决条件:那便是我期望俄国人将于 1993 年 12 月 12 日通过的那个新宪法。"(《俄国报》,1993 年 11 月 19 日)

宪法通过之后,这位俄罗斯政府昔日的副总理,便已经是以一位坚定不移的爱国主义国务活动家的形象出现在议会上院主席的选举中了。他像"一位大领导,一位率直和坦诚的人,留着一撮竖立着的头发,如昔日的哥萨克"。在做了一番自我介绍之后,他声称:"我现在正在历史—哲学层面上经历着痛苦。早些时候,俄罗斯一直是在扩大;是用和平的方法,没有去征服任何人。现在我们的任务是:收缩俄罗斯!"作为在这条道路上迈出的一步,他建议"将独联体创建成一个欧亚联盟、一个旨在顺应相互利益的国家文明联盟"。①

原总统新闻秘书维·瓦·科斯吉科夫,也表现出对俄国居民进行思想教育这一迫切任务的理解的类似演变,并提出开展一个规模广泛的运动的主张。这一运动应当有助于重塑俄罗斯人家庭成员和俄罗斯人家庭的优秀典型,有助于用俄罗斯的和俄国的爱国主义传统教育年轻一代。他写道:"这个运动应当有个名称,叫'纯洁俄罗斯',并且应当是在俄罗斯总统这位全民象征的保护之下开展工作。"(《共青团真理报》,1993 年 11 月 5 日)该项运动取得成功的先决条件和意义,似乎被视为是"共产主义者和民族社会主义者那种伪造的爱祖国的垄断权

---

① 舒梅科 B. Φ.:《稳定会有的,富裕也会有的》,载《论据与实事》,1994 年 4 月(第 14期),第 3 版。

正在被打破。民主主义作家和政论家们正在严肃且深刻地阐述着爱国主义。爱国主义的阵阵脉动,源自俄罗斯总统"。1995 年年初,俄国社会各"民主派"圈子中对爱国主义的态度的种种转变,充分显露出来,对一些基本问题有了理解:"在我们这里,'民主派'一词实际上是'爱国者'一词的反义词,这毫无道理。这对国家是一种危险。"(《俄国报》,1995 年 2 月 11 日)

著名政治学家鲍·米·普加乔夫在观察这些思想转变的同时,曾于 1994 年 2 月表述了一种推测:"有一种感觉正在形成——总统和他周围的那些人,正在竭力要暂时借用民族—爱国主义反对派的口号,并且,据全面判断,他们将在近期准备施行一种近似的政治方针。"①随后的事态进展,完全证实这一预测准确无误。

俄罗斯总统将这一"民族新观念"昭告于天下,便是向新的思想意识形态体系和新的民族政策方向实施了最重大的具体步骤。用时任总统行政事务代表、国土事务管理局副局长佩切涅夫的话来说,适应俄国文明状况的民主主义的民族政策的主要目标之一是,不仅要确保族际间的和平和为各民族的民族存续和自由发展创造最佳条件,还要逐渐构建一个"俄国民族"以作为生活在俄罗斯领土上的所有民族的共同体。这个共同体当然不意味着是某种"统一的民族共同体"的形成,而是我国诸民族(俄罗斯族人和鞑靼人、阿瓦尔人和巴什基尔人)的精神与心理上的自我感受的形成,在这种自我感受之下,他们同为统一俄罗斯国家公民的属性,便将发挥越来越大的作用。② 1995 年 2 月 16 日,鲍·尼·叶利钦向联邦大会代表们和全体同胞们发表一年一度的咨文时,号召俄国人应"充满对胜利的信念、对我们民族性格中的创造力的信念"。没有这样的信念,"多民族的俄国社会的复杂而痛苦的凝聚过程",便未必能够获得加速进行。在这一过程的顺利进展中,高等学校可以发挥不小的作用。对高校人文教育内容所做的种

---

① 普加乔夫 Б. М.:《"新思想"——旧哨声》,载《俄罗斯》,1994 年 2 月 9—15 日(第 6 期),第 3 页。

② 佩切涅夫 В. А.:《在俄罗斯联邦是否存在一个民族区域政策?》,载《我们同时代人》,1994 年第 11—12 期,第 208 页;《论俄罗斯联邦的民族与区域政策》,载《民族政治通讯》,1994 年第 1 期,第 81 页。

种修改，诚如总统所强调的那样，应当能"构建新的道德取向，培养公民精神、爱国主义和法制文化"。

对我们社会和当代思想中民族—政治发展语境下的联邦和族际问题的研究表明，俄罗斯联邦总统提出的在把民族作为具有同一国籍之公民来理解的基础之上解决现今民族问题的建议，振奋了对民族政策新原则的探索。自然，这种政策只有在一定的条件之下，即在对苏联时代民族关系历史中发生过的那些过程作出相应的理解；判明引起先前民族政策失败的原因；弄清苏联社会民族生活范畴发展的种种趋势；对那些将由新的民族政策负责达到的极其重大的美好目标做出精确的定义；确定能够使这些目标得以达成的方式方法等条件之下，才可能会有所成就。最主要的是：要具有能将国家发展与各民族共同体、与每一民族集团发展的种种利益结合在一起的艺术；要确定国家体制本身的性质。

并非每种思想原则都是可靠的。族际关系范畴所发生的这一变故，其实质，正如本书所展示的那样，常常会被解释为先前那些民族政策的原则与目标的破产。这些原则与目标便是：无产阶级的（真正的）国际主义原则，民族自决直至分离的原则，加速创立取代苏联诸民族的新的人民历史共同体目标，把融汇诸民族于一个全球性的社会主义共同体作为政策的终极目标。俄罗斯近四分之三个世纪所发生的一切，归根到底，是因那些不切实际的、使正常的历史过程变形的目标所致。这在很大程度上（因为民族范畴之外的一些因素亦起着不小的作用）决定着现今这场悲剧的严重程度——苏联的解体、俄罗斯联邦作为那个昔日体系中的一个组元而面临着危机。俄罗斯获得了独立生存的机会，但自身依然存留着旧体系的许多矛盾。

这些矛盾，当然不应成为徒劳地否认昔日沙俄各族人民的生活在其历史进程的苏联时期已取得种种改观的理由。皮·亚·索罗金在对一些多民族国家的世界性经验进行了全面研究之后，曾于1967年公正地指出："不同种族和民族集团的实际平等……在俄罗斯民族历史进程中曾经基本上实现过。这段历史，确实是俄罗斯境内非俄罗斯族人没有受到来自俄罗斯族人的歧视、压迫和剥削的一段时光。"他继续写道，"个别人群和集团间存在着的相当和睦的相互关系"，使苏联显得与众不同。① 苏联境内的非俄罗斯民族受俄罗斯民族剥削的现象,已被完全清除。况且,1917 年后加在俄罗斯族人这个"昔日压迫民族"身上的那个独特的"赔款"义务,也为将苏维埃俄罗斯新的政权体制评价为多半是反俄而不是亲俄的势力,提供着充分的理由。这一体制的大国主义,后来同样是在超民族原则之上发展起来的。

民族主义,作为一个可以联合或肢解民族或国家的强力因素,曾被布尔什维克党人巧妙地利用于夺取俄罗斯政权和将这一政权在世界革命进程中拓展至四面八方的尝试中。用尼·伊·布哈林的话来说,"为了支持"需要进行社会主义改造的这个"世界上的所有分裂因素",其中包括"殖民地的和民族运动的分离主义,即所有那些客观上会削弱国家铁箍的实力、会削弱资产阶级最强大和合理组织的国家之实力的破坏力量",是需要民族主义的。② 民族主义这个因素,也曾被民主派利用于他们在 1991 年"苏联帝国"原址上组建起来的那些新国家内所进行的夺权斗争中。按照俄罗斯政府一位部长的见解,"民族运动在捣毁极权主义结构和民主主义变革中,扮演了正面角色"③。

至于苏联的国内政策,任何民族主义和分离主义,在那里历来都被视为不能容忍的。斯大林早在 1920 年便对此阐述过自己的信条:"在革命的现阶段提出将边疆地区分离出去的要求,是极其反革命的。"④在组建苏联的同时,由宪法确认的有限范围内的苏维埃联邦主体所享有的民族自决直至脱离和组建独立国家、退出苏联的权利,实际上具有表演性质,是被用来仅仅作为表示新政权有意在国内和世界上的族际关系领域实施民主改革的诚意的标志。这些宪法准则,也是一种独特的担保,即确保苏联的联邦政府将永远不会,亦不可能会主要为那个"昔日的压迫民族"的利益而运作。

---

① 索罗金 П. А.:《论俄罗斯民族。俄国与美国:民族问题理论》,莫斯科,1994 年,第 31、32、39 页。

② 《Н. И. 布哈林选集》,莫斯科,1988 年,第 70 页。

③ 转引自卡拉—穆尔扎 С.:《两首之龙》,载《苏维埃俄罗斯报》,1995 年 1 月 10 日,第 3 版。

④ 《约·维·斯大林文集》,第 4 卷,第 354 页。

与此同时,那个"向民族人士和民族成见让步"的政策——依斯大林的意见,实际上就是"我们在民族问题上的政策"①——是有着一定界限的。宪法确认苏联中央政权对于联邦成员享有完全特殊的、至高无上的权力。由于享有这样的权力,联邦政府在任何时候均可以清除联盟任何一个主体内的任何分离主义活动的危害。我国的国家统一,还受到共产党在苏联社会政治体系中所占据的特殊地位的保障。这个党,自其诞生之日起,便是构建在严格的集中制原则之上的,甚至曾一度不允许联邦制思想在自己的队伍中存在。总之,在苏联的联邦制国体的外表之下,诚如帕·帕·格龙斯基②教授于 1925 年所指出的那样,从一开始便掩盖着"处在共产党完全支配下的联盟中央执行委员会全权专政的政治现实"③。

有鉴于所有这一切,斯大林给予俄罗斯沙皇们应有的评价并在一定意义上将布尔什维克党人视为他们的后继者,当是自有其道理的。

巩固国家体制——真正领袖人物的首要准则。1937 年 11 月 7 日,斯大林面对经过挑选的战友们的小圈子发表了一通讲话。他们是因十月革命 20 周年而聚集在克·叶·伏罗希洛夫家的庆祝宴会桌旁的;但是,这番引人注意的讲话却是经由共产国际执行委员会总书记格·季米特洛夫的笔记始为众人所知。依我们之见,这番讲话对理解苏联国家和斯大林的民族政策的本质,具有很大的意义。在沙皇政权被推翻后已过去 20 年之际,斯大林开始注意到,沙皇的所作所为,不仅仅是那些自 1917 年起便一刻不停地被官方的大众信息传媒和各种宣传大肆宣扬的罪行,还有似乎突然间出现的不少的功绩。

"我想说几句可能不是节庆的话,"斯大林当时开口说道,并立即开始为自己

---

① 《约·维·斯大林文集》,第 5 卷,第 231 页。

② 即帕维尔·帕夫洛维奇·格龙斯基(Гронский, Павел Павлович,1883—1937),法学家、政治—社会活动家,曾为沙俄第四届杜马议员、人民自由党员,十月革命后支持邓尼金反苏,任 П. Н. 弗朗格尔驻立陶宛代表,后流亡法国。——译者注

③ 格龙斯基 П. П.:《苏联的法律本质》,载《谨致彼得·别林加尔多维奇·斯特卢威从事科学—政论活动 35 周年(1890 年 1 月 30 日—1925 年)纪念文集》,布拉格,1925 年,第 138 页。

那些身居国家领导者地位的遥远的先驱们恢复名誉，"俄罗斯的沙皇们干了许多坏事。他们曾经掠夺和奴役过人民。他们进行战争，并为了地主们的利益而侵夺领土。但是，他们也干了一件好事：打造出一个直抵堪察加半岛的辽阔国家。这个国家，我们将之作为遗产继承了下来。"临近20世纪30年代中期时，这位沙皇的继承人，想必是彻底弄明白了：在处置这份遗产时，应当不仅仅以世界革命利益为出发点，亦首先应当以我国的民族—国家利益为出发点。因此，斯大林开始认识到，布尔什维克党人的特殊功绩在于："我们布尔什维克党人，不是为了地主和资本家们的利益，而是为了有利于劳动人民、为了有利于组成这个国家的所有伟大民族，首次将这个国家作为一个统一的、不可分的国家而团结和巩固起来。我们使这个国家如此团结一致，以致它的每一部分若是被从这个共同的社会主义国家中分离出去，都不仅仅会给后者带来损害，而且它也不可能独立存在，并且必定会堕入他人的奴役之中。"斯大林由这些推论得出一个受到集会者们完全理解和赞同的结论："因此，"他言道，"谁企图破坏这个统一的社会主义国家，谁竭力要使某一部分或某一民族脱离它，他就是敌人，是国家的、苏联人民的不共戴天之敌。因此，我们要把每一个这样的敌人都消灭掉，哪怕他是个老布尔什维克；我们将消灭他的整个家族、他的家人；消灭每一个以自己的行为或思想蓄意危害社会主义国家统一的人；毫不留情地予以消灭。"这番不完全是节庆性的祝酒词，以一句号召作为结尾——"为彻底地消灭所有敌人，消灭他们本人、消灭他们的家族干杯！"如季米特洛夫所记述的那样，这一号召赢得了赞同的呼声。[①]

提及沙皇们做过"好事"，这并不标志着斯大林完全摆脱了评价国家过去时的阶级沙文主义的弊病。否则，他未必会于1941年11月6日在庆祝十月革命24周年的报告中做出那个以爱国主义角度看来（特别是在顾及前线局势的情况下）极有风险的比喻——"就实质而言，希特勒制度是沙皇专制体制下的俄罗斯

---

① 转引自拉特舍夫：《斯大林是如何反驳恩格斯的》，载《俄国报》，1992年12月22日，第4版；另见塔科尔 P.：《斯大林执政：历史与个人（1928—1941年）》，莫斯科，1997年，第437—438页。

曾经存在过的那种反动制度的复制品。众所周知,希特勒分子同沙皇制度一样,也是热衷于践踏工人的权利、知识分子的权利和各族人民的权利;他们也同沙皇制度一样,热衷于发动中世纪那样的对犹太族人的有组织的迫害。"①不能不承认,在自由选择之前已经被置身于那样一种境地的同胞们,恐怕多半会认为沙皇制度要好于希特勒制度。

此外,我们在引用的那个意味深长的祝酒词中特别标注出来的地方,亦当是值得关注的。它们证实,按苏联 1936 年宪法的字面意义理解,这个联邦制国家被斯大林认定是统一和不可分的。俄罗斯族人在这个国家中的任何特殊作用,都未曾被论及。相反,谈到的却是使用复数形式表述的伟大民族。显而易见,这里指的是那些有着"自己的"、加盟共和国一级民族组织建制的联盟诸民族们,因为,斯大林在对我国大、小民族,部族和民族集团数量所作的"详尽无遗"的统计中,从来没有越过"约 60 个"的数量界限。斯大林的这番讲话亦使得人们可以极有信心地认为,那些"诸平等之民族中的第一民族"、"长兄"的尊号被"封赏"给俄罗斯民族,完全不是为了承认他们对其他民族拥有任何优先权。更确切地说,所有这些,都意在取得一种宣传效果,并且同时也应是要使这一民族的民族自尊心得到满足;在一定意义上也应是对这个民族的一种安慰,意味着承认这一民族在履行早在列宁时代便已指定给她的那些特别的"国际主义义务"中所切实立下的功绩。

由"各民族之父"的这番祝酒词还可得出一个结论:那个声名狼藉的民族自决直至脱离的民族权利,在斯大林的统治下,不会对国家统一构成威胁。因为,用斯大林的话来说,任何人,只要有可能仅仅是想到要予以某一民族脱离苏联而自决的特别优待,都会被认定是人民公敌和反革命分子。对待这后一种人,斯大林政权是毫不留情的。斯大林可能曾经认为,含括在联盟其他民族—国家建制中的人口众多的俄罗斯居民集团和自古以来的俄罗斯土地,是使苏联特别巩固的一个额外因素。依照逻辑而论,当联盟的某一部分试图脱离时,当地的俄罗斯族人便可能成为分离主义的障碍。正如 1991 年发生的种种事件所表明的那样,

---

① 斯大林 *И. В.*:《论苏联伟大的卫国战争》(第 4 版),莫斯科,1944 年,第 26 页。

这一推测并没有被证明是正确的。不过,这未必要归咎于斯大林。1937 年,他曾有理由使战友们相信,在一个中央集权制的,同时亦是一个怪异的联邦制国家的环境下,那个宪法赋予的脱离之权,在客观现实中不仅无论如何不会构成而且也不可能构成对国家统一的危险。它开始变成一种危险,已是后来的事。那时,发生了蜕变的苏联共产党,已经无力对抗边疆地区民族主义分子们的分离主义。那个宣称"苏联社会的领导和导向力量,它的政治体系、国家和社会组织的核心是苏联共产党"的苏联宪法第 6 款的被废除,标志着这个联盟国家丧失了自己最重要的联结物。清除了这一联结物之后,那些改革的监工们并没有能力提供任何能够同样可靠地保障多民族苏联国家统一的、具有同等效力的其他装置。结果,联盟轰然坍塌。按照历史的尺度来计量,那真是转瞬之间的事。

苏联的崩溃,最终展示了建立在民族联邦制原则上的这个国家的昙花一现性。在这一联邦制度下,那些原则没有被推及那个最大的族类共同体——俄罗斯民族身上;她被迫按照特别的"大民族的国际主义"原则去营造自己与国内其他民族的关系。这种解决多民族社会族际矛盾的机制,一旦没有了斯大林式的联共(布)、内务人民委员会、国家安全人民委员会之类的额外调控机构,便表现出完全无效性,终导致国家解体。

为何革命前的国家法专家不喜欢联邦制? 在革命前的俄罗斯,对待联邦制这一国家体制的原则,人们通常是怀着很大的警觉,不无理由地注意到其中存在着削弱国家的危险。"据称,我们的国家应当建成联邦制的、联盟式的国家。但是,联邦诸州的数量界限将划在何处?留归中央政府的是什么?这与哪些州、哪些民族相关?——却没有向我们精确、详细地说明。毫不奇怪,到那时,许多城市——诺夫哥罗德、普斯科夫,都将会回忆起自己曾有过的种种自由,而特维尔也将会紧随其后。恐怕莫斯科也不会与此无涉。"阿克莫林斯克和谢米巴拉金斯克两州国民中学校长在 1906 年曾这样写道。这类意见,实质上表述出社会知识阶层对联邦制感到不快。

国家法专家们怀着更大的信念证明,单一制国家在最为重大的历史关头(反击侵略、解决其他一些需要所有同胞参与的问题),会具有极大的强度和集中国家全部能量的能力。A. A. 日林教授曾在 1912 年写道："变俄罗斯为联邦国家，据我们所深信不疑的信念而论，这恐怕会使这个国家覆灭。"终身研究全世界范围内联邦制问题的亚·谢·亚先科，曾于 1912 年断言，在俄罗斯创建基于民族特征的联邦国家，是不可能的："任何地方分权制或联邦制……均不可能解决民族问题。"著名国家法专家费·费·科科什金①也得出类似的结论。1917 年时，他曾将以民族划界为原则构建俄罗斯联邦评价为"实是不可实现"的目标。据皮·亚·索罗金所见(1917)，按照民族特征重新绘制俄罗斯的政治版图，可能意味着"将其割裂为数百个国家……分割成摩尔多瓦国、小俄罗斯国、萨莫耶德国、拉脱维亚国、格鲁吉亚国、立陶宛国，等等。最终，我们可能会得到一幅恐怕再也不可能想象出有什么会比它更荒谬、更不切实际的画面了"。

俄罗斯共和国的国家体制问题，曾是临时政府下设的基本法草案编制特别委员会讨论的一个主题。此次宪法研制工作，是将俄罗斯作为一个由立宪会议选举产生的总统出任首脑的议会制共和国来对待的；领导这项研制工作的，是俄罗斯最优秀的国家法专家之一、著名的数种俄罗斯国家法大学教程的作者尼·伊·拉扎列夫斯基②。由他拟定的《自治化(即联邦制)问题基本法律条款预案》，是以这样一个基本方针为出发点的，即"俄罗斯国家是统一和不可分的"。该预案要求，"俄罗斯国家内部将实行州自治"，并预先规定："州政府颁布的法律，若与国家中央政府颁布的……基本法律……相抵触，……或不是以规定州级机关管辖制度与对象的法律为依据，则无强制效力。"芬兰被视为俄罗斯构成中的一个自治单位。它被承诺确保会享受"在经立宪会议(于是时)通过的俄芬相互关系法所确认的原则和范围内的独立，并且是以(亦是该立宪会议于是时)批准的管理形式的独立"。该法律草案的条款于 1917 年 10 月 17 获得通过，但是，一个星期之后，俄罗斯共和国便成了苏维埃共和国。

---

① 即费奥多尔·费奥多罗维奇·科科什金 (Кокошкин, Фёдор Фёдорович, 1871—1918)，沙俄立宪民主党创立者之一，曾任 1917 年临时政府的国务监察。有《州自治与俄国统一》等法学著述。——译者注

② 即尼古拉·伊万诺维奇·拉扎列夫斯基 (Лазаревский, Николай Иванович, 1868—1921)，1921 年因"В. Н. 塔甘采夫案"而被镇压。——译者注

那些成为苏维埃俄罗斯掌舵人的革命无产阶级的领袖和导师们,起初也曾是统一的集中制国家的拥护者。他们追随于卡尔·马克思和弗·恩格斯之后,认为所有局部服从一个中央的、不可分的民主主义共和国,是发达资本主义和社会主义国家的最佳形式。恩格斯曾于 1891 年写道:"无产阶级只能采用统一而不可分的共和国形式。联邦制的共和国……已经成为障碍。"①列宁曾强调指出:"马克思主义者无论在任何情况下都不会主张实行联邦制原则,也不会主张实行分权制。"②"我们原则上反对联邦制国家……它对一个国家来说是不合适的形式。"③在 1913 年 9 月于波罗宁召开的俄国社会主义民主工人党中央委员会与党务工作者座谈会通过了一项有关民族问题的决议案。该决议直至十月革命前,在俄罗斯一直被视为该党的一份纲领性的宣言。依据这份决议,向俄罗斯所有州提供广泛的州自治权利和实施完全民主的地方自治,这就是达成民族和平所需的一切。④ 这些马克思主义者们,将人类文明的未来与由各种类型的联盟国家向完全统一的民主—集中制共和国,再由它向无国家的社会自治的过渡联系起来。斯大林关于俄罗斯国家体制的观念,曾于 1917 年春在一篇标题很有个性的文章——《反对联邦制》中得到表述。

从我们今天的高度来看,一切都变得更为明了:那些俄罗斯各民族的导师们对待联邦制的态度,不是因成见使然,而是由预见性所决定着的。不过,这些预告并没有起作用。

俄国可以有多少个独立的共和国? 十月革命后在我国宣告成立的那个共和国,在第一时间里便被命名为苏维埃俄罗斯共和国,或苏维埃社会主义共和国。不过,一个月后,由于担心这个多民族国家会在一元化管理形式下解体和力求在争取民众的斗争中获得主动权,弗·伊·列宁曾宣称,俄罗斯被划分为数个独立的共和国,这没有什么可怕的。"不管有多少个独立的共和国,我们都不会因此

---

① 《马克思恩格斯全集》,第 22 卷,第 238 页。
② 《弗·伊·列宁全集》,第 24 卷,第 144 页。
③ 《弗·伊·列宁全集》,第 48 卷,第 235 页。
④ 《弗·伊·列宁全集》,第 24 卷,第 58、144 页。

而感到恐惧。对我们来说,重要的不是国界划在哪里,而是应使各民族劳动者的联盟保留下来,以便同任何民族的资产阶级做斗争。"①在 1918 年 1 月 25 日召开的第三次苏维埃代表大会上,俄罗斯共和国被宣布为苏维埃民族共和国联邦,尽管组建这一联邦所必需的最低数量(即两个)的共和国,尚不存在。

　　这样做的缘由,当然完全不是因为小国家及其所素有的"地方民族主义"是布尔什维克党人的理想,而仅仅是出于美国人民党人式的考量——为了在民族地区夺取政权的斗争中创造"有利环境"。列宁曾竭力赞同在革命军队向"非苏维埃"地区挺进时,成立大量的临时性的苏维埃政府。"这种状况有好的一面,"1918 年 11 月 29 日由斯大林拟定、经列宁补充的发给约·约·瓦采季斯②总司令的电报清晰地阐述道,"它会使乌克兰、立陶宛、拉脱维亚、爱沙尼亚的沙文主义者们无法再将我军的推进视为侵略,并为我军的进一步挺进创造有利形势。没有这些……居民们便可能不会把我军作为解放者来欢迎。因此,我们要求下达……指令,要求我们的军队千方百计地支持拉脱维亚、爱斯兰③、乌克兰和立陶宛的临时苏维埃政府,当然只是支持苏维埃政府。"④"地方民族主义"就是这样被利用来夺取俄罗斯境内的政权并使这一政权在世界革命的进程中扩展至四面八方的种种尝试中的。用尼·伊·布哈林的话来说,"民族主义,如同殖民地和民族运动中的分离主义一样",曾是需要利用来作为"分裂因素",作为"会在客观上削弱"应当接受社会主义改造的"国家……实力的破坏性力量"。⑤

　　邦联制苏联的单一制与集中制。建立在俄罗斯苏维埃联邦社会主义共和国

　　①　《弗·伊·列宁全集》,第 35 卷,第 115 页。

　　②　即约阿基姆·约阿基莫维奇·瓦采季斯(Вацетис,Иоаким Иоакимович,1873—1938),沙俄军官,十月革命后投入红军,1918—1919 年间任共和国武装力量总司令,后为苏军二级集团军司令,1921 年起在红军军事研究院任教,1938 年被镇压。——译者注

　　③　爱斯兰(Эсландия),爱沙尼亚北部地区的历史名称,13 世纪起先后由丹麦、立窝尼亚骑士团统治,16 世纪下半叶起由瑞典统治,1710 年起为俄国人占领,1721—1917 年为俄国爱斯兰省。——译者注

　　④　《弗·伊·列宁全集》,第 37 卷,第 234 页。

　　⑤　《尼·伊·布哈林选集》,莫斯科,1988 年,第 7 页。

类型的自治原则上的联邦制,在苏联历史学研究中,极其经常地被形容成是较之建立在主体结盟原则上的联邦更为牢固的统一。这些现象之间的关系曲线不那么清晰。俄国一些著名的国家法学专家们曾信心十足地阐述说:"一个国家可以是极其中央集权然而又是联邦制的。这意味着,这个国家的各局部地区参与主权的行使,但是在这个国家中,并不划定任何一个明确的问题范畴应由地方独自解决而不是由中央来解决。相反,国家也可以构建在极其广泛的局部自治之上,且同时不是联邦制的。"尼·尼·阿列克谢耶夫①曾在《苏联的联邦制》(1927)一文中这样写道。自治制与联邦制的不同之处,不是自治建制单位被赋予的自主权利少于联邦的成员国。这一不同在于:"国家为了自治州或联盟的利益而划出一定范畴的立法、行政和其他一些全权,不完全归自治州所有,而只是由其行使监督之权,即对立法、对某一高级职务者的任免(自治州议会成员变更)等等,均以赞同或反对的方式来进行监督。"(马·雅·拉泽尔松②语)联邦制与自治制不同的,不是主权的数量多寡,不是统一的程度深浅,而是国家的分权地区与中央的关系的不同。就其本质而言,自治制自身所隐含着的削弱和分解国家联系的危险,并不少于联邦制。文化和经济各自不同的诸州,其自治化程度越发展,中央监管的实施便会变得越发困难。国家的统一不会增强,而是会减弱。联邦制国家,本质上说来较之通过自治同盟方式相互联系在一起的州,更接近集中制国家。局部地区所追求的各自不同的目标,会不受阻碍地增加,但这一过程并不是靠牺牲中央的利益来实现的,中央仍保持着已经确定的全权范畴。

在苏联社会学传统中,有关自治制和联邦制与集中制关系的观念,似乎时常是错位的。产生这一现象的原因,多半是由于那些有关我国国家体制"独一无二"的种种引证,成了无论对联邦制理论还是对祖国历史经验均可视而不见的适宜理由。

---

① 即尼古拉·尼古拉耶维奇·阿列克谢耶夫(Алексеев, Николай Николаевич, 1879—1964),法学家、哲学家,欧亚主义理论家之一,著有《法哲学原理》、《私有制与社会主义》等。——译者注

② 即马克西姆·雅科夫列维奇·拉泽尔松(Лазерсон, Максим Яковлевич, 1887—1951),法学家、教授,著有《民族与国家制度》、《自治制与联邦制》等。——译者注

俄罗斯自彼得大帝时代起,便有了省级行政区划。彼得大帝时曾设置 8 个省;18 世纪末时共设有 50 个省;第一次世界大战前有 78 个省。1917 年前,在现今俄罗斯联邦境内,存在着 39 个省和 9 个边疆州。一省有三级结构:省、县、乡。省长行使全权。还曾有过省、县两级的贵族会议(губернские и уездные дворянские собрания),以及作为农民利益代言者的乡会(волостные сходы)。边疆州(Области)大多设置于帝国的边疆地区。它们与省不同,不设贵族会议和地方自治会(земство)。它们极其经常地与哥萨克村镇并存于一地。相邻的省或州会被合并成一个总督区(генерал—губернаторство)。现今俄罗斯境内,曾设立过 4 个总督区(莫斯科总督区、草原总督区、伊尔库斯克总督区和阿穆尔河沿岸总督区)。

有人认为,俄罗斯国家制度的历史,由于具有不断将新的领土纳入自己怀抱的特点,故总是在自己的体制中显现出联邦制国家的一些元素。依我们所见,更为准确些的论断应当为:不是联邦制的元素,而是自治化的元素。未必可以说,芬兰和波兰与布哈拉和花拉子模彼此是处在一种联邦关系之中。它们极其类似于一个统一国家中的自治单位。这些"自治单位"的首脑,同省长一样,是不得干预全俄性政治的。我国非俄罗斯族居民居住地区的地方自治制度(местное самоуправление),也与自治制有许多共通之处。行使一般性的地方自治权的州(市、县)与自治制州(市、县)的不同之处,表现在地方自治机关是将与全国利益相同的地方利益作为自己的行政管理目标的,不管在民族、经济或其他方面(例如卫生保健、公用设施等问题)有什么不同;而自治化机关作为政治自治机关,则是将本地区的特殊性利益作为自己的行政管理目标。

因此,联邦化、自治化、集中制国家,乃是一个国家在其诸地区相互作用的一定历史条件下的各自不同的最适宜形式。同时也是整个国家和其诸地区利益、全国利益和局部利益的表达、协调和实现的形式。联盟国家的产生,当然与民族问题有关联,但并非一定仅是因它所致。

在苏联历史中,联邦制仅仅是将民族问题作为自己的基础,甚至断言:在单一民族的国家中,联邦制"是没有意义的"(奥·伊·齐斯佳科夫①语)。对联邦制的理解,曾完全取决于如何认识民族问题以及与解决这一问题相关的、具体的、直接的任务所具有的性质。1918 年 1 月,苏维埃国家的奠基者们在延缓执行直接建设统一的、不可分的社会主义共和国的方案之后,开始主张可以接受联邦制的观点。这一联邦制,随着民族矛盾的解决,应当是会获得越来越多的集中制的形态。

列宁曾一度以为,一个全球性的无产阶级共和国,已是指日可待。"只因寄希望于世界革命"的爆发,布尔维克党人才夺取了俄罗斯政权——他的这番言论,广为人知。夺取政权之后,他不断地号召要"做出最大的民族牺牲……如果这有利于国际主义的工人革命的发展"。当尽管付出了牺牲而革命却没有发生时,他十分希望"这个世界上第一个推翻了本国帝国主义的无产阶级苏维埃共和国,能坚持到欧洲革命的到来并一边在其他一些国家里点燃烈火"。列宁直至生命的最后时日,依然表露出对世界革命为期不远且不可避免深信不疑的心态。1919 年 3 月 13 日,他在彼得堡人民宫的"钢铁大厅"说服听众们相信:"我们再一次深信不疑地说给我们自己和你们听:世界范围内的胜利,一定属于我们……我们很快便会看到一个全世界性的苏维埃联邦共和国的诞生。"弗·伊·列宁在于 1923 年 3 月 2 日口授的最后一篇文章——《宁可少些,但要好些》中断言:"现在整个世界已经在转入一场定会引发全世界性社会主义革命的运动。"

就这样,列宁直到生命的最后时刻,依然相信世界革命和世界性的苏维埃联邦社会主义共和国思想注定会彻底解决国内和世界上的民族问题。然而,实际中得以成就的,只是这一宏大构想的最初始的、最初级的阶段。这位领袖人物去世后,他那些有关世界革命的预期,并未注定应验;而那些在一国之内建成社会主义的"原则",却随着时间的推移,开始变得与那些最初的抽象推论越来越少相同之处。例如,很快便显露出:由于一个事先没有考虑到的,但却是很重要的细

---

①　即奥列格·伊万诺维奇·齐斯佳科夫(Чистяков, Олег Иванович, 1925—2006),法学家、苏俄国家与法历史专家、莫斯科大学教授;曾参与 1978 年俄联邦宪法草案的制定及日后苏俄立法工作,《俄罗斯立法》(9 卷)编撰者,另著有《苏联第一部宪法中的民主制与联邦制问题》等。——译者注

节,民族自决权原则很难在实际中实施。这一原则的实施,要求对有关什么是民族和哪些民族可以"依据法定理由"行使组建独立的或在联邦框架内的民族国家的权利,具有清晰明了的概念。在对哪些民族和将以哪种方式参与苏维埃联邦的创建这类最基本问题所作出的解答中,没有任何明确性。1917 年 11 月 15 日(俄历 11 月 2 日)《俄罗斯各民族权利宣言》中宣称的"各民族平等和拥有主权"的原则,认为联邦体制是与我国居民的民族结构相符合的。这一原则本身,也不认为未来的联邦制国家各"平等和拥有主权的"主体之间会有任何差异。现实生活中却是完全相反。可以说,现实中的苏维埃联邦,是建立在原则上说来系无原则的基础之上的。这样的构建,未必可以指望它会天长地久。因此,它的历史甚至连一个世纪都没能达到……

　　卡尔·马克思与弗·恩格斯对有关拥有自决权的民族持有明显缩小了的概念。1866 年,恩格斯曾将意大利、波兰、德国和匈牙利归入"欧洲较大的和被精确划分出来的民族"。并且,波兰人民,这个多半为农民的民族,是作为一个例外而出现在这份清单上的。它的自决(据马克思主义经典作家的观点而论)应当会削弱反动的俄罗斯。对于塞尔维亚人、克罗地亚人、罗辛人①、斯洛伐克人、捷克人和其他一些"小民族",当时亦曾宣称,他们已经被转化为更为进步的民族构成的一部,他们对自决权提出的要求,在任何情况下都不应当予以鼓励。②

　　尽管存在着一个已经被制定出来的、被断言是科学的民族定义,苏联科学界亦是没能使俄国各民族、各自决主体问题清晰明了。在后苏联时期,实质上无人研究这个问题。不过,人们通常认为,如今"正在发生着俄国诸民族的放大"。据1999 年出版的《俄罗斯各民族知识问答》手册所称,从前曾有 146 个民族和部族,而现在它们共计有 176 个。由此建立起来的俄罗斯民族数量大幅度增加的概念,是虚幻的。实际上,继续生活在俄罗斯境内的,还是那些最初在人口普查中便已经被记录下来的民族。20 世纪 30—50 年代对民族和民族集团数量做出

---

　　① 罗辛人(русины),奥、德、波、俄正式文献中指称主要居住于加里西亚的乌克兰人,亦称"乌戈尔—罗斯人"(угро-рус)。——译者注

　　② 《马克思恩格斯全集》,第 16 卷,第 159—162 页。

的认定,曾是民族均衡、亲近和融合的各种方针使然;这些方针曾构成了有关社会主义条件下民族发展趋势观念的基础。在斯大林对民族数量的认定中,这些方针表现得最为充分。

在有关俄国社会民族结构中的民族、部族和其他一些组分的概念中,存在着理论上的不明确性,这使得各民族在这个联邦国家中的地位难以得到确定。显然,使这一问题明确起来,这在当时并不显得那么重要,因为俄罗斯的这一联邦体制不仅是仓促间建立起来的,亦是作为一个确保向劳动民众完全统一过渡和向诸民族完全融合过渡的临时性建构而成立的。这种融合曾是令人觉得可以在可见的历史未来达成的。例如,赫·格·拉科夫斯基①曾于 1923 年写道,十月革命后形成的条件,提供了在"一个可能将会持续不是数十年而是上百年的相当长的过程"之后,根除民族特性的可能性。② 后来,他被指控为民族主义者,正是因为他划定的解决民族问题的时限"不是数十年,而是数百年"。

20 世纪 20 年代的官方文献中经常肯定地说,联邦制有着"纯粹工具的意义",是作为"根除民族问题的一种手段"而存在的,并且它之所以是必需的,只是因为它可以使"农民大众对联邦制的偏见得以无痛苦地克服"。人们认为,一俟在这条道路上取得成效,苏联各民族的代表人物们便"将会由面对联盟而保护这些民族的独自利益转向面对各民族而保护联盟的总的利益"(格·谢·古尔维奇语),可以继米·帕·托姆斯基之后接着说,对待联邦制的态度,自苏联存在的最初时日起,一般说来便一直如同对待民族运动的态度。"人们像对待不可避免的祸害一样"对待它。

苏联时期不断被强调着的俄罗斯联邦制所具有的独一无二性,使得一方面对有关联邦制和其他一些形式的民族或国家联盟的"资产阶级"学术观念,完全

---

① 即赫里斯季安·格奥尔吉耶维奇·拉科夫斯基(Раковский, Христиан Георгиевич, 1873—1941),苏联政要,保加利亚族人,历任乌克兰苏维埃共和国人民委员会主席(1919、1920—1923)、苏驻英大使(1923—1925)、驻法全权代表(1925—1927)等职。曾因在十二大上反对斯大林的民族政策而被指控具有民族分离倾向,后被撤除全部职务、开除出党并遭流放。1935 年复出,1937 年再度被捕,1941 年被镇压。——译者注

② 拉科夫斯基 Х. Г.:《苏联。苏维埃联盟建设的新阶段》,哈尔科夫,1923 年,第 12 页。

漠视;另一方面,又在对苏联联邦制的集权本质加以掩饰。这似乎正是可以解释为何会不时出现完全拒绝用"联邦制"概念来评述苏联的建议。这一点极清晰地表现在阿·伊·米高扬于 1964 年 6 月讨论新宪法草案时的发言中。这位民族政策和民族—国家体制问题专门委员会主席称:"法学家们经常向我们抛出这样一种主张,即要把联盟国家称作联邦制国家。我们的出发点是,在历史上有许多不同的联邦制国家。而每一个共和国的内涵都是不同的。'联邦制国家'这一称谓,你分析一下,其实质也是不一样的。就拿美国、德国、奥地利来说吧——也是五花八门、各式各样。如果谈到联盟式的联邦制国家,那便应当指出不同之处。苏联宪法没有使用'联邦制国家'这一称谓,也不是偶然为之。我们需要选用适合于此的称谓。这是由俄国革命创造出来的。"①

实际上,苏联是个具有一系列典型特征的地方分权制管理功能的单一制国家,它那里不曾有过完全的集中制。邦联制苏联(据诸共和国可自由退出联盟的特征而论)的单一制,是由苏联共产党在国家中扮演的、实为一种特殊的专政角色所决定的。这一专政"是不受任何限制的,绝对不受法律或规章束缚而直接依靠暴力的政权"②;适用于民族关系和联邦制(在其他一些方面亦是适用的);它意味着,"整个法学意义上的和实际中的苏维埃共和国宪法,均是建立在党按照一个原则来修正、规定和构建一切的基础之上的"③。

建立在民族联邦制原则之上的国家的不可靠性。如今,当批评布尔什维克民族问题理论的禁令被撤除后,这一理论的折中性就显露得越来越清晰。就其实质说来,在这一理论中,解构的和不相容的民族虚无主义的观点和民族分离主义的观点被纠合在一起。民族运动通常被视为只是通往世界革命之路上的盟友。所有以确立无产阶级专政为目的而能最大限度地破坏资产阶级制度稳定的事物,都获得了支持。那个关于自决直至分离的民族权利的口号,曾被视为最符

---

① 米高扬 A. И.:《1964 年 11 月 16 日在宪法分会讨论会上的发言》,转引自《俄罗斯联邦制:建立经验和前景战略》,莫斯科,1998 年,第 199 页。

② 《弗·伊·列宁全集》,第 12 卷,第 320 页。

③ 《弗·伊·列宁全集》,第 41 卷,第 493 页。

合这一目的的。而那个要在文化—民族自治基础上解决民族问题、不要求重新划定多民族国家国界的纲领,则被作为反革命的和"民族主义的"纲领而遭到否定。

正是带着这样的目的,自 1918 年起,联邦制作为国家体制的一项原则和在俄罗斯及世界范围内解决民族问题的一种方法而被正式启用。联邦制的被接受,起初是出于动摇资产阶级国家之目的的极其策略性的考量,它完全不要求实施真正的联邦制。后来,这个临时性的措施变成了永久性的;接下来,又开始被视为几近唯一可行的了。苏联的解体,发生在意欲使联邦制体制充满"现实的政治和经济内容"的尝试之中。米·谢·戈尔巴乔夫在 1990 年 5 月 23 日的俄罗斯苏维埃联邦社会主义共和国第一届人民代表大会上的发言中曾断言:我们"不曾生活在联邦制国家中……我们现在还是应当在那里生活一段时间,为的是要最终做出结论";他号召"要复兴列宁关于主权国家联盟的思想"。鲍·尼·叶利钦也是以列宁气质式的允诺开始了他向总统之权的爬升——"给所有自治区以独立"①、签署"全俄罗斯境内的邦联条约"、保证主体拥有他们能够"消化"的自主份额。他又转而称道:"自治共和国,其中包括鞑靼、巴什基尔,应当成为主权共和国并获得加盟共和国的地位。"②

叶利钦的这些呼吁,正合为数不少的理论家和政治过程的实践者们的心意。他们发展了这样一些思想,即"俄罗斯只能成为……诸地方和诸民族的邦联式的联盟";"邦联体制——这是联盟的最高目标和最为成功的形式",故它"无论对整个俄罗斯而言还是对俄罗斯的所有主体而言,都是切实必需的"。与俄国的这些邦联主义者步调一致的,是那些国外的俄国人的"同情者"们,其中包括著名的布热津斯基。他曾于 1998 年 9 月 15 日通过"自由欧洲"无线电广播电台说服道:"俄罗斯未来发展的机遇可能会得到改善,如果俄罗斯成为一个由三个主要部分——俄罗斯欧洲部分、中部俄罗斯和远东俄罗斯——组成的联盟。在这样的

---

① 叶利钦 Б. Н.:《俄罗斯族人毕竟是有祖国的》,载《苏维埃爱沙尼亚》,1990 年 2 月 20 日。

② 转引自雅库波夫 В. А.:《关于主权的 100 个帮衬故事》,喀山,2000 年,第 42 页。

邦联组织中,各地区便有可能会比在现行体制下更好地与周边贸易区发展区域贸易联系。"

新俄罗斯的缔造者们不为邦联制所动,依然还是赞同这样的信念,即联邦制中蕴涵着国家体制的最合理的理念。1993 年 10 月那场议会与总统的武装对抗过后,在醒悟到主权已被各权力机构过度利用的特别情况下,议会仓促通过了国家的基本法。该法律规定:"俄罗斯是具有共和政体形式的联邦制民主国家。" 2000 年 6 月,俄罗斯宪法法院对有关俄罗斯国家体制的表述做出重要确认。俄罗斯联邦构成中的一系列共和国,其宪法中有关其主权的条款,被认定是与俄罗斯联邦宪法不相符的。(《俄罗斯联邦宪法法院公报》,2000 年第 5 期)

然而,这完全不意味着,符合全世界趋势并在俄罗斯环境下极具生命力的联邦制,至此已在俄罗斯确立起来。按照专家们的评价,在这里,"到 20 世纪末为止,不仅真正的联邦制结构没有构建起来,甚至没有出现切实可行的构建它们的方案"[1]。在我国,所能看到的,只是联邦制原则的一些个别的现象(主要表现在准则的制定方面),但却"缺乏协调一致的政策来制定切合实际的联邦制国家的原则"[2]。叶·谢·斯特罗耶夫[3]认为,俄罗斯有着"非常松散的国家体制",联邦制国家被非法偷换为契约制国家。在那里,"俄罗斯的一个主体被赋予它所能吞下的种种全权,而另一个主体却什么也没有被赋予"[4]。联邦制国家若没有能力实现自己的权限,就会导致一些地区被特殊化而成为公爵领地,使联邦国家转变为邦联组织,或者如格·阿·亚夫林斯基[5]所预测的那样,转变为由一些享有

---

[1] 阿列克谢耶夫 В. В.:《俄罗斯的区域主义》,叶卡捷琳娜堡,1999 年,第 54 页。

[2] 叶尔马克 В. Г.:《作为俄罗斯国家体制形式的联邦制》,莫斯科,1999 年,第 17 页。

[3] 即叶戈尔·谢苗诺维奇·斯特罗耶夫(Строев, Егор Семёнович, 1937—   ),苏俄政要,历任苏共中央书记(1989—1991)、政治局委员(1990)、俄联邦大会联邦院议长(1996—2001)、奥尔洛夫州州长(1996—2009)等。——译者注

[4] 斯特罗耶夫 Е. С.:《我为我的祖国而自豪》,莫斯科,1999 年,第 502—503 页;另见其《困难的寻觅:联邦关系的祖国模式》,载《联邦制》,1999 年第 1 期,第 6、22 页。

[5] 即格里戈里·阿列克谢耶维奇·亚夫林斯基(Явлинский, Григорий Алексеевич, 1952—   ),苏俄政要、经济学家、"亚博卢"党领袖;曾任苏国民经济管理委员会主任(1991)等。——译者注

权威的政体和买办性组织构成的一个残缺不全的体系。2000 年 7 月,弗·弗·普京向联邦大会提交例行的年度总统咨文时,曾不得不承认,"我们现在依然有着一个,或在我们这里建立起来的依然是一个非集中制的国家",而不是货真价实的联邦制国家。

转入研究那些对我国联邦制给予批判性分析的文献资料时,我们时常会发现对这一联邦制有这样一些评价:它是诸多反常现象、矛盾和偏见的集中地和伪主体化的不良后果①;是将国家引入死胡同的"小地方式的"或"封地式的"联邦制。② 那类将联邦制国家比之为既是依照民族原则亦是依照区域—行政原则建立起来的怪物的比喻,曾一度不胫而走。俄罗斯联邦是等级化的和不对称的;联邦各主体在各自的体量方面没有可比性(即所谓"大象与蚂蚁的联邦");它令人想起俄罗斯套娃,它的一些主体套在另一些主体内。在一些构成成分复杂的主体(如秋明州、克拉斯诺亚尔边疆区,和与它们平等的,但同时又被包含在它们之中的那些自治区)中,各局部之间的关系,似乎证实着雅罗斯拉夫·哈谢克③笔下那位文学人物所做的推论:在地球内部存在着另一个、比外部那个地球大得多的地球。

俄罗斯联邦制的实际经验令人感到不很乐观。安·鲍·祖博夫④写道:"国家在许多方面已经失控,并且已经分裂为许多半独立性的主体。在那里,一些没有得到履行的联邦法律,被偷换为各主体自己的、常常是与俄国宪法本身相矛盾的法律。"(《政治研究》,2000 年第 5 期)据总检察院的数据资料所示,到 1999 年

---

① 见斯米尔尼亚金 В. Л.《俄罗斯联邦制:怪诞、矛盾、偏见》,莫斯科,1998 年;米特罗辛 С. С.:《有缺陷的联邦制:症状、诊断、康复的药方》,载《联邦制》,1999 年第 2 期;巴萨莱 А. А.:《伪主体化及其后果》,载《对话》,1996 年第 2 期。

② 乌斯 А. В.:《俄罗斯——帝国式的联邦国家》,载《独立报》,2000 年 4 月 6 日,第 8 版。

③ 雅罗斯拉夫·哈谢克(Гашек, Ярослав,1883—1923),捷克著名作家,一生共写作 1 500 余部作品,其中《好兵帅克》最为中国读者熟悉。此处所说的文学人物即帅克。——译者注

④ 即安德列·鲍里索维奇·祖博夫(Зубов, Андрей Борисович,1952—),政治学家、历史学家、政论作家;《20 世纪俄国史》(2 卷)的主编,另著有《议会民主与东方政治传统》等。——译者注

1月止,各地颁行的法令中,有30％与联邦宪法不符;21部共和国宪法中,有19部与联邦宪法不符。亦查明,大部分联邦主体(89个主体中有59—82个)在经济上是不能自给自足的;"我国缺乏联邦制国家体制的经济先决条件"。一些西方邻国的人们,时常以并非做作的惊异的神情,观望着我们的联邦制国家。它被他们当中的一些人视作实质上形同自杀式的、"由没有能力的和胆怯的知识分子构想出来的、诸不平等和不驯服的自治体的联邦制国家"①。

对1990—1993年的将俄罗斯由实际上的单一制国家变为联邦制国家的改造以及对这一联邦制国家的进一步发展所作的分析,引起了人们对拉·哈·阿布杜拉吉波夫于1999年得出那个结论的正确与否的很大怀疑。他的结论是:"单一制之于俄罗斯,这便是专政、极权主义;邦联制,这便是崩溃;而联邦制国家,则是一个民主国家。"②这一联邦制崇拜,既忽视了祖国的经验,亦忽视了外国的经验。历史证明,多民族国家的民族问题,常常是在单一制国家框架内能最为顺利地得到解决。在这样的国家中,中央通常将自己的部分全权赋予民族自治体,而不是相反。

众所周知,现今世界189个国家中,有58个国家采用了建立在联邦制原则之上的法律构架,然而,只有15个国家选择了联邦制的国家体制原则。世人亦皆知,在最近的两百年间,在这个星球上建立起来的44个联邦制国家中,已有27个遭到失败,或是已经解体,或是已经变成了单一制国家。此间最为重要的是,现今世界上不存在任何一个其联邦主体是依民族特征构建的美满幸福的多民族联邦制国家。世界现存的联邦制国家,不论其形成的方式如何,通常都不是建立在国家联盟之上,而是建立在其构成部分的自治区化之上。只有在埃塞俄比亚,其宪法承认各民族集团、民族或部族拥有主权。然而,即便在这种情况之下,宣告联邦制国家各主体、各州本身拥有主权,其目的也不是为了消除那些潜在的问题。值得注意的是,那些曾在自身建构内有过自治化建制的昔日加盟共

---

①　[意]朱利叶托·基耶萨:《联邦的自杀》,载《莫斯科》,1999年第10期,第131页。

②　阿布杜拉吉波夫 P. Γ.:《俄罗斯再建中的联邦制国家》,载《第2届联邦制国际学术会议(会议文集)》,莫斯科,1999年,第12页。

和国中,没有一个于苏联解体之后走上联邦制之路。

如今,甚至俄罗斯联邦共产党的领导者们、那个曾经使联邦制在我国取得合法化地位的党的继承者们,亦意识到,"联邦制在俄罗斯的命运完全没有定数;联邦制体制尚未经过时间的检验"。1991年后我国发生的种种事件"表明不是赞同而是反对联邦制"①。俄国杰出的哲学家和法学家伊利因关于联邦制国家体制形式于俄罗斯有害的那些警告得到了证实。② 20世纪90年代末,一些学者更加信心十足地证明:1917年10月之后俄罗斯发生的一切,均与俄罗斯民族法制相悖逆;向这一法制的回归,是一种道义上的必需和一种政治目标。俄罗斯从来不曾是联邦制国家,且将来亦应不是联邦制国家,而应是一个保障俄国所有民族拥有其自由发展权利的单一制国家。

然而,新俄罗斯,尽管有郑重昭告天下的民族单位(即自治化地区)与行政区权利相等的原则,但究其实质,仍是继续在民族化的联邦制基础上运作着。无论是1992年秋成立诸共和国首脑理事会咨议机构(起初是作为一种对应于俄罗斯联邦最高苏维埃,后来是对应于联邦大会的可能的平衡),还是保留对俄罗斯联邦诸共和国的经济特惠以换取其政治忠诚,都证明这一点。很遗憾,其他一些改革拥有至高无上权力的俄罗斯联邦民族—国家体制时所进行的变革,暂时还很少能走出为1922—1985年祖国历史所熟悉的那些思想的圈子。它们所包含的"新内容",常常都是向曾经在斯大林时期受到肯定并在那时便已暴露出其局限性或无根据性的那些建议的回归。这其中关涉到那些要求恢复民族区和民族村苏维埃、更广泛地利用文化—民族自治要素作为对现行区域性民族国家和行政区域性建制的补充的建议。文化—民族自治甚至没有被视为联邦制国家的一种可行的原则。在布尔什维克的传统中,它曾被认定为精致的民族主义,故当然"是与它的那些邦德分子的—社会革命党人的—孟什维克党人的辩护士们一道被苏维埃的扫帚扫除干净了"。

---

① 久加诺夫 Г. А.:《理解俄罗斯》,莫斯科,2000年,第236页。

② 伊利因 И. А.:《俄罗斯历史中的联邦制国家》,载《伊利因 И. А.:我们的任务。俄罗斯的历史命运与未来》(2卷),第1卷,莫斯科,1992年,第194—199页。

在这方面,特别有代表性的是发生在苏联联邦制建构底层的史实。众所周知,苏维埃联邦制在最为发达的形态时,除加盟共和国和自治共和国、自治州和自治区之外,还有民族区(1933 年 1 月为 250 个;1934 年 7 月为 240 个;1937 年约为 100 个)和民族村苏维埃(1933—1934 年为 5 300 个;1937 年超过 1.1 万个)。据 1934 年的数据资料显示,是时在我国,每 10 个区和每 8—9 个村苏维埃中,便有 1 个属于民族类型。然而,在 1936 年的苏联宪法中和在基于此法而制定的诸加盟共和国宪法中,苏维埃联邦的这些底层却没有被法定化。从这时起,按民族特征对国家所进行的细分,便"被冻结了",国家的区域化构建过程,就其实质而言,开始朝着一个新的方向发展。1937 年 12 月 17 日,联共(布)中央通过了一项《关于取消民族区和民族村苏维埃》的决议。在按照时代精神论证这一措施时曾指出,这些区(日耳曼民族区、芬兰民族区、高丽民族区、保加利亚民族区,等等)中,有许多"曾是人民公敌为破坏目的而建立的"。临近 40 年代初时,一大批民族区被解体。未被解体的民族区,其民族地位已不再被特别强调。解释此举的缘由,应当在那里寻找,即正是在联邦建构的底层和最基础的层面上,一个国家之内同时并存着"民族的"和"非民族的"两种行政建制;那里的所有居民,均要按照必须遵行的程序在各种调查表和身份证件上标记出自己的民族属性,这种荒诞不经已变得极其明显。实际上,同一级别的所有区,均可以被视为民族的,因为在苏联,没有民族属性的公民的正式身份是不存在的。"非民族"区绝大部分当然是由俄罗斯居民区所构成。随着民族区和民族村苏维埃的被取消,"民族少数"、"少数民族"之类的概念,亦从大众信息传媒语汇中被淘汰出去。人们认为,与此类人群相关的问题,在近 30 年代末时已经得到顺利解决。

鉴于上面的陈述,可以肯定地说,正在使后苏联的民族政策有别于苏联民族政策的那些革新,暂时尚且没有能力克服先前的伪联邦制国家和官方"民族思想"所具有的那些基本缺陷。这一思想的本质,尽管曾宣称要使"社会主义各民族繁荣",但归根结底还是要加速诸民族的去民族化和消除社会中的民族差异。

布尔什维克党人民族政策的憎俄基础,在很大程度上注定了苏联民族关系体系的破产。当然,这一基础并没有最终引发对俄罗斯族人民采取某种特别的迫害或种族灭绝。一贯被当局拿来与沙文主义等量齐观的俄罗斯民族主义,通常亦被官方视为实施向民族主张和民族不可剥夺权利的挑战、向民族文化本身挑战的"真正国际主义"政策时的主要障碍。

关于共同国家思想的益处和界定这一思想的尝试。尝试在否定俄罗斯和苏联境内的俄罗斯民族和其他民族的民族价值之上构建全国性的人民共同体的历史,同时也证明着俄罗斯的和俄国的民族思想具有巨大意义,证明着发掘、不断丰富和培育它们的必要性。最终,正是民族思想情感的被削弱,导致了悲剧性的后果——历经了若干世纪的人民生活的基础垮掉了,数百万人命丧黄泉,以苏联形式存续了四分之三个世纪的俄国国家组织遭到破坏。

俄罗斯思想不应当被拿来与俄国思想混为一谈,就像现如今亦经常发生的那样。例如,B. A. 季亚科夫否认俄罗斯思想具有存在的权利,理由是:以会导致沙文主义和民族独特观念的民族精神对这一思想予以诠释,是有危险的。他写道:"就民族和历史条件而言,对我们国家来说,采取变'俄罗斯思想'为'俄国思想'的国家民族立场,要更为适宜得多。"(《斯拉夫学》,1994 年第 6 期)这一立场看来并不是唯一正确的,这不仅仅是因为它对民族思想本身(俄罗斯思想就是它的一个变种)持有独特的有罪推定态度,还因为那些曾蓄意使民族思想"变形"为超民族思想(即新历史共同体——苏联人民的思想)的尝试,正如世人皆知的那样,并没有获得成功。不应当将俄罗斯思想与俄国思想等量齐观,因为它们中的每一个都有着自己的内涵,或者如亚·伊·索尔仁尼琴所说,有着"各自概念的外延"。

今日的俄罗斯思想——这是俄罗斯族人、俄罗斯民族全体人民对自己的身份,对建立更美好的人道与公平社会的共同道路、共同目标、共同责任和共同义务的认同。俄国诸民族中的每一个民族,都有(亦应当有)类似的思想。而集成的俄国思想,则是(且应当是)俄国所有民族的事,这便是俄罗斯诸民族对如下必要性的省悟——有必要探索俄国国家体制的新公式,有必要寻找共同克服危机的办法,有必要求索为了有尊严地生存和共存而保全、自救、自我改造、相互充实的办法,有必要探究将不同民族、不同文化、不同传统、不同信仰合成于一个统一的政治性的俄国民族中的有机性。换言之,俄国思想,便是为了俄国民族这一具有同一国籍之民的安宁与繁荣而对俄国身份认同的了悟。

现行宪法的制定与通过、近来人民生活中的种种变故,特别有力地显示出俄国人对一种能够将诸民族情感联合起来并导入真正爱国主义轨道的全体国民思想的需求。对这种观念的探寻,远未完结;简明的、为大多数同胞所能理解并接受的表述公式,还没有锻造出来。过去,众所周知,国民思想是在一系列相互更替的思想体系中被表述出来的。自11世纪中期起,作为这一国民思想而出现的,是基辅都主教伊拉利昂①提出的主张:"真理与美满,是在基督的律法之中,而不是在摩西的律法中。"在那里,已经被确定下来的接受基督教的各民族之间平等的基督的律法,是与只推之于犹太一个民族的摩西律法相对立的。自16世纪上半叶起,普斯科夫叶列阿扎罗夫修道院的修道士菲罗费②提出的那个"莫斯科系第三罗马"的理论,便已广为世人所知。这一理论奠定了这样一个主张,即在罗马和君士坦丁堡丧失了在东正教世界的主导角色之后,莫斯科、俄罗斯国家便拥有了这一角色的承袭之权。1830年,国民教育部副部长谢·谢·乌瓦罗夫③伯爵提出了一个"东正教、专制制度、国民性"的公式。由于受到沙皇的赞许,这一公式直至1917年始终是国民教育和培养的原则。自1917年起,新政权开始在俄国人意识中树立"共产主义是光明未来"之说"正确无疑"的观念。为了这一未来,人民应当去建设,去战胜敌人;为了这一美好目标的临近而忍受当前的种种艰辛。

自戈尔巴乔夫改革时代起,"加入世界文明"的观念被作为国民思想的某种类同而开始得到强行灌输。这一目标的提出,并没有给它的发明者带来桂冠。很快,这种观念便演变成叶利钦—盖达尔的"进入市场"的目标,并且,通过它还是要使国家融入共同文明的洪流之中。在此种情况下,人们曾认为,国民思想对

---

①　伊拉利昂(Иларион,?—1055),即第一任基辅与全罗斯都主教(1051—1055),其著述《律法与幸福》对古罗斯王公们的活动和基辅罗斯的国际地位给予赞同。——译者注

②　菲罗费(Филофей,1465—1542),于16世纪20年代前后在写给伊万三世大公的信中提出此说。——译者注

③　即谢尔盖·谢苗诺维奇·乌瓦罗夫(Уваров,Сергей Семёнович,1786—1855),伯爵,彼得堡科学院院长(1818—1855),任教育部长时间为1833—1849年。——译者注

"民主俄罗斯"来说,是不需要的,甚至是危险的(还是它,那个憎俄情结!),因为民主制与爱国主义是势不两立的。这类观念,客观上使俄罗斯注定要扮演"世界文明"的边缘化者角色,扮演世界市场经济从属结构之一的角色。因此,这种"下层"(即民众)与"上层"(即思想家)之间的背离反应,迫使思想家们要更为认真地看待国内正在进行着的对整合社会的新观念的探寻。在这一新观念中,"民主制"、"多种结构"、"多党派"、"市场"、"与西方的联系"、"有效管理"、某种方式的"社会公正"、"民主爱国主义"(即民族主义)和其他一些价值观,均应能找到各自的位置。

官办报纸《俄国报》参与了对国民思想及其简约表述公式的探索,自 1994 年 8 月起开始在《国民思想与民族理想》的栏目下对这种探索做出反映。其他一些大众传媒,也为有关这一主题的思考和建言安排了出版计划。应当归入在这类探索之路上所取得的成果的,首先是这样一种认知,即作为"过渡时期"主要口号而被大肆吹捧的自由主义、民主制和市场,无论如何都不能够号称自己可以充当全民性的、有感召力的象征的角色:民众显然现在不愿意,将来亦不会为了它们而向祖国的圣坛奉献出自己的生命或全部力量。

建议俄罗斯干脆变成西方,或者是成为标准的、享有全部权利的欧盟成员,这就更不会被认定为全体国民思想了。据科隆的 Γ. 西蒙教授所见,那个"让我们回归欧洲!"的口号,实际上令所有波兰人感到亲切,是以最概括的方式表达出波兰人的一致意见——波兰的民族理想。但是,他心怀遗憾地指出,在俄罗斯人那里,此种理想,"可惜,是不存在的"(《劳动报》,1994 年 9 月 3 日)。的确如此,很难指望俄罗斯人或俄国人会被同化于他人的思想所鼓舞。那句著名的日本人的说法——"我们尽取西方有益之物,但我们依然不失自我"——在与这位德国教授所诠释的民族思想样式的比照中,显然是胜出一筹的。

对具体体现在一些宽泛的政治纲领中的国民思想所做的描述,以及对体现在一套套似乎会令俄国人感到最为亲切的价值观中的国民思想所做的描述,人们未必指望它们会获得成功。例如,B. B. 巴卡京曾认为,俄国国民思想可以在"统一、净化、繁荣"的框架内被最为恰如其分地表达出来。依 Φ. M. 沃尔科夫所见,今日的国民思想,应当将类如自由、统一、繁荣、劳动、幸福、富足、平等、和睦、心灵纯净等"珍贵的、令每位俄国人的心灵感到亲切的最高价值",有机地含纳其中。(《俄国报》,1994年9月20日)历史学家 B. B. 库德利亚采夫1993年曾写道,俄国国民思想是俄罗斯所有居民对自己系俄国人的认同,是他们对族类集团的民族主义的战胜;这一思想可以用一个简明的口号来表达——"俄罗斯是俄国人的俄罗斯!"①维·弗·阿克休齐兹②认为,两个组元便足以表达出俄罗斯思想的本质:"上帝与祖国——这便是俄罗斯思想的表达式。"这位俄国基督教民主运动党杜马两主席之一曾如是断言道。(《莫斯科》,1993年第1期)塔吉娅娜·戈鲁什科娃则站在那些认为"俄罗斯思想——这就是社会主义"的人一边;她认为,此时这一表达式的第二部分应当为——"这就是俄罗斯的社会主义",它意味着放弃正将人类引向灭亡的西方文明而作出唯一的选择(即俄罗斯的选择)。那"是由拉多涅什的谢尔吉所奠定的、被陀思妥耶夫斯基所憧憬过的、经过帕·弗洛连斯基深入思考过和如今仍活在遗传学意义上的俄罗斯族人心灵中的俄罗斯社会主义"(《青年近卫军》,1995年第7期)——这位女作家对这一主义作出如是评说。

　　弗·菲·舒梅科曾一度着手尝试对国民思想定义中那些现存的"产品"加以概括。在一次与记者的会晤中,他通报说,他"通读了绝对是所有政治运动的纲领"并意欲提议"以所有这些纲领的共通点为基础为俄罗斯创立一个统一思想"。他认为,"爱国主义、强大国家和全民福祉"的原则,便是这样的共通点。基于这一点,这样一种三位一体论曾被提出来"作为国家思想":"精神胜于物质,善良胜于邪恶,正常的物质富足胜于奢华。"(《今日报》,1994年10月5日)换言之,即提出了"精神性、善良、富足"的表达式。这一公式令人觉得,似乎未必可以谈得上对国民思想的简洁表达方式的探索已经顺利完结。

---

　　①　库德利亚采夫 B. B.:《俄罗斯人或俄国人:俄国历史中的国家与民族》,载《民族生活》,1993年第3—4期,第65页。

　　②　即维克多·弗拉基米罗维奇·阿克休齐兹(Аксючиц, Виктор Владимирович, 1949—　　),基督教哲学家、政治家、政论作家,俄联邦一级国家顾问。著有《俄罗斯的民主制》、《俄罗斯的使命》等。——译者注

根·瓦·奥西波夫①院士公布的概念提出了解决这一问题的要求之一。他在阐述那一概念的原理时写道："真正的共同事业——在其基础之上可能形成真实的人类思想意识——应当集这样一些性质于一身，即它应是一个自愿性的、积极的、可以实现的事业；应关涉多数人的利益，应既有益于社会、有益于人类，亦有益于国家；应立足于向往昔的美好事物的回归"。这位作者对时下正在实施的改革目标给予否定，论证道：当世界正面对抉择——或者拒绝市场—消费性经济，或者蒙受全球性的大难——的境况之下，在俄罗斯境内"构建"资本主义，这是一条死胡同。因步入此途所致的种种悲剧性的后果，已是历历在目。该作者认为，向改革开始之前的那种苏联时代的社会主义回归，对俄罗斯而言，也是毁灭性的。奥西波夫还认为，人类在自己的发展进程中，除了"野蛮"和"不文明"之外，还经历了两种形态的"文明"阶段——市场—消费型的工业经济阶段（即资本主义）和国家—官僚制度型的工业经济阶段（即社会主义）。无论哪一种文明变体，它们最终均已是将这个星球上的生命置于危险之中。因此，"俄罗斯完全不应当加入到所谓的'西方文明'中去，而是应与这一文明一道继续走向后文明过渡之路"。这一立论是奥西波夫所提出那个概念的中心环节。

根·瓦·奥西波夫认为，一种新式的三位一体论（旧式的三位一体论，指的是"专制制度、东正教和国民性"。依作者之见，此说曾在俄罗斯历史中发挥过值得肯定的作用），当是可以成为国家—官僚制度型社会主义、市场—消费型资本主义基本思想的对立物和精神上的去个性化和权威主义思想的对应体。这一新三位一体论便是"精神性、民主政权、强大国家"（духовность、народовластие、державность）。俄罗斯国家思想的这一新的表达方式，其每一组元都有自己的内涵。其精神性，所指绝非对君主或东正教的信仰。它所表述的首先是社会生活的精神准则和社会行为的道德规范，包括对各种见解、信仰的容忍与尊重；渴望协同合作，扬善而抑恶；祖国利益优先于其他所有利益。其民主政权（即民主

① 即根纳季·瓦西里耶维奇·奥西波夫（Осипов，Геннадий Васильевич，1929—　），社会学家、哲学家、教授、科学院社会政治研究所所长、社会科学院院长，著有《社会学与国家组织》《技术与社会进步》等。——译者注

制），乃是独裁主义、极权主义、国家官僚资本主义和社会主义的反悖；是国家服务于人民（而非反之）；是法律之权，而非政治空谈者、死硬的民族主义者之权。而强大国家，当理解为在一个完整的地缘政治空间范围内共同生存着的各民族之相互关系的重建。这一空间提供着保全俄罗斯及其他与之联合起来的诸民族免受种族屠杀和灭绝的条件。正是这种强大国家，依奥西波夫所见，才是向后文明过渡的一种形式。（《工人论坛》，1994 年 12 月 23 日）

　　现代民族—国家思想意识中一个最为重要的观点，在尼·亚·帕夫洛夫①那篇叙述详尽的文章《俄罗斯人：选择的重负》（1995）中得到了体现。该作者以据我们看来十分充分的理由认定，1917 年和 1991 年祖国历史中发生的那两次大难，其重要原因是俄罗斯民族自我意识的削弱。苏联政权的去民族化政策，不可避免地导致这一民族的国家政治意志的进一步颓废，使这一民族的大部分人与国家疏离，使俄罗斯族人有消失于其他民族或部族之中的危险。作者注意到俄国基本民众在 1991 年 12 月没有奋起抵制苏联毁灭一事所包含的原则性意义这一事实，并对这一事实给予政治和心理上的精准诠释。"俄罗斯人民早就已经亲身感受到他们被依据乌里扬诺夫—列宁那个过时的创意而置于与其他人民和民族不平等地位的那种情形的荒诞不经。虽然他们为这个名为'联盟'的国家而感到惋惜，可那也是为自己感到惋惜，尽管只有一点点，但亦是一种怜惜之情。"帕夫洛夫写道，并下结论说，"人民在此种情形之下唯一所能表现出来的，只有自保的本能，尽管是以软弱的方式。"早在 1989 年秋季时，便已广为人知：每年俄罗斯苏维埃联邦社会主义共和国预算中有 700 亿卢布被划入其他共和国的预算内。在各民族共和国内，"压榨"俄罗斯族人、把他们变成受歧视的民族少数的种种操作，越来越明显地表现出来。在此种境况之下，俄罗斯族人自然而然没有在 1991 年表露出要保留苏联原貌不变的特别意愿。

　　尼·亚·帕夫洛夫属于这样一类同胞，他们认为，如今"在俄罗斯，不存在犹

---

　　①　即尼古拉·亚历山德罗维奇·帕夫洛夫（Павлов, Николай Александрович, 1951—　），政治活动家，曾任苏最高苏维埃民族委员会民族国家体制和民族关系委员会成员、第四届国家杜马代表。——译者注

太人、鞑靼人、日耳曼人或中国人'问题'。在俄罗斯只有一个基本问题，这就是俄罗斯族人问题。一个成熟、完备、积极、有能力的民族的自觉问题。并且，俄罗斯民族运动应当首先关注的……正是俄罗斯民族，是去解决它的问题"。帕夫洛夫对正在扩展开来的憎俄情结的种种表现、"实质系反俄的复原苏联计划"、主要政党大多所具有的国际主义性质，进行了一番检验，并断言，俄罗斯族人在这个国家中的利益，实是与先前一样，没有任何人来代表和捍卫；与此同时，俄罗斯境内其他几乎所有的民族集团，均拥有自己的国家和政治代表、拥有团结一致的政治精英。在谈到俄罗斯族人作为一个民族而存在这个问题本身时，该作者认为，恰恰是致力于俄罗斯民族运动的形成和"正常的统一俄罗斯国家"的建设，才是十分必要的。在这一国家中，同胞们将会清晰地意识到："现今俄罗斯联邦范围内所有'国家'的存续，均特别仰赖于俄罗斯族人的善良意愿；而它们日后的生存，则将取决于能否对这些'国家'中的公民不分民族属性所一律拥有的平等权利和机会予以无条件地维护，取决于能否对最微小的分离主义企图予以拒绝。"按照该作者在所援引文章中表述的观点而论，现今民族政策的直接目的，不该是"复兴"和"繁荣"。国务大臣亚·米·戈尔恰科夫于1856年所说的那句话，最为精确地表述出应当成为现今社会意识主导的那个基本思想——俄罗斯和俄罗斯人应当精力集中。

这种精力集中所要求的前提是，要将国民思想从弥赛亚说和乌托邦主义中摆脱出来并顾及俄国社会发展的特色。而俄国社会的发展，在许多方面受制于俄罗斯不良的自然—气候条件，受制于这里所获得的剩余产品的匮乏。众所周知，欧洲一些国家，每一单位面积的植物产出量是俄罗斯的1至1.5倍；美国的植物产出量则是俄罗斯的2至4倍。为了保障建筑物和住宅所必需的供暖体系（即住宅和生产性建筑物的墙体厚度和基础深度、工程管线、供暖装置）需要巨大的耗费。位于远离加工中心的俄国天然矿产，其开采的耗资会高出5—6倍。这便意味着，在与西方一些国家具有同样技术水平的条件下，俄罗斯的单位产值的费用将会高得多。在这样的条件之下，国民思想应当首先定位于确保国家在经济上的自给自足能力、中止廉价出口有用矿藏、确定经过经济学论证的俄罗斯资源和西方技术与工艺的价格。这种精力集中，不要求在与领先的世界强国的经济和军事竞争中追求必胜和速胜的目标。苏联时代,我们的国家领导者们显然屈服于这种诱惑并招致了失败。尼·伊·雷日科夫曾在 1994 年谈道:"为了把我们完全拖垮,一场军备竞赛被强加在我们身上。就这样,40 年来,我们被拖得精疲力竭。我们曾经常常是不得不去制造火箭,而不是修筑公路;不得不去制造坦克,而不是建造住房……而耗费在争取这种国防战略主动权上的才智还要多……应当承认,美国比我们富有一倍,即我们在经济实力上是美国的二分之一。这就是说,为要保持军事上的均势,我们的难度也会超过美国一倍。"(《真理报》,1994 年 4 月 27 日)

费·米·布尔拉茨基对决定着我国国家政治的基本思想的变异进行着追踪研究,认为斯大林时期未能彻底放弃世界革命思想并使国家转入传统的追求大国之路。在斯大林之后到来的大变革时代,亦没有产生某种有助于阐明我国未来之路的全民思想。填补戈尔巴乔夫和叶利钦时期精神真空的民主制和市场思想,同样没有成为全民思想。这位政治理论家只是愿意十分有信心地断言一点,那便是,俄罗斯民族意识和社会正义感,永远不会听任俄罗斯的伟大蒙受损害,不会听任那种只有靠动用残酷专政手段才会维系的"百分之十"新生精英们的统治。作为摆脱这一困境的出路,布尔拉茨基建议:不要发动官僚革命,而是要推动"国家演进。这种演进的口号是——安全、富裕、爱国主义"(《独立报》,1995 年 2 月 17 日)。

随着弗·弗·普京进入国家领导层(1999 年 8 月 16 日,他被任命为俄罗斯联邦政府总理,自同年 12 月 31 日叶利钦提前卸任之后,开始履行俄罗斯联邦总统之职;2000 年 3 月 26 日,经全民选举出任这一职务),俄罗斯的政治和经济生活发生了一些重大的积极性的改观。一系列立法举措,使联邦一些主体内分离主义者的嚣张气焰受到一定抑制,使那些与俄罗斯宪法和联邦法律相背离的地方立法和法规得到修正。随着由总统全权代表出任首脑的 7 大联邦区的设立,我国的"权力垂直线"得到巩固。俄罗斯总统在 2003 年 5 月 16 日致俄罗斯联邦会议的咨文中指出:"我们终于——在法律和事实上——恢复了国家的统一。国家政权得到巩固……我们共同克服了那种绝对不能容忍的状况,即俄国个别地区实质上处于联邦司法管辖之外。俄国宪法和联邦法律的至高无上的地位——

如同向全联邦金库缴纳赋税的义务一样——如今已经成为俄罗斯联邦所有地区的生活准则。"

　　依据普京的各种声明来判断,爱国主义、强国论、国家主权论、在"法律专政"居统治地位条件下的社会共同责任(即社会公平),开始越来越多地制约着我们的国民思想。随着旨在实践这一思想的国家管理有效机制的调整,俄罗斯的生活现实正在朝着更好的方向发展。2001—2003 年 4％的经济增长(即国内生产总值的增长)速度,被认为是不够的。2002 年 4 月,提出了使国内生产总值年增长率达到 10％的目标。在总统致联邦会议的咨文中,曾谈及关于在 2010 年之前将国内生产总值提高一倍的必要性,这将会使正在经济领域,同时亦在整个国家生活现实中形成的良好趋势得以巩固。然而,时至今日,俄罗斯的国家核心目标依然不清。关于这一点,俄罗斯的国徽可以为证。例如,在美国,其国徽上标注的是"合众为一";在英国,其国徽上标注的是"上帝与我之权利";在法国,其国徽上标注的是"自由、平等、博爱";在苏联,那便是"各国无产者,联合起来!"正式的俄罗斯国家象征符号上没有格言警句,这是缺乏经过全面论证的国家思想的象征性标志。

　　没有爱国主义和爱国者的国家不会日久天长。只有依照现代方式被领悟的和根植于俄国民众意识中的那种爱国主义,才有可能成为使俄罗斯复兴思想具有积极作用和建设性的保障。今日的俄罗斯,为了能恢复其遭到践踏的民族尊严和能在国际舞台上的文明国家集团中占据适合于自己的位置,需要这样的爱国主义。真正的爱国主义,依瓦·德·佐利金①所见,应是能缔造和平的、雄伟的、有历史传承的、有民族考量的、有社会定位的、文明的和精神充实的爱国主义。俄国爱国主义的民族考量,要求首先应以解决最为迫切的俄罗斯问题为前提。必须承认,俄罗斯人民是有能力在现今环境下维护原苏联领土范围内族际间和邦联间和平的唯一现实的力量。但是,俄罗斯的民族自我意识目前正经历

---

　　①　即瓦列利里·德米特里耶维奇·佐利金(Зорькин, Валерий Дмитриевич, 1943—　　),法学教授,俄联邦宪法法院院长(1991—1993、2003 年起)。——译者注

着一个剧烈的危机期,这危机正酝酿着曾受到侮辱的民族自尊的无以控制的爆发。

为使这一危机能够得到和平的、造福于俄国所有民族的解决,诚如佐利金的公正见地那样,应当根除民族政策和联邦政策中承袭于斯大林时代的种种处置方法所具有的那种两重性。在抛弃昔日确定联邦各主体权利与义务的方法的同时,必须规定,俄罗斯应当成为诸地区的联邦国家,而不是"独立自主的"诸民族国家的联邦;是主体没有第一等级和第二等级之分的、权利平等的联邦制国家。这位作者推论道,应当果断地结束那种双重标准的实际运用,即依照这种标准,"小"民族的民族复兴是件好事;至于俄罗斯民族的复兴,什么事也不发生才好。指望为了许多小民族的利益而借对一个大民族的民族自觉予以压制来达到俄罗斯境内的族际和平,那是办不到的。最终,由此而受到伤害的,会是所有民族。因此,新的民族政策应当建立在维护俄罗斯所有民族的民族独特性的原则之上,同时摒弃诸如边缘化人士的盲目的民族利己主义和"全人类主义者"的有害的民族虚无主义之类的令人不能接受的极端倾向。(《对话》,1994 年第 9—10 期)

现今的一些作者们,在仅仅指出俄国国民思想的一个构成元素,即国家—民族共同体这个构成元素的同时,也极其经常地谈论到有关在民族政策中应当遵循的一些原则问题。民族问题著名研究者爱·亚·巴戈拉莫夫[1]认为(1994年),时至今日,这类原则已变得或多或少地明晰起来。被他自己归入这类原则的是:"民族政策的民主化、公开性,大小民族一律平等、民族自决、俄罗斯联邦的国家主权地位、联邦制、对友谊与团结的赞同";而沙文主义和反民族情结,则属于"社会自毁的因素"。[2] 该作者反对拒绝国际主义,认为,我们没有权力否定一些人或民族主张为了共同的福祉而互相支持的思想中所包含的人道主义内涵。

---

[1]　即爱德华·亚历山德罗维奇·巴戈拉莫夫(Баграмов, Эдуард Александрович, 1930—　),哲学家、政治学家、苏科学院哲学研究所教授;曾任《共产党人》杂志主编(1971—1979)、俄联邦联邦与民族事务国家委员会部门主任(1993—1994)、联邦科学院社会政治研究所副所长等。著有《苏联共产党民族政策的真与伪》等。——译者注

[2]　巴戈拉莫夫 Э. А.:《俄罗斯需要怎样的思想体系?(论俄罗斯联邦民族政策基本思想的制定)》,载《革新俄罗斯:解决方案的艰难探求》,莫斯科,1994 年第 2 辑,第 143、146 页。

同时他认为,将苏联的民族政策视为国际主义的,是不恰当的。一边向民族思想发起挑战,一边又把各民族等级制神圣化以求平衡,亦是由这一政策所宣称的诸民族平等和自由合作的观念。彼·别·斯特卢威①曾经指出存在着那两种类型的国际主义——"号召各民族为某种最高层次的统一而和解并联合起来的和平主义的国际主义"和"号召不按民族而是按相互敌对的阶级来分割世界并与'阶级斗争思想和内战情结'有着密切关联的好战的或阶级性的国际主义"。在这两者之中,前者被认为应当予以维护。② 这一点补充看来是很重要的。斯特卢威曾认为:"这种国际主义,其精神内涵的最高级样式,是基督教及其举世教会大一统理想。"③

爱·亚·巴戈拉莫夫在把这种理解之下的国际主义确定为最高价值的同时,依我们看来,又过于绝对地对民族主义作出否定,将其视作首先是一种"认定本民族优于其他民族的思想。这种思想不可避免地会转变成对民族特殊性和不能容忍异说的说教"。试图闭关自守于民族的狭小圈子内,这对任何民族而言,均是毁灭性的——他继续言道,并认为这番话的正确性已得到了实证,即在现今的后苏联诸国家中,"普遍主权化引发的欣喜,正渐渐让位于对民族利益更为清醒的理解"。巴戈拉莫夫注意到这样一些情感,以及全世界范围内历史性的一体化趋势的进展,因此认为所谓的欧亚思想是十分有前途的。在他看来,这一思想"捍卫的是被地理位置、历史命运所联系在一起的诸民族的共同性,与此同时,亦捍卫着他们的独特性"。④

---

① 即彼得·别林加尔多维奇·斯特卢威(Струве,Пётр Бернгардович,1870—1944),社会政治活动家、经济学家、历史学家、哲学家、政论作家。曾参与《火星报》的筹备,后由马克思主义转入自由主义,立宪党中央委员(1905—1915),1917 年为俄科学院院士;曾任邓尼金特别会议成员,后流亡国外;著有《政治家笔记(1925—1935)》等。——译者注

② 斯特卢威 П. Б.:《俄国革命的历史意义和民族任务》,载《自深处(论俄国革命文集)》,莫斯科,1990 年,第 247 页。

③ 斯特卢威 П. Б.:《俄国革命的历史意义和民族任务》,载《自深处(论俄国革命文集)》,莫斯科,1990 年,第 247 页。

④ 巴戈拉莫夫 Э. А.:《俄罗斯需要怎样的思想体系?》,第 143、147 页;另见谢缅金 Н. С.:《欧亚思想体系的前景》,载《民族政治通讯》,1994 年第 1 期;等。

　　然而,还有一些重要理由,使人们不能如此单一含义地接受这一欧亚思想的价值。现如今,在这一思想之后,极其经常地隐匿着意欲重建苏联的幻想。与此同时,关于那个看似独特的欧亚空间文化共同性,则亦远非为所有人所认识到。伊·亚·伊里因没有将这种欧亚说视作一种理论,而是当作说服人们对一个所谓的新"发现"确信不疑的建议。这一发现简而言之便是:"在最近的 200 年间,俄罗斯似乎已经丧失了自己独特的文化,因为它效仿西方,借鉴西方;为了恢复自己的独特性,它应当断绝与日耳曼—罗曼西方的关系,转向东方,并应笃信:它的真正的缔造者是成吉思汗和鞑靼人⋯⋯"在这里,凌驾于理智和知识之上的是情感,而"关于精神文化的独特性问题,则可以归结为到底应向哪个方向急转:已经向西方(似乎)急转了 200 年;显然,结局是失败的。那便意味着,应当向东方做出急转"。①

　　某些现代作者将欧亚思想中这种似乎过分的理性,视为它的一个缺陷。"这一思想,也许不错,"维·阿·尼科诺夫②写道,"但它过于理性化了,不能成为'全民性的'思想。"③伊·亚·伊里因对此则持有相反的意见,他认为:"要醉心于这一'欧亚说',需要有两个条件:嗜好在精神活动中标新立异和有着极其微不足道的文化修养⋯⋯"④德·谢·利哈乔夫⑤院士亦曾给予这种欧亚思想类似的评价。他断言,"俄罗斯文化的亚洲起源说,不过是一种镜花水月似的幻觉。我们只是在地理上处于欧亚之间",而实际上,我们"属于欧洲文化,且我们的社会环境也是欧洲式的"。该院士将这一欧亚说现象列入非逻辑性的而且多半是情感性的范畴。且这种情感是亚历山大·布洛克在其诗作《西绪福人》(写于

---

　　①　伊里因 И. А.:《独特性,还是标新立异?》,载《政治学》,1993 年第 5 期,第 14 页。

　　②　即维亚切斯拉夫·阿列克谢耶维奇·尼科诺夫(Никонов, Вячеслав Алексеевич, 1956—　),政治活动家、历史学家,莫斯科大学国家行政管理系主任;曾任克格勃主席助理(1991—1992)、俄联邦总统政治顾问委员会成员(1997—2001)。——译者注

　　③　尼科诺夫 В. А.:《民族思想不排斥民主》,载《俄国报》,1994 年 9 月 27 日,第 2 版。

　　④　伊里因 И. А.:《独特性,还是标新立异?》,第 14 页。

　　⑤　即德米特里·谢尔盖耶维奇·利哈乔夫(Лихачёв Дмитрий Сергеевич, 1906—1999),著名语言学家、文艺学家、古文献学家,曾任苏、俄文化基金理事会主席(1986—1993),有古代俄罗斯文学、文化等方面的著述。——译者注

1918 年 1 月 30)中营造出来的。在这首诗作中,如利哈乔夫所认为的那样,因俄罗斯在世界大战中的失败和被随之而至的革命所伤害的俄罗斯人的民族情感,获得了表述。①

欧亚说思潮在俄国侨民中的迅猛发展,通常被解释为是由于俄国侨民们特别敏锐地体验着俄罗斯国家的失败与垮台。在将自己归入欧亚派的同时,他们似乎是在宣告自己是亚洲人。欧洲那些律法不是为他们所写的,并且他们在用这样一种自白与期望来自慰:是的,我们是遭到了失败,但是我们还是要看一看,是什么注定了你们的胜利。"到我们这儿来吧!摆脱战争的恐惧//接受和平的拥抱!//眼下为时尚且不晚//让那旧剑入鞘//同志们!我们将成为手足同胞!"——亚·布洛克这样写道,向那些欧亚派发出自己的召唤。实质说来,正是在这一召唤中,蕴含着布洛克临终遗言的真实表述,而绝非基督徒、穆斯林和佛教徒们之间那异常牢不可破的共性的实证,正如这一点于日后被证实的那样,而在今日亦时常被证实着。

1994 年夏季,一些学者和政治家们在莫斯科召开了一个探讨"欧亚一体化前景"的"圆桌会议"。期间曾相当有说服力地提出警告:不要将欧亚说当作已经寻找到的、能使后苏联地缘政治空间重新一体化的办法而寄予厚望;尤其不要幻想仅仅借助这一欧亚说便能拯救俄罗斯。同时亦指出,这一欧亚说从来没有作为一个经过深入研究的统一学说而存在过。而现今这一思想的追随者们,亦经常是从特鲁别茨科依言论的上下文中截取下来一些词句,或者仅是一些个别的术语(例如"欧亚化")拿来当作武器。但是,在论证昔日苏联的那些共和国们如今不可能单独生存时,不一定非要诉诸这一欧亚说。一位与会者曾直率地宣称:"(历史上的)欧亚主义者们和他们今日的继承者们的学说,是个神话。"它可能是美好的,甚至在建立超族类共同体时是必需的,但是,对于创建一个国家来说,它显然是不够的。欧亚主义未必能够对俄罗斯思想构成严重的"竞争"。历史的教训做出了对它不利的证明:一般说来,任何一个有穆斯林文明和基督教文明加入

---

① 利哈乔夫 Д. С.:《文化乃是一个完整的动态介质》,载《俄罗斯科学院通讯》,1994 年第 64 卷第 8 期,第 724 页。

的邦联——印度、南斯拉夫、塞浦路斯，等等，都没能长久生存下来。被用来作为独联体新的统一之基础的那些"原则"，也是独特的。"圆桌会议"上还听到这样一些提议：应当抛弃那个据称是伪造的"鞑靼—蒙古对俄罗斯的压迫"的陈词滥调；应当将"有关某人靠他人过活的话题"视为已成为过去；应当宣布，所谓"哈萨克斯坦、乌兹别克斯坦和其他一些共和国"曾是苏联时期的"靠别人养活的人"或在新的条件下他们可能依然是这样的人的观点，是不能被接受的。

在现今的对俄罗斯的和俄国的民族思想所做的探索中，依我们所见，还有三个方面应当引起特别的警惕。其一是，对俄罗斯思想抱有凭空臆断的否定态度，其依据似乎是：这种思想"不是解放性的，而是侵略性的、好战的"。因为它正在与大国主义、国家主义相合流，并且这些主义依旧还是那副侵略面孔。这里所表现的，显然是比布尔什维克党人存续时间更久并且丧失了任何纯理性根据的憎俄情结。其二是，坚信"俄国民族思想应当是去民族化的；这应当是一种国家—民族思想，而不是族类集团的民族思想"（《俄国报》，1994 年 9 月 27 日）。在这里，再一次表现出布尔什维克的负面往昔所具有的巨大制约作用。其三是，试图使现代俄国民族—国家思想体系失去其本来的基础——爱国主义。这些尝试表现在这样一类见解中，即"在和平和稳定时期十分危险的它（即爱国主义），却常常是武装对抗时期唯一的一种挽救办法"（《独立报》，1994 年 11 月 23 日）。显然，在这里，这个"十分危险的爱国主义"只是因为被不正当地与沙文主义混为一谈而受到鄙视，并被作为俄罗斯的或俄国的沙文主义的变种而遭到否定。与此同时，民族否定论和反爱国主义论，正如 20 世纪的祖国历史所显示的那样，也成了它的真正的灾难，因此，没有任何必要去不断地重复那些历史错误。历史经验证明这样一个论断的正确，即俄罗斯的民主制，只有当其"与两种不可分割的民族情感——爱国主义和社会正义感"结为一体时，才有可能生存下去。（《独立报》，1994 年 11 月 15 日）

依据俄罗斯复兴联盟①和俄罗斯社团代表大会②的倡议而着手对民族与国家建设中的关键性问题做出"俄罗斯式的民族性的解答"的尝试，具有一定的意义。这一尝试反映在《俄罗斯复兴宣言》(1994 年)中。该文献的作者们将"未遭到扭曲"意义上的民族主义诠释为对本民族精神独特性的承认、公民的真正爱国主义，即他们与这一民族之间的紧密联系的确立。而俄罗斯民族主义，则相应地意味着将俄罗斯语言、俄罗斯历史、俄罗斯国家组织、俄罗斯世界观作为属于自己本人的而接受，并致力于团结其他人共同效力于祖国和全民族利益。作者们的出发点是，俄罗斯从来都不是"各民族的监狱"或殖民帝国；这个帝国是作为一个为国民所完全接受的国家形式而存在着的，它使得可以将诸民族联合成一个统一的文明并通过全民文化的途径来保护不同部族的独特性。

现代的欧亚主义论，没有被这些作者们所接受，因为他们担心这一主义会使俄罗斯人脱离自己的民族目标，阻碍俄罗斯的自我集中精力和摆脱强加于她的一系列罪过。俄罗斯民族性格中的全人类性，被确认是俄罗斯思想中的一个关键性因素。这一全人类性被理解为，不是溶解于"全人类"而是对其他民族和人民的主张与传统持有容忍态度；是对其他文明所取得的成就的易于吸纳性。俄罗斯思想就是向历经多个世纪检验的俄罗斯生存基础——精神性与公正性、凝聚性与奉献精神、谦恭与乐观的回归。

这些作者们仿佛是在尝试用一种新的历史内涵来充实那个著名的"东正教、专制制度、国民性"的表达式。例如，他们断言，俄罗斯民族—国家的复兴，若没有其精神基础——东正教信仰的复兴，便是不可想象的。它曾经是，且现在应当

---

①　俄罗斯复兴联盟(Союз Возрождения России)，1991 年注册的具有温和民族主义倾向的政治组织，创立者为时任俄美大学副校长的德米特里·罗戈津(Дмитрий Рогозин)，联盟袭用 1918 年立宪党人等建立的反苏复俄组织之名，具象征意义；1993 年成立大会选举罗戈津为主席；自 1994 年起，主要政治活动转入俄罗斯社团代表大会，1996 年起改建为"俄罗斯复兴分析中心"，领导者为佩赫金(С. Пыхтин)和萨维里耶夫(А. Савельев)；1998 年改建为"俄罗斯方案"基金会，主席为弗·波波夫(Владимир Попов)。——译者注

②　俄罗斯社团代表大会(Конгресс русских общин)，具有帝国—民族主义取向的政治联盟，1992 年成立政党，创立者为德米特里·罗戈津(Дмитрий Рогозин)，成立大会上确定的党的任务是保护独联体内的俄罗斯公民。——译者注

依旧是俄罗斯思想的核心。据宣言的作者们所见,俄罗斯民族主义与其他民族主义的不同之处,就是要实施俄罗斯帝国"计划"。君主制被视为俄罗斯本质所固有的统治形式,并且建议,随着时间的推移,在国家复兴的明显特征出现之时,恢复这一制度:"只有当从上帝那里祈求到君主制时,只有当从历史那里'因长期效力而赢得'君主制时,才有可能请出一位专制君主登上帝位。"依我们所见,这种观点恐怕不可能有望为现代社会所迅速接受并作为俄罗斯民族思想构成之一部而根植于民心。

宣言中提出的、应当首先予以完成的国家—爱国主义运动的任务中,无疑十分诱人的是:重建民族统一——这是俄罗斯作为一个主权国家和世界性大国而存在的条件;杜绝所有表现形式的分离主义和族类集团的特权地位;在俄罗斯国家的不可分割性和其诸地区享有同一样式的行政自治权基础之上恢复国家领土完整;行政区划体制不取决于该地区的民族构成,各地区权利平等;恢复省级地区行政管理体制和地方会议代表制体制。

《今日俄罗斯:现实的机遇》(1994)一书的作者们追求着一个目标,即欲提出一个团结社会以摆脱危机的纲领。他们理由充足地认定,他们的活动可以获得成功,是因为有俄罗斯精神的支撑,有对统一的国家意识形态体系的需求的支撑。而国民思想,即为大多数国民所承认的对待社会的、民族的和国家的目标与宗旨,对待国家制度性质、国家发展方向和方法所持有的观点,应当成为这一意识形态体系的核心。建设繁荣昌盛的俄罗斯的关键问题之一,据该书作者们推论,是将现代西方先进工艺与俄罗斯千年历史传统进行结构性匹配的问题。这些作者们把这个正在拟定中的俄罗斯雄伟建设论,称之为要求将集体民主和个人自由思想与强有力的和负责任的国家政权思想结合在一起的"文明的爱国主义"。

在民族—国家政治方面,这些作者建议制定这样一种国家体制方案,即它应预先规定赋予俄罗斯联邦所有主体以平等的国家地位,预先规定建立一个统一和不可分的、所有民族都将处于平等地位的俄罗斯国家。为达此目的,该著述的一个章节中指出,必须走这样一条路,即"在新宪法中规定并在实际中具体体现出所有现今的民族—国家、民族区域和行政区划建制境内的所谓土著与非土著居民的诸民族集团完全平等。当然,亦要规定赋予这些民族集团参与组建地方政权与行政管理机构和俄罗斯联邦中央政权与行政管理机关中相应的代表机构的平等权利”。这种立场被形容为唯一正确的;没有这样的平等,便不可能指望民族问题会获得公正解决。而与此相悖的做法,便可能仅仅是建立无数的民族—国家建制,将那里的异族人“清离”出去,或者为异族人安排“二等公民”的命运。而这正是走向分裂、走向漫无止境的民族冲突与战争的直通之路。

俄罗斯民族思想与俄国民族思想在全世界俄罗斯人民大会①的活动中最为和谐地结合在一起。这个波及广泛的社会运动,形成于 1993 年。最初是由一些爱国主义的社会组织倡导、在俄罗斯东正教教会和所有各级世俗政权支持下于1993 年 5 月成立,现在已经成为就俄罗斯人民生存和俄罗斯国家统一巩固等最为重要问题进行全民对话的有效形式之一。给人们留下深刻印象的,是 1995 年11 月 4—6 日召开的第 3 届全世界俄罗斯人民大会。参与这次大会运作的,除了一些科学、文化与教育活动家,哲学家和神学家之外,还有我国所有最具影响力的政治党派和运动的领导者们。此次会议在一个广泛的视野内对“跨越 21 世纪门槛的俄罗斯与俄罗斯人”问题进行了研究。关怀在自己的历史中许多世纪以来首次成为离散民族的人民的主题,自然成为此次大会关注的中心。大会的总结性文献写道:“俄罗斯人民有权重新合并,对这一点的领悟,应当成为俄国政策的一个恒定的构成元素。和平地、非强制性地力求使那些一度构成过一个统一强国的国家在新的基础上再度一体化,有助于终结这一民族的离散现状,应当得到每位不是在口头上而是在实际行动中关心人民福祉的人的支持。我们号召恢复 3 个兄弟民族——白俄罗斯民族、俄罗斯民族和乌克兰民族——历史上的统一。他们的精神传统源于基辅的同一个洗礼圣水盘。同时,亦必须将曾经加入苏联的其他一些国家吸引到这项为联合而进行的工作中来。这些国家各民族

---

①　全世界俄罗斯人民大会(Всемирный Русский Народный Собор),系一受俄罗斯东正教庇护的国际化社会组织,俄国东正教会牧首为其首脑,其宗旨为联合所有俄罗斯人推进俄罗斯的全面复兴;2005 年被联合国给予特别咨询身份;至 2010 年止已召开过 14 届会议。——译者注

人民的意志,是倾向于统一的。"①

大会对一些政治领袖们的发言作出友好和赞许的回应。这些发言中充斥着必须把建设一个强大的人民国家作为一段政治时期的重要且迫切的目标的思想。这种观点也反映在大会的闭幕文献中。在那里强调指出:"只有当俄罗斯人、俄国人阻止住国家的分裂,中止社会、民族、精神道德方面的兄弟相残式的冲突,俄罗斯方有可能生存和发展……应当阻止住侵吞、破坏和分裂的趋势。"大会对待祖国文化,对待引起特别关注的参与大会运作的俄国精英代表人士问题,也持有明确的立场:"全民性文化遗产正在反文化急剧膨胀的背景之下蒙受着侵蚀。会议赞同修复各历史时期、历代人们的精神联系,赞同加强人民的道德健康,赞同提升文化与艺术人士的职业威望,赞同合乎规律地、循序渐进地发展民族文化。"②

会议致国家机关和社会组织及所有俄罗斯公民的那些文献、文告和声明,拟定出解决一些全国性问题的纲要,号召将所有积极的社会力量投入俄罗斯人民的精神、它的民族自觉的复兴之中,投入俄罗斯国家体制、经济与文化的巩固之中。莫斯科和全俄牧首阿列克西二世高度评价了大会的会谈成果。用他的话来说,这些成果使人们深信:"全世界俄罗斯人民大会的爱国主义行动,正日臻完善,越发有力量,具有越来越明达的、负责的性质,充满着东正教教会的精神;在这一爱国主义行动中,我看到了俄罗斯和俄罗斯人民精神——道德复兴的巨大希望。"③可以期望,全世界俄罗斯人民大会今后依旧会是一个依照上帝与祖国——这便是俄罗斯思想表达式的理念来行动的全民性的思维中心。

亦有鉴于此,我们想转而关注一位同胞的预言所具有的非同寻常的现实性。此人曾于1918年撰文谈及关于被世界历史中"国际主义和阶级思想战胜民族主义和民族思想"的首个事件所击溃的俄罗斯的"民族破产"的话题。在这个打着

---

① 转引自奥列汗诺夫 Г.:《在神圣罗斯的脚旁》,载《明天》,1996 年 2 月(第 6 期),第 8 页。

② 转引自奥列汗诺夫 Г.:《在神圣罗斯的脚旁》,载《明天》,1996 年 2 月(第 6 期),第 8 页。

③ 《第 2 届全世界俄罗斯人民大会(1995 年 2 月 1—3 日)》,莫斯科,第 6 页。

国际主义旗帜的国家的历史中,最初迈出的步伐就已经表明,"当代和即将到来的一代代人的生死攸关的事业,应当是以民族的名义或为了民族而去成就"。在勾画俄罗斯精神、文化和政治复兴的整体蓝图时,他向同时代人和后代人们道出了在许多方面预先确定了今日俄罗斯民族思想内涵的箴言与遗训。

彼·别·斯特卢威写道:"俄罗斯革命在自己的破坏行动中走到了尽头,这亦有其好的一面。它终结了社会主义和政治对俄罗斯有教养人们的社会思想的支配。在俄罗斯的废墟之上,面对受到侮辱的克里姆林宫和被损毁的雅罗斯拉夫教堂,我们将对每一位俄罗斯青年说:你相信社会主义,还是相信共和国,或者是相信村社制度,这于俄罗斯无关紧要;但是,它以为重要的是,要使你敬重它昔日的伟大并为它的未来去期盼和追求伟大;要使拉多涅什的谢尔吉的虔诚,菲利普都主教①的胆量,彼得大帝的爱国主义,苏沃罗夫的英雄气概,普希金、果戈理和托尔斯泰的遐想,纳希莫夫、科尔尼洛夫②以及所有千百万俄罗斯人——地主与农民,富人与穷人,为了俄罗斯而无所畏惧、无怨无悔、大公无私地死去的那些人的忘我精神,被你奉作神圣。因为,是它们,这些神圣之物,缔造和维系着作为一个鲜活的聚合体和一种精神力量的俄罗斯。我们只有借助它们,借助它们的精神和它们的力量,方能够使俄罗斯复兴。就这个意义而言,俄罗斯的过去,且只有它,才是俄罗斯未来的保障。一个伟大的国家,已经被社会主义引路人们的残暴行为和受他们诱惑的民众的猖獗行径化作废墟。在那个废墟之上,只有与民族激情相结合的民族思想,才会令生命力得以再生。那便是那种应当成为每个俄罗斯人誓愿的思想与激情。从今以后,每个俄罗斯人的生命中都应当充盈着它,充盈着对它的信仰。它应当驾驭俄罗斯有教养的人们的情感与意志,并且在与他们生活中的整个精神内涵牢固结合在一起之后,便应当在他们每日的努

---

①　菲利普(Филипп),俗名费奥多罗夫·斯杰潘诺维奇·科雷乔夫(Колычёв, Фёдор Степанович,1507—1569),1566—1568 年任莫斯科及全罗斯都主教,因公开抨击伊万四世禁卫军的暴行而被撤去教职并流放到特维尔奥特罗齐—乌斯宾斯基修道院,后被沙皇密令杀害。——译者注

②　即弗拉基米尔·阿列克谢耶维奇·科尔尼洛夫(Корнилов, Владимир Алексеевич,1806—1854),沙俄海军中将,1851 年起实际为黑海舰队司令,塞瓦斯托波尔保卫战的指挥者,是役阵亡。——译者注

力劳作中具体体现出来。如果说，俄罗斯'知识界'是作为一个有教养的、有能力为自己制定理想并为了这一理想的实现去行动的群体而存在；如果说这个'知识界'肩负着某种'对人民的义务'，那么，这个义务便是要满怀激情与顽强精神地将民族思想作为一种强壮之力和组织之力传输给广大民众。没有这样的力量，无论民族的复兴，还是国家的复兴，均是不可能的。这是一个完整的、依托于对有教养的人们和人民大众进行思想教育与再教育的俄罗斯精神、文化和政治复兴纲领。我们号召所有因民族破产和这个举世之辱而感受到心灵震撼的人们去思考并实施这项纲领。"(《自深处》，莫斯科，1990)

　　十月革命后祖国的历史表明，苏联社会沿着是时拟定的那条道路行进，甚至走到了与它的领导者们、那些坚定不移的民族—虚无主义者和民族融合的信徒们的意愿南辕北辙的方向。以更新了的国家爱国主义思想武装起来的俄国人民，正在克服当前这场严重危机并将引导国家走上复兴与繁荣之路。因此，大体说来，并不需要花许多时间去构想俄国民族思想。它早已在历史中出现，且现今依然存在——存在于主张俄罗斯强大的国家思想中。这一思想，客观上与俄罗斯民族和俄国其他民族生存的地缘政治环境有关联；存在于被理解为我国人民的思想与自觉的国家体制中。这个民族与许多民族不同，她过去和现在都将自己这种类型的国家视为最高仲裁者、秩序保障者、变革倡导者、向需求阶层提供帮助和支持的施予者；存在于自古以来主张人类团结与公正的俄国思想之中。这一思想的历史—文化之根，深植于俄罗斯人对真理的无法遏止的探求之中。因而，这一思想，诚如常言道，在我们这里一切正常。问题的关键便是，要有与俄罗斯民族思想的崇高和伟大相称的个体。

　　当代俄罗斯爱国主义的面貌。祖国文化和社会运动中的"改革"年代和俄罗斯联邦的后苏联历史时期的特征是，"爱国主义者"和"民主主义者"之间的众所周知的对抗。前者依旧竭力捍卫着俄国和俄罗斯人民的民族利益，后者则认为，除了个人自由、人权、拓展使俄国人尽快加入世界文明的种种可能之外，在"这个国家中"没有什么是要予以保护的。著名的当代评论家、政论作家弗·格·邦达连科①，将一些最为著名的俄罗斯文化和俄罗斯民族运动活动家的肖像呈现于自己那部以一个总的副标题——"炽热的反革命派"统领起来的 3 卷本著作（《爱国主义的红色面貌》、《爱国主义的白色面貌》、《爱国主义的俄罗斯面貌》，莫斯科，2002—2003）中。依自由主义反对派们的评价，他们构成了俄罗斯爱国主义者的联合体。在这个联合体内，那些"红色的"爱国者、"白色的"爱国者，以及恐怕使用此类定义来指称显然不准确的活动家们，均因具有某种程度的假定性而各不相同。

以最直接的方式汇入有着"红色面貌的爱国主义"运动洪流中的，是那些执著于苏联立场的作家、导演和政论家们：米·尼·阿列克谢耶夫、尤·邦达列夫、谢·费·邦达尔丘克②、弗·谢·布申、谢·瓦·维库洛夫、瓦·尼·加尼切夫、塔·米·戈卢什科娃、尼·尼·古边科③、东正教神甫德米特里·杜德科、亚·亚·季诺维耶夫、阿·米·伊万诺夫、谢·格·卡拉—穆尔扎、Ф.库兹涅佐夫、爱·韦·利莫诺夫④、米·彼·洛巴诺夫、谢·弗·米哈尔科夫、瓦·萨·皮库尔、亚·安·普罗汉诺夫⑤、维·谢·罗佐夫⑥、阿·弗·索夫罗诺夫、伊·福·斯塔德纽克、Н.特里亚普金、菲·伊·丘耶夫。

———

①　即弗拉基米尔·格里戈里耶维奇·邦达连科（Бондаренко，Владимир Григорьевич，1946—　），《明日报》副总编、《文学日报》总编。——译者注

②　即谢尔盖·费奥多罗维奇·邦达尔丘克（Бондарчук，Сергей Фёдорович，1920—1994），电影演员、导演；导演作品有《他们为祖国而战》、《一个人的命运》等。——译者注

③　即尼古拉·尼古拉耶维奇·古边科（Губенко，Николай Николаевич，1941—　），戏剧和电影演员、导演、编剧；曾为苏联最后一任文化部长（1989—1992）、第三届国家杜马文化委员会主席等。——译者注

④　即爱德华·韦尼阿米诺维奇·利莫诺夫（Лимонов，Эдуад Вениаминович，1943—　），作家、政论作家、政治活动家，苏联时期持不同政见者，曾流亡国外（1974—1991）；已被禁的民族布尔什维克党主席，反对俄联邦宪法第 31 款的"战略—31"组织的组织者。——译者注

⑤　即亚历山大·安德列耶维奇·普罗汉诺夫（Проханов，Александр Андреевич，1938—　），作家、政论作家、政治活动家；曾为《真理报》记者、《苏联文学》杂志主编、俄作协书记处成员、《明日报》主编等。——译者注

⑥　即维克多·谢尔盖耶维奇·罗佐夫（Розов，Виктор Сергеевич，1913—2004），剧作家，曾任俄罗斯戏剧艺术研究院院长。——译者注

　　将具有东正教—君主制主义气质的艺术家和作家联合在一起的"白色面貌的爱国主义",则是由这样一些名字所展示的:维·彼·阿斯塔菲耶夫①、列·伊·鲍罗金、都主教维塔利(罗·乌斯季诺夫)②、德·叶·加尔科夫斯基③、伊·谢·戈朱诺夫、维·米·克雷科夫④、弗·叶·马克西莫夫⑤、尼·谢·米哈尔科夫⑥、米·维·纳扎罗夫⑦、亚·伊·索尔仁尼琴、弗·阿·索洛乌辛、伊·罗·沙法列维奇。

　　具有"俄罗斯面貌的爱国主义"的,是那些既不能用红色亦不能用白色来指称的画家、作曲家、诗人、演员们。在他们当中居有显著位置的是:阿·奥·巴拉

---

　　①　即维克多·彼得罗维奇·阿斯塔菲耶夫(Астафьев,Виктор Петрович,1924—2001),作家,曾为苏联人民代表(1989—1991),小说《帝王鱼》获1976年度苏联国家奖,《被诅咒与被杀的》获1995年度俄联邦国家奖等。——译者注

　　②　维塔利(Виталий,1910—　),俗名罗斯季斯拉夫·彼得罗维奇·乌斯季诺夫(Устинов,Ростислав Петрович),俄罗斯境外东正教会第一主教(1986年起)。弗朗格尔海军军官后代,曾流亡土耳其、法国等,1939年剃度。——译者注

　　③　即德米特里·叶甫盖尼耶维奇·加尔科夫斯基(Галковский,Дмитрий Евгеньевич,1960—　),哲学家、历史学家、作家、政论作家;苏联时代曾参与自行印制出版物活动,著有《无尽头的绝路》等。——译者注

　　④　即维亚切斯拉夫·米哈伊洛维奇·克雷科夫(Клыков,Вячеслав Михайлович,1939—2006),雕塑家、社会活动家,曾任斯拉夫书写文字与文化国际基金会会长、全世界俄罗斯人大会运动领袖等。——译者注

　　⑤　即弗拉基米尔·叶梅利扬诺维奇·马克西莫夫(Максимов,Владимир Емельянович,1930—1996),作家,因小说《我们使大地适于居住》、《七日的创造》引起官方批评而移居国外,曾在法国主办批评极权政治的杂志《大陆》,索尔仁尼琴、萨哈罗夫等持不同政见者曾为该杂志撰稿。——译者注

　　⑥　即尼基塔·谢尔盖耶维奇·米哈尔科夫(Михалков,Никита Сергеевич,1945—　),电影演员、导演、俄罗斯电影工作者联合会主席,1994年度奥斯卡最佳外语影片奖得主(《被太阳照得疲惫的人们》);俄罗斯自治运动副主席、全世界俄罗斯人民大会主席团成员。——译者

　　⑦　即米哈伊尔·维克托罗维奇·纳扎罗夫(Назаров,Миахил Викторович,1948—　),作家、政论作家、历史学家、君主主义者,1996年创立"俄罗斯思想"出版社,出版东正教历史与政治内容的图书;著有《俄罗斯的秘密》、《致第三罗马的领袖》等。——译者注

巴诺夫①、德·米·巴拉绍夫、瓦·伊·别洛夫、尼·别·布尔利亚耶夫②、列·尼·古米廖夫、塔·瓦·多罗尼娜③、圣彼得堡和拉多加的都主教约安、格·彼·克利莫夫④、瓦·瓦·科日诺夫、斯·尤·库尼亚耶夫、尤·波·库兹涅佐夫⑤、维·伊·利霍诺索夫⑥、弗·弗·利丘京⑦、尤·维·马姆列耶夫⑧、亚·维·米哈伊洛夫、瓦·戈·拉斯普京、尼·米·鲁布佐夫、格·瓦·斯维里多夫、尤·梅·索洛明⑨、瓦·瓦·索罗金、瓦·马·舒克申、萨·瓦·亚姆希科夫⑩。

　　有关俄罗斯民族运动,有关它的个别代表性人物,它的历史、思想体系和哲

---

①　即阿列克谢·奥克佳布里诺维奇·巴拉巴诺夫（Балабанов, Алексей Октябринович, 1959—　　），电影导演、演员、剧本作家。——译者注

②　即尼古拉·彼得罗维奇·布尔利亚耶夫（Бурляев, Николай Петрович, 1946—　　），演员、电影导演。——译者注

③　即塔吉娅娜·瓦西里耶芙娜·多罗尼娜（Доронина, Татьяна Васильевна, 1933—　　），戏剧与电影演员,获苏联"人民演员"和俄联邦"功勋演员"称号。——译者注

④　即格里戈里·彼得罗维奇·克利莫夫（Климов, Григорий Петрович, 1918—2007）,作家,1947年在东德服兵役时出逃西德,后曾任战后苏联侨民联合总会会长（1951—1954）、《自由》和《反共产主义者》杂志主编；创作了大量阴谋论和优生学题材的作品,如《恐怖机器》、《这个星球的公爵》、《我的名字叫军团》等。——译者注

⑤　即尤里·波利卡尔波维奇·库兹涅佐夫（Кузнецов, Юрий Поликарпович, 1941—2003）,诗人、教授,《我们同时代人》杂志编辑；1998年经牧首阿列克西二世赞同将伊拉里昂都主教的《律与法》译成现代俄语；有诗集20余部,代表作《回归》、《基督之路》等。——译者注

⑥　即维克多·伊万诺维奇·利霍诺索夫（Лихоносов, Виктор Иванович, 1936—　　）,作家、政论作家,俄联邦作协高级创作委员会成员；代表作有小说《未写出的回忆。我们的小巴黎》等。——译者注

⑦　即弗拉基米尔·弗拉基米罗维奇·利丘京（Личутин, Владимир Владимирович, 1940—　　）,作家,农村题材创作代表性人物,著有小说《爱河》、《天堂逃亡者》、《家庭哲学家》等。——译者注

⑧　即尤里·维塔里耶维奇·马姆列耶夫（Мамлеев, Юрий Витальевич, 1931—　　）,作家、诗人、剧作家、哲学家；"形而上现实主义"文学理论和"永恒的俄罗斯"哲学学说的创立者；主要作品有小说《精神帝国》、《与俄罗斯独处》等。——译者注

⑨　即尤里·梅福季耶维奇·索洛明（Соломин, Юрий Мефодьевич, 1935—　　）,莫斯科小剧院艺术指导、戏剧教育家,电影与戏剧演员；曾任职于俄联邦文化部（1990—1992）,曾担任俄国戏院联合会会长等。——译者注,

⑩　即萨瓦·瓦西里耶维奇·亚姆希科夫（Ямщиков, Савва Васильевич, 1938—2009）,古迹修复家、艺术史学家、政论作家,曾修复和保护大量的古圣像及记录18—19世纪外省的照片等。——译者注

学的较为完备的概念,可以依据正在出版的《俄罗斯民族大百科全书》及其《俄罗斯爱国主义》卷(莫斯科,2003)所辑入的信息构建起来。对强大国家、对传统的宗教和道德价值所寄予的厚望,决定着俄罗斯文化和俄罗斯民族运动活动家的立场。这一厚望,是构建 21 世纪俄罗斯统一意识形态体系的良好基石。

结　语

尝试构建全国性的人民共同体——起初是在对俄罗斯民族和苏联其他民族的民族价值的否定中构建；接下来，在伟大卫国战争之后，是在对这些价值给予了不够充分的关注中构建——的历史，决定着现今种种"新的"（实际上是充满着早些时候已为众人所熟知的新内涵的）俄罗斯一体化民族思想和俄国一体化民族思想具有巨大意义。最终，正是民族思想的不明确性和全民团结情感的薄弱，导致了悲剧性的后果——古老的人民生活的基石垮塌了，数百万人命丧黄泉，以苏联形式存续了四分之三个世纪的俄国国家组织遭到破坏。

俄罗斯思想与俄国思想，既不应当像先前经常为之、现如今依然如故那样被拿来等量齐观，亦不应使之相互对抗。例如，彼·别·斯特卢威便发现，彼此相互对立的社会民主工人党与沙皇帝国，都同样不把自己称作是"俄罗斯的"，而是"俄国的"，这很是意味深长。他写道，没有一个俄罗斯人在谈到自己时会不略带讥讽地说自己是个"俄国"人；而一个统一的，且最为激进的政党，却将这个官方的、超"国家的"、超"帝国"的标志用之于自身。这便意味着，这个政党希望在民族方面做到无差别、无色彩、无亲疏。①

确实如此，弗·伊·列宁就曾强调指出："党为了消除认为党具有民族性质的种种猜想，给自己定名为俄国社会民主工党，而不是俄罗斯社会民主工党。"②斯特卢威发现，是时，俄罗斯知识界所特有的那种世界主义，正是在这里显露出来。斯特卢威站出来反对这种对"民族面貌"的剪除；同时还论证了这类企图的无望与徒劳。他认为，若是说，不应当对那些不愿意"俄罗斯化"的"异族人"施行"俄罗斯化"，那么，俄罗斯人自己便亦同样不应当使自己"俄国化"。当然，这并没有妨碍斯特卢威本人赞同民族主义，即自由的、创造性的和最佳意义上的征服性的、缔造出真正"帝国"的民族主义——这一主义的经典代表，便是美国和不列颠帝国中的盎格鲁撒克逊人。开放的民族主义，意味着各民族的自由竞争、自由较量和笃信本民族"不会在异族人的汪洋大海中消溶，而是会将异族人归化于本

① 斯特卢威 П. Б.：《爱国：政治、文化、宗教、社会主义》，莫斯科，1997 年，第 206 页。
② 《弗·伊·列宁全集》，第 10 卷，第 267 页。

体"①。

如今,俄国思想的反对者们,通常不赞同开展民族竞赛直至取得完全胜利(即同化相邻民族)或失败(即消溶于相邻民族之中)。但是,他们又畏惧具有同一国籍的国家民族对族类共同体民族构成的威胁,如斯特卢威一样,担心族类共同体民族的同一性会丧失。他们称:"有人试图使俄罗斯族人丧失民族的自我认同,使他们消溶于某种没有个性的、虚构的'俄国人民'之中。"(《苏维埃俄罗斯》,1998 年 2 月 12 日)然而,这却令人觉得,我们这次是遇上了曾被热牛奶(即作为新型共同体的苏联人民)烫着了的人喝凉水(即俄国人民、俄国民族)也拼命吹的情形了。

如果将超民族的历史共同体理解为对古老的族类共同体的取代,这样的担忧便是恰当的;但如若将其说成是对历史自然过程的一种消极反应,则那些担忧就是错误的。在这一历史过程的进程中,相互影响着的民族会渐渐获得一些共性(相似性)并形成一个超民族体。在此种情况下,屈服于政党对立的情感,即在反对党那里,在亦可以看到另一类东西的地方,只是看到民族虚无主义,这便是不当的。不应忘记,由于苏联的覆灭,陷入被肢解境地的不仅只有俄罗斯人民,还有那个曾被命名为苏联人民的超民族的共同体。据此而论,俄国思想并不与俄罗斯思想相抵触,亦不要求以威胁俄罗斯思想为前提;而俄国民族也不会对抗和威胁俄罗斯民族和俄国其他民族。

人们在研究现代民族思想方面所做出的种种协同努力,依我们所见,为如下结论提供着根据:我国各民族在俄国国家和社会所有层面上的自由、平等和互利合作中最终体现出来的种种价值,应当就是全俄民族思想构成的民族元素。在全俄国层面上,被理解为统一的俄国政治民族的俄国人,其团结一致,应当被认定为最高价值;在族类共同体层面上,每一民族之公民的团结一致和对本族类共同体文化与传统的忠诚,应当被认定为最高价值;而在地方层面上,民族集团(或团体)的安宁、发展自由和权利平等,应当被认定为最高价值。

依我们所见,俄罗斯民族和俄国超族类共同体发展的历史、在最近一个历史

---

① 斯特卢威 П. Б.:《爱国:政治、文化、宗教、社会主义》,第 169、170 页。

阶段中变得异常尖锐的"俄罗斯问题",均表明,应当果断地摈弃那个往往是按照托洛茨基的方式被理解着的和被用来服务于全面去民族化过程的所谓真正的国际主义,还必须更为果断地克服发端于苏维埃社会主义共和国联盟不对称结构中的各种缺陷。其中一个最为严重的弊端,是众所周知的,即俄罗斯人民被剥夺了自己在联盟之内的国家组织,而与此同时,其他民族却被赋予了享有构建这种国家组织的权利。由于这个弊端得不到清除,随着时间的推移,它便越来越严重地阻碍着在一个统一国家中确立各民族间正常文明关系的可能,阻碍着在一个统一民族中——一个真正牢不可破的人民共同体中将他们团结起来的可能。依据从昔日对待民族定义态度的神秘主义和烦琐哲学中摆脱出来的最新观念,现代国家民族即是"被祖国这一共同性联合在一起并捍卫着这个祖国的,同时亦是他们自己的共同利益的人们的总和"①。依照这类观点,人们自觉地追求成为一个统一的民族并共同生活在一起,这便是现代国家民族形成的决定性因素。

　　基于这些有关现代国家民族的观念和这一国家民族与祖国历史中国家体制的关系特点的观念,可以得出结论:俄罗斯民族和其他一些民族的切身利益,可以获得可靠的保护,如果俄国成为一个俄罗斯民族国家,在那里有为其他民族设立的民族区域自治建制和为散居的民族集团设立的文化民族自治建制。支持这一选择的最为重要的论据是:它完全符合发生在俄罗斯周边那些新近成立的独立国家中的种种事件的逻辑。若是将俄罗斯的未来作为一个联邦制国家来考虑,则必须努力做到使它的主体均享有完全平等的权利和每一主体内的民族集团均享有完全平等的权利,即在联邦和地区政权机构的组成中享有平等权利、享有教育的权利、享有可能成立民族文化中心的权利和在有本民族或本民族集团潜在能力的支撑之下发展文化的权利。

　　正是这样的解决民族问题的办法,才有助于现代国家民族的标志——真正的、文明的民族主义的形成。这样的民族主义会促进民族进步而不会被用于对抗其他民族;它不是民族傲慢、争做老大的奢望、侵略性和掠夺性的表现,而只是

---

　　① 　谢苗诺夫 Ю. И. :《历史女神克利娥的秘密:历史哲学简要导论》,莫斯科,1996 年,第 70 页。

对自己的人民、对自己的国家的爱的表达。

当然，民族主义（即民族爱国主义），五花八门，不尽相同，且其种种极端表现（例如法西斯主义中的种种表现），是令人们不能接受的。不过，对民族主义这一奇观所做的知识性的解释，却通常不含有任何应受到谴责的内容。譬如说，《不列颠百科全书》第 15 版中就断言："民族主义，这是对一个民族或国家的忠诚与信仰，此时，民族利益变得高于个人的或集团的利益。"《美国政治辞典》第 9 版（1993 年）中指出："民族主义将具有共同文化的、语言的、种族的、历史的或地理的特征或经验的人民和保证忠实于这一政治共同性的人民联合在一起。"日本的一本百科辞典（1983 年）则将民族主义宣布为"全民性的对本民族的信赖与忠诚"。有人认为，在巴西，所有的民族都是平等的，不存在统治民族，没有表现不端的民族主义，这十分正当和自然。但是，那里却不缺少不会使不同种族的居民分裂而是会将其联合起来的巴西式的爱国主义的和具有向心力的民族主义。在瑞士，各民族的语言一律平等，诸州自治；公民个体的政治及其他权利，不论其民族属性如何，均有保障。瑞士国内不存在敌对性的民族主义，然而"所有瑞士人，都是狂热的民族主义者，但是，这些民族主义者是瑞士式的、爱国主义的和超民族的"（Д. А. 贝斯特罗廖托夫语）。谁又能断言类似的情景不可能出现在俄罗斯呢？

尚在不久之前，即 1994 年，不是别人，正是亨利·基辛格曾提醒人们注意，"任何人，哪怕是略微认真地研究过俄罗斯历史，都会知道，正是俄罗斯的民族主义始终保障着国家的完整及其应对众多敌人和灾难的能力"，并做出结论道："而现今的俄罗斯人，失去了他们所创建的庞大帝国。面对这样的屈辱，除了民族主义的爆发之外，还能期望会发生某种另样的反应吗？"①此番言论，完全正确。同样正确的是：基辛格的祖国，据另一位亦很著名的美国国务活动家和政治学家布热津斯基得出的结论，实际上也是一个帝国，不过是个特别新式和"异常成功的"帝国。诚如我们通常所见，绝非每一个用统一的民族思想联合起来的多民族国家都是"邪恶帝国"。在这种情形之下，仅仅因为某人想要把俄国称作世界上最

---

① 转引自久加诺夫 Г. А.：《胜利地理学：俄罗斯地缘政治原理》，1977 年，第 162 页。

后一个帝国、把它的爱国主义称为民族主义,俄国人民便值得去否定自我和自己的国家吗?

列宁曾一度赞同变俄国帝国为俄罗斯共和国。他曾写道:"俄罗斯共和国不想压迫任何一个民族,无论是按新的方式还是旧的方式;不想依靠强制手段同任何一个民族共同生活。……我们所希望的是一个有着坚强政权的、统一而不可分的共和国,但是,这个坚强的政权是要靠各族人民的自愿协议才能建立起来。"①在对这类意愿的高尚性作出应有评价的同时,也需要承认,在俄国确立这样的政权的时代早已到来。为建立这样的政权,是需要做很多事情的:要求在民族政策方面向特别关注俄罗斯人民和东正教、关注苏联和俄国历史的衔接、关注强国主张的方向推进;要求肃清历史遗产中的憎俄情结(在我们这里,这种憎俄情结甚至已经渗透到教科书的字里行间中);要求制定措施以克服因割裂俄罗斯人民而造成的负面后果;要求使所有民族在政权机构中拥有成正比的代表权法律化;要求摆脱同化式的联邦制。只有俄罗斯民族的繁荣昌盛,才会使鞑靼、雅库特、车臣得以和谐地生存于俄罗斯——政治不应与这一公理相抵触。

---

① 《弗·伊·列宁全集》,第32卷,第369页。

人名索引

А

Абакумов，Виктор Семёнович ………… 234

Абалкин，Леонид Иванович ………… 序 31

Абдулатипов，Рамазан Гаджимурадович …

………………………… 461

Абрамов，Фёдор Александрович ……… 312

Аверичкин，Борис Анаторьевич ……… 352

Аврех，Арон Яковлевич ………… 13

Аврорин，Валентин Александрович …… 321

Агурский，Михаил Самуилович ……… 182

Аджиев，Мурад Эскендерович ……… 452

Аджубей，Алексей Иванович ……… 393

Адоратский，Владимир Викторович … 104

Адуев，Николай Альфредович ………… 65

Айтматов，Чингииз Торекулович …… 391

Акаев，Аскар Акаевич ………… 509

Аксёнов，Василий Павлович ……… 350

Аксючиц，Виктор Владимирович ……… 544

Акулов，Иван Иванович ……… 394

Алафузов，Владимир Антонович ……… 238

Александр Ярославич Невский ……… 39

Александров，Александр Васильевич ……

………………………… 196

Александров，Георгий Фёдорович … 272

Александровский，Василий Дмитриевич …

………………………… 35

Алексеев，Михаил Николаевич ……… 318

Алексеев，Николай Николаевич ……… 529

Алексеева，Людмила Михайловна …… 362

Алексей（Симанский） ………… 204

Алексий Ⅱ ………… 504

Алексий（Громадский） ………… 203

Алёша Попович ………… 191

Аллилуев，Павел Сергеевич ……… 245

Аллилуева，Анна Сергеевна ……… 245

Аллилуева，Евгения Александровна … 245

Аллилуева，Светлана Иосифовна …… 244

Аллиуева（Джугашвили），Надежда

Сергеевна ………… 245

Алтаузен，Джек（Яков）Моис ……… 45

Амлинский，Владимир Ильич ……… 391

Ананьев，Анатолий Андреевич ……… 395

Андреев，Александр Игнатьевич ……… 54

Андреев，Андрей Андреевич ……… 109

Андропов，Юрий Владимирович ……… 333

Антонов，Михаил Фёдорович ……… 372

Антоновская，Анна Арнольдовна ……… 161

Анциферов，Николай Павлович ……… 54

Артановский，Сергей Николаевич …… 18

Арутинов, Григорий Артемьевич ········ 307

Астафьев, Виктор Петрович ············· 562

Ахматова, Анна Андреевна ············· 240

Б

Бабель, Иссак Эммануилович ··········· 316

Бабурин, Сергей Николаевич ··········· 450

Багиров, Мир Джафар Аббас оглы ······ 307

Баграмов, Эдуард Александрович ······ 550

Багратион, Пётр Иванович ··········· 37

Базилевич, Константин Васильевич ··· 144

Байгушев, Александр Иннокентьевич ······

··· 386

Байдуков, Георгий Филипович ··········· 47

Балабанов, Алексей Октябринович ······ 562

Балашов, Дмитрий Михайлович ······ 395

Бандера, Степан Андреевич ············· 304

Барамия, Михаил Иванович ············· 251

Барановский, Пётр Дмитриевич ········ 72

Барбюс, Анри ··························· 138

Бартини, Роберт Людвигович ········ 序 41

Бартольд, Василий Владимирович ······ 51

Баткин, Леонид Михайлович ············· 450

Бахрушин, Сергей Владимирович ········· 52

Бебель, Август ··························· 105

Бедный, Демьян ························· 58

Безыменский, Алексаедр Ильич ······ 64

Белинский, Виссарион Григорьевич ··· 265

Белов, Василий Иванович ············· 390

Белов, Юрий Павлович ················· 439

Беляков, Сергей Станиславович ······ 序 48

Бенеш, Эдуард ························· 75

Бенкендорф, Александр Христоф ······ 157

Бергельсон, Давил Рафаилович ········· 248

Бердяев, Николай Александрович ······ 10

Берия, Лаврентий Павлович ··········· 92

Берлин, Исайя ························· 241

Бернштам, Михаил Семёнович ········· 362

Бескин, Осип Мартынович ············· 63

Бжезинский, Збигнев Казимеж ········· 467

Бирон, Эрнст Иоганн ················· 157

Благой, Дмитрий Дмитриевич ········· 146

Блок, Александр Александрович ········· 79

Блюм, Владимир Иванович ············· 163

Бобков, Филипп Денисович ············· 334

Бовин, Алексанр Евгеньевич ··········· 509

Богданов, Александр Александрович ··· 85

Богданов, Семён Ильич ················· 233

Богомолов, Олег Тимофеевич ········ 序 34

Богословский, Михаил Михайлович ··· 52

Болтенкова, Любовь Фёдоровна ······ 470

Бондарев, Юрий Васильевич ··········· 序 35

Бондаренко, Владимир Григорьевич ··· 561

Бондарчук, Сергей Фёдорович ········· 561

Боннэр, Елена Георгиевна ············· 362

Борев, Юрий Борисович ··············· 221

Бородай, Юрий Мефодьевич ··········· 431

Бородин, Александр Порфирьевич ··· 125

Бородин, Леонид Иванович ··········· 348

Бородин, Сергей Петрович ··········· 160

Борщаговский, Александр Михайлович ··· ········ 275

Бош, Евгения Богдановна ········ 129

Бразаускас, Альгирдас Миколас ····· 193

Брегман, С. Л. ········ 248

Бродский, Иосиф Александрович ····· 361

Бродский, Исаак Израилевич ····· 137

Броз Тито, Иосип ········ 49

Брусилов, Алексей Алексеевич ········ 209

Бубеннов, Михаил Семёнович ····· 269

Бубнов Андрей Сергеевич ········ 56

Булгаков, Михаил Афанасьевич ········ 126

Булганин, Николай Александрович ··· 236

Булдаков, Владимир Прохорович ····· 468

Бурбулис, Геннадий Эдуадович ····· 517

Бурлацкий, Фёдор Михайлович ····· 序 45

Бурляев, Николай Петрович ····· 563

Буташевич-Петрашевский, Михаил Васильевич ········ 9

Бухарин, Николай Иванович ········ 序 5

Бушин, Владимир Сергеевич ········ 318

В

Вагин, Евгений Александрович ········ 352

Ванаг, Николай Николаевич ········ 122

Василевская, Ванда Львовна ········ 48

Василевский, Александр Михайлович ······ ········ 236

Василенко, Владммир Харитонович ··· 253

Васильев, Дмитрий Дмитриевич ········ 383

Васильева, Лариса Николаевна ········ 314

Васнецов, Виктор Михайлович ········ 160

Вахабов, Мавлян Гафарович ········ 222

Вацетис, Иоаким Иоакимович ········ 528

Веневитинов, Дмитрий Владимирович ··· ········ 67

Верещагин, Василий Васильевич ········ 147

Вернадский, Владимир Иванович ········ 73

Верт, Александр ········ 193

Викулов, Сергей Васильевич ········ 391

Виноградов, Виктор Алексеевич ········ 370

Виноградов, Виктор Владимирович ··· 72

Виноградов, Владимир Николаевич ········ 253

Виталий ········ 562

Вишневский, Всеволод Витальевич ········ 76

Владимир I Святославич ········ 124

Владимов, Георгий Николаевич ········ 350

Власик, Николай Сидорович ········ 250

Власов, Андрей Андреевич ········ 217

Вовси, Мирон Семёнович ········ 253

Военский, Константин Адамович ········ 36

Вознесенский, Андрей Андреевич ········ 350

Вознесенский, Никоалй Алексеевич ··· 240

Войнович, Владимир Николаевич ········ 350

Волин, Борис Михайлович ········ 138

Волков, Олег Васильевич ········ 387

Волкогонов, Дмитрий Антонович ········ 14

Волкотрубенко, Иван Иванович ········ 239

Вольский, Аркадий Иванович ········ 序 15

Воротников, Виталий Иванович ········ 478

Ворошилов, Климент Ефремович ······ 183

Врангель, Пётр Николаевич ·········· 157

Высоцкий, Сергей Александрович ····· 394

Г

Гайдар, Егор Тимирович ············ 序 14

Галансков, Юрий Тимофеевич ········· 351

Галковский, Дмитрий Евгеньевич ····· 562

Галлер, Лев Михайлович ············ 238

Гальцева, Рената Александровна ····· 377

Гамсахурдиа, Константин Симонович ······

········· 161

Ганин, Алексей Алексеевич ··········· 76

Ганичев, Валерий Николаевич ········ 369

Гарриман, Уиллиам Аверелл ········· 189

Гашек, Ярослав ···················· 537

Георгадзе, Михаил Порфирьевич ····· 334

Герасимов, Александр Михайлович ··· 137

Герасимов, Сергей Аполинариевич ···· 259

Герасимов, Сергей Васильевич ······· 208

Гербер, Алла Ефремовна ············ 463

Гинзбург, Александр Ильич ·········· 351

Гинзбург, Виталий Лазарь ··········· 261

Гладилин, Анатолий Тихонович ······ 351

Глазунов, Илья Сергеевич ··········· 373

Глинка, Михаил Иванович ··········· 77

Глушкова, Татьяна Михайловна ······ 357

Гоглидзе, Сергей Арсентьевич ······· 253

Годенко, Михаил Матвеевич ········· 318

Гозман Леонид Яковлевич ··········· 453

Голанов, Иван Григорьевич ·········· 73

Гор Ливанских Илия Салиб ·········· 206

Горбаневская, Наталья Евгеньевна ····· 354

Горбатов, Александр Васильевич ······ 234

Горбатов, Борис Леонтьевич ·········· 260

Гордов, Василий Николаевич ········· 237

Гордон, Леонид Абрамович ··········· 22

Городецкий, Сергей Митрофанович ···· 312

Горчаков, Александр Михайлович ····· 209

Готье, Юрий Владимирович ··········· 52

Градовский, Александ Дмитриевич ··· 416

Греков, Борис Дмитриевич ········· 序 27

Грибачёв, Николай Матвеевич ········ 357

Григоренко, Пётр Григорьевич ······· 362

Громан, Владимир Густавович ········ 131

Гронский, Павел Павлович ·········· 522

Гроссман, Василий Семёнович ······· 459

Грушевский, Михаил Сергеевич ······· 73

Губенко, Николай Николаевич ······· 561

Гулыга, Арсений Владимирович ······ 488

Гумилёв, Лев Николаевич ··········· 373

Гумилёв, Николай Степанович ······· 241

Гумилевский, Лев Иванович ········· 265

Гурвич, Георгий Семёнович ·········· 139

Гучков, Александр Иванович ········· 164

Д

Давыдов, Денис Васильевич ·········· 197

Данилевский, Николай Яковлевич ··· 序 4

Данин, Данил Семён ················ 267

Даниэль，Юрий Маркович ·········· 349

Даргомыжский，Александр Сергеевич ······

·················· 147

Дейнека，Александра Алесандровна ··· 208

Демирчян，Карен Серопович ·········· 342

Демичев，Пётр Никович ·········· 332

Державин，Гаврила Романович ········· 20

Державин，Николай Севастьянович ······ 73

Десятников，Владимир Алексадрович ······

·················· 385

Джилас，Милован ·········· 49

Джойс，Джеймс ·········· 241

Дзержинский，Феликс Эдмундович ······

·················· 序20

Дзюба，Иван Михайлович ·········· 325

Диманштейн，Семён Маркович ·········· 68

Димитров，Георгий Михайлови ·········· 69

Диоген Синопского ·········· 22

Дмитрий Донской ·········· 37

Добролюбов，Николай Александрович ······

·················· 265

Добрыня Никитич ·········· 124

Довженко，Александр Петрович ······ 195

Доливо-Добровольский，Михаил Осипович

·················· 266

Доронина，Татьяна Васильевна ······ 563

Достоевский，Фёдор Михайлович ······ 9

Драгомиров，Михаил Иванович ······ 210

Драгунский，Денис Викторович ······ 514

Дрезен，Эрнест Карлович ·········· 86

Дружинин，Николай Михайлович ······ 145

Дружинин，Павел Довидович ·········· 112

Дудаев，Джохар Мусаевич ·········· 464

Дудко，Дмитрий Сергеевич ·········· 370

Дурново，Николай Николаевич ······ 71

Е

Евдокимов，Григорий Еремеевич ······ 168

Евсеев，Евгений Семёнович ·········· 382

Егоров，Дмитрий Николаевич ·········· 53

Егоров，Дмитрий Фёдорович ·········· 149

Егоров，Пётр Иванович ·········· 252

Ежов，Николай Иванович ·········· 170

Емельянов，Валерий Николаевич ······ 379

Енукидзе，Авель Сафронович ······ 108

Ермилов，Владимир Владимирович ··· 267

Ермолов，Алексей Петрович ·········· 209

Есенин，Сергей Александрович ·········· 63

Есенин-Вольпин，Александр Сергеевич ···

·················· 350

Есилев，Николай ·········· 396

Ефимов，Алексей. Владимирович ··· 209

Ефремов，Иван Антонович ·········· 392

Ж

Жарников，Александр Евгеньевич ··· 430

Жданов，Андрей Александрович ······ 104

Жемчужина，Полина Семёнова ······ 248

Жириновский Владимир Вольфович ··· 435

Жуков，Георгий Константинович ······ 序23

Жуков,Дмитрий Анатольевич ········ 374

Жуковский,Николай Егорович ········ 265

Журин,Олег Игоревич ············· 389

З

Забелин,Иван Егорович ············ 60

Заменгоф,Лазарь Людвик ··········· 85

Заславский,Давид Иосифович ········ 151

Захарченко,Василий Дмитриевич ····· 389

Зелинский,Николай Дмитриевич ······ 73

Зельдович,Яков Борисович ·········· 261

Зимянин,Михаил Васильевич ········ 286

Зиновьев,Александр Александрович ······

··················· 序 40

Зиновьев,Григорий Евсеевич ········· 31

Зорин,Дмитрий Иванович ··········· 312

Зорькин,Валерий Дмитриевич ······· 549

Зощенко,Михаил Михайлович ······· 241

Зубов,Андрей Борисович ··········· 537

Зускин,Вениамин Львович ·········· 248

Зюганов,Геннадий Андреевич ········ 序 3

И

Иванов(Скуратов),Анатолий Михайлович

························· 370

Иванов,Валентин Дмитриевич ······· 385

Иванов,Вилен Николаевич ·········· 143

Иванов,Юрий Сергеевич ············ 382

Игнатов,Николай Георгиевич ········ 296

Игнатьев,Семён Денисович ·········· 249

Иларион ······················ 542

Иловайский,Дмитрий Иванович ········ 99

Ильин,Иван Александрович ········· 353

Ильинский,Григорий Андреевич ······· 71

Ильичёв,Леонид Фёдорович ········· 288

Илья Муромец ·················· 124

Иноземцев,Николай Николаевич ····· 400

Иоанн Кронштадтский ············· 386

Иоанн,Санкт-Петербургский и Ладожский

························· 205

Иоффе,Абрам Фёдорович ·········· 261

Исаев,Егор(Георгий) Александрович ······

························· 318

Истрин,Василий Михайлович ········· 73

Итс,Рудольф Фердинандович ········· 75

К

Қабалоев,Билар Емазаевич ········· 401

Каганович Лазарь Моисеевич ·········· 13

Калинин,Михаил. Иванович ········· 17

Калнберзинын,Ян Эдуардович ······· 302

Камалов,Сабир Камалович ·········· 309

Каменев Лев Борисович ············· 13

Каммари,Михаил Давидович ········ 223

Капитанчук,Виктор Афанасьевич ····· 377

Капитонов,Иван Васильевич ········ 335

Капица,Пётр Леонидович ··········· 150

Капустин,Михаил Павлович ········· 459

Карамзин,Николай Михайлович ···· 序 41

Кара-Мурза,Сергей Георгиевич ····· 序 46

Карп，Поэл Меерович ……… 457

Карпинский，Александр Петрович …… 264

Карпов，Борис Леонидович ……… 388

Касьянова，Ксения ……… 452

Катаев，Иван Иванович ……… 153

Катков，Михаил Никифорович ……… 386

Кауфман，Константин Петрович ……… 210

Кафка，Франц ……… 241

Кацман，Евгений Александрович …… 137

Качура，Яков Демьянович ……… 161

Квитко，Лев Моисеевич ……… 133

Кебич，Вячеслав Францевич ……… 440

Керенский，Александр Фёдорович …… 156

Керженцев，Платон Михайлович …… 87

Кизеветтер，Александр Александрович ……

……… 52

Кириенко，Сергей Владиленович …… 501

Кирилл ……… 504

Кириллов，Владимир Тимофеевич ……… 80

Кириченко，Алексей Илларионович … 286

Киров（Костриков），Сергей Миронович …

……… 46

Кирсанов，Семен Иссакович ……… 48

Киршон，Владимир Михайлович ……… 31

Климов，Григорий Петрович ……… 563

Клыков，Вячеслав Михайлович ……… 562

Клычков，Сергей Антонович ……… 63

Клюев，Николай Алексеевич ……… 63

Ключевский，Василий Оспович …… 序 12

Кобзев，Игорь Иванович ……… 318

Ковалёв，Сергей Адамович ………… 354

Ковалевский，Владимир Онуфриевич ……

……… 147

Коган，Борис Борисович ……… 253

Коган，Павел Давидович ……… 46

Кожевников，Вадим Михайлович …… 277

Кожинов，Вадим Валерианович ……… 388

Козлов，Виктор Иванович ……… 322

Козырев，Андрей Владимирович …… 序 14

Кокошкин，Фёдор Фёдорович ……… 526

Коларов，Васил Петров ……… 199

Колбин，Геннадий Васильевич ……… 405

Коллонтай，Александра Михайловна ……

……… 142

Кольцов，Алексей Васильевич ……… 77

Кольцов，Михаил Ефимович ……… 41

Конев，Иван Степанович ……… 236

Кончаловская，Наталья Петровна …… 317

Копелев，Лев Зиновьевич ……… 87

Коржавин，Наум Моисеевич ……… 230

Корин，Павел Дмитриевич ……… 385

Корнейчук，Александр Евдокимович ……

……… 163

Корнилов，Владимир Алексеевич …… 559

Коровин，Евгений Александрович …… 273

Корчак，Александр Алексеевич ……… 362

Костиков，Вячеслав Васильевич …… 序 19

Костомаров，Николай Иванович ……… 353

Костырченко，Геннадия Васильевич … 182

Косыгина，Алексей Николаевич ……… 332

Кочетов, Всеволод Анисимович ········ 357

Кошен, Огюстен ··············· 378

Крайко, Александр Николаевич ······ 序 32

Красиков, Пётр Ананьевич ············ 246

Красин, Виктор Александрович ········ 358

Красин, Леонид Борисович ······· 358, 444

Краснов-Левитин, Анатолий Эммануилович

··················· 377

Кржижановский, Глеб Максимилианович

··················· 150

Круминьш, Вилис Карлович ········ 288

Крупин, Владимир Николаевич ······ 399

Крылов, Алексей Николаевич ········ 150

Крюков, Владммир Викторович ········ 234

Крючков, Кузьма Фирсович ········· 162

Кудрявцев, Михаил Петрович ······· 372

Кудюкин, Павел Михайлович ········ 400

Кузнецов, Алексей Александрович ······ 240

Кузнецов, Василий Иванович ········ 234

Кузнецов, Николай Герасимович ······ 238

Кузнецов, Юрий Поликарпович ········ 563

Кулешов, Сергей Васильевич ········ 447

Кулик, Григорий Иванович ·········· 237

Кульчицкий, Михаил Валентинович ··· 48

Кунаев, Динмухамед Ахмдович ········ 341

Куняев, Сергей Станиславович ······ 115

Куняев, Станислав Юрьевич ········ 115

Курашвили, Борис Павлович ········ 220

Кургинян, Сергей Ервандович ········ 427

Курнаков, Николай Семёнович ········ 73

Курчатов, Игорь Васильевич ·········· 262

Кутузов, Михаил Илларионович ········ 37

Куусинен, Отто Вильгельмович ········ 270

Л

Лависс, Эрнест ················ 145

Лавров, Пётр Лаврович ·············· 10

Лазаревский, Николай Иванович ······ 526

Лазерсон, Максим Яковлевич ········· 529

Лазутин, Иван Григориевич ········· 394

Ланда, Мальва Ноевна ············ 362

Ландау, Лев Давидович ··········· 261

Ланщиков, Анаторий Петрович ······ 388

Лариков, Юрий Романович ········· 382

Ласло, Эрвин ··············· 序 9

Ле, Иван Леонтьевич ············ 161

Лебедев, Пётр Николаевич ········· 147

Лебедь, Александр Иванович ············· 3

Лежнев, Исай Григорьевич ········· 151

Леонов, Леонид Максимович ········ 317

Леонтьев, Константин Николаевич ······ 386

Лигачёв, Егор Кузьмич ·········· 365

Лимонов, Эдуад Вениаминович ······ 561

Лисин, Владимир Сиргеевич ········ 序 35

Литвинов, Максим Максимович ········ 198

Лихачёв Дмитрий Сергеевич ········ 552

Лихачёв, Николай Петрович ········· 52

Лихоносов, Виктор Иванович ········ 563

Личутин, Владимир Владимирович ···· 563

Лобанов, Михаил Петрович ········ 279

Лобачевский, Николай Иванович ······ 120

Логунов, Александр Петрович ········ 序 11

Лодыгин, Алексадр Николаевич ······ 266

Лозовский(Дридзо), Соломон Абрамович

··· 248

Ломоносов, Михаил Васильевич ····· 101

Лосев, Алексей Фёодорович ·········· 400

Лужков, Юрий Михайлович ······· 序 17

Лузин, Николай Николаевич ········· 149

Луков, Леонид Давидович ·········· 259

Лукьяненко, Левко Григорьевич ····· 305

Лукьянов, Анатолий Иванович ······ 438

Луначарский, Анатолий Васильевич ····· 29

Луцкий Поликарп ·················· 202

Лысенко, Владимир Николаевич ····· 143

Лысенко, Трофим Денисович ········ 261

Львов, Дмитрий Семёнович ········· 序 34

Любавский, Матвей Кузьмич ········· 52

Любимов, Михаил Петрович ········ 511

Любомиров, Павел Григорьевич ····· 52

Любомудров, Марк Николаевич ····· 390

Люксембург, Роза ················· 389

Ляпунов, Александр Михайлович ····· 264

Ляпунов, Борис Михайлович ·········· 73

M

Майский, Иван Михайлович ········· 198

Маклаков, Василий Алексеевич ····· 403

Максимов, Владимир Емельянович ··· 562

Маленков, Георгий Максимилианович ·····

··· 50

Малышев, Вячеслав Александрович ··· 253

Малышев, Николай Григорьевич ····· 484

Мамай ····························· 38

Мамлеев, Юрий Витальевич ········ 563

Мандельштам, Осип Эмильевич ····· 241

Мануильский, Дмитрий Захарович ··· 109

Мариенгоф, Анатолий Борисович ····· 312

Маркиш, Перец Давилович ········· 248

Маркиш, Шимон Перецович ········ 227

Марков, Алексей Яковлевич ········ 319

Марр, Николай Яковлевич ·········· 74

Марченко, Анатоиий Тихонович ····· 363

Марчук, Гурий Иванович ·········· 365

Маторин, Николай Михайлович ······ 55

Матросов, Вадим Александрович ····· 337

Матюшкин, Николай Иванович ······ 222

Махнач, Владимир Леонидович ······ 477

Машбиц-Веров, Иосиф Маркович ····· 79

Машеров, Пётр Миронович ········· 287

Маяковский, Владимир Владимирович ···

··· 80

Медведев, Жорес Александрович ··········

··································· 205,226

Медведев, Рой Александрович ······· 226

Мейерсон, Голды ················· 246

Мейерхольд, Всеволод Эмильевич ···· 78

Мельников, Леонид Георгиевич ····· 286

Менгли Гирей ····················· 61

Мехлис, Лев Захарович ············· 13

Мечников, Илья Ильич ············ 265

Мещанинов, Иван Иванович ·········· 82

Мжаванадзе, Василий Павлович ····· 306

Микоян, Анастас Иванович ·········· 242

Микула, Селянинович ··········· 65

Милов, Леонид Васильевич ········· 序 39

Милюков, Павел Николаевич ···· 156

Минин Кузьма ·········· 38

Минц, Исаак Израилевич ······ 100

Мирзаханов, Илларион Аветович ····· 239

Митрохин, Николай Александрович ······

········· 370

Михайлов, Александр Викторович ····· 116

Михайлов, Георгий ········· 365

Михайлов, Олег Николаевич ······ 387

Михалков, Никита Сергеевич ·········· 562

Михалков, Сергей Владимирович ····· 318

Михоэлс, Соломон Михайлович ····· 244

Мичурин, Иван Владимирович ········ 265

Моджорян, Лидия Артемьевна ········ 382

Модржинская, Елена Дмитриевна ····· 15

Можаев, Борис Андреевич ······· 391

Моисеев, Никита Николаевич ········ 序 9

Мокроусов, Борис Андреевич ····· 208

Молоствов, Михаил Михайлович ····· 366

Молотов, Вячеслав Михайлович ······· 50

Молочников, Николай Владимирович ······

········· 245

Молчанов, Иван Никанорович ·········· 38

Морозов, Гринорий Иосифович ······ 244

Московский и Коломенскиф Сергий ··· 190

Мурадели, Вано Ильич ······· 259

Мусоргский, Модест Петрович ······· 147

Мустафаев, Имам Дашдемир оглы ····· 289

Мухина, Вера Игнатьевна ········· 序 20

Мухитдинов, Нуритдин Акрамович ··· 309

Мяло, Ксения Григорьевна ··········· 433

Мясковский, Николай Якович ······· 316

Н

Нагибин, Юрий Маркович ··········· 21

Назаров, Миахил Викторович ·········· 562

Нарочницкая, Наталия Алексеевна ·······

········· 序 22

Нахимов, Павел Степанович ·········· 37

Некрасов, Николай Алексеевич ···· 45

Ненашев, Михаил Фёдорович ·········· 441

Нестеров, Фёдор Фёдорович ········· 393

Нечкина, Милица Васильевна ······· 36

Николаевский, Борис Иванович ····· 32

Николай (Ярушевич) ········· 202

Никонов, Анатолнй Васильевич ······· 389

Никонов, Вячеслав Алексеевич ······· 552

Новгородцев, Павел Иванович ······· 418

Новиков, Александр Александрович ··· 235

Новиков-Прибой, Алексей Силыч ····· 160

Новодворская, Валерия Ильинична ··· 356

Нудельман, Рафаил Ильч ········· 226

Нусинов, Исаак Маркович ········· 272

О

Овечкин, Валентин Владимирович ······ 268

Овчинников, Иван Васильевич ……… 375

Огнёв, Александ Васильевич ……… 270

Огородников, Александр ……… 377

Огурцов, Игорь Вячеславович ……… 348

Ольшанский, Дмитрий Вадимович …… 481

Орджоникидзе, Григорий Константинович

……………………………… 245

Орешин, Пётр Васильевич ……… 63

Орлов, Юрий Фёдорович ……… 362

Оруэлл, Джордж ……… 80

Осетров, Евгений Иванович ……… 389

Осипов, Владимир Николаевич ……… 348

Осипов, Геннадий Васильевич ……… 545

Ослябя, Родион ……… 38

Охлопков, Николай Павлович ……… 162

П

Павлов, Иван Петрович ……… 序 13

Павлов, Николай Александрович …… 546

Паин, Эмиль Абрамович ……… 449

Паламарчук, Пётр Георгиевич ……… 387

Палиевский, Пётр Василевтч ……… 386

Палькин, Николай Егорович ……… 397

Панарин, Александр Сергеевич ……… 358

Панкратова, Анна Михайловна ……… 208

Панова, Вера Фёдоровна ……… 311

Парин, Василий Васильевич ……… 260

Пастернак, Борис Леонидович ……… 312

Пастухов, Борис Николаевич ……… 391

Патацкас, Альгирдас ……… 366

Патоличев, Николай Семёнович ……… 286

Певзнер, Яков Александрович ……… 514

Первухин, Михаил Георгиевич ……… 256

Пересвет, Александр ……… 38

Перетц, Владимир Николаевич ……… 73

Перов, Василий Григорьевич ……… 160

Пестковский, Станислав Станиславович …

……………………………… 27

Петелин, Виктор Васильевич ……… 396

Петлюра, Симон Васильевич ……… 121

Петрянов-Соколов, Игорь Васильевич ……

……………………………… 385

Печенев, Вадим Алексеевич ……… 460

Печерин, Владимир Сергеевич ……… 64

Пикуль, Валентин Саввич ……… 395

Пильняк, Борис Андреевич ……… 316

Пименов, Револьт Иванович ……… 366

Пирогов, Николай Иванович ……… 197

Пихоя, Рудольф Германович ……… 513

Пичета, Владимир Иванович ……… 51

Платов, Матвий Иванович ……… 37

Платонов, Олег Анатольевич ……… 339

Платонов, Сергей. Фёдорович ……… 序 27

Плеве, Вячеслав Константинович ……… 157

Плеханов, Георгий Валентинович …… 序 17

Победоносцев, Константин Петрович … 386

Подберезкин, Алексей Иванович ……… 435

Подрабинек, Александр Пинхосович ……

……………………………… 363

Пожарский, Дмитрий Михайлович …… 38

Покровский，Михаил Николаевич ······ 序 8

Померанц，Григорий Соломович ········· 135

Померанцев，Владимир Михайлович ·······
·· 311

Понтрягин，Лев Семёнович ········· 151

Попков，Пётр Сергеевич ············· 242

Попов，Александр Степанович ··········· 120

Попов，Гавриил Харитонович ··········· 450

Попов，Георгий Михайлович ··········· 276

Поскребышев，Александр Николаевич ······
·· 250

Поспелов，Пётр Николаевич ··········· 171

Потапов，Леонид Павлович ············· 321

Потехин，Юрий Николаевич ··········· 415

Преображенский，Евгений Алексеевич ·····
·· 26

Пржевальский，Николай Михайлович ······
·· 264

Пригожин，Илья Романович ··········· 序 8

Придворов，Ефим Алексеевич ············· 58

Прийма，Константин Иванович ············· 318

Примаков，Евгений Максимович ····· 序 39

Прокопович，Сергей Николаевич ····· 416

Прокофьев，Сергей Сергеевич ·········· 207

Прокушев，Юрий Львович ············· 388

Проханов，Александр Андреевчич ······ 561

Прохоров，Александр Михайлович ·······
·· 序 10

Пугачёв，Борис Михайлович ··········· 460

Пузинский，Владимир Францевич ········· 53

Пуришкевич，Владимир Митрофанович ···
·· 156

Путилов，Алексей Сергеевич ············· 53

Пятаков(Юрий)，Георгий Леонидович ······
·· 12

Пятницкий，Владимир Исифович ········· 67

Пятницкий，Иосиф(Осип) Аронович ··· 67

Р

Равин，Семён Маркович ············· 324

Радек，Карл Бернгардович ············· 14

Радзиховский，Леонид Александрович ···
·· 515

Раевский Николай Николаевич ········· 39

Раковский，Христиан Георгиевич ······ 533

Рамбо，Альфред ··········· 145

Рамзин，Леонид Константинович ········· 60

Распутин，Валентин Григорьев ········· 391

Распутин，Григорий Ефимович ········· 42

Расторгуев，Павел Андреевич ········· 72

Растрелли，Бартоломео Карло ········· 81

Растрелли，Франческо ············· 81

Ратушинская，Ирина Борисовна ········· 365

Рафаэль Санти ··········· 80

Рахманинов，Сергей Васильевич ········· 147

Рашидов，Шараф Рошидович ········· 310

Реденс，Станислав Францевич ········· 246

Рендель，Леонид Абармович ········· 372

Репин，Илья Ефимович ············· 79

Реформатский，Александр Александрович
·· 281

Ржига, Вячеслав Фёдорович ·········· 72

Римский-Корсаков, Николай Андреевич ···

················· 77

Рогозин, Дмитрий Олегович ·········· 434

Родионов, Михаил Иванович ·········· 240

Рождественский, Роберт Иванович ····· 327

Рождественский, Сергей Васильевич ··· 53

Розанов, Василий Васильевич ·········· 376

Розенберг, Альфред ·········· 204

Розов, Виктор Сергеевич ·········· 561

Рокоссовский, Константин Константинович

················· 172

Романов, Борис Александрович ·········· 54

Ромм, Михаил Ильич ·········· 356

Рубин, Виталий Аронович ·········· 363

Рубинштейн, Николай Леонович ····· 208

Рубцов, Николай Михайлович ·········· 495

Рудалёв, Андрей Геннадьевич ·········· 50

Руденко, Роман Андреевич ·········· 334

Рухадзе, Николай Максим ·········· 252

Руцкой, Александр Владимирович ····· 409

Рыбаков, Борис Александрович ·········· 385

Рыбалко, Павел Семёнович ·········· 236

Рыбальченко, Филипп Трофимович ····· 237

Рыжков, Николай Иванович ·········· 441

Рыков, Алексей Иванович ·········· 128

Рюмин, Михаил Дмитриевич ·········· 249

Рютин, Мартемьян Никитич ·········· 166

С

Сабуров, Максим Захарович ·········· 251

Садо, Михаил Юханович ·········· 351

Сатыбалов, Аллаудин Аджакович ····· 321

Сахаров, Андрей Дмитриевич ·········· 342

Сахаров, Андрей Николаевич ·········· 513

Светлов, Михаил Аркадьевич ·········· 268

Свиридов, Георий Васильевич ·········· 399

Селезнёв, Юрий Иванович ·········· 397

Селищев, Афанасий Матвеевич ·········· 71

Сельвинский, Илья Львович ·········· 269

Семанов, Сергей Николаевич ·········· 183

Серафим Саровский ·········· 165

Сергеев-Ценский, Сергей Николаевич ······

················· 160

Сергий Радонежский ·········· 165

Сергий (Воскресенский) ·········· 202

Сердич, Данило Фёдорович ·········· 172

Серебряков, Геннадий Викторович ·········· 388

Серов, Валентин Александрович ·········· 147

Сеченов, Иван Михайлович ·········· 265

Сидоров, Владимир Николаевич ·········· 72

Симонов, Константин Михайлович ····· 158

Синявский, Андрей Донатович ·········· 349

Склянский, Эфраим Маркович ·········· 444

Скобелев, Михаил Дмитриевич ·········· 37

Скурлатов, Валерий Иванович ·········· 379

Смеляков, Ярослав Васильевич ·········· 318

Смирнов, Аврам Петрович ·········· 167

Смирнов, Ефим Иванович ·········· 254

Смирнов, Николай Павлович ·········· 317

Соболев, Леонид Сергеевич ·········· 49

Соколовский, Василий Данилович ······ 234

Сокольников, Григорий Яковлевич ······ 168

Солженицын, Александр Исаевич ······ 230

Соловей, Валерий Дмитриевич ········· 序 12

Соловьёв, Владимир Сергеевич ·········· 55

Соловьёв, Сергей Михайлович ·········· 51

Соловьёв-Седой, Василий Павлович ··· 208

Соломенцев, Михаил Сергеевич ······ 338

Соломин, Юрий Мефодьевич ·········· 563

Шварц, Меерович Соломон ·········· 426

Солоневич, Иван Лукьянович ········· 序 44

Солоухин, Владимир Алексеевич ······ 319

Сорокин, Валентин Васильевтч ······ 388

Сорокин, Питирим Александрович ······ 425

Сорос, Джордж ················· 466

Софронов, Анатолий Владимирович ··· 277

Сперанский, Георгий Несторович ······· 74

Сперанский, Михаил Несторович ········ 73

Стаднюк, Иван Фоитевич ············· 319

Старовойтова, Галина Васильевна ···· 475

Старшинов, Николай Константинович ······

············· 319

Степанов, Александр Николаевич ······ 161

Степанов, Георгий Андреевич ·········· 238

Строев, Егор Семёнович ············· 536

Струве, Никита Алексеевич ··········· 379

Струве, Пётр Бернгардович ··········· 551

Субоцкий, Лев Матвеевич ·········· 269

Суворов, Александр Васильевич ······· 158

Судоплатов, Павел Анатольевич ······ 180

Суименко Евгений Иванович ········· 序 23

Сулимов, Даннил Егрович ············· 139

Суриков, Василий Иванович ··········· 79

Сурков, Алексей Александрович ······ 126

Суслов, Михаил Андреевич ·········· 274

Сухов, Фёдор Григорьевич ·········· 319

Сычев, Николай Петрович ············· 72

Т

Тавадов, Гагмлет Темирович ········· 486

Таиров, Александр Яковлевич ········· 123

Таль, Борис Макрович ·············· 106

Тамм, Игорь Евгеньевич ············· 261

Танюко, Лесь Степанович ············· 304

Тарле, Евгений Викторович ········· 序 27

Тарсис, Валерий Яковлевич ·········· 349

Тартаковский, Жозеф ·············· 184

Татищев, Василий Никитич ·········· 353

Твардовский, Александр Трифонович ······

············· 207

Твердохлебов, Андрей Николаевич ······ 356

Телегин, Константин Фёдорович ······ 234

Тендряков, Владимир Фёдорович ······ 391

Тер-Ваганян, Вагаршак Арутюнович ······ 23

Тимашук, Лидия Феодосьева ·········· 250

Тимирязев, Клим Аркадьевич ·········· 265

Тихон ······················ 203

Тихонов, Николай Семёнович ·········· 272

Тишков, Валерий Александрович ······ 409

Ткачёв, Пётр Никитич ·············· 10

Толмачев, Владимир Николаевич ⋯⋯ 167

Толстой, Алексей Николаевич ⋯⋯⋯ 57

Толстых, Валентин Иванович ⋯⋯⋯ 454

Томсинский, Семён Григорьевич ⋯⋯ 122

Томский, Михаил Павлович ⋯⋯⋯ 129

Топоров, Виктор Леонидович ⋯⋯⋯ 232

Троцкий, Лев Давидович ⋯⋯⋯⋯ 13

Трубецкой, Владимирович Сергеевич ⋯ 71

Трубецкой, Николай Сергеевич ⋯⋯⋯ 74

Турчин, Валентин. Фёдорович ⋯⋯⋯ 356

Тухачевский, Михаил Николаевич ⋯⋯ 29

Тучков, Александр Алексеевич ⋯⋯⋯ 39

Тычина, Павло Григорьевич ⋯⋯⋯ 291

У

Уборевич, Иероним Петрович ⋯⋯⋯ 168

Уваров, Сергей Семёнович ⋯⋯⋯⋯ 542

Угрюмов, Григорий Иванович ⋯⋯⋯ 160

Ульянов, Николай Иванович ⋯⋯⋯ 105

Устрялов, Николай Васильевич ⋯⋯ 414

Усубалиев, Турдакун Усубалиевич ⋯⋯ 287

Ушаков, Фёодор Фёодорович ⋯⋯⋯ 197

Уэллс, Герберта Джордж ⋯⋯⋯⋯ 19

Ф

Фадеев, Александр Александрович ⋯⋯ 126

Фадин, Адрей Васильевич ⋯⋯⋯⋯ 400

Фальконе, Этьен Морис ⋯⋯⋯⋯ 451

Фёдоров, Валентин Петрович ⋯⋯⋯ 487

Фёдоров, Василий Дмитриевич ⋯⋯⋯ 319

Фёдоров, Николай Фёодорович ⋯⋯⋯ 400

Федотов, Григорий Петрович ⋯⋯⋯ 139

Федюнинский, Иван Иванович ⋯⋯⋯ 234

Фельдман, Борис Миронович ⋯⋯⋯ 172

Фефер, Исаак Соломонович ⋯⋯⋯ 132

Фефер, Ицик ⋯⋯⋯⋯⋯⋯⋯ 132

Филатов, Сергей Александрович ⋯⋯ 347

Филипп ⋯⋯⋯⋯⋯⋯⋯⋯⋯ 559

Филофей ⋯⋯⋯⋯⋯⋯⋯⋯⋯ 542

Филофей（Нарко）⋯⋯⋯⋯⋯⋯ 203

Флоренский, Павел Александрович ⋯ 149

Фон Ранненкампфов, Павел Карлович ⋯⋯⋯
⋯⋯⋯⋯⋯⋯⋯⋯⋯⋯ 157

Фонвизин, Денис Иванович ⋯⋯⋯ 451

Франк, Ссмён Людвигович ⋯⋯⋯⋯ 353

Френкель, Нафталий Аронович ⋯⋯⋯ 451

Фридмен, Милтон ⋯⋯⋯⋯⋯⋯ 序 31

Фрунзе, Михаил Васильевич ⋯⋯⋯⋯ 29

Фукуяма, Фрэнсис Ёсихиро ⋯⋯⋯ 序 4

Фурман, Дмитрий Ефимович ⋯⋯⋯ 454

Х

Хакен, Герман ⋯⋯⋯⋯⋯⋯⋯ 序 8

Харитон, Юлий Борисович ⋯⋯⋯⋯ 261

Хасбулатов Руслан Имранович ⋯⋯⋯ 21

Хачатурян, Арам Ильич ⋯⋯⋯⋯ 316

Хмельницкий, Богдан Михайлович ⋯ 100

Ходжа, Энвер ⋯⋯⋯⋯⋯⋯⋯ 257

Ходорковский, Михаиль Борисович ⋯⋯⋯
⋯⋯⋯⋯⋯⋯⋯⋯⋯⋯ 序 15

Хозя Кокос ·········· 61

Хорев, Борис Сергеевич ·········· 434

Хоскинг, Джеффри ·········· 474

Худяков, Сергей Александрович ·········· 235

Ц

Цвигун, Семён Кузьмич ·········· 364

Ципко, Александр Сергеевич ·········· 18

Цукерман, Борис Иосифович ·········· 380

Цыбин, Владимир Дмитриевич ·········· 392

Ч

Чаадаев, Пётр Яковлевич ·········· 序 11

Чайковский, Пётр Ильич ·········· 78

Чаковский, Александр Борисович ·········· 314

Чалидзе, Валерий Николаевич ·········· 279

Чалмаев, Виктор Андреевич ·········· 388

Чаплыгин, Сергей Алексеевич ·········· 150

Чапыгин, Алексей Павлович ·········· 161

Чебриков, Виктор Михайлович ·········· 365

Чебышёв, Пафнутий Львович ·········· 264

Чепцов, Александр Александрович ·········· 132

Черненко, Константин Устинович ·········· 288

Чернов, Сергей Николаевич ·········· 54

Чернышевский, Николай Гаврилович ·········· 265

Черняев, Анатолий Сергеевич ·········· 448

Черняев, Михаил Григорьевич ·········· 210

Чеснокова, Валентина Фёдоровна ·········· 452

Чивилихин, Владимир Алексеевич ·········· 384

Чикобава, Арнольд Степанович ·········· 281

Чистяков, Олег Иванович ·········· 531

Чичерин, Борис Николаевич ·········· 51

Чичерин, Георгий. Васильевич ·········· 444

Чубайс, Анатолий Борисович ·········· 序 3

Чубарьян, Александр Оганович ·········· 512

Чуев, Феликс Иванович ·········· 394

Чуйков, Василий Иванович ·········· 234

Ш

Шапошников, Борис Михайлович ·········· 206

Шаталин, Николай Николаевич ·········· 256

Шафаревич, Игорь Ростиславович ·········· 348

Шахназаров, Георгий Хосроевич ·········· 18

Шахрай, Сергей Михайлович ·········· 489

Шахурин, Алексей Иванович ·········· 235

Шварц, Александр Николаевич ·········· 164

Шверник, Николай Михайлович ·········· 256

Шебалин, Виссарион Якович ·········· 259

Шеварднадзе, Эдуард Амвросиевич ·········· 序 16

Шевцов, Иван Михайлович ·········· 313

Шевченко, Тарас Григорович ·········· 304

Шелепин, Александр Николаевич ·········· 332

Шелест, Пётр Ефомович ·········· 331

Шепилов, Дмитрий Трофимович ·········· 274

Шереги, Франц Эдмундович ·········· 453

Шестаков, Андрей Васильевич ·········· 144

Шешуков, Степан Иванович ·········· 388

Шиманов, Геннадий Михайлович ·········· 373

Шимелиович，Борис Абрамович ······· 248

Шишков，Вячеслав Яковлевич ······· 161

Шкирятов，Матвей Фёдрович ······· 183

Шкловский，Виктор Борисович ······· 79

Шмелёв，Николай Петрович ······· 序 33

Шолохов，Михаил Александрович ····· 207

Шостакович，Дмитрий Дмитриевич ··· 207

Штейн，Александр Петрович ······· 154

Штерн，Лина Соломоновна ······· 248

Штомпка，Пётр ······· 序 4

Шукшин，Василий Макарович ······· 373

Шумейко，Владимир Филиппович ····· 517

Шуртаков，Семён Иванович ······· 319

Шушкевич，Станислав Станиславович ······

······· 465

Щ

Щаранский，Натан（Анатолий Борисович）

······· 363

Щёлоков，Николай Анисимович ······· 333

Щербаков，Александр Сергеевич ······· 183

Щусев，Алексей Викторович ······· 40

Э

Эйзенштейн，Сергей Михайлович ····· 164

Эйсмонт，Николай Болеславович ····· 167

Эренбург，Илья Григорьевич ······· 85

Эрмлер，Фридрих Маркович ······· 46

Этингер，Яков Гиляриевич ······· 249

Эткинд，Александр Маркович ······· 453

Ю

Юзефович，Иосиф Сигизмундович ····· 248

Юсупов，Усман Юсупович ······· 141

Юткевич，Сергей Иософвич ······· 259

Юшманов，Николай Владимирович ····· 88

Я

Яблочков，Павил Николаевич ······· 266

Явлинский，Григорий Алексеевич ····· 536

Яворский，Матвей Иванович ······· 53

Ягода，Генрих Григорьевич ······· 168

Якир，Иона Эммануилович ······· 168，358

Якир，Пётр Ионович ······· 358

Яковлев，Александр. Николаевич ····· 序 16

Яковлев，Алексей Иванович ······· 54

Яковлев，Николай Дмитриевич ······· 238

Яковлев，Николай Феофанович ······· 89

Ямщиков，Савва Васильевич ······· 563

Ян，Василий Григорьевич ······· 160

Яновский，Юрий Иванович ······· 195

Яснов，Михаил Алексеевич ······· 295

Ященко，Александр Семёнович ······· 272

图书在版编目(CIP)数据

二十世纪的俄罗斯族人 /（俄罗斯）弗多文著；郑振东译. —— 南京：南京大学出版社，2015.5
（俄罗斯社会与文化译丛 / 王加兴主编）
ISBN 978 - 7 - 305 - 14455 - 4

Ⅰ. ①二…　Ⅱ. ①弗…②郑…　Ⅲ. ①俄罗斯族—民族历史—俄罗斯—20 世纪　Ⅳ. ①K512.8

中国版本图书馆 CIP 数据核字(2014)第 295688 号

РУССКИЕ В ХХ ВЕКЕ
By Вдовин Александр Иванович
Copyright © 2004 Вдовин Александр Иванович
The Simplified Chinese edition published in 2015
by Nanjing University Press，Nanjing
All rights reserved

江苏省版权局著作权合同登记 图字：10-2010-001 号

出版发行　南京大学出版社
社　　址　南京市汉口路 22 号　　邮　　编　210093
出 版 人　金鑫荣
丛 书 名　俄罗斯社会与文化译丛
书　　名　二十世纪的俄罗斯族人
著　　者　[俄罗斯]亚·伊·弗多文
译　　者　郑振东
责任编辑　李振权　李鸿敏
照　　排　南京南琳图文制作有限公司
印　　刷　南京爱德印刷有限公司
开　　本　787×960　1/16　印张 40.75　字数 610 千
版　　次　2015 年 5 月第 1 版　　2015 年 5 月第 1 次印刷
ISBN　978 - 7 - 305 - 14455 - 4
定　　价　98.00 元

网址：http://www.njupco.com
官方微博：http://weibo.com/njupco
官方微信号：njupress
销售咨询热线：(025) 83594756